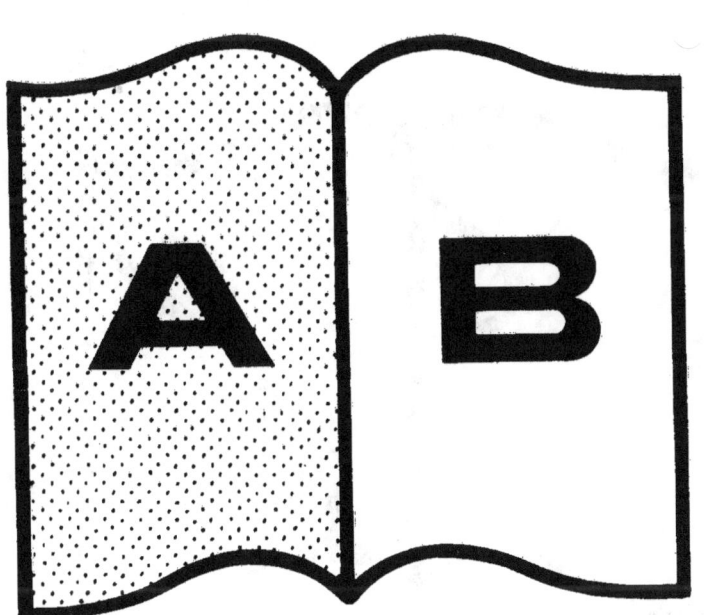

Contraste insuffisant

NF Z 43-120-14

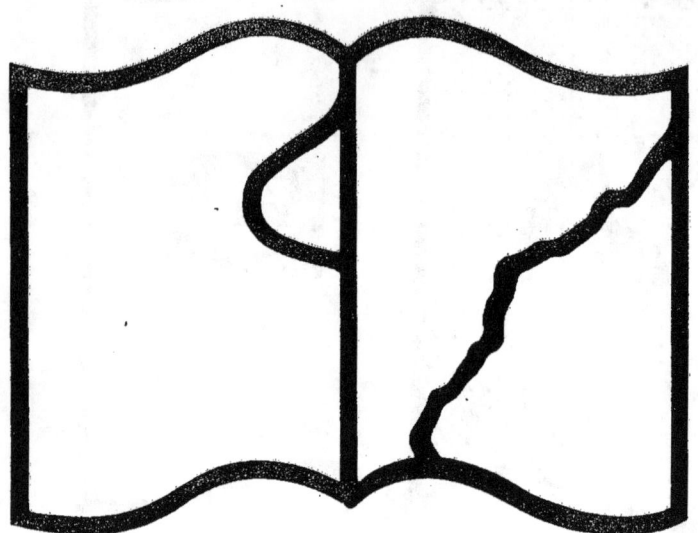

Texte détérioré — reliure défectueuse

NF Z 43-120-11

L'IDIOTE

L'IDIOTE

PAR

ÉMILE RICHEBOURG

PARIS
F. ROY, LIBRAIRE-ÉDITEUR
BOULEVARD SAINT-GERMAIN, 222

1888

L'IDIOTE

Par Émile RICHEBOURG

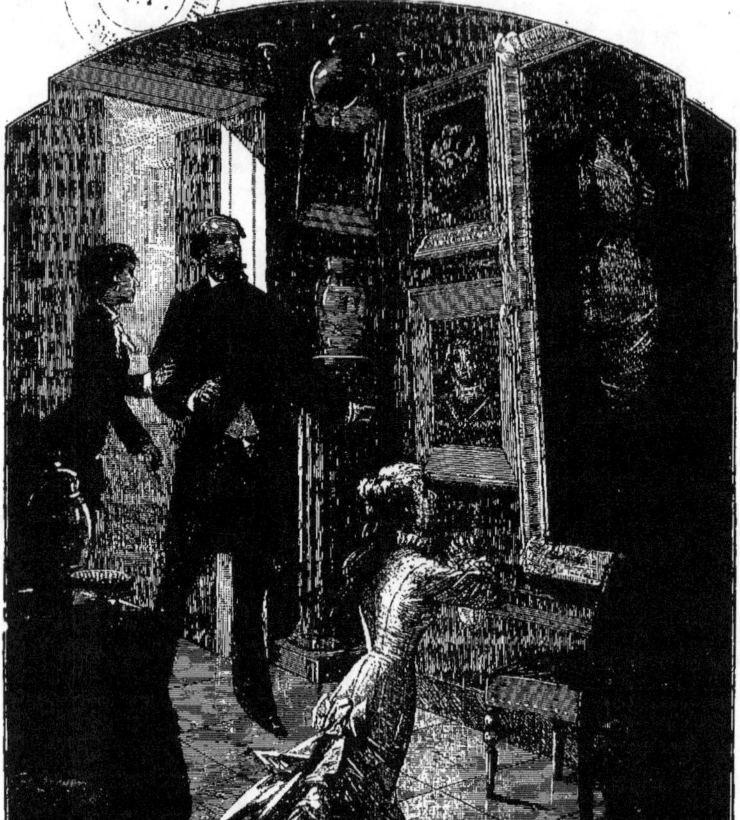

F. ROY, Libraire-Éditeur, rue Saint-Antoine, 185.

L'IDIOTE

PREMIERE PARTIE

LA CHUTE

I

HÔTEL A VENDRE

Un jour du mois d'avril de l'année 1860, entre dix heures et onze heures du matin, une voiture de place s'arrêta rue de Berri, devant la grille d'un magnifique hôtel bâti entre cour et jardin. La portière du coupé s'ouvrit aussitôt et un homme qui paraissait avoir une quarantaine d'années sauta lestement sur le trottoir. Cet homme, grand et de tournure distinguée, portait un élégant costume de voyage. C'était évidemment un voyageur; car, indépendamment d'une sacoche de cuir qui pendait à son côté, une grosse valise de cuir occupait les deux tiers du siège du cocher. De longs favoris blonds, qu'il portait à la manière anglaise, encadraient sa belle figure rose, épanouie et souriante. Sa physionomie animée exprimait le contentement. Tout en lui indiquait un homme heureux et satisfait.

— Attendez un instant, dit-il au cocher avec un léger accent étranger.

Puis, passant devant la grille de l'hôtel, il s'approcha d'une petite porte et mit la main sur un bouton de cuivre.

Aucun bruit de sonnette ne se fit entendre. Toutefois, le voyageur attendit un instant, prêtant l'oreille.

Voyant qu'on ne venait point lui ouvrir, il saisit de nouveau le bouton de cuivre et tira plus fort. Il y eut un petit grincement de fer dans la maçonnerie et ce fut tout.

— Je crois bien, monsieur, que cette belle maison est inhabitée, lui dit alors le cocher, qui regardait du haut de son siège.

— Comment, inhabitée? répliqua vivement le voyageur en se retournant.

— Oui, monsieur. Tous les volets et toutes les persiennes sont hermétiquement fermés ; et puis, voyez, sur ce pilastre de la grille.

Le voyageur regarda et vit un écriteau sur lequel il lut : *Hôtel à vendre. S'adresser à M. Corvisier, notaire, rue de Provence.*

— Je ne comprends pas, murmura-t-il en hochant la tête ; qu'est-ce que cela veut dire?

Mais il fallait se rendre à l'évidence : l'hôtel était inhabité.

Un pli s'était subitement creusé sur le front du voyageur.

— Voyons, voyons, dit-il, en se rapprochant du cocher, vous vous êtes peut-être trompé ; sommes-nous bien ici rue de Berri?

— Parfaitement, monsieur. Je ne suis pas un novice, moi ; il y a trente ans que je fais le métier et je connais Paris comme ma poche. Je vous ai amené rue de Berri n° 33, où vous m'avez dit de vous conduire.

Le voyageur resta un moment pensif, le front soucieux.

— Eh! bien non, dit-il, en laissant voir sa vive contrariété, je ne comprends rien à cela.

Il se disposait à remonter dans le fiacre pour se faire conduire ailleurs, lorsqu'un homme d'un certain âge, aux cheveux grisonnants, à la physionomie calme et austère, s'arrêta devant la porte d'entrée à laquelle il venait de sonner inutilement.

Comme lui, le vieux monsieur tira le bouton de cuivre et parut étonné, ou de ne pas entendre le bruit de la sonnette ou de ne pas voir la porte s'ouvrir immédiatement.

Alors le voyageur s'avança vers le vieillard.

Les deux hommes se saluèrent et restèrent un instant silencieux, se regardant.

— Si je ne me trompe, monsieur, dit le personnage aux favoris blonds, vous veniez faire une visite chez M. le comte de Lasserre?

— C'est vrai, monsieur, et je suis surpris, très surpris...

— Que cette porte reste fermée?

— Oui, monsieur.

— Eh! bien, monsieur, ma surprise est égale à la vôtre, et vous avez devant vous un homme fort désappointé. Je suis un des amis du comte de Lasserre, et, je peux le dire, un de ses meilleurs amis.

Le vieux monsieur s'inclina.

— Votre accent indique que vous êtes étranger, monsieur, dit-il. A qui ai-je l'honneur de parler?

Le voyageur tira de sa poche un petit portefeuille dans lequel il prit une carte qu'il mit dans la main du vieillard.

— Ah! fit aussitôt celui-ci, vous êtes monsieur Van Ossen, banquier à Amsterdam!

— Est-ce que mon nom vous est connu ?
— M. le comte de Lasserre a souvent parlé de vous devant moi
— Alors, vous êtes aussi un ami du comte ?
— Oui, monsieur. Je suis vice-président d'une société savante dont M. le comte de Lasserre est un des principaux membres. Hier, nous avons eu une séance à laquelle M. le comte de Lasserre devait assister pour entendre un rapport scientifique des plus intéressants. Son absence m'a sérieusement inquiété ; j'ai pensé qu'il pouvait être malade, et je venais, ce matin, m'informer de l'état de sa santé.
— Ainsi, comme moi, vous ne savez rien ?
— Absolument rien, monsieur.
— Vraiment, je ne sais quoi m'imaginer, reprit le banquier hollandais. Je vous disais tout à l'heure que, comme vous, j'étais très surpris ; vous allez voir, monsieur, que ce n'est pas sans raison : Il y a quinze jours j'écrivis d'Amsterdam au comte de Lasserre que, ayant un voyage à faire à Paris, je ne manquerais pas d'aller lui demander l'hospitalité qu'il m'a souvent offerte, me faisant une joie de passer près de lui les quinze jours ou trois semaines de mon séjour dans la grande capitale. Immédiatement, le comte me répondit qu'il était enchanté que mes affaires m'appelassent à Paris, que sa maison tout entière était à ma disposition et ses bras ouverts pour me recevoir.

Il ajoutait qu'il était heureux de pouvoir enfin me présenter à la comtesse de Lasserre, qui me connaissait déjà comme un vieil ami de son mari.

Il faut vous dire, monsieur, qu'il y a plus de quatre ans que je n'ai pas vu mon ami, le comte de Lasserre. Lors de son mariage j'étais en Amérique, ce qui m'a empêché d'y assister, à mon grand regret.

Dans sa lettre, le comte me parlait aussi de sa petite Lucie, sa fille adorée.

— Oui, adorée, appuya le vieux savant ; M. de Lasserre est fou de sa fille.
— Enfin, reprit le banquier, la lettre de mon ami était des plus affectueuses.
« Hier j'ai quitté Amsterdam et tout à l'heure je suis arrivé à Paris. J'ai pris à la gare du chemin de fer du Nord la voiture que voilà. Tout joyeux, en pensant que je vais revoir mon ami et le serrer dans mes bras, je m'approche de cette porte. A mon grand étonnement elle ne s'ouvre point. Ma surprise augmente encore quand le cocher me dit que toutes les fenêtres de l'hôtel sont closes et me fait voir, là, cet écriteau. Regardez, monsieur, regardez : *Hôtel à vendre.*
— Oui, hôtel à vendre. C'est singulier !
— Inexplicable, monsieur !
— C'est vrai.
— Ah ! quelque chose me dit qu'un malheur épouvantable a frappé le comte de Lasserre.

— Mon Dieu, tout est possible, même ce qui paraît invraisemblable ; mais je veux croire encore que vos craintes sont exagérées.

Le banquier secoua tristement la tête.

— Assurément, poursuivit le vieux savant, nous sommes en présence d'un fait extraordinaire ; pourtant, monsieur, avant de nous alarmer, avant de supposer que notre ami est victime d'une catastrophe quelconque, pourquoi ne pas admettre qu'il a quitté et mis en vente son hôtel pour une tout autre cause ? Il y a dans la vie tant de choses imprévues ! Pour ma part, je crois que rien de fâcheux n'est arrivé à M. le comte de Lasserre, et il me semble que vous pouvez vous rassurer. Nous ne tarderons pas, sans doute, à avoir l'explication de ce qui, pour nous, en ce moment, est un mystère.

Sur ces mots, le vieux savant salua l'étranger et s'éloigna.

— Tout cela est très bien, se disait M. Van Ossen ; mais je ne suis nullement rassuré : je suis, au contraire, dans une grande inquiétude. Je veux bien qu'il y ait dans la vie beaucoup d'imprévu, mais un événement qui force un homme à disparaître ainsi, subitement, n'éclate pas comme un coup de foudre sans avoir été prévu ou tout au moins pressenti. Or, dans la lettre du comte de Lasserre, rien ne laisse voir qu'il appréhende quelque malheur. Et pourtant, je le sens, j'en suis sûr, quelque chose de terrible lui est arrivé.

Et M. Van Ossen restait immobile sur le trottoir, la tête inclinée, réfléchissant.

— Eh bien ! bourgeois, où allons-nous maintenant ? lui demanda le cocher.

La voix de l'automédon fit tressaillir l'étranger et l'arracha à sa rêverie. Il releva brusquement la tête. Alors, en face de lui, de l'autre côté de la rue, il vit une jeune femme qui, debout sur le seuil de la porte d'une boutique, semblait le regarder curieusement.

— Au fait, se dit-il, cette femme va peut-être pouvoir me renseigner.

Sans répondre au cocher, il traversa la rue, marchant droit à la boutiquière ; celle-ci, voyant l'étranger venir à elle, se retira précipitamment. Sans hésiter, M. Van Ossen entra dans la boutique et s'adressant à la jeune femme, qui venait de s'asseoir à son comptoir :

— Madame, lui dit-il, me permettez-vous de vous adresser quelques questions ?

— Au sujet de M. le comte de Lasserre ?

— Oui, madame, au sujet de M. le comte de Lasserre, dont je suis l'ami.

— Je comprends, vous voudriez savoir pourquoi l'hôtel est désert et pourquoi il est à vendre ?

— Oui ; mais il me serait plus agréable encore de savoir où est actuellement M. le comte de Lasserre.

— Je ne demanderais pas mieux que de vous donner les renseignements que vous désirez ; malheureusement cela m'est impossible.

— Pourquoi?
— Parce que je ne sais rien.
— Rien?
— Rien du tout, monsieur; et personne dans le quartier n'est mieux instruit que moi.
— Ah!
— Pourquoi M. le comte est-il parti? Pourquoi vend-il son hôtel? Où M. le comte et madame la comtesse sont-ils allés? Voilà ce que tout le monde se demande. Par exemple, on ne manque pas de faire des suppositions plus ou mois absurdes. Mais je vous l'ai dit, monsieur, on ne sait rien. Tout cela est un mystère impénétrable.

« Tout à l'heure je vous ai vu arriver et descendre de voiture; vous avez été bien étonné, comme le vieux monsieur qui venait aussi pour voir M. le comte, comme nous l'avons été, moi et bien d'autres; car il faut vous dire que le départ si brusque de M. le comte et de madame la comtesse a été dans le quartier comme un événement. On n'en revenait pas. Il y a des choses qu'on ne peut pas comprendre.

— Depuis combien de jours M. et madame de Lasserre sont-ils partis?
— Il y a juste aujourd'hui huit jours. Encore une chose étonnante : c'est au milieu de la nuit que M. le comte et madame la comtesse, leur petite fille et tous les domestiques ont quitté l'hôtel. La veille, c'est-à-dire le jeudi, M. Théodore, le maître d'hôtel, a soldé les comptes des fournisseurs. Le même jour, la calèche, le coupé, le landau et les quatre chevaux ont été vendus et immédiatement emmenés. Enfin, comme je vous l'ai dit, le lendemain l'hôtel était fermé. C'est moi qui, le matin, me suis aperçue la première qu'il n'y avait plus personne dans la maison. J'ignore ce que M. le comte et madame la comtesse ont emporté en s'en allant; mais bien sûr, le mobilier n'a pas été enlevé. Dans la journée, deux hommes vinrent : ils entrèrent dans la cour de l'hôtel par la porte de service dont ils avaient une clef. L'un de ces hommes était vêtu de noir et avait une cravate blanche. Je devinai aussitôt que c'était un notaire. Ce sont ces deux hommes qui ont attaché près de la grille l'écriteau sur lequel on lit : *Hôtel à vendre*. Voilà, monsieur, tout ce que je peux vous dire.

Le banquier remercia la jeune femme et sortit de la boutique.
— Oui, pensait-il, tout cela est incompréhensible, étrange; comment savoir?...

Soudain, ses yeux se fixèrent sur l'écriteau et il se frappa le front.
— Où donc ai-je la tête? s'écria-t-il. Et le notaire?...

II

UN NOTAIRE

M. Van Ossen remonta dans le fiacre après avoir donné l'ordre au cocher de le conduire à l'hôtel des Princes.

— A la bonne heure, grommela l'automédon en cinglant de deux vigoureux coups de fouet les flancs de son cheval poussif, au moins la porte de celui-là ne sera pas fermée ; cette fois nous sommes des bons.

Une heure plus tard, le banquier hollandais, installé à l'hôtel des Princes, déjeunait dans sa chambre.

Il était soucieux. Il pensait à son ami, le comte de Lasserre, et faisait sans doute d'amères réflexions sur la fragilité des choses humaines et les déceptions auxquelles l'homme se heurte à chaque pas qu'il fait dans la vie.

Ayant achevé son repas, M. Van Ossen alluma un cigare, ouvrit la fenêtre de sa chambre, qui donnait sur la rue de Richelieu, s'appuya sur le balcon, et pour essayer de se distraire et chasser ses sombres pensées, il se mit à regarder devant lui les fenêtres des maisons, les grandes lettres des enseignes et dans la rue, inondée de la lumière du soleil, le perpétuel mouvement des voitures sur la chaussée et le va-et-vient houleux de la foule sur les trottoirs.

— Voilà Paris, se disait-il, la ville universelle, le berceau des arts, la source des belles choses et des grandes idées, l'atelier immense du travail, le phare dont l'éblouissante clarté se répand sur le monde entier. Paris ! Paris ! j'admire ta grandeur, ta force et ta puissance ! Londres aussi est une ville immense ; mais elle ne peut être comparée à Paris !

M. Van Ossen avait fumé son cigare. Il jeta un dernier regard émerveillé dans la rue et referma la fenêtre.

— A demain les affaires, murmura-t-il, aujourd'hui je veux m'occuper seulement du comte de Lasserre.

Aussitôt il ouvrit sa valise dans laquelle il prit un vêtement complet, dont l'élégance et la coupe parfaite indiquaient qu'il sortait de chez un des premiers tailleurs de Paris. Après avoir changé de costume, il sortit de l'hôtel et se dirigea vers la rue de Provence où demeurait le notaire chargé de vendre l'hôtel du comte de Lasserre.

L'étude de Me Corvisier était au premier étage. M. Van Ossen y entra, et, s'adressant à un des clercs, qui paraissait très occupé à compulser un énorme dossier étalé devant lui :

— Monsieur, dit-il, je désirerais parler à M. Corvisier.

Le clerc leva la tête et, indiquant de la main une porte au visiteur, il répondit :

Le voyageur attendit un instant, prêtant l'oreille; aucun bruit de sonnette ne se fit entendre.

— M. Corvisier est seul en ce moment, vous pouvez entrer.

Le banquier frappa deux petits coups à la porte pour s'annoncer, tourna le bouton et entra dans le cabinet du notaire. Celui-ci se leva avec empressement et, la bouche souriante, s'avança de quelques pas vers l'étranger dans lequel il voyait déjà un nouveau client.

— Qu'y a-t-il pour votre service, monsieur? demanda-t-il après avoir examiné le visiteur d'un coup d'œil rapide.

— Je viens vous prier, monsieur, de vouloir bien me donner quelques renseignements.

— Si je le peux, je suis prêt à vous satisfaire. Veuillez vous asseoir, monsieur.

— Avant tout, je dois vous dire qui je suis.

Le notaire s'inclina.

— Je me nomme Van Ossen.

— Est-ce que vous êtes de la maison Van Ossen, d'Amsterdam ?

— J'en suis le chef depuis la mort de mon père.

— Monsieur, je suis heureux de faire votre connaissance. Comme la maison Rothschild, la maison Van Ossen est connue dans le monde entier.

Ces paroles, quelque peu emphatiques, amenèrent un sourire sur les lèvres du Hollandais.

Maintenant, monsieur, dit-il, je dois vous apprendre que je suis l'ami intime de M. le comte de Lasserre.

Le visage du notaire changea subitement d'expression.

— Ah ! fit-il, je ne savais pas...

M. Van Ossen reprit :

— Je suis arrivé à Paris ce matin pour répondre à une invitation toute récente de M. de Lasserre. Je me rendis directement rue de Berri. Je n'ai plus besoin de vous dire que ma surprise fut grande en apprenant que le comte de Lasserre avait quitté précipitamment sa maison, la nuit ; qu'il avait vendu ses chevaux, ses voitures, et que son hôtel était à vendre. Je ne suis pas seulement surpris, monsieur, je suis inquiet, très inquiet au sujet de mon ami. Pourquoi ce départ qui ressemble à une fuite ? Pourquoi vend-il son hôtel ? Je vous en prie, monsieur, dites-le-moi.

— Je l'ignore, répondit froidement le notaire.

— Mais c'est impossible ! s'écria M. Van Ossen, les yeux fixés sur la figure impassible du notaire ; vous voulez me cacher la vérité.

— Je vous assure, monsieur, que je ne sais rien, répliqua Mᵉ Corvisier.

Le Hollandais secoua la tête.

— Non, je ne puis vous croire, reprit-il ; avouez, monsieur, que le silence vous a été recommandé,

— Il est certain que si je connaissais les raisons qui ont déterminé M. le comte de Lasserre à vendre son hôtel, et que mon client m'eût prié de garder le silence sur ce point, je resterais muet à toutes les questions que vous pourriez m'adresser.

— Pourtant, monsieur...

— Être d'une discrétion absolue est un des premiers devoirs de notre profession.

— Sans doute, monsieur ; mais dans certains cas...

— Dans aucun cas, monsieur, l'interrompit de nouveau le notaire. Du reste, je ne me trouve point dans cette situation : M. le comte de Lasserre ne m'a rien confié, je vous le répète, je ne sais rien.

M. Van Ossen baissa la tête et resta un moment silencieux. Il paraissait très ému.

— Je suis peiné, oui, très peiné, reprit-il avec tristesse ; j'étais venu vers vous plein d'espoir, et j'éprouve une déception. J'ai pour M. de Lasserre une grande amitié.

— J'en suis convaincu, monsieur.

— Y a-t-il longtemps que vous connaissez le comte de Lasserre?

— J'ai l'honneur d'être son notaire depuis quinze ans.

— Et vous ne savez rien?

— Rien.

— Convenez avec moi, monsieur, que j'ai le droit d'être étonné.

— Si intimes que soient les relations d'un notaire avec son client, il peut ignorer bien des choses.

— Soit. Mais si, comme je le crois, vous vous intéressez à M. le comte de Lasserre, vous devez soupçonner...

— Un notaire serait coupable s'il cherchait à connaître les secrets de ses clients.

M. Van Ossen eut un sourire amer.

— Vous vous retranchez avec un art infini derrière votre qualité d'officier ministériel, répliqua-t-il. Mais moi, monsieur, je ne suis pas notaire ; je me permets de faire des suppositions pour parvenir à découvrir la vérité qui se cache. Ah ! je n'ai pas eu de peine à deviner qu'un coup terrible, inattendu, a frappé mon ami. Oui, j'en suis sûr, il lui est arrivé un grand malheur.

— C'est possible.

Le Hollandais reprit avec animation :

— Il vend son hôtel! Est-ce une grosse perte d'argent qu'il a faite? Mais je suis là, moi, pour réparer le désastre. Vous n'avez qu'à dire un mot, monsieur, et ce soir, dans une heure, je mettrai à votre disposition cinq cent mille francs, un million, la somme enfin qui vous sera nécessaire.

M. Corvisier resta un instant stupéfié par le magnifique élan de générosité du banquier hollandais.

— Eh bien, reprit celui-ci, vous ne me répondez pas?

— Je m'oubliais à vous admirer.

Puis, secouant la tête, il continua :

— Comme je vous l'ai dit, je suis le notaire de M. le comte de Lasserre depuis quinze ans ; c'est moi qui ai acheté en son nom, peu de temps avant son mariage, l'hôtel que je suis chargé de vendre aujourd'hui. Or, je connais assez les affaires de M. le comte de Lasserre pour pouvoir vous dire qu'il n'a aucun embarras d'argent.

— Ah! fit M. Van Ossen.

— Assurément, poursuivit le notaire, la fortune de M. le comte de Lasserre ne peut pas être comparée à celle de la maison Van Ossen, d'Amsterdam ; mais avec un capital de plus de cinq millions, représenté par des valeurs mobilières de premier ordre, M. le comte de Lasserre n'a à redouter aucun désastre financier.

Un nuage passa sur le front du banquier.

— Alors, monsieur, dit-il, ce qui est arrivé à mon ami est plus terrible encore que je ne le supposais.

— Je ne sais pas, répondit M° Corvisier, toujours impassible.

— Allons, il est comme moi, il ne sait rien, pensa M. Van Ossen.

Il se leva et prit son chapeau.

— Une dernière question, monsieur ? dit-il.

— Je vous écoute.

— Pouvez-vous me dire où habite maintenant le comte de Lasserre ?

— Cette fois encore, monsieur, je suis désolé de ne pouvoir vous répondre.

— Quoi ! vous êtes son notaire et son mandataire, et vous ne savez pas où il demeure ?

— Je ne le sais pas, monsieur. Il y a aujourd'hui huit jours, à neuf heures du matin, M. le comte de Lasserre est venu me trouver et m'a dit :

« Je vais quitter Paris, je n'y reviendrai probablement jamais. Vous voudrez bien vendre mon hôtel avec son mobilier, si cela convient à l'acquéreur, sinon vous ferez vendre les meubles et le linge à l'hôtel des Ventes. Je ne vous dis pas où je vais m'installer, je l'ignore moi-même. Dès que j'aurai pris une résolution à ce sujet, je vous écrirai. Mais tout me fait prévoir que vous n'aurez pas de lettre de moi avant trois ou quatre mois. »

« M. le comte de Lasserre ne m'a pas dit autre chose, continua M° Corvisier. Je me suis bien aperçu, à son air soucieux et inquiet, qu'il était sous le coup d'une préoccupation sérieuse, ou peut-être de quelque grand chagrin. Si j'eusse été seulement son ami, comme vous, monsieur Van Ossen, au lieu d'être en même temps son notaire, peut-être me serais-je permis de l'interroger ; mais je n'ai point osé le faire. Vous savez, monsieur, quelle est ma manière de voir et d'agir dans certaines circonstances délicates : dans ses rapports avec ses clients le notaire ne saurait user de trop de discrétion. J'ai pensé avec raison que si M. le comte de Lasserre ne me faisait point connaître la cause de la résolution brusque qu'il prenait, c'est qu'il voulait me la laisser ignorer. Il y avait donc là un secret que je devais être le premier à respecter.

— A cela, monsieur, je n'ai rien à dire, répliqua le Hollandais. Je suis vivement contrarié, je l'avoue, d'avoir fait auprès de vous une démarche inutile ; il me reste à vous prier de m'excuser de vous avoir dérangé.

— Vous ne m'avez pas dérangé, monsieur ; je suis charmé, au contraire, d'avoir fait votre connaissance. Croyez que je regrette beaucoup de n'avoir pu vous donner les renseignements que vous espériez obtenir de moi.

Sur ces mots, les deux hommes se saluèrent et le notaire reconduisit le banquier hollandais jusqu'à la porte de son étude.

M. Van Ossen sortit de la maison et, triste, la tête inclinée, il se mit à marcher lentement le long du trottoir.

— Pauvre comte de Lasserre, pensait-il, quel malheur lui est-il arrivé? Où est-il allé ? Quand le reverrai-je?

Un soupir s'échappa de sa poitrine. Deux grosses larmes roulaient dans ses yeux. Certes, le comte de Lasserre avait en lui un véritable ami.

— Oh! la fatalité, la fatalité ! murmura-t-il, en hochant la tête.

Nous allons laisser M. Van Ossen s'occuper des affaires qui l'ont amené à Paris, puis retourner à Amsterdam ; mais, plus tard, le lecteur aura la satisfaction de retrouver ce sympathique personnage.

III

LE MALHEUR

Disons, maintenant, ce qui s'était passé rue de Berri, à l'hôtel de Lasserre.

La veille du jour où les habitants de la rue avaient été très étonnés en voyant apparaître l'écriteau qui annonçait la mise en vente de l'hôtel, le comte de Lasserre s'était levé, comme il en avait l'habitude, à six heures du matin.

Après avoir baigné son visage dans une cuvette d'eau fraîche et passé le peigne dans ses cheveux et sa barbe, qui commençaient à blanchir, il sortit de sa chambre, traversa son cabinet de travail, ouvrit doucement une porte et entra dans la chambre où la petite Lucie couchait toujours près de sa nourrice, bien qu'elle fût sevrée depuis plusieurs mois. Il venait, comme tous les matins, pour mettre son baiser paternel sur le front de l'enfant. Mais ni sa fille, ni la nourrice n'étaient là.

Pourtant il s'approcha du berceau vide et resta un instant immobile, regardant avec une sorte de ravissement le petit creux que la tête de la mignonne avait fait dans le duvet de l'oreiller.

Sans doute la comtesse s'était réveillée de bonne heure, et elle avait prié la nourrice de lui apporter sa fille.

Le comte de Lasserre fit cette réflexion et un doux sourire effleura ses lèvres. Il allait avoir le bonheur de surprendre la mère tenant sa fille dans ses bras.

Marchant sur la pointe des pieds, il se dirigea vers une porte qu'il ouvrit le plus discrètement possible. Le corps penché, il avança la tête et regarda. Mais le gracieux tableau qu'il s'attendait à voir ne frappa point ses yeux. La chambre de la comtesse était silencieuse et déserte. Surpris, il poussa brusquement la porte et entra. Alors il s'aperçut que le lit n'était point défait, ce qui attestait que la comtesse de Lasserre ne s'était pas couchée la veille. Pourtant, elle n'avait été à aucune fête, et quand elle l'avait quitté, vers dix heures, elle s'était retirée dans sa chambre en disant qu'elle avait grand besoin de dormir.

Le comte de Lasserre, saisi d'une angoisse inexprimable, jeta autour de lui des regards effarés. Quelque chose d'affreux, semblable à une brûlure, le mordait au cœur. Il sentait sa gorge serrée comme dans un étau; il étranglait. Le sang lui monta rapidement au cerveau; il se fit dans ses oreilles comme un tintement de cloches, ses yeux se voilèrent et il chancela comme s'il eût reçu un coup violent sur la tête ou en pleine poitrine.

— Oh! oh! râla-t-il, en portant les deux mains à son front.

Bien qu'il ne pût encore rien s'expliquer, le malheureux avait le pressentiment d'un effroyable malheur.

Soudain il se redressa et un double éclair jaillit de ses yeux hagards. Il fit entendre une sorte de grondement et il bondit vers une seconde porte qu'il ouvrit d'une main fiévreuse. Il se trouva dans une antichambre en présence de ses serviteurs.

Ceux-ci, à la vue de leur maître, reculèrent en se serrant les uns contre les autres.

A l'exception du cocher et du concierge, tout le personnel de l'hôtel était là.

Assise dans un coin, la nourrice pleurait, la figure cachée dans ses mains. Les autres domestiques, debout, se regardaient ayant l'air consterné.

Le comte de Lasserre s'élança vers la nourrice, et lui posant la main sur l'épaule :

— Où est ma fille? lui demanda-t-il d'une voix rauque.

La femme sursauta et leva la tête, montrant son visage inondé de larmes. Mais, au lieu de répondre à la question qui lui était adressée, elle se mit à sangloter et à pousser de sourds gémissements.

Le comte se retourna brusquement vers les autres domestiques.

— Où est votre maîtresse? demanda-t-il à la femme de chambre de la comtesse.

Celle-ci poussa un soupir et baissa la tête.

— Mais on ne veut donc pas me répondre ! s'écria M. de Lasserre d'une voix éclatante.

Il saisit la femme de chambre par le bras et, la secouant avec violence :

— Voyons, reprit-il avec une fureur concentrée, que savez-vous? Parlez, parlez, je le veux, je vous l'ordonne!

— Je ne sais rien, monsieur le comte, je ne sais rien, répondit la femme de chambre, qui tremblait de tous ses membres.

— Quelle heure était-il hier soir quand vous avez quitté votre maîtresse?

— Madame m'a renvoyée à dix heures et demie, en me disant qu'elle allait se coucher et qu'elle n'avait plus besoin de moi. Tout à l'heure, quand je suis descendue, j'ai trouvé ici la nourrice qui pleurait à chaudes larmes. Je l'interrogeai; elle ne me répondit pas. Alors, inquiète et effrayée, je suis entrée dans la chambre de madame. Je vis tout de suite que le lit était tel que je l'avais arrangé pour le coucher de madame, et je compris qu'elle n'avait point passé la nuit dans sa chambre.

Le visage de M. de Lasserre était devenu blanc comme un suaire. De fauves éclairs sillonnaient continuellement son regard.

— Moi, monsieur le comte, dit le maître d'hôtel, je fus très étonné de trouver ouverte la porte qui ouvre sur le perron du jardin.

M. de Lasserre hocha la tête et passa à plusieurs reprises sa main sur son front couvert d'une sueur froide. Puis se rapprochant de la nourrice :

— Maintenant, lui dit-il d'une voix étranglée, êtes-vous en état de me répondre?

La nourrice essuya rapidement son visage et se leva.

Les autres domestiques pensèrent qu'ils devaient se retirer. Tous marchèrent vers la porte.

— Attendez, leur dit le comte d'un ton impérieux.

Et, s'adressant au maître d'hôtel :

— Théodore, où est le cocher? lui demanda-t-il.

— Occupé à panser ses chevaux, je pense.

— Sait-il que la comtesse de Lasserre n'a point passé la nuit à l'hôtel?

— Il l'ignore, monsieur le comte.

— C'est bien. Et le concierge?

— Il ne sait rien non plus.

— Eh! bien, Théodore, voici les ordres que je donne, en vous chargeant de veiller à ce qu'ils soient ponctuellement exécutés. Aujourd'hui toutes les portes de l'hôtel resteront fermées; le concierge ne laissera entrer personne, vous entendez, personne, et il ne bougera pas de sa loge. Ce n'est pas tout : je vous consigne tous; sous aucun prétexte vous ne pourrez sortir de l'hôtel. Vous êtes tous de braves et fidèles serviteurs, je suis sûr qu'il ne viendra pas à l'un de vous la pensée de braver ma défense.

Les domestiques s'inclinèrent respectueusement.

— Théodore, m'avez-vous compris? reprit M. de Lasserre.

— Oui, monsieur le comte, répondit le maître d'hôtel, et monsieur le comte peut compter sur notre obéissance à tous.

— Pour le moment je n'ai pas autre chose à vous dire, vous pouvez vous retirer.

Les domestiques sortirent.

— Maintenant, dit M. de Lasserre à la nourrice, vous pouvez parler, je vous écoute. Que savez-vous ? que s'est-il passé?

— Ah! monsieur le comte, si j'avais su... Monsieur le comte, je vous demande pardon.

— C'est inutile, je ne vous crois point coupable. Ma fille a été enlevée de son berceau ; comment? Voilà ce que je veux savoir. Parlez donc!

Accablé, M. de Lasserre se laissa tomber lourdement sur un siège.

— Hier soir, dit la nourrice, je me suis couchée un peu avant dix heures. L'enfant dormait d'un sommeil tranquille, les lèvres entr'ouvertes, souriante. Je ne tardai pas moi-même à fermer les yeux. Je dormais profondément lorsque, tout à coup, un bruit qui se fit dans la chambre me réveilla. Je me dressai à demi sur mon lit et, à la clarté de la veilleuse, je vis madame la comtesse penchée sur le berceau de l'enfant. Je ne saurais vous dire quelle heure il était, monsieur le comte ; mais bien sûr je ne dormais pas depuis longtemps.

— Ah! c'est vous, madame la comtesse? lui dis-je.

— Oui, c'est moi, me répondit-elle. Avant de me mettre au lit j'ai voulu embrasser ma fille ; elle est éveillée, regardez, elle me tend ses petits bras ; je vais la prendre et je la coucherai près de moi, dans mon lit.

Je lui objectai que la petite remuait beaucoup et que, certainement, cela la fatiguerait.

— Non, non, me répondit-elle, elle ne me fatiguera point. D'ailleurs, si je ne peux pas la garder près de moi, je la remettrai dans son berceau. Je regrette d'avoir troublé votre sommeil, ma bonne, ajouta-t-elle, ne vous inquiétez pas, dormez.

Et elle prit l'enfant dans ses bras et l'emporta.

Monsieur le comte, que pouvais-je dire? que pouvais-je faire? Rien. Et puis j'étais loin de supposer... Ma tête retomba sur l'oreiller, et, presque aussitôt, je m'endormis. Je me suis réveillée ce matin à cinq heures... Immédiatement je me levai et m'habillai ; puis je m'assis et j'attendis, prêtant l'oreille, que madame la comtesse m'appelât. Une heure s'écoula. Je n'entendais toujours aucun bruit dans la chambre de madame. Malgré cela, pensant que la petite pouvait avoir besoin d'être changée, je me décidai à entrer chez madame la comtesse. Comme Marceline, monsieur le comte, je vis bien que madame ne s'était pas couchée ; et j'étais sûre qu'elle n'était pas près de vous, puisque je venais de vous entendre sonner votre valet de chambre.

Voilà, monsieur le comte, acheva la nourrice, voilà tout ce que je peux vous dire.

— C'est bien, merci, dit M. de Lasserre en se levant.

Il resta un instant silencieux, les sourcils froncés ; puis il reprit :

— Vous avez entendu ce que j'ai dit tout à l'heure à mes domestiques; la

L'IDIOTE 17

Il se trouva tout à coup en présence d'un jeune homme et d'une belle jeune fille,
assis l'un près de l'autre.

défense que je leur ai faite de sortir de l'hôtel sous aucun prétexte vous concerne également.

Sur ces mots, il s'éloigna lentement et rentra dans la chambre de sa femme.

Alors sa colère, qu'il avait eu la force de contenir jusque-là, éclata comme un coup de tonnerre. Il se mit à pousser tour à tour des cris de rage et des gémissements épouvantables. Il tournait, bondissait autour de la chambre comme un lion furieux dans une cage de fer. Il se tordait les bras et les mains, ils s'ar-

Liv. 3. F. ROY, édit. — Reproduction interdite.

rachait les cheveux, il s'enfonçait les ongles dans la chair. On aurait dit un épileptique ou un malheureux atteint du *delirium tremens*.

A la fin, épuisé, à bout de forces, haletant, écrasé sous le poids de son malheur, qui n'était que trop certain, il s'affaissa comme une masse dans un fauteuil.

Il resta ainsi pendant près d'une heure dans une prostration complète. Puis, soudain, un long soupir s'échappa de sa poitrine gonflée, et il se mit à pleurer et à sangloter comme un enfant.

Après l'accès de fureur, la douleur faisait explosion à son tour.

Cependant, les larmes et les sanglots soulagèrent le malheureux. Il parvint à ressaisir sa pensée et il commença à réfléchir, ce qu'il n'avait pu faire depuis la fatale découverte.

Ainsi, le doute n'était pas permis; il fallait se résoudre à l'évidence. La comtesse de Lasserre, sa femme, était partie; elle s'était enfuie de l'hôtel, la nuit, comme une voleuse, en emportant son enfant. Il ne se demandait pas pourquoi. Hélas! il le devinait.

Et rien ne l'avait retenue, la malheureuse, rien : ni la crainte du scandale, ni la pensée de l'avenir qu'elle préparait à sa fille, ni l'opprobre dont elle couvrait le nom de son mari, ni le stigmate de honte qu'elle imprimait sur son front.

IV

LA LETTRE

Le comte de Lasserre s'était levé et son regard furetait autour de la chambre.

— Ah! fit-il tout à coup en tressaillant.

Ses yeux venaient de se fixer sur un joli petit meuble servant de secrétaire. Or, ce meuble était ouvert, et sur la tablette il y avait une lettre. C'est cette lettre qui venait de provoquer l'exclamation du comte.

Comme un tigre qui bondit sur une proie, il s'élança vers le meuble et prit la lettre.

En reconnaissant sur l'enveloppe l'écriture de la comtesse, il fut pris d'un tremblement convulsif. Ainsi qu'il l'avait supposé, la lettre lui était adressée.

Pendant un instant il resta immobile, les yeux fixés sur la suscription, comme s'il eût hésité à prendre connaissance de la missive. Enfin d'une main fiévreuse il rompit le cachet. Toutefois il fut obligé d'attendre un moment pour donner à un nuage qui s'était placé devant ses yeux le temps de se dissiper.

— Voici ce qu'il lut :

« Monsieur le comte,

« Je suis une malheureuse ! J'ai trahi votre confiance ; j'ai oublié ce que je
« devais à votre amitié constante et à ma reconnaissance. Je vous ai trompé,
« monsieur le comte, je suis une indigne. Je ne peux plus, je ne dois plus vivre
« près de vous. Le nom que vous m'avez donné ne m'appartient plus ; je n'ai
« plus le droit de le porter. Je me fais justice moi-même en quittant votre maison.

« Vous n'entendrez plus parler de moi, monsieur le comte ; pour toujours
« je veux être morte pour le monde.

« Mais si indigne que je sois, monsieur le comte, je suis mère et, vous le
« savez, j'aime ma fille. Hélas ! vous l'aimez aussi, vous... Ah ! vous allez me
« maudire... Je voudrais vous la laisser ; mais je ne peux pas, non je ne peux
« pas abandonner mon enfant !... Il faut que je quitte votre maison et je ne
« puis partir sans ma fille !

« Adieu, monsieur le comte.

« HÉLÈNE. »

Pendant un instant, le comte de Lasserre resta étourdi, froissant la lettre entre ses doigts crispés. Il avait le regard d'un fou.

Soudain, ses traits se contractèrent horriblement, et frappant du pied avec violence :

— Ah ! la misérable ! Ah ! l'infâme ! s'écria-t-il saisi d'un nouvel accès de fureur, elle m'a tout pris d'un coup : mon bonheur, mon sang, ma vie !... Ce n'était pas assez pour elle de me déshonorer, de traîner mon nom dans la fange du ruisseau ! Il fallait encore qu'elle me volât ma fille, ma petite Lucie, mon cher trésor !... Ah ! misérable !... misérable !...

Oh ! oui, je te maudis, exécrable créature, je te maudis !...

Elle savait bien qu'elle allait me frapper en plein cœur. Qui sait ? Elle espérait peut-être qu'en apprenant sa double infamie, je tomberais foudroyé pour ne plus me relever... Mourir, moi ! Non, non. Et ma fille, que deviendrait-elle ?

Il se redressa de toute sa hauteur et s'écria :

— Pour ma fille, pour elle seule, maintenant, je veux vivre !...

Après un court silence, il reprit :

— Où est-elle allée, la misérable ? Où pense-t-elle pouvoir cacher sa honte ? Elle est partie avec son séducteur... Oh ! ma fille près de cet homme, de ce lâche !...

Je vous retrouverai, comtesse de Lasserre, je vous retrouverai, continua-t-il en grinçant des dents, quand même vous seriez allée vous cacher à l'extrémité de la terre. Oui, oui, je la retrouverai, et malheur, malheur à elle si elle ne me rend pas ma fille !

Le comte de Lasserre n'avait plus qu'une seule et unique pensée : retrouver la comtesse afin de lui arracher sa fille. Toutefois, il ne se dissimulait pas les difficultés de la tâche qu'il allait s'imposer, mais, doué d'une volonté énergique, il ne les trouvait point au-dessus de ses forces. D'ailleurs, il s'agissait de sa fille. Pour elle il était capable de tout ; aucun obstacle ne pouvait abattre son courage. Cet homme, qu'un immense malheur venait d'écraser, retrouvait en lui, à la pensée de sa fille, une force surhumaine. Cependant, sa fureur s'étant calmée peu à peu, de nouvelles larmes jaillirent de ses yeux. Il sentait, le malheureux, que le bonheur de sa vie était à jamais détruit.

Il voulut savoir ce que sa femme avait emporté en partant, et il fit rapidement l'inventaire des objets qui lui appartenaient.

Dans un des tiroirs du petit meuble dont nous avons parlé, il trouva les bijoux qu'il avait offerts à la comtesse avant leur mariage et ceux qu'il lui avait achetés depuis. Pas un ne manquait. L'alliance elle-même était dans son écrin. Il y avait là pour plus de trois cent mille francs de diamants et autres pierres précieuses, une petite fortune.

Dans un cabinet contigu à la chambre, les robes de la comtesse étaient accrochées à des patères. Son linge, ses fourrures, ses rubans, ses dentelles étaient rangés avec ordre dans une grande armoire.

Le comte de Lasserre fut bientôt convaincu que la comtesse n'avait emporté que le vêtement qu'elle avait sur elle, et probablement, dans une petite valise, un peu de linge de première nécessité.

Assurément, elle n'était point partie avec beaucoup d'argent. C'est tout au plus si elle pouvait avoir quelques centaines de francs. Sur ce point M. de Lasserre savait à quoi s'en tenir. Il n'avait jamais refusé de donner à sa femme l'argent qu'elle lui demandait ; mais la comtesse n'était pas exigeante, et quand, rarement d'ailleurs, elle disait à son mari : « J'ai besoin d'argent, » et que celui-ci lui répondait : « Prends ce que tu voudras, » elle se montrait sagement réservée.

Donc, la comtesse était partie avec rien ou presque rien. Et le comte de Lasserre était forcé de le constater. Vit-il en cela un excès de délicatesse de la comtesse ? Peut-être. Mais il éprouva une nouvelle et profonde douleur. Il aurait préféré, sans doute, que sa femme eût tout emporté.

— Je comprends, se dit-il avec amertume, l'autre est riche... Oh! pour elle et pour moi, quelle honte !... Ma fille, mon enfant, à moi, va être habillée, nourrie par cet homme! Dieu est-il juste, l'est-il ? Mais quel mal ai-je donc fait dans ma vie pour être frappé aussi cruellement ?

A onze heures et demie, quand on vint l'avertir que son déjeuner était servi, il avait eu le temps de réfléchir à ce qu'il devait faire. Sa résolution était prise.

— Oui, murmura-t-il avec un sourire navrant, il faut manger, il faut vivre. Notre misérable nature humaine a ses exigences

Il passa dans la salle à manger et se mit à table. Il ne put s'empêcher de pousser un gémissement en se voyant seul à cette même table où s'asseyaient tous les jours la comtesse et la nourrice, ayant la petite Lucie sur ses genoux.

La nourrice avait compris que, n'ayant plus sa chère mignonne, elle n'avait plus le droit de prendre place à la table de son maître.

Le comte n'avait guère d'appétit. Le cœur gonflé et des larmes dans les yeux, il suça avec effort une aile de volaille et but un demi-verre de bordeaux. Ce fut tout. Il ne voulut même pas prendre de café.

A une heure, il fit appeler tous ses domestiques, et quand ils furent réunis devant lui, dans le grand salon, il leur parla ainsi :

— Mes amis, vous êtes tous d'honnêtes et fidèles serviteurs ; j'ai toujours eu à me louer de vos services, et maintes fois vous m'avez donné la preuve de votre affection et de votre dévouement. Cependant, je me vois forcé de vous congédier.

Les domestiques laissèrent voir leur douloureux étonnement.

— Oh! monsieur le comte, fit le valet de chambre.

M. de Lasserre reprit :

— Si vous avez du chagrin de quitter un maître qui a toujours été bon pour vous, croyez qu'il m'est également pénible de me séparer de mes excellents serviteurs. Mais il le faut ; demain je ne serai plus ici, et dans quelques jours, probablement, j'aurai quitté Paris et la France.

« Toutefois, je ne me séparerai point de vous sans laisser un souvenir à chacun. Tout à l'heure je remettrai à Théodore un chèque qu'il ira toucher à la Banque de France, et chacun de vous, mes amis, recevra une somme de dix mille francs. »

Ces paroles furent accueillies par des exclamations.

— Ce don, que je vous fais, continua le comte, est en même temps un témoignage de mon amitié et la récompense de vos bons services.

« Maintenant, mes amis, j'ai une chose à vous demander, une promesse à exiger. »

Ici sa voix s'affaiblit et devint tremblante.

— Promettez-moi, poursuivit-il, que vous ne parlerez jamais à personne de ce qui s'est passé ici ce matin et dans la nuit.

— Monsieur le comte, nous serons muets, répondit le maître d'hôtel avec émotion. Nous le jurons, n'est-ce pas? ajouta-t-il en s'adressant à ses collègues.

— Oui, nous le jurons, répétèrent en chœur tous les domestiques.

— Merci, dit le comte. Mais ne croyez pas que le don que je vous fais soit l'achat de votre silence. Non, non. Je vous connais, mes amis ; je savais que je pouvais vous demander de me donner une dernière preuve de votre affection et de votre dévouement. Encore une fois, merci.

Les domestiques se retirèrent.

Un instant après, Théodore sortait de l'hôtel pour aller d'abord porter une lettre à un marchand de chevaux et voitures, solder ensuite les comptes des fournisseurs, ainsi que son maître le lui avait ordonné, et se rendre en dernier lieu à la Banque de France.

Il était de retour à cinq heures.

Aussitôt, le comte de Lasserre fit appeler de nouveau ses serviteurs et il remit à chacun d'eux la somme promise. Ils étaient neuf, y compris la nourrice, le concierge et sa femme.

Il les congédia en leur disant d'aller faire leurs préparatifs de départ.

— Car, ajouta-t-il, nous quitterons tous l'hôtel cette nuit.

Pendant que les domestiques étaient occupés à préparer leurs malles, le comte de Lasserre ne resta pas inactif. Il se fit apporter deux grandes caisses dans sa chambre et il les remplit lui-même de tous les objets qu'il voulait emporter. Nous n'avons pas besoin de dire que parmi ces objets se trouvaient les bijoux de la comtesse. Il avait aussi recueilli avec un soin particulier tous les petits effets d'habillement et le linge à l'usage de sa fille.

Il avait déjà décidé que l'hôtel serait vendu, ainsi que tout ce qu'il contenait. Or, il ne voulait pas que le petit trousseau de sa fille chérie tombât dans des mains étrangères.

A sept heures on lui servit son dîner. Il mangea un peu mieux que le tantôt. Il était faible et il sentait qu'il avait besoin de réparer ses forces épuisées. Il toucha à tous les mets qu'on apporta devant lui, but sa bouteille de vin et ne refusa point de prendre une tasse de café. Après cela, machinalement, il alluma un cigare; mais, presque aussitôt, il le laissa s'éteindre entre ses lèvres.

Enfin, dix heures sonnèrent. Le comte appela le maître d'hôtel et le pria d'aller chercher les voitures nécessaires à la plus proche station de la Compagnie des petites voitures. Une demi-heure après le départ commença.

Le cocher et le valet de pied s'en allèrent ensemble les premiers. Ensuite ce fut le tour de la cuisinière et de la femme de chambre. Un instant après la nourrice partit seule. Au bout d'un quart d'heure, le maître d'hôtel et le valet de chambre quittaient l'hôtel à leur tour. Le concierge et sa femme s'en allèrent ensuite.

Sur l'ordre du comte, le concierge avait brisé le timbre de la porte de la cour.

Resté seul, M. de Lasserre se promena pendant environ vingt minutes dans la cour de l'hôtel, dont toutes les portes et toutes les fenêtres étaient fermées. Une voiture à deux chevaux, sur laquelle on avait chargé ses deux caisses, l'attendait dans la rue. Il était plus de minuit quand il se décida enfin à franchir le seuil de la porte, qu'il referma en tournant deux fois la clef dans la serrure.

— Où allons-nous? lui demanda le cocher.

— Rue de Lyon, répondit-il, après avoir réfléchi un instant.
— Pas de chance, rude course, fit le cocher d'un ton aigre.
— Qu'importe, répliqua le comte, si je vous paye en conséquence?
— C'est différent, monsieur, répondit l'homme subitement radouci. Mais vous ne m'avez pas dit le numéro.
— Il y a plusieurs hôtels meublés, rue de Lyon, vous vous arrêterez devant celui que vous voudrez.

Sur ces mots, le comte de Lasserre se jeta dans le fiacre, qui s'en alla au petit trot des chevaux.

V

AMOUR

Le comte Paul de Lasserre avait quarante-six ans. Originaire du haut Limousin, il était le dernier descendant de cette ancienne et illustre famille des Lasserre qui, dans les armes et la haute magistrature, a rendu tant de services à la France.

Fils unique, ses parents eurent pour lui la plus vive tendresse. Sa mère l'adorait. Femme d'un grand cœur et qui possédait toutes les délicatesses, toutes les vertus, elle s'appliqua, en aidant l'intelligence de son fils à se développer, à faire naître dans son cœur tous les bons sentiments, et elle eut la satisfaction de voir que son cher Paul serait un jour tout à fait digne d'elle.

Après avoir fait d'excellentes études au lycée de Limoges, Paul entra à l'École polytechnique. Alors, pour ne pas être trop éloignés de leur fils, M. et madame de Lasserre vinrent s'installer à Paris.

Paul de Lasserre aimait l'étude avec passion. Avide de savoir, il aurait voulu pouvoir tout apprendre afin de connaître tout.

Il sortit de l'École polytechnique classé parmi les premiers. Le moment était venu de choisir une profession; il pouvait être facilement ingénieur des ponts et chaussées ou des mines; mais il préféra garder sa liberté, afin de pouvoir se livrer entièrement à ses chères études.

Pendant plusieurs années, il suivit très assidûment et en même temps les cours de l'École de droit, de l'École de médecine et de l'École de pharmacie. Toutefois, comme il n'entrait point dans ses idées d'être avocat ou médecin, il ne chercha pas à obtenir le titre de docteur.

Il avait vingt-six ans lorsque son père mourut presque subitement. Quatre ans plus tard, il eut une nouvelle et immense douleur en perdant sa mère.

Il se trouva du jour au lendemain dans un isolement presque complet, car sa passion pour l'étude l'avait constamment éloigné du monde, et il n'avait que très peu d'amis.

Il conserva l'appartement que son père avait loué autrefois rue du Dragon, et, bien qu'il eût alors une fortune de près de trois millions, il vécut aussi modestement qu'un petit bourgeois des Batignolles ou un sous-chef de bureau à six mille francs d'appointements.

Dès lors, il se donna plus complètement encore à l'étude. Il passait des journées et des nuits entières au milieu de ses livres. C'est à peine s'il prenait le temps de manger et de dormir. C'était une espèce de frénésie. Heureusement, sa constitution robuste lui permettait cet excès de travail qui aurait pu compromettre sa santé.

Préférant à tout sa vie de travail, solitaire et tranquille, il sortait rarement et toujours à pied. Il n'avait pas de voiture, parce que, disait-il, il repoussait tout ce qui était de nature à lui donner une préoccupation en dehors de ses travaux scientifiques.

De loin en loin, il faisait quelques visites ; mais il ne recevait jamais personne. Du reste, il ne recherchait point l'amitié des hommes et moins encore l'amour d'une femme. Renfermé en lui-même, esclave de ses livres, absorbé dans le travail, son unique passion, il avait, sans s'en douter, de grandes dispositions à la misanthropie.

Naturellement, on ne le rencontrait jamais dans une fête mondaine. Pourtant les invitations ne lui manquaient point. Certes, s'il l'eût seulement désiré, son nom seul lui aurait ouvert tous les salons du faubourg Saint-Germain. Mais comme on connaissait sa nature sauvage et ses goûts casaniers, au lieu de le violenter pour l'attirer, on l'abandonnait à son isolement. D'ailleurs, on lui pardonnait volontiers ce qu'on aurait considéré chez un autre comme un manque d'égards ou de convenances.

C'est ainsi que le comte Paul de Lasserre vécut jusqu'à l'âge de quarante-trois ans, sans rien changer à son existence.

Il était devenu un savant, un véritable savant. Il avait étudié tout ou presque tout. Il était historien, géographe, astronome, jurisconsulte, un peu médecin, naturaliste, etc. Mais il n'était nullement orgueilleux de sa supériorité sur les autres. La modestie, si rare chez la plupart des hommes, était une de ses vertus.

Dans les dix dernières années, il avait écrit une douzaine de manuscrits d'une valeur sérieuse. S'il les eût publiés, il aurait eu certainement le droit de s'asseoir dans un fauteuil de l'Institut. Mais il étudiait les sciences pour elles-mêmes et sa propre satisfaction. Il ne lui était jamais venu à l'idée qu'il pouvait tirer un profit quelconque de ses laborieuses études. Le comte de Lasserre était un savant amateur.

Nous disons savant amateur comme on dit artiste amateur, — n'ayant d'autre ambition que celle de beaucoup savoir.

Au mois d'avril, quand le soleil revient d'exil et que tous les nids sont en querelles, comme le dit si poétiquement François Coppée, alors que le faubourg

Sur un signe que lui fit la marquise, le comte resta immobile et tendit l'oreille pour écouter la chanteuse.

Saint-Germain et les autres quartiers riches deviennent presque déserts, ceux-ci partant pour leurs châteaux et ceux-là pour les villes d'eaux ou le bord de la mer, le comte de Lasserre quittait aussi Paris pour aller passer toute la belle saison dans une petite maison entourée d'un jardin, qu'il avait louée à Saint-Germain, à proximité de la forêt. Il y avait fait transporter une partie de sa bibliothèque, et là, comme à Paris, il étudiait et écrivait. A la campagne, toutefois, il était moins casanier qu'à la ville. Il lui arrivait assez souvent de sortir de son cabinet de travail pour faire de longues promenades dans les allées ombreuses du bois ou d'intéressantes excursions au milieu des champs. Il utilisait ses promenades en s'offrant un amusement qui était encore un travail ; mais herboriser lui semblait un délassement. La plus grande pièce de son habitation avait été convertie en herbier ; elle était littéralement pleine de bottes d'herbes et de fleurs fanées.

Or, un jour que le comte de Lasserre s'en revenait chez lui, les bras chargés d'une superbe moisson de simples, il se trouva tout à coup en présence d'un jeune homme et d'une belle jeune fille qui se reposaient, assis l'un près de l'autre, au pied d'un chêne séculaire.

Le jeune homme pouvait avoir vingt-quatre ou vingt-cinq ans et la jeune fille dix-huit ans à peine.

Le comte de Lasserre venait d'éprouver une sensation étrange, indéfinissable. Surpris, ému, il s'arrêta brusquement et regarda avec un intérêt mêlé d'admiration le charmant tableau. Il était facile de voir qu'ils savouraient le bonheur de vivre, ces jeunes amoureux, deux oiseaux jaseurs échappés de Paris, la grande volière, et venus en cet endroit pour répéter à l'aise le refrain éternel des premières amours.

Le bras du jeune homme entourait la taille de la jeune fille et la serrait doucement contre lui, pendant que celle-ci, façonnant une couronne de bluets, laissait reposer sa tête gracieuse sur l'épaule du jeune homme.

Elle avait les joues fraîches et roses comme une cerise mûre, le visage épanoui, les lèvres souriantes, et sur le front quelque chose de radieux. Son long regard voilé avait une expression de douceur et de tendresse infinies. Et lui, ravi, enivré, l'enveloppait de son regard brûlant d'amour tout en lui présentant, une à une, les fleurs bleues qu'elle rassemblait.

A ce moment ils ne se disaient rien ; mais le silence, chez les amoureux, a son éloquence ; d'ailleurs, quelles paroles auraient-ils pu prononcer qui exprimassent mieux ce que disaient leurs regards et leurs sourires? Dans un regard ou un sourire il y a souvent tout un poème.

C'est ce que pensait le comte de Lasserre. Et il se disait :

— Ils n'ont point besoin de se parler pour s'entendre et se comprendre.

Et en voyant leurs fronts irradiés, il lui semblait que ces deux amoureux devaient rester éternellement jeunes et beaux.

Il s'éloigna lentement, la tête inclinée, rêveur. Il y avait en lui un grand trouble. Une foule de pensées se heurtaient tumultueusement dans son cerveau. Les oiseaux qui chantaient sous bois et, dans l'air, un bruissement mystérieux, faisaient passer dans tout son être une sorte de frémissement.

— Oui, murmura-t-il, c'est l'image du bonheur, du vrai bonheur que je viens d'avoir sous les yeux.

Il sentait que son sang coulait plus vite et plus chaud dans ses veines. Il s'étonnait que son cœur eût des battements précipités. Il était ému, très ému et il éprouvait comme une vague inquiétude. Pourquoi?

Le comte de Lasserre ne se rendait pas encore exactement compte de ses impressions ; mais il n'allait pas tarder à reconnaître qu'il éprouvait le besoin qu'ont tous les êtres, celui d'aimer et d'être aimé.

Il n'était pas encore de retour à sa villa que, déjà, une transformation complète s'était opérée en lui.

Dès qu'il eût franchi le seuil de sa porte, il remarqua que l'habitation était bien déserte. Les chambres manquaient d'air, sentaient le renfermé. Pour la première fois, il trouva que le silence autour de lui était trop grand.

Il se sentait enveloppé d'une atmosphère lourde, qui semblait peser sur ses épaules, et quelque chose de froid le saisissait.

Voulant faire diversion à ses pensées et échapper à ses souvenirs, il se réfugia dans son cabinet de travail, au milieu de ses livres. Il en prit un, le premier qui lui tomba sous la main, et l'ouvrit ; mais, après avoir lu distraitement quelques lignes, il le ferma avec un mouvement d'impatience. Il en prit un second. Cette fois il l'avait choisi ; c'était le *Dictionnaire philosophique*. Il chercha le mot « Amour » et il lut :

« Il y a tant de sortes d'amour qu'on ne sait à qui s'adresser pour le définir.
« On nomme hardiment amour un caprice de quelques jours, une liaison sans
« atachement, un sentiment sans estime, des simagrées de Sigisbé, une froide
« habitude, une fantaisie romanesque, un goût suivi d'un prompt dégoût : on
« donne ce nom à mille chimères. »

— J'aime mieux la définition de l'amour qui m'a été donnée à la lisière du bois, au pied du vieux chêne, pensa le comte.

Il continua sa lecture.

« Si quelques philosophes veulent examiner à fond cette matière peu philo-
« sophique, qu'ils méditent le banquet de Platon, dans lequel Socrate converse
« avec Alcibiade et Agathon sur la métaphysique de l'amour. »

— Oh ! oh ! Voltaire ! fit M. de Lasserre, en pinçant ses lèvres.

Il lut encore :

« Lucrèce en parle plus en physicien. Virgile suit les pas de Lucrèce : *Amor*
« *omnibus idem*. C'est l'étoffe de la nature que l'imagination a brodée.
« Veux-tu avoir une idée de l'amour ? Vois les moineaux de ton jardin ; vois tes
« pigeons ; vois... »

Le comte s'interrompit brusquement. Il allait fermer le livre lorsque, au pas de la page, ses yeux tombèrent sur ces mots :

« L'amour, dans un pays d'athées, ferait adorer la divinité. »

— J'aime mieux cela, murmura-t-il.

Il resta un moment silencieux et reprit :

— En vérité, je n'ai rien à chercher dans mes livres ; ils ne me diront jamais, au sujet de l'amour, ce que les amoureux du bois m'ont appris en un instant.

Il appuya ses coudes sur son bureau, prit sa tête dans ses mains et s'abîma dans une méditation profonde.

Le soir, en se couchant il se disait :

— Je suis fou... Demain, après avoir bien dormi, je n'aurai plus aucune de ces singulières idées qui me trottent dans la tête.

Il se trompait absolument. D'abord il lui fut impossible de dormir, et quand il se leva, en même temps que le soleil, il était encore plus agité et plus troublé que la veille. Espérant que le grand air lui ferait du bien, le calmerait, il sortit. Ses pas le conduisirent droit au chêne des amoureux. Le joli couple n'était plus là ; mais le charmant tableau de la veille était resté dans son souvenir, et il croyait l'avoir encore sous les yeux.

— Comme ils étaient beaux ! s'écria-t-il ; comme ils se regardaient !... Tout leur avenir passait dans un sourire. Ils avaient sur le front une auréole lumineuse... L'amour ! voilà l'amour !

Il s'enfonça dans une allée du bois.

— Oui, oui, reprit-il avec force, aimer, être aimé, toute la vie est là! Et c'est aujourd'hui seulement que je comprends cela... Pourtant, je croyais me connaître. Ah ! le cœur de l'homme renferme réellement des mystères impénétrables. Avec toute ma science, j'en sais beaucoup moins long que la belle jeune fille aux bluets.

« Voyons, qu'est-ce que je suis ? Rien. J'ai cherché l'isolement, je me suis enfermé, caché comme un ours dans sa tanière. J'ai provoqué l'indifférence, et ceux qui auraient pu m'aimer m'ont oublié. Oh ! l'abandon, l'oubli ! Comme cela me paraît lugubre !... Eh bien, ai-je le droit de me plaindre ? Non. Si j'eusse aimé, on m'aurait aimé ! Pourquoi ai-je mis sur mon cœur une triple cuirasse ? Pourquoi n'ai-je pas voulu connaître l'amour ? Et je croyais être heureux ! Allons donc, je ne sais pas ce que c'est que le bonheur !

« Oui, oui, continua-t-il avec une profonde amertume, je me suis trompé, j'ai fait fausse route. S'il en est temps encore, je recommencerai ma vie !... »

VI

UNE ROMANCE

Maintenant qu'il voyait son isolement et comprenait que l'homme n'est pas né pour vivre seul, le comte de Lasserre voulait aimer, se donner une compagne, avoir une famille,

Mais le savant se trouvait en présence d'une difficulté plus grande que celle de découvrir les différents caractères d'une fleur ; il ne connaissait aucune jeune fille à marier. Dans les grands salons où il avait daigné se montrer, il ne s'était guère occupé des femmes ; il préférait la société des hommes, de quelques vénérables membres de l'Institut. Or, toujours, dans tous les mondes, les jeunes filles préfèrent une polka ou une valse à la plus savante conversation.

Après avoir longuement réfléchi sur sa situation, qu'il trouvait maintenant tout à fait déplorable, le comte de Lasserre finit par se dire qu'il était insensé, qu'il n'existait pas de femme pour lui et qu'il pensait à des choses chimériques.

Plusieurs jours se passèrent.

Le comte de Lasserre s'aperçut avec effroi qu'il s'ennuyait et qu'il était sérieusement menacé d'hypocondrie. Il n'avait plus de goût au travail, il abandonnait ses livres, ses vieux amis d'autrefois, et il passait des journées entières à errer autour de sa demeure, ainsi qu'une âme en peine. Cela ne pouvait pas durer ainsi, il fallait absolument user d'un réactif.

Tout à coup, il se souvint que la marquise de Montperrey l'invitait chaque année à venir passer quinze jours ou un mois à son château de Bression, situé au centre de la Touraine. Sa résolution fut aussitôt prise. Le soir même il rentrait à Paris et, le lendemain matin, il se mettait en route pour la province qu'on dit être le jardin de la France.

Il s'était dit :

— La marquise est très répandue dans le monde ; elle a été l'amie de ma mère ; malgré ma sauvagerie elle a encore quelque amitié pour moi. Je lui dirai franchement de quel mal je suis atteint, et j'espère qu'elle voudra bien m'aider à me guérir.

Comme on le voit, le comte de Lasserre avait toujours été prompt dans ses résolutions.

Il arriva à Bression vers trois heures de l'après-midi. Il y avait réception et fête au château ce jour-là. Le magnifique soleil de juin brillait de tout son éclat. En attendant qu'ils pussent descendre dans les jardins et faire un tour de promenade dans les allées du parc, les invités de la marquise étaient réunis dans les salons. Les hommes jouaient ou causaient entre eux. Dans le grand salon, où se tenaient les dames, on faisait de la musique, on chantait.

M. de Lasserre descendit de voiture devant la grille du château ; et pendant qu'un domestique venait prendre sa valise, un autre allait prévenir sa maîtresse qu'un étranger, un invité sans doute, arrivait au château.

Madame de Montperrey quitta aussitôt sa société et vint à la rencontre du voyageur annoncé. En reconnaissant M. de Lasserre, elle laissa échapper un cri d'agréable surprise. Puis, lui tendant amicalement la main :

— Vous, c'est vous, c'est bien vous ! s'écria-t-elle ; en vérité, mon cher comte, je ne puis en croire mes yeux. Quel effort vous avez dû faire pour vous séparer de vos vieux livres, monsieur le savant ! C'est un sacrifice cela, un énorme sacrifice... Soyez certain qu'il vous en sera tenu compte. Je suis touchée, profondément touchée, mon ami, de la grande preuve d'amitié que vous me donnez.

— Demain, madame la marquise, répondit le comte en souriant, je vous apprendrai comment et pourquoi je me suis décidé subitement à sortir de ma retraite.

— Bien : ce sera, j'en suis sûre très intéressant. Mais la joie de vous voir me fait oublier mon premier devoir de maîtresse de maison. Vous devez avoir besoin de prendre quelque chose.

— Non, madame, j'ai déjeuné à Tours.

— S'il en est ainsi, vous n'avez qu'à penser à votre toilette. Allez donc vous habiller, mon cher comte, et ne soyez pas trop longtemps ; j'ai hâte de vous présenter à ma société.

La marquise se tourna vers un domestique et lui dit :

— Conduisez M. le comte de Lasserre dans la chambre de Diane.

Pendant que le comte prenait possession de son appartement et changeait de costume, la marquise annonçait à ses invités l'arrivée au château du comte de Lasserre.

Les quelques personnes qui connaissaient le savant ne cherchèrent point à cacher leur surprise.

— Mais, reprit la marquise, si M. le comte de Lasserre est un savant, c'est-à-dire un homme grave et même austère, il ne nous empêchera pas de nous récréer ; d'ailleurs il est excellent musicien et aime beaucoup à entendre chanter. Voyons, mademoiselle Hélène, continua-t-elle en s'adressant à une jeune fille, il me semble que c'est à votre tour de nous chanter quelque chose.

— Je ne veux pas me faire prier, répondit la jeune fille en se levant. Madame la marquise veut-elle me dire ce qu'elle désire m'entendre chanter ?

— Oui, vraiment, ma chère belle, et, si vous le voulez bien, vous nous ferez entendre cette romance que vous m'avez chantée l'autre jour et que j'ai trouvée si jolie.

— *Ce que m'ont dit les fleurs.*

— Oui.

La jeune fille se mit au piano et, s'accompagnant elle-même, elle chanta d'une voix ravissante et avec un goût exquis le premier couplet de la romance.

— Aussitôt le salon se remplit d'un murmure flatteur.

— Charmant, c'est charmant ! disait-on, et l'on applaudissait.

Pendant le prélude du deuxième couplet, la porte du salon s'ouvrit doucement et le comte de Lasserre parut. Mais sur un signe que lui fit la marquise, il resta immobile et tendit l'oreille pour écouter.

La jeune fille chanta le deuxième couplet, que voici :

> Être jeune, belle, admirée,
> Ne comble point tous les désirs ;
> Briller au bal d'une soirée,
> Ne donne pas tous les plaisirs ;
> Il faut au cœur un bien suprême,
> Baume divin pour ses douleurs :
> **Pour être heureuse il faut qu'on aime,**
> Voilà ce que m'ont dit les fleurs !

De nouveaux applaudissements se firent entendre, plus bruyants et plus nourris que la première fois.

Le comte avait écouté, l'âme ravie, complètement sous le charme de la voix suave et mélodieuse de la jeune fille. Et quand elle avait dit, avec une expression adorable, ce vers : « Pour être heureuse il faut qu'on aime, » il avait senti son cœur bondir dans sa poitrine. Ce vers ne résumait-il pas toutes ses pensées ? Il lui semblait que ces paroles, qu'il venait d'entendre, avaient été écrites pour lui et que la jeune fille avait chanté ce couplet pour lui seul.

Cependant la marquise s'était levée. Elle s'avança vers le comte, le prit par la main, et l'attirant au milieu du salon :

— Messieurs et mesdames, dit-elle, je suis heureuse de vous présenter M. le comte de Lasserre, un de mes meilleurs amis.

Tous les regards se dirigèrent de son côté. Trois ou quatre personnes vinrent lui serrer la main. Avec plus d'aisance qu'on ne pouvait en attendre de lui, il salua les dames qui lui répondirent par de gracieux sourires.

— Mais ce n'est plus le même homme, se disait la marquise ; il est transformé.

Le comte s'approcha de la chanteuse.

— Mademoiselle, lui dit-il, avec un léger tremblement dans la voix, je ne veux pas être ici un trouble-fête, et je serais désolé de priver ces dames et ces messieurs du plaisir de vous entendre. Je vous en prie, mademoiselle, veuillez continuer.

— Oui, oui, ma chère Hélène, dit la marquise, le troisième couplet.

Le comte s'éloigna de quelques pas ; mais il se plaça de manière à bien voir le visage de la jeune fille et à saisir tous les mouvements de sa physionomie.

Celle-ci, toute rougissante, chanta le dernier couplet de la romance.

Mademoiselle Hélène de Noirmont était d'une incomparable beauté. Ni trop grande, ni trop petite, elle avait la taille fine, élancée, souple, la pose gracieuse, un joli cou, des épaules charmantes et une gorge admirable. A ses bras demi-nus, blancs comme l'albâtre, étaient délicatement attachées des mains petites, élégantes, aux doigts effilés terminés par des ongles roses.

Ses cheveux, châtain foncé, massés sur le haut de la tête, couronnaient son beau front d'une idéale pureté. Elle avait la bouche petite ; ses lèvres roses, un peu fortes peut-être, mais toujours souriantes, laissaient voir l'émail immaculé de deux rangées de dents superbes. Ses joues délicatement arrondies, estampées, de rose avaient une fraîcheur de printemps. Son nez aux narines transparentes et mobiles, était d'un modelé parfait. Ses oreilles, finement attachées, bien bordées, diaphanes, légèrement teintées de rose comme ses joues, étaient deux merveilles.

Mais ce qui, chez elle, attirait surtout, séduisait, captivait, fascinait, c'était l'expression de candeur, la suavité de sa figure angélique et plus encore le regard indéfinissable, mais adorable, qui s'échappait, à travers les longues franges de ses paupières, de ses grands yeux clairs illuminés.

Aucune des rares perfections de mademoiselle Hélène de Noirmont n'échappa au comte de Lasserre.

Quand, un peu plus tard, on sortit du salon pour aller faire un tour de promenade dans les jardins, en attendant l'heure de dîner, le comte offrit son bras à Hélène.

— Mademoiselle, lui dit-il, vous avez une voix délicieuse et vous chantez à ravir, c'est un bonheur de vous entendre.

— Je sais que vous êtes très bon musicien, monsieur, répondit-elle ; aussi suis-je flattée de votre appréciation ; mais, monsieur le comte, vous exagérez certainement mon faible mérite.

— Mademoiselle, répliqua le comte avec chaleur, vous possédez une qualité rare et dont je fais le plus grand cas : la modestie.

Pour la premiere fois de sa vie, M. de Lasserre se montra très empressé et très aimable auprès des femmes. Pendant le dîner, il fut d'une gaîté charmante. Désireuse de le faire connaître à sa société, la marquise s'ingénia à le faire causer. Par son érudition, sa parole facile et son esprit, il sut captiver l'attention et intéresser tout le monde.

La soirée se termina par un bal. Le comte de Lasserre, oubliant son âge et la gravité de l'homme de science, dit à la marquise :

— Pour vous prouver que je ne suis plus un sauvage, je vais danser.

Et il dansa.

Nous n'avons pas besoin de dire que mademoiselle de Noirmont fut particulièrement l'objet de ses attentions.

Dans la situation d'esprit où se trouvait le comte depuis quelques jours, il fallait peu de chose pour exalter son imagination et le pousser à l'enthousiasme. Il avait entendu chanter mademoiselle de Noirmont. Elle l'avait ému ; puis, loin de chercher à se dérober à l'impression produite par la beauté de la jeune fille, il avait, au contraire, concentré toute son attention sur elle. Il la connaissait depuis quelques heures seulement, et déjà il l'aimait.

L'IDIOTE

La marquise de Montperrey monta dans sa calèche et se rendit à Vaucreux, chez le colonel.

On se coucha à une heure avancée de la nuit. Malgré cela, le comte fut en proie à l'insomnie jusqu'au jour. Il avait le bruit de la musique dans les oreilles. Sans cesse mademoiselle de Noirmont passait devant ses yeux, ayant attachées aux épaules de belles ailes blanches, comme le radieux Séraphin dont elle avait un peu la figure, et il croyait toujours l'entendre chanter :

« Pour être heureux il faut qu'on aime! »

Liv. 5. F. ROY, édit. — Reproduction interdite.

Le comte se leva, s'habilla, sortit de sa chambre et alla se promener dans le parc, en fumant un cigare.

Quand il pensa que madame de Montperrey devait être levée, il rentra au château. Depuis un instant, en effet, la marquise avait sonné sa femme de chambre. Le comte lui fit demander s'il pourrait être bientôt admis en sa présence. La marquise répondit qu'elle priait M. le comte Lasserre d'entrer dans son boudoir et qu'elle allait être à lui dans un instant. En effet, après avoir attendu cinq ou six minutes, le comte vit paraître la marquise.

VII

COMTE ET MARQUISE

— Ainsi, mon cher comte, vous êtes déjà levé? lui dit la marquise.

— Et déjà j'ai fait le tour de votre parc, répondit-il.

— Oh! oh!

— Je n'ai pas pu dormir.

— Dois-je m'inquiéter?

— Nullement.

— A la bonne heure. Maintenant asseyons-nous et causons. Je vois à votre air que c'est l'heure solennelle des confidences.

— Vous ne vous trompez point.

— Eh bien, mon cher comte, parlez, je vous écoute.

— Je dois vous prévenir que vous allez être surprise.

— Tant mieux.

— Et que vous allez me trouver plus fou que jamais.

— Halte-là, répliqua vivement la marquise ; j'ai pu dire quelquefois que vous étiez un sauvage, un ours mal léché, mais jamais je ne vous ai traité de fou. Hier vous avez été tout à fait charmant, et je veux vous l'avouer, après avoir dit à ma société que vous étiez un de mes meilleurs amis, j'étais fière de vous. Mais laissons cela. Parlez, comte, parlez, j'ai hâte de savoir...

— Eh bien, madame la marquise, j'ai pris une grave résolution.

— Chez vous, comte, tout est toujours grave. De quoi s'agit-il ?

— Je désire me marier.

La marquise le regarda avec de grands yeux fixes. Puis elle lui dit en souriant :

— Voyons, est-ce bien sérieux, cela?

— Oui, très sérieux.

— Alors, hier j'avais raison en me disant que vous étiez transformé.

— C'est vrai, un changement radical s'est opéré dans tout mon être.

— Eh bien, mon cher comte, j'en suis ravie.

— Je ne veux rien vous cacher ; voulez-vous que je vous raconte comment j'en suis arrivé, du jour au lendemain, à renier toutes mes anciennes divinités?

— Comment, si je le veux ! Mais je suis femme, monsieur, c'est-à-dire d'une curiosité excessive. Si vous ne me disiez point cela, je serais capable de ne vous le pardonner jamais.

Alors, d'un ton animé, le comte de Lasserre raconta à la marquise la rencontre qu'il avait faite de deux amoureux, dans la forêt de Saint-Germain ; son émotion, l'agitation intérieure qui en avait été la suite, le trouble de ses pensées, les nouvelles idées qui lui étaient venues, enfin, les diverses sensations qu'il avait éprouvées jusqu'au moment où se souvenant de l'invitation de la marquise, il avait quitté Saint-Germain pour se rendre au château de Bression.

Madame de Montperrey l'avait écouté avec la plus grande attention, ébauchant seulement de temps en temps un petit sourire discret.

Après être restée un moment silencieuse, elle prit la parole.

— Mon cher comte, dit-elle, affectueusement railleuse, ce qui vous est arrivé était fatal, et je suis surprise que l'accès ne vous ait pas atteint plus tôt.

Puis, changeant de ton, elle continua :

— Comte, je vous félicite d'avoir enfin des idées comme les autres hommes ; je me réjouis de vous voir sorti de votre isolement. Vous êtes rendu au monde ; je vois en vous un mort ressuscité. Ah ! je bénis le couple amoureux qui, sans s'en douter, a eu le pouvoir de vous ouvrir les yeux et le cœur.

« Mais, mon cher comte, si je vous ai bien compris, ce n'est pas uniquement pour mes beaux yeux que vous avez abandonné votre retraite pour venir à Bression.

— Oh ! madame la marquise !

— Comte, une veuve de quarante-deux ans, — c'est mon âge, — serait ridicule si elle se permettait d'avoir trop de prétentions. Certes, je ne doute pas de votre amitié ; vous trouvant dans l'embarras, et avoir pensé à moi pour vous en tirer, c'est m'en donner une preuve. Vous avez compté sur moi ; je suis flattée et honorée de votre confiance. Vous voulez vous marier, c'est bien ; je ferai tout ce qui dépendra de moi pour vous trouver une compagne digne de vous.

— Ah ! vous êtes vraiment bonne !

— Je ne sais pas ; mais j'aime mes amis. Ainsi, c'est dit : je vais me mettre à la recherche de la future comtesse de Lasserre.

— Madame la marquise, je crois l'avoir trouvée.

— Ah ! mais alors, mon cher comte, je n'ai plus rien à faire pour vous.

— Vous avez, au contraire, beaucoup à faire.

— Je ne comprends pas bien.

— Je serais le plus heureux des hommes si mademoiselle Hélène de Noirmont voulait accepter mon nom.

— Hélène de Noirmont ! exclama la marquise.
— Oui.
— Mais vous la connaissez à peine.
— Qu'importe, s'il m'a suffi d'un instant pour l'aimer.
— Vous l'aimez ?
— De toute mon âme.
— Décidément, quand ils s'y mettent, les savants deviennent terribles. Vous entrez dans mon salon, une jeune fille chante, vous l'écoutez, vous la regardez, elle rougit, baisse les yeux et crac... votre cœur est incendié.
— D'un rapide coup de crayon vous avez peint la situation.
— On peut appeler cela mener l'amour tambour battant.
— Je vais vous dire pourquoi je vais si vite : après m'être attardé si longtemps en route, je sens qu'il faut me presser.
— Encore devriez-vous prendre le temps de réfléchir.
— C'est fait.
— Déjà !
— Oui.
— Mon cher comte, vous êtes l'homme le plus étonnant que je connaisse.
— Je sais que je suis un original ; mais, voyons, il faut bien que je me distingue des autres.
— Dieu, comme c'est chose facile d'apprivoiser un sauvage ! répliqua la marquise.

Et elle se mit à rire bruyamment.

— Vous vous moquez de moi, madame la marquise.
— Pas du tout. Mais, voyez-vous, vous êtes si drôle...
— C'est vrai ; être amoureux à mon âge...
— Allons, allons, comte, il n'est jamais trop tard pour bien faire. Maintenant je redeviens sérieuse. Vous n'avez pas à me dire ce que vous attendez de moi ; je sais de quelle importante mission je vais être chargée. Avant tout, cependant, je dois vous prévenir que mademoiselle de Noirmont n'a pas un sou de dot ; je puis même dire qu'elle est pauvre, très pauvre.
— Mais j'en suis enchanté ! s'écria le comte. Pour moi c'est une bonne chance de plus à laquelle je n'avais pas songé.
— Ainsi cela n'empêche rien ?
— Au contraire, madame la marquise. Tenez, je ne vois qu'un seul empêchement, une seule difficulté à vaincre.
— Laquelle ?
— J'ai quarante-trois ans, soupira le comte.
— Et Hélène dix-sept seulement. Je comprends votre crainte. Toutefois, comte, vous pouvez, en rivalité avec beaucoup de jeunes gens que je connais, lutter avec avantage. Je vous dis cela comme je le le pense, sans flatterie.

— Vous ne me voyez pas tel que je suis.

— Je vous vois avec votre tête de savant et un cœur tout jeune, mûri par l'étude plutôt que par l'expérience. Mais revenons à mademoiselle de Noirmont : Il n'y a pas à le contester, c'est une très jolie personne. J'ai pour elle beaucoup d'affection. Elle est instruite, spirituelle, douce, aimable, distinguée et n'a de coquetterie, jusqu'à présent, que ce qu'il en faut à une jeune fille dans sa position. Inutile de vous dire qu'elle a la pureté de l'ange.

« Elle s'est trouvée orpheline de père et de mère à l'âge de huit ans. Son père avait fait de mauvaises affaires et s'était ruiné. Elle fut recueillie par son oncle, le colonel de Noirmont, un brave homme. Il la plaça dans le meilleur pensionnat de Tours, où elle était encore il y a un an. Le colonel ayant pris sa retraite, retira sa nièce du pensionnat, pour l'avoir près de lui. Le colonel est un vieux garçon ; mais il n'a pas de fortune. Lui et sa nièce vivent modestement avec sa pension de retraite, et je ne crois pas qu'ils puissent faire des économies. La position d'Hélène est donc des plus intéressantes, et souvent je me suis demandé avec tristesse ce que deviendrait la pauvre enfant, si elle venait à perdre son oncle, qui est son unique parent.

— Ils demeurent loin d'ici?

— A Vaucreux, à une lieue de Bression. Tantôt, je ferai atteler, et j'irai leur faire une visite à votre intention.

— Oh! merci.

— Naturellement, je ne peux rien promettre, je ne sais pas la réponse que je vous apporterai.

— Il y a en moi quelque chose qui me dit que vous réussirez.

— Admettons que nous réussissions. Vous vous mariez ; c'est bien, et vous êtes le plus heureux des hommes... Mais après?

— Après?

— Oui, après votre mariage ; quelles sont vos intentions? Que ferez-vous?

— J'aimerai ma femme.

— Je n'en doute point ; mais de quelle manière l'aimerez-vous? Comment arrangerez-vous votre existence? Enfin, comment vivrez-vous?

— Comme tout le monde.

— Mon cher comte, voilà une réponse bien élastique, répliqua la marquise avec un fin sourire ; mais c'est déjà quelque chose que vous n'ayez pas déjà inventé, pour vous et votre femme, une façon de vivre toute particulière.

— Vous êtes toujours railleuse.

— Mais non, mais non. J'ai seulement une toute petite inquiétude, et comme je m'intéresse à votre bonheur... Quitterez-vous votre appartement de la rue du Dragon, qui sent le moisi, où les araignées tissent tranquillement leurs toiles sur les hauts rayons de votre bibliothèque?

— J'achèterai un hôtel.

— C'est parfait. Donc, vous aurez plusieurs domestiques?
— Autant qu'il en faudra.
— Chevaux et voitures?
— Oui.
— Vous irez dans le monde, vous recevrez?
— Il le faudra bien.
— Allons, je vois avec satisfaction que vous avez toutes sortes de bonnes idées.
— D'ailleurs, madame la marquise, vous serez là pour me donner des conseils.
— J'espère bien que vous n'en aurez pas besoin.
Quel est le chiffre de votre fortune?
— Ma foi, je n'en sais rien.
— Bah!
— Je ne me suis jamais préoccupé de cela. Mon notaire, un très honnête homme, fait toutes mes affaires. Lorsque j'ai eu la douleur de perdre ma mère, je possédais environ trois millions. Depuis, j'ai fait forcément de fortes économies, qui ont, assurément, augmenté de beaucoup mon capital. Enfin, je crois être assez riche pour pouvoir tenir un certain rang et ne rien refuser à ma femme.
— Avec moins, mon cher comte, vous pourriez encore faire beaucoup. Mais prenez garde, raidissez-vous contre votre ancienne passion. Certes, je n'exige pas de vous que vous abandonniez complètement vos nobles études ; il est bon, il est nécessaire qu'un homme soit occupé et travaille ; mais quand vous serez marié, mon ami, n'oubliez jamais que vous devez appartenir plus à votre femme qu'à vos livres.
— Vous vous défiez de moi.
— Non. Mais le bonheur tient à si peu de chose... Je vous fais part, peut-être sans raison, de la seule inquiétude que j'aie.
— Rassurez-vous, madame la marquise, je suis sûr de moi.
— Tant mieux!
A ce moment on entendit le son d'une cloche.
La marquise et le comte se levèrent.
— Mon cher comte, dit gracieusement madame de Montperrey, je ne puis être tout à vous, je me dois aussi à mes autres invités. Ce coup de cloche nous annonce que le premier déjeuner est servi. Offrez-moi votre bras et passons dans la salle à manger.

VIII

AVANT LE MARIAGE

Le même jour, à quatre heures, la marquise de Montperrey monta dans sa calèche, attelée de deux chevaux magnifiques, et se rendit à Vaucreux chez le colonel de Noirmont.

Elle fut reçue avec respect et de grandes démonstrations d'amitié. Pour lui témoigner toute la joie que lui causait sa visite, Hélène lui sauta au cou et l'embrassa sur les deux joues.

— Vous êtes étonnés de me voir aujourd'hui, dit la marquise en s'asseyant dans le petit salon où on venait de la faire entrer ; vous connaîtrez tout à l'heure l'objet de ma visite.

Après avoir causé un instant de choses et d'autres, du colonel, de ses arbustes, de ses greffes et de ses fleurs qu'il cultivait lui-même avec amour, la marquise se tourna tout à coup vers Hélène et lui dit :

— Eh bien, ma chère belle, êtes-vous contente de votre journée d'hier?

— Très contente, madame la marquise.

— Vous vous êtes bien amusée?

— Comme une petite folle.

— Ici, près de moi, qui suis un vieux grognon, elle a si peu d'agrément, dit le colonel.

— Mais je ne me plains pas de vous, cher oncle, au contraire.

— Vous avez fait grand plaisir à tout le monde, reprit la marquise ; votre amabilité, votre grâce, ont enchanté mes amis. Vous avez dansé plusieurs fois avec le comte Paul de Lasserre ; comment le trouvez-vous?

— Très bien, madame, M. le comte a été on ne peut plus gracieux pour moi. Il m'a adressé plusieurs compliments très flatteurs.

— Et cela vous a fait plaisir?

— Mon Dieu, oui, répondit Hélène en rougissant. De la part de M. le comte de Lasserre, un savant, un homme qui sait tout, des compliments n'ont rien de banal.

— Vous ne l'avez pas trouvé un peu froid, un peu trop grave?

— Mais non, il est spirituel et il m'a paru gai. Seulement, près de lui, on se sent gêné, tant sa physionomie inspire le respect.

— On a cette impression en présence de tous les hommes vraiment supérieurs. Mais, ma chère belle, si grand et si imposant qu'il vous paraisse, le comte de Lasserre est un homme comme un autre ; il ne cherche pas à s'élever au-dessus des choses humaines. Ainsi, hier, ma chérie, vous l'avez enthousiasmé, que dis-je? vous lui avez tourné la tête.

— Oh! madame la marquise!

— Mais c'est très sérieux ce que je vous dis là. Je vous ai promis de vous apprendre pourquoi je suis venue vous voir aujourd'hui ; eh bien, je suis la messagère du comte de Lasserre.

Mademoiselle de Noirmont baissa les yeux.

— Vous entendez, colonel? reprit la marquise.

— Oui, madame.

— Donc, le comte de Lasserre veut se marier, et la femme qu'il a choisie, la jeune fille qu'il désire épouser, c'est votre nièce. Seulement il faut qu'il sache si mademoiselle Hélène de Noirmont agréera sa demande et s'il aura votre consentement, colonel.

— Moi, madame la marquise, je n'ai rien à dire. En cette circonstance, Hélène seule a le droit de parler.

— Eh! bien, ma chère belle? fit la marquise.

La jeune fille était rouge comme une pivoine.

— Je sais bien, continua madame de Montperrey, que je viens vous parler un peu brusquement d'une chose aussi importante. Le comte de Lasserre m'a prise moi-même à l'improviste et poussée en avant sans me donner le temps de me reconnaître.

— M. le comte de Lasserre sait-il que je suis sans fortune et que ma nièce n'a pas de dot? demanda le colonel.

— Je n'ai pas manqué de le lui dire, répondit la marquise ; il m'a tout simplement répondu qu'il en était enchanté.

— Ah! fit le colonel.

Hélène releva la tête et ses yeux se fixèrent sur son oncle.

— Voyons, que dis-tu de cela? lui demanda le vieux soldat.

— Je ne sais pas, répondit-elle d'une voix émue. Excusez-moi, madame la marquise ; mais je suis si surprise, je m'attendais si peu... Je suis toute troublée...

— Je comprends cela, ma chère belle ; aussi veux-je vous laisser tout le temps de la réflexion ; ma mission ne consiste point à enlever votre consentement à la baïonnette, comme dirait le colonel. Le comte n'espère pas, d'ailleurs, que je vais lui rapporter une réponse définitive. Si pressé qu'il soit, malgré toute son ardeur, il saura attendre.

« Cependant, ma chérie, je constate dès à présent qu'il y a un point acquis : le comte de Lasserre ne vous déplaît pas. Vous avez même remarqué qu'il cause bien et il vous a paru gai.

« Maintenant sans vouloir vous influencer d'aucune manière, permettez-moi de vous dire quelques mots sur M. de Lasserre, qui ne vous seront pas inutiles dans vos réflexions. Le comte était élève de l'École polytechnique lorsque je l'ai connu. Il n'a plus aucun parent. J'étais l'amie de sa mère et mon amitié s'est reportée sur lui. C'est un homme qui a beaucoup étudié, beaucoup tra-

Le comte de Lasserre consacra la journée à l'achat de magnifiques dentelles et de riches étoffes.

vaillé ; il n'a jamais eu le temps de penser seulement aux plaisirs. Par exemple celui-là n'est pas un homme blasé, je vous le garantis. Je le considère comme un grand enfant ; malgré toute sa science, il ne sait rien ou presque rien de la vie. En réalité, la seule chose qu'il ait contre lui, dans la circonstance présente, c'est son âge : il a quarante-trois ans. Mais si les années ont passé sur lui, c'est à peine si elles l'ont touché ; il a gardé toute sa sève et son cœur est jeune. Il est bon, généreux, enthousiaste. Je ne lui connais pas de défaut, mais il a de nombreuses qualités, peut-être en a-t-il trop. Enfin, il possède une grande fortune : cinq ou six millions. »

Mademoiselle de Noirmont avait de nouveau baissé la tête. Elle était toute songeuse.

— Pour aujourd'hui j'ai rempli ma mission, reprit la marquise en se levant.

— Madame la marquise, dit alors M. de Noirmont, ma nièce réfléchira; mais vous pouvez toujours dire à M. le comte de Lasserre que nous sommes très honorés tous deux de la recherche dont elle est l'objet.

— Voyons, sans que cela vous engage à rien, voulez-vous venir passer la journée d'après-demain à Bression ?

La jeune fille se tourna vers son oncle comme pour lui dire : Répondez.

— Madame la marquise, dit le colonel, nous acceptons votre gracieuse invitation.

— En ce cas, à bientôt, fit la marquise.

Elle mit un baiser sur le front d'Hélène, tendit sa main au colonel et se retira.

Le comte de Lasserre attendait la marquise avec une impatience mêlée d'anxiété. Dès qu'il la vit paraître, il se précipita vers elle.

— Tout va bien, lui dit-elle en souriant.

Les yeux du comte s'illuminèrent.

La marquise ne put lui dire que cela pour le moment. L'heure du dîner était arrivée et on allait se mettre à table. Mais, dans la soirée, M. de Lasserre trouva le moyen de s'emparer de la marquise et il fallut qu'elle lui racontât tout ce qui s'était passé chez le colonel de Noirmont.

— Madame la marquise, lui dit-il ensuite, vous êtes une fée pour moi; maintenant l'espoir remplit mon cœur ; vous m'avez ouvert le ciel!

Le surlendemain, le colonel de Noirmont et sa nièce arrivèrent au château vers onze heures.

Il y avait dans le regard d'Hélène quelque chose de rêveur ; le comte vit aussi, sur son front et ses joues, une charmante rougeur.

— Certainement, se dit-il, elle ne m'aime pas encore, mais elle m'aimera !

Toute la journée il se montra très empressé auprès de la jeune fille et témoigna beaucoup d'amitié au colonel, qui répondit militairement à ses avances. Quant à Hélène, elle accepta ses prévenances, ses gracieusetés sans raideur et cependant avec une certaine réserve timide.

Vingt fois le comte fut sur le point de lui parler de la démarche faite auprès d'elle, l'avant-veille, par madame de Montperrey, car il aurait bien voulu savoir si déjà elle avait réfléchi. Mais il sut contenir son impatience et il eut le bon goût de n'adresser à Hélène aucune question qui aurait pu l'embarrasser.

Le colonel avait causé longuement avec la marquise; sans doute ils avaient parlé de lui et il saurait bientôt ce que le colonel avait dit.

En effet, le soir, quand M. de Noirmont et sa nièce furent partis, la marquise lui dit, sans qu'il eût besoin de l'interroger :

— Mademoiselle de Noirmont veut bien devenir votre femme, et le colonel est heureux de la marier.

Le regard du comte eut un étincellement de joie...

— Ah! s'écria-t-il, cette fois, je suis le...

— Plus heureux des hommes, c'est convenu, acheva la marquise en riant.

Le lendemain, dans l'après-midi, madame de Montperrey et M. de Lasserre se rendirent à Vaucreux chez le colonel de Noirmont. Le comte fit officiellement et solennellement sa demande. Ensuite il annonça qu'il allait partir pour Paris où il resterait peut-être deux ou trois jours, temps nécessaire pour certaines dispositions à prendre à l'occasion de son prochain mariage.

Le comte de Lasserre n'était pas homme à traîner les choses en longueur; le soir même il quittait le château de Bression. Le lendemain, à neuf heures, il entrait dans le cabinet de M° Corvisier, son notaire.

— Cher monsieur Corvisier, lui dit-il, je voudrais savoir exactement quel est le chiffre de ma fortune.

Le notaire se leva, prit un livre dans un casier, revint s'asseoir devant son bureau, ouvrit le livre et répondit :

— Monsieur le comte, votre fortune s'élève aujourd'hui à cinq millions neuf cent cinquante-quatre mille six cents francs.

— Ah! fit M. de Lasserre. Je ne me croyais pas aussi riche que cela.

— Voilà mon livre, monsieur le comte, vous pouvez voir.

— Mon cher notaire, ces livres-là ne me sont point familiers.

— La fortune de monsieur le comte, reprit le notaire, est en excellentes valeurs mobilières. En dehors des arrérages non employés, et qui se sont successivement capitalisés, j'ai fait, chaque fois que j'en ai trouvé l'occasion, certains arbitrages qui ont encore augmenté le capital et le revenu. D'ailleurs, à part ses achats de livres, monsieur le comte dépense peu.

— Monsieur Corvisier, vous êtes le modèle des notaires.

— Je cherche à mériter de mon mieux la confiance de mes clients.

— Certes, je sais ce que vous valez, monsieur Corvisier. Vous venez de me dire que je dépense peu ; eh ! bien, cela va changer : je vais maintenant dépenser beaucoup.

Le notaire ouvrit de grands yeux.

— Monsieur Corvisier, reprit le comte, je suis à la veille de me marier.

— Monsieur le comte a raison et je l'approuve ; je suis seulement étonné que monsieur le comte n'ait pas songé plus tôt à se donner une compagne.

— Entre autres dépenses que je suis disposé à faire, reprit le comte, je veux acheter un hôtel, vous me trouverez cela, monsieur Corvisier.

— Ce ne sera peut-être pas difficile, répondit le notaire en souriant.

Il prit une brochure, qui se trouvait sur son bureau, et la feuilleta pendant un instant.

— Voici un immeuble à vendre qui ferait, je crois, votre affaire, monsieur le comte, dit-il. C'est un bel hôtel entre cour et jardin, rue de Berri. Il appartient à un entrepreneur de travaux publics, qui l'a fait construire pour lui-même, ce qui est une garantie de sa solidité. Après l'avoir habité pendant quatre ans, l'entrepreneur est aujourd'hui forcé de le vendre. La mise à prix est de trois cent mille francs. Si vous le voulez, monsieur le comte, nous irons visiter cet immeuble.

— Tout de suite, répondit le comte, j'ai une voiture à votre porte.

— En moins de cinq minutes le notaire fut prêt et ils partirent. L'hôtel fut visité des caves aux greniers. Il était spacieux, bien aménagé ; il plut à M. de Lasserre, qui donna immédiatement à M⁰ Corvisier l'ordre de l'acheter.

Le même jour, toujours accompagné du notaire, le comte toucha cent cinquante mille francs à la banque de France.

Il consacra toute la journée du lendemain à des achats de bijoux, de magnifiques dentelles et de riches étoffes. Il dépensa ainsi cent mille francs. C'était la corbeille de la mariée.

S'étant complètement entendu avec le notaire sur ce qu'il avait à faire et rien ne le retenant plus à Paris, il s'empressa de retourner à Bression.

Trois semaines plus tard, mademoiselle Hélène de Noirmont était comtesse de Lasserre.

IX

APRÈS LE MARIAGE

Le lendemain du mariage, le comte partit avec sa jeune femme pour faire un voyage en Italie. Hélène était dans le ravissement. Elle n'avait encore rien vu. Une seule fois, elle avait accompagné son oncle à Paris ; mais ils n'y étaient restés que deux jours. Elle ne connaissait qu'une seule ville : Tours. Et puis, comme toutes les jeunes femmes, elle se sentait invinciblement attirée vers l'inconnu. Ce voyage fut pour elle un émerveillement continuel. Le comte tendre et passionné, veillait sur elle avec une sollicitude d'amant, l'entourait de petits soins et de mille attentions charmantes ; elle n'avait rien à lui demander, il prévenait tous ses désirs.

Ils s'arrêtèrent dans toutes les principales villes d'Italie, prenant tout le temps nécessaire pour les visiter. Ils n'étaient pas pressés, ils se plaisaient à faire l'école buissonnière des amoureux.

Des semaines et des mois se passèrent sans qu'ils s'en soient pour ainsi dire aperçus. On était arrivé à la fin de septembre. Depuis huit jours ils étaient à

Rome. Le comte avait écrit à M° Corvisier. Il attendait sa réponse. Il la reçut un matin. Le notaire lui écrivait :

« Vous pouvez revenir à Paris aussitôt qu'il vous plaira ; votre hôtel est prêt à vous recevoir. J'ai fait acheter une calèche et un coupé, qui sont déjà sous la remise, et deux chevaux qui entreront dans l'écurie le jour de votre arrivée. J'ai également, par votre ordre, retenu vos domestiques : une femme de chambre pour madame la comtesse, un valet de chambre, une cuisinière, un cocher et un valet de pied. Après m'être assuré que les concierges étaient de très honnêtes gens, j'ai cru devoir les conserver. »

— Ma chère Hélène, dit M. de Lasserre à la comtesse, après lui avoir fait lire la lettre du notaire, vous convient-il d'aller prendre possession de votre hôtel ?

— Nous partirons quand vous voudrez, répondit-elle.

Trois jours après, le comte et la comtesse de Lasserre étaient à Paris et s'installaient dans leur hôtel.

Hélène était toujours dans le ravissement ; elle tombait d'un enchantement dans un autre. C'était comme des décors de féerie qui passaient devant ses yeux. Tout cela l'étourdissait et il lui semblait qu'elle se trouvait transportée dans un autre monde.

Assurément, avec ses quarante-trois ans, sa barbe et ses cheveux grisonnants, une calvitie précoce et sa figure un peu monacale, le comte de Lasserre ne réalisait point l'idéal rêvé par sa jeune et ardente imagination. Comme beaucoup de jeunes filles, elle s'était mariée sans trop savoir pourquoi. Son oncle lui avait conseillé d'épouser le comte ; elle avait suivi ce conseil, ne voyant que le présent, ne pensant pas à l'avenir.

A la vérité, M. de Lasserre ne lui déplaisait point ; au contraire, sa nature loyale et généreuse attirait sa sympathie. Et puis il était prévenant pour elle, il avait un titre, un grand cœur, une fortune de plusieurs millions ; tout cela ne pouvait manquer de l'éblouir. Le comte la tirait de sa pauvreté, l'élevait jusqu'à lui. Elle prit pour un commencement de véritable attachement la reconnaissance qu'elle avait pour son mari. Aussi crut-elle sincèrement qu'elle pourrait donner à cet homme confiant et bon toute l'affection dont il était digne et le bonheur qu'il lui demandait. Malheureusement elle se trompait.

Cependant, tout entier à son amour pour sa femme, le comte cherchait toutes les occasions de lui être agréable. Pour elle, il était avide de plaisirs. Comme en Italie, il allait au-devant de tous ses désirs. Ce qu'elle voulait, il le voulait aussi ; il n'admettait pas que jamais il pût avoir quelque chose à lui refuser.

Il eut sa loge à l'Opéra, aux Italiens et à la Comédie-Française. Il la conduisit dans le monde, aimant à la montrer, jouissant de l'admiration dont elle était l'objet, de ses triomphes. Il ouvrit sa maison, et la comtesse put donner des fêtes et recevoir dans ses salons l'élite de la haute société parisienne.

Le comte, tout à fait métamorphosé, était devenu un modèle de galanterie. Tout le monde pouvait croire, la marquise de Montperrey la première, qu'il avait pour toujours abandonné ses livres et dit adieu à la science.

Après quinze mois de mariage, la comtesse mit au monde une petite fille, qui devint aussitôt pour le comte l'objet d'une sorte d'adoration.

Malheureusement, l'enfant était né chétif et souffreteux. Sa débilité ne tarda pas à alarmer sérieusement M. de Lasserre. Il voyait la vie de sa fille menacée et était saisi de la crainte de la perdre. Constamment préoccupé, inquiet et triste, il cessa presque subitement d'aller dans le monde. Il tenait à s'éloigner de sa fille le moins possible.

Il se rappela fatalement qu'il avait autrefois étudié la médecine. Il résolut d'être le médecin de son enfant, et de demander sa vie à la science. Alors, sa passion pour l'étude se réveilla avec d'autant plus de violence qu'elle avait dormi plus longtemps. Il retourna à ses livres et s'acharna sur eux avec une ardeur fébrile. Il oublia le monde et même un peu sa femme pour ne penser qu'à sa fille et aux moyens de conserver ses jours.

La comtesse de Lasserre n'avait pas encore dix-neuf ans. Jeune, belle, recherchée, adulée, en plein enivrement du plaisir, pouvait-elle, comme son mari, s'éloigner du monde et ne plus assister à ses fêtes où elle brillait au premier rang? Peut-être ce sacrifice eût-il été au-dessus de ses forces. Du reste, le comte ne l'exigea point.

La jeune femme laissa donc son mari poursuivre ses recherches scientifiques et elle continua à resplendir dans les salons où sa merveilleuse beauté ne manquait jamais de faire sensation.

Si elle avait eu un peu plus d'expérience et si elle se fût mise en garde contre les séductions qui l'enveloppaient traîtreusement dans les réseaux serrés d'une toile invisible, peut-être n'aurait-elle couru aucun danger. Malheureusement, elle ne connaissait encore du monde que ce qui frappe la vue, le côté brillant. Confiante, et dans sa naïveté ne croyant pas au mal, elle était expansive et s'abandonnait un peu trop.

Un jeune homme de vingt-six ans, beau, élégant, ayant la parole perfide et du feu dans le regard, lui fit une cour assidue. Elle le rencontrait dans presque toutes les maisons où elle allait, car il avait eu l'adresse de s'y faire présenter. Pendant longtemps elle résista à ses prières, à ses larmes. Les séducteurs savent tout employer. Mais un jour elle eut la faiblesse d'accepter un rendez-vous qu'elle lui avait vingt fois refusé. Elle tomba dans une espèce de guet-apens. Elle succomba. Hélas! il y a des jours où la femme la plus vertueuse peut être victime d'un moment de faiblesse ou de vertige.

Pendant ce temps, le comte de Lasserre, qui ne soupçonnait point que son honneur et son bonheur s'engloutissaient dans un gouffre sans fond, s'occupait à composer un aliment assez substantiel pour développer les forces physiques de sa fille,

Quand, revenue de l'égarement de ses sens, la comtesse eut repris possession d'elle-même, elle mesura en frissonnant la profondeur de l'abîme dans lequel elle venait d'être précipitée.

Elle était flétrie! Elle était perdue! Sa douleur fut horrible. Elle avait honte d'elle-même. Elle était désespérée de l'outrage sanglant qu'elle avait fait à son mari, à l'homme confiant, bon et généreux à qui elle devait tout : position, fortune, considération. Elle ne chercha pas à s'excuser, rien ne pouvait atténuer son crime.

La comtesse était une de ces femmes qui acceptent sans balancer toute la responsabilité de leurs fautes, se jugent et se condamnent elles-mêmes. Le remords la déchirait et elle sentait le mépris qui s'attache à la femme qui a failli à ses devoirs. La malheureuse se trouvait d'autant plus misérable qu'elle était mère et aimait sa fille.

N'était-ce pas odieux, épouvantable? Elle avait couvert de fange le berceau de son enfant!

Elle avait trompé son mari; elle n'était plus digne de lui. Qu'allait-elle faire? Se repentir? mais le repentir ne pouvait pas effacer l'outrage! Aurait-elle l'audace d'affronter chaque jour les regards de son mari, le visage couvert du masque de l'hypocrisie?

A cette pensée tout se révoltait en elle!

— Oh! non, non, s'écria-t-elle en proie à une folle terreur, jamais, jamais, c'est impossible!

Elle comprenait, elle sentait que vivre maintenant sous le toit de son mari serait une constante aggravation de sa faute. Une telle situation était pour elle une monstruosité.

— Oui, se disait-elle, je suis une misérable; c'est assez, c'est trop, je ne veux pas devenir une infâme!...

Donc, il fallait partir, s'en aller bien loin. Et son enfant, sa fille, allait-elle l'abandonner? L'idée seule de cet abandon faisait tressaillir tout son être et il lui semblait qu'une griffe de fer labourait ses entrailles.

La malheureuse se trouvait dans une situation horrible. Elle se tordait les mains de désespoir et s'écriait :

— Que faire, que faire?

Emporter sa fille, c'était l'associer à son existence. Elle n'osait pas interroger l'avenir.

Partir sans sa fille, c'était se condamner à ne la revoir jamais; son enfant était perdue pour elle!

Ah! si, épouse coupable, elle avait été aussi une mère dénaturée, elle n'aurait point connu cette douleur immense qui torturait son cœur. Mais elle aimait, elle adorait sa fille!... Hélas! pourquoi son amour maternel n'avait-il pas su la protéger?

Il se livrait en elle un combat terrible. A la fin l'amour maternel, qui est bien un peu aussi un égoïsme du cœur, l'emporta sur tous les autres sentiments opposés. Elle résolut de partir avec sa fille.

Elle prit ses dispositions pour éviter toute surprise et ne pas être arrêtée dans sa fuite.

Nous connaissons la lettre qu'elle écrivit avant son départ au comte de Lasserre. Nous savons également qu'elle était partie presque sans argent et sans emporter un seul de ses bijoux.

Un jour, avant minuit, tenant serrée contre elle la petite Lucie, enveloppée dans une pelisse de soie noire, doublée de fourrures, et portant un sac de voyage de petite dimension, elle sortit furtivement de l'hôtel, sans que le concierge ni aucun des domestiques aient entendu le moindre bruit. D'un pas rapide, elle se dirigea vers la rue du Faubourg-Saint-Honoré, où un fiacre l'attendait.

— Gare d'Orléans, dit-elle au cocher.
— Côté du départ ?
— Oui.

Une demi-heure après elle rejoignait son amant, qui s'était rendu seul à la gare d'Orléans. Ils prirent le train de minuit quarante. Mais ils n'allaient ni à Toulouse, ni à Bordeaux. Ils devaient s'arrêter à Vierzon, et de là gagner la ligne du Bourbonnais pour se rendre à Lyon et se diriger ensuite vers l'Italie.

X

CHEZ LA MARQUISE

Le comte de Lasserre avait pris la résolution de se mettre immédiatement à la recherche de sa femme ou plutôt de sa fille, et il s'était juré de ne prendre aucun repos tant qu'il ne l'aurait pas retrouvée et enlevée à sa mère.

Assurément, la comtesse n'était pas restée à Paris ; il était même plus que probable qu'elle passerait la frontière de France. Le comte s'était fait conduire rue de Lyon, tout près de la gare, comme s'il eût deviné que, pour se mettre à la poursuite de sa femme, il prendrait la grande voie ferrée de Paris-Lyon-Méditerranée.

Il passa le reste de la nuit dans l'hôtel meublé devant lequel le cocher de fiacre s'était arrêté. Il ne se coucha point. Étendu dans un fauteuil mal capitonné, l'âme et le cœur brisés, calme cependant, il se livrait à toutes sortes de sombres réflexions.

A neuf heures il se rendit chez M⁰ Corvisier. L'étude venait seulement de s'ouvrir, les clercs n'étaient pas encore à leur travail ; mais, depuis longtemps déjà, le notaire était dans son cabinet.

La comtesse sortit furtivement de l'hôtel en emportant sa fille.

Nous ne répéterons pas ici ce qui se passa entre M. de Lasserre et Mᵉ Corvisier. Le lecteur l'a appris, sommairement, par la conversation du banquier Vau Ossen avec le notaire.

Après lui avoir donné ses ordres, M. de Lasserre quitta Mᵉ Corvisier, en lui disant :

— Très certainement je quitterai Paris dans deux ou trois jours et je ne sais pas quand je vous reverrai.

De la rue de Provence, le comte se rendit rue de Varennes, à l'hôtel de Montperrey. Il trouva la marquise seule dans son petit salon.

— Mon cher comte, lui dit-elle, vous me causez une surprise agréable ; je ne m'attendais guère à votre visite matinale. Bien sûr vous avez quelque chose à me dire, à me demander. De quoi s'agit-il?

Puis s'apercevant tout à coup que le comte était pâle, qu'il avait les traits contractés et les yeux égarés :

— Mon Dieu, reprit-elle d'une voix inquiète, qu'avez-vous donc? Vous avez la figure d'un homme qui médite quelque sinistre projet. Que vous est-il arrivé, dites ? Ah ! mon Dieu, notre chère petite Lucie!... Est-ce que vous l'avez perdue?

— Oui, perdue, répondit-il d'une voix creuse.

— Quel malheur! quel malheur!... Ah! maintenant, je comprends pourquoi Hélène n'est pas venue me voir hier.

Le comte secoua la tête.

— Non, madame la marquise, dit-il, vous ne comprenez pas. C'est pour une toute autre cause que vous n'avez pas vu hier la comtesse de Lasserre.

— Comte, vous m'effrayez avec votre air tragique; de grâce expliquez-vous.

M. de Lasserre tira un papier de sa poche et le tendit à la marquise en lui disant :

— Lisez.

C'était la lettre de la comtesse.

La marquise la lut rapidement. Mais, avant d'arriver aux dernières lignes, elle avait pâli affreusement et était devenue toute tremblante.

— Oh! la malheureuse, la malheureuse! prononça-t-elle d'une voix brisée.

— Vous savez tout, madame la marquise.

— Et elle est partie?

— Un instant, sans doute, après avoir écrit cela.

— Emportant sa fille?

— Oui, la misérable, emportant, non pas sa fille, — elle n'est plus digne d'être mère; mais ma fille, à moi, mon enfant, mon seul trésor!

— C'est épouvantable!

— Ce n'était pas assez de me prendre mon honneur, de me condamner pour toujours au malheur et à la honte, il fallait qu'elle trouvât le moyen de porter à mon cœur le coup le plus terrible : elle m'a volé ma fille!

— Mais elle est donc devenue folle, la malheureuse femme?

— Elle est seulement devenue une infâme!

— Hélas! le malheur est immense et irréparable.

— Elle m'a plongé dans le néant.

— Je comprends votre désespoir. Mais vous n'allez pas penser au suicide j'espère?

Les yeux du comte eurent un double jet de flammes.

— Me tuer, moi! exclama-t-il; et ma fille?...

— Vous avez pris une décision?

— Oui.

— Qu'allez-vous faire?

— Me mettre à la recherche de l'odieuse créature.

« Il faut que je la retrouve, il le faut, devrais-je pour cela dépenser toute ma fortune : je veux lui reprendre ma fille! »

— Je vous approuve.

— Hier, j'ai vendu chevaux et voitures, renvoyé tous mes domestiques et j'ai quitté mon hôtel; aujourd'hui même mon notaire le met en vente. Dès que je saurai de quel côté s'est dirigée la comtesse, je me lancerai sur ses traces.

— Ce sera difficile à découvrir.

— Cela dépend. Je ne vous cache point que je suis venu à vous avec l'espoir que vous m'aideriez.

— Comment? Je ne vois pas.

— La comtesse est partie sans ses bijoux, sans linge, sans effets et avec très peu d'argent.

— Ah!

— Il est donc certain qu'elle rejoignait son amant pour aller vivre avec lui dans quelque lieu plus ou moins solitaire ou caché.

— Hélas! cela ne paraît que trop évident.

— Il est également évident que cet homme est riche. Qu'est-il? Un misérable que ma femme a rencontré dans le monde, chez vous, peut-être, madame la marquise.

— Oh! comte! fit la marquise, dont le front se couvrit d'une vive rougeur.

— Ne soyez pas offensée de mes paroles, reprit M. de Lasserre, elles n'ont aucune intention blessante; vous savez, d'ailleurs, combien est grand et sincère mon respect pour vous. Certes, je sais bien que vous ne savez rien, que vous n'avez rien vu. Si un soupçon était venu à votre pensée, vous m'auriez prévenu. Je dois supposer que la comtesse de Lasserre connaissait depuis longtemps l'homme qui l'a perdue et qu'ils se voyaient souvent, car je veux croire encore qu'elle ne s'est pas livrée sans défense et qu'elle a lutté avant de tomber. Sans nul doute, ils se rencontraient dans les salons que fréquentait le plus souvent la comtesse. Enfin, madame la marquise, je cherche; ce que je veux savoir d'abord, c'est le nom de cet homme.

— Et ensuite?

— Ensuite, madame la marquise, je tiendrai, j'espère, le fil conducteur qui m'aidera à retrouver ma fille.

— Donc, pour le moment, c'est un nom qu'il vous faut?

— Oui.

— La comtesse de Lasserre ne m'ayant fait aucune confidence, je ne ferai pas acte de trahison en me joignant à vous pour le découvrir. Je prends part à votre grande douleur, mon ami, et je vous plains du plus profond de mon cœur. Si vous me disiez : je veux me venger, je veux punir les coupables, je vous répondrais : Vos affaires ne me regardent point, faites ce que vous voudrez. Mais vos sentiments sont au-dessus d'une stupide vengeance. Vous comprenez que la mort de l'un ou de l'autre des coupables n'effacerait point l'outrage qui vous a été fait. Vous voulez vous mettre à la recherche de votre fille, c'est votre chère Lucie que vous voulez retrouver pour la reprendre à sa mère. Ceci rend encore plus digne d'intérêt votre triste situation. Victime d'une catastrophe à laquelle e monde, trop souvent, reste indifférent, vous méritez tout à fait la sympathie des cœurs compatissants et vous augmentez encore l'amitié que j'ai pour vous.

« Vous rappelez-vous, mon cher comte, ce que je vous disais à Bression peu de temps avant votre mariage? Je vous disais : « Comte, prenez garde !... Vous avez une passion terrible... Quand vous serez marié, il faudra que vous apparteniez plus à votre femme qu'à vos livres. » Eh bien! vous ne vous êtes pas souvenu de mes paroles, malheureusement prophétiques ; vous vous êtes remis à vos funestes études, et voilà ce qui vous arrive. L'année dernière, quand vous avez cessé presque subitement d'accompagner votre femme dans le monde, ma voix s'est fait entendre de nouveau et je vous ai dit : Votre passion pour l'étude va vous reprendre, vous cessez de voir vos amis. » Vous avez ri. Et pourtant vous aviez tort et j'avais raison. Oh! ce n'est pas un reproche que je vous adresse. D'ailleurs il viendrait trop tard, et dans la circonstance il serait ridicule.

« Quand je vous disais cela, mon cher comte, je ne prévoyais point que vous pussiez être frappé aussi cruellement. Ah! si j'eusse soupçonné un pareil malheur, c'est autrement, avec toute l'autorité de mon amitié, que je vous aurais parlé. J'étais seulement mécontente de voir que vous vous replongiez dans l'isoement, et peinée de l'abandon où vous laissiez Hélène. Comte, on vous a pris votre femme parce que vous n'avez pas su la garder. »

Le malheureux poussa un soupir et laissa tomber sa tête sur sa poitrine.

— Je ne cherche pas à excuser la comtesse de Lasserre, continua la marquise ; non, elle est coupable... Elle vous a trahi, trompé, c'est une malheureuse! Moins devant moi que devant une autre femme, elle ne peut trouver grâce.

« Et pourtant, mon ami, que de choses elle aurait à invoquer en sa faveur si elle se trouvait en présence d'un juge impartial? Presque toujours on est sans pitié pour la femme qui tombe ; on la repousse, on la fuit, on la renie, on l'écrase... Ah! on ne sait pas comment elle a été poussée sur la pente qui descend à l'abîme.

« Toute jeune et toute belle, toute brillante dans le rayonnement de ses vingt ans et partout admirée, des dangers invisibles menaçaient sa vertu. Inexpérimentée, naïve encore, ne songeant pas au serpent qui fit cueillir à Ève la pomme défendue, et n'ayant près d'elle personne pour la conseiller et lui dire : défiez-vous, elle ne vit point s'approcher l'ennemi, rien ne l'avertit du danger. Ah ! il y a des choses fatales ! Non, elle n'a pas été mise en garde contre les séductions, elle n'a pas senti venir le péril. Pourtant, il était là, près d'elle, le danger, dans un salon parfumé et resplendissant de lumière.

« Elle devait l'éviter, elle le pouvait. Elle avait pour sauvegarde un ange dans un berceau et votre honneur à garder, l'honneur que vous lui aviez confié !

« Tenez, je suis femme, et je puis être indulgente pour bien des faiblesses eh bien ! en ce moment, éperdue, je ne peux pas comprendre... Je vous répète ce que je disais tout à l'heure : Hélène a eu un moment d'égarement, de folie ! »

— Elle n'est pas moins infâme ! dit sourdement le comte.

— Hélas ! soupira madame de Montperrey.

— Est-ce aussi dans un moment d'égarement, de folie, qu'elle m'a volé ma fille ?

— Il y a dans le cœur d'une femme, d'une mère, bien des recoins mystérieux ; on peut s'expliquer le sentiment auquel elle a obéi. Elle avait compris qu'elle ne pouvait plus rester près de vous ; au moment de partir elle n'eut plus la force d'abandonner son enfant.

Un sourire amer crispa les lèvres de M. de Lasserre.

— Quelles réflexions a-t-elle faites ? reprit la marquise, je l'ignore ; mais il me paraît certain qu'elle n'a point voulu penser à l'avenir de Lucie.

— Elle n'a pensé qu'à lui faire partager son opprobre.

— J'aime mieux croire que, dans son affolement, elle n'a pensé à rien.

— Elle n'en serait que plus coupable.

Madame de Montperrey ne répondit pas.

Après un assez long silence elle reprit :

— La comtesse de Lasserre était très recherchée et très fêtée. Vous avez dû remarquer souvent que son entrée dans un salon faisait toujours sensation. Sa beauté, sa distinction, sa grâce et son esprit attiraient autour d'elle de nombreux admirateurs. Peut-être aimait-elle un peu trop à se laisser admirer. Mais toutes les femmes aiment à briller et à plaire ; aucune ne reste insensible aux compliments, aux adulations. A quoi bon nous faire meilleures que nous ne sommes ? Est-ce que la perfection existe ? Toutes, nous avons nos faiblesses, nos petites vanités. Si l'excès de coquetterie est un défaut, un peu de coquetterie est une des grâces de la femme. A côté de ses grandes qualités, la comtesse de Lasserre avait ses petits défauts comme toutes les femmes. Enthousiaste et expansive, croyant n'avoir rien à redouter et ne se défiant point des hommes, elle laissait deviner le côté faible de sa nature.

« Je n'ai pas été sans remarquer quelques-uns des jolis cœurs qui papillonnaient autour d'elle. Un de ces jeunes beaux se montrait particulièrement empressé auprès d'elle sans qu'on pût voir autre chose, toutefois, que des attentions respectueuses. Très élégant, très gai, et surtout grand danseur, il dansait souvent avec Hélène. Il était le roi de la valse comme elle en était la reine. »

— Comment se nomme ce charmant cavalier? demanda le comte en fronçant les sourcils.

— Le vicomte de Sanzac.

Aussitôt le visage de M. de Lasserre se décomposa. Il se dressa debout, comme mû par un ressort, le regard chargé de sombres éclairs.

— Lui, lui! exclama-t-il d'une voix frémissante de colère.

La marquise le regardait tout interdite.

— Vous connaissez donc M. de Sanzac? demanda-t-elle.

— Oui, oui, je le connais.

— Et il paraît que vous ne l'aimez guère.

— Je ne sais pas ce qu'il est aujourd'hui; mais probablement ce qu'il était il y a quelques années, un vil gredin!

— Oh!

— Madame la marquise, reprit le comte d'un ton farouche, je cherchais un nom, vous me l'avez donné, oui, c'est lui!... Oh! la malheureuse, mon opprobre et sa honte sont plus grands encore! Et elle m'a enlevé ma fille pour la conduire vers cet homme!.... Oh!... oh!... oh!...

Il y eut dans sa gorge comme un sanglot, et il retomba lourdement sur son siège.

XI

C'EST LUI

Le comte de Lasserre paraissait anéanti, écrasé.

— Mon ami, dit madame de Montperrey, vous accusez peut-être un peu vite M. de Sanzac.

— Non, répondit le comte, vous verrez que je ne me trompe point.

— Cependant, vous ne pouvez faire qu'une supposition.

— Cet homme est capable de tout.

— Vous lui en voulez donc bien?

Il eut un mouvement de tête dédaigneux.

— On n'a pas de haine pour quelqu'un qu'on méprise souverainement, répondit-il.

— Vous avez contre lui quelque rancune déjà ancienne?

— Oui.

— Que vous a-t-il fait?

— A moi, presque rien; je ne compte pas cela; mais il y a d'autres choses.

— Ah!

— Permettez-moi de me taire sur ce triste sujet. Il me répugne de parler de certaines actions, de certaines monstruosités. Je vous dirai seulement que je me suis fait de cet homme un ennemi mortel.

— Vous le connaissez certainement mieux que moi. Il n'a pas encore trente ans; s'il a déjà quelque chose de grave sur la conscience, c'est un profond hypocrite, car il a des dehors charmants et il joue parfaitement l'innocence. Je l'ai vu souvent chez madame de Cercy et dans quelques autres maisons. C'est probablement chez madame de Cercy qu'il a rencontré Hélène la première fois. Bien qu'il m'ait été présenté, il n'est jamais venu chez moi. Il est vrai que je n'ai pas eu à lui fermer ma porte; il ne m'a pas demandé de le recevoir. Maintenant je sais pourquoi : il craignait évidemment de vous rencontrer ici. S'il ne me déplaisait point, je ne peux pas dire qu'il me plaisait beaucoup; je le trouvais affecté dans ses manières : il avait dans le langage quelque chose de convenu, et sa tenue me semblait un peu trop méthodique. Or, pour moi, le naturel chez l'homme et la femme sera toujours la suprême distinction. Il a, paraît-il, une assez belle fortune.

— Il a hérité de son père, qui est mort il y a deux ans.

— De trois ou quatre millions, dit-on.

— Je ne sais pas.

— Enfin, vous supposez que c'est le vicomte de Sanzac?...

— Oui, et bientôt j'en aurai acquis la certitude...

— Comment ?

— Je n'ai qu'à savoir s'il est en ce moment à Paris ; s'il est parti dans la nuit d'avant-hier, le doute n'est plus possible...

— Ce sera tout au moins une base à votre suppositon.

— Savez-vous où il demeure ?

— Non, mais dans dix minutes nous aurons son adresse. Vous savez bien que l'hôtel de Cercy n'est pas loin.

— C'est juste.

Madame de Montperrey tira le cordon d'une sonnette.

Un domestique parut aussitôt.

— Joseph, lui dit la marquise, veuillez aller immédiatement jusque chez madame de Cercy ; vous lui ferez demander de ma part l'adresse de M. le vicomte de Sanzac.

Le domestique se retira.

— Est-ce que vous avez l'intention de vous présenter vous-même au domicile de M. de Sanzac pour avoir les renseignements que vous désirez? demanda la marquise à M. de Lasserre.

— Pourquoi pas?

Madame de Montperry secoua la tête.

— Non, fit-elle, il y a certaines démarches que le comte de Lasserre ne doit pas faire en personne.

— C'est vrai, vous avez raison.

Il resta un moment songeur et ajouta :

— Je trouverai quelqu'un.

— Pour ce qui est de savoir si le vicomte de Sanzac est à Paris en ce moment, et, dans le cas contraire, quel jour il est parti, je puis encore employer un de mes domestiques.

— Je suis venu vous demander de m'aider, madame la marquise, j'accepte votre offre.

— En admettant que votre supposition soit la vérité, il nous sera probablement difficile de découvrir où M. de Sanzac est allé.

— Je chercherai, madame la marquise; soyez tranquille, je ne m'arrêterai pas devant les obstacles.

— Je ne doute point de la puissance de votre volonté.

Le domestique reparut. Il avait fait sa commission en moins d'un quart d'heure. Madame de Cercy envoyait sa réponse à madame de Montperrey dans une enveloppe. Elle donnait l'adresse du vicomte de Sanzac, et avait écrit ces lignes que la marquise lut à haute voix :

« Hier, ayant un renseignement à lui demander, j'envoyai un de mes domes-
« tiques chez M. de Sanzac. On a répondu à mon domestique que M. de Sanzac
« était parti la veille au soir pour faire un long voyage. J'ignore absolument où
« il est allé, car il ne m'a point informée de son départ, ce dont je lui garde une
« grosse dent. »

Le comte s'était levé en proie à une grande agitation.

— Eh! bien, madame la marquise, prononça-t-il d'une voix sombre, êtes-vous convaincue?

— Je commence à croire que vous ne vous êtes pas trompé. — Hélène ne savait donc pas qu'il était votre ennemi?

— Je n'ai jamais parlé du vicomte de Sanzac à la comtesse de Lasserre.

— Et jamais elle n'a prononcé son nom devant vous?

— Jamais.

— Dans tout ce qui est fatal il y a comme une sorte d'enchaînement. Si Hélène vous eût parlé du vicomte de Sanzac, cela vous aurait donné l'éveil; vous lui auriez dit, certainement, ce que vous pensiez de ce jeune homme, et devenue plus réservée, elle se serait mise en garde contre lui.

— Oh ! la fatalité, la fatalité ! répliqua-t-il sourdement, il faut courber la tête sous ses coups ; elle est maîtresse de ma vie ; elle m'étreint, elle me serre ; je lui

— Si, avant huit jours vous m'avez fait connaître l'endroit où se trouve le vicomte, il y aura mille francs de gratification.

appartiens, je suis sa chose!... C'est elle qui m'a fait rencontrer les deux amoureux dans la forêt de Saint-Germain ; elle qui m'a inspiré les folles idées qui m'ont conduit à Bression. Et je me suis marié, croyant que je trouverais le bonheur. Fou, fou que j'étais, j'attachais des boulets à mes pieds, je me mettais la corde au cou!

— Comte, lui dit doucement la marquise, quand on est malheureux on maudit tout. Je pourrais répondre facilement à vos paroles amères; mais non, je ne veux pas, en ce moment, toucher aux plaies de votre cœur. Le mal est fait; rien, malheureusement, ne peut y remédier.

Il fit le tour du salon, marchant d'un pas saccadé, fiévreux. Puis revenant à la marquise :

— Je vous quitte, dit-il.
— Quand vous reverrai-je ?
— Je m'en vais en vous disant adieu.
— Oh ! non, pas adieu !
— Je ne sais pas ; l'avenir est plein de ténèbres.
— Comte, et votre chère petite Lucie ?...
— Je ne pense plus qu'à elle.
— Voyons, vous n'allez pas quitter Paris tout de suite ?
— Je partirai aussitôt que je saurai de quel côté je dois me diriger.
— Si aujourd'hui ou demain j'apprenais quelque chose, comment vous le faire savoir ?
— Vous m'écrirez.
— Où ?
— A cette adresse : Monsieur Pierre Rousseau, 17, rue de Lyon.
— Qu'est-ce que c'est que ce monsieur Rousseau ?
— C'est moi.
— Je comprends, vous avez cru devoir prendre un autre nom ?
— Oui.
— Pourquoi êtes-vous allé vous réfugier à l'extrémité de Paris ?
— Une idée qui m'est venue. Quand j'ai quitté mon hôtel, je me suis fait conduire près de la gare de Lyon ; j'aurais pu dire aussi bien au cocher de me mener près de la gare du Nord ou de l'Est, puisque je ne sais pas encore quelle route je prendrai.

Madame de Montperrey lui tendit sa main, sur laquelle il mit un baiser.

— Je ne vous dis pas adieu, moi, mais au revoir et à bientôt, accentua-t-elle, car je conserve l'espoir que vous viendrez me voir avant de partir.

— Je ne vous le promets point, répondit-il, en essayant de sourire. Vous n'oublierez pas l'adresse ?

— M. Pierre Rousseau, 17, rue de Lyon, je me souviendrai.

— Dans tous les cas, je ne quitterai pas Paris sans vous prévenir par un mot.

Il prit une dernière fois la main de la marquise, qu'il serra avec une émotion contenue, et sortit précipitamment.

— Le malheureux est désespéré, se dit tristement la marquise ; s'il ne retrouve pas sa fille, il se tuera.

Elle eut un soupir étouffé, et deux grosses larmes tombèrent sur ses joues.

— Ah ! voilà un malheur complet, s'écria-t-elle.

Le comte de Lasserre avait quitté la rue de Varennes et descendait la rue Bellechasse d'un pas rapide. Tout en marchant il réfléchissait.

— La marquise de Montperrey a raison, se disait-il : il y a certaines choses que je ne veux pas faire, le métier d'espion, par exemple, même pour mon compte. Il me faut donc absolument un individu qui agisse en mon lieu et place et fasse ce que je ne puis faire moi-même. Où le trouver ce personnage? Il existe, mais il appartient à un monde qui m'est inconnu. Il y a, à Paris, des centaines d'individus qui, pour de l'argent, sont toujours prêts à tout faire, le bien comme le mal.

Le comte de Lasserre avait certainement entendu parler de ces agences mystérieuses « *Tricoche et Cacolet* », qui dirigent une police occulte parfaitement organisée, laquelle est constamment à la disposition des particuliers qui savent rémunérer largement toute espèce de service rendu.

Tout à coup, il s'arrêta brusquement.

— C'est pourtant bien simple, murmura-t-il ; comment n'ai-je pas pensé à cela tout de suite?

Il regarda autour de lui et vit un café.

— Je trouverai là, probablement, ce que je cherche, se dit-il.

Il entra dans l'établisssement. Autour de la salle assez vaste, il y avait une vingtaine de tables de marbre. Il s'assit à l'écart à une de ces tables.

— Que faut-il vous servir? lui demanda un garçon.

— L'annuaire Didot, répondit-il tout entier à son idée.

Le garçon lui jeta un regard de travers, fit une grimace, puis sourit, et alla prendre deux gros volumes cartonnés qui dormaient dans un coin sur une banquette.

— Voilà, monsieur, dit-il en plaçant l'annuaire sur la table devant le client.

Le comte remercia par un mouvement de tête et ouvrit le volume sur lequel il avait lu : Paris.

Il tourna un certain nombre de pages et arriva aux agences. Agences de ceci, agences de cela... il lisait rapidement. Enfin ses yeux tombèrent sur les lignes suivantes :

« Agence de renseignements. Intelligence, discrétion, célérité. S'adresser à « M. Serpin, directeur, 4, cité d'Antin. »

— Voilà mon affaire, pensa le comte.

Il appela le garçon et lui demanda tout ce qu'il fallait pour écrire. Le garçon s'empressa de lui apporter une plume, de l'encre et un buvard dans lequel il trouva un cahier de papier à lettre.

D'une main fiévreuse il écrivit une dizaine de lignes, plia sa lettre et la glissa dans une enveloppe sur laquelle il mit le nom et l'adresse du directeur de l'agence. Cela fait, il se leva, appela le garçon, lui glissa cinq francs dans la main en disant merci, puis sortit du café. Un peu plus loin, il entra dans un débit de tabac où il acheta des timbres-poste. Il y avait là une boîte de l'administration des postes dans laquelle il jeta sa lettre.

Il entra ensuite dans une librairie et il acheta un livret-Chaix, indicateur général des chemins de fer.

Il était midi. Le comte de Lasserre, qui avait à peine mangé la veille et croyait avoir pour toujours perdu l'appétit, s'aperçut avec étonnement qu'il avait faim. Il déjeuna dans un petit restaurant de cinquième ordre, qu'il rencontra sur son chemin, et revint ensuite rue de Lyon.

— Je ne sortirai pas cette après-midi, dit-il au propriétaire de l'hôtel ; j'attends une personne à qui j'ai donné rendez-vous.

— C'est bien, répondit l'homme, quand la personne se présentera on lui indiquera votre chambre

Dès qu'il fut rentré chez lui, le comte de Lasserre se mit à consulter le livret-Chaix. Il espérait savoir, par l'indicateur, de quel côté la comtesse s'était dirigée. Elle avait quitté l'hôtel de la rue de Berri entre onze heures et minuit et il était convaincu qu'elle s'était immédiatement rendue à une gare afin de s'éloigner de Paris au plus vite. Restait à savoir à quelle gare elle s'était fait conduire et quel train elle avait pu prendre. Le livret lui donna les renseignements suivants :

Ouest. Ligne de Normandie, — Paris au Havre. Dernier train, — nuit, — minuit dix minutes.

Orléans. Paris à Tours et Bordeaux ou Paris, Orléans et Toulouse, par Vierzon. Dernier train, — nuit, — minuit quarante minutes.

Paris-Lyon-Méditerranée. Paris à Lyon et Marseille par la Bourgogne. Dernier train, onze heures dix minutes du soir.

Nord. Paris à Reims ou Paris à Soissons. Dernier train, — nuit — minuit vingt-cinq minutes.

Est. Paris à Strasbourg. Dernier train, — nuit, — onze heures vingt-cinq ; et Paris à Mulhouse, dernier train, — nuit — à onze heures trente-cinq minutes.

Le comte calcula le temps qu'il aurait fallu à la comtesse pour se rendre à chacune des cinq gares de Paris. Il résulta de son calcul que, à l'exception du dernier train de Paris pour Lyon, la comtesse avait pu prendre le train de nuit, n'importe à quelle autre gare. Mais avait-elle pris la route du Havre ou celle de Toulouse, de Reims, de Strasbourg ou de Mulhouse? Problème à résoudre. Dans tous les cas, c'était déjà quelque chose de savoir qu'elle avait dû partir de Paris à telle ou telle heure, par tel ou tel train.

Le comte écrivit sur son carnet de poche les notes nécessaires aux recherches qu'il se proposait de faire le lendemain. Il avait décidé qu'il prendrait un ou plusieurs auxiliaires, mais il n'entendait point rester inactif ; il voulait, de son côté, recueillir des renseignements.

XII

AGENCE SERPIN ET Cⁱᵉ

A cinq heures du soir on frappa à la porte de la chambre du comte de Lasserre.

— Enfin ! murmura-t-il.

Et il s'empressa d'ouvrir.

Un homme entra, il était de taille moyenne et paraissait avoir trente-cinq ans. Il était assez convenablement vêtu d'une redingote croisée, d'un pantalon et d'un gilet noirs. Il avait le front étroit, des traits anguleux, presque durs, et des sourcils heurtés, sur ses petits yeux ronds, plein d'astuce et d'une vivacité extraordinaire. Tout en saluant le comte, il jeta autour de lui un regard rapide.

— Est-ce vous qui êtes monsieur Pierre-Rousseau ? demanda-t-il.

— Oui, monsieur, c'est moi.

— Vous avez écrit ce matin à M. Serpin, cité d'Antin ?

— Oui, monsieur ; vous êtes sans doute, monsieur Serpin ?

— Non, monsieur, le patron n'a pu se rendre à votre rendez-vous ; je suis un de ses hommes, et il m'a chargé de me mettre en communication avec vous

— Alors, je puis trairer avec vous la petite affaire au sujet de laquelle j'ai écrit à M. Serpin ?

— Parfaitement.

— Voici un siège, monsieur, asseyez-vous.

Les deux hommes s'assirent.

— Votre maison, monsieur, reprit le comte, se charge de fournir, dans le plus bref délai possible, les renseignements qui lui sont demandés, moyennant un prix convenu, cela va sans dire ?

— Oui, monsieur.

— Et de quelque nature que soient ces renseignements ?

— Nous n'avons pas une spécialité. Nous appartenons à la personne qui nous emploie, et nous faisons tout ce qui dépend de nous pour répondre à sa confiance. Notre métier est de savoir ; nous cherchons, nous faisons des enquêtes, rien n'échappe à nos investigations, nous pénétrons les secrets les mieux cachés ; mais nous sommes d'une discrétion absolue ; une affaire terminée, ce que nous avons découvert retombe pour nous dans les profondeurs de l'oubli. Du reste, monsieur, je dois vous prévenir que nous n'allons jamais au delà de ce qui nous est demandé. Nous agissons le plus souvent avec une obéissance passive. Maintenant, monsieur, vous pouvez me dire ce que vous attendez de nous.

— Avant-hier au soir, un jeune homme, M. le vicomte de de Sanzac, qui habite rue de Londres, n° 14, a quitté Paris brusquement sans prévenir personne. Il est parti pour un temps assez long et évidemment avec l'intention de s'installer quelque part. Or, j'ai besoin de savoir où il est allé.

— Nous allons nous trouver sans doute en présence de certaines difficultés, mais la chose est de petite importance.

— Ainsi, je puis compter sur M. Serpin ?

— Absolument, monsieur. Du reste, je vais me charger moi-même de découvrir ce que vous voulez savoir.

— Vous faudra-t-il beaucoup de temps ?

— Il ne m'est pas possible de répondre à votre question, monsieur, puisque tout dépend des circonstances qui se présenteront et des difficultés qu'il faut toujours prévoir. Je peux seulement vous donner l'assurance que, dès demain, je me mettrai à l'œuvre et agirai avec la plus grande activité. Pouvez-vous me donner les noms de quelques-unes des personnes qui connaissent M. le vicomte de Sanzac ?

— Non. N'étant pas du même monde que M. de Sanzac, je ne connais aucun de ses amis.

— Peut-être n'aurai-je pas besoin de chercher de ce côté. Du reste, M. le vicomte de Sanzac n'ayant prévenu personne de son départ, nul ne doit savoir où il est allé. Il a évidemment des raisons pour laisser ignorer le lieu de sa retraite.

— Cela ne laisse aucun doute.

— Quand un homme disparaît ainsi subitement, c'est qu'il y a nécessité pour lui de se cacher. Il y a donc lieu de croire que M. le vicomte a pris certaines précautions pour se mettre à l'abri des poursuites dont il pourrait être l'objet. Là sont les difficultés dont je parlais tout à l'heure. Mais, soyez tranquille, monsieur, nous saurons les surmonter. Généralement, nous avons à nous occuper de choses plus ténébreuses.

— Il nous reste à parler des conditions, dit le comte.

— C'est vrai, monsieur, car tout travail mérite salaire.

— Eh! bien, que me demandez-vous ?

— Nous ne traitons jamais à forfait ; la raison en est facile à comprendre. Quand nous entrons en campagne pour telle ou telle affaire, nous ne pouvons savoir combien d'hommes nous devrons employer, le temps qu'il nous faudra pour atteindre le but et les frais de toutes sortes que nous serons forcés de faire.

— Je ne demande pas qu'il soit fait une exception en ma faveur. Traitez-moi comme tout le monde.

— L'examen de l'affaire qui nous est confiée sert toujours de base première à nos conventions. Son importance, les conditions dans lesquelles elle se présente nous font connaître d'avance les obstacles que nous rencontrerons, et alors nous savons à peu près le nombre d'hommes que nous devrons mettre à l'œuvre, chacun ayant ses instructions, son rôle, sa mission particulière. Nous pouvons également déterminer, à quelques jours près, le temps que nous demandera l'opération. Assurément, nous avons de grands moyens d'action, mais, nous sommes obligés, souvent, d'agir avec une prudence extrême, ce qui nous empêche d'arriver aussi vite que nous le voudrions au résultat désiré. Enfin, monsieur, voici de quelle manière nous traitons avec nos clients : il est convenu qu'ils auront à payer une somme fixée d'avance pour chaque jour de travail, pendant tout le temps que durera l'opération. Naturellement, cette somme est plus ou moins élevée, suivant l'importance de l'affaire et le nombre d'hommes employés. En outre, toutes les sommes avancées par l'agence pour frais prévus ou imprévus sont remboursées par le client. Enfin, première condition ; avant l'entrée en campagne le client verse à l'agence, à titre de provision et en acompte sur ce qu'il aura à payer, la somme qui lui est demandée. Je ne parle point des gratifications qu'il est d'usage de donner aux hommes qui se sont distingués dans l'affaire par leur intelligence et leur habileté. Il faut savoir récompenser le mérite partout où il se trouve. Chez nous, tout se paye : le zèle, l'activité, le tact, l'adresse, l'initiative et jusqu'à la discrétion.

« Entre l'agence et le particulier on traite de vive voix ; rien n'est écrit ; c'est la sûreté du client. On lui livre ce qu'il veut savoir, un secret, contre espèces, et tout est dit. Il n'existe aucune trace de ce qui a été fait pour lui.

— Je comprends cela, dit le comte.

— Nous nous occupons souvent de choses qui exigent la plus grande prudence.

— Voyons, maintenant, vos conditions. Quelle somme dois-je verser d'abord ?

— Cinq cents francs.

— Êtes-vous autorisé à les recevoir ?

— Oui, monsieur.

Le comte tira de sa poche un portefeuille et y prit un billet de cinq cents francs qu'il mit dans les mains de l'agent.

— Il est bien entendu que ceci est un acompte, reprit ce dernier en faisant disparaître le billet de banque. Mais je présume que vous n'aurez pas un fort excédent à payer. Un seul homme avec moi suffira, je pense, pour mener à bien l'entreprise en question. Si nous comptons pour chaque homme cinquante francs par jour, soit cent francs pour deux hommes, et que nous passions huit jours à faire nos recherches, vous n'auriez plus à payer que trois cents francs, plus la note des frais imprévus qui pourra bien s'élever à une centaine de francs.

Je vous prie de remarquer, monsieur, que je vous traite en conscience ; nous sommes quelquefois beaucoup plus exigeants. Nous voyons tout de suite à qui nous avons affaire. Quand c'est un millionnaire, par exemple, qui réclame nos services, nous lui tenons la dragée plus haute.

M. de Lasserre regarda l'homme avec un imperceptible froncement de sourcils.

— Et dire qu'on a parfois besoin de ces sortes de gens ! pensa-t-il.

Ainsi, reprit-il à haute voix, vous croyez qu'il vous faudra huit jours ?

— Peut-être moins, peut-être plus, monsieur, je ne peux pas dire. On ne prévoit jamais toutes les difficultés, et ce n'est que quand on les connaît qu'on peut employer les moyens de les vaincre.

— Vous ne m'avez pas dit la somme que j'aurais à donner à titre de gratification.

— Ceci n'est pas obligatoire ; c'est un usage...

— Je n'ai pas l'intention de m'y soustraire.

— M. Serpin ne fixe jamais le chiffre de la gratification, monsieur ; vous donnerez ce que vous voudrez.

— Eh bien, répliqua le comte, je le fixe d'avance ; si, avant huit jours, vous m'avez fait connaître l'endroit où se trouve le vicomte de Sanzac, il y aura mille francs de gratification.

L'agent écarquilla les yeux. Il n'en pouvait croire ses oreilles.

— Mille francs ! exclama-t-il.

— Oui, mille francs, répéta M. de Lasserre en se levant pour congédier le représentant de M. Serpin. Ainsi, déployez toute votre activité pour avoir droit à la récompense promise.

— Ah ! si M. de Sanzac avait quitté Paris depuis déjà une semaine, je vous répondrais avec assurance : vous saurez avant huit jours où il est allé. Mais c'est avant-hier seulement qu'il est parti ; or, s'il est allé un peu loin, hors de France, et s'il n'avait point fixé le lieu de sa résidence, ce qui est possible, il ne sera pas installé avant cinq ou six jours. Et puis, monsieur, on peut encore supposer qu'il s'arrêtera en route. Trois ou quatre jours sont vite passés.

— C'est vrai, fit le comte, en hochant la tête.

— Dans tous les cas, monsieur, reprit l'agent, vous pouvez compter sur mon activité, augmentée de mon vif désir de vous satisfaire.

Le comte répondit par un mouvement de tête.

— Dans le cas où j'aurais certains renseignements à vous communiquer, veuillez me dire, monsieur, où et à quelle heure je pourrai vous trouver.

— Ici, tous les jours de quatre à six heures du soir.

— Il peut se faire aussi que vous ayez quelque chose à me faire connaître. Dans ce cas, vous pourriez écrire à M. Gabiron. — je suis M. Gabiron, — maison Serpin et Cⁱᵉ, cité d'Antin.

— C'est entendu, monsieur Gabiron.

— A bientôt, monsieur Rousseau !

— A bientôt !

Et l'employé de la maison Serpin sortit de la chambre.

Voulez-vous me faire le plaisir de prendre un verre avec moi, lui demanda-t-il?

Le comte de Lasserre ferma sa porte et revint s'asseoir. Les coudes sur ses genoux et la tête dans ses mains, il resta longtemps absorbé dans ses tristes pensées. La nuit était venue sans qu'il s'en aperçût. Enfin, il releva la tête, et d'une voix sourde, il murmura :

— Attendons !

Le lendemain, à neuf heures, il prit un coupé de place et se rendit à la gare de l'Ouest, rue Saint-Lazare. Il commençait les recherches qu'il voulait faire lui-même par la gare la plus éloignée.

Il s'adressa successivement à tous les employés qui pouvaient être à même de le renseigner ; à celui qui délivre les billets, à celui qui enregistre les bagages, aux gardiens des salles d'attente. On répondit non à toutes ses questions et il se retira avec la certitude que la comtesse n'avait point pris la ligne de Normandie. Il se rendit ensuite à la gare du Nord, puis à celle de l'Est. Les réponses qui lui furent faites ne lui laissèrent aucun doute : la comtesse de Lasserre n'était partie ni par les lignes du Nord, ni par les lignes de l'Est, Strasbourg et Mulhouse.

Alors comme à l'heure où elle avait quitté l'hôtel de Lasserre, elle ne pouvait plus prendre le chemin de fer de Lyon ; elle était donc partie par le chemin d'Orléans. Car le comte n'admettait point qu'elle eût passé le reste de la nuit à Paris, dans une maison quelconque, pour se mettre en route le matin.

M. de Lasserre remonta dans son coupé et se fit conduire à la gare d'Orléans. Il procéda de même que dans les autres gares. Il s'adressa d'abord à la personne chargée de délivrer les billets. Elle lui répondit :

— Mardi, je n'étais pas de service de nuit et je ne puis vous dire, comme vous me le demandez, si une jeune femme avec un enfant a pris une place de coupé ou de première classe. J'ai bien là le chiffre de la recette du train de nuit avec l'indication des billets délivrés ; mais les billets ne désignent pas les personnes. Je remarque qu'un coupé complet a été loué jusqu'à Vierzon.

— Ah ! fit le comte en tressaillant.

— Voyez à droite, à l'enregistrement des bagages, le facteur-chef pourra peut-être vous donner le renseignement que vous désirez.

Le comte alla trouver le facteur-chef. Celui-ci lui répondit que, en effet, un coupé avait été pris tout entier et probablement par une seule personne, car pour les quatre places qui donnent droit à un transport de cent vingt kilogrammes, on n'avait enregistré qu'un seul colis du poids de vingt-six kilos.

M. de Lasserre était déjà convaincu que sa femme avait occupé une place du coupé, lequel avait été loué par le vicomte de Sanzac. Il acquérait également la certitude que sa femme et son amant étaient partis de Paris ensemble. En effet, la comtesse n'ayant rien emporté, ou presque rien, le colis enregistré appartenait au vicomte de Sanzac.

— Du reste, monsieur, reprit l'employé, s'il m'est impossible de vous dire si une jeune femme ayant un enfant a pris place dans le coupé en question, l'agent qui se tient à la porte d'entrée des premières saura peut-être vous mieux renseigner.

— Où trouverai-je cet employé ?

— Le train part à l'instant, il est libre en ce moment ; si vous le voulez, je vais le faire demander.

— Je le veux bien et je vous remercie de votre obligeance.

Un instant après, l'agent qu'on était allé chercher se trouvait en présence de M. de Lasserre.

— C'est vous, mon ami, lui dit le comte, qui étiez mercredi, au train de nuit, à la porte de la salle d'attente des premières.
— Oui, monsieur.
— Vous souvenez-vous d'avoir vu entrer dans la salle d'attente une jeune femme tenant un enfant dans ses bras ?
— Parfaitement, monsieur. Cette dame était très richement mise ; j'ai pu remarquer aussi qu'elle était jeune, bien que je n'aie pu voir sa figure sous le voile épais qui la couvrait. Quant à l'enfant, il était chaudement enveloppé dans une fourrure.
— Merci, mon ami, dit le comte d'une voix oppressée, cela me suffit. Êtes-vous marié ?
— Oui, monsieur.
— Vous avez des enfants ?
— Deux.
— Et vous ? reprit le comte en s'adressant au facteur-chef.
— Je suis marié aussi, monsieur, répondit-il, et j'ai un enfant, une petite fille de dix-huit mois.
Le comte leur glissa un louis dans la main. Ils essayèrent de refuser.
— Je vous en prie, prenez cela, leur dit M. de Lasserre très ému ; c'est pour acheter quelque chose à vos chers enfants. Ah ! aimez-les bien, aimez-les toujours !
Sur ces mots, il s'éloigna rapidement.

XIII

MONSIEUR GABIRON

Le comte de Lasserre se demanda s'il ne ferait pas bien de ne pas attendre le résultat des recherches de Gabiron et de se mettre immédiatement à la poursuite de la comtesse. Certes, la tentation de s'élancer à toute vapeur sur les traces de sa femme était grande.

Toutefois, après avoir réfléchi sérieusement, il se sentit moins bouillant et crut devoir mettre un frein à son impatience.

Sans doute, il pouvait aller jusqu'à Vierzon, puisqu'il savait que les fugitifs s'étaient arrêtés dans cette ville. Mais, ensuite, où irait-il ? Était-il sûr de ne pas perdre leurs traces au delà de Vierzon ou à Vierzon même ? Pouvait-il risquer de s'égarer, de faire fausse route, c'est-à-dire de perdre un temps précieux ? Ils avaient pris la ligne de Paris à Toulouse, probablement avec l'intention d'aller se cacher aux pieds des Pyrénées ou même en Espagne au milieu de quelque site désert et sauvage. Mais pourquoi cet arrêt à Vierzon ? Mais, en supposant qu'il puisse les suivre jusqu'à Toulouse et même plus loin, comment les retrouver dans un des mille coins perdus de la chaîne pyrénéenne?

Le comte laissa échapper un gémissement et répéta son mot de la veille :

— Attendons !

A l'heure même où M. de Lasserre commençait son enquête dans les gares, un homme, ayant la figure encadrée d'épais favoris noirs, vêtu d'une livrée vert-pomme, au collet décoré d'une passementerie, et coiffé d'un chapeau noir agrémenté d'une cocarde, se présenta, rue de Londres, chez le concierge de la maison portant le n° 14, tenant une lettre à la main.

— Madame, dit-il, s'adressant à la concierge, voici une lettre de mon maître, M. de Pirague, pour son ami M. le vicomte de Sanzac. Je crois bien que c'est une invitation à déjeuner pour demain.

— Alors, mon garçon, répondit la femme, inutile de laisser votre lettre, vous pouvez la reporter à votre maître.

— Pourquoi donc? demanda le valet, ayant l'air très étonné.

— Parce que M. de Sanzac n'est pas à Paris.

— Comment, M. le vicomte n'est pas à Paris?

— Du moment que je vous le dis, vous pouvez le croire.

— Est-ce qu'il est loin?

— Nous n'en savons rien.

— M. de Pirague réunit demain quelques amis ; il sera bien contrarié de ne pas avoir M. le vicomte. C'est étonnant qu'il ne sache pas que son ami est parti en voyage.

— M. de Sanzac n'a annoncé son départ à personne.

— C'est singulier.

— C'est comme cela.

— Mon maître voudra certainement lui écrire; si vous pouviez me dire où il est allé...

— Pour ça, mon garçon, il faudrait le savoir.

— Diable ! fit le valet en se grattant derrière l'oreille.

— Si vous voulez voir M. Ludovic, il pourra peut-être vous répondre.

— M. Ludovic?

— Oui, le valet de chambre et en même temps l'homme de confiance de M. de Sanzac.

— Quoi ! M. le vicomte est parti sans emmener son valet de chambre?

— Il est parti seul.

— Avec beaucoup de bagages?

— Seulement une petite malle.

— Oh ! alors, il va revenir dans trois ou quatre jours.

— Il paraît, au contraire, qu'il sera absent pendant plusieurs mois.

— C'est de plus en plus singulier.

— Voilà.

— Est-ce qu'il a beaucoup de domestiques, M. le vicomte de Sanzac?
— Trois : M. Ludovic, une cuisinière et un cocher.
— Et il les a laissés ici tous les trois?
— Mon Dieu, oui ; M. de Sanzac est assez riche pour les payer et les nourrir.
— C'est vrai.
— L'appartement de M. de Sanzac est au premier; si vous voulez voir le valet de chambre, vous pouvez monter.

L'homme à la livrée vert-pomme eut l'air de réfléchir.

— Au fait, non, dit-il ; mon maître m'a donné seulement l'ordre de porter cette lettre ; s'il tient absolument à savoir où M. le vicomte est allé, je reviendrai.

Il remercia le concierge et se retira.

Dans cet individu, à favoris noirs, déguisé en domestique de bonne maison, le lecteur a certainement reconnu l'agent Gabiron.

Il descendit la rue de Londres d'un pas léger, les deux mains dans ses poches. Devant l'église de la Trinité, il s'arrêta; il entra dans le square, où il n'y avait que trois ou quatre personnes, et s'assit sur un banc.

— Maintenant, se dit-il, réfléchissons. Il s'agit de faire les affaires du patron et avant tout les miennes. Je vais travailler seul, c'est décidé ; le patron n'y perdra rien et j'empocherai la gratification promise. Mille francs, quelle aubaine!...

Ce M. Rousseau, qui loge dans une modeste chambre d'hôtel meublé, une espèce de taudis, a la générosité et les bonnes manières d'un grand seigneur.

Cet homme est certainement autre chose que ce qu'il paraît être, continua-t-il en hochant la tête ; j'ai manqué de flair et de coup d'œil. Enfin, ce qui est fait est fait. Ah! ça, que peut-il y avoir de commun entre ce M. Rousseau et M. de Sanzac? Pourquoi veut-il savoir où le vicomte est allé? Vrai, je voudrais bien... Halte-là, Gabiron, mon ami, enraye la roue de ta curiosité; c'est souvent malsain d'être trop curieux. Tu n'as qu'une chose à faire : gagner honnêtement ton argent.

Parbleu ! je n'espérais pas, en me présentant chez les concierges du n° 14, que ceux-ci m'apprendraient ce que je veux savoir ; la besogne eût été trop facile et trop tôt faite. Il est clair comme le jour que le vicomte est allé jouer à cache-cache quelque part. Il y a donc nécessité pour lui de disparaître pendant un laps de temps. Donc, il se cache. Pourquoi? Cela ne me regarde point. Ce qu'il faut que je sache, c'est l'endroit qu'il a choisi pour dérober aux regards indiscrets son agréable personne. Je dis agréable sans savoir; c'est une manière de parler. S'il a pris de la poudre d'escampette sans prévenir personne, évidemment pour ne pas avoir à répondre à des questions embarrassantes, c'est qu'il tient absolument à ce qu'on ignore le lieu où il va se blottir. Si quelqu'un sait quelque chose, c'est M. Ludovic, son valet de chambre, son homme de confiance. Mais comment faire parler ce domestique? Autant vaudrait demander un air de musique à un bloc de marbre. Et pourtant...

Voyons, examinons bien la situation.

M. le vicomte est parti seul, n'ayant pour bagages qu'une petite malle. Cela semblerait indiquer qu'il ne s'était point préparé à quitter Paris et qu'une cause quelconque l'a obligé de prendre la fuite ; car, enfin, son départ ressemble à une fuite. Quand un homme, un vicomte surtout, s'en va n'importe où pour quelques mois, il a une infinité de choses à emporter : linge et effets d'habillement. Or, même dans une grosse malle, on ne peut pas mettre beaucoup de ces objets-là. Qu'on ne me dise pas : avec de l'argent on peut acheter partout ce que l'on n'a pas. Du linge, soit, et encore ; mais pas les autres choses. On est vicomte ou on ne l'est pas, que diable !... Quand on s'appelle M. le vicomte de Sanzac et qu'on est un élégant, un gentleman, la fine fleur des pois, on ne se fait pas affubler d'une redingote surannée chez un fripier de petite ville, comme un maquignon qui veut faire le beau ou un huissier de canton qui se marie. M. le vicomte sait très bien que, sous peine d'être grotesque, il faut qu'on soit habillé par un de nos grands tailleurs de Paris. Et comme je ne puis admettre qu'il ait l'intention de se déguiser en campagnard endimanché, je suis certain, au contraire, qu'il aura recours à son tailleur, à son chemisier, à son bottier et même à son chapelier. Il faudrait voir de ce côté. Oui, mais cela peut traîner en longueur et je suis pressé ou plutôt nous sommes pressés. Voyons, voyons, examinons encore.

Voici bientôt trois jours que M. le vicomte est parti ; à l'heure qu'il est, s'il ne s'est pas arrêté en route pour ramasser des petits cailloux ou pêcher à la ligne, il doit être arrivé à l'endroit où il a décidé qu'il percherait. Dès qu'il aura trouvé son nid et s'y sera installé, il écrira à son homme de confiance ; cela n'est pas douteux, car il voudra savoir ce que les gens qui le connaissent pensent de son départ précipité, et il aura ceci et cela et autre chose encore à demander. Ah! il faudrait que par un coup d'adresse une de ses lettres tombât entre mes mains. C'est difficile, mais non impossible.

Décidément, il faut que j'aie l'œil sur M. Ludovic. Je ne l'ai jamais vu, mais je le reconnaîtrai. Je sais que M. de Sanzac n'a que deux domestiques ; — je n'ai pas à m'occuper de la cuisinière. — Bien sûr, je ne prendrai pas le cocher pour le valet de chambre ; les cochers ont une allure et une façon de s'habiller qui n'appartiennent qu'à eux.

Gabiron avait déjà son plan dans la tête.

— Oui, murmura-t-il en se levant, je n'ai pas autre chose à faire pour le moment.

Il sortit du jardin, monta d'un pas rapide la rue Pigalle, traversa le boulevard extérieur, prit le passage de l'Elysée-des-Beaux-Arts ; puis, bientôt, s'enfonça et disparut dans l'allée sombre d'une maison du passage.

Une demi-heure après, on aurait pu le voir descendre la rue Pigalle, tout en grignotant le reste d'un morceau de pain. Mais ce n'était plus le même Gabirou et l'œil le plus exercé n'aurait pu reconnaître l'individu qui s'était présenté le matin chez le concierge du n° 14 de la rue de Londres. Il s'était dépouillé de ses favoris noirs et avait remplacé sa défroque de domestique par un pantalon de drap à petits carreaux, un gilet pareil, un paletot marron et un chapeau de feutre à larges bords.

Arrivé rue de Londres, il la suivit lentement jusqu'à la rue d'Amsterdam, mais non sans avoir jeté des regards à droite et à gauche ; puis il revint sur ses pas et entra dans un petit café qu'il avait remarqué en passant. C'est là, presque en face le n° 14 qu'il avait résolu d'établir son poste d'observation. Il s'assit à une table, près de la devanture, et se fit servir une tasse de café. De la place qu'il occupait, en dérangeant un peu seulement un rideau qui retombait sur une tringle de fer, il pouvait voir facilement l'entrée de la maison portant le n° 14.

Quand il eut pris son café, il se fit apporter une bouteille de bière. Deux consommateurs venaient de sortir ; il ne restait plus que lui dans la petite salle. Il appela le maître du lieu.

— Voulez-vous me faire l'amitié de prendre un verre avec moi? lui demanda-t-il.

— Tout de même, répondit le débitant.

Et, souriant, il s'assit en face de son aimable client.

— Il me semble que c'est la première fois que je vous vois ici, dit-il.

— En effet, c'est la première fois, mais ce n'est pas la dernière.

— Tant mieux. Vous avez l'air d'un bon garçon, tout rond comme moi, vous me plaisez. Est-ce que vous êtes du quartier?

— Je demeure à deux pas, rue Saint-Lazare.

— Qu'est-ce que vous faites?

— En ce moment, rien.

— Ah ! dame, si vous avez des rentes...

— Malheureusement, je ne suis pas rentier et je ne tiens nullement à dévorer mes économies. J'étais domestique dans une bonne maison ; j'ai perdu ma place par suite de la mort de mon maître.

— Vous en trouverez facilement une autre.

— Oh ! c'est plus difficile que vous ne pensez. Voyez-vous, quand on a servi comme moi pendant dix ans dans une excellente maison, ou est devenu difficile. Je ne veux pas m'adresser aux bureaux de placement, ils n'ont que des *bottes* à vous donner. Le meilleur est de s'adresser à des camarades, des confrères ; c'est par eux qu'on est sûr d'avoir une bonne place. Voyons, ne connaissez-vous pas quelques domestiques de bonne maison?

— Ici nous ne voyons que des employés ; je ne connais un peu que le cocher et le valet de chambre de M. le vicomte de Sanzac, qui demeure là, en face.

— Vicomte de Sanzac, ce nom ne m'est pas inconnu. Combien a-t-il de domestiques?

— Trois.
— Seulement ?
— Ah ! dame, il pourrait en avoir plus, car il possède une jolie fortune ; mais quand on est garçon...
— Ah ! M. de Sanzac n'est pas marié? C'est un maître comme cela que je voudrais ; oui, je serais heureux d'entrer au service de M. de Sanzac, et si j'osais me présenter...
— Pour le moment, vous perdriez votre temps. Il paraît que M. de Sanzac s'ennuyait à Paris, et, il y a trois jours, il s'en est allé faire un voyage à l'étranger.
— Ah !... pas de *veine*, mais vous ne me refuserez pas de me recommander à ses domestiques.
— Tout de même. La première fois que je verrai le cocher, je lui parlerai de vous.
— Il vaudrait mieux vous adresser au valet de chambre.
— Oui, si j'en trouve l'occasion : M. Ludovic entre ici rarement, et je ne cause pas librement avec lui comme avec le cocher.
— Est-ce que ce n'est pas un bon vivant?
— Si, tout de même ; mais il ne parle pas à tout le monde. Il a la confiance de son maître, c'est peut-être cela qui le rend fier.
— Je voudrais bien le voir, M. Ludovic. Comment est-il?
— C'est un grand blond, mince, raide et droit comme un *i*, qui porte toujours une cravate blanche comme un notaire. Figure pâle, avec deux bouts de favoris roux.
— Ce signalement me suffit, pensa Gabiron.

Tout en causant on avait vidé la bouteille. Mais Gabiron tenait à rester à son poste, il en demanda une autre.

A partir de ce moment le débitant fut continuellement dérangé. Des personnes entraient, se faisaient servir, s'en allaient, et il en revenait d'autres. De loin en loin le cafetier s'approchait de son nouveau client, mouillait ses lèvres dans son verre, puis s'éloignait aussitôt, en disant :

— Excusez-moi, c'est le commerce.

Gabiron avait constamment les yeux dans la rue.

— Faut que je le voie aujourd'hui, se disait-il.

Et il attendit.

Enfin, un peu avant six heures, il vit apparaître, dans l'encadrement de la porte du n° 14, un long corps efflanqué, ayant la figure pâle, des favoris roux et une cravate blanche autour du cou.

— C'est lui, prononça-t-il tout bas.

Il se leva, passa au comptoir, paya sa dépense et sortit en criant au cafetier :

— A demain !

Gabiron tourna autour des caisses et s'éloigna aussitôt, estimant qu'il était suffisamment renseigné.

Le valet de chambre tournait à l'angle de la rue d'Amsterdam.

Gabiron arpenta le trottoir à grandes enjambées, et arriva assez à temps pour voir entrer M. Ludovic dans le bureau de poste de la rue d'Amsterdam. Il fut bientôt sur ses talons.

Le valet de chambre s'approcha d'un des guichets ouverts.

— Avez-vous une lettre adressée à M. L. J. P., bureau restant, rue d'Amsterdam ? demanda-t-il à l'employé.

Quelques secondes s'écoulèrent.

— Non, monsieur, répondit l'employé, après avoir évidemment cherché dans un paquet de lettres placé devant lui.

Bien qu'il eût avidement prêté l'oreille, Gabiron n'avait pu entendre que ces mots : « Bureau restant, rue d'Amsterdam. » Mais c'était assez pour lui faire comprendre que le valet de chambre attendait une lettre qu'on devait lui adresser bureau restant. Or, cette lettre ne pouvait être que de M. de Sanzac. Cette manière de correspondre avec son homme de confiance était une des précautions qu'il avait prises contre ceux qui voudraient tenter de découvrir le lieu de sa retraite.

— Ah! se disait Gabiron, si j'avais pu mieux entendre, si je savais à quel nom ou à quelles initiales la lettre sera adressée, il n'y aurait qu'à avoir de l'audace et le tour serait joué. C'est bien ! le gaillard reviendra demain, je serai derrière lui, et je tâcherai d'avoir l'ouïe plus fine.

Il était sorti du bureau derrière M. Ludovic.

— Allons, murmura-t-il, je n'ai plus rien à faire par ici aujourd'hui, ma journée est finie.

Il entra dans un bureau de tabac pour acheter un cigare. Par habitude, il mit la main dans la boîte des cigares à cinq centimes; mais il la retira aussitôt.

— Tiens, se dit-il, je peux bien m'offrir un londrès ; c'est M. Rousseau qui paye.

XIV

OÙ L'ON VOIT QU'UNE CHOSE JETÉE EST BONNE A RAMASSER

Le lendemain, à sept heures du matin, Gabiron était déjà en faction à l'angle de la rue d'Amsterdam. Il avait l'arme au bras, c'est-à-dire sa canne plongée avec sa main dans une poche de son paletot et droite contre l'épaule.

Il faisait quarante ou cinquante pas en descendant vers la rue Saint-Lazare, remontait, jetait un long regard dans la rue de Londres, s'arrêtait pour lire les titres des chansons placées à l'étalage d'un petit libraire, marchand de journaux, puis reprenait sa promenade sur le trottoir.

Enfin, un peu avant neuf heures, il vit arriver le valet de chambre. Il fut avant lui au bureau de poste.

— Ouvrons les oreilles, se dit-il.

Quand le domestique entra à son tour dans le bureau, Gabiron, debout près du guichet, avait l'air d'arranger un petit paquet qui semblait destiné à l'affranchissement. Précaution inutile, car le valet de chambre ne le vit même pas.

Celui-ci, approchant sa tête du guichet, adressa à l'employé la même demande que la veille.

Cette fois, Gabiron entendit parfaitement nommer les trois lettres L.J.P. Un éclair de joie traversa son regard.

— Rien encore ce matin, monsieur Ludovic, répondit l'employé.

— Alors, je reviendrai ce soir.

— Oui, revenez ce soir.

Et comme l'employé n'avait probablement pas, à ce moment, une besogne pressée, il échangea avec le valet de chambre quelques paroles sur un ton presque amical.

Le rayonnement du regard de Gabiron s'éteignit et son front s'assombrit subitement.

— Diable, diable, se dit-il, quand il fut dans la rue, me voilà en présence d'une difficulté que je n'avais pas prévue. Mon homme est connu au bureau de poste, il est même au mieux avec l'employé. Il est clair que si je vais réclamer la lettre L.J.P. on me la refusera net. D'un autre côté, M. Ludovic sera prévenu et se tiendra sur ses gardes, et je n'aurai réussi qu'à me créer de nouvelles difficultés. Attention, Gabiron, n'agis pas comme un étourneau.

Diable! diable! comment faire? Si j'étais sûr que la lettre sera arrivée ce soir, je pourrais tenter l'aventure; mais sera-t-elle arrivée? Arrivera-t-elle même demain? Me présenter deux fois, trois fois au même guichet, serait un acte d'insensé. Savoir se déguiser est un art, se bien grimer en est un autre ; je les possède tous deux ; mais, malgré tout mon talent, il me serait impossible de me faire la tête en lame de couteau de ce grand efflanqué de Ludovic. Hum, hum ! pas de bêtises, faut voir, faut réfléchir.

Il était arrivé au bas de la rue d'Amsterdam. Il prit la rue Saint-Lazare et revint rue de Londres. Il entra dans le petit café et s'installa à la place qu'il occupait la veille, bien décidé à rester là jusqu'au soir.

Cette journée s'écoula et aussi celle du lendemain sans que Gabiron eût fait un pas en avant dans ses recherches. Il avait beau exercer une surveillance attentive de tous les instants, rien ne venait le mettre sur la voie. Toutefois, il ne perdait point patience ; il est vrai que la lettre, aussi ardemment attendue par lui que par le domestique, n'était pas encore arrivée.

Le quatrième jour, à neuf heures, Gabiron se trouva encore une fois au bureau de poste en même temps que M. Ludovic.

Le domestique n'eut pas le temps de faire sa question. Dès qu'il eut montré sa tête au guichet, l'employé lui dit :

— Enfin j'ai votre lettre, la voici.

Gabiron entendit et eut comme un éblouissement.

M. Ludovic prit la lettre que lui tendait l'employé et sortit du bureau. Aussitôt, Gabiron s'élança dans la rue. Il avait la tête en feu, son cœur battait violemment. Ce qu'il voulait savoir était contenu dans cette lettre, il en avait la certitude. Mais comment la faire passer des mains du valet de chambre dans les siennes ? Quel moyen employer pour s'en emparer. Il le cherchait, ce moyen, et il s'étonnait que son imagination, si féconde toujours, ne le trouvât point.

Le domestique, bien que marchant lentement, était déjà au coin de la rue de Londres. Gabiron n'avait pas une minute à perdre s'il ne voulait pas que la lettre lui échappât. Alors la pensée lui vint de se précipiter sur M. Ludovic, de le bousculer et de profiter de son premier moment de surprise pour lui enlever la précieuse missive. Prêt à bondir pour se ruer sur le valet de chambre, il s'arrêta brusquement.

A dix pas du domestique il venait d'apercevoir deux sergents de ville.

— Tonnerre ! grogna-t-il entre ses dents serrées, j'allais me faire pincer comme un imbécile.

Et tête basse, rongeant son frein furieux contre les sergents de ville, qu'il aurait voulus aux cinq cent mille diables, furieux contre lui, contre tout, il continua à marcher, suivant à distance M. Ludovic.

Tout à coup, il vit tomber dans la rue, contre le trottoir quelque chose de blanc. Évidemment c'était un papier qui sortait de la main du valet de chambre. Il ne le perdit point de vue. Il avança d'une dizaine de pas, s'arrêta, se baissa et ramassa prestement le papier qu'il glissa dans sa poche. Au toucher seulement, il avait deviné que c'était une enveloppe de lettre.

Un instant après, il s'asseyait sur un banc du square de la Trinité.

Voyant qu'il n'avait à craindre aucun regard indiscret, il tira l'enveloppe de sa poche, car le papier damassé était bien une enveloppe de lettre. Elle était déchirée en deux et avait les deux parties légèrement tordues ensemble. Gabiron fit reprendre à l'enveloppe sa première forme et la pressa fortement entre ses mains pour faire, autant que possible, disparaître les plis.

Alors il put lire facilement la suscription. Mais ce ne furent point les lettres L. J. P. qui firent subitement étinceler son regard. Que lui importaient ces trois initiales ? Ce que ses yeux agrandis et pétillants regardaient, c'était le timbre de la poste sur lequel il lisait Menton.

— Grand saint Georges, mon patron, s'écria-t-il triomphant, c'est toi qui me protèges !

Et il enferma soigneusement les précieux morceaux de l'enveloppe dans son portefeuille.

— Allons, murmura-t-il, j'ai gagné mon billet de mille ! Et c'est le hasard, le hasard seul... Il faut toujours compter sur le hasard. Eh bien ! c'est fait, j'ai trouvé, le vicomte est à Menton. Ah! ah! pas malin, M. Ludovic, et pas soigneux, pas soigneux du tout... Il est vrai qu'il ne se doutait guère qu'il y avait quelqu'un derrière lui pour ramasser un chiffon de papier qu'il jetait au vent. Maintenant, allons faire une révérence à M. Rousseau.

Il se leva et sortit du square. Soudain, il porta la main à son front et s'arrêta.

— Doucement, Gabiron, doucement, se dit-il ; je suis certainement sur la piste, mais, mais... Eh bien, oui, rien ne prouve que M. de Sanzac se soit installé à Menton. Je connais le pays, il est assez joli pour qu'on puisse y passer agréablement six mois même une année, mais notre vicomte a bien pu ne faire que s'y arrêter, le temps d'écrire sa lettre et de jeter un coup d'œil sur la mer, A Menton passe une route qui conduit à Gênes et ailleurs. Or, je ne peux pas dire que M. de Sanzac n'a point l'intention d'aller à Gênes, à Naples ou à Venise.

M. Rousseau se contenterait peut-être de l'enveloppe ; mais Gabiron n'est pas un escobardeur ; il veut travailler et gagner son argent proprement. On a sa fierté et son orgueil comme un autre ; on tient à conserver sa réputation.

A la suite de ces réflexions, au lieu de se rendre rue de Lyon, l'honnête Gabiron alla reprendre son poste d'observation dans le petit café de la rue de Londres.

A onze heures et demie, il vit M. Ludovic sortir et se diriger vers l'église de la Trinité. Il fut bientôt dans la rue.

— Il marche d'un bon pas, se dit-il, tout en le pressant lui-même, où diable peut-il aller ?

Le valet de chambre prit le bout de rue qui passe derrière l'église et conduit à la rue Blanche. Il y a là une station de petites voitures. M. Ludovic s'arrêta devant un fiacre à quatre places. Le cocher, qui causait plus loin, avec un camarade, s'empressa d'accourir en criant :

— Voilà, voilà ! montez, bourgeois.

Gabiron arriva à son tour à la station, et il entendit le domestique dire au cocher :

— Aux magasins du Louvre.

Le fiacre partit, Gabiron se jeta dans un coupé et donna également l'ordre à son cocher de le conduire aux magasins du Louvre.

— Allons, se disait-il, je crois bien que ce soir je serai complètement renseigné. La lettre est de M. le vicomte, cela n'est pas douteux ; M. le vicomte demande à son fidèle serviteur différentes choses que celui-ci va acheter au Louvre. Voici plus que jamais le moment de ne point perdre de vue M. Ludovic.

Le valet de chambre de M. de Sanzac ne mit pas moins de deux heures à faire ses achats. Ils étaient d'ailleurs assez nombreux et devaient être d'une certaine importance, car Gabiron vit arriver successivement une douzaine de ballots, dont le fiacre fut presque rempli.

Ses achats terminés, le valet de chambre retourna rue de Londres. Gabiron retourna à son poste d'observation.

Cependant, tous les paquets enlevés du fiacre, celui-ci resta devant la porte de la maison. Le cocher avait allumé sa pipe et fumait en allant et venant sur le trottoir, pendant que ses chevaux mangeaient, chacun dans un sac d'avoine pendu au cou.

Cela indiquait que le valet de chambre avait encore quelque chose à faire en ville.

Près de deux heures s'écoulèrent. Les chevaux avaient croqué les derniers grains d'avoine, et le cocher fumait sa troisième ou quatrième pipe. Tout à coup une fenêtre du premier étage s'ouvrit et une femme, la cuisinière de M. le vicomte, sans doute, appela le cocher et lui fit signe de monter. Ce dernier s'empressa d'obéir. Il reparut au bout d'un instant, chargé d'une énorme caisse qu'il plaça sur la voiture avec l'aide du concierge.

— Je comprends, murmura Gabiron, les achats de M. Ludovic vont partir ce soir par le chemin de fer.

Une seconde caisse, apportée par le cocher de M. de Sanzac, puis une troisième, puis une quatrième furent chargées sur le fiacre. Sur chaque caisse, un carré blanc attestait l'existence d'une adresse.

— Il faut que je sache où vont aller ces colis et à qui ils sont adressés, s'était dit Gabiron.

L'idée lui était venue d'aller s'offrir au cocher pour l'aider. Il aurait pu ainsi lire au moins une des adresses. Mais, après réflexion, il jugea qu'il était prudent de ne pas se montrer. Il ne devait pas risquer d'éveiller la défiance du valet de chambre. Toutefois il sortit du café et, les deux mains dans ses poches, il suivit lentement le trottoir jusqu'à la rue de Clichy.

Pendant ce temps, le valet de chambre était monté dans le fiacre et le cocher sur son siège. Deux coups de fouet firent partir les chevaux au trot. La voiture passa à deux pas de Gabiron ; mais elle ne tourna point à droite comme il l'avait supposé, pour conduire les caisses au bureau du chemin de fer de Lyon, rue Saint-Lazare ; elle traversa la place et prit la rue de Châteaudun. Il n'y avait pas à hésiter, il fallait suivre le valet de chambre.

Gabiron fit signe à un cocher, qui passait avec sa voiture vide, d'arrêter.

— Où allons nous ? demanda le cocher.

— Où va ce fiacre à deux chevaux et chargé de caisses qui file devant nous, répondit Gabiron.

Et la seconde voiture roula sur les traces de la première.

Au bout d'un quart d'heure, Gabiron était convaincu que M. Ludovic conduisait ses colis à la gare de Lyon. En effet, le fiacre allait gagner les boulevards, en traversant la place du Château-d'Eau.

Un peu avant d'arriver au boulevard Mazas, Gabiron fit arrêter sa voiture, mit pied à terre, donna au cocher le prix de sa course, augmenté d'un bon pourboire, et courut jusqu'à la gare. Le cocher et deux hommes d'équipe étaient en train de décharger les caisses. Deux déjà étaient placées sur un de ces petits véhicules à quatre roues, dont on se sert dans les gares pour rouler les colis.

Gabiron tourna autour et s'éloigna aussitôt, estimant qu'il était suffisamment renseigné. Les caisses portaient l'adresse suivante :

BUREAU RESTANT

Monsieur de Sanzac,
                      à Menton (Alpes-Maritimes).

— Avec cela se disait Gabiron en sortant de la salle des Pas-Perdus, si M. Rousseau n'est pas content il sera bien difficile.

Il jeta les yeux sur le cadran de l'horloge du chemin de fer, qui marquait cinq heures dix minutes.

— Parfait, murmura-t-il, c'est l'heure et je n'ai que quelques pas à faire.

Un instant après il était en présence du comte de Lasserre et recevait sa gratification de mille francs en échange des renseignements qu'il apportait.

Dès que Gabiron l'eut quitté, le comte de Lasserre écrivit la lettre qu'il avait promise à la marquise de Montperrey. Il la porta lui-même à la poste. Cela fait, il rentra chez-lui, se fit servir à dîner dans sa chambre, et à huit heures il prenait le train express de Paris à Marseille.

XV

MENTON

Le comte de Lasserre ne s'arrêta à Marseille que pour attendre le départ du train qui devait le transporter à Nice. Il était nuit noire quand il arriva dans cette ville.

A cette époque, le chemin de fer n'allait pas encore jusqu'à la frontière française. Il y avait entre Nice et Menton un service de messageries et des voitures publiques pour les voyageurs. Bien qu'il fut très impatient de se trouver à Menton, le comte comprit qu'il était forcé de passer la nuit à Nice. Il fit mettre ses malles à la consigne, sortit de la gare monta dans une voiture et se fit conduire à l'hôtel des Étrangers.

Le lendemain, à sept heures, il était levé et habillé. Comme il avait plusieurs raisons pour ne pas prendre la voiture publique, il chargea un des garçons de l'hôtel d'aller lui louer une voiture particulière, et, à huit heures, il se mettait en route pour Menton.

Menton est une petite ville de quatre à cinq mille habitants. Maintenant, grâce à la voix ferrée, elle n'est plus qu'à une heure de Nice. Bien qu'elle soit bâtie au bord de la mer, la ville elle-même n'a rien de remarquable ; mais ce sont ses environs qui sont superbes.

On va de Nice à Menton par la belle route de la Corniche, laquelle longe souvent le bord de la mer, montant et s'abaissant tour à tour, au milieu de citronniers, d'orangers, de caroubiers et d'oliviers gigantesques aux troncs noueux et tourmentés. Après avoir franchi un large ravin, — le Caraï, — la route traverse Menton dans toute sa longueur, pour s'élancer bientôt hors de la frontière.

De même que Nice, Menton est entouré de bosquets aux feuillages toujours verts et de magnifiques jardins de roses, au milieu desquels on respire un air doux et parfumé. C'est dans cette admirable verdure, au milieu d'une végétation luxuriante et d'un merveilleux épanouissement de fleurs que se trouve, en s'élevant par une pente douce, au nord-est de la ville, le quartier Garavant. Dans une vingtaine d'années, avant ce temps peut-être, cet endroit ravissant sera devenu lui-même une charmante petite ville, car chaque jour, comme par enchantement, on voit se dresser, à travers les arbres, de délicieuses villas. Du reste, c'est au quartier Garavant seul que Menton doit sa réputation sanitaire. Abrité des vents, à l'est par les montagnes d'Italie, il l'est également au nord par une grande montagne granitique qui, de ce côté, semble borner l'horizon.

Mais quand on tourne le dos à la montagne, on voit se dérouler sous ses yeux un panorama splendide. On a, à ses pieds, la large baie de Garavant, puis la pleine mer qui s'élargit et s'agrandit, immense, allant fondre ses eaux dans l'azur du ciel, et une vue admirable sur Bordighera et sa forêt de palmiers.

A gauche, après Bordighera, on découvre Vintimille avec ses antiques fortifications ? à droite, la Tête de chien, au-dessus des jardins embaumés de Monte-Carlo ; le cap Martin, délicieuse oasis de verdure, et, en ramenant les yeux, le vieux Menton, autrefois repaire de pirates africains.

Un ravin profond, sauvage, aux bords escarpés, auquel on a donné le nom de vallon Saint-Louis, sépare Garavant de l'Italie ; il marque, là, la ligne frontière de la France.

Autrefois, ce ravin était un torrent impétueux et terrible, qui précipitait ses eaux mugissantes dans la Méditerranée ; mais le génie de l'homme a lutté contre lui et l'a dompté. Aujourd'hui, ses eaux endiguées, détournées, servent à l'irrigation des terrains où se multiplient les citronniers qui embellissent Menton.

Sur ce ravin, creusé au milieu d'un site des plus pittoresques, et qui est à lui seul une curiosité, on a jeté un pont d'une seule arche et d'une grande hardiesse, aux deux extrémités duquel se tiennent les douaniers français et italiens.

Le comte de Lasserre avait fait une partie du chemin entre Nice et Menton

Vous ne reverrez jamais votre fille, lui dit le comte, ce sera ma vengeance.

sans dire une parole à son conducteur. Celui-ci était un Italien qui connaissait à peine quelques mots de français ; mais le comte parlait la langue italienne comme s'il fût né à Florence ou à Rome.

Vers midi, les voyageurs s'arrêtèrent au village de la Turbine pour donner l'avoine au cheval, le laisser reposer et prendre eux-mêmes un peu de nourriture. Ceci obligea M. de Lasserre à adresser quelques paroles à l'Italien, lequel parut enchanté de conduire un Français qui parlait sa langue aussi bien et peut-être mieux que lui.

La glace était rompue.

Quand on se fut remis en route, le comte adressa brusquement la parole à l'Italien.

— Comment t'appelles-tu? lui demanda-t-il.
— Luigi, excellence, répondit l'Italien.
— Y a-t-il longtemps que tu es à Nice?
— Depuis trois ans.
— Tu connais Menton?
— Très bien, excellence.
— Tu y vas souvent?
— En ce moment, une fois, deux fois par semaine; mais quand c'est la bonne saison et qu'il y a beaucoup de voyageurs, j'y vais presque tous les jours.
— Alors, tu pourras me donner certains renseignements.
— Je suis à vos ordres, excellence.
— Je vais à Menton pour y louer une villa dans laquelle j'ai l'intention de passer quelques mois. A qui devrai-je m'adresser pour faire cette location?
— A Giacomo Persani, excellence. C'est chez lui que vont tous les nobles étrangers. Si vous connaissiez Menton, vous sauriez qu'on ne peut pas y trouver une habitation convenable sans avoir recours au signor Persani. Il me connaît, et si vous le voulez, je vous conduirai chez lui. Je suis aussi cicerone et souvent je mets des Français et des Anglais en rapport avec Giacomo Persani. Dernièrement encore je lui ai présenté un jeune Français qui, comme vous, excellence, désirait louer une villa pour passer l'été à Menton avec sa femme et son enfant.

Le comte ne put s'empêcher de tressaillir.

— Ah! fit-il.
— Je vous assure, excellence, que Giacomo Persani est très arrangeant.
— Est-ce toi qui a conduit à Menton le Français dont tu viens de me parler?
— Oui, excellence.
— Y a-t-il longtemps de cela?
— Six jours.
— Et il était accompagné d'une femme et d'un enfant?
— Pas ce jour là, excellence. Je l'ai conduit seul à Menton et, sur sa demande, je l'ai mené chez le signor Persani.
— Qui lui a loué une maison?
— Oui, excellence.
— Où? le sais-tu?
— Non, excellence. J'avais des commissions à faire dans la ville, et j'ai

laissé le Français avec Giacomo Persani. Quand il eut loué la villa, il vint me retrouver, et je l'ai ramené à Nice. C'est le lendemain que je l'ai conduit de nouveau à Menton, cette fois avec sa femme et son enfant.

Le cœur du comte battait avec une extrême violence.

Sans nul doute, le jeune Français dont parlait l'Italien était le vicomte de Sanzac; et celle qu'il faisait passer pour sa femme, la comtesse de Lasserre; et l'enfant était sa fille, à lui, sa chère petite Lucie!

L'Italien continua :

— La signora est une toute jeune femme divinement jolie, mais pâle et bien triste. J'ai compris, à son air souffrant, qu'elle avait grand besoin de faire un long séjour à Menton.

— Et l'enfant, demanda le comte d'une voix altérée, était-il bien portant?

— Je crois bien, excellence, que c'est une petite fille. Elle était un peu pâlotte, mais éveillée comme une mésange. Et comme elle gazouillait!... Oh! non, elle n'est pas malade, elle... Par exemple, en voilà une qui est aimée! Tout le long de la route, à chaque instant, sa mère la dévorait de baisers.

Ces paroles firent passer dans le regard du comte une lueur étrange. Il sentit comme une pointe acérée traverser son cœur.

— Et l'autre, le... mari, demanda-t-il d'une voix étranglée, embrassait-il aussi l'enfant?

L'Italien secoua la tête.

Et pour compléter sa réponse il ajouta :

— Mais ce n'est pas lui, c'est la mère qui tenait toujours son enfant dans ses bras.

Le comte eut comme un soupir de soulagement.

— C'est bien, dit-il, pour terminer la conversation; tout en arrivant à Menton tu me conduiras chez le signor Giacomo Persani.

Et, enfonçant son chapeau sur ses yeux, autant pour les garantir des rayons du soleil que pour masquer son visage, il se rejeta en arrière et se blottit dans un coin de la voiture.

Une heure après on arriva à Menton.

Luigi conduisit d'abord son voyageur à l'hôtel où il descendait d'habitude, puis, quand il se fut assuré que son cheval avait devant lui une bonne brassée de foin et une épaisse litière toute fraîche, il rejoignit le comte qui l'attendait dans la cour de la maison.

— Maintenant, excellence, dit-il, je vais vous conduire chez Giacomo Persani.

— Allons, répondit le comte.

Ils prirent une enfilade de petites rues étroites et sombres, et après avoir marché environ dix minutes, l'Italien s'arrêta en disant :

— C'est ici.

Ils étaient en face d'une espèce de boutique aux vitres de laquelle on avait collé des carrés de papiers, donnant des indications plus ou moins complètes sur des maisons, des appartements, des jardins, des terrains à vendre ou à louer.

— Tu vas retourner à l'hôtel, dit le comte à Luigi, et tu m'y attendras; je te recommande expressément de ne pas t'éloigner, car j'aurai probablement besoin de toi tout à l'heure.

— Je vous attendrai, excellence. N'oubliez pas de dire à Giacomo que c'est moi qui vous ai conseillé de vous adresser à lui.

— Oui, c'est entendu.

L'Italien s'éloigna et le comte entra dans la boutique. Un homme s'y trouvait, assis devant une table couvertes de paperasses. Au bruit que fit la porte en s'ouvrant, il dressa brusquement la tête, puis se leva aussitôt et salua obséquieusement le visiteur.

— Puis-je parler au signor Giacomo Persani? demanda M. de Lasserre.

— Certainement, monsieur, voilà un siège, donnez-vous la peine de vous asseoir. Je suis Giacomo Persani ; en quoi puis-je vous servir?

— Peut-être aurez-vous à me louer, dans deux ou trois jours, une petite villa.

— J'ai votre affaire, monsieur : une délicieuse petite villa, au milieu d'un clos de vieux citronniers, avec une vue splendide sur la Méditerranée.

— Je verrai. J'ai l'intention d'acheter à Menton un terrain d'une certaine étendue et dans une belle situation, sur lequel je ferai construire moi-même une maison.

— Nous ne manquons pas de terrains à vendre, et il y a à choisir.

— Je ne connais pas Menton et c'est d'abord pour l'achat du terrain et le choix à faire que je m'adresse à vous; ensuite je vous prierai de me mettre en rapport avec les entrepreneurs auxquels je confierai la construction. J'aurai alors à vous demander un certain nombre de renseignements.

— Je me mets entièrement à votre disposition.

— Je sais que je puis avoir confiance en vous, signor Persani.

— Alors on vous a parlé de moi?

— Oui, un de vos compatriotes, Luigi.

— Je comprends ; c'est Luigi, le postillon, qui vous a amené à Menton.

— Oui.

— Luigi me connaît bien; il sait que nul mieux que moi ne peut rendre des services aux nobles étrangers qui viennent s'installer à Menton.

Le comte avait pris dans son portefeuille un billet de cinq cents francs; il le mit dans la main de Persani en disant :

— Veuillez prendre ceci.

L'Italien le regarda tout ahuri.

— C'est un acompte sur les services que j'aurai à vous demander, lui dit le comte.

— Mais je n'ai encore rien fait pour vous.

— Qu'importe !

— Je vais vous donner un reçu.

— Soit, si vous croyez que c'est utile.

— Certainement, monsieur. Veuillez me dire votre nom.

— Pierre Rousseau.

L'Italien s'inclina, prit sa plume, écrivit et signa le reçu qu'il tendit à son généreux client.

Après avoir eu l'air de lire le reçu, M. de Lasserre le plia et le mit dans sa poche en disant :

— C'est bien cela.

— Maintenant, monsieur, reprit Giacomo Persani, quand il vous plaira de visiter la jolie villa dont je vous ai parlé et de voir les terrains à vendre, je suis à vos ordres.

— Je vous reverrai pour cela dans deux ou trois jours, répondit le comte. Aujourd'hui, avant de retourner à Nice, je me contenterai de faire une visite à des personnages que je connais et qui sont installés à Menton depuis peu. C'est par votre entremise, m'a dit Luigi, qu'ils ont loué ici une maison.

— Vous voulez parler, sans doute, de M. le vicomte de Sanzac ?

— Oui.

— En effet, c'est moi qui lui ai fait louer à Garavant, une charmante habitation.

— Voulez-vous avoir l'obligeance de me dire à quel endroit se trouve cette maison, et à quoi je pourrai la reconnaître ?

— Mais je suis prêt à vous y conduire, monsieur.

— Non, non, je ne veux pas vous déranger aujourd'hui ; donnez-moi seulement les indications que je vous demande.

— Du reste, vous trouverez facilement. Vous n'avez qu'à prendre la rue Saint-Michel qui vous mènera au quai Bonaparte : vous suivrez le quai, et quand vous aurez passé devant la grille dorée de la villa Beauséjour, vous prendrez à gauche le chemin qui monte, en tournant à travers nos superbes plantations de citronniers. Bientôt, à gauche encore, et se dirigeant vers les hauteurs, vous rencontrerez une magnifique allée d'orangers au bout de laquelle vous découvrirez le perron de marbre et une partie de la façade de la villa en question.

— Signor Persani, répondit M. de Lasserre, je vous remercie, je suis suffisamment renseigné.

— Vous ne pouvez pas vous tromper, reprit Giacomo : cette maison est la plus éloignée de la ville et se trouve complètement isolée au milieu des arbres ; elle n'est pas à plus de quarante mètres de distance du vallon Saint-Louis.

— Encore une fois, merci et à bientôt, dit le comte.

Et il quitta Giacomo Persani.

Il s'empressa de revenir à l'hôtel, où il trouva Luigi qui l'attendait.

— Ton cheval a-t-il mangé? lui demanda-t-il.

— Oui, excellence.

— S'est-il assez reposé ?

— Oh! pas encore. Mais dans une heure. Est-ce que vous êtes déjà prêt à retourner à Nice, excellence !

— Non, il s'agit, au contraire, d'aller jusqu'à Vintimille.

— Pour revenir ensuite à Menton et retourner à Nice ?

— Oui.

— Ça, fit Luigi en secouant la tête, c'est tout à fait impossible, excellence.

— Eh bien, tu coucheras à Vintimille ou tu reviendras coucher à Menton.

— Il faut que je sois à Nice demain matin, excellence.

Le comte resta un moment silencieux, les sourcils froncés.

— Ne peux-tu pas trouver à louer ici un bon cheval capable de faire rapidement le chemin de Vintimille, aller et retour? demanda-t-il.

— Je crois que si, excellence.

— Eh bien ! voilà de l'argent, dit le comte en mettant deux pièces d'or dans la main de l'Italien ; va chercher un cheval et reviens vite, je t'attends.

Luigi partit en courant. Au bout d'un quart d'heure il reparut.

— C'est fait, dit-il au comte.

— Où est le cheval?

— On va l'amener ici dans un instant.

— Bien. Aussitôt tu l'attelleras.

— Oui, excellence.

— Et tu iras m'attendre sur la route à vingt-cinq pas du ravin Saint-Louis.

— Oui, excellence.

— Tu m'as bien compris?

— Je dois vous attendre sur la route, à vingt-cinq pas du ravin Saint-Louis.

— Si, comme je l'espère, je suis content de toi, je saurai te récompenser.

Cela dit, le comte de Lasserre sortit de l'hôtel et se dirigea d'un pas rapide vers Garavant.

XVI

PÈRE ET MÈRE

Après avoir suivi la grande rue de Menton, très étroite au centre de la ville, le comte de Lasserre se trouva sur le quai Bonaparte et ne tarda pas à apercevoir la grille de la villa Beauséjour. Un peu plus loin il s'engagea sur le chemin qui monte vers la montagne, faisant face à la mer.

Au bout de quelques minutes il s'arrêta. Il était à l'entrée de l'avenue des orangers dont lui avait parlé Giacomo Persani, et, dans un magnifique encadrement de verdure, il voyait le perron de marbre et le milieu de la façade de l'habitation, dont les sculptures décoratives se détachaient vigoureusement au-dessus de leurs ombres. La maison elle-même semblait saillir d'un fond de verdure sombre, coupé de demi-clartés, sous le ciel bleu dans lequel flottait un nuage blanc frangé d'or pâle.

Le comte porta la main sur la poche de côté de sa redingote.

— Mon revolver est à sa place, murmura-t-il. Il peut se faire que j'aie à me défendre; qui sait? ils sont capables d'oser me résister, d'oser lutter contre moi... Oh! dans ce cas, malheur, malheur à eux, les misérables !

Ses lèvres eurent une sorte de frémissement, et un éclair sillonna son regard sombre.

Alors, la tête haute, résolu, prêt à tout pour enlever sa fille, même à devenir un meurtrier, il marcha vers la maison.

Une porte à claire-voie fermait le jardin devant l'habitation; mais, bien que cette porte eût une serrure, on ne devait la fermer à clef que la nuit. Le comte l'ouvrit sans difficulté et pénétra dans l'enclos. Après avoir monté les marches du perron, il poussa une porte entr'ouverte et entra dans un corridor dont les dalles de marbre résonnèrent sous ses pieds. Aussitôt une porte s'ouvrit et il se trouva en présence d'une jeune femme de vingt-cinq à trente ans, qui commença par le regarder avec une vive surprise.

— Qui êtes-vous? et que voulez-vous? lui demanda-t-elle en italien.

Le comte n'eût pas de peine à deviner que cette femme était une domestique.

— Je n'ai pas à vous dire qui je suis, répondit-il avec hauteur; mais ce que je veux, le voici : je veux parler à votre maîtresse.

— C'est impossible.

— Pourquoi?

— Ma maîtresse ne reçoit personne.

— Et votre maître?

— Il est sorti.

— Tant mieux, pensa le comte.

Il reprit à haute voix :

— Puisque votre maître est absent, c'est votre maîtresse que je verrai.

— Non, répondit la domestique d'un ton sec.

Le comte lui lança un regard qui lui fit faire deux pas en arrière.

— Je vous répète que je veux parler à votre maîtresse, prononça-t-il d'une voix sourde.

— Et moi je vous répète que ma maîtresse ne reçoit personne.

— C'est possible ; mais elle me recevra, moi ! Allons, où est-elle ? Répondez ?

Et comme la domestique restait muette, le regardant avec terreur, il la saisit par le bras et, la secouant avec violence :

— Mais réponds donc, réponds donc ! exclama-t-il, pouvant à peine contenir sa fureur.

La femme laissa échapper un cri de douleur et d'épouvante.

Au même instant, le comte entendit une porte s'ouvrir au premier étage, puis une voix légèrement troublée demanda :

— Qu'y a-t-il donc, Juanita ?

Cette voix, le comte la reconnut, c'était celle de sa femme.

Avant que la servante ait eu le temps de répondre, il l'écarta brusquement pour s'ouvrir le passage et bondit sur les marches de l'escalier.

La comtesse s'était avancée sur le palier. Le comte parut. Aussitôt la jeune femme se rejeta en arrière et un cri étranglé, une sorte de râle s'échappa de sa poitrine.

Blême de terreur, frissonnante, les yeux hagards et démesurément ouverts, elle se courba comme si elle s'attendait à recevoir un coup mortel.

Le comte la poussa dans la chambre, dont la porte était restée ouverte, et y entra derrière elle.

Il y eut un moment de silence, lugubre, effrayant comme le calme qui précède, dans les grands orages, les premiers éclats du tonnerre.

Toujours courbée, la tête enfoncée entre les épaules, anéantie, la comtesse restait immobile au milieu de la chambre.

Le comte se plaça en face d'elle et la couvrit d'un regard où il y avait plus encore de mépris que de colère.

— Ah ! dit-il avec ironie et d'une voix dont la vibration seule trahissait son agitation intérieure, vous ne vous attendiez pas à voir se dresser devant vous l'homme que vous avez outragé. Il paraît que vous vous croyiez bien cachée ici, dans cette maison, au milieu de ces arbres. Vous auriez pu fuir plus loin, trouver une retraite plus impénétrable ; mais n'ayez aucun regret, je vous aurais également retrouvée. Pour cela, madame, j'étais décidé à fouiller tous les coins de la terre. Enfin, vous m'avez rendu facile la tâche que je m'étais imposée, je vous en remercie.

La comtesse chancelait sur ses jambes, prête à tomber.

— Tenez, vous me faites pitié, reprit le comte ; redressez-vous donc... Vous avez peur ? Eh bien, je vais vous rassurer : je n'en veux pas à votre vie. Je suis votre mari, je pourrai vous tuer, j'en ai le droit ; mais je ne suis pas un assassin... Vous tuer ! Pourquoi ? Pour me venger ? Non, je ne veux pas de cette vengeance. Je me vengerai mieux et plus sûrement en vous laissant vivre. Allez, ce n'est pas pour vous que je suis ici.

La comtesse tressaillit et releva la tête.

L'IDIOTE 89

— Montez vite, monsieur, dit-il à son maître d'une voix troublée.

— Ah! je comprends, s'écria-t-elle, vous voulez le provoquer, vous battre!... Oh! non, cela ne sera pas, ce serait trop horrible!

Le comte secoua la tête et un sourire singulier courut sur ses lèvres.

— Vous ne comprenez pas, répliqua-t-il; non, vous ne comprenez pas. Je n'en veux pas plus à la vie de votre amant qu'à la vôtre. Je le connais, je sais ce qu'il vaut, trop peu vraiment pour que je risque ma vie contre la sienne. Je vous le répète, je n'en veux pas à sa vie; et puis je tiens à la mienne, moi, je veux vivre, vous m'entendez? madame, je veux vivre malgré la déplorable existence

Liv. 12. F. ROY, éditeur. 12

que vous m'avez faite. Ainsi, vous pouvez vous rassurer sur le sort de cet homme que vous défendez contre moi. Il m'a volé mon honneur; mais en cela il est votre complice, et ce n'est pas lui le plus coupable. Je vous l'avais confié, mon honneur, comme un dépôt sacré; vous lui avez dit : « Prends-le, » et il s'en est emparé. Assurément, cet homme est un misérable; mais qu'êtes-vous, vous? Une infâme !

La jeune femme poussa un sourd gémissement.

— Oui, oui, dit-elle d'une voix oppressée, je suis une misérable et vous avez le droit de me maudire et de me couvrir de tout votre mépris. Peut-être pourrais-je plaider ma cause devant vous ; mais je ne veux rien invoquer qui puisse m'excuser. Ah! je ne me fais aucune illusion sur ma position; elle est affreuse... En brisant votre vie, j'ai aussi brisé la mienne; rien ne peut réparer cela. Je suis coupable, monsieur le comte, et si vous me voyez tremblante, écrasée devant vous, c'est que j'ai conscience de mon immense malheur et que je vois toute ma honte!

« Je sais combien vous êtes grand, généreux, magnanime, monsieur le comte, et pourtant je n'implore point mon pardon, parce que je sais aussi qu'il y a des choses qu'un homme comme vous ne pardonne et n'oublie jamais. Hélas ! créature indigne, je ne peux plus avoir droit qu'à votre mépris ! Et il est si grand, si profond qu'il domine votre colère. Votre calme me glace d'effroi, monsieur le comte; j'ai peur... oui, j'ai peur !

— Je vous ai dit déjà que vous pouviez vous rassurer, répliqua M. de Lasserre; sans doute j'aurais des comptes terribles à vous demander, mais cela ne réparerait point le mal que vous avez fait. Je préfère vous abandonner à votre honte, peut-être à vos remords, et laisser à votre amant seul le soin de me venger !

Elle se redressa et fit un pas vers lui, en s'écriant :

— Pourquoi donc êtes-vous venu ici ?

— Voyons, est-ce que vous ne le devinez pas?

— Non. Mais je tremble; votre regard me dit que vous méditez quelque chose de terrible.

— Vous vous trompez encore, répondit-il froidement; c'est un sentiment des plus naturels qui m'a amené ici.

— Eh bien! dites, dites, que voulez-vous ?

— Répondez d'abord à cette question : Où est ma fille?

— Votre... votre fille? balbutia-t-elle.

— Oui, ma fille ! Où est-elle?

— Mais elle est aussi ma fille, à moi !

Le comte lui lança un regard qui fit passer un frisson dans tous ses membres.

— Oh! fit-elle, en regardant autour d'elle avec effarement.

D'une voix dure et mordante M. de Lasserre reprit :

— La femme coupable, l'épouse qui a manqué à tous ses devoirs n'a plus aucun droit au titre de mère.

Le visage de la malheureuse exprima une horrible angoisse; mais elle retrouva subitement son énergie et ses yeux étincelèrent.

— Ah! vous voulez me prendre ma fille? exclama-t-elle.

— C'est pour cela seulement que je vous ai cherchée, pour cela que je suis ici, répondit le comte toujours calme, mais avec une dureté qui s'accentuait de plus en plus.

— Mais j'aime mon enfant! s'écria-t-elle affolée, je l'aime!

— C'est possible; répliqua-t-il, mais vous l'aimez d'une étrange manière. Réfléchissez donc, malheureuse! Quelle existence voulez-vous lui faire; quel avenir lui réservez-vous, à cette pauvre petite innocente? Elle a un nom; allez-vous lui en donner un autre, celui de votre amant? Mon nom qui est le sien, qui a été le vôtre, vous l'avez déshonoré; mais tout souillé qu'il est, il vaut encore mieux pour ma fille que celui de Sanzac. Comment, vous prétendez que vous aimez votre enfant, et vous n'avez pas compris que vous alliez lui faire partager votre honte, votre opprobre!... Ah! je veux croire que vous aviez perdu la tête, que vous étiez folle quand vous vous êtes enfuie de l'hôtel en emportant ma fille; oui, ma fille, et non la vôtre; car vous ne lui êtes plus rien : Lucie, maintenant, n'appartient qu'à moi!

— Je l'aime, je l'aime! prononça la comtesse d'une voix déchirante en se tordant les bras.

Le comte eut un haussement d'épaules de suprême dédain.

— Vous êtes folle, oui, folle! reprit-il en dardant sur elle un regard tranchant comme une lame. Mais Lucie ne restera pas toujours toute petite; elle grandira, et, un jour, elle verra et comprendra. Supposez que, ne vous ayant pas retrouvée aujourd'hui, j'aie passé douze ans, quinze ans à vous chercher à travers le monde, Lucie serait arrivée à l'âge de seize ans. Elle vous parle de son père, elle vous interroge sur le passé, elle vous demande des explications; que lui répondez-vous? J'admets que vous avez eu le respect de son innocence, que vous l'avez bien élevée, qu'aucune flétrissure n'a atteint son cœur et qu'elle a l'âme haute et fière. Que lui répondez-vous? Comment lui cacher la vérité? Il faut lui avouer votre honte, il faut qu'elle sache que sa mère l'a séparée violemment de son père pour l'associer à son sort misérable, et elle apprend avec épouvante, avec horreur, que sa mère a déshonoré le nom qu'elle porte!

La comtesse laissa échapper une plainte sourde.

Immobile, pantelante, les yeux égarés, elle regardait son mari avec une inexprimable terreur.

— Eh bien, cela n'arrivera pas, poursuivit M. de Lasserre; c'est assez de votre opprobre et du mien, je ne veux pas que la honte touche au front de ma fille!... Ai-je besoin de vous le dire? Si vous ne m'aviez pas volé ma fille, — c'est le mot propre, vous me l'avez volé, — je ne me serais point mis à votre poursuite, je vous aurais abandonnée à votre triste sort, je n'aurais jamais rien tenté contre vous et je vous eusse oubliée. Si je ne suis pas mort immédiatement du coup dont vous m'avez frappé, c'est que j'ai voulu vivre, non pour une vengeance qui serait juste, mais que je dédaigne; je veux vivre pour ma fille, pour elle seule! Vous avez méconnu vos devoirs, madame; moi, je connais les miens. Tout est fini entre nous, vous n'êtes plus rien pour moi, je ne vous connais plus! Je n'ai plus rien à vous dire. Maintenant, répondez : Où est ma fille?

La comtesse sortit de l'espèce de torpeur dans laquelle elle était tombée.

— Non, c'est impossible, je ne veux pas, je ne peux pas! exclama-t-elle d'une voix étranglée.

— Encore une fois, où est ma fille? demanda le comte, dont la voix frémissante prit une sonorité menaçante.

— Non, je ne veux pas! reprit la comtesse éperdue, en jetant malgré elle un regard furtif sur une des portes de la chambre.

Le comte surprit ce regard et un double éclair jaillit de ses yeux...

— Puisque vous ne voulez pas me répondre, dit-il, je vais la chercher.

Et il marcha vers la porte que le regard de sa femme lui avait indiquée.

Aussitôt, la comtesse poussa un cri perçant et s'élança d'un bond entre la porte et son mari. Alors elle se dressa de toute sa hauteur, et le sein bondissant une flamme dans le regard, elle prit une attitude menaçante.

XVII

L'ENFANT

M. de Lasserre arrêta sur sa femme son regard dédaigneux, puis un sourire intraduisible crispa ses lèvres.

— Ah! dit-il, elle est là!...

Il fit deux pas en avant.

La comtesse s'adossa contre la porte, les bras en croix.

— Vous n'entrerez pas! cria-t-elle.

Le visage du comte devint d'une pâleur livide et de sombres éclairs s'allumèrent dans ses yeux.

Pendant quelques secondes ils restèrent immobiles en face l'un de l'autre, croisant le feu de leurs regards.

— Laissez-moi passer, dit le comte d'une voix rauque.

— Non!

— Je vous l'ordonne !

— Non !

Le comte fut saisi d'un tremblement convulsif, ses traits se contractèrent affreusement et la colère, prête à éclater, étincela dans ses yeux.

— Misérable ! misérable ! prononça-t-il d'une voix sifflante.

Il se précipita sur elle, la saisit par les épaules et la fit tourner sur elle-même, en la poussant avec fureur.

La comtesse perdit l'équilibre et tomba sur ses genoux. Mais, avant que le comte ait eu le temps d'ouvrir la porte elle se releva, bondit sur lui et se cramponna à ses vêtements.

— Malheureuse, dit-il sourdement, mais tu veux donc que je te tue ?

Et il leva sur elle son poing fermé.

— Oui, tuez-moi, puisque vous voulez me prendre mon enfant, tuez-moi, tuez-moi !

Au lieu de frapper, le bras du comte se détendit et retomba à son côté.

— C'est elle, c'est ma fille qui vous protège contre ma fureur, dit-il ; je ne veux pas qu'il y ait une tache de sang sur sa robe d'innocence !

— Et vous disiez que vous dédaigniez de vous venger...

Ah ! la voilà, la voilà, votre vengeance !... Mais vous savez bien que j'aime mon enfant, que je l'adore... et vous voulez me l'enlever ! Monsieur le comte, c'est une chose monstrueuse, inhumaine, cela aussi est un crime... Oh ! oh ! prendre son enfant à une mère !... Mais si abjecte que soit une femme, est-ce qu'elle n'a pas un cœur comme les autres ? Est-ce qu'on peut l'empêcher d'aimer et de se dévouer pour le cher petit être qui est né de son sang ?... Je vous ai trompé, j'ai mis votre honneur sous mes pieds, je suis une infâme ! Eh bien, je réclame le châtiment que j'ai mérité ; frappez-moi, frappez-moi, je veux mourir !

— Je ne veux pas de votre mort, moi ; je veux, au contraire, que vous viviez ; ce sera ma vengeance, car jamais, vous entendez, jamais vous ne reverrez votre fille !

Par un mouvement brusque, il échappa à l'étreinte de la comtesse et parvint à la repousser. Mais, aussitôt, elle revint sur lui. Haletante, étranglée par des sanglots, elle était prête à suffoquer.

— Mais laissez-moi donc ! s'écria-t-il d'une voix terrible.

Il la repoussa et avec une telle force, cette fois, que la malheureuse roula sur le parquet, où elle resta étendue, à demi-évanouie.

Le comte ouvrit la porte que la mère avait si vaillamment défendue, et entra dans une grande chambre silencieuse, dont les doubles rideaux des fenêtres étaient soigneusement tirés pour empêcher les filtrations des rayons du soleil.

Dans le demi-jour de cette pièce, le comte vit un lit, et sur ce lit la petite Lucie qui dormait profondément.

Accablée sans doute par la grande chaleur, sa mère l'avait couchée là, tout habillée, pour qu'elle pût dormir tranquillement pendant une heure ou deux.

Le comte s'élança vers le lit, les yeux étincelants, et prit l'enfant dans ses bras. La petite, réveillée en sursaut, ouvrit les yeux et regarda. Aussitôt elle poussa un petit cri de surprise et de joie.

— Ah! papa, fit-elle.

Le comte la serra fiévreusement contre lui et couvrit son front et ses joues de baisers délirants.

— Ah! maintenant, murmura-t-il, tu es à moi, tout à moi, rien qu'à moi!

L'enfant lui avait jeté ses petits bras autour du cou, et elle riait... Elle riait la mignonne!

Le comte sortit de la chambre. La comtesse avait eu la force de se soulever; elle s'était mise sur ses genoux. En voyant reparaître son mari, tenant l'enfant dans ses bras, elle tendit vers lui ses mains tremblantes, et lui cria d'une voix suppliante :

— Grâce! grâce!

Il jeta sur elle un regard luisant et froid comme l'acier et laissa tomber de ses lèvres ces mots :

— Vous ne la reverrez jamais!

La comtesse voulut se dresser sur ses jambes. Impossible. La force lui manqua; elle retomba sur ses genoux et sur ses mains. Pendant ce temps, son mari et sa fille avaient disparu. Elle poussa un cri rauque, horrible et s'affaissa lourdement, la face sur le parquet.

Elle était complètement évanouie.

Le comte descendit rapidement l'escalier. Au bas du perron il rencontra la servante; mais celle-ci stupéfiée, bouleversée, ne songea pas à lui barrer le passage. Le comte s'élança hors de l'enclos. Au lieu de suivre l'avenue des orangers par laquelle il était venu et où il pouvait rencontrer le vicomte de Sanzac, il prit à droite un étroit sentier qui descendait presque verticalement vers la mer.

Au bout de quelques minutes, il se trouva sur la route. A quelques pas, Luigi et sa voiture attendaient à l'ombre d'un olivier. En voyant arriver près de lui le comte portant un enfant dans ses bras, l'Italien eut un vif mouvement de surprise.

— Tu n'as pas à être étonné, lui dit M. de Lasserre.

La petite fille, qui avait été arrachée brusquement à son sommeil, s'était endormie pendant le court trajet de la villa à la route.

Le comte retrouva son par-dessus dans la voiture; il s'en servit pour coucher et envelopper l'enfant.

— Maintenant, dit-il à Luigi, en s'asseyant à côté de la mignonne, fouette ton cheval et pars ventre à terre.

L'Italien obéit et l'attelage fila comme une flèche, laissant derrière lui un nuage de poussière. On eut bientôt passé la frontière. Alors M. de Lasserre, les yeux fixés sur le visage de sa fille, respira à pleins poumons.

— Je ne crains plus rien, murmura-t-il ; en supposant qu'ils aient l'intention de me poursuivre, je suis maintenant hors d'atteinte...

La voiture allait toujours très vite, faisant jaillir à chaque instant des étincelles sous le fer de ses roues. Cependant on arriva à une montée assez raide que le cheval dut gravir au pas.

— Luigi? dit le comte.

L'Italien se retourna.

— Écoute bien ce que je vais te dire.

— Oui, excellence.

— Dans le cas où l'on t'interrogerait, tu ne sais rien, tu n'as rien vu; donc tu ne répondrais pas.

— Même à un magistrat, demanda Luigi, en jetant un regard de côté sur la petite Lucie qui venait de se réveiller.

— Même à un magistrat, répondit le comte, qui avait deviné la pensée du postillon. D'ailleurs, je m'empresse de te rassurer : tu n'as absolument rien à redouter; cet enfant est le mien.

— Ah! fit Luigi.

— Tu m'as bien compris : tu n'as rien vu, tu ne sais rien.

— Oui, excellence.

— Et si quelqu'un te questionne...

— Je serai muet, excellence.

— C'est bien, je compte sur ta discrétion... Maintenant, je te donne ce que nous appelons en France un pourboire, tiens.

Et le comte mit dix pièces de vingt francs dans la main de l'Italien.

— Oh! oh! excellence! s'écria Luigi, qui n'en pouvait croire ses yeux.

— Cela grossira ton épargne, mon garçon, dit le comte en souriant.

On était au-dessus de la montée; le cheval repartit au grand trot.

La petite fille se souleva et voulut se dresser sur ses jambes. Le comte la prit dans ses bras, l'assit sur ses genoux et l'embrassa à plusieurs reprises. Puis se pliant à ses petits caprices, il se mit à jouer avec elle sous les feux rougis du soleil couchant.

. . . .

Dix minutes ne s'étaient pas écoulées depuis que le comte de Lasserre était sorti de la villa, lorsque le vicomte de Sanzac revint de la promenade qu'il était allé faire au bord de la mer. Dès qu'il eut franchi la porte à claire-voie, il se trouva en face d'un homme qui était en même temps son jardinier et provisoirement son valet de chambre. Le domestique avait l'air consterné.

— Montez vite, monsieur, montez vite, dit-il à son maître d'une voix troublée.

— Eh bien, qu'est-ce qu'il y a? demanda le vicomte.
— Juanita vous le dira, monsieur, moi, je ne sais rien.

Sans paraître ni agité, ni inquiet, et sans se presser beaucoup, le vicomte entra dans la maison.

M. de Sanzac avait alors vingt-sept ans. Il était grand, bien fait, de bonne tournure et ne manquait pas de dictinction. Il avait les cheveux et la barbe d'un beau noir, et le teint légèrement bronzé comme un Espagnol. Par la coupe de son visage et la régularité de ses traits, il était beau ; mais l'ensemble avait quelque chose de rude qui éloignait la sympathie. Toutefois, l'habitude du monde avait corrigé ce défaut naturel, et, quand il le voulait, il possédait le talent de se garantir contre l'impression antipathique. Ses yeux, aux prunelles noires, avaient un éclat singulier qui dominait l'expression du regard. Cette expression, qu'il savait rendre caressante, n'était cependant ni douce, ni tendre ; elle contenait un je ne sais quoi d'ironique et d'ambigu qui frappait l'œil de l'observateur; cela, du reste, répondait à quelque chose de contraint et de caustique qu'avait son sourire.

Assurément, le vicomte de Sanzac pouvait être l'objet d'un caprice ; mais rien en lui n'était capable de faire naître une de ces passions qui suffisent pour remplir l'existence d'une femme.

Quand il entra dans la chambre du premier étage, Juanita donnait des soins à sa maîtresse, qu'elle avait relevée et couchée sur un canapé. La comtesse n'avait pas encore repris connaissance. Inerte et blanche comme neige, on aurait pu croire qu'elle était morte.

— Ah! monsieur, dit Juanita, en voyant entrer son maître, si vous étiez revenu plus tôt, si vous aviez été ici...

Le vicomte s'approcha de la jeune femme.

— C'est une syncope, dit-il, causée sans doute par la chaleur et le manque d'air.

Il alla ouvrir une fenêtre et revint près de la comtesse.

— Elle vient de faire un mouvement, lui dit Juanita, elle va revenir à elle ; voyez, sa poitrine se soulève, elle commence à respirer.

— Oui, et ce ne sera rien, fit le vicomte.

— Ah! j'ai bien cru que madame était morte, que l'homme l'avait assassinée.

— Hein, que dis-tu? de quel homme parles-tu?

— De l'homme qui est venu tout à l'heure et qui a emporté la petite.

Le vicomte ne put s'empêcher de tressaillir.

— Le comte de Lasserre! murmura-t-il.

« Voyons, voyons, que s'est-il passé? »

Tout en continuant à faire respirer à la jeune femme un linge imbibé de vinaigre, Juanita raconta comment un homme qu'elle ne connaissait pas était

La comtesse passa la barrière et descendit d'un pas rapide l'avenue des Orangers.

arrivé à la villa et était monté dans l'appartement de sa maîtresse, malgré les efforts qu'elle avait faits pour l'en empêcher.

— Il est resté avec madame pendant environ vingt minutes, continua Juanita ; je les ai entendus parler très haut, lui surtout ; je n'ai pu entendre ce qu'ils disaient ; mais j'ai compris que madame connaissait cet étranger. J'eus bien la pensée d'appeler Piétro, qui travaillait au fond du jardin.

— Et tu ne l'as pas fait ?

— Dans la crainte de déplaire à madame. Et puis je ne pouvais pas deviner que l'homme était venu pour enlever la petite.

— Continue.

— J'étais au bas du perron, regardant si vous n'arriviez pas, lorsque, tout à coup, j'entendis madame crier : « Grâce ! grâce ! » Aussitôt, je vis apparaître l'homme, tenant la petite dans ses bras. Il passa rapidement devant moi et s'éloigna en courant dans la direction du ravin. Je ne l'avais pas encore perdu de vue lorsque madame poussa un cri épouvantable; effrayée, j'accourus. Madame était là, étendue au milieu de la chambre, ne donnant plus signe de vie. D'abord je crus que l'homme l'avait frappé d'un coup de stylet et qu'elle était morte. Mais, ne voyant pas de sang et ne découvrant sur elle aucune blessure, je me rassurai...

A ce moment la comtesse eut une sorte de spasme qui fut suivi d'un long soupir. Comme l'avait annoncé Juanita, elle revenait à la vie. La respiration était encore faible et oppressée, mais les poumons reprenaient peu à peu leurs fonctions régulières.

Quelques minutes s'écoulèrent encore. Enfin, un peu de rose reparut sur les joues et les lèvres de la jeune femme, et elle rouvrit les yeux.

D'abord elle regarda autour d'elle comme étonnée et effrayée, puis, à plusieurs reprises, elle passa ses mains sur son front glacé. Aux mouvements nerveux de sa physionomie, on voyait qu'elle s'efforçait de ressaisir sa pensée.

— Est-ce un rêve, un rêve épouvantable que j'ai fait? murmura-t-elle.

Soudain, elle se dressa debout, frémissante, les yeux hagards. Ses magnifiques cheveux dénoués tombèrent en longues spirales ondoyantes sur ses épaules. Elle jeta un cri et, d'un bond de panthère, elle s'élança dans la pièce voisine. Presque aussitôt elle poussa un second cri, plus déchirant encore que le premier, puis elle reparut chancelante, se soutenant à peine, les traits défigurés par d'horribles crispations nerveuses. Elle fit encore quelques pas, comme en se traînant, et s'affaissa sur un siège, en faisant entendre un long gémissement.

— Laisse-nous, dit le vicomte à Juanita.

La servante jeta sur sa maîtresse un regard de compassion et sortit de la chambre.

M. de Sanzac resta un instant immobile, silencieux; puis, lentement, il s'approcha de la comtesse.

— Voyons, voyons, lui dit-il, remettez-vous.

Elle sursauta, leva la tête et ses yeux luisants comme des tisons se fixèrent sur le vicomte.

— Eh bien? fit-il.

— Est-ce que vous ne savez pas ce qui s'est passé? demanda-t-elle d'une voix creuse.

— Apprenez-le moi.

— Mon mari est venu. En le voyant j'ai cru qu'il allait me tuer... Eh bien, non, il ne m'a pas frappée d'un coup de poignard; il s'est contenté de m'écraser de son dédain et de son mépris.

— Que vous importe?

Elle eut une sorte d'éclat de rire strident.

— Ah! ah! ah! fit-elle, savez-vous pourquoi le comte de Lasserre est venu ici? Il est venu pour me prendre ma fille! Elle n'est plus là, ma fille, il l'a emportée. Entendez-vous, il me l'a prise, et il m'a crié : « Vous ne la reverrez jamais! » Ah! je suis maudite, maudite!...

XVIII

LA RUPTURE

Ces paroles furent suivies d'un assez long silence. Il était facile de voir que la jeune femme était en proie à un grand désespoir.

— Allons, dit le vicomte d'un ton presque léger, il n'y a pas là de quoi vous tant désoler.

Elle le regarda fixement, comme si elle n'eût pas entendu.

— D'ailleurs, ajouta-t-il, ne suis-je pas près de vous pour adoucir votre peine?

Il lui prit la main. Elle la retira brusquement.

— Ah! fit-il.

Il approcha son siège en pinçant ses lèvres, et s'assit à côté de la comtesse.

— Ma chère Hélène, reprit-il, si vous m'aviez écouté, vous auriez évité ce qui vous arrive; mais vous n'avez rien voulu entendre, vous avez tenu absolument à emporter votre fille. Certes, j'ai employé tous les moyens de persuasion pour vous faire renoncer à votre dessein. Quand vous m'avez dit : » Je veux partir, je ne peux plus vivre près du comte de Lasserre, » je me suis tout de suite rendu à vos raisons ; c'est seulement au sujet de l'enfant que nous ne nous sommes pas trouvés d'accord. J'étais certain que le comte ferait tout au monde pour vous reprendre sa fille. Comme vous le voyez, je ne me suis point trompé dans mes prévisions. Le comte, qui n'aurait probablement pas songé à courir après vous, si vous lui aviez laissé sa fille, s'est mis tout de suite à votre recherche.

« Comment, malgré toutes les précautions que nous avons prises, a-t-il su que nous étions ici? Je l'ignore.

« Enfin, il a découvert notre nid et est accouru à Menton, uniquement pour enlever sa fille, ce qui prouve que j'avais mille fois raison en vous disant : « Laissez votre enfant. »

La comtesse avait laissé tomber sa tête sur sa poitrine.

— Est-ce que vous m'écoutez? lui demanda M. de Sanzac.

— Oui, je vous écoute, répondit-elle.
— Eh bien, devez-vous vous désoler, tomber dans le désespoir parce qu'il plaît au comte de Lasserre de se charger d'élever sa fille ? Je ne le crois pas. Après tout elle n'est pas morte.
— Elle est morte pour moi, dit la jeune femme d'un ton navrant.
— Bah ! fit le vicomte, un jour, quand vous le voudrez, vous la retrouverez facilement.
— La comtesse eut un profond soupir et secoua la tête.
— Enfin, reprit le vicomte, vous ne pouvez pas faire que ce qui est ne soit pas. Mais laissez-moi vous dire que je ne puis considérer comme un malheur l'enlèvement de l'enfant par son père. Maintenant, chère Hélène, nous allons être mieux l'un à l'autre. De votre côté, plus de partage, vous allez m'appartenir tout entière. Placée entre nous, votre fille mettait une ombre dans les radieux horizons de notre amour. Elle n'est plus là : toute contrainte, toute gêne va disparaître. Pour vous, c'est une inquiétude et une grande responsabilité de moins ; c'est une sorte de délivrance pour moi. Plus d'entraves, la liberté ! Votre mari vous répudie, je vous ai prise, je vous garde, vous êtes à moi !... Ah ! comme nous allons nous aimer !

La comtesse se redressa brusquement.

— Je suis maudite, dit-elle d'une voix sombre, et c'est vous qui m'avez perdue !

— Allez-vous donc, maintenant, me faire des reproches ?
— Non, je ne m'en reconnais pas le droit. Mais ma vie est brisée, et j'ai dans le cœur une plaie qui ne guérira jamais. Ce soir, je vais partir.
— Partir ?
— Oui.
— Pour aller où ?
— Devant moi.
— Mais c'est du délire !
— Non, j'ai maintenant toute ma raison ; je l'avais perdue, elle vient de m'être rendue.
— Voyons, Hélène, vous ne parlez pas sérieusement.
— Je vous dis que je veux partir ce soir, dans une heure, dans un instant, aussitôt que je me sentirai assez forte pour marcher, répliqua-t-elle d'un ton absolu.
— Oh ! je saurai bien vous empêcher de faire cette chose insensée.
— Vous avez la prétention de me retenir.
— Oui.
— De quel droit ?
— Hélène, vous m'appartenez.
— Non.

— Vous vous êtes donnée à moi.
— Pour mon malheur. Ah! vous n'avez pas besoin de me dire que je suis une misérable, je le sais.
— Hélène, vous m'aimez!
— Je n'aime plus qu'un seul être au monde : ma fille!
— Pourtant, vous m'aimiez!
— Je n'en sais rien.

M. de Sanzac fronça ses noirs sourcils.
— Au moins voilà de la franchise, dit-il, avec un faux sourire.

Après une pause, il continua :
— Mais moi, moi, je vous aime!

La comtesse se dressa, une flamme dans le regard.
— Vous mentez! exclama-t-elle.

Il eut comme un mouvement de colère.
— Oui, reprit-elle, vous mentez! Il y a en moi, en ce moment, quelque chose qui me le dit. Je portais le nom d'un honnête homme, un nom honoré ; j'étais mère et j'aimais mon enfant... Si vous m'aviez aimée, monsieur, vous n'auriez pas touché à l'épouse, vous auriez respecté la mère! Si vous m'aviez aimée vous n'auriez pas creusé sous mes pieds, lentement, avec une odieuse persistance, l'effroyable abîme au fond duquel je suis tombée! Vous avez vu dans la comtesse de Lasserre, confiante, sans expérience et trop abandonnée à elle-même, une proie facile à saisir ; partout vous m'avez poursuivie. Hélas! rien ne m'a avertie... Je ne voyais pas le danger, je ne voyais pas l'ennemi... Je me suis laissé attirer et vous m'avez saisie dans vos griffes de vautour! Et d'un seul coup vous m'avez tout pris : mon repos, mon bonheur, ma vie!... Et vous osez dire que vous m'aimez! Voyons, dites, pourquoi m'avez-vous perdue?

— Hélène, j'excuse votre emportement, répondit-il avec calme ; votre douleur vous égare ; je vous jure que je vous aime.

— Je ne vous crois pas! répliqua-t-elle avec véhémence ; au surplus, que m'importe?

— Ainsi vous persistez dans votre résolution?
— Oui.
— Vous voulez partir?
— Tout à l'heure.
— Encore une fois où voulez-vous aller?
— Je n'en sais rien.
— Je vous suivrai.
— Je vous le défends.
— Où vous retrouverai-je?
— Nulle part.
— Ainsi tout est fini entre nous?

— Tout.

— Après avoir consenti à quitter Paris avec vous, vous ne croyez pas à mon dévouement, à mon amour?

— Je ne crois plus à rien.

— Vous brisez violemment le lien qui nous unissait?

— Je me débarrasse d'une chaîne horrible.

— C'est votre dernier mot?

— Oui.

Le regard de M. de Sanzac s'éclaira d'une lueur sombre et un mauvais sourire fit grimacer ses lèvres.

— Eh bien, écoutez, reprit-il d'une voix qui avait subitement perdu toutes ses douces inflexions, tout à l'heure vous m'avez adressé cette question : « Pourquoi m'avez-vous perdue? » Je vais vous répondre : Je hais le comte de Lasserre !

La jeune femme eut un tressaillement nerveux qui secoua tous ses membres.

— Vous haïssez le comte de Lasserre ? prononça-t-elle lentement.

— Oui, je le hais, répondit-il.

— Que vous a-t-il fait ?

— J'en garde le souvenir.

— Cela n'est point la réponse que je vous demande.

— Vous n'avez point à connaître la cause de ma haine.

— Ainsi, c'est parce que vous haïssez le comte de Lasserre, que vous m'avez choisie, moi, pour victime?

— Il hésitait à répondre.

— Mais osez donc tout dire ! s'écria-t-elle d'une voix frémissante.

— En frappant le comte de Lasserre dans ce qu'il avait de plus cher et de plus précieux : son honneur, je me suis vengé !

— Oh! oh! fit la comtesse d'une voix étranglée, en voilant sa figure de ses mains.

Elle resta un moment silencieuse, puis elle poussa un gémissement sourd et murmura :

— Quelle honte ! quelle honte !

— Vous étiez la reine, l'étoile des salons parisiens, reprit le vicomte ; on vous admirait, on vous fêtait, on vous adulait ; il était impossible que je ne vous remarquasse point. Dès le premier jour, votre merveilleuse beauté fit sur moi une vive impression, et je me dis aussitôt : « Il faut que la comtesse de Lasserre soit à moi. » Et je devins un de vos admirateurs passionnés, et je vous fis ma cour, comme beaucoup d'autres auxquels vous accordiez à peine un regard de vos beaux yeux, un sourire de vos lèvres adorables. Nous avons joué chacun notre rôle, moi en multipliant mes attaques, vous en vous défendant. La lutte a duré longtemps. Peut-être me serais-je décidé à lever le siège et à battre en retraite si je n'avais pas eu pour m'exciter ma haine et le désir de me venger ; d'un autre côté, si blasé et si sceptique que je fusse en amour, je n'étais pas resté insensible à vos attraits ; je ne dis pas que j'éprouvais déjà pour vous une passion désordonnée, mais j'étais sous le charme, enflammé du désir de la possession. Enfin, j'ai triomphé... Ma haine pour le comte de Lasserre était satisfaite...

— Horrible ! gémit la jeune femme.

— Oui, continua le vicomte, ma haine était satisfaite ; mais je sentis bientôt que j'avais pour vous un amour ardent et sincère.

Elle releva la tête. Toute frissonnante, elle attacha sur lui son regard fixe où il y avait autant de mépris que d'indignation.

— Vicomte de Sanzac, s'écria-t-elle d'une voix éclatante, votre conduite a été celle d'un misérable et d'un lâche !

Une raie profonde se creusa sur le front du vicomte, ses lèvres se crispèrent, et son visage se couvrit d'une pâleur livide.

— Oui, s'écria-t-elle de nouveau, vous êtes un misérable, vous êtes un lâche !

Les yeux de M. de Sanzac étincelèrent de fureur.

— Taisez-vous, taisez-vous ! hurla-t-il.

— Ah ! ah ! dit-elle en dardant sur lui toutes les flammes de son regard vous voilà bien tel que vous êtes ! Vous avez laissé tomber votre masque, et je vois enfin dans vos yeux et sur votre visage toute votre hypocrisie... Dieu du ciel ! continua-t-elle en donnant à sa voix une expression de douleur intraduisible, c'est pour cet homme que j'ai oublié tous mes devoirs, c'est pour ce misérable que j'ai trahi l'homme généreux qui m'avait élevée jusqu'à lui !... Ah ! mais j'étais folle ! folle !...

Elle resta un moment silencieuse et reprit, s'adressant à elle-même :

— Eh bien ! malheureuse, l'abîme est-il assez profond ? Ton malheur est-il assez grand ? t'es-tu assez enfoncée dans la boue ? Où est ta dignité ? où est ta fierté ? où est ton orgueil ? Dans la fange où tu les as jetés. Aujourd'hui tu n'es plus rien, plus rien qu'une misérable, et le front courbé sous ton infamie, tu peux t'abreuver de toutes les hontes !

Le jeune homme la regardait, ayant son mauvais sourire sur les lèvres.

Elle fit un pas vers lui, s'arrêta, et, le buste en arrière, un bras tendu et le regard fulgurant, elle lui cria :

— Vicomte de Sanzac, je vous méprise et je vous hais !

Et sans lui donner le temps de répliquer, elle s'élança dans la chambre voisine où elle s'enferma.

Les yeux fixés sur la porte, le vicomte resta un instant immobile, comme galvanisé.

Soudain, il eut un mouvement brusque et rejeta sa tête en arrière.

— Le roman est fini, murmura-t-il entre ses dents, après tout, qu'importe ? Je me suis vengé !...

Il tira de sa poche un porte-cigares garni d'or finement ciselé et, tranquillement, il alluma un londrès. Puis il sortit de la chambre, descendit l'escalier et s'en alla au fond du jardin respirer l'air rafraîchi du soir sous les grands orangers.

XIX

EN FACE DE L'INCONNU

La comtesse était tombée dans un fauteuil. Sa douleur, trop longtemps contenue, éclata toute à coup en larmes, en sanglots et en gémissements.

Le jour déclinait. Le soleil descendait rapidement, empourprant les nuages floconneux qui nageaient à l'horizon.

— Le soleil va disparaître bientôt, dit la malheureuse jeune femme, la nuit ne tardera pas à arriver; et je suis encore ici, dans cette maison maudite. Il faut que je parte.

Elle tendit l'oreille, écouta, et n'entendant aucun bruit, elle reprit :
— Je pleure... Ah! il est bien temps de pleurer! Larmes et sanglots inutiles!...
Elle essuya ses yeux et ses joues. Sa poitrine s'était un peu dégonflée.
— Allons, murmura-t-elle, je n'ai plus une minute à perdre.

Elle se leva, et tournant autour de la chambre avec une activité fiévreuse, elle rassembla très vite les quelques objets qu'elle allait emporter : les langes de son enfant qu'elle ne voulait pas abandonner, qu'elle tenait, au contraire, à conserver, et un peu de linge à elle. En effets d'habillement, elle n'avait, nous le savons, que ce qu'elle portait sur elle. Les étoffes achetées au Louvre par le valet de chambre du vicomte ne devaient arriver à Menton que le lendemain, et, jusque-là, la comtesse n'avait encore accepté aucun cadeau de son amant.

Elle eut bientôt rempli son sac de voyage. Dans le tiroir d'un chiffonnier, elle prit son porte-monnaie. Avant de le mettre dans sa poche, elle compta sa fortune. Moins une trentaine de francs qu'elle avait dépensés en menus objets pour sa fille, il lui restait tout l'argent qu'elle avait emporté de Paris : cinq cent trente-deux francs.

— Je n'irai pas loin avec cela, se dit-elle en secouant tristement la tête.
« Enfin! soupira-t-elle. »
Elle s'approcha de la porte contre laquelle elle colla son oreille.
— Je n'entends rien, prononça-t-elle tout bas, il n'est plus là.
Son regard s'éclaira d'une clarté sombre.
— D'ailleurs, ajouta-t-elle, je ne le crains pas.

Après avoir arrangé très vite ses cheveux sur sa tête, elle mit son chapeau, prit son sac de voyage et sortit de la chambre. Elle traversa la première pièce, et, résolument, elle descendit l'escalier, puis les marches du perron. Tout à coup, elle se trouva en face de Juanita. Celle-ci ne put réprimer un mouvement de surprise.

Une femme paraît sur le seuil de l'étude et s'avance lentement.

— Madame, dit-elle les yeux fixés sur le sac de voyage, monsieur est dans le jardin, là-bas, sous les orangers.

— C'est bien, répondit la comtesse.

Et elle marcha vers la claire-voie.

Juanita n'osa lui adresser aucune question. Tout interdite et comme clouée sur place, elle la regarda s'éloigner.

La comtesse passa la barrière et descendit d'un pas rapide l'avenue des orangers.

Où allait-elle? Elle ne savait pas encore de quel côté elle se dirigerait. Elle s'enfuyait de la villa de Garavant comme quelques jours auparavant elle s'était enfuie de l'hôtel de Lasserre. Elle voulait s'éloigner de Menton, d'abord, et mettre ensuite entre elle et l'homme qui l'avait perdue la plus grande distance possible.

Quand le vicomte lui avait demandé : Où irez-vous? elle avait répondu : « Devant moi ! » Et elle s'en allait, en effet, disposée à laisser au hasard le soin de la conduire. Sans éprouver encore autre chose qu'une vague inquiétude, elle sentait pourtant, la malheureuse, qu'elle se précipitait vers l'inconnu.

Quant à ce qu'elle ferait, elle ne le savait pas davantage ; elle ne prévoyait pas encore quelles luttes elle aurait à subir, quelles nouvelles souffrances elle devrait endurer. N'ayant pas eu le temps de réfléchir, elle ne voyait pas encore son isolement, son complet abandon, les nombreuses difficultés qui allaient se dresser devant elle, les mille dangers auxquels elle serait exposée, les impérieuses nécessités de l'existence, si elle voulait vivre.

Vivre ! oh ! oui, elle le voulait. Elle voulait vivre pour le repentir, vivre dans l'espoir de retrouver sa fille, vivre pour conserver en elle son cher souvenir.

Elle ne pensait qu'à son enfant, à sa chère petite Lucie, et elle entendait une voix intérieure qui lui criait :

« Marche en avant, ne crains rien, tu la retrouveras ? »

Mais quand cette voix avait parlé, elle entendait aussitôt une autre voix discordante qui frappait ses oreilles par ces mots terribles :

« Tu ne la reverras jamais ! »

Alors, un frisson courait dans tous ses membres et elle sentait en elle une angoisse inexprimable. Puis l'autre voix, celle de l'espérance, se faisait entendre de nouveau, et elle avait comme un frémissement de joie, et son cœur semblait se dilater.

— Oui, oui, se disait-elle, je ne l'ai pas perdue pour toujours, je reverrai mon enfant... Dieu est bon. Après m'avoir châtiée, il aura pitié de moi!

Et les yeux au ciel, son regard implorait celui qui punit et pardonne.

Déjà elle avait la pensée de se mettre à la recherche de sa fille, ne voyant pas les obstacles, ne pouvant admettre qu'elle entreprendrait une tâche impossible.

La malheureuse jeune femme se trouvait dans une situation exceptionnellement douloureuse et difficile. Pour elle, la grande lutte de la vie allait commencer, lutte incessante. Elle ne voulait pas songer à cela. Afin de ne point s'effrayer, elle évitait d'arrêter sa pensée sur les sombres éventualités de l'avenir.

Maintenant, elle était seule au monde. Comme s'il n'eût attendu que le mariage de sa nièce pour disparaître de ce monde, le colonel de Noirmont était mort presque subitement quelques mois après. Sans doute la comtesse avait des amies, et parmi celles-ci, en première ligne, la marquise de Montperrey, dont elle connaissait l'extrême bienveillance, et qui lui avait toujours témoigné une grande affection. Mais pouvait-elle s'adresser à la marquise ou n'importe à quelle autre de ses amies? Oh! non, jamais! Elle eût préféré la mort. Elle sentait bien que le monde la repousserait, qu'elle serait l'objet du dédain des uns, du mépris des autres, et que de ceux qui lui avaient fait les plus grandes protestations d'amitié, elle n'aurait à attendre que de cruelles humiliations.

Elle ne pouvait donc réclamer l'aide, l'appui ou les conseils de personne. Elle ne devait compter que sur elle-même. Heureusement elle avait la volonté et ne manquait pas de courage.

Dès qu'elle fut en ville, ne voulant point passer la nuit à Menton, elle s'informa du moyen de se rendre à Nice. On lui répondit que la voiture publique était partie à cinq heures, mais qu'il y avait le courrier des dépêches. Celui-ci était peut-être encore en ville, au bureau des postes ; mais elle n'avait pas de temps à perdre ; il fallait qu'elle se hâtât pour ne pas le manquer.

Elle se fit indiquer le bureau des postes, et s'y rendit au plus vite. Le courrier était parti depuis cinq minutes.

— Mon Dieu, comment faire ? s'écria la comtesse, dont la contrariété était visible.

— Est-ce qu'il faut absolument que vous soyez à Nice ce soir? lui demanda un facteur.

— Oui, absolument, répondit-elle.

— Alors, madame, vous n'avez qu'une chose à faire, c'est de vous y faire conduire.

— Veuillez m'en indiquer le moyen, monsieur.

— Il faut aller chez Dubief, le loueur de voitures.

— Où demeure-t-il, monsieur?

Le facteur, de plus en plus complaisant, la conduisit jusqu'à la porte du loueur de voitures.

La comtesse entra dans une cour où un homme court et rougeaud, gros et gras, fumait mélancoliquement sa pipe. Elle s'adressa à ce personnage, qui n'était autre que M. Dubief. A la demande que lui fit la comtesse, maître Dubief lança un nuage de fumée, desserra les dents, ôta sa pipe de sa bouche et se gratta la tête.

— Diable, diable, ma petite bourgeoise, dit-il d'un ton passablement familier je me jetterais dans la mer pour vous être agréable ; mais voilà le hic : j'ai cinq voitures ; trois sont encore en route, deux viennent de rentrer avec les bêtes éreintées...

— Ainsi, monsieur, vous ne pouvez pas?

— Je ne peux pas vraiment ; je regrette, je suis désolé...

La comtesse avait déjà fait quelques pas vers la porte lorsqu'il la rappela.

— Attendez, lui dit-il, j'ai tout de même votre affaire ; vous pourrez partir ce soir avec Luigi.

— Qui est-ce Luigi? demanda-t-elle.
— Un brave garçon qui appartient à mon confrère de Nice.
— Où est-il?
— Ma foi, je ne saurais guère vous dire où il se trouve en ce moment; mais ce que je sais, c'est qu'il fera ce soir, un peu tard peut-être, la route de Menton à Nice. Du reste, voici la chose : Luigi est arrivé tantôt à Menton, amenant de Nice un voyageur. Or, le particulier en question a eu la fantaisie de passer la frontière et de pousser une pointe jusqu'à Vintimille.

La comtesse ne put s'empêcher de tressaillir. Ce voyageur, venant de Nice, dont on lui parlait, n'était-ce pas son mari?

— Pour lors, continua maître Dubief, comme il y a d'ici à Vintimille une jolie trotte, Luigi, ne pouvant y aller avec son cheval, qui doit faire cette nuit le trajet du retour à Nice, est venu ici et m'a loué mon meilleur trotteur pour le compte du particulier. Dans une heure, au plus tard dans deux heures, Luigi sera à Menton, avec ou sans son voyageur. Aussitôt il attellera son cheval et partira pour Nice. Voyez si vous voulez profiter de l'occasion.

La comtesse resta un moment silencieuse.

Si le voyageur en question était le comte de Lasserre, elle ne pouvait se rendre à Nice dans la même voiture que lui ; mais elle fit aussitôt cette réflexion que si le comte s'était fait conduire à Vintimille, évidemment après l'enlèvement de l'enfant, ce n'était point avec l'intention de revenir à Menton. Déjà elle avait changé d'idée : ce n'était plus à Nice, mais à Vintimille qu'elle voulait aller. Cependant il fallait, avant tout, s'assurer que le voyageur était bien le comte de Lasserre. Pour cela, elle devait attendre Luigi, causer avec Luigi.

— Monsieur, est-ce ici que je dois attendre Luigi? demanda-t-elle.
— Non, il faut aller où est son cheval, à l'hôtel des Voyageurs, sur le quai.
— Merci, monsieur.

La comtesse salua maître Dubief et s'éloigna.

Un instant après elle arrivait à l'hôtel des Voyageurs, et demandait M. Luigi.
— Il est allé jusqu'à Vintimille, lui répondit un garçon d'écurie.
— Oui, je sais, il est allé conduire à Vintimille un voyageur qu'il avait d'abord amené de Nice à Menton.
— En effet.
— Ce voyageur est-il descendu ici?
— Oui, mais il n'y est pas resté longtemps.
— L'avez-vous vu?
— Oui, madame ; j'ai même causé avec lui ; je lui ai indiqué le chemin le plus court pour aller d'ici à Garavant.
— C'est lui! se dit la comtesse.

Mais elle ne voulait pas qu'il lui restât l'ombre d'un doute.

— Mon ami, reprit-elle d'une voix un peu tremblante, pouvez-vous me dire comment est ce voyageur?

— Parfaitement, répondit le garçon, enchanté d'être interrogé par la belle étrangère et de pouvoir lui répondre : c'est un homme brun, de belle taille, à la barbe et aux cheveux grisonnants ; figure pâle et sévère ; un homme riche, bien sûr, et pas du petit monde. Il avait l'air préoccupé, soucieux et pas content du tout.

Si incomplet que fût le portrait ainsi esquissé, la comtesse reconnut facilement son mari. Certaine, maintenant, que le comte et sa fille étaient en Italie, elle renonçait à aller à Nice.

— Est-ce que vous tenez à voir Luigi ce soir? lui demanda le garçon.

— Oui, répondit-elle.

— En ce cas, si vous voulez l'attendre ici, vous pouvez entrer dans la salle.

La comtesse n'avait plus à s'assurer que le voyageur était le comte de Lasserre; elle se décidait à attendre Luigi, espérant que cet homme lui fournirait de précieux renseignements.

Elle attendit pendant près de deux heures avec une impatience et une anxiété faciles à comprendre.

Enfin, elle vit s'ouvrir la porte de la salle et s'avancer vers elle un homme qui tenait à la main son chapeau de feutre à larges bords, dont les vêtements étaient couverts de poussière. Elle devina que c'était Luigi.

— On m'a dit que vous m'attendiez, signora? lui dit-il.

La comtesse, qui connaissait parfaitement l'anglais et l'allemand, parlait aussi suffisamment l'italien.

— Oui, monsieur Luigi, répondit-elle en se levant.

Le postillon avait déjà remarqué le sac de voyage.

— Je comprends, fit-il, la signora veut se rendre à Nice ; je suis au service de la signora ; nous partirons dans dix minutes.

— Je suis venue avec l'intention de vous prier de me conduire à Nice, répliqua la comtesse ; mais j'ai réfléchi.

— La signora a peur de la nuit, dit l'Italien en souriant.

— Non, mais je n'ai plus besoin d'aller à Nice.

— Alors, signora, ce sera pour une autre fois.

Il allait s'éloigner ; elle le saisit vivement par le bras.

— Monsieur Luigi, dit-elle, j'ai quelque chose à vous demander.

— A moi? fit-il avec surprise.

— Oui, monsieur Luigi, à vous. Vous êtes arrivé tantôt à Menton avec un voyageur...

La figure placide de l'Italien changea subitement d'expression. La comtesse continua :

— Puis vous avez conduit ce voyageur à Vintimille ; est-ce bien à Vintimille que vous êtes allé, monsieur Luigi?

Voyant qu'il ne répondait pas, elle poursuivit :

— En arrivant à Menton, ce voyageur était seul; quand il est sorti de France il n'était plus seul; il avait avec lui un jeune enfant, une belle petite fille... Monsieur Luigi, est-ce à Vintimille que vous les avez laissés? Où doivent-ils aller ensuite? Ah! je vous en supplie, ajout a-t-elle en joignant les mains et avec des larmes dans la voix, répondez-moi, répondez-moi!

L'Italien continua à garder le silence.

— Ah! je comprends, s'écria-t-elle, il vous a défendu de parler!

Ses yeux se remplirent de larmes. Soudain elle saisit les deux mains de Luigi.

— Vous voyez que je suis une malheureuse désespérée, reprit-elle; vous pouvez adoucir une douleur et vous ne le faites pas... Pourtant, vous n'êtes pas un méchant, je le vois dans vos yeux; vous êtes ému, vous ne pouvez me le cacher. Au nom de votre mère, de votre femme, si vous êtes marié; de votre enfant, si vous en avez un, dites-moi ce que vous savez!

— Je ne sais rien, signora.

— Non, non, cela n'est pas, vous ne voulez pas répondre... Mais quel serment a-t-il donc exigé de vous? Monsieur Luigi, c'est une pauvre mère qui est devant vous, une mère désolée qui vous parle, qui vous prie... Eh bien, je veux vous le dire, à vous, cet homme que vous avez conduit, c'est mon mari, et l'enfant, le petit ange que vous avez vu, c'est ma fille!... Comprenez-vous, maintenant, comprenez-vous ?

Luigi était visiblement troublé. Doué d'un excellent cœur, jamais ses sentiments honnêtes n'avaient éprouvé une pareille secousse. Mais il avait fait une promesse, et pour lui une promesse était une chose sacrée comme le serment le plus solennel.

— Signora, répondit-il avec un embarras pénible, je n'ai rien vu, je ne sais rien.

— Il a juré, il ne répondra pas! s'écria la comtesse avec désespoir.

Et elle éclata en sanglots.

Heureusement pour Luigi, on vint lui dire que son attelage était prêt à partir.

— Adieu, signora dit-il, en s'inclinant respectueusement devant la jeune femme éplorée.

Et il s'empressa de disparaître.

Un instant après, Luigi sortait de la ville. Il était triste. Il pensait à la pauvre mère qu'il venait de quitter et pour laquelle il avait été, croyait-il, d'une dureté sans pareille.

— Pourtant, se disait-il pour s'excuser, je ne pouvais rien lui dire, j'ai promis d'être muet. Ainsi, mon voyageur est son mari et la petite est sa fille. Maintenant je comprends la chose : le mari a enlevé la petite à sa femme, et la pauvre mère veut courir après son enfant... Si j'avais pu lui dire qu'ils ont passé la nuit à Vintimille et que demain matin ils partiront pour Gênes. Mais non, je ne pouvais pas, je ne pouvais pas!

« Il doit revenir à Nice dans une quinzaine de jours, et il m'a dit : « Luigi, je te reverrai, car j'aurai probablement besoin de toi. » Ah ! il sera bien étonné quand je lui apprendrai que j'ai vu la signora son épouse ! »

Abusant de la préoccupation de son maître, le cheval avait une allure paresseuse et semblait flâner sur la route. La mèche du fouet le rappela à l'ordre en le piquant aux flancs, et lui fit comprendre que s'il n'était pas pressé, lui, Luigi avait hâte d'être de retour à Nice.

La comtesse de Lasserre passa la nuit à Menton et le lendemain, à la première heure, elle partit pour Vintimille.

Qu'espérait-elle? Qu'allait-elle faire? Elle n'aurait certainement pas su le dire. Elle voulait suivre son mari et sa fille, savoir où le comte se fixerait. Ensuite elle verrait, prendrait une décision.

Bien que Vintimille ne soit pas une grande ville, la comtesse comprit, tout en y arrivant, qu'il lui serait difficile, à elle seule, d'y découvrir le comte ou les traces de son passage. Sur le conseil qui lui fut donné, elle s'adressa à un de ces lazzaroni, qui passent la journée à dormir sur les marches des églises et autres édifices publics, et font, la nuit, on ne sait trop quel métier, lequel consentit à la servir, moyennant quelques pièces de menue monnaie.

Le lazzarone se mit aussitôt à courir la ville. Il reparut au bout de trois heures, apportant le renseignement suivant : un homme, un riche Français, voyageant avec une petite fille âgée de dix-huit mois, avait passé la nuit précédente à l'hôtel du Prince-Albert ; le matin il avait quitté Vintimille, prenant la route de Gênes.

— Sans aucun doute, se dit la comtesse, il va à Gênes, et peut-être s'arrêtera-t-il plusieurs jours dans cette ville.

Le soir même elle se mit en route pour Gênes.

Gênes, ville très ancienne, fondée par les Liguriens plusieurs siècles avant Jésus-Christ, qui fut autrefois une république, qui appartint à la France sous les règnes de Charles VI, de Charles VIII, de Louis XII et de Napoléon Ier, et fut ensuite donnée au roi de Sardaigne, peut être considérée comme une grande ville et une des plus belles du royaume d'Italie.

La comtesse pensa que, pour chercher son mari dans cette ville, elle devait employer le moyen qui lui avait si bien réussi à Vintimille. Seulement elle prit trois lazzaroni au lieu d'un.

Mais c'est en vain que, pendant toute une semaine, les lazzaroni cherchèrent dans la ville, fouillant successivement, séparément ou ensemble, tous les quartiers, toutes les rues. Las de ne rien trouver, ils finirent par avouer leur impuissance.

La comtesse avait perdu les traces de son mari.

Elle sentait pénétrer en elle un profond découragement. Qu'allait-elle faire? Où allait-elle aller? Cette fois, elle se trouvait bien en face de l'inconnu.

XX

CHEZ MAÎTRE CORVISIER

Trois mois se sont écoulés depuis les événements que nous venons de raconter.

Il est trois heures de l'après-midi. Maître Corvisier est seul, il travaille.

Dans la grande pièce qui précède le cabinet du notaire, six clercs sont occupés à copier des minutes ; ils ne lèvent pas la tête ; leurs mains courent sur les pages blanches. Au milieu du profond silence, on entend le bruit des plumes qui égratignent le papier. Chez maître Corvisier on n'a jamais le temps de bayer aux corneilles.

Soudain deux petits coups sont frappés à la porte. On devine une main timide.

— Entrez, dit la voix du premier clerc.

La porte s'ouvre, une femme paraît sur le seuil, puis, après avoir refermé la porte, elle s'avance dans l'étude lentement, comme si elle n'osait pas, et en regardant autour d'elle avec une sorte d'inquiétude.

Les clercs ont levé la tête, jeté un regard curieux sur la visiteuse, et vite se sont de nouveau courbés sur leur travail.

La dame était vêtue d'une robe de cachemire noir, très simple, sans garniture, et d'une confection en étoffe pareille à la robe. Sous son chapeau de tulle, orné seulement d'un bouillonné de soie et d'un nœud de ruban, débordait la masse de sa chevelure abondante. Il eût été difficile de dire son âge, car on voyait à peine sa figure couverte d'un voile noir. Toutefois, à sa taille et à sa tournure, on pouvait deviner qu'elle était jeune.

Elle avait l'air timide et même craintif. Évidemment elle était très émue car elle était toute tremblante.

— Que désirez-vous, madame? lui demanda le maître clerc.

— Parler à M. Corvisier, répondit-elle d'une voix douce et très faible.

— M. Corvisier est très occupé en ce moment, madame; je suis son premier clerc, si vous voulez me dire de quoi il s'agit?...

— Je vous remercie, monsieur ; mais c'est à M. Corvisier lui-même que j'ai besoin de parler. S'il ne peut pas me recevoir aujourd'hui, je reviendrai demain.

— Je vais lui demander, madame ; veuillez me dire votre nom.

Elle eut comme un mouvement d'effroi.

— M. Corvisier me connaît, balbutia-t-elle.

Le clerc devina sans doute son embarras, car, sans insister davantage, il se leva et entra dans le cabinet du notaire.

— Monsieur, lui dit-il, voulez-vous recevoir une dame qui ne m'a pas dit son nom, mais que vous connaissez?

M. Corvisier laissa échapper un cri de surprise en apercevant la comtesse.

— C'est que j'ai là un travail bien urgent. Cette dame me connaît?
— Elle le dit...
— En ce cas faites-la entrer.
Le clerc ouvrit la porte du cabinet, et dit :
— Madame, vous pouvez entrer.
L'inconnue s'empressa de répondre à l'invitation. Le clerc sortit du cabinet et referma la porte. Le notaire s'était levé et, de la main indiquait un siège à l'inconnue.

Lentement, celle-ci releva son voile.

Aussitôt M. Corvisier laissa échapper un cri de surprise, puis il s'inclina avec toutes les marques d'un profond respect.

— Vous, c'est vous, madame la comtesse ! dit-il.

La comtesse de Lasserre, — car c'était elle, — ne put retenir ses larmes, provoquées par l'attitude respectueuse du notaire de son mari.

— Vous avez à me parler, madame la comtesse, et je ne veux pas qu'on puisse vous déranger, reprit M. Corvisier.

Il alla pousser la targette de la porte de son cabinet, puis, avançant un fauteuil moelleux :

— Veuillez vous asseoir là, madame la comtesse, dit-il.

Il courut chercher un coussin.

— De grâce, monsieur, je vous en prie, balbutia la comtesse rouge de confusion.

— C'est moi qui vous en prie, madame la comtesse ; vos pieds sur ce coussin.

— Mon Dieu, mais il ne sait donc rien ? se demandait la jeune femme.

M. Corvisier s'assit en face de la comtesse.

— Maintenant, madame, dit-il, nous pouvons causer ; j'attends que vous vouliez bien m'interroger.

— Permettez-moi donc, monsieur, de vous adresser une première question.

— Madame la comtesse, répondit-il, vous avez toutes les permissions.

— Monsieur Corvisier, M. le comte de Lasserre et moi nous sommes séparés pour toujours ; en connaissez-vous la cause.

— Dans une longue lettre de M. le comte de Lasserre, que j'ai reçue il y a six semaines, M. le comte me dit bien des choses. Parmi ces choses, il en est dont je ne devais pas me souvenir, je les ai oubliées ; quant à d'autres, qui sont l'expression de certaines volontés de M. le comte de Lasserre, elles sont gravées dans ma mémoire.

— Alors vous savez tout ?

— Devant vous, madame la comtesse, je ne dois pas, je ne veux pas savoir.

La jeune femme se reprit à pleurer.

— Ah ! vous êtes bon, monsieur, vous êtes bon, dit-elle.

— Madame la comtesse, répliqua le notaire vivement ému, je vous en prie, ne pleurez pas.

— Oui, vous avez raison, monsieur ; à quoi servent mes larmes ?... Hélas ! je ne peux pas dire comme vous : je veux oublier, je ne veux pas me souvenir !... Je sens, je devine votre compassion ; ah ! vous savez combien je suis malheureuse !

— Oui, vous souffrez, madame la comtesse, et je vous plains de toute mon âme.

La jeune femme essuya ses yeux.

— J'ai quitté Paris en emportant ma fille, reprit-elle ; c'était mal... mais je n'avais pas réfléchi ; j'obéissais à des sentiments qui s'imposaient, à l'instinct maternel qui parlait en moi plus fort que ma raison troublée. J'aime mon enfant, monsieur ; pouvais-je l'abandonner? En aurais-je eu le courage ? M. le comte de Lasserre ne tarda pas à savoir que nous étions à Menton ; il y est venu et il m'a repris sa fille.

— Oui, fit le notaire, et deux heures plus tard, portant à la main un sac de voyage, vous partiez de la villa pour courir après votre mari avec l'intention, sans doute, de lui disputer l'enfant. Vous vouliez aller à Nice d'abord, et ensuite, probablement, revenir à Paris. Mais vous parvîntes à découvrir que le comte avait pris la route opposée, c'est-à-dire qu'il était passé en Italie. Alors, au lieu de vous diriger sur Nice, vous avez passé la nuit à Menton, à l'hôtel des Voyageurs, et le lendemain vous êtes partie pour Vintimille, où vous espériez trouver le comte de Lasserre.

— Tout cela est vrai, monsieur dit la comtesse laissant voir sa surprise ; mais comment avez-vous su?...

— C'est un passage de la lettre dont je parlais tout à l'heure. M. le comte de Lasserre me dit aussi comment vous avez découvert qu'il avait couché à l'hôtel du Prince-Albert et pris le matin la route de Gênes, où vous n'avez pas hésité à vous rendre. A Gênes, madame la comtesse, vous n'avez pas retrouvé la trace de votre mari.

— C'est vrai.

— Cela, d'ailleurs, vous était impossible. Entre Vintimille et Gênes, M. le comte de Lasserre s'était arrêté et avait changé de direction.

La jeune femme baissa la tête et resta un moment silencieuse.

— Ainsi, monsieur, reprit-elle, M. le comte de Lasserre sait tout ce que je fais ?

Le notaire secoua la tête.

Je suis convaincu, répondit-il, que M. le comte de Lasserre ne sait pas autre chose que ce que je viens d'avoir l'honneur de vous dire. Il ignore certainement que vous êtes en ce moment à Paris, et si, depuis, qu'il m'a écrit, il eût appris où vous étiez, il n'aurait pas manqué de m'en informer.

— Monsieur Corvisier, je ne vous dirai pas où je suis allée depuis trois mois et quel chemin j'ai parcouru : les étapes de ma douleur n'ont rien d'intéressant. Je veux toujours retrouver M. le comte de Lasserre, mais j'ai renoncé à lui disputer notre enfant, car j'ai compris que c'était là une chose insensée Ah! comme il me l'a dit, j'étais folle ou criminelle de vouloir associer ma fille à ma déplorable existence.

« Je veux retrouver mon mari, je veux le voir et lui parler parce que j'ai une chose à lui demander, une grâce à obtenir : celle d'avoir la permission de voir et d'embrasser ma fille une ou deux fois seulement chaque année. Vous le voyez, monsieur Corvisier, je ne demande guère, je ne suis pas exigeante; si deux fois c'est trop, une fois seulement, une fois!... Oh! la voir, ne serait-ce que pendant une minute, j'aurais le temps de m'enivrer de ses regards, de me rassasier du son de sa voix et de ses sourires, le temps de la presser contre mon cœur et de la couvrir de mes baisers.

« C'est bien peu, n'est-ce pas, monsieur Corvisier? Eh bien, ce serait pour moi une manne céleste; ce peu suffirait pour me contenter, pour me faire vivre!... Oh! ma fille! ma fille! ma fille! »

Elle eut un soupir prolongé et continua :

— Je suis à Paris depuis trois jours. Hier, je pris une grande hardiesse, je devins presque audacieuse : je suis allée rue de Berri. Je sonnai à la porte de l'hôtel, on m'ouvrit, j'entrai; mais aussitôt un homme qui m'est inconnu m'arrêta par ces mots :

— Qui demandez-vous?

— M. le comte de Lasserre, répondis-je.

L'homme se mit à me rire au nez.

— M. le comte de Lasserre? fit-il, inconnu ici; cet hôtel appartient à M. Boussillon, mon maître.

— Il y a deux mois que l'hôtel de Lasserre a été vendu à M. Boussillon et il l'habite depuis un mois, dit le notaire. Ce M. Boussillon est un individu qui a gagné quelques millions à acheter des terrains et à les revendre.

— J'ignorais cela, je ne pouvais pas le savoir, reprit la comtesse. Toute tremblante, je balbutiai quelques paroles d'excuses et je m'éloignai, baissant la tête, confuse et honteuse, poursuivie par le regard railleur du concierge. Il me semblait que cet homme avait lu sur mon visage que j'étais la malheureuse comtesse de Lasserre.

— Pauvre femme! pensa le notaire.

— J'avais bien pensé à vous déjà, monsieur Corvisier, poursuivit la comtesse, mais je n'avais pas osé venir vous trouver. Aujourd'hui, toute la matinée, je n'ai pas cessé de me répéter : « Il faut y aller. » Enfin, je me suis armée de tout mon courage, je suis venue, et me voici devant vous.

— Vous avez été bien inspirée, je vous attendais.

— Vous m'attendiez? fit-elle, en le regardant avec des yeux étonnés.

— Oui, madame la comtesse; non pas aujourd'hui, mais depuis un mois.

— Je ne comprends pas, monsieur.

— Tout à l'heure je m'expliquerai. Mais auparavant, madame la comtesse, veuillez me dire ce que vous réclamez de moi.

— Vous le savez déjà, monsieur Corvisier; tout ce que je viens de vous dire vous l'a appris. Je viens vous prier, vous supplier de me faire connaître le lieu où habite M. le comte de Lasserre.

Le front du notaire s'assombrit.

— Je l'ignore, madame la comtesse, répondit-il.
— Vous l'ignorez?
— Oui.
— Est-ce possible?
— Il le faut bien, puisque cela est.
La jeune femme était devenue affreusement pâle.
— Ah! monsieur, monsieur, dit-elle d'une voix brisée, j'espérais mieux de vous!
— Pour vous, madame la comtesse, je ferais tout au monde, excepté ce qui n'est pas possible.
— Pourtant, monsieur, mon mari vous écrit?
— Je n'ai reçu encore qu'une seule lettre.
— Soit. Mais elle venait de quelque part, cette lettre?
— Sans doute.
— Elle doit être datée d'une ville ou d'un village, et, à défaut de date, il y a sur l'enveloppe le nom de la localité?
— Oui, madame la comtesse, la lettre a été mise à la poste à Milan.
— Alors mon mari est à Milan.
— Il y est certainement passé.
— Est-ce que vous ne lui avez pas répondu?
— Je lui ai répondu presque immédiatement.
— A Milan?
— Non.
— Où?
— A Leipsick, poste restante.
— Leipsick est une ville d'Allemagne.
— Oui, madame la comtesse, royaume de Saxe.
— Ainsi il est en Allemagne?
— Nous pouvons le supposer.
— Mais où, où? Monsieur Corvisier, vous savez ce que je désire, ce que je voudrais; encore une fois, je vous le demande les mains jointes, si vous savez, où mon mari a résolu de se fixer, dites-le-moi.
— Madame la comtesse, je vous jure que je l'ignore.
— C'est fini, fini? prononça-t-elle avec une douleur profonde, je suis épuisée, je n'ai plus d'espoir... Je ne la reverrai jamais!... Il me l'a dit... Comme il se venge, mon Dieu, comme il se venge!...
Elle laissa tomber sa tête dans ses mains et sanglota.

XXI

L'OFFRE ET LE REFUS

Les larmes et les sanglots de la comtesse, si jeune, si belle, qui aurait pu être si heureuse et dont le malheur était si grand, impressionnaient douloureusement M. Corvisier. En dépit de la force qu'il voulait montrer, ses yeux étaient humides. Certes, si cela eût dépendu de lui, la jeune femme aurait été vite consolée.

La jeunesse et la beauté réunies jouissent d'un privilège qu'on ne leur enlèvera jamais. Voyez plusieurs femmes dans la même situation, dont le malheur est pareil, c'est toujours la plus jeune et la plus jolie qui inspirera le plus vif intérêt. Et ce privilège de la beauté et de la jeunesse est si réel et sait si bien s'imposer, que, même devant les tribunaux, sur les bancs des cours d'assises, d'odieuses créatures n'en sont pas complètement dépouillées.

Après un assez long silence, M. Corvisier reprit la parole.

— Madame la comtesse, dit-il, il ne faut pas vous décourager et moins encore désespérer. Vous ne pouvez prévoir ce que vous réserve l'avenir. Je dis, comme d'autres avant moi, que le temps est un grand maître; les montagnes seules ne peuvent pas se rencontrer. Un jour, certainement, vous reverrez votre mari et votre fille; voilà l'espoir que vous devez conserver, madame la comtesse.

— Il m'a dit que je ne la reverrais jamais ! répondit-elle tristement.

— Soit, mais il n'est pas le maître des événements qui peuvent se produire; si les uns sont contre vous, d'autres vous seront favorables. Espérez, madame la comtesse, espérez !

— Hélas ! soupira-t-elle.

— Il est évident que, en ce moment, M. le comte de Lasserre a des idées arrêtées. Vous connaissez la puissance de sa volonté, madame la comtesse, nul ne peut avoir sur lui la moindre influence; rien au monde, quant à présent du moins, n'est capable de le faire revenir sur ses résolutions. Mais il sera forcé de modifier ses idées, et cela par la force même des choses.

« Si M. de Lasserre a vendu son hôtel, c'est qu'il ne veut plus habiter à Paris, j'ai tout lieu de croire qu'il a quitté la France, sinon pour toujours, du moins pour longtemps. Ne prenez pas à le chercher une peine inutile, madame la comtesse, vous ne le trouverez pas. Aujourd'hui il est là, demain il sera autre part; il va, il vient, il court. Cela ne durera pas toujours; il se fatiguera de cet excès de mouvement qu'il se donne, et il s'arrêtera pour se fixer dans un endroit quelconque qu'il aura choisi. Mais moi, son notaire, pas plus que vous, madame la comtesse, pas plus que personne, je ne connaîtrai le lieu de sa résidence. Si bizarre qu'elle soit, c'est une de ses idées. Il en a eu une autre, non moins singulière : il a changé de nom.

— Ah! Quel nom a-t-il pris, monsieur Corvisier?

— M. le comte me dit dans sa lettre qu'il a changé de nom, mais il se garde bien de me le faire connaître.

— Comment lui avez-vous adressé votre réponse?

— A monsieur le comte de Lasserre. Comme il devait la prendre lui-même au bureau de poste, cela ne pouvait point trahir son incognito.

— C'est vrai.

— Nous devons admettre ou plutôt nous devons être convaincus que M. le comte voyage seul, reprit M. Corvisier, car il n'est pas admissible qu'il ait sa fille avec lui; elle n'est pas d'âge à pouvoir l'accompagner dans ses pérégrinations à travers l'Italie et l'Allemagne. Sans compter, madame la comtesse, que votre fille ne supporterait point de telles fatigues, son enfance et sa santé réclament des soins de toutes sortes que son père ne saurait lui donner, quels que soient sa tendresse et son dévouement. Soyez certaine, madame la comtesse, que la première chose qu'a faite M. le comte, a été de chercher et de trouver une personne sûre à laquelle il a confié l'enfant.

— Je le crois, monsieur, et tout indique que ma fille est en Italie...

— Oui, tout l'indique.

— Et c'est une femme, s'écria la comtesse avec une explosion de douleur, c'est une étrangère qui dirigera les premiers pas de ma fille, qui aura ses sourires et recevra ses caresses d'enfant!... Mais il sait bien que je l'aime, que je l'élèverais avec amour, que je ferais tout pour elle; pourquoi ne me la rend-il pas? Voyons, dites, monsieur Corvisier, est-ce qu'une autre femme peut remplacer jamais une mère auprès de son enfant?

— Non, madame la comtesse, jamais!

— Oh! oui, il n'est telle qu'une mère pour un enfant, quand c'est une fille surtout... C'est bien de donner des soins au corps pour qu'il ait la force physique, mais ce n'est pas tout, un enfant réclame autre chose, et c'est seulement sa mère qui peut former son âme, aider au développement de sa jeune intelligence et faire éclore dans son cœur les bons sentiments à la chaleur de ses baisers. C'est la mère qui sait préparer et donner des joies à son enfant, et s'il souffre, c'est encore elle qui sait le mieux le consoler et essuyer ses larmes! M. le comte de Lasserre, qui a tout étudié, tout appris, n'ignore pas que l'amour maternel est infini et qu'il peut bien des choses.

— Je suis convaincu de tout cela, madame la comtesse, mais, comme je viens de vous le dire, M. le comte a des idées qui ne changeront qu'avec le temps. Attendez, espérez.

Elle laisser échapper un gémissement.

— Non, répliqua-t-elle, en secouant tristement la tête, il est impitoyable et il restera inflexible. Il avait le droit de me juger et de me condamner, il l'a fait avec une terrible sévérité. Hélas! je n'ai pas à me défendre, à me révolter, j'ai mérité mon sort. Souffrir, voilà ma destinée! Entre le comte de Lasserre et la malheureuse qui est devant vous, monsieur, aucun lien n'existe plus. Pour lui, je ne suis plus rien, je ne suis plus de ce monde!

— Vous vous trompez, madame la comtesse.

Elle secoua de nouveau la tête.

— Non seulement M. le comte de Lasserre pense à vous, continua le notaire, mais il s'intéresse vivement à votre situation. Comme j'ai eu l'honneur de vous le dire, il ne m'a écrit qu'une seule lettre depuis son départ de Paris. Or, dans cette lettre, madame la comtesse, il ne me parle guère que de vous.

— De moi! Ah! oui, il vous raconte que j'ai eu la pensée audacieuse ou folle de me mettre à sa poursuite pour lui arracher ma fille.

— Il ne me dit pas que cela, madame la comtesse ; du reste, c'est à votre sujet seul qu'il m'a écrit.

La jeune femme arrêta sur M. Corvisier de grands yeux étonnés.

— Maintenant, continua le notaire, je vais vous dire pourquoi M. le comte m'a écrit, quelles sont ses intentions ou mieux encore qu'elle est sa volonté, et pourquoi aussi je vous attendais.

— Je vous écoute, monsieur.

— Je vous attendais, madame la comtesse, parce que quelque chose me disait que vous viendriez.

— Vous aviez deviné ma douleur, mes angoisses.

— Oui. Et puis je savais que vous étiez dans une situation extrêmement difficile, que vous n'aviez pas d'argent, enfin que vous vous trouviez à peu près sans ressources.

La jeune femme rougit subitement.

— Mais que croyez-vous donc, monsieur? s'écria-t-elle.

— Excusez-moi, madame la comtesse, si je vous parle avec cette grande liberté ; elle ne diminue en rien le respect que j'ai pour vous.

— Je suis pauvre, très pauvre, en effet, monsieur, répliqua la comtesse; si je ne possède rien, vous voyez mon vêtement, il n'annonce pas l'opulence.

Elle ébaucha un sourire plein d'amertume.

— Je n'avais qu'une seule robe, continua-t-elle, mais une robe riche, sur laquelle il y avait pour plusieurs centaines de francs de dentelles, je l'ai vendue pour ne pas mourir de faim.

— Oh! fit le notaire.

— Ne vous apitoyez pas sur ma position, monsieur, je saurai supporter avec courage, avec résignation et dignement ma misère. Vous savez pourquoi je suis venue vous trouver, c'est pour cela seulement. Ne croyez pas que je demande à être secourue dans ma détresse.

L'IDIOTE

Les chasseurs étaient arrivés à la porte dont nous venons de parler.

— Oh ! madame la comtesse ; répondit M. Corvisier d'un ton affligé, pouvez-vous avoir ainsi interprété mes paroles ?

— Ne parlons plus de cela, monsieur. Revenez, je vous prie, à la lettre et aux intentions de M. de Lasserre.

— Oui, madame la comtesse ; mais je vous avoue que je me trouve un peu embarrassé.

— Quoi que vous puissiez me dire maintenant, je vous promets de ne pas m'en offenser.

Liv. 16. F. Roy, éditeur.

— C'est M. le comte qui m'a appris que vous étiez sans argent et à la veille de manquer absolument de tout. Donc, dans sa lettre, M. de Lasserre me priait de faire et de faire faire immédiatement toutes les démarches et toutes les recherches que je jugerais nécessaires pour découvrir le lieu de votre résidence. Je devais ensuite vous écrire ou me transporter auprès de vous : « Ne négligez rien, me dit le comte, faites tout ce qui dépendra de vous, ne craignez pas de dépenser de l'argent. » Je vous ai fait chercher, madame la comtesse, en Italie, partout où je pouvais supposer que vous vous trouviez.

— En vérité, monsieur? Et pourquoi?

— J'obéissais à un ordre de M. le comte de Lasserre. Mais veuillez continuer à m'écouter. Toutes les recherches furent inutiles. Naturellement, obligé d'agir dans cette affaire délicate avec prudence et une extrême réserve, je ne me servis point de certains moyens qui auraient eu, sûrement, un meilleur résultat.

— Je vous comprends, monsieur, dit la comtesse en baissant la tête, et je vous remercie...

— Dieu me garde d'oublier jamais le respect qui est dû au malheur et à la femme! J'aurais pu aussi me servir des journaux, dont la publicité est si considérable aujourd'hui; mais il aurait fallu livrer le nom de Lasserre. C'était attirer l'attention du monde, éveiller sa curiosité et le conduire, peut-être, à la découverte de faits inconnus, qui doivent rester dans l'ombre. Je ne voulus pas de cela. Je me trouvais donc en présence d'une grande difficulté.

« Mais je me disais : « Il est impossible que madame la comtesse ne revienne pas à Paris un jour ou l'autre; elle me connaît, elle sait que je suis le notaire de son mari et, dans maintes circonstances, son mandataire. Quand elle sera à Paris elle viendra certainement me faire une visite pour avoir des nouvelles de sa fille. » Cette pensée me consolait de mes recherches. D'après cela, madame la comtesse, vous pouvez juger de la satisfaction que j'éprouve en ce moment.

— Je comprends maintenant, monsieur Corvisier; vous avez une communication à me faire de la part de M. le comte de Lasserre.

— Oui, madame la comtesse.

— De quoi s'agit-il?

— M. le comte de Lasserre ne veut pas que la femme qui porte son nom, que la mère de sa fille soit dans le besoin et puisse manquer de quelque chose.

La comtesse fit un mouvement brusque et se redressa.

— Après, monsieur? demanda-t-elle d'une voix vibrante.

— Mandataire de M. le comte de Lasserre, je suis chargé de vous constituer une rente annuelle de cinquante mille francs, dont vous pourrez toucher les arrérages par semestre ou par mois, chez moi ou à la Banque de France.

— Je sais que M. le comte de Lasserre est grand, répondit la jeune femme avec dignité; oui, il est grand, dans sa générosité comme en tout, et je reconnais, comme vous me le disiez il y a un instant, qu'il s'intéresse vivement à ma position. Mais, avant de répondre à la proposition que vous me faites en son nom, monsieur Corvisier, j'ai une question à vous adresser.

— Dites, madame.

— M. le comte de Lasserre me permettra-t-il de voir ma fille.

La physionomie du notaire s'attrista.

— Madame la comtesse, balbutia-t-il, je ne puis vous dire...

— Oh! je vois bien que vous connaissez les intentions et toutes les idées du comte de Lasserre; vous pouvez donc me répondre.

— Hélas! non, madame la comtesse; je ne suis que l'exécuteur d'une volonté, je ne puis rien vous promettre.

— Ah! voilà, voilà, s'écria-t-elle avec une amertume profonde, on ne voit plus en moi une mère, on ne veut pas que je meure de faim, on me fait l'aumône du moyen de vivre!

— Oh! madame la comtesse.

— C'est cela, monsieur, c'est tout à fait cela.

— Je vous jure que vous vous méprenez...

Elle répliqua avec énergie :

— Monsieur Corvisier, vous savez ce que je désire : Être autorisée à voir mon enfant et l'embrasser! c'est tout. Puisque cette grâce ne peut m'être accordée, je n'ai plus rien à demander à M. le comte de Lasserre; je n'accepte pas son offre, je ne veux rien!

— Jusqu'à un certain point, madame la comtesse, je comprends votre élan de noble fierté; mais avez-vous bien le droit de refuser?

— Si j'ai ce droit, monsieur? Ah! oui, je l'ai, et je l'ai assez chèrement payé!

Le notaire hocha la tête.

— Voulez-vous que je vous parle avec franchise? demanda-t-il.

— Oui.

— Eh bien, madame la comtesse, le nom que vous portez vous impose vis-à-vis de votre mari, de votre fille, du monde et de vous-même certaines obligations. En ce moment, madame la comtesse, c'est le notaire de M. le comte de Lasserre, un conseiller affectueux et respectueux, un ami, si vous le voulez bien, qui vous parle en son seul nom. La comtesse de Lasserre est obligée de tenir son rang; elle ne doit pas avoir à lutter contre les dures exigences de la vie matérielle.

— Je devine toute votre pensée, monsieur, reprit-elle; mais soyez tranquille, et vous pouvez rassurer M. de Lasserre, je m'en irai assez loin et je me cacherai si bien que je ne donnerai point prise aux commentaires, à la surprise et à la malignité du monde.

— Mais enfin, madame la comtesse, que ferez-vous?

— Je ne le sais pas encore, monsieur.

— Oh! je vois votre projet; vous vous dites, je travaillerai... Est-ce que c'est possible?

— Pourquoi pas, monsieur?

— Parce que vous n'êtes point née pour vous courber sur un travail, toujours ingrat pour une femme, quel qu'il soit.

— Eh! monsieur, dans tous les pays du monde, les femmes, — la grande majorité, — les femmes travaillent et accomplissent de durs labeurs; celles qui ne font rien sont une exception. D'ailleurs, ajouta-t-elle avec une expression du regard presque farouche, si je suis incapable de me procurer par le travail des moyens d'existence...

Elle s'interrompit brusquement.

— Eh bien? dit le notaire.

— Je mourrai!

M° Corvisier eut un haut-le-corps.

— Oh! oh! fit-il.

— Est-ce que vous croyez que je tiens à la vie?

— Madame la comtesse, votre jeunesse...

Elle ne lui laissa pas le temps de continuer.

— Je ne suis plus rien, je n'ai plus rien! s'écria-t-elle. Ma jeunesse et ma beauté? Je n'en fais aucun cas. Tenez, je voudrais être vieille et laide!... Ma jeunesse? c'est une charge! Ma beauté? Don fatal, je la hais! Allez, monsieur, pour être malheureuse, on peut se passer de la jeunesse et de la beauté!

— De grâce, madame la comtesse, calmez-vous; votre douleur vous égare.

— Oui, vous avez raison, monsieur Corvisier. D'ailleurs, pourquoi viens-je vous dire tout cela?

— Revenons à la communication que j'ai eu l'honneur de vous faire de la part de votre mari.

— Nous avons épuisé ce sujet, monsieur.

— Mais non, madame la comtesse, l'offre de M. le comte mérite...

— J'ai refusé! l'interrompit-elle d'un ton bref.

— Je vous en prie, madame la comtesse, réfléchissez!

— J'ai réfléchi, monsieur.

— Vous n'en avez pas eu le temps; prenez deux ou trois jours, une semaine, quinze jours si vous voulez, et revenez ici ou écrivez-moi de me rendre près de vous. Le notaire de votre mari, madame la comtesse, est entièrement à vos ordres.

Elle secoua la tête.

— Vous insistez inutilement, monsieur Corvisier, répondit-elle; en dehors de ce que je demandais, je ne veux rien, je ne veux rien!... J'ai mes idées aussi, moi, monsieur, et une volonté non moins absolue que celle de M. le comte de Lasserre.

Sur ces mots elle se leva et, tendant la main au notaire :

— Monsieur Corvisier, dit-elle, vous êtes bienveillant et plein de délicatesse, encore une fois, merci !

— Madame la comtesse, ne voulez-vous pas me laisser votre adresse ?

— J'ignore où je serai demain, monsieur. Plus tard, si je le juge nécessaire, je vous écrirai.

— J'y compte.

Elle se dirigea vers la porte.

— Madame la comtesse ? dit le notaire.

La jeune femme se retourna.

— Si j'osais... balbutia maître Corvisier.

— Eh bien, monsieur ?

— Vous pouvez être gênée, avoir besoin d'une certaine somme...

Elle fit un brusque mouvement.

— Madame la comtesse, reprit-il vivement, c'est moi, moi seul qui vous offre...

— Je vous remercie, monsieur, répondit-elle, mais je n'ai besoin de rien.

Elle sortit de l'étude et le notaire l'accompagna jusque sur les marches de l'escalier.

Maître Corvisier rentra dans son cabinet très attristé.

— Que va-t-elle faire ? Que va-t-elle devenir ? se demanda-t-il.

La comtesse, la figure cachée sous son voile, marchait rapidement le long du trottoir.

— Je suis condamnée sans appel, se disait-elle ; maintenant, ce qui pourrait m'arriver de meilleur serait la mort... Allons, allons, ajouta-t-elle, et à la garde de Dieu !

XXII

CHASSEURS AU REPOS

Ils étaient six chasseurs. Depuis midi, c'est-à-dire depuis près de cinq heures, ils couraient par monts et par vaux. Toute la journée, le soleil avait dardé ses rayons sur les plaines qu'ils avaient parcourues. Entraînés par l'ardeur de la chasse, ils s'étaient éloignés de plus de deux lieues de Circourt. C'est à Circourt, au château du père de l'un d'eux, qu'ils avaient été invités à passer quelques jours pour se livrer au plaisir de la chasse. Après la chasse des fauves, au bois, avec chiens courants, on se mettait, avec les chiens de plaine, à la poursuite des perdreaux et des cailles. Il faut savoir varier les agréments.

Les six chasseurs habitaient à Paris, ils se connaissaient, ils étaient amis. A l'exception d'un seul, ils étaient à peu près du même âge, entre vingt-cinq et trente ans. Celui qui avait sur ses compagnons, par le privilège de l'âge et par son expérience, sans doute, une certaine autorité, pouvait avoir quarante-deux ou quarante-trois ans. Il se nommait le vicomte de Sanzac.

La chasse est un exercice agréable et salutaire, à condition, toutefois, qu'on ne s'y livre pas avec excès. Ce jour-là, nos chasseurs avaient abusé du plaisir; aussi étaient-ils harassés, brisés. Et pourtant le gibier avait dû être rare sur leur chemin, à en juger par les gibecières fort peu garnies.

Les chiens d'arrêt, braques et épagneuls, excellentes bêtes aux yeux doux, aux oreilles pendantes, haletant, étaient crottés jusqu'au ventre, ce qui indiquait que, pour se rafraîchir, ils avaient barboté souvent dans des flaques d'eau.

Les chasseurs ne chassaient plus. Ils s'étaient rapprochés les uns des autres et cherchaient des yeux un endroit propice pour une halte. Ils traversaient une lande aride, au sol crayeux, de la Champagne pouilleuse, à l'extrémité du département de l'Aube.

— Messieurs, voici, je crois, notre affaire, dit tout à coup le plus jeune des chasseurs, le marquis Adrien de Verveine.

Le bras tendu, il indiquait à ses compagnons un bouquet de grands ormes feuillus, derrière lesquels on apercevait une masse sombre, qui ressemblait à une habitation.

— Bravo! dit le fils du châtelain de Circourt, Gaston de Limans, qui avait pour le marquis une sincère affection, c'est à Adrien que revient l'honneur d'avoir découvert cette Thébaïde.

— Véritable oasis au milieu d'un désert, ajouta le vicomte de Sanzac.

Joyeusement, les six compagnons se dirigèrent du côté de la maison isolée, vers laquelle les chiens s'étaient déjà élancés. Quand ils n'en furent plus qu'à une faible distance, M. de Sanzac dit :

— Il me semble que nous nous sommes trop hâtés de féliciter notre ami Adrien sur sa découverte. Ce monceau de pierres ressemble un peu à une construction à l'usage d'individus de notre espèce ; mais ce n'est peut-être qu'une vieille masure depuis longtemps abandonnée. Je crois que nous ne trouverons pas là le moyen de nous rafraîchir.

Ils s'étaient avancés presque jusqu'au pied d'une muraille d'une certaine élévation, n'ayant aucune ouverture et d'aspect lugubre. Deux autres murs, avec pignons, également sans fenêtres, indiquaient que le premier était le derrière de l'habitation.

Cette bâtisse paraissait bien conservée, quant à l'extérieur, du moins ; mais elle devait être fort ancienne, à en juger par les ronces, les lichens, les orties, les giroflées qui croissaient dans les fentes, de la maçonnerie, et par les pierres noircies, moussues, plaquées par places d'une croûte verdâtre.

La façade regardait le couchant. Devant, s'étendait un jardin d'environ mille mètres carrés, entouré de murs solides de plus de trois mètres de hauteur.

— Décidément, dit un des chasseurs, de Sanzac a raison; cette maison silencieuse, qui cache ses portes et ses fenêtres, ne me paraît guère hospitalière.

— Faisons le tour de l'enclos, dit Gaston, nous trouverons peut-être une entrée.

La propriété n'était pas entourée de fossés comme une forteresse; mais l'approche des murs de clôture était défendue par un inextricable entrelacement d'épines, d'églantiers et de ronces. Impossible de voir le jardin; mais on apercevait les aiguilles des conifères et le haut d'autres grands arbres, dont les branches de quelques-uns pendaient hors de l'enclos.

Les chiens avaient fait le tour de la propriété et étaient revenus rejoindre leurs maîtres. Ceux-ci arrivèrent à l'extrémité du jardin. Alors, ils purent découvrir le haut de la façade de l'habitation, percée sous le toit de deux lucarnes et plus bas de cinq fenêtres. Du reste, on ne pouvait voir que la partie supérieure des fenêtres, dont les persiennes étaient hermétiquement fermées.

Comme nous l'avons déjà indiqué, c'était un bâtiment carré, massif, écrasé, élevé d'un étage sur rez-de-chaussée, qui, de loin, ressemblait assez à un rocher noirci par le temps et la pluie. Le rez-de-chaussée avait quatre fenêtres et au milieu une porte à laquelle on arrivait en montant quatre marches de pierre. De chaque côté d'un corridor, au fond duquel se trouvait un escalier très sombre, il y avait une seule pièce : à gauche, une grande chambre carrée, à droite une cuisine qui était en même temps une salle à manger. L'étage se composait de trois pièces; la plus grande, ayant deux fenêtres, était suffisamment éclairée; les deux autres, beaucoup plus profondes que larges, manquaient de clarté dans la partie reculée.

Nulle route, nul chemin fréquenté par les voyageurs ou les habitants du pays ne conduisait à cette singulière habitation. Un sentier seulement, étroit et mal tracé à travers la lande et autres terrains en friche, partait d'une porte pratiquée dans le mur de clôture et se dirigeait en droite ligne vers le village de Champigneule, dont on apercevait la flèche du clocher, à environ trois quarts de lieue de distance.

Après avoir fait à peu près les deux tiers du tour du jardin, les chasseurs étaient arrivés à la porte dont nous venons de parler.

— Enfin! s'écria Gaston de Limaus.

— Oui, dit le vicomte de Sanzac, mais cette porte est fermée, et elle me paraît munie d'une forte serrure... On dirait une poterne de château fort. D'ailleurs, rien ne nous prouve que la maison est habitée.

— Mon cher, voyez ce sentier.

— Je vois aussi que l'herbe y pousse et que le liseron y fleurit à volonté, ce qui indique qu'on y passe rarement. Cette propriété appartient probablement à quelque cultivateur de ce village, dont on aperçoit d'ici la pointe du clocher, qui y vient de temps à autre pour y cultiver le jardin.

— Ainsi, vous croyez que l'habitation est déserte?

— Je le crois. Voyons, par qui voudriez-vous que fût habitée cette masure éloignée de toute communication, et jetée là, au milieu de cette terre stérile, par suite de je ne sais quelle folie?

— Permettez, de Sanzac; d'abord cette construction est très ancienne; ensuite elle a pu servir, dans les temps, à une exploitation d'un rapport considérable.

— Vous n'ignorez pas que c'est avec le crayon de ces terrains incultes qu'on fabrique la chaux, et ce produit que nous appelons le blanc de Troyes.

— Assurément, mon cher Gaston, voilà l'unique raison qu'on peut donner de l'existence de ce vieux et sombre bâtiment.

— Tout cela est très bien, messieurs, dit un autre chasseur, mais puisque cette maison ne veut pas ou ne peut pas nous donner l'hospitalité, je demande que nous nous reposions un instant à l'ombre de ces ormes.

La proposition fut vivement acceptée.

Les chasseurs se débarrassèrent de leurs gibecières et s'assirent au pied d'un orme, le fusil entre les jambes, crosse à terre. Autour d'eux les chiens se couchèrent. Alors, tout en se reposant, on parla chasse, cerfs, chevreuils, sangliers, lièvres, faisans, etc... Chacun racontait un de ses exploits. L'un d'eux, véritable tueurs de loups, en avait détruit onze dans la même journée. Un autre, de deux coups de fusil, avait mis à mort neuf sangliers. Et comme on se récriait, en ayant l'air de vouloir ranger ce haut fait parmi les aventures de M. de Crac, il crut devoir expliquer que ces neuf bêtes étaient deux marcassins déjà d'une belle taille, plus une laie prête à mettre bas six autres marcassins.

Bref, ces messieurs étaient d'une adresse admirable; ils avaient fait des choses prodigieuses; ils étaient des héros. A côté d'eux, Actéon et Nemrod n'étaient que des galopins. Bien certainement, ils devaient être très en faveur auprès du grand saint Hubert, leur patron.

— Chut, messieurs, écoutez, dit tout à coup le marquis Adrien de Verveine.

Aussitôt le groupe devint silencieux. Les chiens avaient levé la tête et regardaient du côté du jardin.

Une voix de femme, évidemment d'une jeune fille, chantait un couplet d'une vieille romance de Méhul « *le Jour et la Rose...* » Cette voix mélodieuse, d'une pureté et d'une sûreté admirables, claire et douce comme une voix d'enfant, avait un accent indéfinissable. On ne pouvait en douter, la chanteuse était dans le jardin. Et son chant aux modulations d'une douceur exquise, accompagné d'un léger bruissement de feuilles et du bourdonnement de quelques insectes, avait quelque chose de mystérieux.

— C'est singulier, dit tout bas le vicomte de Sanzac.

— Eh bien, croyez-vous, maintenant, que la maison est habitée? lui dit sur le même ton Gaston de Limans.

Retenant sa respiration, il continua à écouter, le même bruit plus distinct arriva à ses oreilles.

— Je ne sais, répondit le vicomte; dans tous les cas, je ne défends plus mon opinion.

Adrien s'était levé, avait fait quelques pas en avant du groupe et, la tête haute, les yeux brillants, il semblait mesurer la hauteur du mur, comme s'il eût voulu, d'un bond, sauter dans le jardin.

La voix cessa de chanter. Presque aussitôt on entendit un cri de douleur.

Malgré lui Adrien tressaillit.

— Voilà, fit le vicomte en riant, elle s'est piquée en cueillant la rose, après lui avoir chanté ce que le jour lui disait.

Le cri fut suivi de quelques sanglots étouffés, puis on n'entendit plus rien.

Adrien s'était encore avancé; maintenant il se trouvait près de la porte.

— Bon, fit M. de Sanzac d'un ton railleur, voilà le marquis pincé par la curiosité.

— Messieurs, répliqua Gaston, la famille de mon ami Adrien remonte aux temps épiques de la chevalerie française : un de ses ancêtres, un noble chevalier, a porté pendant vingt ans les couleurs de sa dame. Adrien n'est pas dégénéré; il y a encore en lui du sang des anciens preux, et, comme eux, il aime les aventures.

— Voyons, frappe-t-il ou ne frappe-t-il pas à la porte? dit un autre.

— S'il avait le cor dont sonnaient ses ancêtres lorsqu'ils se présentaient devant le pont-levis d'un castel, il pourrait s'annoncer, dit M. de Sanzac en riant.

— Il revient; il a réfléchi; il ne veut pas pousser plus loin l'aventure.

— Pour un descendant des anciens preux, ricana M. de Sanzac, il manque un peu d'audace.

Le retour du jeune homme fut accueilli par un feu roulant de fines railleries auxquelles il répondit spirituellement en riant avec ses amis.

— Avec tout cela, reprit le vicomte, nous avons entendu la voix, mais nous n'avons pas vu la chanteuse.

— Oh! une enfant! fit Adrien.

— Quel âge lui donnez-vous ?

— Dix ou douze ans.

— Néanmoins, mon cher, vous êtes sous le charme.

— Pas tant que cela.

— J'ai vu le moment où vous alliez vous élancer par-dessus le mur.

— Un sentiment de curiosité.

— Gaston a eu soin de nous dire que vous aimiez les aventures.

— Quand elles se présentent.

— En voilà une.

— Je vous la laisse, de Sanzac.

— Ainsi, vous ne tenez pas à satisfaire votre curiosité?

— Nullement.

— Nous savons maintenant, messieurs, que la maison est habitée ou que, tout au moins, il y a quelqu'un dans le jardin; nous pouvons donc nous faire ouvrir cette porte et demander ce qu'on pourra nous donner pour nous rafraîchir.

Une lueur, qui s'éteignit aussitôt, passa dans le regard du marquis.

— D'abord, rien ne nous dit que cette porte s'ouvrira, répondit Gaston de Limans, qui avait lu dans le regard d'Adrien; ensuite nous sommes moins certains encore de trouver là autre chose que de l'eau de citerne. Ce que nous avons de mieux à faire, c'est de nous mettre immédiatement en route pour Circourt. Nous nous sommes beaucoup trop éloignés et il nous faudra bien marcher, si nous voulons arriver au château avant la nuit noire.

— Gaston a raison, approuvèrent les autres chasseurs.

On se leva, on reprit les gibecières, et, le fusil sous le bras ou sur l'épaule on se mit en route.

Adrien de Verveine avait jeté un dernier regard sur le vieux bâtiment et les murs du jardin et s'était dit :

— Je reviendrai.

Il était nuit quand nos chasseurs rentrèrent au château de Circourt avec un grand appétit. Le dîner était prêt, on se mit tout de suite à table. Inutile de dire qu'on dévora à belles dents les mets qui furent servis. On ne parlait pas, car il est difficile de se servir de sa langue quand on a la bouche pleine.

Cependant, sur la fin du repas, on commença à causer. On se plaignit beaucoup de la rareté du gibier.

Adrien restait silencieux ; il paraissait rêveur et concentré en lui-même. On apporta le café. Alors, s'adressant au père de Gaston, M. de Sanzac lui demanda s'il connaissait la vieille maison isolée qu'ils avaient découverte au milieu d'une lande sauvage, du côté de Champigneule.

— Comment, vous êtes allés jusque-là ? s'écria M. de Limans ; oh ! alors, je comprends que vous vous plaigniez de ne pas avoir trouvé de gibier. Je n'ai vu que deux ou trois fois cette propriété, en passant par là, et je ne peux rien vous en dire. Je me rappelle pourtant qu'on nomme cet endroit la Cordelière. Pourquoi ce nom ? On prétend qu'il y avait là, autrefois des moines de l'ordre des Cordeliers. Cela paraît assez vraisemblable et justifie ce nom de Cordelière donné à la propriété.

« Je crois avoir entendu dire que la Cordelière avait changé de propriétaire, il y a deux ans ; mais je ne sais pas si la maison est encore habitée aujourd'hui comme elle l'a été pendant de nombreuses années. Dans tous les cas, si le nouveau propriétaire s'est installé dans sa maison, il ne faut pas qu'il fasse beaucoup parler de lui, puisque je n'ai jamais entendu prononcer son nom. Il est vrai que Circourt est déjà loin de Champigneule, et que je ne m'occupe guère des gens que je ne connais point. »

On parla encore pendant un instant de la Cordelière et de la chanteuse du jardin, puis on tomba sur un autre sujet de conversation.

Adrien, craignant qu'on ne s'aperçût de sa préoccupation, se mit à causer comme les autres ; il avait su, pour un instant, se débarrasser de ses pensées ; il devint extrêmement gai. Il ne voulait pas qu'on pût rien soupçonner de ses projets.

Mais Gaston, qui l'avait observé pendant tout le temps du dîner, devinait qu'il méditait quelque chose.

On se leva de table et on descendit au jardin pour fumer. Gaston passa son bras sous celui d'Adrien et l'entraîna dans une allée.

— A quoi penses-tu? lui demanda-t-il.
— Moi? A quoi veux-tu que je pense?
— Tu manques de franchise.
— Où vois-tu cela?
— Dans la façon dont tu me réponds.

Adrien se mit à rire.

— Voyons, reprit Gaston, est-ce à moi, ton ami, à moi, qui t'aime comme un frère, que tu dois cacher quelque chose? Tu as dans la tête une pensée.
— Une pensée, ce serait peu; j'en ai une foule.
— Avoue donc que tu es intrigué de notre aventure de tantôt.
— Mon Dieu, je t'avoue volontiers que cette voix mélodieuse, si fraîche et si suave, que nous avons entendue, m'a causé une impression étrange.
— Et puis ce cri de douleur, ces sanglots...
— Eh bien, oui, tout cela a excité ma curiosité au plus haut point, a mis en moi une émotion que je ne puis définir...
— Que veux-tu faire?
— Ce que je veux faire?
— Oui.
— Tu tiens à le savoir?
— Puisque je te le demande.
— Eh bien, je veux voir la chanteuse.
— Une enfant!
— Je ne sais pas.
— C'est toi qui as donné un âge à la chanteuse.
— J'ai pu me tromper.
— Enfin, tu veux la voir?
— Oui.
— Pourquoi?
— Parce que je suis convaincu qu'il y a là un mystère.
— Et que tu veux le connaître?
— Oui, si c'est possible.
— Si tu as besoin de moi, si je puis t'aider, je suis à ta disposition.
— Pour le moment, je ne te demande qu'une chose.
— Laquelle?
— C'est de ne parler de mon intention à aucun de nos amis.
— Je te le promets.
— Merci.
— Oui, mais tu me diras...

— Allons, tu es au moins aussi curieux que moi ; attends donc que je sache quelque chose.

XXIII

LA MAISON DU DIABLE

Le lendemain, dans la matinée, le vicomte de Sanzac et trois autres jeunes gens quittèrent Circourt pour retourner à Paris. Le marquis de Verveine restait quelques jours encore avec son ami. Gaston et lui accompagnèrent leurs camarades jusqu'à la gare la plus rapprochée et revinrent au château pour déjeuner.

A une heure et demie, Adrien prit son fusil.

— Je ne te demande pas d'aller avec toi, lui dit Gaston, je sais où tu vas.

Le marquis répondit par un sourire.

— Emmènes-tu ma chienne Dora?

— Non, merci.

— Je comprends, ce serait un embarras. Chasser aujourd'hui est sans attrait pour toi ; tu veux seulement avoir l'air d'un chasseur.

— Oui.

— Surtout, mon cher Adrien, pas d'imprudence.

— Sois tranquille.

— Tu rentreras ce soir de bonne heure ?

— C'est probable. Mais si je n'étais pas revenu à l'heure du dîner, ne m'attendez plus et ne soyez pas inquiets.

Les deux amis se serrèrent la main et le marquis partit, la gibecière au côté, le fusil en bandoulière.

Comme il l'avait dit à son ami Gaston, le marquis de Verveine avait été vivement impressionné et s'était senti saisi d'une émotion singulière, indéfinissable. Caractère aventureux, il était attiré, naturellement, par tout ce qui avait une apparence mystérieuse. Nature ardente, chevaleresque et même un peu romanesque, c'était un sentiment d'un ordre plus élevé que celui d'une curiosité ordinaire qui le poussait en avant.

Le marquis Adrien de Verveine n'avait plus ni père ni mère ; il était âgé de vingt-six ans et possédait entre soixante et soixante-dix mille francs de revenu. C'était une fortune convenable. Homme bien élevé, intelligent, instruit et ne manquant pas d'esprit, il était très recherché dans le monde parisien. D'une taille au-dessus de la moyenne, bien prise, ayant une jolie main, le front haut, des cheveux châtains très épais, une fine moustache, la coupe du visage parfaite, les joues rondes, les traits réguliers, de grands yeux bien fendus ornés de sourcils bien arqués, une bouche agréable et les dents blanches, il eût été difficile de ne pas dire de lui : Voilà un beau garçon !

D'un autre côté, il était élégant, distingué, affable, gracieux, complaisant et d'humeur toujours égale. Avec tous ces avantages, auxquels il convient d'ajouter son titre de marquis, Adrien, s'il eût voulu se marier, aurait pu choisir facilement parmi les jeunes filles du meilleur monde. Mais cette idée ne lui était pas encore venue. A vingt-six ans, on aime à jouir de sa liberté, on redoute peut-être les soucis du ménage, et l'on n'éprouve nullement le besoin de s'imposer de nouveaux devoirs. Le cœur est libre, on se trouve heureux, on reste garçon.

Sans s'inquiéter de l'avenir, Adrien avait déjà jeté un grand nombre de ses beaux jours au hasard. Il avait eu quelques amours faciles, et, s'imaginant qu'il avait beaucoup aimé, il jouait, près de ses amis, le rôle de l'homme sceptique et blasé. Combien n'en voyons-nous pas aujourd'hui, de ces jeunes fanfarons du vice! Paraître avoir plus de défauts qu'on n'en a réellement, est comme une maladie de notre époque. Ostentation malsaine, écœurante, sottise de la vanité!

Heureusement pour lui, le marquis de Verveine n'était ni un sceptique, ni un homme blasé. D'ailleurs il n'avait pas encore eu le temps d'user largement de la vie.

Le jeune homme avait marché d'un bon pas, car il n'était pas encore trois heures lorsqu'il arriva à la Cordelière.

D'abord il regarda longuement le sombre bâtiment, sur le toit duquel une chouette venait de se poser, après s'être envolée de l'un des ormes, en l'entendant marcher. La pensée lui vint de tirer sur l'oiseau nocturne ; mais il ne le fit point, éprouvant comme une crainte de troubler le silence de cette solitude. Il s'approcha du mur et tendit l'oreille. Il n'entendit aucun bruit, ni dans la maison, ni dans le jardin. La chanteuse n'était-elle donc plus là? Il s'adressa cette question, comme si la voix n'avait attendu que sa présence pour se faire entendre. Lentement il marcha vers la porte. Là, il s'arrêta de nouveau et se remit à écouter. Toujours le même silence, troublé seulement par le bruissement de feuilles jaunies prêtes à se détacher, le cri monotone d'un grillon caché sous l'herbe et le chant d'une cigale.

Il eut comme un frémissement d'impatience.

— C'est plus que triste, murmura-t-il, c'est lugubre!

Un instant après, il reprit :

— Est-il possible que des êtres humains puissent vivre entre ces murs désolés? L'aspect de cette espèce de tombeau me remet en mémoire les contes de fées que me racontait autrefois ma nourrice. Ne croirait-on pas, en effet, que ces vieux murs noirs et crevassés ont été touchés par une baguette magique, et que les hôtes de cette habitation se sont endormis pour un siècle?

« Voyons, continua-t-il, pourquoi suis-je venu ici ? Pour voir et pour savoir. D'où vient cette crainte qui m'arrête et qui m'empêche de frapper à cette porte? Je n'ai pas peur, certainement, mais je manque de hardiesse. Je suis troublé, inquiet ; il y a en moi quelque chose qui me retient. »

Ses yeux s'étaient fixés à ses pieds.

— Tiens, tiens, fit-il, voici du nouveau.

Il s'éloigna de quelques pas et regarda autour de lui avec attention.

— Oui, oui, reprit-il, cela ne fait aucun doute : hier soir ou dans la nuit, une voiture légère, à quatre roues, victoria ou cabriolet, est venue ici : l'empreinte des roues est encore toute fraîche. Elle a dû stationner un certain espace de temps à cette place ; ces piétinements, le sol martelé par les pieds ferrés du cheval indiquent que l'animal était impatient d'attendre.

Il examina avec une nouvelle attention les lignes tracées par le véhicule.

— Je parierais, se dit-il, qu'un ou plusieurs habitants de la maison, peut-être tous, l'ont quittée : ces premières traces, celles qui viennent, ont légèrement rayé le sol, tandis que celles-ci, plus profondément marquées, disent qu'il y avait un certain poids dans la voiture. Parbleu ! je ne dois plus être étonné de n'entendre aucun bruit ; aujourd'hui la Cordelière est déserte.

Après avoir réfléchi un instant, il continua :

— Ce mur est élevé, mais il me serait facile de l'escalader ; je pourrais faire le tour du jardin et m'approcher tout près de la maison ; seulement, sans compter que s'introduire ainsi dans une propriété close est chose grave, ce n'est point cela que je veux. Au fait, pourquoi ne pas essayer, d'abord, de me faire donner des renseignements sur la Cordelière et ses habitants ? Assurément, j'apprendrai quelque chose dans ce village qu'on appelle Champigneule. Excellente idée. Allons à Champigneule.

Il rejeta son fusil en arrière et se dirigea rapidement vers le village.

Tout à l'entrée de cette commune, qui compte à peine cinq cents habitants, une plaque de tôle attachée à une tringle de fer attira le regard du marquis de Verveine. Sur la plaque, quelque chose de dédoré avait la prétention de ressembler à un animal quelconque ; mais, comme au-dessus on pouvait encore lire ces mots, presque effacés : « Au Lion d'or », on devait se trouver satisfait. La chose peinte sur l'enseigne était un lion.

— Une auberge, se dit le jeune homme, voilà mon affaire.

Et il entra dans la maison.

L'aubergiste, sa femme et une grosse servante accoururent pour le recevoir.

— Bonjour, monsieur, que désire monsieur ? dirent-ils tous ensemble.

La femme reprit :

— Monsieur a chaud, son front est couvert de sueur, il a besoin de se rafraîchir.

— Oui. Avez-vous de la bonne bière ?

— De l'excellente bière de Strasbourg, répondit l'aubergiste.

— Fabriquée à Troyes, probablement ; vous m'en donnerez une bouteille.

La servante courut chercher la boisson demandée,

— Êtes-vous content de votre chasse, monsieur ? demanda l'aubergiste.

— Je n'ai pas tiré un seul coup de fusil.

— Il n'y a pas beaucoup de gibier cette année dans notre pays ; pourtant on en trouve encore.

La servante revint avec la bouteille, qu'elle posa sur la table avec un verre.

Le marquis avait accroché sa gibecière à une patère.

— Ne voulez-vous pas m'aider à boire cette bouteille ? demanda-t-il à l'aubergiste.

— C'est me faire trop d'honneur, monsieur.

— Allons, apportez un second verre.

L'aubergiste s'assit en face du jeune homme. Celui-ci remplit les verres et vida le sien d'un seul trait.

— Eh bien, monsieur, comment la trouvez-vous ?

— Très-fraîche. Comment vous appelez-vous ?

— Christophe Bernardin, monsieur, aubergiste à Champigneule depuis trente ans.

— Depuis trente ans ! j'en suis fort satisfait.

— Et, vous, monsieur, êtes-vous de nos pays ? Je n'ai pas l'honneur de vous connaître, et je crois bien que j'ai le plaisir de vous voir aujourd'hui pour la première fois.

— J'habite à Paris.

— Ah ! monsieur est Parisien !

— Je suis momentanément à Circourt, chez un de mes amis.

— Je sais, vous êtes au château de Circourt, et votre ami est M. Gaston de Limans.

— Je vois que vous connaissez tout le monde du pays.

— Pensez donc, monsieur, aubergiste depuis trente ans.

— C'est vrai ; alors, monsieur Bernardin, vous allez pouvoir me donner un renseignement.

— Avec le plus grand plaisir, monsieur.

— Comment se nomme le propriétaire d'une vieille maison noire, qui ressemble à une prison, près de laquelle je suis passé tantôt ?

— Monsieur parle de la maison du diable, dit la dame Bernardin en s'approchant de la table.

— Hein ? la maison du diable ! fit le jeune homme étonné ; je croyais qu'on avait donné à cette ancienne construction le nom de Cordelière.

— C'est toujours la Cordelière, monsieur ; ce sont les gens du pays qui l'appellent la maison du diable.

— Ah ! Et pourquoi cela ?

— Parce qu'ils prétendent qu'elle est devenue la demeure du diable. Il est de fait, monsieur, que son propriétaire est un des êtres des plus singuliers, dont

Une lueur subite traversa son cerveau. — Oh! pensa-t-il, idiote! elle est idiote.

la bizarrerie dépasse tout ce qu'on peut imaginer, et dont les allures et la manière de vivre ne sont pas du tout naturelles.

— Madame Bernardin, vous faites naître en moi une grande curiosité. C'est évidemment d'un homme que vous parlez. L'avez-vous vu?

— Oui, monsieur, mais une seule fois, par hasard, car il faut vous dire qu'il ne sort peut-être pas de chez lui quatre fois par an.

— Comment est-il, ce personnage?

— C'est un homme de haute taille, qui a dans le regard quelque chose de terrible. Il porte une longue barbe blanche, et ses cheveux, blancs aussi, tombent tout autour de sa tête et cachent la moitié de sa figure. Il est, paraît-il, toujours habillé de noir. Impossible de dire son âge ; mais il est vieux, bien vieux.

— Enfin, quel est son nom?
— Son nom? il n'en a pas, monsieur.

Le marquis ne put s'empêcher de rire.

— Ma femme veut dire qu'on ne connaît pas le nom de cet individu, rectifia l'aubergiste.
— Certainement qu'il doit avoir un nom, comme tout le monde, reprit la femme ; mais nul ne le connaît.
— Il ne reçoit donc personne chez lui ?
— Personne, monsieur.
— Puisqu'il ne sort presque jamais, il faut qu'il ait au moins un domestique ?
— Oui, monsieur, une femme déjà d'un certain âge, C'est cette femme qui fait ses commissions. Elle vient au village deux fois chaque semaine, rarement trois fois, acheter des provisions, toujours ce qu'elle trouve de meilleur, ce qui coûte le plus cher et qu'elle paye, donnant donnant, en belles pièces d'or ou d'argent.
— Et l'on n'a jamais eu l'idée d'interroger cette femme ? s'écria le jeune homme.
— Au contraire, monsieur.
— Eh! bien, qu'a-t-elle répondu ?
— Rien.
— Comment rien?
— Elle est muette!
— Décidément, c'est tout à fait étrange, pensa le jeune homme.
— Voyez-vous, monsieur, reprit la dame Bernardin, il y a là sûrement un mystère.
— Oh! un mystère! répliqua Christophe Bernardin ; je crois, moi, tout simplement, que l'individu en question est un original ou un fou. Il ne voit personne, ne parle à personne, c'est que cela lui convient ; il vit comme il l'entend, à sa guise ; il aime à être seul, a-t-on le droit de l'en blâmer? Après tout il est libre. On ne sait pas s'il a plus ou moins de fortune ; dans tous les cas, il paye bien, et l'on n'a rien à lui réclamer. Il ne fait de tort et de mal à personne. Ma femme l'a vu, moi aussi je l'ai vu. Comme elle vous l'a dit, il laisse croître un peu trop ses cheveux et sa barbe ; à part cela, le bonhomme a une figure comme celle de tout le monde. Enfin, il n'aime pas les hommes, il s'en éloigne, il les fuit ; voilà tout le mystère, monsieur. Quant au reste, ce sont des racontages.
— Tu as beau dire, Christophe, riposta la femme, il y a dans tout cela des choses qu'on ne comprend pas.

L'aubergiste se contenta de hausser les épaules.

— Mon mari est comme cela, monsieur, reprit la dame Bernardin, il n'aime pas qu'on s'occupe des autres.

— Votre mari a peut-être raison, madame.

— Avant tout, dit Christophe, je tiens à respecter la liberté de chacun.

— On ne te dit pas que tu as tort, répondit la femme.

— Y a-t-il longtemps que ce personnage inconnu est dans le pays ? demanda le marquis.

— Un peu plus de deux ans.

— C'est alors qu'il a acheté la propriété et est venu s'y installer ?

— Oui, monsieur. Autrefois, il y a bien longtemps de cela, la Cordelière appartenait aux moines de l'abbaye de Clairvaux. On prétend que les religieux avaient établi là une importante fabrique de blanc, de chaux et de briques, et qu'ils vendaient eux-mêmes ces divers produits. Du reste, la lande a été fouillée, creusée partout, et est encore couverte de fondrières et de trous énormes. Depuis notre grande Révolution, la Cordelière a été rarement habitée ; elle a appartenu successivement à plusieurs propriétaires, et, en dernier lieu, à M. Vauthier, de Troyes, qui l'avait complètement abandonnée aux lézards, aux hiboux et aux chauves-souris. Enfin, il y a un peu plus de deux ans, comme je vous l'ai dit, on apprit que M. Vauthier avait vendu la Cordelière. Peu de temps après, le nouveau propriétaire y mit les maçons, les menuisiers, puis les peintres, afin de la rendre habitable.

« Le jardin devait être dans un état pitoyable ; à l'exception de quelques ormes restés debout, il était nu comme le reste de la lande. Du reste, c'était le même terrain stérile, réfractaire à toute végétation. A grands frais, le propriétaire inconnu fit transporter une énorme quantité de terre végétale, qui fut jetée dans le jardin et couvrit le sol crayeux d'une couche épaisse. Cela fait, un pépiniériste amena des arbres, des arbustes, des plantes, et le jardin fut planté. Quand tout fut terminé, le propriétaire, que les ouvriers avaient vu une seule fois, vint prendre possession de la Cordelière, à laquelle, bientôt après, les gens du pays donnèrent le nom de maison du diable, croyant ainsi faire une malice à l'homme qui savait les tenir à distance et ne donnait point satisfaction à leur curiosité.

— Encore une question, monsieur Bernardin.

— Je suis à vos ordres, monsieur.

— Est-ce que cet inconnu, évidemment un original ou un fou, comme vous le disiez tout à l'heure, habite seul la Cordelière avec la femme muette ?

— Je ne peux pas vous dire, monsieur. Il y a des gens qui affirment que, outre la femme muette, il y a une autre femme avec lui. Vous dire toutes les suppositions que l'on fait, toutes les méchancetés qu'on débite, les choses bêtes qu'on raconte est inutile ; on ne peut pas empêcher les mauvaises langues de parler. Il faut laisser dire. Ceux qui sont allés rôder autour de la Cordelière, les plus hardis ou les plus curieux, prétendent que l'on y entend toutes sortes de bruits étranges, entre autres le son d'un instrument de musique, qui pourrait bien être un piano, et le chant d'une belle voix de femme.

— Ah ! vraiment ? fit le marquis.

— Seulement, monsieur, je ne vous dis point que cela soit. On raconte tant de choses, voyez-vous !...

— Vous avez raison, monsieur Bernardin, on doit croire seulement ce que l'on entend de ses oreilles, ce que l'on voit de ses yeux.

— Absolument, monsieur.

N'ayant plus rien à demander à l'aubergiste, le jeune homme resta silencieux et se mit à réfléchir. Son imagination ardente galopait à grande vitesse sur les ailes d'un rêve fantastique. Certes, ce qu'on venait de lui raconter n'était pas de nature à le faire renoncer à son projet. Loin de satisfaire sa curiosité, le récit de l'aubergiste l'avait, au contraire, surexcitée au plus haut point.

— J'entrerai dans la maison du diable, se disait-il ; je verrai l'homme sans nom, je connaîtrai la femme qui chante, vieille ou jeune, laide ou jolie, et je ferai parler la femme muette !

S'adressant à l'aubergiste, il reprit :

— Je ne connais pas du tout cette contrée, monsieur Bernardin, je désire la visiter ; pour cela, j'ai l'intention de passer quelques jours à Champigneule. Pouvez-vous mettre une chambre convenable à ma disposition ?

— Certainement, monsieur, une chambre au rez-de-chaussée dont les deux fenêtres ouvrent sur le jardin.

— Très gaie, décorée à neuf et meublée comme à la ville ajouta la femme.

— Eh bien, madame Bernardin, je loue cette chambre pour quinze jours.

— Monsieur nous fait beaucoup d'honneur ; j'aurai soin que monsieur ne manque de rien.

Le jeune homme se leva.

— Si vous le voulez bien, madame Bernardin, dit-il, vous me ferez voir mon logis.

— Mais tout de suite, monsieur, tout de suite, répondit-elle.

Un instant après, installé dans la chambre d'auberge, le marquis de Verveine écrivait à Gaston de Limans pour le prévenir qu'il avait résolu de rester quelque jours à Champigneule.

XXIV

DANS LE JARDIN

Le marquis Adrien de Verveine s'était couché de bonne heure ; mais, comme il était très agité et que toutes sortes de pensées bizarres hantaient son cerveau, il n'avait pu d'abord fermer les yeux ; il ne parvint à s'endormir qu'à une heure fort avancée de la nuit. Mais parce qu'il plaît à l'esprit de se surmener, le corps n'entend point perdre le droit au repos qui lui est nécessaire. Il y avait déjà longtemps que les rayons du soleil, filtrant à travers les lames des persiennes, s'étaient introduits dans la chambre d'auberge, lorsque le jeune homme se réveilla.

Après avoir passé sa main sur ses yeux, il regarda sa montre, posée sur le marbre de la table de nuit. Elle marquait huit heures cinq minutes.

— Déjà si tard, s'écria-t-il.

Il sauta à bas du lit, ouvrit toute grande une des fenêtres, repoussa les persiennes, et la brise fit irruption dans la chambre, apportant les odeurs pénétrantes des regains en fenaison.

Adrien s'habilla très vite, puis sortit de sa chambre et entra dans la grande salle de l'auberge, où il trouva madame Bernardin, qui l'accueillit avec un gracieux sourire.

— Avez-vous bien dormi, monsieur ? lui demanda-t-elle.

— Trop bien, répondit-il, puisque je viens seulement de me lever.

— Vous n'avez pas très bien soupé hier soir : voulez-vous prendre quelque chose ce matin ?

— Qu'avez-vous à me donner ?

— Du café au lait, du chocolat, ou bien encore une bonne soupe au lait que je puis vous servir à l'instant.

— Eh bien, j'accepte la soupe au lait.

Madame Bernardin la lui servit aussitôt dans nn bol de porcelaine blanche. Quand il eut déjeuné, il se disposa à sortir.

— Vous allez faire une petite promenade ? lui dit l'hôtesse.

— Oui, une première excursion dans les environs de Champigneule.

— Vous ne prenez pas votre fusil ?

— Je crois que je perdrais mon temps et me fatiguerais à chercher inutilement une compagnie de perdreaux ou un lièvre dans la plaine, répondit-il en souriant.

— Irez-vous du côté de la maison du diable ?...

— Non certes ; je ne suis pas peureux, mais ce que vous m'avez raconté hier me fait encore frissonner ; je n'ai nulle envie de faire connaissance avec l'homme noir à barbe blanche.

Adrien tenait à cacher son projet et à ne pas laisser deviner le motif qui le retenait à Champigneule.

— Ma foi, monsieur, je comprends cela, répondit madame Bernardin. Mais il paraît que l'homme inconnu n'est pas à la Cordelière en ce moment.

— Ah !

— Il est parti hier de grand matin.

— Comment savez-vous cela ?

— Des ouvriers, qui fauchaient un pré près de la route, l'ont vu passer dans la voiture qui était venue le chercher.

Il était seul ?

— Oui, monsieur, seul.

— Eh bien, madame Bernardin, dit le jeune homme en riant, je lui souhaite un bon voyage.

Il sortit et prit d'abord le chemin opposé à celui de la Cordelière. Mais quand, après avoir fait un assez long détour, il se trouva en rase campagne, il marcha dans la direction de la maison mystérieuse.

— Je me suis mis dans la tête une véritable folie, se disait-il, et mes amis pourraient, à bon droit, me traiter d'insensé ; mais, en ce moment, je ne suis plus maître de moi ; je suis dominé par une puissance attractive que rien ne peut expliquer. En réalité, qu'est-ce que je veux ? Le sais-je réellement ? J'ai été ému, troublé jusqu'au fond de l'âme par cette voix de femme, jeune et fraîche que j'ai entendue. Je veux voir la chanteuse. Il y a un mystère. Je veux le connaître. Oui, mais en ai-je le droit ?

Il rejeta sa tête en arrière par un mouvement brusque.

— Ceci est du raisonnement, reprit-il, et ma raison n'a rien à voir dans cette affaire, puisque je conviens moi-même que ce que je fais est insensé. Ce que j'éprouve est étrange ; il y a en moi comme des pressentiments ; un autre à ma place s'arrêterait et n'irait pas plus loin, car il me semble que je cours à la recherche d'un danger. Eh bien, qu'importe ? Quoi qu'il puisse m'arriver, j'irai jusqu'au bout !

Quand il ne fut plus qu'à une faible distance de l'habitation, son cœur se mit à battre avec violence, comme s'il se disposait à commettre une mauvaise action. Du reste, sa conscience n'était pas tout à fait tranquille, il le sentait. Mais il avait eu le temps de réfléchir, et tout ce qu'il s'était dit n'avait pu le faire renoncer à son idée.

Cependant, non moins prudent que la veille, il s'approcha du mur du jardin contre lequel il s'appuya. Presque aussitôt il lui sembla entendre comme un bruit de sable criant sous le pied. Retenant sa respiration, il continua à écouter. Le même bruit, plus distinct, arriva à ses oreilles. Cette fois, il n'en pouvait douter, on marchait dans une allée du jardin. Bien résolu à faire une première tentative pour pénétrer dans la propriété, il se disposait à aller frapper à la porte, lorsque la voix entendue deux jours auparavant se mit à chanter. C'était le même couplet de la même romance, dit avec la même expression et le même charme :

> Le Jour, un jour, dit à la Rose,
> J'aime et j'admire ta beauté...

— Oh ! la voir, la voir ! murmura le jeune homme.

A quelques pas de lui, une viorne en fleur couvrait la crête du mur, et une énorme touffe de ses rameaux grimpants tombait en dehors comme une chevelure.

— Ah! fit-il.

L'exécution suivit immédiatement la pensée. Il saisit les branches de la viorne, les tordit comme une corde et, s'aidant de ses pieds et de ses genoux, il parvint assez facilement à grimper sur le mur. L'arbuste aux rameaux épais et serrés lui offrait un abri; il s'installa aussi commodément que possible sur ce coussin de verdure et de fleurs; puis, afin de voir dans le jardin, lentement et sans bruit il écarta les branches entrelacées et se fit ainsi une sorte de fenêtre par laquelle il put enfin regarder.

La voix avait cessé de chanter et la chanteuse était invisible.

— Si elle n'est pas déjà rentrée dans la maison, se dit Adrien, c'est un de ces massifs de verdure qui la cache à mes yeux.

Et son regard allait et venait d'un bout à l'autre du jardin, courant sur les allées, enveloppant les massifs, sondant toutes les profondeurs.

Le jardin était admirablement cultivé et entretenu. Sur les allées bien sablées, il était impossible de découvrir le moindre brin d'herbe. Il y avait là une superbe collection d'arbustes à fleurs et à feuilles persistantes; partout des corbeilles de rosiers et des berceaux de roses; de magnifiques dahlias, des géraniums, des hélicryses, et, de chaque côté des allées, de larges plates-bandes couvertes d'une nombreuse variété de plantes vivaces.

Si le marquis de Verveine n'eût pas été complètement absorbé dans une pensée unique, il aurait certainement été émerveillé de voir ce carré de terre, véritable paradis, au milieu de la lande stérile.

On avait employé tous les moyens, sans regarder à la dépense, pour faire de cet endroit solitaire un séjour délicieux. Et comme le propriétaire n'avait pas de jardinier, c'était lui-même qui cultivait son jardin avec un soin et certainement un plaisir qui révélaient des goûts d'artiste.

Mais le marquis ne songeait pas à cela. Pour l'instant, ces détails ne l'intéressaient point. Toutes ces fleurs, qui se penchaient gracieuses sous la brise, heureuses de sentir la chaleur du soleil, ne formaient qu'un cadre magnifique au milieu duquel il désirait voir la chanteuse.

Il était depuis environ dix minutes dans sa cachette de verdure lorsque, tout à coup, l'être animé qu'il attendait s'offrit à ses yeux, s'élançant de derrière un massif.

Délicieuse apparition! C'était une jeune fille... Une jeune fille d'une beauté merveilleuse, idéale, rayonnante comme la lumière. Quel âge pouvait-elle avoir? A sa taille élancée, à ses formes gracieuses, qui s'accusaient nettement sous sa robe de cachemire mauve, bien serrée au-dessus des hanches, elle paraissait avoir entre seize et dix-sept ans. Mais à la voir courir le long de la plate-bande, légère, sautillante, avec des mouvements d'oiseau, se pencher sur un bouquet de roses pour en aspirer le parfum et effleurer une corolle de ses lèvres non moins fraîches et roses ; à la voir disputer une fleur à un papillon et jouer avec d'autres aux ailes d'azur, de pourpre ou d'or, qui voltigeaient autour de sa tête ; à entendre ses petits éclats de rire d'enfant, on ne lui aurait pas donné plus de dix ou douze ans.

Tout en jouant tour à tour avec les fleurs et les papillons, qu'elle semblait avoir apprivoisés, elle s'était rapprochée du mur et de l'endroit où se trouvait le marquis.

Alors, le jeune homme, qui, jusque-là, n'avait vu qu'imparfaitement son visage, put enfin contempler ses traits charmants et admirer dans tous ses détails sa resplendissante beauté.

Il fut ébloui et sentit comme une flamme pénétrer en lui. Comment se rendre compte des sensations inconnues, étranges qu'il éprouvait ? Il était ravi, charmé, et cependant il y avait dans sa gorge comme un sanglot, et il sentait des larmes lui venir aux yeux.

Mais il continuait à contempler la jeune fille dans une sorte d'extase, et il lui semblait qu'il pourrait rester toute sa vie à l'admirer.

Elle avait une de ces figures au profil pur, aux traits délicats, d'un modelé parfait, que Raphaël aimait à placer au premier plan dans ses merveilleux tableaux. La bouche était le délicieux écrin de deux rangées de dents superbes, qu'on aurait dit transparentes comme les plus belles perles d'Orient. Elle avait le nez joli, le front bien découvert, les oreilles petites, finement attachées, une forêt de magnifiques cheveux d'un blond cendré, dont quelques mèches bouclées tombaient sur ses épaules d'un galbe admirable. Sa main mignonne, potelée, était celle d'une fillette et son petit pied aurait chaussé la pantoufle enchantée de Cendrillon. Elle avait le cou charmant et, déjà, une gorge ravissante. Ses yeux, d'un joli bleu clair, semblaient se cacher derrière de longs cils. Au-dessus des yeux les sourcils étaient parfaitement dessinés.

Sa taille mince, bien prise, était souple et élégante ; dans tous ses mouvements il y avait de la grâce et en même temps de l'imprévu. Mais ce qui surprenait et causait une impression singulière, c'est que l'expression du regard ne répondait nullement à la légèreté du corps, à la vivacité nerveuse des mouvements.

Le regard était doux et bon et révélait une grande sensibilité ; mais il ne contenait point la lumière, les étincellements qu'on aurait voulu y voir ; il était sans reflet, sans éclat, comme éteint. Il paraissait rêveur, langoureux, mélancolique, triste et perdu dans un infini quelconque ; mais, en réalité, ce qu'il exprimait était insaisissable, et on sentait que ce qui lui manquait était le reflet de la pensée.

D'ailleurs, l'ensemble de la physionomie s'harmonisait avec le regard : la figure était calme, empreinte de mélancolie, sans animation. Elle manquait de vie.

Elle saisit un stylet accroché au mur; elle se précipita sur le marquis.

Assurément, la douleur n'avait jamais touché au cœur de cette adorable jeune fille, et aucun souffle mauvais n'avait terni la pureté de son âme.

Grande, les forces physiques bien développées, pleine de santé, presque une femme, elle avait encore l'ingénuité, la naïveté et l'ignorance de l'enfance.

Comme nous l'avons dit, elle s'était approchée de l'endroit où se trouvait le marquis de Verveine.

— Oh! fit-elle tout à coup, les yeux fixés à ses pieds.

Elle se baissa vivement et prit sur le sable un scarabée au corselet d'émeraude.
— Pauvre petit, dit-elle, j'allais mettre le pied sur toi.
Et, délicatement, elle posa l'insecte sur une rose.
A ce moment, le marquis fit un mouvement, et une branche de la viorne se rompit sous le poids de son corps. Le craquement fit tressaillir la jeune fille, et, voulant se rendre compte du bruit insolite qu'elle venait d'entendre, elle leva les yeux. Presque aussitôt son regard tomba sur le jeune homme, qu'elle surprit au milieu de sa contemplation extatique.
Instinctivement, elle fit un brusque mouvement en arrière.
— Elle va fuir et disparaître, pensa le jeune homme.
Il se trompait. La belle jeune fille n'éprouvait aucune espèce de terreur, mais seulement une vive surprise. Immobile, maintenant, les yeux toujours fixés sur le marquis, elle l'examinait curieusement.
Le jeune homme était devenu pourpre sous le regard curieux et étonné de la belle enfant. Perché sur le mur, il se sentait ridicule.
— Mademoiselle, excusez-moi, pardon! balbutia-t-il.
Elle fit trois pas en avant, puis allongeant le bras, comme si elle lui tendait la main, elle dit :
— Venez, venez!
Le cœur d'Adrien se mit à battre violemment. Cette brusque invitation, qu'il n'attendait nullement, lui causait moins de plaisir que d'étonnement. Mais il n'était pas homme à battre en retraite en présence d'une aventure qui devenait de plus en plus intéressante et singulière. Il se dressa debout, posa les pieds sur les branchages et se disposa à sauter dans le jardin.
Du regard, la jeune fille mesura la hauteur du mur.
— Non, non, dit-elle vivement.
Et elle ajouta :
— La porte, la porte.
Pendant que le marquis opérait sa descente de l'autre coté du mur, la jeune fille courait vers la maison.
Trois minutes s'écoulèrent. Adrien était près de la porte. Il entendit les pas de la jeune fille, puis, bientôt, le bruit d'une clef dans la serrure et celui d'un verrou. La porte s'ouvrit.
— Oh! mademoiselle, mademoiselle! prononça le jeune homme avec un embarras visible.
Il ne savait que lui dire.
— Allons, venez, fit-elle.
Il entra. Elle referma la porte, et laissant la clef dans la serrure, elle se contenta de pousser le verrou. Cela fait, elle se retourna vers le marquis, et, pendant un instant, elle l'examina de la tête aux pieds. Un sourire sur ses lèvres paraissait exprimer sa satisfaction.

— Vous êtes bien, dit-elle en hochant doucement la tête.

Ces paroles, si étranges dans la bouche de cette jeune fille, complétèrent l'ébahissement du marquis.

— Parlons de vous, de vous seule, mademoiselle, répondit-il, c'est vous qui êtes belle, qui êtes charmante, adorable !

Elle eut un rire argentin.

— Belle, charmante, adorable, fit-elle.

Elle resta un moment silencieuse et reprit :

— Ce sont les roses qui sont belles, charmantes, adorables; les autres fleurs aussi sont belles. Et les papillons, comme ils sont jolis! Les scarabées sont beaux, les petits, tout petits avec des cuirasses de toutes les couleurs. Aimez-vous les roses, monsieur?

— Beaucoup.

— Et les papillons?

— Aussi.

— Et les scarabées?

— J'aime tout ce que vous aimez.

— Et moi, m'aimez-vous?

Le marquis éprouva un saisissement indéfinissable.

— Oui, oui, je vous aime, répondit-il, tout ahuri.

— Eh bien, je vous aime aussi, moi.

Cette fois, Adrien ne pouvait en croire ses oreilles, tellement le langage de cette étrange jeune fille, qui paraissait riche et bien élevée, était tout ce qu'on peut imaginer de plus ingénu et de plus naïf.

Elle ne lui laissa pas le temps de réfléchir longuement. Elle lui prit la main et l'entraîna rapidement au fond du jardin. Là, après l'avoir fait asseoir sur un banc placé sous le dôme d'un magnifique chèvrefeuille, elle s'assit près de lui.

XXV

LE CERCUEIL DES INSECTES

Pendant un instant, ils restèrent silencieux. Du regard, Adrien dévorait la jeune fille; il semblait s'enivrer de sa beauté; il aspirait un doux parfum d'innocence et de pureté qui pénétrait tout son être. Son sang coulait brûlant dans ses veines. Jamais il n'avait été aussi profondément troublé. Il était incapable de réfléchir, comme s'il eût été complètement privé de ses facultés intellectuelles. Il désirait savoir bien des choses; il voulait interroger la jeune fille, mais il n'osait pas, ou plutôt, entre une foule de questions il ne savait laquelle lui adresser.

La jeune fille lui toucha légèrement le bras.

— Pourquoi me regardez-vous ainsi? lui demanda-t-elle.

— Pourquoi? fit-il en tressaillant : mais je vous admire!... Vous êtes si gracieuse, vous êtes si belle! Près de vous, j'oublie tout : mes amis, le monde. Le passé et l'avenir s'effacent; je n'ai plus conscience que de l'instant présent qui me tient sous le charme de mon admiration. Il me semble que je ne suis plus sur la terre, que je viens d'être transporté dans quelque ciel merveilleux. Ce petit coin inconnu, caché, où vous respirez, où vous vivez pour tout embellir, où ces fleurs, ces arbres, cette verdure s'éclairent et s'illuminent de votre rayonnement, ce petit coin de terre, devient pour moi tout l'univers. En dehors je ne vois plus rien, car dans mon ravissement je m'absorbe en vous.

— Je ne comprends pas, dit-elle; mon père ne me parle pas ainsi, pourtant je vois que ce que vous venez de dire est bien. Mon père m'aime beaucoup, mais il ne m'a jamais dit : tu es belle!

— Votre miroir a été moins discret, répliqua Adrien.

— Mon miroir?

— Oui, quand vous vous placez devant lui pour arranger sur votre tête les tresses de vos superbes cheveux blonds.

— Ah! fit-elle, en frappant ses petites mains l'une contre l'autre. C'est vrai, continua-t-elle, mon miroir dit que je suis plus jeune et plus jolie que Francesca.

— Qu'est-ce, Francesca?

— Notre domestique.

Le marquis ne put s'empêcher de sourire.

— Ah! reprit-il avec enthousiasme, vous êtes, j'en suis sûr, plus jolie que toutes vos amies, que toutes les belles jeunes filles que vous connaissez.

— Je ne connais aucune jeune fille.

— Vous ne voyez donc personne?

— Je ne vois que mon père et Francesca.

— Ainsi vous ne sortez jamais de ce jardin?

— Jamais.

— Ah! fit le marquis.

Après un court silence il reprit :

— Avant de venir ici, où étiez-vous?

— Bien loin.

— Vous n'étiez pas seule comme maintenant; alors vous aviez des amies?

— Non, répondit-elle, j'ai toujours été seule avec mon père. Avant de venir ici, nous avions une maison et un jardin comme celui-ci, rempli de toutes sortes de fleurs. De même que maintenant mon père ne recevait personne et je ne sortais jamais.

— Pourquoi?

— Je ne sais pas.

— Vous ne désirez donc pas voir le monde, le connaître?
— Non.
— Ainsi vous ne souhaitez rien?
— Rien. Quand je veux quelque chose mon père me le donne. J'ai de beaux bijoux, de belles robes.
— Et cela vous suffit?
— Je sais bien qu'il existe des choses que je ne connais pas; mais, ne les ayant jamais vues, je ne peux pas les demander.
— Tout à l'heure, quand vous m'avez aperçu sur le mur, qu'avez-vous pensé?
— Rien.
— Je ne vous ai pas effrayée?
— Non. Je vous ai regardé et j'ai bien vu que vous ne vouliez pas me faire de mal.
— Pourquoi m'avez-vous fait entrer dans votre jardin!
— Pour causer avec vous.
— Cela vous est agréable?
— Oui.
— Que dira votre père, s'il apprend qu'un jeune homme vous a vue, vous a parlé?
Un sourire effleura les lèvres de la jeune fille.
— Si cela lui fait de la peine, répondit-elle, je l'embrasserai en lui disant : je l'ai voulu.
— Est-ce qu'il est ici, votre père?
— Non, il est parti.
— Pour longtemps?
— Quand il me quitte, il revient toujours au bout de trois ou quatre jours.
— Où est-il allé?
— A Paris.
— Connaissez-vous Paris?
— Non, je sais seulement que c'est une grande ville.
— Est-ce que vous n'avez jamais témoigné à votre père le désir de l'accompagner à Paris?
— Si, une fois.
— Et il ne vous a pas emmenée.
— Il n'a pas voulu.
— Vous avez été peinée?
— Un instant. Quand j'ai un chagrin, je me console en allant voir mes fleurs.
— Vous ne me parlez point de votre mère; elle est morte, sans doute?
La jeune fille ouvrit de grands yeux et regarda le marquis comme si elle n'eût pas entendu.

— Ma mère! fit-elle, est-ce qu'on a une mère?

Adrien resta tout interdit, ne trouvant rien à répliquer. Cette réponse, aussi singulière qu'imprévue, le replongeait dans son étonnement. Le regard de la jeune fille avait pris une expression rêveuse; on aurait dit qu'elle cherchait un souvenir ou une clarté dans sa pensée.

Après un assez long silence, le marquis reprit la parole.

— Comment se nomme votre père? demanda-t-il.

— La jeune fille regarda de nouveau le marquis avec surprise et répondit :

— Je ne sais pas.

— De plus en plus étrange! pensa le jeune homme. Et vous, reprit-il, comment vous appelez-vous?

— Aurore. Aimez-vous ce nom-là?

— Je le trouve charmant; on ne pouvait mieux vous nommer.

— Ah! je suis bien contente! s'écria-t-elle.

Et elle se mit à battre des mains avec une joie d'enfant.

— Mon père ne me dit jamais mademoiselle, reprit-elle; comme lui vous m'appellerez Aurore.

— Oui, mademoiselle Aurore.

— Comment faut-il que je vous appelle, moi?

— Par mon nom, je me nomme Adrien.

— Adrien, Adrien... Oui, ce nom me plaît, fit-elle.

— Vous êtes musicienne, mademoiselle Aurore? j'ai eu le plaisir de vous entendre chanter.

— Je chante souvent pour me distraire.

— Vous chantez d'une façon ravissante.

— Je ne sais pas. Je n'ai jamais entendu chanter que le rouge gorge et la fauvette.

— Vous avez une voix délicieuse.

— Je voudrais chanter comme les oiseaux, je ne peux pas.

Elle resta un moment silencieuse et reprit :

— Mon père m'a acheté un piano et il m'a appris à jouer un peu; c'est très difficile d'apprendre; cela m'ennuie et me fatigue. Oh! je suis très paresseuse. Mon père sait beaucoup de choses, il voudrait m'apprendre tout, mais je ne comprends pas. Voyez-vous, j'aime mieux courir dans les allées du jardin, causer aux papillons et aux roses et chanter avec la fauvette que de rester assise la tête penchée sur un livre.

Elle eut une joyeuse exclamation.

— Adrien, reprit-elle, là, là, regardez.

— Je vois un oiseau qui saute sur les branches.

— C'est une de mes fauvettes. Si vous n'étiez pas près de moi, elle viendrait jusqu'à mes pieds; quelquefois elle tourne un instant autour de ma tête et se pose sur mon épaule. C'est là, dans ce noisetier, qu'elle avait fait son nid cette année, un joli petit nid, avec des brins d'herbe sèche et au fond un peu de mousse et de crin. Je l'ai vue travailler; doucement, je m'approchais tout près d'elle; elle me voyait bien, mais elle n'était point effarouchée. C'est avec son petit bec fin et en écartant ses ailes qu'elle arrangeait les brins d'herbe. Comme elle était active, comme elle travaillait! En trois jours elle construisit sa petite maison, qui avait pour toiture une belle feuille verte du noisetier. Le lendemain il y avait dans le nid un joli petit œuf gris tacheté de points noirs; puis bientôt il y en eut cinq, tous pareils. Alors, elle ne quitta plus du tout son nid. Tous les jours je venais la voir. Dès qu'elle m'entendait elle se soulevait, levait son bec, allongeait le cou et me regardait avec ses jolis petits yeux noirs. Je lui parlais et elle m'écoutait ayant l'air de comprendre. En même temps, perchée sur une branche, une autre fauvette chantait, comme pour me dire qu'elle était contente.

« Un matin, je ne vis plus ma fauvette sur son nid; inquiète, j'écartai le feuillage et me haussai autant que je pus pour regarder dans le nid. Les œufs n'y étaient plus; à la place il y avait des petits oiseaux tout petits, tout petits, sans plumes. En avançant la tête j'avais remué les branches et fait un peu de bruit. Les petits, qui dormaient sans doute, se réveillèrent, et je vis se dresser cinq petites têtes roses, sans yeux, à cinq petits becs grands ouverts. Ils demandaient à manger, les mignons. Presque aussitôt je vis arriver mes deux fauvettes et elles se mirent à voltiger autour du noisetier, n'osant approcher, ayant l'air inquiet. Alors je m'éloignai un peu, et tout de suite, l'une après l'autre, elles vinrent se poser au bord du nid et je les vis donner à manger aux petits.

« Adrien, voyez donc comme elle nous regarde, ma gentille fauvette, et comme elle tourne gracieusement sa petite tête noire.

« Bien sûr, elle entend que je vous parle d'elle.

— Comme moi, elle vous écoute, répondit le jeune homme en souriant.

— Les petits grandirent vite, reprit Aurore, au bout de quelques jours, ils avaient déjà des plumes; enfin, je vis pousser leurs ailes, et un soir, ils s'envolèrent du nid. Ils n'y sont pas revenus, mais ils n'ont point quitté le jardin, ils y sont encore. Les oiseaux aussi aiment les fleurs et la verdure. Ils courent avec moi dans les allées, ils jouent dans les massifs; ils me connaissent, et quand je chante, ils chantent avec moi.

— Ne vous arrive-t-il point, parfois, de pleurer après avoir chanté? demanda le marquis.

— Quand j'ai du chagrin, je pleure.

— Quel chagrin pouvez-vous donc avoir?

— Si je trouvais morte une de mes fauvettes, rien ne pourrait me consoler. Je suis triste quand je vois s'effeuiller une rose, mais une autre qui s'épanouit chasse ma tristesse. Pourquoi les fleurs ne restent-elles pas toujours belles? Ah! rien ne devrait mourir!... Ici, je n'ai pas seulement mes fleurs et mes oiseaux, j'ai aussi mes insectes, et ceux que je préfère sont les scarabées et les papillons. Hélas! il y en a de méchants qui font la guerre aux autres, ils les tuent... Eh bien! trouver un de mes insectes sans vie est une douleur pour moi, et je pleure!

Elle se leva en disant au jeune homme :

— Suivez-moi.

Elle le conduisit à un endroit du jardin, devant un petit carré de terre, ayant la forme d'un tumulus, marqué, à l'extrémité d'une plate-bande, par un entourage de pensées et d'immortelles.

— C'est là, lui dit-elle tout bas.

— Là, fit-il, cherchant à comprendre, qu'y a-t-il là?

— C'est le tombeau, répondit-elle.

— Le tombeau?

— Vous comprenez?

— Pas encore.

Elle prit une petite pelle, de celles qu'on achète aux enfants, se mit à genoux et, recueillie, creusa la terre. Quand elle eut fait un trou de quinze à vingt centimètres de profondeur, le marquis vit apparaître un coffret de métal argenté. La jeune fille enleva le reste de la terre, sortit le coffret du trou et l'ouvrit. Dans le coffret, garni de satin blanc, il y avait un morceau de soie blanche roulé et arrangé comme un linceul.

Pour mieux voir, le jeune homme s'inclina. Aurore ouvrit le morceau de soie.

— Vous voyez? dit-elle, toujours à voix basse.

Le jeune homme avait sous les yeux une douzaine de scarabées de grandeurs différentes, de couleurs variées, et quelques papillons dont les ailes tombaient en poussière.

Soudain, la jeune fille poussa un petit cri aigu.

— Encore une fourmi, dit-elle d'un ton douloureux; ce sont les fourmis, les méchantes bêtes qui tuent mes papillons et mes scarabées. Les voilà continuat-elle tristement, ils sont morts, je ne les verrai plus dormir sur une fleur et se baigner dans une goutte de rosée... Pauvres scarabées! Pauvres papillons!

Et elle se mit à pleurer et à sangloter.

Immobile, le marquis la regardait avec stupéfaction.

Au bout d'un instant elle ramena les plis de la soie sur les insectes, referma le coffret, ou plutôt le cercueil des scarabées, le remit dans la petite fosse et l'enterra de nouveau. Cela fait, elle se releva et essuya ses yeux avec un mouchoir de batiste.

Au même instant, un grand papillon, aux ailes de velours, piquées de rouge et rayées de jaune orange, passa devant elle et alla se poser à quelques pas sur une balsamine.

Le marquis mit un baiser sur le front de l'innocente.

— Ah! ah! fit-elle, s'adressant au papillon, te voilà, tu reviens... oh! le vilain coureur! Je ne t'ai pas vu hier, où étais-tu?

Tout en parlant, elle s'était approchée du lépidoptère qui passa, en se balançant, de la balsamine à une rose.

Alors elle se retourna vers le jeune homme.

Elle venait de pleurer, de sangloter, maintenant elle riait.

Adrien éprouvait un malaise étrange. Une lueur subite traversa son cerveau. Il tressaillit et sentit dans son cœur comme un déchirement.

— Oh! pensa-t-il, idiote! elle est idiote.

XXVI

LA FEMME MUETTE

Le marquis de Verveine était devenu affreusement pâle ; il avait comme envie de pleurer. Aurore l'examinait, muette de surprise. Cependant elle s'approcha de lui et, appuyant sa main sur son bras :

— Qu'avez-vous ? lui demanda-t-elle.
— Mais rien, répondit-il.
— On dirait qu'il y a des larmes dans vos yeux.
— Non, non, vous vous trompez.
— A la bonne heure.

Elle lui prit la main.

— Allons, venez, dit-elle.
— Où voulez-vous me conduire ?
— Dans la maison.

Ils suivirent l'allée dans laquelle ils se trouvaient et ne tardèrent pas à arriver devant le vieux bâtiment, dont la porte était ouverte. Ils montèrent les quatre marches de pierre et firent quelques pas dans le corridor. Aurore s'arrêta devant une porte, l'ouvrit, et ils entrèrent dans un vaste salon éclairé par deux grandes fenêtres.

L'ameublement, très vieux et sévère, était riche cependant. Le canapé, les fauteuils, les chaises étaient couverts de vieilles tapisseries : les mêmes tapisseries tombaient de chaque côté des fenêtres, serrées par leurs attaches. Les murs, décorés d'un papier de couleur sombre, attristaient cet intérieur monacal, que ne parvenaient pas à égayer deux grandes glaces de Venise et plusieurs tableaux superbes que l'âge avait ridés dans leurs vieux cadres dorés. A côté de la cheminée, pareille à celles qu'on trouve encore dans quelques vieux châteaux, se trouvait le piano, chargé de cahiers de musique. Sur une table, au milieu de la pièce, il y avait un album de gravures un atlas de géographie, un livre de botanique et l'*Histoire naturelle des minéraux*, de Buffon. Au fond, en face des deux fenêtres, on voyait une sorte de lit de repos, dont la courte-pointe de soie rose, bordée d'une magnifique et riche dentelle, contrastait singulièrement avec les autres meubles de l'appartement.

Après avoir jeté un coup d'œil rapide autour de lui, le regard du marquis s'était arrêté sur le lit de repos.

— Quand je suis fatiguée, lui dit Aurore, ce qui m'arrive quelquefois, surtout en été, dans les grandes chaleurs, c'est là que je me repose.

— Comment cette pauvre jeune fille peut-elle vivre ici, dans cette espèce de prison? se demandait le marquis. Hélas ! je comprends : elle n'a aucune aspiration, elle ne peut rien désirer ; l'air qu'elle respire lui suffit ; elle se contente de voir ce qu'elle a sous les yeux ; sa pensée, enchaînée au fond de son cerveau, presque éteinte, ne saurait s'élancer au delà de ces murs.

Et, malgré lui, ces mots revenaient sur ses lèvres :

— Idiote, elle est idiote !

Et il sentait pénétrer en lui une angoisse indéfinissable.

La jeune fille s'assit sur le canapé et lui fit signe de venir se placer près d'elle.

Déjà, cette enfant, dont tout, dans le langage, les manières et les idées, était anormal, exerçait sur le marquis, à son insu, une puissance mystérieuse, une sorte de fascination. Il y avait dans l'incomparable beauté d'Aurore, dans sa familiarité, son ignorance, son étrange naïveté, un charme inexplicable auquel on ne pouvait résister et qu'il fallait subir.

— Adrien, venez donc, lui dit-elle.

Il allait lui obéir, docile comme un enfant, lorsque la porte s'ouvrit tout à coup. Une femme grande et forte, qui pouvait avoir de quarante-cinq à cinquante ans, entra dans le salon. A la vue du jeune homme, son visage prit une expression de fureur sauvage ; sur son front, ses cheveux gris se hérissèrent ; ses yeux s'ouvrirent démesurément, s'enflammèrent et lancèrent de sombres éclairs : un son prolongé, rauque, horrible, pareil à un grondement de bête féroce, gargouilla dans sa gorge. Elle s'élança vers la cheminée, avec un bond de panthère, saisit un stylet accroché au mur avec d'autres armes, le tira de sa gaîne, poussa un nouveau rugissement et, l'œil enflammé, le bras levé, terrible, elle se précipita sur le marquis.

Le jeune homme n'eut que le temps de se jeter de côté. Le poignard frappa dans le vide. La fureur de la femme augmenta encore : il y eut dans sa gorge un râlement, et de nouveau elle leva le bras, la pointe du stylet en avant, prête à se ruer une seconde fois sur le marquis.

Mais Aurore avait eu le temps de revenir de la surprise que lui avait causée la façon singulière dont Francesca comprenait l'hospitalité. D'un bond elle s'élança entre le jeune homme et la muette.

— Arrête, Francesca, arrête ! cria-t-elle d'une voix impérieuse.

La muette répondit par un rugissement.

— C'est mon ami, reprit la jeune fille, tu ne lui feras pas de mal, je te le défends !

Cette fois, sous le regard d'Aurore, Francesca recula, mais en continuant à menacer le marquis de son regard perçant et furieux.

— Allons, pourquoi le regardes-tu ainsi ? lui dit la jeune fille, tu vois bien qu'il n'est pas méchant. Francesca, remets ce poignard à sa place.

La muette n'eut pas l'air d'avoir entendu l'ordre de sa maîtresse. Aurore continua :

— Tu oublies, Francesca, que mon père t'a défendu de me contrarier; eh bien, en ce moment, tu me fais de la peine. Est-ce que tu veux me faire pleurer?

La grande fureur de Francesca s'apaisa subitement. Sans qu'elle essayât de résister, Aurore lui ôta le stylet de la main et le posa sur la cheminée. Mais elle ne quittait pas le marquis des yeux. Celui-ci, immobile, pâle, frémissant, commençait seulement à comprendre que sa vie avait été réellement en danger. La jeune fille se rapprocha de lui.

— Francesca m'aime beaucoup, dit-elle ; il y a longtemps qu'elle est près de moi; c'est Francesca qui m'a élevée. En l'absence de mon père, elle veille sur moi et ne doit point me quitter. Elle est toujours prête à me défendre contre n'importe quel danger. Si quelqu'un me faisait du mal ou me causait un chagrin, elle le tuerait.

— J'en suis convaincu, répondit Adrien, car j'ai failli être victime de sa fureur. Je comprends que ma présence ait fait naître son courroux ; elle a pu croire, en effet, que je suis venu avec quelque mauvaise intention. Mais je vous jure, mademoiselle...

— Aurore, Aurore, l'interrompit-elle.

— Je vous jure, Aurore, que je serais désolé de vous causer une peine même légère; si, par ma faute, je voyais couler vos larmes, je considérerais cela comme un malheur. Ah ! tenez, je le sens dans mon cœur, pour vous épargner une douleur, je donnerais ma vie !

— Vous êtes bon, Adrien, vous avez le regard doux comme mon père. Je ne sais ce que j'éprouve en ce moment. Je sens battre mon cœur et passer en moi comme une chaleur bienfaisante. Je ne sais quelle délicieuse chose me saisit ; c'est la première fois que j'éprouve un pareil bien-être. Il me semble que quelque chose s'éveille en moi.

Elle porta sa main à son front.

— Là, continua-t-elle, là, dans ma tête, il y a une foule de choses confuses, mêlées ; une sorte de chaos au milieu duquel il se fait un travail bizarre. Ah ! je suis heureuse, bien heureuse !

Elle fit asseoir le jeune homme et se mit près de lui.

La muette s'assit également, dans un fauteuil, en face d'eux. Les flammes de son regard s'étaient éteintes ; mais, à chaque instant, elle faisait entendre un grognement sourd, comme un chien de garde qui a à se reprocher un manque de vigilance.

— Oui, oui, je suis heureuse, reprit Aurore. On dirait que quelque chose me berce doucement. Autour de moi tout change d'aspect. Le soleil n'a jamais eu d'aussi beaux rayons. Jamais, dans le jardin, je n'ai vu une pareille lumière. Tout à l'heure je regardais mes fleurs et je les trouvais plus belles. Ah ! comme je respire ! Il y a je ne sais quoi de joyeux dans l'air; il me semble que j'entends une musique délicieuse ; c'est quelque chose que j'écoute chanter en moi. Comme tout cela est bon et plein de douceur.

Elle resta un moment silencieuse, la tête inclinée sur sa poitrine.

— Volontiers je fermerais les yeux et m'endormirais, murmura-t-elle.

Le jeune homme était en proie à une indicible ivresse ; les paroles de l'étrange jeune fille allaient jusqu'à son âme. Ne trouvant rien à dire, il gardait le silence.

— Parfois, je m'ennuie, reprit Aurore en relevant la tête et en fixant ses yeux bleus sur la figure du marquis ; vous resterez ici, près de moi, n'est-ce pas, Adrien ? Vous serez mon ami, mon frère, et je vous aimerai comme j'aime mon père !

— Ah ! je le voudrais, répondit-il avec feu, mais cela n'est pas possible.

— Pourquoi ?

Bien qu'il n'eût plus à s'étonner de rien, cette interrogation embarrassa le marquis. Certes, il ne pouvait essayer de faire comprendre à Aurore qu'une foule de raisons s'opposaient à ce qu'elle lui demandait.

— J'ai des amis, balbutia-t-il ; s'ils ne me voyaient revenir près d'eux, ils seraient inquiets.

Le doux regard d'Aurore s'attrista subitement.

— Quelquefois, dit-elle, mes oiseaux et mes papillons s'envolent par-dessus les murs et s'en vont dans la plaine ; mais ils reviennent.

— Je ferai comme eux, je reviendrai.

— Est-ce vrai ?

— Ah ! je vous fe promets.

— Adrien, si vous ne revenez pas, je pleurerai.

— Vous faire pleurer, moi, jamais ! s'écria-t-il avec exaltation.

Et saisissant la main de la jeune fille, il la porta à ses lèvres et la baisa avec transport.

Cette familiarité un peu trop accentuée ne plut pas à Francesca. Elle se dressa comme poussée par un ressort et fit entendre un grondement menaçant.

— Francesca, reste assise et ne gronde plus, lui dit Aurore. Voyons, voyons pourquoi as-tu les yeux si méchants ? Ne vois-tu pas que j'éprouve du plaisir ? Je suis heureuse, entends-tu, Francesca ? je suis heureuse !

La muette hocha la tête d'un air de doute et retomba dans son fauteuil.

La pendule du salon allait sonner midi. Or, il y avait près de trois heures que le marquis était avec Aurore. Si agréable et si charmant que fût ce tête-à-tête, malgré la présence de la muette et ses grognements, auxquels, à vrai dire, il ne faisait guère attention, le jeune homme crut devoir ne pas rester plus longtemps. Il se leva et prit son chapeau qu'il avait posé sur la table.

— Vous vous en allez ? fit Aurore.

Il lui montra la pendule.

— Oui, midi, dit-elle.

— Je suis forcé de partir.
— Déjà !
— Je vous ai promis de revenir.
— C'est vrai. Quand reviendrez-vous ?
— Demain, si vous le voulez.
— Oh ! oui, oui, demain.
— Eh bien, c'est entendu, demain.
— Vous n'oublierez pas ?
— N'ayez point cette crainte.
— Adieu, je vous attendrai. A quelle heure viendrez-vous ?
— A midi.
— Je serai à la porte du jardin. Vous frapperez.

Aurore accompagna le marquis. La muette les suivit. Enfin les deux jeunes gens se séparèrent en se disant :

— A demain.

Francesca hocha la tête avec un sourire singulier.

Aurore et Francesca, revenues dans la maison, entrèrent dans la salle à manger. Le déjeuner était prêt depuis longtemps. La muette s'empressa de la servir. La jeune fille mangea avec un appétit qu'elle n'avait probablement pas d'ordinaire, car Francesca parut éprouver une véritable satisfaction. Au bout d'un instant, le nuage qui obscurcissait encore son front ridé se dissipa.

Le repas terminé, Aurore se leva de table et passa dans le salon. Francesca l'y suivit. La jeune fille s'assit en se pelotonnant sur le canapé. Bientôt sa tête se pencha lentement sur un coussin et ses yeux se fermèrent. Francesca aurait pu croire que sa jeune maîtresse venait de s'endormir. Mais non, Aurore ne dormait pas.

Comme elle l'avait dit au marquis de Verveine, quelque chose s'était éveillé en elle, et il y avait dans sa tête comme un tumulte et un fourmillement de pensées enveloppées d'obscurité. Guidée par une clarté vague, indécise, pour la première fois de sa vie elle cherchait à regarder en elle et essayait de se rendre compte de ses sensations, de s'expliquer la cause des palpitations de son cœur.

Pendant ce temps, debout, immobile, les bras appuyés sur le dossier d'un fauteuil, Francesca la couvait des yeux.

Tout à coup, la jeune fille poussa un long soupir ; puis, brusquement, elle se dressa sur ses jambes. Elle passa à plusieurs reprises ses mains sur son front et, lentement, elle s'approcha de la muette.

— Francesca, dit-elle, tout à l'heure, quand il était là, j'étais toute joyeuse ; maintenant je sens en moi une grande tristesse. J'aime bien mon père, je t'aime bien aussi, Francesca, et pourtant près de vous, je n'ai jamais éprouvé rien de pareil à ce que je ressentais quand il était à côté de moi et qu'il me regardait.

De ses yeux s'échappait une lumière qui me pénétrait et arrivait jusqu'à mon cœur. Mon cœur!... Oh! comme je le sentais battre sous son regard!... Pourquoi? Le sais-tu?

La muette remua la tête en regardant tristement sa jeune maîtresse.

— Tu es muette, tu ne parles pas, reprit la jeune fille avec un léger mouvement d'impatience; mais tu m'entends et tu me comprends... Ah! si tu pouvais me répondre, que de choses, j'aurais à te dire, que de choses j'aurais à te demander!... Mais rien, rien, tu es muette!

Francesca se redressa, saisit la jeune fille par le bras et la conduisit devant un tableau qu'elle lui désigna de la main avec un geste énergique.

— Pourquoi montres-tu le portrait de mon père? lui demanda Aurore étonnée.

La muette répondit à la question de la jeune fille par des signes mimiques et un jeu de physionomie des plus étranges.

Aurore secoua la tête.

— Ma pauvre Francesca, dit-elle, tu te donnes une peine inutile, je ne te comprends pas.

XXVII

COMMENT VIENT L'AMOUR

Si le marquis Adrien de Verveine n'eût consulté que sa raison, malgré la promesse qu'il avait faite à Aurore, il se serait éloigné au plus vite de la Cordelière et de Champigneule pour prendre immédiatement la route de Paris, en passant par Circourt. Mais nous connaissons sa nature aventureuse, enthousiaste exaltée; une force irrésistible le poussait fatalement vers le mystérieux et l'étrange. Il voulait rester sourd aux conseils que lui donnait sa raison d'accord avec sa conscience. Il n'avait pu encore que soulever un coin du voile sous lequel se cachait le mystère, il voulait le pénétrer.

Et puis, pouvait-il se décider à ne plus revoir cette adorable enfant, dont il lui semblait entendre encore la voix harmonieuse et douce comme le son d'une harpe éolienne, dont la gracieuse image était gravée dans sa pensée? Il était forcé de l'avouer, la ravissante beauté d'Aurore, sa naïveté pleine de charme, tout ce qui était étrange dans sa personne, avaient produit en lui une impression des plus vives, en lui faisant éprouver des sensations qui, jusqu'alors, lui étaient inconnues. Et en ce moment même, pensant à elle, ne sentait-il pas son cœur tressaillir?

Mais, disons-le, son agitation intérieure lui causait une sorte de dépit; il aurait voulu être plus calme, plus maître de lui.

— Non, non, cela n'est pas, cela ne peut pas être, se disait-il; ce que je ressens en moi ne saurait être de l'amour... C'est un autre sentiment que je ne parviens pas encore à m'expliquer. Elle est charmante, adorable; mais c'est impossible, je ne l'aime pas, je ne peux pas l'aimer! Je m'intéresse à elle, voilà tout. Oh! pour me mettre à aimer cette enfant, il faudrait que je fusse insensé !... Une idiote, une pauvre idiote !... Est-elle réellement idiote ?... Elle parle bien, elle a des raisonnements justes; oui, mais à côté de cela... il y a évidemment une grande faiblesse d'esprit. La candeur, la naïveté, c'est charmant; mais il n'en faut pas trop. Elle n'a pas la plus petite idée des convenances. Comment, elle ne sait même pas le nom de son père! Quand je lui parle de sa mère, elle me répond : « Est-ce qu'on a une mère ? » Oh! la pauvre enfant, elle est certainement atteinte d'une affection mentale. C'est pour cela que son père la tient enfermée, presque séquestrée à la Cordelière... A-t-on le droit de l'en blâmer? Il est certain que cette jeune fille, si incomparablement jolie, produirait un singulier effet dans un de nos salons parisiens.

« Tout semble indiquer que le propriétaire de la maison du diable a une certaine fortune. Mais qui est-il, ce vieillard, qui ne voit et ne reçoit personne? Un original, un misanthrope, presque un fou. A quel monde appartient-il? Pourquoi se cache-t-il? Car enfin, il se cache... ce n'est pas pour autre chose qu'il s'est cloîtré à la Cordelière. Nul ne connaît son nom, pas même sa fille. Tout cela permet de supposer qu'il a intérêt à ne pas se faire connaître et qu'il y a dans son passé quelque chose de terrible.

« Allons, mon agitation, tout ce que j'éprouve n'est qu'un sentiment de curiosité porté à l'excès. »

Le marquis tenait absolument à se rassurer sur la nature de ses impressions.

— Parbleu, continua-t-il, il n'est pas admissible que moi, marquis de Verveine, je devienne sottement amoureux d'une jeune fille qui ne jouit pas de toutes ses facultés intellectuelles, et qui a pour père un original, dont les allures mystérieuses paraissent être une affreuse révélation.

« Qui sait si cet inconnu n'est pas un grand criminel ? »

Voilà ce que se disait le jeune homme, et beaucoup d'autres choses encore. Toutefois son cœur était en opposition avec son raisonnement, et bien qu'il se plût à évoquer des fantômes redoutables, qu'il plaçait entre Aurore et lui comme des obstacles, sa pensée restait indécise et flottante. Car il avait beau s'en défendre, la jeune fille l'avait charmé et le fluide de son regard avait pénétré en lui comme un rayon lumineux. Pourquoi cette sorte d'ivresse dont il était saisi? Il reculait avant un examen sérieux, il craignait d'interroger son cœur, il s'abusait sur ses impressions et ne voulait pas admettre qu'il y eût entre ce qu'il ressentait et l'amour une affinité.

La matinée du lendemain lui parut longue comme un siècle. Il compta les

Le marquis laissa échapper un cri de surprise et de terreur.

minutes, les heures s'écoulaient avec une lenteur intolérable. Longtemps avant onze heures, il errait déjà à travers la campagne, et quand sa montre marqua midi, il se trouva à la porte du jardin de la Cordelière, autour duquel il tournait depuis plus d'une demi-heure.

Aurore avait partagé l'impatience du marquis et trouvé, elle aussi, que les heures ne s'écoulaient pas assez vite. Afin d'être prête à recevoir son ami, elle avait forcé Francesca à servir le déjeuner à onze heures. Elle avait mangé du bout des dents, puis elle était entrée dans le salon où elle s'était assise, les yeux fixés sur la pendule.

Bientôt la muette était venue la rejoindre, et, lui montrant le piano, l'avait engagée à faire de la musique. Mais Aurore ayant répondu non par un mouvement de tête, Francesca, paraissant vivement contrariée, s'était alors assise en face de sa maîtresse. La muette avait l'air inquiet.

Au bout d'un instant, la jeune fille se leva et sortit du salon.

Le regard de Francesca s'éclaira d'une lueur sombre.

Aurore reparut presque aussitôt, rouvrant brusquement la porte :

— Francesca, où est la clef de la porte du jardin? demanda-t-elle.

La muette regarda sa maîtresse en faisant rouler ses yeux.

— Francesca, où est la clef? demanda une seconde fois la jeune fille.

La muette ne fit pas un mouvement. On aurait pu croire qu'elle n'avait pas entendu.

— La clef n'est pas à l'endroit où on la place d'habitude, reprit Aurore. Où est-elle? Qu'en as-tu fait?

La muette ne sourcilla pas.

— Francesca, où est la clef? répéta la jeune fille en frappant du pied avec impatience.

La servante se dressa debout, et, regardant fixement sa maîtresse, elle croisa ses bras sur sa poitrine. Cela signifiait :

— Inutile de me demander la clef, vous ne l'aurez point.

Aurore fronça ses fins sourcils, ses narines se gonflèrent et un éclair sillonna son regard.

— Francesca, dit-elle d'un ton bref, donne-moi la clef du jardin.

La muette secoua la tête.

— Donne! répéta la jeune fille avec autorité.

Par un double mouvement brusque, Francesca étendit ses bras et les ramena sur sa poitrine pour indiquer que rien ne ferait fléchir sa volonté.

A ce moment, la pendule sonna midi.

Les lèvres de la jeune fille blêmirent et tout son corps trembla.

— Tu ne veux pas! tu ne veux pas! exclama-t-elle d'une voix irritée.

Les yeux de la muette roulèrent comme des boules dans leurs orbites.

Aurore poussa un cri de fureur, bondit vers la cheminée et s'empara du stylet dont, la veille, Franscesca avait voulu frapper le marquis de Verveine. La muette épouvantée voulut se jeter sur sa maîtresse pour la désarmer; mais, avec la rapidité de l'éclair, Aurore s'élança à l'extrémité du salon. Alors, les yeux étincelants, le regard farouche et la pointe du poignard tournée vers sa poitrine, elle se dressa toute frémissante en face de Francesca.

— Si tu ne me donnes pas la clef tout de suite, dit-elle d'une voix saccadée, je me plonge ce poignard dans la poitrine

L'attitude de la jeune fille, l'accent de sa voix, l'expression de son regard disaient si énergiquement qu'elle ne faisait point une vaine menace, que la muette sentit un frisson courir dans tous ses membres. Elle pâlit affreusement, poussa un sourd gémissement, et secoua tristement la tête. Aurore la tenait, haletante, sous la flamme de son regard. Enfin, lentement, elle tira la clef de sa poche et la tendit à la jeune fille.

Aurore la prit en poussant un cri de joie, jeta le poignard et s'élança hors du salon. Elle ouvrit la porte du jardin à laquelle, dans son impatience fiévreuse le jeune homme avait déjà frappé plusieurs fois.

Ils se revoyaient, et la joie de l'un n'était pas moins grande que celle de l'autre.

— Adrien! dit-elle.
— Aurore! répondit-il.

Leurs mains s'unirent et il restèrent un instant immobiles, silencieux, croisant leurs regards.

Soudain, souriante, elle avança la tête, lui tendant son front. Le marquis ne se souvenait déjà plus de ses beaux raisonnements; tous ses motifs de réserve avaient disparu. Il mit un baiser sur le front de l'innocente.

— Aurore! chère Aurore! murmura-t-il.

Il prononça ces mots comme un amoureux, avec l'accent de la passion, et il ne songea pas à s'en étonner.

— Venez, mon ami, venez, dit-elle, en s'accrochant à son bras.

La muette avait suivi sa maîtresse, elle était derrière eux. Ils marchaient dans les allées, à l'ombre, autour des massifs. Francesca, les yeux sur eux, les suivait pas à pas comme un chien fidèle. Quand Aurore s'arrêtait ou qu'il lui prenait fantaisie de s'asseoir sur un banc, Francesca, debout devant eux, les bras croisés ou les poings sur les hanches, ne les quittait pas du regard; elle voulait entendre tout ce qu'ils disaient comme si elle eût eu, plus tard, à répéter leurs paroles à son maître.

Comme la veille, la jeune fille parla à Adrien de ses oiseaux, de ses insectes et de ses fleurs; c'était toujours le même thème, des phrases répétées qui semblaient apprises par cœur; n'importe, le marquis était ravi; attentif, il l'écoutait. Dans la bouche d'Aurore, ces riens avaient l'attrait des plus belles choses. Il est vrai aussi qu'elle avait le don natif de colorer son langage et d'agrémenter ce qu'elle disait d'un parfum de poésie.

Comme la veille encore, elle voulut que le marquis entrât dans la maison. Elle avait appris un peu à dessiner; elle lui montra les pages d'un album où il y avait des ébauches de fleurs et de natures mortes qui amènent un sourire sur les lèvres du jeune homme.

La veille, Adrien avait seulement remarqué les tableaux; il les examina. Il n'était pas grand connaisseur, mais il estima que chaque toile valait bien de quinze à vingt mille francs. Il avait jeté en passant un regard sur le portrait du père d'Aurore; il y revint. C'était une magnifique peinture. Elle portait d'ailleurs la signature d'un maître avec ce millésime : « 1859 ». La physionomie pleine de noblesse du personnage, son front intelligent, l'expression de son regard sympathique et profond, son air de grandeur et de haute distinction frappèrent le marquis.

— Quel est ce monsieur? demanda-t-il à la jeune fille.

Elle se mit à rire et répondit :

— C'est mon père.

— Votre père? fit le marquis.

Certes, il avait le droit d'être étonné. Ce personnage, dont les cheveux à peine grisonnants se bouclaient sur le front et autour de la tête, ressemblait si peu à l'homme bizarre qu'on lui avait dépeint!

— Oui, reprit Aurore, c'est mon père, quand il était plus jeune, maintenant, il ne ressemble plus du tout à son portrait. Il est sérieux, mon père, il ne rit jamais.

Continuant à regarder le portrait, le marquis se demandait :

— Pourquoi cet homme, autrefois si distingué, et qui appartenait certainement au meilleur monde, a-t-il fui la société de ses semblables pour vivre ici, enseveli dans l'ombre? Quels chagrins ont ravagé cette belle physionomie? Quel choc a détruit son intelligence? Quel coup de tonnerre a éteint ce regard puissant? Quelle effroyable chose a donc touché à sa destinée?

Capricieuse comme un enfant qui jette un jouet pour en prendre un autre, ou qui ne s'amuse d'une chose qu'un instant, Aurore s'était assise devant le piano. Les sons de l'instrument arrachèrent le marquis à ses réflexions. Il revint près de la jeune fille.

— Écoutez, dit-elle.

Et elle joua un morceau facile, sinon d'une façon parfaite, mais assez convenablement.

— Est-ce bien? demanda-t-elle, quand elle eut fini.

— C'est charmant, répondit-il.

— Vous êtes content?

— Enchanté!

— Voulez-vous que je chante?

— Je vous en prie.

Alors, en s'accompagnant tant bien que mal, elle chanta sa fameuse romance

« Le Jour, un jour, dit à la Rose. »

Sa voix fraîche et pure, au timbre mélodieux, souple dans ses modulations et juste comme le diapason, trouva des accents admirables. Elle avait de l'oreille et véritablement le goût musical. On voyait bien, toutefois, qu'elle avait appris à chanter avec les oiseaux. Elle chantait sans méthode, mais avec facilité, et elle arrivait sans efforts aux notes élevées. Chanter était un don naturel qui lui avait été donné comme au rossignol.

Adrien ravi, enthousiasmé, lui fit avec chaleur tous les compliments qu'elle méritait.

— Oh! que je suis contente, contente, contente! s'écria-t-elle.

Et elle se mit à rire. Et comme toujours, quand elle éprouvait une satisfaction, elle frappa joyeusement dans ses mains.

C'était une véritable explosion de joie.

La muette ne comprenait pas grand'chose à ce qu'elle voyait et entendait. Cependant elle paraissait moins refrognée ; elle ne regardait plus le jeune homme avec des yeux aussi ardents, elle avait l'air de vouloir s'humaniser un peu.

Il était plus de six heures quand le marquis pensa à se retirer.

— Vous reviendrez demain? lui dit Aurore.

— Oui, demain.

— Je ne parle plus à mes fleurs, reprit-elle, je ne m'occupe plus de mes oiseaux et de mes papillons ; tout le temps je pense à vous.

Adrien lui serra amoureusement la main.

Toujours suivie de Francesca, elle l'accompagna jusqu'à la porte de l'enclos et ils se séparèrent.

Le marquis s'éloigna tout rêveur. Il avait la poitrine oppressée et il sentait pénétrer en lui comme une grande tristesse. Quand il eut fait trente à quarante pas il se retourna.

— Je laisse là mon âme et ma pensée! murmura-t-il.

Et malgré lui il soupira :

— Décidément, j'ai été bien imprudent, reprit-il en continuant son chemin ; comment cela finira-t-il? Je ne peux plus me faire illusion, cette enfant s'est emparée de ma vie... Aurore! Aurore!... Ah! oui, c'est une aurore qui m'éclaire, l'aurore radieuse d'une nouvelle existence !...

Après être resté un instant pensif il reprit :

— Insensé, insensé !... Inutile, maintenant, de chercher encore à me tromper : je l'aime, je l'aime!

XXVIII

CE QUE GASTON APPREND A ADRIEN

Le lendemain et le surlendemain, Adrien passa toute l'après-midi avec Aurore. Midi était l'heure du rendez-vous. Au premier coup frappé à la porte par le jeune homme, la clef grinçait dans la serrure.

Si Adrien était impatient de revoir Aurore, l'attente de la jeune fille, guettant son arrivée, disait également que se retrouver avec son ami était pour elle une grande joie.

La main dans la main ou elle appuyée à son bras, penchant sa tête contre l'épaule du jeune homme, ils faisaient d'abord plusieurs fois le tour du jardin, s'arrêtant et s'asseyant sur chaque banc qu'ils rencontraient.

Adrien parlait peu. Qu'aurait-il pu lui dire? Il préférait écouter son babillage et, le plus souvent, il répondait à ce qu'elle lui disait par un mouvement de tête approbatif. Du reste, la conversation de la jeune fille ne variait guère. Elle ne pouvait parler que des objets et des choses qu'elle connaissait. Le marquis savait, dès le premier jour, combien était grande son ignorance.

Cependant, comme si une pensée eût tout à coup jailli de son cerveau, elle lui adressait parfois des questions singulières, embarrassantes dans leur naïveté. Le jeune homme lui répondait du mieux qu'il pouvait; mais il lui arrivait aussi d'être forcé de garder le silence et de lui dire simplement.

— Je ne sais pas.

Alors elle arrêtait sur lui ses grands yeux étonnés, secouait la tête, souriait et parlait d'autre chose.

— On dirait qu'il se fait dans son cerveau une éclosion d'idées, pensait le marquis.

Quand le soleil s'inclinait vers le couchant, l'air commençant à se rafraîchir, ils entraient dans la maison. Elle se mettait au piano, chantait, jouait le prélude d'un morceau, quelques mesures d'un autre, passait à un troisième et ainsi de suite. Ils feuilletaient les livres, ouvraient les albums et regardaient les images. Elle obligeait en quelque sorte Adrien à lui faire un cours de géographie. Du reste il se pliait à tous ses caprices, il lui donnait avec empressement les explications qu'elle demandait, et cela avec une douceur et une patience infinies. Elle ne comprenait pas facilement; aussi, quand elle parvenait à bien saisir une chose, elle manifestait sa joie par des exclamations suivies de petits éclats de rire.

De cette manière les heures passaient vite.

La muette continuait son active surveillance. Mais, bien qu'elle ne fût pas d'humeur facile, le jeune homme se montrait si réservé, si respectueux, qu'elle ne voyait et n'entendait rien qui fût de nature à l'offusquer.

— Demain, je ne pourrai probablement pas venir à l'heure habituelle, dit le marquis à Aurore, au moment de la quitter après sa quatrième visite.

Un nuage passa sur le front de la jeune fille.

— Pourquoi? fit-elle d'un ton affligé.

— J'ai un petit voyage à faire demain matin, et je crains de ne pas être revenu pour midi. Mais à deux heures je serai à la porte du jardin.

— A deux heures!

— Je vous le promets.

Le marquis s'en alla.

Il avait quitté Circourt, pour venir s'installer à Champigneule, un peu en étourdi. En effet, il était parti avec son costume de chasse seulement, deux ou trois mouchoirs et une seconde chemise de flanelle qu'il avait glissée dans sa gibecière. Il ne lui était pas venu à l'idée qu'en prolongeant son séjour à Champigneule le linge lui ferait défaut et qu'il pourrait avoir besoin aussi de changer de vêtements. Assurément il était très bien sous son costume de chasseur, mais il trouvait sa mise un peu trop négligée pour continuer ses visites à la Cordelière. Il avait donc décidé qu'il se rendrait à Circourt pour changer son vêtement de velours marron à boutons de cuivre contre un autre plus convenable. L'homme a aussi sa coquetterie; il tenait à se montrer à Aurore dans un élégant costume de ville, confectionné à la dernière mode.

Il avait songé à louer un cheval et une voiture pour faire plus rapidement le trajet de Champigneule à Circourt; mais l'aubergiste, à qui il avait parlé de son intention, lui déclara que les cultivateurs étant très occupés en ce moment, il lui serait impossible de trouver à Champigneule le cheval et le véhicule qu'il désirait. Il fallait donc se résoudre à faire la route à pied.

Le marquis se coucha de bonne heure, dormit bien, et le lendemain à sept heures, il se leva frais et dispos. A huit heures il était déjà loin de Champigneule. Il arriva à Circourt comme dix heures sonnaient.

Son ami Gaston l'accueillit avec de grandes démonstrations d'amitié.

— Je commençais à croire que tu ne reviendrais plus, lui dit-il.

— Oh! je n'oublie pas ainsi mes amis, répondit le marquis.

Gaston voulut l'interroger.

— Non, dit Adrien, je ne peux rien t'apprendre encore; mais plus tard tu sauras tout.

— J'ai encore quinze jours à rester ici, reprit Gaston j'espère que tu passeras ces quinze jours avec moi, sans me quitter.

— Impossible, mon ami, dans une heure je reprendrai la route de Champigneule.

— Comment, tu ne nous donnes pas au moins toute la journée?

— Certes, je le désirerais mon cher Gaston; mais je suis attendu à Champigneule.

— Est-ce M. de Sanzac qui t'attend?

— Hein, de Sanzac! fit le marquis étonné.

— Ton air surpris me prouve que tu n'as point vu le vicomte, et que tu ignores qu'il n'est pas retourné à Paris.

— Il n'est pas retourné à Paris?

— Non. Au lieu de prendre le chemin de fer, il est revenu ici.

— Pourquoi? Le sais-tu?

— Il ne me l'a point dit.
— Ne trouves-tu pas cela bien surprenant?
— Je soupçonne M. de Sanzac d'être comme toi à la recherche d'une aventure.
— Ah!... Et nos autres amis?
— Ils sont partis, eux.
— Pourquoi supposais-tu tout à l'heure que de Sanzac m'attendait à Champigneule?
— Il est parti d'ici hier vers trois heures de l'après-midi, or, j'ai dans l'idée qu'il s'est mis à ta recherche.
— Tu ne lui as pas dit que j'étais à Champigneule?
— Je m'en suis bien gardé !
— Est-ce qu'il t'a questionné?
— Naturellement.
— Tu n'as répondu à aucune de ses questions; mais il a deviné que j'avais voulu voir de plus près la Cordelière,
— Je le crois.
— Après tout, cela m'est bien égal; mais pourquoi est-il revenu à Circourt? Il faut qu'il y ait une raison. Je ne comprends pas, non, je ne comprends pas.
— Eh bien, mon cher Adrien, je suis convaincu que c'est pour toi seul que le vicomte est revenu ici.
— Pour moi, dis-tu?
— Oui.
— Alors je comprends encore moins.
— Ma foi, je ne comprends pas plus que toi, mais écoute : Tu avais quitté le château depuis deux heures à peine, lorsque je vis arriver de Sanzac que je croyais déjà à Paris. Ses premières paroles furent celle-ci :

« — Où est Adrien ? — Pensant que tu reviendrais le soir, je lui répondis que tu avais pris ton fusil pour aller à la recherche d'un lièvre ou d'un lapin. — C'est bien, fit-il. — Alors, après lui avoir dit combien j'étais enchanté de son retour à Circourt, je lui demandai quelle raison l'avait brusquement décidé à nous revenir.

« — Une idée, me répondit-il; une vive amitié pour vous et Adrien. — Je vis en même temps son regard s'éclairer d'un bout de flamme, et un sourire singulier glisser sur ses lèvres. Je lui adressai encore d'autres questions auxquelles il ne crut pas devoir répondre. Je dis comme toi, mon cher Adrien : pour qu'il soit revenu à Circourt, il y a une cause. Quelle est-elle? Tu devineras peut-être. La nuit arriva sans qu'on te vît reparaître. Le vicomte s'aperçut très-bien que je n'étais pas inquiet. Quand on se mit à table, mon père s'étonna de ne point te voir. — Adrien est un grand marcheur, lui dis-je ; il est sans doute allé très loin et s'est mis ainsi dans l'impossibilité de revenir ce soir. Mon père n'insista

Il venait d'assister, auditeur invisible, aux scènes de la porte du jardin.

point. Mais à chaque instant, de Sanzac me jetait un regard qu'il accompagnait de son sourire narquois. Le lendemain, je reçus ta lettre ; on me la remit à table, pendant le déjeuner. Le vicomte et mon père m'interrogeaient du regard. — Oui, leur dis-je, vous avez deviné, c'est une lettre d'Adrien.

« — Il ne lui est rien arrivé de fâcheux, je pense, dit mon père. — Heureusement, répondis-je ; il m'écrit pour que nous ne soyons pas inquiets et me dire qu'il veut se donner le plaisir de visiter la contrée. — Étrange fantaisie, dit mon père ; on comprendrait cela si nous étions en Suisse, dans les Vosges ou au pied des Pyrénées. De Sanzac ne disait rien, lui, mais je remarquai qu'il éprouvait une sorte de satisfaction. Trois jours s'écoulèrent. Nous attendions ton retour, et, je dois le dire, le moins impatient était le vicomte. Cependant, hier, il me parut préoccupé. Ta trop longue absence commençait-elle à lui paraître inexplicable? C'est ce que j'ai supposé quand il est parti, après m'avoir dit : — Comme notre ami de Verveine, je vais faire quelques excursions à travers le pays.

— Mon cher Gaston, je ne comprends toujours point, dit le marquis. Il est certain que de Sanzac a deviné que je n'étais pas loin de la Cordelière, et il me connaît assez pour être convaincu que j'ai fait au moins quelques tentatives pour y pénétrer. Il me paraît évident aussi qu'il s'est dirigé vers la Cordelière avec l'intention de me retrouver ; mais cela ne m'explique point pourquoi il n'est pas retourné à Paris comme de Livron et de Charmeille ; car enfin il n'a aucun intérêt à savoir que je fais ceci ou cela.

— Encore un mystère, fit Gaston en souriant.

— Celui-là m'intéresse moins que l'autre.

— N'importe, je tiendrais à savoir quelle mouche a piqué M. de Sanzac.

— Pour le moment, mon cher Gaston, je ne m'occupe pas du vicomte de Sanzac, j'ai mieux à faire. Avec ta permission, je vais monter à ma chambre, changer de vêtement, puis je reprendrai immédiatement la route de Champigneule.

— Tu ne veux pas voir mon père?

— Il me ferait probablement des questions auxquelles je ne pourrais pas répondre. Il vaut mieux, je crois, lui laisser ignorer que je suis venu.

— Soit. Mais, enfin, quand nous reviendras-tu?

— Je ne le sais pas encore ; dans quelques jours, j'espère.

— Eh ! bien, je te laisse aller t'habiller ; pendant ce temps, je vais faire atteler le tilbury et je te conduirai jusqu'au chemin de Champigneule ; cela te convient-il?

— Oui, j'accepte. Je pourrai ainsi emporter diverses choses qui me seront nécessaires, si mon séjour à Champigneule doit se prolonger.

Grâce à la voiture de Gaston, le marquis était de retour à Champigneule à une heure dix minutes. Les deux amis s'étaient cependant arrêtés pendant trois quarts d'heure au petit village de Marchienne, où ils avaient déjeuné dans une auberge.

A deux heures, ainsi qu'il l'avait promis à Aurore, Adrien entrait dans le jardin de la Cordelière.

— J'ai été triste toute la matinée, lui dit la jeune fille en l'enveloppant de son regard velouté ; j'ai pleuré, je m'ennuyais.

— Oh! ma chère Aurore !

— Je voudrais vous avoir toujours près de moi.

— Si c'était possible, je le voudrais aussi.

— Mais c'est possible, Adrien, c'est possible !

— Vous ne pensez pas à votre père, Aurore.
— Mon père?
— Il ne le voudrait pas, lui.
— Mon père ne sait rien me refuser.
— Quand revient-il?
— Je ne sais pas.

Pendant un instant, ils marchèrent silencieux.

Soudain elle s'arrêta brusquement.

— Regardez, Adrien, regardez, dit-elle.

Elle lui montrait, pendantes sur leurs tiges, des fleurs que la gelée blanche du matin avait fanées.

— Oui, dit Adrien rêveur, les fleurs n'ont qu'une saison; comme elles, tout passe dans la vie!

— L'hiver va venir bientôt; il n'y aura plus de fleurs, elles seront toutes commes celles-là; mes papillons seront morts; mes chers oiseaux, chassés par le froid, s'en iront au pays du soleil; nous ne pourrons plus nous promener dans les allées. Adrien, je n'aime pas l'hiver.

— Près de vous, Aurore, toutes les saisons sont belles, et toujours on respire les parfums du printemps.

Ces paroles durent causer à la jeune fille une émotion nouvelle, car, pour la première fois, Adrien vit ses joues et son front rougir.

Elle resta un moment réfléchie, comme si elle eût écouté quelque voix mystérieuse, puis elle regarda le marquis avec une expression indéfinissable, pendant qu'un délicieux sourire fleurissait sur ses lèvres.

Après une petite pluie fine, qui avait tombé le matin, entre onze heures et midi, le ciel s'était débarrassé de ses nuages; l'air s'était radouci; la soirée était tiède comme aux jours d'été. Ils ne quittèrent pas le jardin. Les heures s'écoulèrent avec plus de rapidité que les jours précédents, et ils parurent surpris de voir arriver la nuit.

— Déjà! fit Aurore. Ah! les jours sont trop courts.
— C'est vrai, répondit Adrien. Et il faut que je vous quitte.
— Pas encore.
— Le moment de me retirer est venu.
— Non, non, restez encore.
— Vous le voulez?
— Oui.

Ils allèrent s'asseoir sous le chèvrefeuille, près du noisetier. C'était l'endroit du jardin que la jeune fille préférait. Ils continuèrent à causer. Autour d'eux l'ombre s'épaississait. Ils n'entendirent pas non plus les pas d'un cheval dans la lande et le bruit des roues d'une voiture.

Au bout d'un instant, Aurore s'aperçut que la servante n'était plus près d'eux.

— Où donc est Francesca? fit-elle.

— En effet, elle nous a quittés, dit Adrien. La nuit est tout à fait venue, il faut que je parte.

Elle soupira.

— Chère Aurore! murmura-t-il.

Il l'entoura de ses bras et la serra contre lui. La tête de la jeune fille tomba sur son épaule. Elle avait la poitrine oppressée, elle tremblait; il sentait les battements de son cœur. Il s'inclina la tête pour lui mettre un baiser sur le front. Aurore fit un mouvement et leurs lèvres se rencontrèrent.

— Aurore, je vous aime, je vous aime! murmura le jeune homme.

— Je vous aime, je vous aime! répéta Aurore comme un écho.

A ce moment la muette reparut. Ses yeux luisaient comme des tisons et un sourire contractait ses lèvres.

Le marquis se leva. La muette étendit le bras, lui ordonnant de partir. Il jeta un long regard sur Aurore restée assise et se dirigea vers la porte.

— Vous vous en allez? dit la jeune fille.

— Oui, répondit-il; à demain!

Elle voulait l'accompagner comme d'habitude; mais la muette l'arrêta, en lui saisissant le bras.

— Qu'as-tu donc, Francesca? dit Aurore étonnée; pourquoi me retiens-tu?

La muette fit entendre un grognement et chercha à entraîner la jeune fille vers la maison.

— Laisse-moi, laisse-moi! s'écria Aurore.

Et par un mouvement brusque elle se dégagea de l'étreinte de la muette.

Le marquis était arrivé à la porte, qui se trouvait ouverte. A peine on eût-il franchi le seuil, qu'une main puissante tomba sur son épaule et il se sentit serré comme dans un étau.

XXIX

LA PORTE DU JARDIN

Le marquis laissa échapper un cri de suprise et de terreur.

— Silence! dit une voix sourde à son oreille.

De grosses gouttes de sueur perlèrent sur le front du jeune homme.

— Je te défends de pousser un second cri, reprit la voix, ou sinon...

Le marquis sentit le canon d'un revolver sur sa poitrine. Mais déjà il était revenu de sa surprise et son effroi avait disparu, car dans l'homme qui le menaçait il venait de reconnaître le père d'Aurore.

— Vous ne voulez pas m'assassiner, je pense? répliqua-t-il.

— On n'assassine pas un lâche, dit le vieillard, on lui écrase la tête comme à un reptile.

— Vous me parlez durement, monsieur, répliqua le jeune homme avec une grande dignité; mais ce que je ne pardonnerais pas à un autre, je l'accepte du père de mademoiselle Aurore.

— Ah! vous me connaissez?

— Je ne vous connais pas, monsieur, je sais seulement que vous êtes ici le maître. Mais vous n'avez pas besoin de me tenir ainsi; je ne songe pas à prendre la fuite. Je tiens à vous prouver que je ne suis pas un lâche; si vous voulez m'interroger, je suis prêt à vous répondre.

Le bras du vieillard tomba à son côté, et il reprit avec moins d'emportement:

— La curiosité m'a conduit ici la première fois, un autre sentiment m'y a ramené.

— Un homme, un inconnu qui sort furtivement d'une maison, la nuit, peut être considéré comme un voleur.

— Ou un amoureux, répliqua le jeune homme.

— Ah! le misérable, il l'avoue! exclama le père d'Aurore, pris d'un nouvel accès de fureur.

— Je ne crois pas avoir commis un crime, dit Adrien.

— S'introduire dans une maison près d'une jeune fille innocente, sans défense, en l'absence de son père, avec l'intention de la séduire, est un acte infâme. C'est un crime, entendez-vous, un crime!

— Vous me prêtez des intentions qui ne sont pas les miennes, répondit vivement le jeune homme. Séduire votre fille, moi?... Ah! vous ne le pensez pas, monsieur!

— Si vous aviez commis cette infamie, vous la payeriez de votre vie, dit le vieillard d'une voix creuse.

— J'ai pour mademoiselle Aurore un respect profond, monsieur. A son père je dois la vérité : je l'aime!

— Vous aimez ma fille?

— De toute mon âme.

— Eh bien, je ne le veux pas, je vous défends de l'aimer!

Le jeune homme secoua la tête.

— On ne défend pas à un fleuve de conduire ses eaux à la mer, répondit-il tristement.

— Mais quel démon vous a donc poussé dans ma demeure jusqu'à ce jour si tranquille? reprit le vieillard d'une voix frémissante. Voyons, quel intérêt aviez-vous à troubler la paix de cet asile, à détruire mon bonheur et celui de mon enfant?

— Je n'ai touché ni à votre bonheur ni à celui de mademoiselle Aurore.

— Ah! vous croyez cela?

— Je ne vois pas, d'ailleurs, comment j'aurais pu détruire le bonheur d'une jeune fille pour laquelle je donnerais ma vie.

— Vous ne comprenez pas, vous ne pouvez pas comprendre, dit le vieillard. Après un court silence, il reprit sourdement :

— Écoutez-moi, j'ignore qui vous êtes, je ne...

— Je ne cache pas mon nom, interrompit vivement le jeune homme.

— Je ne vous le demande point, je ne veux pas vous connaître. Mais souvenez-vous de mes paroles; je vous défends de revoir ma fille. Je ne sais pas encore quelle impression vous avez produite sur son cœur; mais il faut, — vous m'entendez, — il faut, je veux qu'elle vous oublie; elle ne doit plus jamais entendre parler de vous. Croyez-moi, éloignez-vous vite de ce pays, car si jamais je vous rencontrais rôdant autour de ces murs, je serais capable de vous tuer!

Le vieillard faisait de violents efforts pour contenir sa colère; sa voix et son regard étaient également menaçants. A la clarté des étoiles, Adrien voyait étinceler ses yeux; ils avaient des reflets rouges et jaunes comme ceux d'un tigre irrité.

— Vous ne pouvez pas exiger cela, répondit le marquis. Oublier mademoiselle Aurore, ne plus la revoir! est-ce que c'est possible? Ne le croyez pas, monsieur. Mon cœur dominera ma volonté et me ramènera ici; je braverai la mort dont vous me menacez... Vous êtes le père de mademoiselle Aurore, mais prenez garde d'excéder vos droits. Vous pouvez vous tromper, monsieur en croyant agir en vue du bonheur de votre fille; êtes-vous sûr de ne pas lui préparer une immense douleur?... Ne me connaissant pas, vous avez pu, un instant, suspecter mes intentions; mais vous reviendrez de vos préventions contre moi. Je vous en prie, ne me condamnez pas sans appel, permettez-moi de revenir ici demain pour vous donner toutes les explications que vous croirez devoir exiger.

— Ah! vous lassez ma patience! s'écrie le père d'Aurore d'une voix éclatante; allez-vous-en, allez-vous-en! Jamais vous ne reverrez ma fille, jamais, jamais!...

Ayant échappé à l'étreinte de Francesca, Aurore avait couru vers la porte du jardin, puis s'était arrêtée brusquement, en entendant la voix courroucée de son père. Effrayée, toute tremblante, elle écouta. Les dernières paroles prononcées par le vieillard retentirent à ses oreilles comme un glas de mort, et il lui sembla qu'elle recevait un coup violent en pleine poitrine. Son cœur cessa de battre, ses yeux se voilèrent; elle poussa un cri étouffé, chancela et tomba lourdement sur le sol.

— Ma fille! ma fille! exclama le vieillard, en s'élançant dans le jardin.

Adrien le suivit. Il avait entendu, lui aussi, le cri d'Aurore.

A quelques pas de la porte, le père se trouva en présence de sa fille, étendue sans mouvement au milieu de l'allée. Il se jeta sur elle en poussant un cri de douleur, la prit dans ses bras, la souleva et la serra fiévreusement contre lui. Puis avec des sanglots, tous les signes d'un grand désespoir et une sorte de fureur, il collait ses lèvres frémissantes sur les joues, le front et les cheveux de l'enfant.

La muette agenouillée, pleurait à chaudes larmes. Elle tenait les deux mains de la jeune fille inanimée et les couvrait de baisers.

Le marquis, appuyé contre un arbre, la tête inclinée sur sa poitrine, n'osant ni parler, ni avancer, regardait, profondément affligé, la scène navrante qui se passait sous ses yeux.

— Ma fille, mon enfant, disait le vieillard éperdu, reviens à toi! C'est moi, c'est ton père, qui te tient dans ses bras, qui te serre contre son cœur... Oh! je t'en supplie, mon ange aimé, ouvre tes yeux, entends ma voix, réponds à ton père!... Tu n'as plus rien à craindre, je suis près de toi, maintenant, pour te protéger, pour te défendre... Ah! ma fille ne m'entend plus, ses yeux restent fermés, son cœur a cessé de battre, elle est raide, glacée... Mon Dieu, mais elle est donc morte, morte! Malheur! malheur!..

Il jeta autour de lui un regard de fou, qui tomba sur le marquis.

— Toi, encore toi! exclama-t-il d'une voix terrible; hors d'ici, misérable! Est-ce pour railler ma douleur que tu restes là à contempler ta victime? Mais va-t'en donc, va-t'en donc!

Et comme Adrien restait immobile, n'ayant pas l'air d'avoir entendu, le malheureux père eut un rugissement de colère; puis, aussitôt, il se dressa debout, le regard chargé d'éclairs, et bondit sur le jeune homme.

Mais, soudain, un nouveau personnage, qui jusqu'à ce moment s'était tenu à l'écart, caché dans l'ombre, s'élança entre le marquis et le père d'Aurore.

— Arrête! dit-il à ce dernier d'un ton plein d'autorité; pourquoi tant de colère? Calme-toi... Laisse ce jeune homme et ne songe qu'à ta fille.

— Il me l'a tuée, peut-être. Ah! si elle meurt, je la vengerai!

— Avant tout, pense à la sauver!

Puis se tournant vers Adrien, l'inconnu lui dit :

— Vous avez peut-être causé ici un malheur irréparable, monsieur; vous ne devez pas rester plus longtemps en présence de ce malheureux père irrité : éloignez-vous.

Le jeune homme soupira :

— Je vous jure, monsieur, que je n'ai rien à me reprocher, répondit-il ; si je suis coupable, c'est sans le savoir.

— Je vous crois ; mais vous ne ferez pas comprendre cela au père de mademoiselle Aurore.

— Je vais m'éloigner, monsieur; mais je ne veux point partir sans vous dire qui je suis.

— C'est inutile, je vous connais.

— Vous me connaissez?

— Oui. Vous êtes le marquis Adrien de Verveine.

Le jeune homme fit un mouvement de surprise et chercha à reconnaître les traits de son interlocuteur. Mais, dans l'obscurité, il lui fut impossible de voir son visage, caché encore sous les larges bords d'un chapeau de feutre mou.

Doucement le personnage inconnu avait poussé Adrien hors du jardin.

— Monsieur le marquis, lui dit-il, me permettez-vous de vous donner un conseil?

— Dites, monsieur.

— Ne revenez jamais à la Cordelière.

— Jamais?

— Oui, car ce n'est pas une vaine menace que vous a faite le père de mademoiselle Aurore. Il ne pense pas comme tout le monde; cela tient à des causes que je n'ai pas à vous faire connaître : mais, croyez-moi, il y aurait du danger pour vous à vous mettre en travers de ses projets, en opposition avec ses idées.

— Ainsi, on me refuse même le droit de m'informer de la santé de mademoiselle Aurore?

— J'espère que sa santé ne sera point compromise; ce qui a aussi fort effrayé son père n'est qu'un évanouissement causé par une violente émotion.

— Je le crois, monsieur. Mais, un jour, ne me sera-t-il pas permis de la revoir?

— Je ne saurais vous répondre. Je ne sais pas ce qu'il y a dans l'avenir.

— Ah! je le sens au déchirement de mon cœur, tout est fini, je ne la reverrai plus, je n'entendrai plus parler d'elle!

— Peut-être.

— Monsieur, c'est une parole d'espoir que vous venez de me faire entendre.

— Vous l'aimez donc réellement?

— Oh! oui, je l'aime! répondit Adrien d'un ton pénétré.

— Et vous l'épouseriez?

— Oui, monsieur.

— C'est assez singulier.

— Pourquoi?

— Parce que vous portez un grand nom, parce que vous avez une belle fortune, et que, ne sachant point à quel monde appartient le père de mademoiselle Aurore, vous ignorez si cette jeune fille est digne du nom que vous voulez lui donner, s'il n'y a pas entre elle et vous une énorme distance.

— En effet, monsieur, j'ignore tout cela; mais je m'élève au-dessus des préjugés que le bon sens a depuis longtemps condamnés; certains calculs de la raison amoindrissent les sentiments; mais mon cœur est d'accord avec ma raison. J'aime mademoiselle Aurore, je l'aime de toute mon âme, et si je veux lui consacrer ma vie, c'est que, m'étant confiée la mission de la rendre heureuse, je serais sûr, en même temps, d'assurer son bonheur. Vous pouvez dire cela à son père, monsieur.

L'IDIOTE

Le voyageur avait mis pied à terre sans se douter de l'attention dont il était l'objet.

— C'est bien, je vous promets de plaider votre cause.
— Oh! merci, merci! Mais comment pourrais-je savoir?...
— S'il y a lieu, quand le moment sera venu, je vous écrirai ou vous recevrez ma visite.
—J'attendrai, plein de confiance en vos bonnes paroles.
— Oui, attendez. Mais ne faites aucune démarche imprudente qui pourrait déplaire au père de mademoiselle Aurore; jusqu'à nouvel ordre, vous devez vous soumettre à sa volonté. Je n'ai plus rien à vous dire, au revoir!

L'inconnu rentra dans le jardin dont il ferma la porte.

A ce moment, une forme humaine sortit de l'ombre du bouquet d'ormes, et pendant que le marquis s'éloignait à pas lents, cet autre personnage prit sa course dans la direction de Champigneule et disparut dans la nuit.

C'était le vicomte de Sanzac.

Il venait d'assister, auditeur invisible, aux scènes de la porte du jardin.

Or, pendant que l'inconnu congédiait Adrien, qu'il avait défendu contre le père d'Aurore, celui-ci s'était rapproché de sa fille dont la tête reposait sur le sein de Francesca. Il l'enleva dans ses bras robustes et, précédé de la muette, il courut jusqu'à la maison, où il déposa son précieux fardeau sur le lit de repos du salon.

Sans perdre un instant, Francesca alluma une lampe et des bougies, puis, obéissant rapidement aux ordres de son maître, elle lui apporta plusieurs flacons contenant des produits pharmaceutiques. Alors, tout en continuant à pousser de sourds gémissements, le pauvre père s'empressa de donner des soins à sa fille, mettant tout en œuvre pour la rappeler à la vie. Il lui faisait respirer des sels et lui frictionnait doucement le front et les tempes.

Le visage de l'enfant avait la pâleur de la mort.

— Mon Dieu! disait le vieillard, accablé de douleur, prenez ma vie, si vous le voulez, mais laissez vivre ma fille... Je n'ai qu'elle au monde; si vous me la prenez, je dois mourir aussi.

Cependant, au bout de quelques minutes, la jeune fille soupira faiblement et un peu de rose reparut sur ses joues.

Le père poussa un cri de joie et son regard s'illumina. La muette tomba à genoux, les mains jointes.

En ce moment, l'inconnu, qui était évidemment un ami du père d'Aurore, entra sans bruit dans le salon. Il s'avança lentement. Ses yeux se fixèrent sur la figure de la jeune fille, vivement éclairée par la lumière de la lampe.

Aurore venait de rouvrir les yeux et ses lèvres commençaient à se colorer.

L'inconnu émerveillé, laissa échapper un cri d'admiration. C'était la première fois qu'il entrait à la Cordelière, la première fois aussi qu'il voyait Aurore.

Le père se tourna vers lui et eut un regard expressif, qui semblait dire :

— N'est-ce pas qu'elle est belle, ma fille? N'est-ce pas que c'est un ange descendu sur terre?

Mais revenant vite à sa chère malade, il lui mit un baiser sur le front, en disant d'une voix douce et tendre :

— Aurore, ma chérie, c'est moi, me reconnais-tu?

La jeune fille fit un mouvement et se souleva un peu. Son père l'aida à s'asseoir sur le lit. Alors, elle passa à plusieurs reprises ses mains sur son front, soupira longuement et jeta autour d'elle des regards furtifs. Ses yeux cherchaient quelqu'un. Adrien, sans doute. Ne le voyant pas, elle poussa un nouveau soupir.

— Ma chérie, c'est moi, reprit le père ! est-ce que tu ne me reconnais pas,
— Si, répondit-elle d'une voix faible.
— Est-ce que tu souffres ?
— Oui.
— Où souffres-tu ?
— Là, dit-elle en appuyant sa main sur son cœur.
— Ce n'est rien, je te guérirai.
— J'ai cru que j'allais mourir comme les belles roses du jardin.

Le père ne put s'empêcher de tressaillir.
— Non, non, répliqua-t-il vivement, rassure-toi, tu ne mourras pas.
— Oui, dit-elle, comme se parlant à elle-même, je veux vivre.

Soudain, ses yeux s'agrandirent et se fixèrent étincelants sur l'ami de son père, qu'elle n'avait pas encore aperçu. Mais, aussitôt, elle secoua la tête et murmura tristement :
— Ce n'est pas lui !

Le père comprit. Un éclair s'alluma dans son regard.
— Voilà ce que je redoutais le plus, dit-il à l'oreille de son ami ; c'est à lui qu'elle pense, c'est lui que cherchent ses yeux ; pour elle, déjà, je ne suis plus rien ; le misérable m'a volé le cœur de mon enfant !
— Elle écoute, prends garde !

Le père baissa la tête. Puis, se rapprochant de sa fille :
— Aurore, lui dit-il, ce monsieur est mon meilleur ami ; il m'a témoigné le désir de te voir, de te connaître, et il vient passer deux ou trois jours avec nous.

La jeune fille tendit sa main mignonne à l'étranger.
— Je suis bien contente, dit-elle.

Après être restée un instant pensive, elle reprit :
— Père, je me souviens. Tu t'es mis en colère, pourquoi ?
— Mais… balbutia-t-il.
— Ah ! tu m'as fait bien mal.

Le malheureux devint affreusement pâle.
— Mais je t'aime, ma chérie, je t'adore ! exclama-t-il.

Un sourire forcé glissa sur les lèvres de l'enfant.
— Les papillons ont des ailes, dit-elle d'une voix languissante ; ils s'envolent, mais ils reviennent toujours dire bonjour aux jolies fleurs du jardin. Père, continua-t-elle, d'un ton plus élevé, Adrien reviendra-t-il ?

Ces paroles eurent un écho dans le cœur du vieillard. Il laissa tomber sa tête sur sa poitrine et resta silencieux.
— Il n'est pas méchant, continua Aurore. Je m'ennuyais, j'étais triste, il est venu et il m'a consolée. Il m'a dit de bien belles choses ; en l'écoutant, je sentais toutes sortes de joies en moi, et mon cœur battait doucement. Il y avait dans mes oreilles comme un bruit de chansons et dans ma tête quelque chose que je

ne peux pas expliquer. Et puis, au milieu d'une grande lumière qui m'éclairait, je voyais beaucoup de choses qui me sont inconnues. Quand il tenait ma main dans la sienne, j'éprouvais je ne sais quel ravissement et je me sentais heureuse... Alors il me semblait que sa voix me berçait, et si je n'avais pas préféré lui parler et l'entendre, je me serais endormie doucement, la tête appuyée sur son épaule.

Le père releva brusquement la tête. On pouvait voir, à la contraction de ses traits, qu'il souffrait horriblement.

— Aurore, je t'en supplie, tais-toi, tais-toi ! s'écria-t-il d'une voix brisée.

— Pourquoi ? fit-elle en le regardant avec surprise. Chaque fois que tu reviens de voyage, tu m'interroges et tu veux savoir tout ce que j'ai fait. Eh bien, père, ce soir je n'attends pas que tu me questionnes, je te dis tout. Écoute, j'ai dit à Adrien qu'il serait mon ami, mon frère et que je l'aimerais autant que toi...

— Oh! oh! fit le vieillard.

— Vois-tu, père, j'aime mieux causer avec Adrien que de parler toujours aux oiseaux, aux roses et aux papillons, qui ne peuvent pas me répondre.

— Ah! murmura le père, la fatalité a accompli son œuvre !

L'étranger écoutait avec un étonnement mêlé de stupeur, et à chaque instant, il jetait sur son ami un regard de compassion.

— Idiote, se disait-il tristement, elle est idiote !

— Père, reprit Aurore, j'ai entendu ce que tu as dit à Adrien... Tu l'as chassé !

— Eh bien, oui, répondit-il d'un ton farouche, je l'ai chassé !

— Tu as cru qu'il était méchant ; tu t'es trompé...

— C'est un misérable !

— Il est mon ami, mon frère, répliqua-t-elle en se dressant sur ses jambes. Père, Adrien reviendra-t-il ?

L'inconnu arrêta le mot « jamais » sur les lèvres du père et s'empressa de répondre :

— Oui, il reviendra.

— Ah ! je le savais bien ! s'écria joyeusement Aurore.

— Que viens-tu de dire? fit le vieillard s'adressant à son ami.

— Ce que dans ton aveuglement et ton affection jalouse tu n'as pas voulu dire toi-même à ta fille.

— Monsieur, demanda Aurore, quand reviendra-t-il ?

— Après l'hiver, quand toutes les roses seront fleuries et que les papillons envolés reviendront dans le jardin.

— Je l'attendrai, dit-elle.

Puis elle ajouta, d'une voix dolente.

— L'hiver sera long cette année.

Elle se remit sur le lit et laissa tomber doucement sa tête sur l'oreiller.

— Père, je vais dormir, murmura-t-elle.
Et ses yeux se fermèrent.
— Pauvre enfant ! pensa l'inconnu.
Élevant la voix il ajouta :
— Elle a éprouvé une secousse violente ; laissons-la reposer.

XXX

LE MAL EN GERME

Nous avons vu le vicomte de Sanzac se diriger rapidement vers Champigneule.

Il avait quitté le château de Circourt sans dire où il allait, mais nous savons que Gaston de Limans avait deviné qu'il s'était mis à la recherche d'Adrien. En effet, ne voyant pas revenir le marquis après une attente de trois jours, M. de Sanzac avait perdu patience et il était parti pour rejoindre le jeune homme.

Connaissant l'esprit aventureux du marquis et convaincu qu'il ne reculerait devant rien pour pénétrer le mystère de la Cordelière, il s'était dit :

— C'est à Champigneule ou dans une des localités voisines de la maison isolée que je le trouverai.

Nous connaîtrons bientôt le mobile qui faisait agir le vicomte de Sanzac, et nous saurons également pourquoi, après les scènes que nous avons racontées dans le chapitre précédent, il ne s'était pas approché du marquis pour revenir avec lui à Champigneule.

Mais disons d'abord au lecteur par suite de quel incident le vicomte avait subitement changé d'idée et était revenu à Circourt.

Comme ses compagnons, il avait pris au guichet son billet de première classe et était entré dans la salle d'attente. Presque aussitôt, un employé vint prévenir les voyageurs que le train attendu, venant de Belfort, avait eu, à Chaumont, un retard de douze minutes et qu'il n'arriverait que dans vingt minutes.

— Nous avons le temps de fumer un cigare, dit de Charmeille, en tirant son porte-cigares qu'il présenta à ses camarades.

Ils sortirent de la salle d'attente.

Au même instant, un cabriolet de louage entra dans la cour de la gare et vint s'arrêter sous la marquise. Cette voiture amenait un voyageur, un homme de haute taille, grave, ayant un grand air de distinction. Il avait de longs cheveux blancs, portait une longue barbe également blanche et paraissait âgé de plus de soixante ans.

Le vicomte de Sanzac jeta un regard indifférent sur le voyageur, mais il fut aussitôt frappé par l'expression du regard et de la physionomie, et ses yeux restèrent fixés sur le visage du vieillard. Soudain, il tressaillit.

— C'est lui ! murmura-t-il ; je ne me trompe pas, je ne peux pas me tromper, oui, c'est lui, c'est bien lui !

Il continua, les sourcils froncés, avec un sourire singulier :

— Ah ! ah ! plus que moi encore il a vieilli. Malgré la barbe, qui cache presque entièrement sa figure, je le reconnais ; c'est bien son regard, son air sévère, hautain...

Le voyageur avait mis pied à terre sans se douter de l'attention dont il était l'objet, et était entré dans la gare suivi du cocher du cabriolet, portant sa valise de voyage.

— Où va-t-il et d'où vient-il ? se demanda le vicomte. Oh ! il faut que je sache...

Ses lèvres se crispèrent et un éclair de haine illumina son regard.

Il se rapprocha de ses compagnons.

— Je ne pars pas avec vous, leur dit-il.

Ils le regardèrent avec surprise.

— Vous étiez pourtant bien pressé de rentrer à Paris, dit de Livron.

— Et tout à l'heure vous pestiez contre le retard du train, ajouta de Charmeille.

Le vicomte répondit en souriant :

— J'ai un ami qui demeure à Bar-sur-Aube, et je viens de me rappeler que je lui ai promis d'aller passer trois ou quatre jours chez lui.

— S'il en est ainsi, nous n'avons plus rien à dire.

Un instant après le train entra en gare et la voix d'un employé appela les voyageurs. M. de Sanzac tendit la main aux jeunes gens ; ils se séparèrent en se disant :

— A bientôt !

Après une minute d'arrêt, le train se mit en marche.

Le cocher du cabriolet reparut. Le vicomte l'attendait.

— Vous avez sans doute amené quelqu'un à la gare ? lui dit-il.

— Oui, monsieur, un voyageur qui vient de prendre le train pour **Paris**, répondit le Champenois.

— Et vous allez retourner chez vous ?

— Je vais d'abord manger un morceau et **boire un verre** de vin.

— Excellente chose, quand on a faim et soif.

— Je n'ai encore pris aujourd'hui qu'une petite goutte de marc.

— Oh ! alors je comprends que vous **ayez** besoin de vous restaurer. Où demeurez-vous ?

— A Longuyon.

— Connaissez-vous **Circourt ?**

— Certainement, monsieur.
— Quelle distance y a-t-il de Circourt à Longuyon ?
— Près de deux lieues.
— Bien. Maintenant, vous est-il agréable de m'emmener avec vous, non pas jusqu'à Longuyon, mais pour me mettre le plus près possible de Circourt ? C'est à Circourt que je vais.
— Je ne demande pas mieux.
— Il va sans dire que le service rendu sera payé.
— Oh ! je le pense bien.
Le vicomte mit sa valise, sa gibecière et son fusil dans le cabriolet.
— Maintenant, dit-il au cocher, vous pouvez aller déjeuner, je vous attends en achevant de fumer mon cigare.
Le Champenois entra dans une auberge et se fit servir à déjeuner, pendant que, de son côté, le cheval croquait un picotin d'avoine.
Une demi-heure plus tard les deux hommes et la bête se mettaient en route. Le Champenois paraissait de fort joyeuse humeur ; il faisait claquer son fouet, fredonnait des refrains de vieilles chansons et s'interrompait pour dire de douces paroles à son cheval.
— Hue, Bibi ; ne m'écoute pas chanter ; allons, trotte gaiement, nous arriverons de bonne heure et tu trouveras une belle botte de foin dans ton râtelier. Hue, Bibi, allons trotte, trotte gaiement.
Le brave garçon était évidemment satisfait du pourboire qu'il avait reçu et enchanté de conduire un second voyageur sur la générosité duquel il pouvait compter. Et puis une bouteille de vieux vin des Riceys, vidée gaillardement, l'avait mis en gaieté.
— Bibi est une bonne bête, monsieur, reprit-il, en se tournant à demi vers son voyageur ; on vante beaucoup les chevaux de grande race, qui sont primés dans les concours ; mais Bibi qui se moque des honneurs, n'en vaut pas moins son pesant d'or.
— Je vois que vous aimez beaucoup votre cheval, répondit M. de Sanzac, à qui il ne déplaisait point d'entamer une conversation.
— Oui, monsieur, j'aime Bibi ; cela se comprend, je l'ai vu naître ; sa mère était une jument du pays, une fière bête aussi. Bibi a déjà dix ans, monsieur ; on ne le dirait pas à le voir trotter. Il ferait volontiers ses trente lieues tous les jours sans broncher. Et jamais un coup de fouet ! Allons donc, un coup de fouet à Bibi ? Ce serait une honte et il ne me le pardonnerait jamais. Il n'a qu'un seul défaut : il est curieux ; ah ! il a l'oreille fine. Tenez, il entend que je vous parle, et voyez comme il tourne sa tête pour écouter ce que je dis ; il comprend que nous causons de lui. Quelle bête ! vrai, il ne lui manque que la parole.
Le vicomte ne put s'empêcher de rire.

— Bibi, ce que je dis à monsieur ne te regarde pas; allons trotte, trotte gaiement; j'ajouterai ce soir deux poignées d'orge à ton avoine.

Et la mèche du fouet siffla dans l'air et fit éclater de merveilleux clic-clac, clic-clac.

Obéissant à la voix de son conducteur, Bibi continuait de trotter gaiement.

— Est-ce que vous faites souvent le trajet de Longuyon à la gare? demanda M. de Sanzac.

— Chaque fois que l'occasion se présente.

— Je crois avoir vu sur le quai de la gare, à l'arrivée du train, le voyageur que vous avez conduit ce matin.

— C'est possible.

— N'est-ce pas ce monsieur d'un certain âge, qui a une longue barbe blanche?

— C'est lui-même, monsieur.

— Il demeure à Longuyon sans doute?

— Non monsieur. Pour aller de Longuyon chez lui il y a plus d'une lieue à faire par des chemins exécrables.

— Allons, pensa le vicomte, tout à l'heure je serai suffisamment renseigné.

Il reprit à haute voix :

— Comment appelez-vous le village où il a son habitation ?

— Ce n'est pas un village.

— Ah !

— Il habite une maison isolée au milieu des champs, qu'on appelle la Cordelière ou la maison du diable.

Le vicomte sursauta et une lueur rapide passa dans son regard.

— La Cordelière, fit-il, il me semble que je connais cet endroit.

— Est-ce que monsieur est de nos pays?

— Non, mais j'y ai des amis. Voyons, cette habitation, que vous nommez la Cordelière, ne se trouve-t-elle pas du côté de Champigneule?

— A vingt minutes de distance.

— Alors, je ne me trompe pas, je connais la Cordelière.

— Est-ce que vous y êtes entré?

— Non.

— Ça m'aurait étonné.

— Pourquoi?

— Parce que personne n'y entre jamais.

— Bah !

— C'est comme je vous le dis.

— Je veux bien vous croire; mais pourquoi appelle-t-on aussi la Cordelière la maison du diable?

— Ma foi, monsieur, je n'en sais rien.

— Enfin, c'est là que demeure votre voyageur de ce matin?

— Maintenant, dit le vicomte, nous ne serons plus dérangés, nous pouvons causer à notre aise.
— Oui.
— Comment se nomme-t-il?
— Je l'ignore, monsieur
— Allons donc!
— Mon patron pas plus que moi ne sait son nom, et à Champigneule même, on ne pourrait pas dire comment s'appelle le monsieur de la Cordelière.
— C'est bien singulier.
— En effet, monsieur, mais c'est comme ça. Quatre ou cinq fois par an, le monsieur écrit pour qu'on vienne le prendre à la Cordelière.

— Il ne signe donc pas ses lettres?

— Jamais. Comme il paie bien, — d'ailleurs c'est un prix fait : vingt francs pour le conduire à la gare, vingt francs pour le ramener à la Cordelière, on est toujours à ses ordres.

— Au retour de son voyage, c'est vous qui irez le chercher à la gare?

— J'ai reçu ses ordres pour cela. Il revient dans quatre jours, et à l'heure dite je l'attendrai.

— Est-ce qu'il est riche?

— On le dit. Ce qui est certain, c'est qu'il est généreux comme un prince.

— Il n'habite pas seul à la Cordelière, et puisqu'il est riche il doit avoir des domestiques?

— Il n'a à son service qu'une seule personne, une femme de quarante à cinquante ans, qui est muette.

— Muette?

— Mon Dieu, oui.

— En ce cas, son maître est sûr de sa discrétion. Est-il marié?

— Quant à ça, monsieur, on n'en sait rien. Pourtant j'ai entendu dire qu'il y a à la Cordelière une autre personne qu'on ne voit jamais.

— Nous y voilà; et cette troisième personne est sa femme ou sa maîtresse.

— Ou sa fille, monsieur.

— C'est juste, et vous avez probablement raison. Quoi qu'il en soit, l'existence de ce monsieur, dont personne ne sait le nom, me paraît passablement mystérieuse.

— C'est l'opinion de tout le monde.

— Après tout, chacun a le droit de vivre à sa guise, et je n'ai pas à m'occuper de choses qui ne m'intéressent nullement. Si je vous ai adressé quelques questions sur ce monsieur, c'était tout simplement pour causer un instant avec vous.

— Pardine, en route on peut bien causer un brin; comme ça le temps passe tout de même et on trouve le chemin moins long.

Le vicomte, ayant appris tout ce qu'il voulait savoir, allongea les jambes et s'étendit sur le siège du cabriolet comme sur un canapé. Le Champenois comprit que sa causerie avec le voyageur était terminée...

— Hue, Bibi, trotte gaiement.

Et le fouet joua de plus belle : clic-clac, clic-clac.

Le vicomte, les yeux à demi-fermés, réfléchissait.

— Oui, oui, se dit-il, j'ai bien fait de ne pas partir, j'ai été bien inspiré. Ce n'était pas douteux, cet imbécile, qui fait claquer son fouet devait me fournir de précieux renseignements. Toutefois, je ne m'attendais pas à une aussi heureuse découverte. C'est encore une de ces incroyables chances qui n'arrivent qu'à moi...

« Ainsi, c'est à la Cordelière, dans cette masure, bonne tout au plus à abriter une famille de hiboux, qu'il s'est réfugié, qu'il se cache avec sa fille. Maintenant, je comprends pourquoi, depuis plus de quinze ans, on n'a pas entendu parler de lui... Je ne pensais plus à lui, je l'avais oublié, je le croyais mort; pourtant, je l'ai reconnu immédiatement, sans hésiter, et aussitôt mon sang s'est mis à bouillir dans mes veines. C'est singulier, malgré le temps écoulé, je sens renaître ma vieille haine et j'ai toujours la même soif de vengeance!... »

Un horrible sourire fit grimacer ses lèvres.

Déjà son cerveau était en ébullition, et il cherchait dans sa pensée, fertile pour le mal, le moyen de frapper cruellement le propriétaire de la Cordelière.

Un double éclair jaillit de ses yeux.

— Ce serait superbe! murmura-t-il.

Un plan ténébreux s'ébauchait dans sa tête.

— Oh! oui, reprit-il, je le hais, cet homme!... Pour le faire souffrir, que ne ferai-je pas? Ah! ah! il ne se doute guère que j'ai découvert sa retraite et que je m'occupe de lui en ce moment. Il ne faut pas qu'il sache que ma haine n'est pas morte; il ne faut pas qu'il sache que je me dresse de nouveau contre lui pour la vengeance! Je resterai dans l'ombre afin de le frapper plus sûrement : je veux, cette fois, qu'il tombe écrasé sous le coup terrible que je lui porterai.

Tout en parlant ainsi, mentalement, le vicomte de Sanzac pensait à Adrien de Verveine, qu'il voulait associer à ses projets de vengeance. Une idée lui était venue, il s'y attachait avec persistance, et en méditant le plan qu'il venait de concevoir, en l'élargissant, en examinant chaque combinaison qui s'offrait à son esprit, il traçait le rôle que le marquis de Verveine serait appelé à jouer dans le drame qu'il préparait.

Le vicomte de Sanzac, lancé de bonne heure dans le tourbillon de la vie parisienne, avait acquis, souvent à ses dépens, une grande expérience. Il connaissait les hommes et avait toujours su se servir de leurs défauts comme de leurs qualités. Constamment il avait tiré quelque profit des faiblesses de ses amis.

Il n'avait pas été la dupe d'Adrien, il savait pourquoi le jeune homme était resté à Circourt. Ce que le marquis avait cru devoir lui cacher, il l'avait deviné.

Et il se disait :

— Sa curiosité et ce qui en sera les conséquences serviront admirablement mes projets.

Il ne se demandait point s'il pouvait compter absolument sur la docilité du jeune marquis. Adrien était enthousiaste, romanesque, passionné, prompt à s'enflammer et tenace dans ses idées; une fois lancé dans une aventure, il fallait, quoi qu'il pût arriver, qu'il allât jusqu'au bout. Le vicomte de Sanzac avait longuement étudié le caractère d'Adrien. Il connaissait son homme. Et puis il savait très bien aussi quelles cordes il devrait faire vibrer pour tenir le jeune homme sous le joug de sa volonté.

D'ailleurs, il se garderait bien de faire connaître ses projets à Adrien, et même de les lui laisser deviner ; cela pourrait effaroucher ses sentiments honnêtes, révolter sa conscience.

Le vicomte ne pouvait agir seul ; il avait besoin d'un instrument. A tout prix il fallait que le marquis de Verveine fut cet instrument.

XXXI

LE VICOMTE ET LE MARQUIS

Le marquis de Verveine s'était éloigné de la Cordelière en proie à une grande agitation intérieure. Il revint lentement à Champigneule, tout en se livrant à de tristes réflexions.

Huit heures sonnaient à l'horloge du clocher du village, comme il entrait au Lion-d'Or. Sans rien dire à madame Bernardin, qui s'était levée avec empressement, sans même la regarder, il traversa la salle de l'auberge avec l'intention de se retirer immédiatement dans sa chambre et de s'y enfermer.

— Est-ce que monsieur ne pense pas à manger ? lui dit l'hôtesse, en faisant quelques pas vers lui.

— Excusez-moi, madame, répondit-il en se retournant, je ne vous voyais pas.

— Monsieur a l'air distrait.

— Oui, j'ai l'esprit préoccupé.

— Vous serait-il arrivé, ce soir, quelque chose de fâcheux ?

— Nullement.

— A la bonne heure !

Adrien s'aperçut que madame Bernardin souriait mystérieusement.

— Est-ce que vous avez quelque chose à me dire, à m'apprendre ? lui demanda-t-il.

Le sourire mystérieux s'accentua :

— Oui, monsieur, répondit-elle, j'ai quelque chose à vous apprendre.

— Eh ! bien, j'écoute, parlez.

— Il y a ici quelqu'un qui vous attend.

— Quelqu'un m'attend, moi ? fit-il.

— Un monsieur, un de vos amis.

Un nuage passa sur le front d'Adrien.

— Oui, oui, je sais, je me souviens, fit-il.

Il ajouta mentalement :

— Je ne pensais plus à lui.

— Votre ami est arrivé tantôt, reprit madame Bernardin ; il vous cherchait ; quand il a su que vous demeuriez chez nous, il a été enchanté et il m'a tout de suite demandé une chambre pour lui ; je lui ai donné celle du premier, qui est notre plus belle chambre après la vôtre. Pensant que vous rentreriez ce soir avec un bon appétit, votre ami m'a commandé pour lui et pour vous un excellent petit souper; j'ai fait de mon mieux et je crois que vous serez satisfaits. C'est dans la chambre de votre ami que vous souperez ce soir, monsieur; je vais vous y conduire.

— Mon ami a eu certainement une excellente intention, répliqua Adrien, mais je ne ferai pas honneur à votre cuisine ce soir, je n'ai pas faim.

— L'appétit vient en mangeant, répondit l'hôtesse, tout en allumant une bougie; malgré la rareté du gibier, je vous ai trouvé deux perdreaux, qui sont à la broche. Venez, monsieur.

Ils sortirent de la salle et montèrent au premier.

— Monsieur, c'est votre ami, cria madame Bernardin, en frappant deux petits coups à une des portes sur le palier.

Aussitôt la porte s'ouvrit et le vicomte de Sanzac apparut sur le seuil.

— Enfin! s'écria-t-il joyeusement.

Il saisit les deux mains du marquis et l'entraîna dans la chambre.

— On va vous servir tout de suite, cria l'hôtesse.

Et elle dégringola l'escalier.

— Mon cher Adrien, reprit le vicomte, nous ne nous serions pas vus depuis des années, que je n'éprouverais pas, je crois, un plus grand plaisir à vous revoir.

— Voilà des paroles bien flatteuses pour moi, répondit le jeune homme en ébauchant un sourire.

— Vous savez bien que mon amitié pour vous est sincère.

— Oui, et vous savez aussi que j'y réponds franchement.

— Ce qui doit rendre l'amitié précieuse, mon cher Adrien, c'est la rareté des véritables amis.

— Je pense comme vous, de Sanzac.

— Dites-moi, mon cher Adrien, vous n'êtes pas étonné de me trouver installé dans cette auberge?

— Non : je vous attendais.

— Vous m'attendiez?

— Oui.

— Ceci demande un mot d'explication.

— On ne vous a donc pas dit ici que je suis allé à Circourt ce matin?

— Mon cher, les gens de cette auberge sont discrets; vous n'avez pas à craindre qu'ils trahissent vos secrets, si vous en avez. Maintenant que je sais que vous êtes allé ce matin à Circourt, je comprends : Gaston vous a appris mon retour au château et vous a dit que j'en étais parti hier, sous le prétexte d'une excursion. Je n'ai point dit à notre jeune ami que j'allais vous rejoindre, mais il est assez perspicace pour l'avoir deviné. C'est aussi ce que vous avez compris, puisque vous m'attendiez. Tout à l'heure nous causerons, et je vous dirai pourquoi je suis venu vous chercher de ce côté au lieu de me diriger vers un autre.

— Vous n'avez pas besoin de me l'apprendre, je le sais.

— Comme vous me dites cela, Adrien! Est-ce que vous m'en voulez?

— Pas le moins du monde.

— A la bonne heure. Pourtant, vous avez l'air soucieux, mécontent.

— Une mauvaise disposition d'esprit, à laquelle vous n'êtes pour rien, de Sanzac.

— Est-ce bien vrai?

— Je vous le jure!

— Me voilà rassuré. Voyez-vous, mon cher Adrien, vous auriez tort de m'en vouloir. Tout de suite, quand vous êtes entré, j'ai vu que vous aviez quelque chose, un ennui, une contrariété; j'ai remarqué votre pâleur, la contraction de vos traits. A cela il y a évidemment une cause. Il y a des circonstances où un ami peut être utile; si vous avez besoin d'un conseil, d'un aide, Adrien, vous savez que vous pouvez compter sur moi.

— Oui, je le sais, mais...

— Chut, interrompit le vicomte, on apporte notre souper; nous continuerons notre conversation tout à l'heure.

La porte s'ouvrit. La servante de l'auberge entra dans la chambre, et sur une petite table ronde, couverte d'une nappe éclatante de blancheur, où on avait mis deux couverts, elle posa le potage fumant.

De Sanzac et Adrien s'assirent en face l'un de l'autre.

— J'ai un appétit de Gargantua, dit le vicomte, et vous, Adrien?

— Je me suis mis à table pour vous être agréable; je ne mangerai guère, je n'ai pas faim.

— Hum, hum! c'est un signe, cela.

— Que voulez-vous dire?

— Mon cher, je ne connais que deux choses ayant le pouvoir d'enlever l'appétit : l'amour et la maladie.

— Donc, vous êtes amoureux.

— Dieu merci, je ne suis pas malade.

Le jeune homme ne répondit pas. Le vicomte crut devoir respecter le silence du marquis; mais il le regarda en dessous et un sourire équivoque effleura ses lèvres.

Le service se fit rapidement. En moins d'une demi-heure le repas fut terminé. Adrien avait pris seulement un peu de potage et mangé du bout des dents le quart d'un perdreau. Quant au vicomte, il avait merveilleusement joué des mâchoires, ce qui permettait de supposer qu'il avait mal dîné la veille, mal déjeuné le matin.

La servante apporta le café, le versa bouillant dans les tasses et se retira.

M. de Sanzac présenta son porte-cigares à Adrien et ils allumèrent chacun un londrès.

— Maintenant, dit le vicomte, nous ne serons plus dérangés, nous pouvons causer à notre aise. Vous avez certainement des choses intéressantes à m'apprendre.

Le marquis secoua la tête.

— Savez-vous, mon cher Adrien, que vous êtes véritablement triste? reprit de Sanzac; il suffit de vous regarder pour être convaincu qu'il y a en vous de l'inquiétude, une grande préoccupation. Voyons, qu'avez-vous? que vous est-il arrivé?

— De Sanzac, permettez-moi de garder le silence.

— S'il en est ainsi, c'est plus sérieux, plus grave que je ne le pensais. Je comprends, il y a là un secret que vous voulez garder.

Le jeune homme ne put retenir un soupir.

— Oh! oh! fit le vicomte, voilà un soupir qui me dit bien des choses. Adrien, est-ce que vous ne me croyez plus digne de votre confiance?

— Si, mais...

— Vous ne voulez pas me faire connaître la cause de votre tristesse?

— De Sanzac, parlons d'autre chose.

— Soit. De quoi voulez-vous que nous parlions?

— Pourquoi, au lieu de partir pour Paris comme vous l'aviez décidé, êtes-vous revenu à Circourt?

— Moins discret que vous, mon cher, je vais vous répondre; mais je vous préviens que nous allons revenir forcément au sujet que vous semblez vouloir écarter de notre conversation. Si, au moment de monter en wagon, j'ai changé d'idée et suis revenu à Circourt, c'est à cause de vous.

— Oh!

— Ne pas me croire serait douter de mon amitié. D'ailleurs, cherchez... Quelle autre raison pourriez-vous trouver? Aucune, n'est-ce pas?

— C'est vrai...

— Je vous avais quitté avec peine; rien de sérieux, d'ailleurs, ne me rappelant à Paris, je n'eus pas la force de partir sans vous. Je vous le répète, Adrien, c'est mon amitié seule qui m'a ramené à Circourt.

Le marquis mit sa main dans celle que lui tendait le vicomte.

Après un instant de silence, celui-ci reprit :

— Je n'ai pas besoin de vous dire que je fus contrarié de ne pas vous trouver au château. Je pensais que vous reviendriez le soir, à l'heure du dîner, et je jouissais d'avance de votre surprise. La nuit arriva. Point d'Adrien, je n'ai pas à vous le cacher, j'étais très inquiet, car Gaston, qui savait certainement pourquoi vous n'étiez pas rentré, se garda bien de me le dire. Bref, je passai une fort mauvaise nuit. Je tremblais qu'il ne vous fût arrivé un de ces terribles accidents, malheureusement trop fréquents au temps de la chasse.

« Le lendemain, Gaston reçut une lettre de vous ; alors je fus rassuré, ainsi que M. de Limans, qui avait partagé mon inquiétude. Naturellement, je me demandai quelle importante affaire pouvait vous retenir loin de Circourt. J'interrogeai Gaston; mais il répondit d'une manière évasive à toutes mes questions. Tout à coup je me souvins de cette voix fraîche et suave, de ce chant, de ces sanglots que nous avons entendus dans le clos de la Cordelière ; je me rappelai votre émotion à cet instant et l'intention que vous avez eue de grimper sur le mur du jardin pour voir la chanteuse. Je savais à quoi m'en tenir. — Parbleu! me suis-je dit, mon ami, le marquis de Verveine, est à la recherche d'une aventure. Je vous connais, mon cher Adrien, je sais que vous avez l'imagination ardente, qu'une impression agit toujours en vous avec une grande force, et que tout ce qui a une apparence mystérieuse a le don de vous attirer.

« Enfin, ne vous voyant pas revenir à Circourt, las de vous attendre, je me décidai hier, brusquement, à me rendre près de vous. Ne vous ayant pas trouvé à Longuyon, où j'ai couché la nuit dernière, je suis venu à Champigneule, avec la certitude que vous y aviez établi votre campement.

« Donc, mon cher Adrien, c'est mon amitié pour vous qui m'a fait quitter le château hier, pour venir vous retrouver à Champigneule.

« Vous pensez peut-être que, ayant deviné ce qui vous retient ici, j'aurais dû me dispenser de courir après vous. Bah! vous ne m'en voudrez pas pour cela, on pardonne tout à l'amitié. Je vous assure qu'il ne m'est pas venu à l'idée que je pouvais être importun. Par exemple, si vous voyiez en moi un gêneur, je serais désolé. Non, non, je ne suis pas venu ici pour me mettre en travers de vos projets, au contraire. En quittant Circourt je n'ai pensé qu'à une chose, et je me suis dit : — Adrien peut avoir besoin, en ce moment, des conseils d'un ami. Et maintenant, mon cher Adrien, j'ajoute : Je suis entièrement à vous ; je mets mon amitié et mon dévouement à votre service.

— Mon cher de Sanzac, répondit le marquis, bien que je sois encore un peu surpris de ce que vous a fait faire votre amitié pour moi, je vous remercie. Non, vous n'êtes ni un importun ni un gêneur ; je veux même vous dire que je suis heureux de vous voir ici. Vous êtes dévoué à vos amis, et je sais que, l'occasion se présentant, je pourrais compter sur vous.

— Certes !

— Vous avez une grande expérience, de Sanzac, et vos conseils ne sont pas de ceux qu'on dédaigne ; mais, aujourd'hui, je n'en ai pas à vous demander.

— Soit. Mais cette tristesse que vous ne parvenez pas à dissiper malgré vos efforts, indique que quelque chose vous tourmente, que vous êtes obsédé par quelque sombre pensée.

— Je ne le nie point.

— J'ai toujours cru qu'on se soulageait en confiant sa peine à un ami.

Nous agirons la nuit, afin de ne pas attirer l'attention des paysans curieux.

Voyons, pourquoi êtes-vous si réservé? Craignez-vous que je ne puisse vous comprendre ou de trouver en moi un censeur trop sévère?

— Non, je vous ai toujours vu indulgent pour les folies de vos amis.

— Eh! mon cher Adrien, j'ai eu aussi mes jours de folie, et, comme vous, les passions de la jeunesse. Vous parliez tout à l'heure de mon expérience; je l'ai acquise parce que j'ai vécu. Après avoir été indulgent pour moi, je dois l'être pour les autres. Allons, dites-moi la cause de votre tristesse. Qui sait! je parviendrai peut-être à dérider votre front, à ramener le joyeux sourire sur vos lèvres.

— Mon cher de Sanzac, ce qui m'arrive est tellement étrange...

— Raison de plus pour que nous en causions. D'ailleurs, n'ai-je pas déjà deviné quelque chose? Je pense bien que vous ne vous êtes pas installé dans cette auberge pour vous donner seulement la satisfaction de pouvoir aller faire, matin et soir, le tour des murs de la Cordelière. Il vous fallait mieux que cela. La porte de cette mystérieuse demeure s'est ouverte devant vous, et comme vous êtes un garçon élégant, distingué et de bonne tournure, on vous a reçu cordialement, comme on le devait. Votre curiosité a été satisfaite, car vous avez vu la chanteuse. C'est une jeune fille, n'est-ce pas?

— Oui, une jeune fille.

— De seize à dix-sept ans?

— Comment savez-vous?...

— Je devine. Je ne vous demande pas si elle est jolie, je devine également qu'elle est merveilleusement belle, qu'elle est la grâce personnifiée et qu'elle possède le charme du sourire et du regard comme celui de la voix.

— Oui, elle a tout cela.

— Puisque vous ne me demandez pas pourquoi je devine si bien, je vais vous le dire. Je devine que cette jeune fille... Comment s'appelle-t-elle?

— Aurore.

— Je devine que mademoiselle Aurore est gracieuse, jolie, tout à fait charmante, une amadryade, enfin, parce qu'elle a eu le pouvoir de captiver mon ami Adrien et de s'emparer du cœur du marquis de Verveine, jusqu'alors invulnérable. Je ne saurais m'y tromper, vous avez reçu en plein cœur le choc d'un fluide magnétique, vous êtes amoureux, votre regard est tout imprégné des effluves de l'amour, vous aimez la belle jeune fille de la Cordelière.

— Je ne veux pas vous le cacher, de Sanzac, oui, je l'aime!

— Ainsi, après avoir passé, sans émotion, à travers nos salons parisiens, où les feux croisés de mille beaux yeux cherchaient vainement votre regard; après avoir su résister aux séductions des plus nobles, des plus riches, des plus ravissantes jeunes filles de notre monde, le fier marquis de Verveine, le beau dédaigneux, l'invincible, est venu échouer, c'est-à-dire se faire vaincre, au milieu d'une lande champenoise.

— Permettez, de Sanzac...

— Eh! je ne vous blâme point. L'amour ne se commande pas. Vous aimez, c'est parfait, et nul ne vous contestera le droit d'aimer qui vous voulez. Vous avez eu le bon esprit de vous affranchir de certains sots préjugés; vous êtes de votre siècle et vous marchez avec le progrès, plutôt en avant qu'en arrière, car vous êtes de ceux qui sont convaincus que l'avenir appartient à la démocratie. Je ne vous ferai donc pas une dissertation à propos de ce vieux mot bête « mésalliance ». Eh! parbleu, si l'on a vu des rois épouser des bergères, on peut bien voir un marquis épouser une paysanne. Mais, entendons-nous, Adrien, je ne veux point dire que cette jeune fille, qui demeure à la Cordelière, est une gardeuse d'oies ou de dindons. Elle appartient sans doute à la classe bourgeoise. Enfin vous l'aimez ; cela prouve que vous l'avez jugée digne de vous ; il est évident aussi que mademoiselle Aurore a pour vous une saveur particulière que n'ont point nos jolies Parisiennes.

« Tout cela est très bien. Mais je me demande avec surprise d'où peut venir votre tristesse, cet air malheureux que vous avez depuis un instant. Qu'est-ce que cela signifie ? Convenez, cher ami, que je pourrais me perdre au milieu d'une foule de suppositions. Puis-je admettre que mademoiselle Aurore a repoussé l'hommage de votre amour ? Non, n'est-ce pas ? Vous l'aimez, elle vous aime ! C'est forcé, cela. Je n'admets pas davantage que le père de mademoiselle Aurore vous ait refusé la main de sa fille, à vous, le marquis Adrien de Verveine. En vérité, je ne sais que penser.

— Oh ! je sais bien que vous ne pouvez pas comprendre, puisque moi-même je ne comprends pas. Je vous l'ai dit, de Sanzac, ce qui m'arrive est étrange. Je me suis lancé follement dans une déplorable aventure ; j'ai été poussé par la fatalité !... Et pourtant, je l'aime, oui, je l'aime !... Si vous saviez comme elle est charmante ! Elle a l'innocence et la pureté des anges... Oui, elle doit avoir seize ou dix-sept ans ; elle a grandi et elle est devenue une belle jeune fille, sans cesser d'être une enfant. Elle ne sait rien, elle ignore tout ; peut-être ne sait-elle pas bien distinguer ce qui est mal de ce qui est bien ; mais, j'en suis sûr, rien d'impur n'a jamais terni sa pensée. Si elle faisait mal, ce serait inconsciemment, sans le savoir ; je vous le répète, elle ignore tout, c'est une innocente... Eh bien, si je l'ai aimée, si je l'aime, c'est à cause de cela... C'est en me regardant, en me souriant, en me disant des choses d'une naïveté incroyable dans la bouche d'une jeune fille, qu'elle m'a charmé, qu'elle s'est emparée de ma vie, car ma vie lui appartient, de Sanzac. Et je suis séparé d'elle pour toujours, je ne dois plus la revoir ! Vous me demandiez la cause de ma tristesse, de Sanzac, la voilà. Mon cœur est en même temps rempli d'amour et noyé d'amertume.

Il resta un moment silencieux et reprit d'un ton désolé :

— De Sanzac, vous avez devant vous un malheureux, un désespéré !

— En ce cas, mon cher Adrien, c'est le moment de vous dire qu'on ne doit jamais désespérer.

Le jeune homme secoua tristement la tête.

Le vicomte reprit :

— Il est vrai que je ne connais pas la situation, puisque vous ne m'avez rien expliqué. Ne voulez-vous pas achever votre confidence ? Vous venez de me dire : « Je suis séparé d'elle pour toujours, je ne dois plus la revoir ! » Pourquoi êtes-vous séparés ? pourquoi ne devez-vous plus la revoir ?

— De Sanzac, vous voulez connaître mon aventure dans tous ses détails ?

— Oui, si vous désirez que je puisse apprécier les faits.

— Eh bien, vous saurez tout, je ne veux rien vous cacher. Vous avez raison, de Sanzac, on se soulage en confiant sa peine à un ami. Il me semble que quand je vous aurai tout dit je serai moins malheureux. Je vous préviens que vous allez être étonné et même stupéfié comme je l'ai été moi-même.

Voyant que le vicomte lui prêtait toute son attention, Adrien commença son récit.

Il dit d'abord dans quelle situation d'esprit il était arrivé à Champigneule, puis les choses singulières qu'on lui avait apprises sur les habitants de la Cordelière, appelée aussi la maison du diable, à cause des allures bizarres et des originalités de son propriétaire. Il raconta ensuite comment il était entré dans le jardin de la Cordelière, comment la jeune fille l'avait accueilli. Il fit avec enthousiasme le portrait d'Aurore, se plaisant à citer l'une après l'autre ses perfections physiques. Il parla de son ravissement, de ses étonnements successifs, des diverses sensations qu'il avait éprouvées. Il n'oublia point la scène où la muette avait voulu le poignarder. Tout ce que lui avait dit la jeune fille, il le répéta presque mot pour mot. On voyait qu'il éprouvait une jouissance à parler d'elle, à se rappeler ses paroles ; il lui semblait qu'il se retrouvait avec Aurore, qu'il la voyait, qu'il entendait sa voix, que c'était elle qui parlait. Toutes les heures qu'il avait passées près d'elle il les revivait avec elle. Enfin il termina en racontant ce qui s'était passé le soir même à la porte du jardin.

Cela, le vicomte de Sanzac le savait. Il eut cependant l'air d'écouter avec un redoublement d'attention. Il laissa même échapper un oh! de surprise, comme cela lui était arrivé plusieurs fois à certains endroits du récit.

Le marquis cessa de parler.

— Diable, diable! fit le vicomte.

Puis les coudes sur la table et la tête dans ses mains, il parut réfléchir profondément.

XXXII

PAROLES PERFIDES

— Eh bien, vous gardez le silence, reprit le marquis au bout d'un instant; je vous ai tout raconté : ce qui s'est passé entre moi et le père d'Aurore, vous le savez... Pourquoi cette colère, ces paroles violentes? Il m'a chassé comme un misérable, il m'a menacé, je crois même qu'il a eu véritablement l'intention de me tuer... Pourquoi? Pourquoi? Comprenez-vous?

— Je cherche à comprendre.

— Eh bien, non, de Sanzac, vous ne comprendrez pas plus que moi. Mais vous conviendrez que tout ce que je viens de vous raconter est bien étrange.

— Oui, bien étrange, grommela le vicomte.

— Quelles seront les suites de cette aventure? Je l'ignore. Mais quelque chose me dit qu'elles me seront funestes.

— N'ayez pas de pareilles idées.

— De Sanzac, j'ai de sombres pressentiments.

— Il faut vous en débarrasser.

— C'est facile à dire. Enfin, vous voyez dans quelle triste situation je me trouve.

— Nous tâcherons d'en sortir.

Le jeune homme secoua la tête.

— Aurore est perdue pour moi, dit-il.

Le vicomte ne répondit pas. Il continuait à réfléchir.

— Malgré votre expérience, reprit Adrien, malgré l'habitude que vous avez de triompher des plus grandes difficultés, — car je vous ai entendu dire souvent que les obstacles n'existaient pas pour vous, — vous n'avez aucun conseil à me donner, vous ne pouvez pas me dire ce que je dois faire?

Le vicomte releva lentement la tête. Un éclair rapide traversa son regard.

— Mon cher Adrien, dit-il gravement, vous vous trompez : ce que vous devez faire, je vous le dirai; je puis également vous aider de mes conseils affectueux. Mais, voilà, les suivrez-vous?

— Parlez, de Sanzac, parlez!

— Si j'étais à votre place, mon cher, dit le vicomte en regardant fixement le jeune homme, je considérerais comme un rêve ou un cauchemar ce qui me serait arrivé à la Cordelière, je l'effacerais de mon souvenir et je ne penserais plus à la gentille Aurore.

— C'est impossible! s'écria le marquis avec feu.

— Déjà vous vous révoltez; c'est pourtant le plus sage conseil que je puisse vous donner.

— Je le crois, de Sanzac, et je vous en sais gré. Mais ce que me commanderait ma raison, mon cœur me défendrait de l'exécuter. J'aime Aurore; ce que j'éprouve pour elle n'est pas un amour ordinaire, c'est une passion violente, furieuse, qui m'agite, me transporte, m'aveugle!... Pour me rapprocher d'elle, pour la revoir, je braverai tout : la colère de son père, les périls, la mort!... Je vous l'ai dit, de Sanzac, cette enfant s'est emparée de tout mon être; mon cœur, mon âme, mon sang, ma vie lui appartiennent. Et vous me dites de l'oublier? Jamais! Jamais!

— Je crois, en effet, que je perdrais mon temps à vous tenir le langage de Mentor à Télémaque. Puisque nous ne pouvons pas être sages, soyons fous. Cependant, mon cher Adrien, donnons-nous la peine de réfléchir et d'examiner la situation sérieusement, sans nous laisser égarer par les entraînements de votre cœur. Vous n'avez pas de préjugés, c'est accepté; souvent, pourtant, on est forcé de compter avec eux. Passons. Vous êtes grand, généreux, magnifique; dans le ravissement de votre amour, un premier amour, enflammé, brûlé par le feu de votre enthousiasme, incapable d'ailleurs d'abuser de l'innocence d'une jeune fille qui se livrait à vous sans défiance, dans son ignorance du danger, il vous a paru que l'élever jusqu'à vous, en faire votre femme, était la chose la plus simple du monde. Eh bien, mon cher marquis, vous aviez complètement perdu la raison, oui, vous étiez fou... Tout vous prouve maintenant que vous songiez à une insigne folie, et il est fort heureux pour vous que le père soit intervenu brutalement. Ah! vous avez reçu sur la tête une douche d'eau glacée qui vous fera certainement du bien.

Un sourire amer effleura les lèvres du jeune homme.

— Mon cher Adrien, continua le vicomte, vous avez oublié un instant ce que vous devez au nom que vous portez, à votre famille, à vos relations, au monde auquel vous appartenez et à vous-même... Quand on s'appelle le marquis de Verveine, on ne donne pas ainsi son nom à une jeune fille qu'on rencontre sur son chemin, par hasard, si adorable qu'elle fût. Vous allez encore me crier : Je l'aime! Je ne prétends pas vous empêcher de l'aimer. Aimez-la, adorez-la!... Mais n'ayez pas la naïveté de croire qu'on est forcé d'épouser une jeune fille parce qu'on l'aime.

Adrien fit un brusque mouvement.

— A voir votre effarement, dit le vicomte, on dirait que jamais l'on n'a parlé ainsi devant vous; pourtant, maintes fois, vous avez tenu vous-même un pareil langage. Est-ce vrai?

— Oui, c'est vrai.

— Et vous aviez raison alors, comme j'ai raison en ce moment. Vous êtes aveuglé, mon cher. Qu'est-ce que je veux? Vous ouvrir les yeux. Je veux vous faire voir l'abîme profond au bord duquel vous marchiez. On peut faire bien des extravagances, bien des folies : il faut que la jeunesse se passe. Mais dans une infinité de cas, le mariage est une chose bête, ridicule, dont il faut se garder comme de la peste. Et vous songiez à vous marier, vous! Si nos amis savaient cela, comme ils riraient! Allons donc, mon cher, vous n'avez que vingt-six ans ; vous avez le temps de vous mettre la corde au cou.

« Je reviens à mademoiselle Aurore. Qu'est-ce que c'est que cette jeune fille ? Vous n'en savez rien. Elle ignore tout, jusqu'au nom de son père? c'est inouï! Elle a l'innocence, la pureté des anges... paroles d'amoureux. Mais je ne veux lui enlever aucune de ses qualités ; je reconnais, au contraire, par le portrait que vous m'en avez fait, qu'elle est divinement jolie, que sa beauté touche à l'idéal. Pourtant, mon cher Adrien, je vois une tache au tableau, qui retient mon admiration. Deux ou trois fois, pendant votre récit, un mot que vous n'avez pas osé prononcer est venu à vos lèvres; c'est le mot idiote. Vous l'avez remplacé par le mot innocente, qui a à peu près la même signification. Je vous ai écouté avec la plus grande attention, passant d'une surprise à une autre. Ce que vous m'avez dit de cette jeune fille est stupéfiant, de même que son langage, ses manières et sa façon d'agir vis-à-vis de vous. Certes, la naïveté d'une jeune fille n'a jamais atteint un pareil degré. Est-elle réellement idiote? J'aime à croire que non. Mais il est certain qu'elle a l'intelligence obtuse et que son esprit flotte dans les ténèbres. Elle n'a rien appris, elle ne sait rien. Le mal, le bien sont des choses qu'elle ne comprend pas, et je me demande si elle a seulement le sentiment du juste et de l'injuste. Dans tous les cas, je n'oserais pas affirmer qu'elle a la faculté de penser. Dans son esprit tout est vague. La malheureuse enfant vit abandonnée à elle-même, livrée à ses seuls instincts. C'est une espèce de sauvage.

« Et c'est une marquise que vous vouliez faire de cette innocente? En vérité, c'est burlesque... Mais elle vous a donc ensorcelé cette ingénue, cette vierge aux papillons? Oh! c'est drôle... Tenez, si je n'étais pas votre ami, si je n'avais pas pitié de vous, je rirais à me tenir les côtes. »

Adrien rougit jusqu'aux oreilles. Intérieurement il se disait :

— De Sanzac a raison.

Confus, il baissa la tête.

— Bon, j'ai frappé juste, pensa le vicomte.

Et un sourire satanique courut sur ses lèvres.

Puis, comme se parlant à lui-même, il prononça lentement ces mots :

— Une maîtresse, je ne dis pas, mais une marquise!...

Adrien eut un tressaillement qui n'échappa point au regard perçant du vicomte.

Il sourit de nouveau, ses yeux étincelèrent et il se dit :

— Il y viendra. Je le tiens.

Après un moment de silence, il reprit :

— Mais ce n'est pas tout, mon cher Adrien, nous n'avons encore examiné qu'une partie du revers de la médaille. Parlons maintenant du père. Qui est-il, cet homme? Votre Dulcinée, — comme vous ressemblez un peu à un don Quichotte, je me permets de donner ce nom à votre ingénue, — votre Dulcinée sait qu'il est son père, et c'est tout. Ce qu'il est, ce qu'il a été, nul ne le sait. D'où sort-il, d'où vient-il? On ne le sait pas davantage. Il cache son nom, il cache son passé comme il cache sa personne. Il est évident qu'il craint d'être reconnu; son existence mystérieuse, les précautions dont il s'entoure nous en donnent la preuve. Or, si ce sombre personnage craint d'être reconnu, s'il cache son nom et son passé, c'est qu'il y a quelque chose d'horrible dans sa vie. Il cache son nom probablement parce que c'est un nom flétri, maudit, il cache son passé, parce qu'il a intérêt à le faire oublier, à le laisser enseveli dans l'ombre. Vous voulez connaître le fond de ma pensée? Eh bien, je suis convaincu que cet homme est un misérable... Ce qu'il cache, c'est sa honte!

— Oh! de Sanzac!

— Mon cher, ce n'est pas assez de protester; pour me prouver que je peux me tromper, il faudrait que vous puissiez m'expliquer autrement la conduite de cet homme, que vous puissiez me dire pourquoi il s'est condamné à vivre à la Cordelière, qui est, vous le dites vous-même, une sorte de prison. Après tout, qu'importe! Cet individu que nul ne connaît, qui, ce soir, a failli vous assassiner, n'est certainement pas le beau-père que vous avez rêvé.

« C'est un fou, disent les gens du pays. Dame! ce qu'on vous a raconté sur lui, ce que vous avez vu indiquerait assez que sa raison n'est pas en parfait équilibre. S'il a réellement le cerveau dérangé, si c'est une espèce de toqué, et décidément je commence à le croire, on peut mettre bien des choses sur le compte de sa folie, entre autres l'étrange façon dont il élève sa fille. Ah! la pauvre enfant est véritablement à plaindre, et je comprends, oui, je comprends le sentiment qu'elle vous a inspiré. Depuis son enfance, séparée du reste des vivants, elle a vécu seule comme elle vit maintenant, emprisonnée, séquestrée... C'est une victime! Si son père n'est pas un malheureux privé de sa raison, il est odieux; si c'est un insensé, la pauvre Aurore se trouve dans une situation horrible. Je frémis en pensant au triste sort qui lui est réservé.

Le marquis devint affreusement pâle.

— De Sanzac, vous m'épouvantez! s'écria-t-il.

— Et pourtant, mon cher Adrien, j'efface autant que possible les couleurs sombres du tableau. Voulez-vous que je vous dise ce qui serait un bonheur pour Aurore, ce qui la sauverait?

— Oui, dites.

— Eh bien, il faudrait qu'on l'arrachât au plus tôt de ce milieu sinistre où elle étouffe, s'étiole, se consume lentement, où ce qui lui reste de raison finira fatalement par s'éteindre.

— Oui, mais comment, comment?

— Comment? Vous l'aimez, elle vous aime, et vous me le demandez?

— Quoi! c'est un enlèvement que vous me conseillez?

— Non, car on ne peut pas dire qu'une jeune fille qui suit volontairement un jeune homme a été enlevée.

— Soit, répliqua-t-il, j'admets qu'Aurore consente à me suivre, et après?

Le vicomte eut un frémissement d'impatience.

— Puisqu'elle ne peut pas être votre femme, vous en ferez votre maîtresse, répondit-il cyniquement.

— Non! prononça énergiquement le jeune homme.

Le vicomte fronça les sourcils et se mordit les lèvres.

— Alors, fit-il, je n'ai plus rien à vous dire; vous ne l'aimez pas.

— Mais c'est précisément parce que je l'aime que je ne veux pas...

— Allons donc, l'interrompit de Sanzac en haussant les épaules, l'amour ne peut pas exister sans le désir de la possession. Du reste, je ne vous conseille

On peut quitter un couvent : on ne sort pas de la tombe, répliqua le comte.

rien, je vous indique seulement un moyen de sauver une jeune fille de l'idiotisme : je vous dis ce que je ferais si j'étais à votre place, voilà tout. Si je m'intéresse à Mlle Aurore, c'est à cause de vous, autrement il m'importerait fort peu qu'elle fût idiote ou folle. Mais à quoi bon discuter? Du moment qu'Adrien de Verveine, un des joyeux viveurs de Paris, a aujourd'hui des scrupules de séminariste, nous ne pouvons nous comprendre.

— Vous êtes mordant, de Sanzac.

— Eh! mon cher, vous lasseriez la patience d'un saint.

— Assurément, — et je me le suis déjà dit plusieurs fois, — Aurore ne peut pas rester enfermée à la Cordelière, mais l'enlever à son père est chose grave.

— N'est-ce donc rien de voir mourir une intelligence, de voir cette malheureuse tomber dans l'idiotisme? Tenez, mon cher, quand il vous est si facile de lui rendre un immense service, avec vos scrupules bêtes vous me faites pitié!

Le marquis resta un moment silencieux, la tête baissée. Il était facile de voir que des sentiments opposés se livraient en lui à une lutte acharnée. Le vicomte l'enveloppait de son regard chargé de lueurs livides, pendant que son mauvais sourire plissait ses lèvres frémissantes.

— Eh bien? fit-il, quand Adrien releva la tête.

— Je suis forcé de convenir que vous avez raison, de Sanzac, répondit le marquis.

— Allons donc! s'écria le vicomte.

Et la joie du triomphe étincela dans ses yeux.

— Oui, reprit le jeune homme, je le comprends; il faut à tout prix qu'Aurore sorte de la Cordelière.

— Très bien.

— Pendant un an, par exemple, on pourrait la placer dans une maison sûre où on veillerait sur elle, où les soins que son état exige ne lui manqueraient point.

— Mon cher, ceci vous regarde, répliqua le vicomte d'un ton moitié sérieux, moitié ironique, quand vous en serez là, vous verrez ce que vous aurez à faire.

Il se disait mentalement :

— Un reste de scrupule, ce n'est rien. L'amour ne fait que de naître; nous aurons la passion ardente avec ses transports et ses fureurs. Je soufflerai sur le feu qui s'allume en lui et j'en ferai un brasier.

Adrien reprit :

— La pauvre petite ne sait absolument rien des choses de la vie; c'est une éducation complète à faire.

— Je vous conseille de vous en plaindre! répondit le vicomte.

Et un petit rire sec éclata entre ses dents.

Le jeune homme le regarda avec suprise. Il n'avait pas entendu ou pas compris.

— Mon cher Adrien, dit le vicomte, reprenant son air grave, il faut que dans huit jours votre adorée soit enlevée de sa prison.

— Vous ne parlez pas des difficultés, de Sanzac.

— J'en ai rencontré de plus sérieuses dans ma vie. Inutile de vous dire que vous pouvez compter sur moi; je vous aiderai.

— Enfin, comment ferons-nous?

— Mon cher, les moyens les plus simples sont toujours les meilleurs. Vous m'avez dit que mademoiselle Aurore savait lire.

— Oui.
— Eh bien, vous lui écrirez.
— Soit. Mais pour lui faire parvenir une lettre?
— Rien de plus facile. Elle est souvent seule dans le jardin, vous connaissez l'endroit où elle se tient d'habitude et vous savez admirablement grimper sur un mur. Vous comprenez, n'est-ce pas? Vous choisissez le moment propice pour faire entendre un pst discret. Elle se retourne vivement, vous cherche des yeux, vous voit. Un doigt sur vos lèvres, vous lui faites comprendre qu'elle doit garder le silence; et elle vous comprendra, soyez-en sûr; c'est une chose d'instinct. Alors vous faites voler à ses pieds votre lettre lestée d'un caillou.
— Et si la lettre tombe dans les mains du père?
Le vicomte haussa les épaules.
— Mon cher, répliqua-t-il, on voit bien que vous ne connaissez pas les jeunes filles et la femme en général. Même chez les plus simples, les plus naïves, la ruse est innée : c'est encore une chose d'instinct. Soyez tranquille, si, après avoir lu votre lettre. Aurore ne la détruit pas, elle saura facilement la soustraire aux regards de son père et de la terrible femme muette. Or, dans cette lettre, vous lui direz de se trouver, à l'heure que vous indiquerez, à la porte du jardin qu'elle devra ouvrir.
— Si elle ne vient pas?
— Elle vous aime, elle viendra. Naturellement, nous agirons la nuit, afin de ne pas attirer l'attention des paysans curieux. Une chaise de poste, attelée de deux forts chevaux, que j'aurai amenée de Paris, nous attendra à cent pas de la Cordelière.
« En attendant, mon cher Adrien, nous ferons bien de quitter Champigneule dès demain matin.
— Comme vous voudrez.
— Nous nous rendrons à Circourt, où nous passerons le reste de la journée.
— Soit.
— Et après-demain nous rentrerons à Paris. Vous de votre côté, moi du mien, nous avons des dispositions à prendre. Ce n'est pas trop de cinq à six jours pour tout préparer et bien arrêter ce que chacun de nous devra faire.
Il regarda sa montre.
— Le temps passe vite en causant, reprit-il, il est près de minuit.
Le marquis s'était levé. Ils échangèrent encore quelques paroles et se séparèrent.

DEUXIÈME PARTIE

L'ENNEMI

I

LE RÉCIT

Nous marchons vers l'arrière-saison, les fils de la vierge, blancs et floconneux, commencent à voyager dans l'air. Les beaux jours, les jours de soleil, tièdes, vont devenir rares. Déjà quelques gelées nocturnes ont fait disparaître du jardin les jolis papillons d'Aurore; les scarabées se sont enfoncés dans leurs retraites souterraines; les feuilles tombent, les dernières fleurs vont mourir bientôt. On ne voit plus les fauvettes. Où sont-elles? Parties au-devant du soleil. Mais le rouge-gorge est encore là, lui; il ne peut se décider à quitter ce petit coin de terre où reste vert le lierre qui a abrité son nid. De temps à autre on l'entend jeter un petit cri : tuit, tuit... On le voit courir sur les plates-bandes, ramasser un moucheron attardé et sauter dans les branches des massifs.

Aurore est assise sur un banc de jardin. Elle est là sous les yeux de son père, qui cause en ce moment avec l'ami qu'il a amené à la Cordelière. Le vieillard avait redouté que la santé de sa fille ne fût compromise; mais après une journée d'inquiétude, ses craintes s'étaient dissipées.

Cependant la jeune fille est triste. Immobile, les mains jointes appuyées sur ses genoux, sa tête mélancoliquement inclinée sur sa poitrine, elle a l'air de rêver. De temps à autre elle lève les yeux, regarde son père, et un pâle sourire effleure ses lèvres. A côté d'elle, sur le banc, il y a un album d'images et un livre, mais elle ne pense pas à regarder les images et moins encore à ouvrir le livre.

Le vieillard, qui parlait depuis longtemps, s'arrêta pour reprendre haleine. Il était sous le coup d'une violente émotion, il avait la poitrine haletante, le teint animé, les lèvres frémissantes. De grosses gouttes de sueur perlaient sur son front. Ses yeux brillaient d'un éclat fiévreux. Dans l'expression de son regard il y avait quelque chose de sombre et de terrible.

Son auditeur était également très ému; son visage portait l'empreinte d'une tristesse profonde; sur ses joues deux lignes luisantes, encore humides, marquaient le passage de deux larmes. Il y avait dans ses membres comme un frémissement.

— Affreux, affreux ! murmura-t-il.

Le vieillard reprit :

— Pour toi, mon cher Guillaume, j'ai remué les cendres du passé, j'ai évoqué l'horrible fantôme et fait saigner les plaies de mon âme. Je ne pouvais, je ne devais rien cacher à mon meilleur, à mon unique ami.

— Merci, Paul merci... Oui, je suis digne de ta confiance, tu as bien fait de me faire connaître ton malheur.

— Les années sont passées, j'ai vieilli, mes cheveux sont devenus blancs, j'ai senti mon intelligence s'affaiblir, et le mal est resté là... Oh ! la blessure était profonde ! J'ai tout fait pour oublier, je n'ai pas pu... Ils sont toujours là, les fantômes, là, sous mes yeux, debout ! Va, j'ai souffert, horriblement souffert !... Heureusement, j'avais ma fille...

— Oui, ta fille, ta chère Lucie... Tout à l'heure nous parlerons d'elle.

— C'est pour elle que j'ai vécu, et c'est elle qui m'a fait vivre. Elle a été longtemps malade, des années ; je désespérais de pouvoir triompher du mal. J'ai connu toutes les angoisses. Que de larmes j'ai versées ! Chaque jour je m'attendais à la voir s'éteindre entre mes bras. Mais Dieu a eu pitié de moi, il m'a laissé mon enfant !

M. Guillaume Van Ossen, — nous ne voulons pas cacher plus longtemps son nom au lecteur, — jeta un regard de compassion du côté de la jeune fille.

Puis, s'adressant à son ami :

— Tu dois avoir encore beaucoup de choses à m'apprendre, dit-il, et je te prie de reprendre ton récit, à moins que tu ne te trouves trop fatigué pour continuer en ce moment.

— J'aime mieux achever tout de suite ; du reste, ce ne sera pas bien long. Où en suis-je resté ?

— Au moment où, sortant de la seconde chambre, tenant la petite Lucie dans tes bras, la comtesse se traîna à tes pieds en criant : « Grâce, grâce ! »

Le vieillard passa ses deux mains sur son front et reprit la parole :

— « Vous ne reverrez jamais votre fille ! » répondis-je à la comtesse. Et je m'élançai dans l'escalier. Personne ne vint se placer devant moi pour m'arrêter. Je sortis de la villa et me dirigeai rapidement vers la voiture, qui m'attendait sur la route, à vingt-cinq pas du ravin qui sépare la France de l'Italie. Quelques minutes après, nous avions franchi la frontière. A côté de moi, sur le coussin de la voiture, ma fille dormait d'un profond sommeil.

« Ce jour-là, je n'allai pas plus loin que Vintimille. Du reste, je pensais moins à m'éloigner de la France qu'à mettre promptement ma fille en lieu sûr, c'est-à-dire hors des atteintes de sa mère, dans le cas où la comtesse songerait à faire des recherches pour la retrouver. Tu comprends que je ne pouvais avoir l'intention de voyager longtemps avec un enfant de cet âge, dont l'état maladif avait été constamment l'objet de mes préoccupations. En me faisant conduire à Vintimille, j'avais mon idée. L'année avant mon mariage, j'avais parcouru l'Italie, un peu en touriste. Venant de Gênes pour rentrer en France, je m'arrêtai dans un petit village au bord de la mer, appelé Liverdia. J'y restai quinze jours, logé dans la maison d'un pêcheur. Cet homme était marié à une brave et honnête femme ; ils avaient un enfant ; ils en pleuraient un autre, une petite fille de six ans qu'ils avaient perdue peu de temps auparavant. C'étaient de pauvres gens, simples, n'ayant d'autre ambition que celle, bien légitime, de pouvoir vivre modestement du produit de la pêche. La femme était bonne entre toutes, et son mari digne de l'affection qu'elle avait pour lui. Ils s'adoraient et ne connaissaient l'un et l'autre que leur devoir. J'étais là presque en famille ; le mari et la femme avaient pour moi des attentions pleines de délicatesse. J'eus bien vite apprécié leurs excellentes qualités, et quand je les quittai je leur promis que si je faisais un nouveau voyage en Italie, je ne manquerais pas de venir passer quelques jours chez eux à Liverdia.

« Je m'étais souvenu de ces braves gens, et c'est à eux que je voulais confier ma petite Lucie, au moins pendant deux ou trois ans. Donc, je passai la nuit à Vintimille, et le lendemain, de bon matin, je me mis en route pour Liverdia. Me revoir fut pour le pêcheur et sa femme un véritable bonheur. Celle-ci faillit devenir folle de joie quand je lui eus dit que l'enfant qui m'accompagnait était ma fille, et que je l'avais amenée avec l'intention de la confier à ses soins.

« — Je l'aimerai comme j'aimais ma petite Carlotta qui est maintenant avec les anges, me dit-elle.

« — Elle remplira dans mon cœur le vide que notre Carlotta y a laissé, ajouta le mari.

« Je n'avais donc pas eu tort de compter sur eux. Je fixai la somme que je voulais leur donner mensuellement afin de les récompenser des soins qu'ils donneraient à ma fille, et cela fait, j'installai moi-même ma chère mignonne dans la chambre qui lui était destinée.

« Je restai quinze jours à Liverdia. Malgré la présence de ma fille, ses caresses, la joie que j'avais de l'avoir enlevée à une mère indigne, l'ennui m'avait saisi, toutes sortes de pensées sombres hantaient mon cerveau ; j'avais le moral très affecté et je craignis sérieusement d'être atteint de cette maladie que nos voisins d'outre-Manche appellent le spleen. Et puis, à chaque instant Lucie me disait : « Je voudrais voir maman. Quand donc maman viendra ? Où est-elle donc, maman ? » Eh bien, je ne pouvais supporter cela ; c'était un autre tourment non moins cruel que les autres.

« Il était urgent de réagir contre le mal qui me consumait lentement, qui menaçait de me tuer ; il fallait me secouer, sortir de ma torpeur, de mon accablement, chercher à me distraire, afin de faire autant que possible diversion à mes pensées.

Pour cela, le meilleur moyen était de voyager, de courir sans cesse, sans jamais m'arrêter, comme le légendaire Juif-Errant. C'est ce que je fis. Pendant les trois ans que ma fille resta à Liverdia, je parcourus plusieurs fois toutes les provinces de l'Europe, à l'exception de la France, dont je m'éloignais le plus que je pouvais, comme si j'eusse pris ma patrie en haine. Ayant contracté ainsi l'habitude d'aller, de venir, d'être partout et nulle part, j'avais un besoin extraordinaire de locomotion. Je ne crois pas être resté jamais plus de deux jours dans la même ville.

« Inutile de te dire que je faisais de fréquentes apparitions à Liverdia. Grâce aux soins qu'on lui prodiguait, la santé de Lucie ne laissait rien à désirer ; ses forces physiques se développaient merveilleusement au grand air, sous le chaud soleil d'Italie ; elle grandissait et embellissait à vue d'œil.

« Les trois ou quatre jours que je passais avec elle n'étaient qu'une suite d'explosions de tendresse, et quand j'avais rempli mon cœur de douces joies et que je m'étais rassasié des caresses de mon enfant, je me remettais en route pour recommencer le voyage que je venais de faire ; je me portais bien, mais je ne parvenais pas à trouver l'oubli, et ma volonté n'était pas assez forte pour me débarrasser des sombres pensées et des idées noires qui me suivaient partout comme une légion de démons hideux ou de lugubres fantômes.

— Ces sombres pensées et ces idées noires, tu les as encore aujourd'hui, dit tristement M. Van Ossen.

— Oui. Mais j'ai, en revanche, le bonheur que me donne ma fille ; en la regardant, en l'écoutant, en voyant son sourire, mon esprit se rassérène et il me semble que je reprends possession de moi-même ; un de ses baisers produit l'effet d'un baume qu'on verserait sur les plaies de mon cœur.

— Ressemble-t-elle à sa mère ?

— Non, et c'est ma plus grande satisfaction.

— N'as-tu rien à me dire de la comtesse de Lasserre ?

— Pourquoi veux-tu que je parle d'elle encore ? Que désires-tu savoir ?

— Ce que tu sais.

Un nuage passa sur le front du comte de Lasserre.

— Comme tu le vois, mon cher Paul, reprit M. Van Ossen, je prends part à tes douleurs et je te plains ; tu as tenu à me faire connaître ton immense malheur, permets-moi donc d'être exigeant et de te dire : Il faut maintenant que je sache tout. Paul, la malheureuse comtesse de Lasserre est digne de pitié aussi ; tu ne saurais m'en vouloir du sentiment que j'éprouve ; la pauvre femme m'intéresse. Ne sais-tu pas ce qu'elle a fait, ce qu'elle est devenue après la scène de la villa ?

— J'ignore ce qui s'est passé entre elle et son amant ; mais le jour même, à la suite d'une querelle, probablement, il y a eu rupture, et la comtesse a quitté la villa, avec l'intention bien arrêtée de se mettre à ma poursuite afin d'essayer de me reprendre Lucie.

— Ah! c'est bien, cela, fit M. Van Ossen.

Un sourire amer crispa les lèvres du comte. Il reprit :

— Supposant que j'étais reparti pour Nice, elle pensa à se rendre immédiatement dans cette ville; mais le hasard l'ayant conduite dans l'hôtel où j'étais descendu, à Menton, un domestique indiscret lui apprit que j'étais parti pour Vintimille. Elle coucha à Menton dans une chambre de l'hôtel, et, le lendemain matin, elle se mit en route pour Vintimille.

« J'appris cela trois semaines plus tard, de la bouche du postillon italien dont j'ai parlé, lorsque je revins à Nice pour prendre mes malles que j'avais laissées à la gare.

« Voulant savoir ce que la comtesse avait fait en Italie et quelle route elle avait suivie, je fis prendre des renseignements.

« A Vintimille, elle parvint à découvrir que j'étais parti le matin, à la première heure, me dirigeant sur Gênes. Elle pensa sans doute que je m'arrêterais dans cette ville, car, sans perdre de temps, elle se mit en route pour Gênes, croyant être sur mes traces. Après m'y avoir inutilement cherché pendant plusieurs jours, elle comprit, sans doute, qu'elle devait renoncer à son fol espoir de retrouver sa fille. Alors, découragée, elle quitta la ville de Gênes. On ne put m'apprendre de quel côté elle s'était dirigée, mais j'ai tout lieu de supposer qu'elle était retournée en France.

— Pauvre femme! murmura le Hollandais.

— La comtesse de Lasserre n'était plus rien pour moi, continua le comte; mais en m'occupant d'elle, en cherchant à savoir ce qu'elle allait devenir, j'obéissais à un sentiment qui parlait en moi plus haut que la colère. Assurément, je ne l'aimais pas, je ne pouvais aimer encore la femme indigne; mais je m'étonnais de ne sentir aucune haine dans mon cœur; j'y trouvais, au contraire, une profonde pitié. D'ailleurs, elle portait mon nom, elle était comtesse de Lasserre, et je ne pouvais et je ne peux encore oublier qu'elle est la mère de ma fille. Quand j'appris qu'elle avait quitté brusquement son amant, je me demandai aussitôt : « Que va-t-elle faire, la malheureuse? Que va-t-elle devenir? » Tout se révoltait en moi à cette pensée que la mère de ma fille, que la comtesse de Lasserre, abandonnée par moi à sa triste destinée, pourrait descendre un à un tous les échelons de la misère, et, chose plus horrible encore, tomber dans les bas-fonds du vice, dans la fange où croupissent les femmes qui n'ont plus de honte.

« La comtesse, je te l'ai dit, avait quitté l'hôtel de Lasserre avec quelques centaines de francs seulement, sans emporter aucun de ses bijoux; et, si économe qu'elle fût, après les dépenses qu'elle avait dû faire en Italie, elle ne devait pas tarder à se trouver sans ressources. Je sentis qu'il était de mon devoir de lui assurer une existence indépendante, soit en lui faisant servir une pension, soit en lui remettant un capital qu'elle placerait elle-même.

La maison enfoncée sous la verdure avait un aspect charmant.

Le Hollandais saisit une des mains du comte et lui dit avec émotion :

— Je reconnais le comte de Lasserre, généreux et bon toujours et malgré tout.

— J'écrivis en ce sens à mon notaire, M⁰ Corvisier, continua le comte, le priant de mettre tous ses soins à découvrir le plus vite possible le lieu de résidence de la comtesse afin de s'entendre avec elle au sujet de la donation ou de la pension. Pendant des mois, M⁰ Corvisier chercha vainement la comtesse de Lasserre, qui semblait avoir disparu du monde. Des années se seraient peut-être écoulées sans que Mᵉ Corvisier fût parvenu à retrouver la comtesse si un jour, au moment où il s'y attendait le moins, elle ne se fût présentée chez lui.

— Ah! fit M. Van Ossen, subitement soulagé d'une grande oppression

— Mᵉ Corvisier, poursuivit le comte, put croire, d'abord, que la comtesse de Lasserre, à bout de ressources, manquant de tout et poussée par la nécessité, s'était enfin décidée à venir le trouver. Eh bien, non; Mᵉ Corvisier lui dit ce que je voulais faire pour elle, et elle refusa.

— Ah! elle refusa? fit M. Van Ossen.

— Oui, mon ami, elle refusa avec orgueil.

— Eh bien, je comprends cela.

Le comte secoua la tête.

— Je n'ai pas compris, moi, dit-il, car, enfin, comment a-t-elle vécu? comment vit-elle?

— Peut-être le sauras-tu un jour.

— Après tout, que m'importe? Je ne me reproche rien, j'ai fait ce que je devais.

— Enfin, pourquoi venait-elle trouver le notaire?

— Oh! une folie! répondit le comte : elle venait prier Mᵉ Corvisier de lui servir d'intermédiaire auprès de moi pour qu'il lui soit permis de revoir sa fille ; elle venait réclamer son enfant!

— J'avais deviné, dit M. Van Ossen, dont le visage s'attrista de nouveau.

Après un court silence, il reprit :

— Et tu as été impitoyable? Tu n'as pas autorisé la pauvre mère à voir sa fille, même une seule fois? Pourtant c'eût été pour elle une consolation, une joie dans son malheur.

— Guillaume, répliqua le comte d'une voix creuse, j'ai juré que la comtesse de Lasserre ne reverrait jamais sa fille!

— Paul, tu es terrible!

— Je suis juste.

— Soit. Mais ce long châtiment infligé à l'épouse coupable ne plaide-t-il pas un peu en faveur de la mère?

— Rien, répondit le comte d'un ton bref et sec? l'épouse coupable est également une mère indigne. La comtesse de Lasserre ne reverra jamais sa fille!

Le Hollandais baissa la tête, puis, la relevant aussitôt :

— La comtesse de Lasserre a-t-elle revu le vicomte de Sanzac après leur séparation? demanda-t-il.

— Je l'ignore, répondit le comte, mais je ne le crois pas. Il m'a été dit que, souvent le vicomte avait cherché à savoir ce que la comtesse était devenue.

— Il l'aimait donc réellement?

— Je n'en sais rien.

— Dans ce cas, il aurait moins songé à une lâche vengeance, comme tu me l'as dit, qu'à satisfaire une passion.
— La comtesse en est-elle moins coupable?
— Non, sans doute; mais quand je me trouve en présence d'une faute commise, au lieu de l'aggraver, je cherche, au contraire, les choses qui peuvent l'atténuer. Paul, laisse-moi croire que la comtesse est une victime.
— Mon cher Guillaume, répliqua froidement le comte, il est inutile de prendre sa défense, de plaider sa cause : je l'ai jugée et condamnée.
— Soit, mais tu as le droit de grâce; un jour tu pardonneras.
Un éclair jaillit des yeux du comte.
— Jamais! dit-il d'une voix sourde.
— Qu'as-tu à me dire encore de la comtesse?
— Plus rien.
— Alors, tu ne sais pas où elle est?
— Je l'ignore absolument. Elle n'est plus revenue chez M° Corvisier, je n'ai plus entendu parler d'elle, je ne sais pas ce qu'elle est devenue.
— Peut-être n'est-elle plus de ce monde!
— Ce serait le repos pour elle, la tranquillité de ma fille et la mienne. Mais non, elle existe, autrement j'aurais appris sa mort.
— C'est singulier qu'elle ait ainsi disparu. Peut-être s'est-elle expatriée?
— C'est possible. Mais nous pouvons admettre également qu'elle s'est retirée dans un cloître.
— Dans ce cas, c'est comme si elle n'existait plus.
— Pas tout à fait, répliqua le comte; on peut quitter un couvent, on ne sort pas de la tombe.

A ce moment, Aurore se leva. Elle s'avança lentement vers les deux amis, s'arrêta devant eux, et un sourire intraduisible courut sur ses lèvres pâlies
— L'hiver sera long cette année, dit-elle d'une voix dolente.
Et elle entra dans la maison.

II

LES IDÉES DU COMTE DE LASSERRE

Après un moment de silence, le comte de Lasserre continua son récit.
— Quelques mois avant de reprendre ma fille chez les pêcheurs de Liverdia, j'avais loué une petite maison toute meublée au milieu d'un des plus jolis sites de la campagne de Florence. Cette habitation, suffisamment solitaire, cachée dans un fouillis de verdure, était bâtie au milieu d'un jardin à peu près d'égale grandeur que celui-ci. De magnifiques conifères, une grande variété d'arbustes et des

fleurs à l'infini, faisaient de cet endroit une retraite des plus agréables. C'est là, à moins de trois quarts d'heure de Florence, que je passai cinq années et quelques mois avec ma fille.

« J'avais alors trois serviteurs : une femme d'une cinquantaine d'années, qui faisait la cuisine et tous les gros ouvrages de la maison ; Francesca, que j'avais attachée à mon service, précisément parce qu'elle était muette, et qui était chargée de veiller constamment sur ma fille ; puis un jardinier avec lequel je travaillais presque constamment dans le jardin.

« Nous vivions dans une isolement absolu. Je ne connaissais personne à Florence, ni dans les environs de ma demeure, et je ne tenais nullement à avoir des relations avec mes voisins. J'avais toujours aimé à vivre en dehors du monde, je m'habituai facilement à rester éloigné des hommes, et je devins tout à fait misanthrope. La grande solitude me devint si chère, que je passais des mois entiers sans sortir de mon jardin.

« Du reste, je n'avais rien à désirer, rien à envier : j'avais ma fille près de moi, je pouvais lui prodiguer ma tendresse, recevoir à chaque instant ses baisers ; elle était à moi, à moi seul, et je voulais aussi lui appartenir uniquement. Je m'étais dit : « Je vivrai pour ma fille. » En effet, c'était bien pour elle, pour elle seule que je vivais. Quoique bien jeune encore, je l'aimais déjà comme jamais un père n'a aimé son enfant ; je sentais qu'après l'avoir arrachée des bras de sa mère, il fallait que je l'aimasse pour deux. Lui donner toute ma tendresse, toute mon affection m'était facile : il ne restait plus de vivant dans mon cœur que l'amour paternel.

« Je l'aimais, je l'aime si ardemment, si follement, si tu veux, que je suis forcé de convenir que l'affection d'un père, qui devrait être toujours raisonnée, peut devenir une espèce de passion. Je voudrais que moi seul occupasse constamment sa pensée. Je suis jaloux de tout : du rouge-gorge qui chante dans un massif et qu'elle écoute, du papillon qu'elle voit sur une fleur, de l'insecte qu'elle prend sur un brin d'herbe. Francesca l'aime beaucoup, il y a près de douze ans qu'elle est près d'elle ; eh bien, je n'admettrai pas que Francesca lui mît un baiser sur le front. Je considérerais ce fait comme un vol à mon préjudice.

« C'est de la folie, diras-tu. Oui, oui, c'est de la folie, je le sais ; j'ai essayé souvent de me raisonner et de réagir contre ce sentiment si étrangement ombrageux et jaloux. Impossible de le vaincre ; il est plus fort que ma raison, que ma volonté ; il domine tous les autres.

« D'après cela, tu comprends ma colère de l'autre soir. Un jeune homme a eu l'audace de pénétrer près de ma fille, dans cette retraite fermée à tout le monde. Ah ! Guillaume, ta présence a empêché un irréparable malheur !... Je n'avais plus ma raison, mon ami : si tu n'eusses pas été près de moi, je l'aurais tué !...

« Je veux avoir toute l'affection de ma fille comme elle a toute la mienne ; je n'aime qu'elle, elle ne doit aimer que moi ; je n'admets pas qu'un de ses regards ou un de ses sourires puisse s'adresser à un autre. Tiens, il suffirait que je surprisse les yeux d'un homme attachés sur elle pour que tout mon sang bouillonnât dans mes veines! »

Le comte s'arrêta, interrogeant du regard le Hollandais silencieux. Mais celui-ci, impassible, ne laissa point voir qu'il approuvait ou désapprouvait.

— Après tout, reprit le comte, qui comprenait sans doute l'éloquence du silence de son ami, on ne peut aimer trop son enfant, et on ne saurait me blâmer d'aimer ma fille comme je l'aime. Peut-être y a-t-il des gens qui ne s'expliqueraient pas une pareille affection, mais cela m'importe peu. Je sais ce que je dois à ma fille, moi... Si aujourd'hui mon cœur n'est pas mort, si ma pensée n'est pas éteinte, si je puis encore ressentir un tressaillement, éprouver une émotion, une joie, c'est grâce à elle! Sans ma fille que serais-je devenu? Va, je ne pourrai jamais lui rendre tout ce que je lui dois, et je voudrais pouvoir l'aimer plus encore!

« Après mes dures épreuves, après toutes mes douleurs, je sus me créer, près de ma fille, un bonheur à moi... Assis devant elle, je l'enveloppe de mon regard et je reste des heures entières à la contempler. Alors il se fait en moi un apaisement soudain, je ne pense plus, j'oublie... Je me plonge dans une sorte d'ivresse, c'est une délicieuse extase !... »

M. Van Ossen examina le comte avec une expression de commisération profonde.

— Je devine ta pensée, continue M. de Lasserre avec un sourire doux et triste ; tu te dis que je suis un pauvre insensé!

— Non, mon cher Paul, tes paroles m'ont suggéré une tout autre pensée. Mais je te ferai part tout à l'heure de mes impressions. Reviens, je te prie, à la suite de ton récit, dont tu t'es éloigné en me parlant de ta fille.

— Je t'ai dit comment nous vivions près de Florence ; notre existence, depuis, n'a pas beaucoup changé. Je m'étais fait le précepteur de ma fille, et les instants que je ne consacrais point à l'horticulture, je les employais à lui donner des leçons. En assez peu de temps, je lui appris à lire, à écrire et un peu d'arithmétique. Cependant elle n'apprenait pas facilement. Je lui donnai aussi quelques notions d'histoire, de géographie et de botanique. Elle avait un goût prononcé pour la musique ; je lui appris le solfège et un peu à chanter et à jouer du piano. Plus tard, autant pour occuper ses loisirs que pour l'amuser, je lui montrai à crayonner, tant bien que mal, un arbre, une maison, une fleur, un oiseau, un nez, une main. Mais la plupart de ces études furent extrêmement pénibles. Pour ne point la fatiguer, je dus renoncer à lui faire apprendre la grammaire et les règles de la syntaxe. Bah ! me disais-je, elle a le temps d'apprendre toutes choses.

« Elle allait avoir onze ans, lorsqu'elle fut atteinte de cette maladie de langueur qui, pendant plusieurs années, m'a causé de si vives inquiétudes. J'ai longtemps et sérieusement étudié la médecine ; eh bien, je n'ai pu découvrir le caractère réel de cette étrange maladie, évidemment compliquée d'anémie et de fièvre intermittente, qui a failli tuer ma chère enfant.

« Précédemment, j'avais remarqué chez elle des instants d'accablement, de lassitude extrême, suivis toujours d'une sorte de prostration. Sans aucun doute, le germe du mal était en elle depuis longtemps. Comme elle avait rapidement grandi, je crus pouvoir admettre que cette croissance, pour ainsi dire instantanée, était une des principales causes de la maladie.

« Ce qui fut pour moi un autre sujet d'alarmes, une grande douleur, c'est que je m'aperçus que le mal étendait aussi son action sur les facultés intellectuelles de ma chère malade ; le développement de son intelligence s'était subitement arrêté ; l'apathie avait pour effet la somnolence de l'esprit. Tout autre que moi aurait pu croire ma fille idiote... »

Une lueur rapide traversa le regard du Hollandais.

— J'étudiais constamment l'état dans lequel elle se trouvait, continua M. de Lasserre ; j'examinais, j'observais. Sur ce point, d'ailleurs, la science phrénologique m'avait rassuré.

Une nouvelle lueur jaillit des yeux du Hollandais, et un sourire doux et triste glissa sur ses lèvres.

Le comte ne surprit ni le sourire, ni l'éclat du regard.

Il reprit :

— J'entre dans tous ces détails, mon cher Guillaume, afin de t'expliquer pourquoi l'instruction de ma fille n'a été qu'ébauchée. Cependant son état restait le même et je continuais à être dévoré d'inquiétude. La pensée me vint qu'un voyage de quelques mois pourrait opérer sur l'état général de la santé de ma chère Lucie une excellente réaction, et je m'occupai aussitôt de nos préparatifs de départ.

Je congédiai mes domestiques, à l'exception de Francesca, qui s'était attachée à ma fille, qui était pleine de sollicitude pour elle, et que je tenais à conserver. Je rendis les clefs de la maison à son propriétaire et nous nous mîmes en route.

« Pour nous accompagner, Francesca était bien la femme qui nous convenait le mieux : muette, et de plus ne sachant ni lire ni écrire, je n'avais pas à redouter ses indiscrétions. Je dois te dire, en passant, que depuis cinq ans qu'elle était avec nous, j'avais eu le temps d'étudier sa pantomime et que j'étais arrivé à la comprendre par l'expression de son regard, le mouvement de ses yeux et ses gestes comme si elle m'eût parlé.

« Je t'ai dit qu'avant de quitter Paris j'avais changé de nom ; j'avais définitivement adopté le nom de Pierre Rousseau ; c'est sous ce nom que j'avais fait plusieurs fois le tour de l'Europe, que je recevais mes lettres, que j'avais loué la villa près de Florence ; c'est également sous ce nom de Pierre Rousseau que je voyageai avec ma fille, dont depuis longtemps déjà j'avais changé également le nom par celui d'Aurore. »

Un mouvement de M. Van Ossen interrompit le comte.

— Pourquoi ces changements de noms ? demanda le Hollandais. Quand tu as quitté ton hôtel pour te mettre à la recherche de ta femme et de ta fille, je comprends que tu aies cru devoir prendre ce nom de Pierre Rousseau ; mais après avoir obtenu ce que tu désirais, c'est-à-dire quand tu as eu repris l'enfant à sa mère, il me semble que tu n'avais plus aucune raison de le conserver. Permets-moi aussi de m'étonner de cette substitution du nom d'Aurore à celui de Lucie.

Une contraction nerveuse altéra les traits de M. de Lasserre.

— J'ai agi par prudence, répondit-il les sourcils froncés ; je tenais essentiellement à rester inconnu, d'abord pour ne pas attirer l'attention des gens curieux et malfaisants qui, indifférents à l'égard du bourgeois Pierre Rousseau, auraient changé d'attitude vis-à-vis du comte de Lasserre ; je n'aurais pas voulu pour rien au monde, provoquer la curiosité et voir soulever le voile qui cachait ma vie privée. Ensuite je ne voulais pas, — et cette crainte je l'ai toujours, — que la comtesse de Lasserre pût découvrir ma retraite, dans le cas où elle aurait fait ou fait faire des recherches pour retrouver sa fille. Et puis, je te le dis à toi, je ne veux plus du nom de Lasserre par respect pour ceux qui l'ont porté avant moi ; je l'ai donné à une femme qui l'a déshonoré ; non je n'en veux plus, ni pour moi, ni pour ma fille... Le comte de Lasserre n'existe plus ; je suis Pierre Rousseau, un simple bourgeois, je veux rester Pierre Rousseau !... Tiens, je suis allé plus loin : pour tout le monde, aujourd'hui, je n'ai pas de nom. Si tu demandais dans le pays comment se nomme le propriétaire de la Cordelière, on te répondrait : Nous n'en savons rien ; c'est l'homme sans nom ! Ma fille elle-même, ma fille, qui a oublié le nom de Rousseau, ne connaît pas mon véritable nom. Oui, elle ne sait pas, elle ne saura jamais que je suis le comte de Lasserre !

— Oh ! fit M. Van Ossen.

— Sur ce point comme sur d'autres j'ai des idées arrêtées.

— Avoue, au moins, que ce sont de singulières idées.

— Singulières, je le veux bien, mais excellentes.

— Je n'en suis pas convaincu.

— Ma fille et moi nous leur devons notre tranquillité.

M. Van Ossen garda le silence comme s'il n'eût rien trouvé à répondre.

— Nous voyageâmes pendant trois mois seulement. Les premiers jours, Aurore avait paru éprouver un certain bien-être ; elle s'intéressait aux choses qui frappaient ses regards ; elle avait l'air satisfait ; enfin elle se ranimait, et je remarquais avec bonheur que ses yeux avaient plus d'éclat et que la pâleur de ses joues tendait à disparaître. Je la voyais plus vive, enjouée parfois, et je croyais pouvoir espérer qu'elle reviendrait promptement à la santé. Malheureusement, cela dura peu. Elle retomba bientôt, presque subitement, dans son abattement, dans le même état de torpeur. Je m'étais trompé : le voyage n'avait point exercé l'influence salutaire sur laquelle j'avais compté.

« Nous étions en Suisse, au bord du lac Léman. L'endroit où nous nous trouvions, à deux lieues de Lausanne, parut plaire à Aurore. Je me mis immédiatement à la recherche d'une habitation, que je trouvai d'ailleurs facilement, et nous nous y installâmes. La maison, enfoncée sous la verdure, avec les treilles qui grimpaient en festons sur ses murs, avait un aspect charmant. Elle était de plus admirablement située, au flanc du coteau, regardant le lac, sur lequel nous avions une vue magnifique.

« Nous avons vécu fort tranquillement dans cette solitude, appréciant de plus en plus le charme de notre isolement. La crainte, je ne veux pas dire l'horreur que j'avais des hommes, me faisait éviter avec soin toutes les occasions qui auraient pu fournir quelque prétexte à des visites que je ne désirais point.

« Dans l'intérieur de la maison, Francesca suffisait à tout. Je cultivais moi-même mon jardin, mes plantes, ma vigne. Je m'habituai aisément à me passer de plusieurs domestiques ; il faut en avoir eu quatre ou cinq pour bien apprécier combien on est heureux de pouvoir, dans une infinité de circonstances, se servir soi-même.

« Trois ans s'écoulèrent. Grâce à mes soins continus, au bon air qu'elle respirait, à la tranquillité dont nous jouissions, ma chère Aurore était revenue à la santé, elle avait retrouvé ses forces ; mon enfant m'était enfin rendue !

« J'avais cru devoir lui apprendre que j'étais Français et qu'elle-même était née en France, à Paris.

« Un jour elle me dit :

« — Père, allons-nous donc toujours rester en Suisse? Puisque la France est notre pays, pourquoi n'allons-nous pas y demeurer?...

— « Est-ce que tu le désires ? lui demandai-je.

— « Oui, me répondit-elle en m'embrassant : je crois que je me plairais encore mieux en France qu'ici.

« C'était un ordre pour moi, continua M. de Lasserre. Le jour même j'écrivis à M. Corvisier pour le prier de me trouver en France, n'importe où, mais à une assez grande distance de Paris, une petite maison solitaire, conforme à mes goûts et à ceux de ma fille.

Au bout de quelques jours, mon notaire me répondit qu'il avait découvert dans le département de l'Aube une petite propriété qui, peut-être, serait à ma convenance. En même temps il me donnait la description de la Cordelière, qui était autrefois, paraît-il, une annexe de la riche abbaye de Clairvaux. Je me trouvai satisfait et la propriété fut achetée. Alors, ce jardin, dont tu as bien voulu me faire des compliments, probablement pour flatter l'amour-propre du jardinier, n'était qu'un friche où les orties, les coquelicots et toutes sortes de hautes herbes

Allez-vous-en, criai-je, je vous chasse comme un valet infidèle et que je n'entende plus parler de vous.

croissaient au milieu de ronces énormes, entrelacées comme les lianes des forêts vierges d'Amérique. Quant à la maison, ce n'était en réalité qu'une masure décrépie, rayée de profondes lézardes et prête à tomber en ruines.

M. Corvisier s'entendit avec un entrepreneur qui se chargea de restaurer la maison et de faire nettoyer le jardin. Les travaux furent faits assez rapidement. La maison étant enfin rendue habitable, nous quittâmes la Suisse, et nous vînmes nous installer à la Cordelière où, isolés, loin du bruit, nous vivons depuis deux ans ans dans une paix profonde.

Voilà toute mon histoire, mon cher Guillaume; tu sais maintenant quels événements m'ont fait exiler du monde, et quelle a été mon existence pendant les vingt ans qui se sont écoulés sans que nous nous soyons vus.

— Par ta faute.

— C'est vrai. Quand je courais à travers l'Europe, je pouvais aussi bien aller à Amsterdam qu'à la Haye.

— D'ailleurs, tu pouvais m'écrire; si tu m'eusses appelé, je serais accouru.

— J'en suis certain. Oh! je n'ai pas douté de ta bonne et franche amitié. Va, j'ai pensé à toi souvent. Mais, que veux-tu? Quand on souffre, quand on est malheureux, on a des idées bizarres, on s'éloigne de tout, on craint de se montrer à ses meilleurs amis, on suppose qu'on est oublié, abandonné de tout le monde, on a peur d'être une cause de gêne ou d'ennui, on a sa fierté; on ne veut pas inspirer de la pitié; bref, on voudrait pouvoir se cacher au fond d'une caverne ou dans un trou sous terre.

— Pourtant, c'est auprès d'un ami sincère qu'on peut trouver la consolation.

— Oui. Seulement, mon cher Guillaume, on ne sent pas en soi le désir d'être consolé.

— Allons, allons, maintenant que nous nous sommes retrouvés, j'espère bien pouvoir te remettre un peu d'espoir au cœur.

Le comte de Lasserre secoua tristement la tête.

— Mon cher Paul, il le faut! reprit le Hollandais d'un ton presque solennel.

Il poursuivit :

— Tu as excité ma curiosité au plus haut point; si l'on racontait ton histoire, les auditeurs croiraient entendre un véritable roman. C'est un drame de famille douloureux et poignant. Cette avide curiosité que tu as fait naître en moi m'oblige à te demander quelque chose encore.

— Je t'ai dit tout.

— Non, il y a un point que tu as laissé dans l'ombre, peut-être volontairement.

— Je ne crois pas.

— Tu m'as à peine parlé du vicomte de Sanzac; mais tu m'as dit que cet homme était ton ennemi. Y a-t-il indiscrétion à te demander la cause de cette inimitié, de cette haine?

— Bien qu'il me répugne de parler de certaines choses et de certaines gens, de montrer la flétrissure au front d'un homme, je satisferai ta curiosité au sujet du vicomte de Sanzac. Eh bien, oui, ce que je n'ai confié à personne, tu le sauras. Tu vas connaître cet homme, ce misérable, qui m'a volé ce que j'avais de plus précieux : mon honneur et celui de mon enfant!

III

UN JOLI VICOMTE

Après un moment de silence, le comte de Lasserre reprit :
— Trois ans avant mon mariage, je reçus un matin la visite d'un jeune homme d'élégante tournure, de manières distinguées, à la physionomie sympathique, au regard doux, un peu timide. Il me plut immédiatement, et je l'accueillis affectueusement.

Arrivant de Mirande et fraîchement débarqué à Paris, où il venait, me dit-il, pour achever ses études de droit, il était porteur d'une lettre d'un de mes bons amis, avocat à Auch, qui me le recommandait chaleureusement, tout en me priant de lui donner les conseils que je jugerais nécesaires.

Inutile de te dire, n'est-ce pas, que ce jeune homme si élégant, si sympathique, était le vicomte de Sanzac. Malheureusement, sous des dehors charmants, il cachait une précoce perversité; malheureusement aussi, je ne découvris point qu'il portait un masque sur le visage. En lui tout était mensonge et hypocrisie ; il mentait par le regard, le sourire et les inflexions de la voix. Jamais homme n'a été aussi fatalement doué pour tromper les autres.

Je n'étais pas alors sceptique comme aujourd'hui, j'étais même un peu trop optimiste. Le vicomte de Sanzac sut vite capter ma confiance. Comme tu le sais, je vivais très retiré, presque seul, tout entier à mes travaux scientifiques ; pourtant je ne crus point devoir repousser une amitié paraissant sincère, qui s'offrait à moi. Le vicomte devint mon ami. Il venait me voir souvent et presque toujours je le retenais à déjeuner ou à dîner. Il me disait qu'il suivait assidûment les cours, qu'il travaillait beaucoup. Je le croyais, ne pouvant supposer qu'il eût intérêt à mentir et à me tromper. Vivant éloigné du monde et ne mettant jamais les pieds dans les endroits où les jeunes gens s'amusent, je ne pouvais savoir quel emploi le vicomte faisait de son temps ; j'étais loin de soupçonner qu'il s'était lancé avec frénésie dans le tourbillon de la vie parisienne, qu'il passait les nuits dans des orgies sans nom ; que, poussé par ses passions, il se livrait à un véritable dévergondage.

Cependant, divers emprunts qu'il m'avait faits auraient dû m'ouvrir les yeux ; mais j'étais stupidement crédule ; je ne voulais pas voir. D'ailleurs, je lui avais ouvert ma bourse sans compter, comme à un ami, et ce n'est que plus tard, en rappelant mes souvenirs, que je pus évaluer à environ vingt mille francs le total de ses emprunts.

J'avais fait plus encore pour lui : je l'avais conduit chez plusieurs personnes et lui avais ouvert ainsi la porte des salons du faubourg Saint-Germain.

Chez moi il était comme chez lui, entièrement libre. D'ailleurs je ne me gênais pas plus avec lui qu'il ne se gênait avec moi. Quand il arrivait et que j'étais à travailler dans mon cabinet, il s'installait dans le salon ou dans ma chambre, et il m'attendait en fumant mes cigares.

Un jour, — je ne sais plus ce que j'avais à y prendre, — j'ouvris un coffret où j'avais enfermé précieusement tous les bijoux ayant appartenu à ma mère. Je tressaillis en m'apercevant aussitôt qu'une main étrangère y avait touché. Une rivière de diamants, d'une valeur de plus de soixante mille francs, avait disparu. Je restai un instant comme écrasé de surprise. Qui donc m'avait volé? Eh bien, j'avais une telle confiance dans le vicomte de Sanzac, qu'il ne me vint pas à la pensée que ce pouvait être lui. La parure n'était plus là où je l'avais placée : qui l'avait prise? qu'en avait-on fait? Je me fis ces deux questions.

Certes, si l'on m'eût volé cent mille francs en or ou en billets de banque, je ne me serais peut-être pas dérangé, mais la rivière de diamants était un joyau de famille, et j'y tenais comme on tient à tout ce qui rappelle le cher souvenir de ceux qu'on a aimés.

Une heure après la découverte que je venais de faire, j'étais dans le cabinet du directeur du mont-de-piété. J'avais pensé que le voleur, redoutant de se présenter chez un marchand de bijoux, avait probablement porté la parure au mont-de-piété ou dans une de ses succursales.

Après m'être fait connaître au directeur, je lui dis que j'avais été victime d'un vol sans pouvoir préciser si le vol remontait à un ou plusieurs mois, et j'ajoutai que je n'avais aucun doute sur personne. Il m'adressa ensuite plusieurs questions auxquelles je répondis de mon mieux ; et quand je lui eus donné, sur l'objet disparu, des indications qui lui parurent suffisantes, je me retirai. Le lendemain, le directeur me priait, par un mot, de me rendre à son cabinet.

— « Monsieur le comte, me dit-il, je suis heureux de vous apprendre que nous avons trouvé vos diamants. »

Je ne pus lui cacher ma joie.

— « Je vois à la satisfaction que vous éprouvez, reprit-il, combien vous tenez à ces bijoux. Ils ont été engagés, il y a six semaines, dans notre succursale de la rue Saint-Honoré. »

Après un court silence, il me demanda :

— « Connaissez-vous une personne qui porte le nom de vicomte de Sanzac? »

— Parfaitement, répondis-je, le vicomte de Sanzac est mon ami.

— « Ah ! » fit-il.

Ses sourcils se froncèrent et son visage changea d'expression.

— « Monsieur le comte, reprit-il, les diamants ont été engagés par votre ami le vicomte de Sanzac. »

J'étais stupéfié.

— « C'est impossible ! non, non, je ne puis croire... balbutiai-je.

— « Il faut pourtant que vous vous rendiez à l'évidence, monsieur le comte », ajouta le directeur,

Puis, sur le désir qu'il m'exprima, je lui appris comment j'avais connu le vicomte, comment je l'avais accueilli chez moi, dans mon intimité, ce que j'avais fait pour lui.... Il ne me laissa pas achever.

— « Le doute n'est plus possible, me dit-il, vous avez été indignement trompé par un hypocrite. »

J'étais anéanti ; je souffrais réellement.

— « Un voleur, lui, le vicomte de Sanzac ! murmurai-je.

— « Oui, monsieur le comte, répliqua le directeur, ce jeune homme à qui vous avez tendu la main cordialement, dont vous avez fait votre ami, est un voleur !

« Maintenant, qu'allez-vous faire ?

— « Ce que je vais faire ?

— « Oui, à l'égard de ce jeune homme ? N'allez-vous pas porter plainte ?

— « Non, non, répondis-je vivement ; je me contenterai de le chasser de chez moi : ce sera son châtiment !

— « Et vos diamants ?

— « Je cours chercher la somme nécessaire pour qu'ils me soient rendus, répondis-je en me levant.

— « Oui, répliqua-t-il, mais pour que le mont-de-piété puisse se dessaisir de son nantissement, il faut que l'argent soit accompagné de la reconnaissance délivrée par le bureau. Or, monsieur le comte, cette reconnaissance est entre les mains du voleur, s'il ne l'a pas déjà vendue à un de ces industriels qui ne refusent jamais d'acheter ces sortes de papiers, lorsqu'ils flairent une excellente opération.

— « C'est bien, répondis-je, je me charge de retrouver la reconnaissance.

Je ne vis pas le vicomte ce jour-là. Le lendemain il arriva vers onze heures ; il venait évidemment me demander à déjeuner. Très calme, me gardant bien de toucher la main qu'il me tendait, je le fis entrer dans ma chambre. Puis, sans prononcer une parole, j'ouvris sous ses yeux le coffret aux bijoux. Je l'observais du coin de l'œil ; je le vis tressaillir et pâlir. Il avait certainement supposé que je serais un an, peut-être plus sans m'apercevoir de la disparition de la parure.

« — Monsieur de Sanzac, lui dis-je, parmi les bijoux que contient cette cassette, bijoux qui sont tous de chers et précieux souvenirs, il y avait une rivière de diamants d'une très grande valeur pour moi ; monsieur de Sanzac, vous m'avez volé ce bijou de famille !

« Il fit un bond, comme s'il allait me sauter à la gorge ; mais il n'osa point. Je n'oublierai jamais l'horrible expression de sa physionomie, ni les éclairs fauves qui sillonnaient son regard farouche. Il se redressa audacieusement devant moi et voulut protester et nier.

« Je l'interrompis brusquement :

— « Tout cela est inutile, vous êtes un voleur!... Les diamants ont été engagés par vous rue Saint-Honoré. Je vous ai reçu chez moi, je vous avais donné ma confiance, je vous ai traité en ami, je vous ai ouvert ma bourse, et, pour reconnaître tout cela, vous m'avez volé !... J'ai été la dupe de votre hypocrisie... Je pourrais vous faire arrêter, vous livrer à la justice qui vous infligerait un juste châtiment. Je ne veux pas le faire. J'ai pitié de votre jeunesse, pitié surtout de votre père, de votre mère, qui mourraient de douleur et de honte, en apprenant que leur fils est un misérable. Et puis je veux croire que vous vous repentirez. Voilà pourquoi je ne veux point briser votre avenir, en vous faisant flétrir du nom de voleur ! »

— Mon cher Paul, tu as été trop indulgent ; tu as vu, malheureusement, comment le misérable a reconnu ta générosité.

— Tu as raison, Guillaume ; mais, alors, j'ignorais ce que j'ai appris plus tard. Je continue :

« — Vous m'avez emprunté, à différentes fois, lui dis-je, une somme assez importante ; je ne vous réclame aujourd'hui ni ce que vous me devez, ni la somme que vous avez reçue en engageant les diamants ; plus tard, si vous revenez à l'honneur et si vous le pouvez, vous me rendrez cela ; seulement, vous allez me remettre la reconnaissance du mont-de-piété, si elle est encore en votre possession, ou me dire à qui vous l'avez vendue.

« Il resta silencieux, et, malgré mon insistance, mes injonctions, il ne voulut pas sortir de son mutisme. De guerre lasse, je m'emportai, et ouvrant brusquement la porte : « Allez-vous-en, lui criai-je, je vous chasse comme un valet infidèle ; allez-vous-en, et que je n'entende plus parler de vous! » Il s'éloigna pâle, frémissant, le front courbé.

« Je n'ai pas besoin de te dire que quelque temps après, grâce à l'obligeance du directeur du mont-de-piété, je pus rembourser le prêt de l'administration et rentrer en possession de mes diamants. Plus tard je dus encore payer une somme assez forte pour indemniser l'individu qui avait acheté la reconnaissance.

— Ainsi, c'est parce que tu as fait preuve d'une rare indulgence, et que tu ne lui as point réclamé ce qu'il te devait, que le vicomte de Sauzac est devenu ton ennemi.

— Pas précisément. Mais, écoute, je n'ai pas fini.

« J'eus la curiosité de savoir comment le vicomte avait dépensé, en quelques mois, une somme aussi considérable. Je me fis renseigner sur sa conduite. C'est alors que j'appris qu'il m'avait constamment menti. Il n'avait jamais assisté à un cours de la faculté de droit. Il menait une vie désordonnée, fréquentant des drôlesses de la pire espèce, passant les nuits on ne sait où, tantôt avec des filles, tantôt dans des tripots clandestins. Tout m'était expliqué : le vicomte de Sanzac était joueur et débauché.

« J'écrivis à l'avocat d'Auch qui me l'avait recommandé. Assurément, je ne lui faisais point l'éloge de son protégé. Toutefois, je ne lui appris point combien j'avais à me plaindre des procédés du vicomte à mon égard.

« Huit ou dix jours plus tard, je reçus la réponse à ma lettre. Mon ami s'excusait humblement de m'avoir adressé le vicomte. Lui-même avait été trompé. Ayant rencontré plusieurs fois le vicomte dans les meilleures maisons de la ville, séduit par ses dehors aimables, il l'avait pris en amitié. Apprenant qu'il allait partir pour Paris, et croyant sérieusement qu'il voulait terminer ses études, il il avait cru bien faire en me le recommandant. Au reçu de ma lettre, il s'était empressé de prendre des renseignements sur le vicomte, et il venait d'apprendre que sa conduite avait été aussi déplorable dans sa ville natale qu'elle l'était à Paris. Fils unique, adoré par sa mère, qui l'avait constamment gâté, il avait quitté la maison paternelle brusquement, à la suite d'une querelle où il avait osé lever la main sur son père, qui lui faisait de sages remontrances. Celui-ci avait juré à la mère désolée qu'il ne reverrait jamais son indigne fils. En cachette de son mari, madame de Sanzac envoyait souvent de l'argent au vicomte.

« Je me hâte de t'édifier complètement sur ce misérable, car je t'ai déjà trop longuement parlé de lui.

« Un jour, ou plutôt un soir, le marquis de Santigny, que tu connais, vint m'arracher à mes livres pour m'emmener dîner chez lui en compagnie de trois ou quatre de ses amis, membres du même cercle. Tu sais quelle est l'existence des gens riches à Paris ; ils vivent un peu trop en dehors de la famille. Après le dîner, ces messieurs se disposant à se rendre à leur cercle, je voulus les quitter, mais ils m'obligèrent à les accompagner. La réunion se composait d'une quarantaine d'hommes du meilleur monde ; aussi fus-je extrêmement surpris de rencontrer là le vicomte de Sanzac. Presque tout le monde me connaissait et je n'ai pas besoin de te dire que toutes les mains se tendirent vers moi.

« Le croirais-tu ? Chose inouïe, voyant l'accueil qui m'était fait, pour se poser sans doute, le vicomte de Sanzac eut l'audace de me présenter aussi sa main ; je ne fus pas maître de moi, je devins affreusement pâle, m'a-t-on dit, et, indigné, je me rejetai en arrière comme si j'eusse craint la morsure d'une bête venimeuse. Plus de vingt personnes virent cela et devinèrent, à l'expression de ma physionomie, le sentiment de répulsion que j'éprouvais. Juge de l'effet produit. Je fus entouré et on me pria de donner une explication. Je répondis que cela m'était impossible, la chose étant d'une extrême délicatesse. Mais on avait compris, deviné. Le vicomte était jugé. Le président du cercle lui ordonna de sortir immédiatement. Il obéit. Mais, en s'en allant, ses yeux fauves, chargés d'éclairs, me lancèrent un regard de défi et de haine. Le comte de Lupian, qui l'avait présenté deux mois auparavant, crut devoir sortir du cercle en même temps que lui.

« Le lendemain, vers neuf heures du matin, mon domestique m'annonça le comte de Lupian, que je connaissais à peine. Assez surpris, bien que je fusse certain que cette visite était une conséquence du scandale de la veille, j'entrai dans mon salon où l'on avait introduit M. de Lupian. Il était grave et fort triste.

« — Monsieur le comte, me dit-il. Je viens vous prier de me dire ce que vous savez sur M. de Sanzac.

« — Monsieur de Lupian, répondis-je, vous étiez là, hier soir, lorsque plusieurs membres du cercle m'ont interrogé ; vous savez ce que j'ai répondu. Je me suis juré à moi-même de garder le silence, je ne puis rien vous dire.

« — Monsieur le comte, reprit-il, j'ai absolument besoin de savoir ce qu'on peut reprocher au vicomte de Sanzac, je vous supplie de parler. Oh ! continuat-il très ému, vous n'hésiterez pas quand vous saurez que M. de Sanzac recherche ma fille en mariage.

« — Il veut épouser mademoiselle de Lupian ? m'écriai-je.

« — Oui. Il m'a demandé sa main, je la lui ai accordée, et ma fille l'aime.

« Je ne pus m'empêcher de tressaillir et je baissai tristement la tête.

« — Eh ! bien, monsieur le comte ? m'interrogea-t-il d'une voix anxieuse.

« — Ah ! vous me mettez dans un cruel embarras ! lui dis-je. Je comprends, oui, je comprends, je devine ce qui se passe en vous. Pourtant, je ne peux pas vous dire...

« — Hélas ! répliqua-t-il en saisissant ma main, l'éloquence de votre silence pénètre en moi.

Il s'arrêta un instant et reprit d'un ton ferme :

« — Un mot seulement, monsieur le comte, un seul : y a-t-il une tache à son honneur ?

« — Oui, répondis-je.

« — Merci, cela me suffit.

« Et le malheureux père me quitta, les yeux pleins de larmes, en murmurant : ma pauvre fille ! ma pauvre fille !

« Inutile d'ajouter, n'est-ce pas, que ce mariage fut rompu.

« Ceci se passait trois mois environ avant que je fisse la sottise d'épouser Hélène de Noirmont. M. de Sanzac père venait de mourir sans avoir revu son fils, mais en lui laissant une assez belle fortune : quarante ou cinquante mille livres de rente. Madame de Sanzac était morte de chagrin l'année précédente.

« Voilà, mon cher Guillaume, comment et pourquoi le vicomte de Sanzac est devenu mon ennemi acharné. Tu connais maintenant les motifs de sa haine et tu sais comme il s'est vengé !

L'IDIOTE   225

Le comte de Lasserre se dressa tout d'une pièce, blême, frémissant.

IV

UN AMI VÉRITABLE

Cette dernière partie du récit du comte de Lasserre fut suivie d'un long et profond silence.

M. Van Ossen, la tête inclinée sur sa poitrine, se livrait à une grave méditation.

— Oui, dit-il enfin, quand un autre aurait été pénétré de ta bonté et t'aurait voué une reconnaissance éternelle, le vicomte de Sanzac n'a trouvé dans son cœur qu'un sentiment : la haine. Et le misérable t'a poursuivi de sa vengeance et t'a frappé au cœur. Trop lâche pour s'attaquer à toi directement, c'est ta femme qu'il a choisie pour victime... Oui, Paul, la malheureuse comtesse de Lasserre est la victime que la haine de ce misérable a immolée sans pitié. Elle s'est donnée à lui ; mais qui sait ce qui s'est passé ? Paul, la comtesse n'est peut-être pas aussi coupable que tu le crois.

— Guillaume, je t'en supplie, ne me parle point de cette créature.

— Je me tais. D'ailleurs, je n'ai, quant à présent, aucune raison de te déplaire en me faisant son défenseur. J'ai bien des choses à te dire, mon ami, des choses sérieuses, graves ; je ne veux rien garder de ce que j'ai sur le cœur. Il faut que tu saches ce que j'ai pensé en t'écoutant, et quelles sont les impressions que tu as fait naître en moi.

— Eh bien, parle, je t'écoute, dit le comte avec un commencement d'inquiétude.

— Pas ici, répliqua le Hollandais en se levant, il ne faut pas que d'autres oreilles que les tiennes puissent m'entendre.

Le comte se leva à son tour.

— Viens, reprit M. Van Ossen, en passant son bras sous celui du comte, éloignons-nous de la maison.

Ils suivirent une des allées et allèrent s'asseoir sous le berceau de chèvrefeuille, au fond du jardin. Presque aussitôt M. Van Ossen prit la parole :

— Mon cher Paul, dit-il, je t'ai écouté avec la plus grande attention, et tu as pu voir combien ton récit m'a intéressé et ému. Il me semble, en ce moment, que j'ai eu ma part de tes ennuis, de tes tristesses, de tes craintes, de tes angoisses, de tes douleurs, que j'ai soufferts avec toi. Si un malheur semblable au tien m'eût frappé, mes souffrances auraient été les mêmes que les tiennes, car nous avons dans le cœur à peu près les mêmes sentiments. Maintenant, je me demande : Si j'eusse été à sa place, qu'aurais-je fait ? Je l'ignore. Et cependant, mon cher Paul, je suis certain que j'aurais agi autrement que toi. Tu crois, n'est-ce pas, à la sincérité de mon amitié ?

— Oui, certes.

— Et tu me permets de te parler sans détour, avec franchise, comme on a le droit de parler à un ami véritable, à un frère ?

— Oui.

— Eh bien, mon ami, ne pouvant voir en toi un insensé, un homme sans jugement, un homme qui a perdu sa raison, je te dis sévèrement : ta conduite est blâmable.

Le comte fit un brusque mouvement.

— Paul, reprit M. Van Ossen, après m'avoir permis de te parler franchement, tu n'as plus le droit de te révolter. Si sévère que soit mon langage, tu dois m'écouter.

— C'est vrai.

— Tu as repris ton enfant à ta femme ! cela, c'est bien, j'aurais fait comme toi ; tu as repoussé la femme coupable, c'était ton droit : il y a des outrages qu'un homme ne peut pas pardonner. En cela, je ne te blâme point, je t'approuve. Mais ce que je te reproche, c'est de n'avoir point compris, en reprenant ton enfant, tous les devoirs que tu t'imposais.

— Comment ! exclama le comte, je n'ai point compris mes devoirs, moi ?

— Non, répondit le Hollandais d'une voix ferme, car tu n'as point fait tout ce que tu devais faire. Tu places ta fille chez des pêcheurs et tu te mets à voyager pour te distraire, pour changer tes idées, tes pensées, pour chercher l'oubli. Jusque-là tout va bien. L'enfant s'élève, prend des forces, grandit sous le soleil. Mais après ? Tu la reprends et tu vas te cacher avec elle dans une maison où tu as décidé que personne n'entrerait. Vous n'êtes qu'à une faible distance de Florence, une des plus belles villes d'Italie ; il t'est facile de donner à ta fille les distractions, les amusements que réclame son âge ; eh bien, non, vous restez enfermés comme dans une prison.

« Tes voyages ne t'ont pas réussi : tu n'as pu chasser tes idées sombres et tu es devenu tout à fait misanthrope. C'est pour cela que tu te caches, que tu ne veux voir personne. Si tu eusses été seul au monde, je pourrais ne pas te reprocher ta misanthropie, je pourrais admettre que tu avais le droit de vivre à ta guise, même au milieu d'une forêt vierge, en compagnie des fauves. Mais tu avais ta fille et tu te devais à ton enfant.

— Vas-tu me dire que je ne l'aime point ?

— Non, mais je te dirai que tu l'aimes pour toi et non pour elle ; ton amour paternel est devenu insensé à force d'être égoïste, et, sans que tu t'en sois aperçu, il a eu et a encore une influence funeste sur ta fille.

— Oh !

— Laisse-moi continuer. Vous viviez donc près de Florence dans une retraite absolue. Tu donnes des leçons à Aurore, tu cherches à l'instruire, c'est le moins que tu puisses faire. Nous parlerons tout à l'heure de l'espèce d'instruction que tu as voulu lui donner. La jeune fille devient triste, songeuse. Tu le vois, mais tu n'en cherches point la cause ; tu ne te doutes point que ta fille commence à penser, et que sa jeune imagination travaille ; loin de là, comme si tu eusses craint le feu intellectuel qui s'allume dans son cerveau, tu fais, sans le vouloir certainement, tout ce qu'il faut pour l'éteindre.

« La pauvre enfant s'étiole et se penche comme une fleur que le hâle dessèche, et tu ne comprends point que c'est l'air, que c'est la sève de la vie qui lui manque ; enfin, elle devient sérieusement malade. Tu as étudié la médecine, tu lui donnes des soins ; seulement, tu soignes le corps et tu ne vois pas que c'est l'âme et le cœur qui sont malades; tu luttes contre le mal sans chercher la cause; tu ne devines pas que la pensée de ton enfant a souvent franchi les murs de sa prison et s'est égarée à la recherche des choses qu'elle ignore, parce que, volontairement, tu ne les lui as pas apprises. Elle ne savait pas. Mais elle avait senti d'instinct qu'il existe d'autres êtres que ceux qu'elle voyait tous les jours, d'autres fleurs que celles qu'on cultivait sous ses yeux; qu'il y a une infinité de merveilles qui lui étaient inconnues. Et puis, qui sait si quelque chose en elle ne lui avait pas parlé de sa mère? »

Le comte ne put s'empêcher de tressaillir.

— Sans aucun doute, continua M. Van Ossen, il s'est fait alors dans son esprit certaines révélations, à la suite d'un travail pénible de la pensée. Malheureusement, ce ne fut qu'un commencement d'éclosion, et tout cela s'est effacé comme dans un rêve.

— Que veux-tu dire? demanda le comte d'une voix vibrante.

— Ce que je veux dire? Tu le sauras tout à l'heure. L'état dans lequel se trouvait ta fille finit par t'inquiéter sérieusement. Alors, seulement, mais sans comprendre qu'elle a besoin de changer d'air, qu'elle étouffe par le manque de liberté, tu te décides à entreprendre un voyage avec elle. Tu n'as pas obtenu le résultat que tu attendais. Pourquoi? Parce que tu étais toujours là avec ton caractère ombrageux, ton regard jaloux, tes craintes puériles, ton affection égoïste, tes idées bizarres. Ta fille ne s'est même pas aperçue qu'elle était sortie de sa prison. Entre vous pas d'expansion; s'il lui vient une pensée, elle te la cache; elle continue à se renfermer en elle-même. A ton insu tu paralyses en elle tout élan du cœur, tout essor de la pensée. Une grande affection peut se transformer en une sorte de despotisme. Par ta sollicitude exagérée tu as été un despote sans le savoir. Qu'en est-il résulté? Ta fille avait une volonté, tu l'as annihilée.

Le comte s'agita avec malaise.

— Tu es dur pour moi, dit-il.

— Oui, mais tu seras forcé de convenir que je suis juste. Je reprends : Faire voyager Aurore ne réussissant point, tu te réfugies en Suisse, dans une maison que tu choisis selon tes idées, et vous vivez là, toi et ta fille, dans un isolement complet. En Italie, vous aviez plusieurs domestiques; en Suisse, vous n'avez plus qu'une femme pour vous servir, et cette femme est muette. Pour toi, toujours selon tes idées, l'infirmité de Francesca est une chose heureuse? mais si ta fille qui grandit, qui devient une femme, a besoin d'adresser certaines questions à une personne de son sexe, elle ne le fait pas, sachant qu'elle n'obtiendra aucune réponse. Il est vrai qu'elle ne doit rien apprendre, qu'elle doit tout ignorer.

« Pauvre petite! Je me sens frissonner en pensant aux longues années qu'elle a passées entre une femme muette et un homme misanthrope, dont le cerveau est hanté par toutes sortes de papillons noirs; et je me demande comment elle n'est pas morte de marasme et d'ennui.

« Heureusement, habituée à l'espèce de réclusion qu'elle subissait, elle ne voyait point sa situation telle qu'elle était. Enfin, grâce à son excellente constitution et aussi aux soins que tu lui donnas, elle recouvra la santé, ses forces physiques achevèrent de se développer et, en même temps, elle devint gracieuse et délicieusement jolie.

« Un jour, une lueur traversa sa pensée. Elle te parla de la France et te témoigna le désir de quitter la Suisse. Il y avait là, évidemment, une aspiration. Sais-tu ce que je crois, Paul? Je crois que ta fille espérait enfin sortir de l'isolement lugubre auquel tu sembles l'avoir condamnée.

« Vain espoir, c'est ici, au milieu d'une plaine aride, brûlée par le soleil, dans cette vieille maison, d'où tu as chassé les lézards et les chats-huants, que vous venez de nouveau vous enfermer. Je ne connais point tes précédentes habitations, mais elles doivent être des palais à côté de cette sombre masure.

« En se voyant transportée ici, ta fille dut éprouver un grand désappointement.
— Je t'assure, Guillaume, qu'elle fut, au contraire, enchantée.

Le Hollandais secoua la tête :
— Je suis sûr que ce fut pour elle une déception, répliqua-t-il. C'est autre chose qu'elle désirait. Quoi? Elle ne le savait pas, elle ne pouvait te le dire. Et puis, habituée à se soumettre à tes volontés, elle se montra résignée. D'ailleurs, rien n'était changé pour elle ; elle sortait d'une prison pour entrer dans une autre.

« Cacher ta fille à tous les yeux, l'avoir pour toi seul, ne vivre que pour elle et vouloir qu'elle ne vive que pour toi, voilà ce que tu veux. Et c'est ainsi que tu as compris tes devoirs de père, tes devoirs envers ton enfant ! Mais si un jour sa mère se dressait devant toi et te criait, en te montrant sa fille : — « Comte de Lasserre, qu'avez-vous fait de mon enfant? » Qu'est-ce que tu lui répondrais ? Devant ta femme coupable, tu baisserais la tête. Eh bien, oui, qu'as-tu fait de ta fille ? Tu l'aimes, tu l'adores, et tu ne la vois pas telle qu'elle est. Malheureux ! malheureux ! tu as paralysé en elle tous les germes de l'intelligence, tu as fait de ton enfant une idiote ! »

Le comte poussa un cri rauque et se dressa comme poussé par un ressort.
— Idiote, ma fille ! exclama-t-il.
— Oui, idiote !... Mais ta tendresse si vive, ton amour paternel si grand, t'ont donc rendu aveugle !

M. de Lasserre laissa échapper un sourd gémissement et retomba lourdement sur son banc. Un tremblement convulsif secouait tous ses membres.

— Hier, reprit M. Van Ossen, Aurore était assise sur ce banc, je vins me placer près d'elle ; je désirais causer un instant avec elle, lui adresser quelques questions. Encouragée par quelques douces et affectueuses paroles, elle se décida assez facilement à parler ; mais la plupart de mes questions l'étonnèrent, l'embarrassèrent, et c'est avec beaucoup de peine qu'elle put répondre à quelques-unes. Il me fut facile de me convaincre que tu avais laissé ta fille, avec intention et évidemment par calcul, dans une ignorance complète des choses de la vie. On a tout caché à la pauvre enfant ; comment son intelligence aurait-elle pu se développer? L'imagination endormie, la pensée presque éteinte par trop de compression, l'idée absente, elle ne peut rien deviner par intuition. Restent les impressions, les sensations ; mais comment pourrait-elle les expliquer, les définir? La compréhension, la faculté de comprendre, de concevoir, ne peut exister sans le concours des autres facultés qui sont la puissance morale de chaque être humain.

« Tu lui as appris à lire ; mais quelles lectures a-t-elle faites? Tu as éloigné d'elle avec un soin minutieux tous les livres qui auraient pu avoir une action quelconque sur sa jeune imagination, qui auraient pu jeter une clarté dans son esprit. Quelques vieux tomes de sciences abstraites, un volume d'astronomie, un volume de géographie, un livre de botanique, voilà ce que dans ton extrême prudence tu lui as fait lire. Comme c'était récréatif pour une jeune fille! Tu t'es bien gardé de mettre entre ses mains un livre d'histoire de France ou d'histoire naturelle. Quand, pour l'amuser un instant, tu lui donnais un album de gravures et d'images, il était choisi avec la même prudence : des paysages, des fruits, des légumes, des animaux, des insectes, des oiseaux... Jamais une femme tenant dans ses bras un enfant ; jamais un beau jeune homme en présence d'une belle jeune fille.

« Aurore n'a jamais eu un dictionnaire entre ses mains, ni grand ni petit, elle ne sait pas ce que c'est qu'un dictionnaire. Pourquoi? Parce que le dictionnaire contient des mots qu'elle ne devait pas connaître et que ces mots sont suivis d'explications qui peuvent apprendre trop de choses à une jeune fille curieuse qui veut savoir. Il fallait bien se garder d'éveiller ses idées. Grand Dieu ! tout aurait été perdu si Aurore eût appris que toute jeune fille est appelée à devenir épouse et mère, et que, mariée, elle pourrait aimer en même temps son père, son mari et ses enfants !

« Tu voulais ta fille pour toi seul ; tu as tout fait pour cela et tu n'as que trop bien réussi, hélas ! Vois-tu, maintenant, Paul, vois-tu? T'ai-je ouvert les yeux? Ai-je le droit de te demander : Malheureux, qu'as-tu fait de ta fille? Ai-je le droit de te dire : Comte de Lasserre, tu n'as pas rempli tes devoirs envers ton enfant !

— Idiote, idiote ! gémit le malheureux père.

Et laissant tomber sa tête dans ses mains, il se mit à sangloter.

— Tu pleures, mes paroles sont allées jusqu'à ton cœur, dit M. Van Ossen. Allons, allons, tes larmes ne sont pas un remède au mal que tu as causé. Tu as mieux à faire qu'à te désoler.

— Guillaume, je suis maudit ! maudit ! s'écria le comte.

— Cesse de sangloter, relève la tête et écoute-moi.

Le malheureux obéit comme un enfant.

— Je viens de te montrer quel a été le triste résultat de tes fatales idées, reprit M. Van Ossen; je suis ton ami, je le devais, c'était mon devoir. Moi seul, peut-être, je pouvais avoir la hardiesse de te dire nettement la vérité. Oui, la situation morale de ta fille est navrante. Toutefois, l'intelligence n'est pas complètement anéantie. Elle pense, je n'ose pas dire qu'elle réfléchit, mais elle se souvient. Si je ne me trompe pas, Aurore est atteinte d'une affection cérébrale dont elle peut guérir. Oui, si tu le veux, elle peut guérir : je suis convaincu qu'on peut lui rendre les facultés qu'elle semble avoir perdues pour toujours.

— Que dois-je faire, dis? Ah! aucun sacrifice ne me coûtera! Parle, parle, je t'en supplie, conseille-moi!

— Es-tu réellement prêt à tous les sacrifices?

— Oui.

— Suivras-tu les conseils que je te donnerai?

— Oui. Tout ce que tu me diras de faire, je le ferai.

— Paul, ne crains-tu pas de trop t'engager?

— Non, car je sais que tu n'exigeras rien que je ne puisse faire.

— Assurément. Pourtant je te demanderai certaines choses qui te paraîtront impossibles, au-dessus de tes forces.

Le comte devint très pâle.

— Quoi? quoi? fit-il avec une sorte d'effroi.

— Eh bien, voici une de ces choses : Je te demande de rentrer dans le monde dont tu t'es exilé, et d'y reprendre la place qui t'appartient.

Le comte de Lasserre se dressa tout d'une pièce, blême, frémissant.

— Jamais! jamais! prononça-t-il d'une voix étranglée.

— Pourtant tu viens de me dire que tu étais prêt à tous les sacrifices, dit M. Van Ossen avec un sourire forcé.

— Non, non, tu ne peux pas exiger cela de moi; ce serait plus que de la cruauté, répliqua le comte bouleversé.

Il ajouta d'un ton farouche :

— J'aimerais mieux me brûler la cervelle.

Le Hollandais le regarda fixement, avec une pitié profonde.

V

LES CONSEILS

Au bout d'un instant, l'agitation de M. de Lasserre se calma et il reprit sa place sur le banc.

— Guillaume, dit-il, tu viens de me faire entendre des paroles terribles; mon cœur a reçu une nouvelle blessure; néanmoins, je te remercie de m'avoir parlé avec cette franchise. Va, tu es bien mon meilleur, mon unique ami! Guillaume, tu as raison, je n'ai pas su comprendre mes devoirs envers ma fille. Je fermais les yeux, j'étais aveugle. Je voulais toujours voir dans Aurore une enfant. Oh! oui, tu m'as parlé sévèrement, mais tout ce que tu m'as dit est juste... Trop tard, hélas! je vois et comprends. Guillaume, je suis devenu misanthrope; tu crois que j'ai le monde en horreur; non, mais il me fait peur. J'ai tant souffert! Pourtant, il faut que je fasse quelque chose pour ma fille adorée; elle est, maintenant, l'unique lien qui m'attache à la vie. Idiote, idiote! Et cela par ma faute!... C'est horrible!

De grosses larmes jaillirent de ses yeux.

— Mais on peut la guérir, tu me l'as dit, continua-t-il. Ah! je suis prêt à donner mes millions à celui qui sauvera mon enfant! Voyons, dois-je la confier à quelque célèbre médecin? S'il le faut, je trouverai en moi la force de vivre éloigné d'elle pendant six mois, pendant un an.

— Je crois que, en effet, dans l'intérêt d'Aurore, il sera nécessaire que tu te sépares d'elle pendant un certain temps, répondit M. Van Ossen. Tu aimes trop ta fille, mon pauvre ami, et tu exerces sur elle une influence qui, je le crains, pourrait rendre sa guérison difficile, sinon impossible.

— Je sens que mon cœur se brise à cette idée d'une séparation; mais je ferai ce sacrifice.

— Le pourras-tu?

— Oui.

— C'est bien. Hier, toute la journée, j'ai cherché le moyen le meilleur et le plus pratique de remédier au mal.

— Tu l'as trouvé?

— Oui.

— Oh! parle, Guillaume, dis-moi vite...

— Aurore n'est pas folle, Dieu merci; il n'y a donc pas utilité de la confier à un célèbre médecin, mais il faut absolument qu'elle sorte d'ici le plus tôt possible. Il n'est pas trop tard, je l'espère, mais il n'est que temps de la faire entrer un peu, c'est-à-dire doucement et avec précaution, dans le mouvement de la vie sociale. Il faut d'abord qu'elle voie afin de pouvoir observer. Il y a son éducation à faire, l'instruction qui convient à la fille du comte de Lasserre à lui donner. Aurore est une grande jeune fille restée en enfance dont il faut faire une femme. Certes, la tâche est ardue pour la personne qui l'entreprendra.

« Je ne te conseille pas de placer ta fille dans un pensionnat de demoiselles; il y en a de très bons, mais elle ne serait point là dans le milieu qui lui convient. D'ailleurs, les soins qu'on lui donnerait dans une maison d'éducation ne seraient pas de tous les instants, comme c'est nécessaire. Il faut que ta fille ait une institutrice, ni trop jeune ni trop âgée, éprouvée depuis longtemps; une personne de confiance, honnête, sûre, dévouée, de mœurs irréprochables, parfaite

Quand il avait fait une dizaine de pas, le marquis s'arrêtait brusquement et tendait l'oreille.

autant que possible, qui s'attachera sérieusement à son élève, deviendra son amie et un peu sa mère.

— Oui, mais où trouver cette perle rare?
— Sois tranquille, nous la trouverons.
— Existe-t-elle, seulement?
— Oui, elle existe!...
— Tu la connais?
— Je la connais et je l'ai sous la main. Quand j'ai quitté la Hollande, il y

a huit ans, pour venir m'installer avec ma famille, à Paris, dans l'hôtel que j'avais acheté avenue des Champs-Élysées, ma fille aînée, que j'ai mariée il y a quatre ans, allait avoir quatorze ans; sa sœur, que j'ai également mariée au commencement de cette année, n'avait que dix ans. Voulant leur faire achever leur éducation et compléter leur instruction, je cherchai une institutrice. J'eus le bonheur de trouver la personne dont je viens de te parler. Elle a vécu avec nous, en famille, pendant sept ans et demi; c'est tout te dire. Jamais on n'a eu un reproche à lui adresser, une observation à lui faire. C'est l'institutrice modèle; c'est la femme sûre qu'il faut à ta fille.

— Quel âge a-t-elle?
— Entre trente et quarante ans; je ne sais pas au juste.
— Elle se nomme?
— Madame Durand.
— Alors, elle est mariée?
— Elle est veuve. Elle avait eu la douleur de perdre son mari trois ans, je crois, avant d'être l'institutrice de mes filles. Elle garde pieusement le souvenir du défunt. Elle avait pour lui une grande affection; elle n'a jamais quitté les vêtements de deuil.

— Ainsi, Guillaume, tu crois, tu espères qu'en confiant ma fille à cette dame...

— Oui, j'espère que madame Durand fera sortir Aurore de son engourdissement moral.

— Madame Durand sera l'institutrice de ma fille. Tu lui diras quel immense service j'attends d'elle, et tu lui promettras, au nom de M. Pierre Rousseau, une récompense qui assurera son indépendance à l'avenir et la mettra pour toujours à l'abri du besoin, elle et les siens, s'il lui reste des parents.

— Pourquoi devrai-je lui parler au nom de Pierre Rousseau, et pas au nom du comte de Lasserre?

— Guillaume, je te l'ai dit, je ne veux plus porter le nom de Lasserre.
— Soit. Mais ta fille?
— J'ai pris un nom, il sera le sien.
— Pour un temps, je n'y vois aucun inconvénient. Mais si un jour elle se marie?
— Alors, je verrai.
— Tu verras que, bon gré malgré, il faudra que le comte Paul de Lasserre reparaisse pour rendre à sa fille le nom qui lui appartient.

— Je le sais; mais nous n'en sommes pas là. Plus tard je peux changer d'idée par suite de tel ou tel événement.

— Je devine ta pensée et devine également ce que tu craindrais si ta fille portait son véritable nom. Sur ce point, mon ami, je pourrais te présenter bien des observations et j'aurais des arguments sérieux à t'opposer; mais je ne veux pas contrarier tes idées. Pour le moment, ne pensons, ne nous occupons que de ta fille. Elle va sortir d'ici prochainement, dans quelques jours : mon avis est que tu la conduises à Paris ; mais, avant, il faut que tu aies pour elle un appartement prêt à la recevoir. Nous avons une institutrice, ce n'est pas assez : l'institutrice d'Aurore ne peut pas être, en même temps, sa femme de chambre, sa cuisinière et le reste. Donc il faut que ta fille ait au moins une domestique.

— Tu oublies Francesca.

— Non, je n'oublie pas Francesca ; mais son infirmité la rend impropre, quant à présent, à servir ta fille.

— Je comprends. Tu as l'institutrice, M° Corvisier me procurera la domestique. Ce soir même je lui écrirai de trouver, de louer et de faire meubler immédiatement, pour ma fille, un appartement dans un quartier retiré.

— Pourquoi dans un quartier retiré ?

— Mais...

— Dis, au contraire, à ton notaire, de louer au centre de la ville. Ce n'est pas la solitude et une autre espèce d'isolement qu'il faut à Aurore ; il sera bon qu'elle se trouve au milieu du mouvement et du bruit de la vie active.

— J'écrirai dans ce sens à M° Corvisier.

— Il est bien convenu que, pendant tout le temps qui sera jugé nécessaire, tu resteras éloigné de ta fille.

— Cela me sera extrêmement pénible ; mais je t'ai promis de faire ce sacrifice. Seulement...

— Eh bien ?

— Je ne sais pas trop ce que je ferai pendant le temps plus ou moins long de cette séparation forcée.

— Écoute : j'ai, — je crois te l'avoir dit, — un assez long voyage à faire ; il faut que j'aille en Amérique et de là aux Grandes-Indes. Je quitterai Paris dans huit ou dix jours. Si tu le veux, tu m'accompagneras.

Après un moment d'hésitation, le comte répondit :

— Guillaume, je partirai avec toi.

— Bravo, j'espérais cela ! s'écria le Hollandais d'un ton joyeux. Pendant qu'on guérira la fille à Paris, moi, je guérirai le père au delà des mers... car tu es aussi un peu malade, mon pauvre ami, ajouta-t-il en souriant.

M. de Lasserre laissa échapper un long soupir.

Il pensait sans doute à sa fille, à son cher trésor, dont il fallait qu'il se séparât. Aurore ne serait plus à lui, elle allait appartenir à une étrangère, une inconnue !

— Du courage ! dit M. Van Ossen.

Le comte ébaucha un sourire.

— J'en aurai, répondit-il.

— Maintenant, autre chose, reprit le Hollandais : tu ne peux pas installer ta fille à Paris, dans un appartement, en compagnie seulement d'une institutrice et d'une servante.

— C'est vrai. Du reste, j'allais te faire cette objection.

— Bien des gens et l'institutrice elle-même trouveraient cela singulier. Il faut absolument qu'il y ait encore près de ta fille, à défaut d'une parente, une femme d'un âge mûr, de bonne famille, ayant une certaine distinction, qui passerait pour sa tante, par exemple. A Paris, avec de l'or, on trouve tout. Tu devrais également charger M° Corvisier de se mettre à la recherche d'une dame respectable, qui consentira à tenir près d'Aurore la place d'une parente affectueuse et dévouée.

— Cette femme est toute trouvée, dit M. de Lasserre, qui réfléchissait depuis un instant; elle demeure rue Poncelet, aux Ternes. C'est une veuve de quarante-cinq ans; elle a reçu une excellente éducation, elle est instruite et ne manque pas de distinction. Sa mère était une amie de la mienne; je l'ai connue enfant. Mariée à vingt-deux ou vingt-quatre ans à un gros marchand de grains appelée Delorme, elle se trouva veuve à vingt-huit ans. Son mari lui laissait des affaires fort embrouillées : un passif énorme. C'est M. Corvisier qui, sur ma demande, l'aida à sortir d'embarras. Mais sa ruine était inévitable. Toutefois, elle n'est pas dans le besoin : je l'ai forcée, autrefois, d'accepter une petite rente de douze cents francs, que mon notaire lui sert régulièrement; et puis elle travaille un peu.

« Je n'ai pas besoin de te dire que madame Delorme m'est entièrement dévouée; elle ne me refusera certainement pas le service que je me propose de lui demander. Elle avait une fille; M. Corvisier m'a appris qu'elle l'avait perdue à l'âge de quatorze ans. Comme tu le vois, madame Delorme a toutes les qualités désirables et se trouve bien dans les conditions voulues; elle sera pour ma fille comme une véritable mère.

— J'en suis convaincu. Allons, ce que j'ai imaginé s'arrange à merveille; c'est de bon augure, ayons bon espoir.

— Je n'écrirai pas ce soir à M. Corvisier; mais demain, de bonne heure, je partirai pour Paris. Comme il faut que je voie madame Delorme, je verrai également mon notaire. Cela vaudra mieux qu'une lettre.

— Assurément.

— Tu resteras ici, Guillaume, tu attendras mon retour.

— Si tu le veux absolument...

— Je ne partirais pas sans cela.

— Pourquoi?

— Mon Dieu, je ne sais pas... je craindrais... balbutia le comte.

— Tu craindrais que ce jeune homme, que ta fille appelle Adrien, n'eût la hardiesse de revenir ici?

— Eh bien, oui.

— Allons, allons, rassure-toi, M. Adrien a suivi le conseil que je lui ai donné ; il est retourné à Paris.

— C'est ce qu'il avait de mieux à faire.

— Oui, quant à présent.

— Crois-tu donc que plus tard?...

— Pourquoi pas?

Le regard du comte s'éclaira d'une lueur sombre.

— De grâce, calme-toi, reprit M. Van Ossen; on dirait que tu as oublié déjà tes bonnes intentions à l'égard d'Aurore.

— Non, mais...

— Mais, quoi? Tu ne trouves rien à me répondre. Aurore guérie, elle sera semblable à toutes les jeunes filles ; elle aura les mêmes désirs, les mêmes aspirations. Bon gré malgré, il faudra la marier, elle le voudra. Qui sait si ce M. Adrien n'est pas le mari qui lui est destiné?

— Un garçon que je ne connais pas, un audacieux, un...

— N'achève pas, l'interrompit M. Van Ossen. Non, tu ne le connais pas; il voulait te dire son nom; d'un mot tu lui as fermé la bouche. Ce jeune homme, que tu as si fort maltraité, — oh! ta colère était légitime, — ce jeune homme appartient au meilleur monde.

— Est-ce que tu le connais, toi?

— Je le connais.

— Depuis longtemps?

— Depuis quelques années.

— Ah!

— L'hiver, je le vois assez fréquemment dans le monde. Je n'ai pas besoin de te dire que ma surprise fut grande en le rencontrant ici. Tu peux être convaincu qu'il n'a eu aucune mauvaise intention. C'est évidemment la curiosité qui l'a amené chez toi la première fois; la beauté d'Aurore, sa grâce et surtout ce charme indéfinissable qu'on subit près d'elle, l'ont attiré, et il est revenu. S'est-il aperçu de la faiblesse d'esprit de la pauvre petite? Je le crois. Et je crois aussi que l'état de ta fille a contribué à faire naître en lui un grand intérêt, une sympathie profonde. Est-ce véritablement de l'amour que ta fille lui a inspiré? Je ne saurais me prononcer... Pourtant, il m'a dit sans hésitation, avec l'accent de la sincérité, qu'il aimait Aurore. Ignorant qui tu es, ne sachant ni à quel monde tu appartiens, ni quel est le chiffre de ta fortune, il m'a dit qu'il serait heureux d'épouser Aurore ; il m'a même prié de te parler en sa faveur, de plaider sa cause je le ferais certainement, si ta fille pouvait être mariée maintenant. Il faut attendre, nous verrons plus tard.

« Et puis notre jeune homme peut s'être trompé sur la nature de ses sentiments. Honnête, généreux, ardent, il peut se faire qu'il ait obéi à un mouvement d'enthousiasme. Enfin, je le répète, nous verrons plus tard.

— Tu oublies de me dire son nom.

— Non, je n'oublie pas. Je t'ai dit déjà qu'il était du meilleur monde; il n'a plus ses parents; il est le dernier descendant d'une très ancienne et très noble famille de France. Il se nomme le marquis de Verveine.

— De Verveine...

— Comme celui des Montmorency, des Chevreuse, des Mortemart, des La Rochefoucauld, le nom de Verveine compte parmi les plus grands, les plus illustres.

— C'est vrai, les Verveine ont rendu d'immenses services à la France. Sous Philippe-Auguste, un seigneur de Verveine a grandement contribué au succès de la journée de Bouvines; un autre s'est fait tuer à Poitiers, en défendant la personne du roi Jean.

— J'ignorais cela, dit M. Van Ossen; mais je suis Hollandais et ne puis avoir la prétention de connaître comme toi l'histoire de France. Enfin j'avais raison de te dire que le marquis de Verveine descend d'une famille illustre.

« Quoi qu'il en soit, que cela te déplaise ou non, ta fille pense à ce jeune homme; une impression assez vive a été produite en elle. Il serait difficile de dire quel est le genre de cette impression; durera-t-elle ou n'est-elle que passagère? Serait-ce déjà l'amour qui a mis son germe dans le cœur d'Aurore? Je ne le pense pas. Mais il faut bien reconnaître qu'il existe entre les êtres de sexes différents une affinité, une attraction dont ils subissent la puissance. Assurément, ta fille n'a pu se rendre compte des sensations qu'elle a éprouvées. Une chose agréable s'offrait à elle, elle a voulu en avoir la jouissance. Elle ressemble à l'enfant qui fait fête au jouet qu'on lui donne.

« Trop habituée à vivre seule, elle a accueilli avec joie, l'âme ravie, ce jeune homme inconnu qui, tombant au milieu de son isolement, venait égayer sa triste solitude. Il apportait une distraction, de l'animation dans la monotonie de son existence, et il est probable qu'elle ne vit d'abord en lui qu'une chose pour la distraire et l'amuser. Puis ils ont causé. Que lui a-t-il dit? Je n'en sais rien. Mais elle l'a écouté et s'est sentie heureuse de l'entendre. Et aussitôt, en raison de l'affinité dont je parlais tout à l'heure, sans pouvoir se rendre compte de la force attractive qu'elle subissait, elle s'est mise à considérer le jeune marquis comme un ami, comme un frère. Et cela avec plus de facilité et d'attrait que le sentiment qu'elle éprouvait pour lui ressemblait à l'affection qu'elle a pour toi.

— Ainsi, tu crois qu'Aurore pense encore au marquis de Verveine?

— J'en suis sûr.

— Pourtant elle ne parle pas de lui.

— Elle craint de te déplaire. Après la scène du jardin, quand elle est sortie de son évanouissement, elle t'a demandé : — « Adrien reviendra-t-il ? » C'est moi qui lui ai répondu : Oui. — « Quand reviendra-t-il? » a-t-elle demandé encore. Après l'hiver, quand toutes les roses seront fleuries, lui ai-je répondu.

— Je me rappelle cela.

— Eh bien, Aurore se souvient de mes paroles, de cette promesse que je lui ai faite. Dix fois, vingt fois par jour tu peux l'entendre répéter, comme si c'était la conclusion d'un travail de sa pensée : « L'hiver sera long cette année! »

M. de Lasserre soupira.

— C'est la fatalité qui a poussé ce jeune homme vers ma demeure, prononça-t-il tristement.

VI

LE PÈRE ET LA FILLE

Comme nous l'avons dit, le comte de Lasserre et le hollandais Van Ossen ne s'étaient pas vus depuis près de vingt ans. Assurément, le comte n'avait jamais oublié son meilleur ami; mais, en fuyant les hommes, il n'avait voulu faire exception pour aucun. Guillaume Van Ossen avait souvent cherché à le rencontrer, mais sans y parvenir.

— Il se cache, c'est certain, pensait-il. Quelle effroyable catastrophe a donc brisé son existence? Saurai-je un jour quel est ce secret terrible?

Connaissant le caractère de M. de Lasserre, le Hollandais était parvenu à deviner une partie de la vérité.

Avant de quitter la Hollande pour venir s'installer en France, il avait eu besoin plusieurs fois d'un notaire de Paris. Il s'était adressé à M⁰ Corvisier, et, dès son arrivée à Paris, celui-ci était devenu définitivement son notaire. Plus d'une fois, il l'avait interrogé au sujet du comte de Lasserre. Mais, scrupuleux à l'excès et d'une discrétion absolue, M. Corvisier était constamment resté muet à toutes ses questions.

Il désespérait de savoir jamais ce qu'était devenu le comte lorsque, un soir, ayant une pièce à communiquer au notaire, il se rendit à l'étude. Là, tout à coup, sans s'y attendre, il se trouva en face de M. de Lasserre. Malgré la longue barbe et les longs cheveux blancs que le comte portait en manière de déguisement, il le reconnut aussitôt. Il poussa une exclamation de surprise et de joie et enlaça le vieillard de ses bras. M. de Lasserre répondit à sa chaleureuse étreinte. Les deux amis s'embrassèrent et, devant les clercs de l'étude, se mirent à pleurer.

Peut-être un peu contre son gré le comte dut se laisser conduire chez M. Van Ossen, qui le présenta à sa famille. Force lui fut également d'accepter l'hospitalité affectueuse qui lui fut offerte.

Dans un moment d'épanchement il parla d'Aurore. Aussitôt M. Van Ossen témoigna le désir de voir la jeune fille. Le comte ne put refuser la proposition que lui fit son ami de l'accompagner à la Cordelière. Pour la première fois, depuis bien des années, un homme allait franchir le seuil de la demeure du misanthrope.

M. Van Ossen ne devait rester qu'un jour à la Cordelière ; mais il eut bien vite compris que, dans l'intérêt d'Aurore, il devait prolonger son séjour.

— J'ai ici une mission sérieuse et grave à remplir, se dit-il.

Et il resta.

Il amena doucement le comte à le prendre pour confident, et nous savons quel plan il avait imaginé, pour faire sortir Aurore de ce milieu étroit où elle se consumait lentement. Il y avait urgence : il ne fallait pas laisser éteindre complètement son intelligence, il fallait sauver sa raison.

Les visites du marquis de Verveine à la Cordelière avaient fait sortir Aurore de l'espèce de somnolence qui semblait être son état naturel ; son esprit et sa pensée s'étaient éclairés de lueurs fugitives ; il s'était fait dans son cerveau en ébullition un mouvement formidable, comme si le chaos eût voulu s'élancer hors des ténèbres. Pour la première fois depuis longtemps, comme si elle eût espéré certaines révélations, sa pensée avait pris son essor au delà des choses qu'elle connaissait.

Mais son père était revenu et Adrien, son ami, était parti. Les gelées avaient tué les derniers papillons et fait mourir les dernières fleurs. Le lendemain le jardin lui parut triste, désolé, et à chaque instant elle disait, les yeux fixés sur la crête du mur :

— L'hiver sera long cette année !

Le sourire disparut de ses lèvres, les fraîches couleurs roses, veloutées ne revinrent pas à ses joues ; par instant des larmes roulaient dans ses yeux mornes. Elle ne sentait plus autour d'elle le souffle qui avait eu le pouvoir de l'animer. Elle ne savait pas, la pauvre petite, que l'ennui dévorant resaisissait sa proie. Elle retomba dans sa torpeur, dans sa noire mélancolie.

Et, la tête inclinée sur son sein, les bras ballants, languissante, elle allait et venait comme une âme en peine à travers la maison et les allées du jardin, ayant l'air de rêver. Hélas ! elle n'avait qu'une seule pensée :

— « L'hiver sera long cette année ! »

Comme il l'avait annoncé à son ami, le comte de Lasserre était parti pour Paris. Le lendemain, à onze heures, il était de retour à la Cordelière.

— Es-tu satisfait de ton voyage ? lui demanda le Hollandais.

— Oui, très satisfait, répondit-il. Grâce à l'activité de M° Corvisier, pas une minute n'a été perdue. Nous avons vu ensemble un appartement, qu'il a loué, au nom de Mme Delorme.

— Où cela ?

— Boulevard Haussmann, à quelques pas du nouvel Opéra.

— Bien.

— L'appartement est spacieux : quatre chambres à coucher, un grand et un petit salon ; salle à manger, cuisine, office.

— Il faut cela. A quel étage ?

— Au deuxième.

La portière du véhicule s'ouvrit, et le vicomte de Sauzac sauta sur la route.

— C'est parfait.
— Ce n'est pas tout.
— Ah!
— Nous avons loué aussi écurie et remise. Vois-tu, j'ai pensé que quand ma fille voudrait sortir elle serait bien aise d'avoir une voiture à ses ordres. Elle est un peu délicate pour faire de longues marches à pied. Et puis je me suis rappelé qu'elle aimait beaucoup aller en voiture, autrefois.
— Ça, Paul, dit M. Van Osson en lui serrant la main c'est tout à fait bien.

— Ah! tu crois, toi, que je n'aime pas ma fille! répondit le comte très ému. Diras-tu encore que je ne remplis pas mes devoirs envers elle, que je suis égoïste, que je l'aime pour moi?

— Non, non, je ne dis plus cela.

— Ma fille, mon enfant... Oh! oui, je l'aime!

« Tiens, fit-il, en passant rapidement sa main sur ses yeux, voilà que je pleure !

— Quand l'appartement sera-t-il meublé? demanda M. Van Ossen.

— Dans quelques jours. M° Corvisier a dû s'entendre ce matin avec un tapissier. C'est également lui qui se charge d'acheter deux chevaux et deux voitures, qui entreront dans l'écurie et sous la remise dès qu'il aura trouvé un cocher convenable. Ma fille, ou plutôt Mme Delorme, aura, en même temps, une cuisinière et une femme de chambre. Tu vois que je ne regarde pas à la dépense?

— Ta fortune te le permet.

— C'est vrai. Enfin, je tâche de bien faire les choses.

— Il va sans dire que Mme Delorme accepte?

— Avec joie. Elle est si heureuse, dit-elle, de pouvoir enfin me donner des preuves de sa reconnaissance. Oh! oui, elle sera une mère pour ma fille ! Je puis compter absolument sur sa discrétion et son dévouement. Aussitôt l'appartement prêt, c'est elle qui, la première, en prendra possession; c'est convenu. Elle recevra les domestiques qui entreront immédiatement en fonctions, sous ses ordres, car l'installation de la maison doit être complète avant l'arrivée d'Aurore, qui aura été annoncée par Mme Delorme.

— Comme étant sa parente?

— Une nièce de province.

— Très bien.

— Il ne reste plus qu'à t'occuper de l'institutrice, mais tu as tout le temps nécessaire.

— Il est préférable, en effet, qu'elle se présente chez Mme Delorme quelques jours après l'arrivée de ta fille à Paris. Mais demain je serai à Paris, et après-demain je la verrai.

— Maintenant je n'ai plus qu'une seule crainte.

— Laquelle?

— Que Mme Durand ne puisse ou ne veuille pas accepter.

— Pour te rassurer je n'ai qu'un mot à te dire : tu peux compter sur moi.

A ce moment la porte du salon où causaient les deux amis s'ouvrit, et Aurore entra.

Plus encore que les jours précédents, la jeune fille paraissait songeuse. Son regard, sa physionomie étaient empreints d'une langueur indéfinissable.

D'un mouvement de tête elle salua M. Van Ossen, puis, lentement s'approcha de son père et lui présenta son front sur lequel le vieillard mit un baiser.

— Le moment est venu de la prévenir, dit M. Van Ossen à l'oreille du comte. Je te laisse avec elle.

Et il sortit.

M. de Lasserre prit sa fille dans ses bras et, la serrant fortement contre sa poitrine, il couvrit son front et ses joues de baisers.

— Ah! tu aimes toujours ta petite Aurore? fit-elle.

— Est-ce que tu as cru que je ne t'aimais plus? demanda-t-il d'une voix vibrante d'émotion.

— L'autre soir tu as grondé si fort!

— C'est vrai, je me suis mis en colère, j'ai eu tort; ne parlons plus de cela.

— Ne parlons plus de cela, répéta-t-elle comme un écho.

— Aurore, mon enfant chérie, je t'aime!

— Moi aussi, père, je t'aime bien!

— Et pourtant dans mes bras, tu restes triste.

— J'ai quelque chose là, dit-elle, en appuyant sa main sur son front.

— Dans la tête?

— Oui.

— Qu'as-tu dans la tête, ma chérie?

— Je ne sais pas, je ne peux pas dire.

Elle lui prit la main et l'attira vers le canapé, sur lequel ils s'assirent.

Ils restèrent un moment silencieux, le père tenant les deux mains de sa fille dans les siennes.

— Père, reprit Aurore, te souviens-tu de mon nid de fauvettes?

— Certainement. Il était dans le noisetier, à côté du berceau de chèvrefeuille.

— Il y avait deux grandes fauvettes; quand l'une était dans le nid, réchauffant les petites sous ses ailes, l'autre chantait, perchée sur la branche d'un arbre. Le nid était à elles deux, n'est-ce pas?

— Oui.

— C'étaient le père et la mère?

— Oui, le père et la mère des petites fauvettes.

— Laquelle était le père?

— Celle qui chantait.

— Et l'autre, c'était la mère, reprit Aurore avec une douceur infinie dans la voix; c'était la mère, celle qui soignait si bien les petites, celle qui ne quittait presque jamais le nid!

Le comte éprouva un saisissement qui lui coupa la respiration.

Aurore resta un moment pensive, puis redressant brusquement sa tête :

— Père, est-ce que j'ai une mère? demanda-t-elle.

Ce fut comme un choc violent que le comte reçut en pleine poitrine. Il devint très pâle.

— Mais... balbutia-t-il.

— Il n'y a pas que les petits oiseaux qui ont une mère, murmura Aurore, comme se parlant à elle-même.

Le comte était dans un véritable et cruel embarras : ta mère est morte! étaient sur ses lèvres; mais une idée lui vint subitement et il ne les prononça point.

Les grands yeux d'Aurore, fixés sur les siens l'interrogeaient avec persistance.

— Oui, répondit-il, tu as une mère.

Le regard de l'enfant s'éclaira de rayons lumineux.

— J'ai une mère! dit-elle avec un accent inexprimable.

Le malheureux père sentait se rouvrir toutes les blessures de son cœur.

— Père, reprit Aurore, laissant aller doucement sa tête sur l'épaule du comte, puisque j'ai une mère, pourquoi n'est-elle pas près de moi? Pourquoi n'est-elle pas comme la mère des fauvettes, qui restait toujours dans son nid?

Cette fois, le comte faillit perdre contenance. Il répondit d'une voix mal assurée :

— Tu me demandes pourquoi ta mère n'est pas ici, près de toi? Je ne peux pas te le dire.

— Pourquoi?

— Parce qu'il y a des choses que tu ne comprendrais pas, des choses que tu ne dois pas savoir.

— Je l'aimerais tant, ma mère !

— Et tu ne m'aimerais plus, moi?

— Mais si, toujours, toujours! répliqua-t-elle, en lui faisant un collier de ses bras.

— Eh bien, écoute : j'ai pris une grande détermination.

— Ah!

— Tu ne vas plus rester ici.

Elle ouvrit de grands yeux étonnés.

— Dans quelques jours, nous quitterons cette maison et je te conduirai près de ta mère.

La jeune fille battit des mains, ce qui était chez elle le signe d'une joie très vive.

— Et tu resteras avec elle.

— Toujours?

— Oui, toujours.

— Et avec toi ?

— Moi, je ferai un long voyage, mais je reviendrai.

— Oh! oui, tu reviendras!
— D'ailleurs, j'aurai souvent de tes nouvelles.
— Où est-elle, ma mère?
— A Paris.
— Paris, une des plus grandes et des plus belles villes de l'univers, capitale de la France, notre pays; près de deux millions d'habitants. Elle s'appelait autrefois Lutèce. Un fleuve, la Seine, la traverse. Ses principaux monuments sont : Notre-Dame, le Louvre, les Tuileries, Saint-Sulpice, le Panthéon, le Palais-Royal, le palais du Luxembourg, Saint-Eustache, la Bourse. Est-ce bien cela?
— Parfaitement cela.
— Ah! tu vois, j'ai de la mémoire.
— Et j'en suis ravi. Tiens, je t'embrasse encore!
Aurore redevint subitement songeuse.
— Est-ce qu'il y a encore quelque chose là? dit le comte en lui touchant légèrement le front.
— Est-ce que nous ne reviendrons plus ici? demanda-t-elle.
— Non, plus jamais.
— Alors...
— Eh bien?
— Adrien doit revenir.
Le comte sursauta.
— Quand il reviendra, reprit tristement la jeune fille, que dira-t-il s'il ne me trouve pas? Il pleurera!
Bien que cela lui coûtât beaucoup, le comte sentit qu'il devait répondre quelque chose.
— Ma chérie, dit-il, ton ami Adrien ne reviendra pas ici, car il saura que tu es à Paris, près de ta mère.
— Alors, alors?... fit-elle pensive, et comme cherchant à comprendre.
— Ce n'est donc pas ici, puisque tu n'y seras plus, mais à Paris que tu reverras ton ami Adrien.
— Ah! c'est à Paris qu'il reviendra?
— Oui, mais plus tard, quand tu auras bien étudié, quand tu auras appris et que tu sauras beaucoup de choses.
— Il reviendra, il reviendra, dit-elle avec un battement de mains.
Elle se leva et se dirigea vers la porte.
— Où vas-tu donc? lui demanda le comte.
— Au jardin.
— Que veux-tu faire au jardin?
— Cueillir les quelques fleurs qui restent sur la plate-bande.
— Pourquoi faire?

— Pour les mettre sur le cercueil de mes scarabées et de mes papillons.
Les yeux du père se mouillèrent de larmes.
— Pauvre enfant! se dit-il avec douleur. Et dire que je ne voyais rien. Il fallait que Guillaume vînt ici pour m'ouvrir les yeux.
Il reprit à haute voix :
— Tu iras tout à l'heure au jardin, reviens t'asseoir près de moi ; j'ai encore quelque chose à te dire.
Aurore obéit.
— On dirait que tu as déjà oublié que dans quelques jours tu seras près de ta mère, dit le comte.
La jeune fille secoua la tête et sourit.
— Non, répondit-elle, je n'ai pas oublié la promesse que tu viens de me faire.
— Enfin es-tu satisfaite?
Elle leva son regard vers le ciel, appuya l'extrémité de ses doigts sur ses lèvres et fit le mouvement d'un enfant qui envoie un baiser. Était-ce un souvenir des jours passés à Liverdia?
— Que fais-tu donc? lui demanda son père étonné.
— J'envoie un baiser à maman, répondit-elle.
Le comte éprouva une sensation presque douloureuse, car, dans sa fière loyauté, il avait honte de tromper sa fille. Mais il le fallait ; il s'agissait du bonheur, de l'avenir de cette chère enfant.
Après un court silence, il reprit :
— Je dois t'apprendre aujourd'hui une chose que tu ignores.
— Qu'est-ce que c'est?
— Je ne t'ai jamais dit comment je m'appelle.
— C'est vrai.
— Eh! bien, dit-il, après un moment d'hésitation, je me nomme monsieur Delorme.
— Monsieur Delorme, répéta-t-elle.
— Naturellement, ta mère s'appelle madame Delorme, et tu es, toi, mademoiselle Delorme.
— Aurore Delorme.
— C'est cela.
— Je suis contente, bien contente.
— Je n'ai pas autre chose à te dire, pour le moment... reprit le comte ; tu peux, maintenant, aller au jardin.
Elle sortit du salon en répétant :
— Je suis contente, bien contente.
Le comte rejoignit M. Van Ossen, qui se promenait dans une allée en fumant un cigare.

— Ta fille paraît enchantée, dit le Hollandais; elle vient de passer près de moi; elle ne m'a rien dit, mais elle m'a adressé un long regard mystérieux.

— Aurore sait maintenant tout ce que je pouvais lui apprendre de nos projets. Seulement, en causant avec elle, et presque forcément, j'y ai introduit une légère modification.

— Laquelle?

— Madame Delorme ne sera pas une cousine ou une tante d'Aurore; elle passera pour être sa mère; elle est d'ailleurs tout à fait digne de ce titre.

M. Van Ossen eut l'air consterné.

— Hum, hum! fit-il, cela ne me plaît pas beaucoup.

— Pourquoi?

— Parce que ce sont des ennuis, des embarras que tu te crées pour plus tard.

— Peut-être. Mais je me suis trouvé interloqué et c'est malgré moi que j'ai pris cette décision.

Et pour donner à son ami une explication complète, le comte lui rapporta les paroles d'Aurore.

— Enfin, laissons aller les choses, dit M. Van Ossen; nous verrons un jour quelles seront les conséquences de tout cela.

VII

DANS LE BROUILLARD

La nuit est sombre et noire. Un épais brouillard roule au flanc des collines, se précipite et se masse, plus intense, dans les profondeurs des vallées. Au ciel pas une étoile. Cependant, cette nuit est calme et tiède pour une nuit d'octobre. Le vent souffle si légèrement qu'il fait à peine bruire les feuilles mourantes, qui restent encore attachées aux rameaux des arbres.

A deux cents mètres de la Cordelière, à l'endroit où le chemin vicinal de Champigneule à Longuyon croise la route départementale, un homme enveloppé d'une pelisse de couleur sombre, se promenait depuis environ un quart d'heure.

C'était le marquis Adrien de Verveine.

Tout en marchant lentement le long de la berge, il réfléchissait. Adrien n'était pas précisément enchanté de se trouver là. Poussé en avant par le vicomte de Sanzac, dont il ignorait les ténébreux projets, il se voyait lancé dans une aventure qui pouvait avoir de très graves conséquences. Aussi était-il soucieux, inquiet et troublé jusqu'au fond de l'âme; car enfin sa conscience, — et il en avait une encore, — ne cessait de lui crier : Tu vas commettre une infamie,

Malheureusement, il ne croyait plus qu'il lui fût possible de remonter la pente glissante sur laquelle il s'était engagé, et pour faire taire le cri de sa conscience alarmée, il cherchait à se rassurer, à atténuer ce que son action avait d'odieux et de criminel. Il voulait s'étourdir. D'ailleurs, comment aurait-il pu écouter ses scrupules et faire un noble usage de sa volonté? Il ne s'appartenait plus, il s'était mis sous la dépendance de l'ennemi acharné du comte de Lasserre, et cet homme, que la passion aveuglait, qui ne connaissait que sa haine, exerçait déjà sur lui, à son insu, sa funeste domination. Le vicomte était le mauvais génie du marquis; l'influence de ce coquin du grand monde devait avoir son action fatale sur l'existence du jeune homme.

Quand il avait fait une dizaine de pas, le marquis s'arrêtait brusquement et tendait l'oreille. N'entendant rien, il se remettait à marcher et se replongeait dans ses réflexions.

Enfin, le roulement lointain d'une voiture se fit entendre dans la direction de Circourt.

— C'est lui, murmura Adrien qui s'était arrêté pour écouter.

Et malgré lui il tressaillit.

L'attelage avançait rapidement. Le bruit devenait de plus en plus distinct, car au milieu de l'espèce de grondement produit par le roulement des roues, on distinguait le trot rapide de deux chevaux. Bientôt la lumière des deux lanternes perça le brouillard, et, deux minutes après, sur un ordre donné de l'intérieur de la voiture, l'attelage s'arrêta au carrefour.

La portière du véhicule, une sorte de fiacre à quatre places, s'ouvrit, et le vicomte de Sanzac sauta sur la route. Adrien s'approcha de lui.

— Vous voilà, dit le vicomte; bon, tout va bien. Une nuit superbe, faite exprès pour nous. Pour nous être agréable, le diable a éteint toutes les bougies du bon Dieu et lâché la fumée de sa grande chaudière.

Le cocher avait mis pied à terre à son tour. Le vicomte lui dit quelques mots à voix basse, accompagnés d'un geste. Alors l'automédon prit un de ses chevaux par la bride et conduisit son attelage dans un champ de trèfle, à vingt pas de la route.

Là, bien qu'il fût caché par une haie non taillée qui bordait le chemin, et par le brouillard, il jeta une couverture sur ses lanternes. Un surcroît de précaution par ordre du vicomte.

J'ai choisi une voiture commode, dit ce dernier à Adrien; par ce brouillard vous n'avez pu examiner les chevaux; ils ne sont pas poussifs, je vous en réponds; ce sont deux merveilleux trotteurs.

— Je les ai entendu trotter.

— Est-ce que vous m'attendiez depuis longtemps?

— Environ vingt minutes.

— Pourtant je ne suis pas en retard. Nous pouvons, sans crainte, je crois,

Un homme portant une lanterne, parut dans l'encadrement de la porte.

nous approcher de la Cordelière. Si je ne me trompe, voici entre ces deux arbres, le commencement de l'espèce de chemin qui y conduit.

Ils s'engagèrent au milieu de la lande.

— Je crois bien que nous ne pouvons rencontrer par ici que des hiboux, reprit le vicomte, néanmoins ne parlons pas trop haut. Quelle heure est-il?

— J'ai entendu sonner dix heures à l'horloge de Champigneule.

— Oui, il doit être près de dix heures et demie.

— A quelle heure la petite doit-elle tomber dans vos bras?

— Je lui ai dit d'ouvrir la porte du jardin à onze heures.

— Si elle arrive plus tôt, nous serons là. Ainsi, la chose a bien réussi?

— Comme vous l'aviez prévu. Aurore est venue s'asseoir sur le banc ; j'étais sur le mur, couché et caché dans un lierre. Ne voyant qu'elle dans le jardin, je me dressai à demi et l'appelai doucement par son nom. Elle m'entendit, se leva, m'aperçut et s'approcha un peu. Ma lettre tomba à ses pieds. Elle la ramassa vivement et se blottit dans un massif pour la lire. Quand elle eut fini, elle me dit :

— Oui, oui, je viendrai.

Et pendant qu'elle mettait ma lettre en morceaux je me laissai glisser au pied du mur.

— Et voilà comment l'esprit vient aux filles, conclut le vicomte en accompagnant ces paroles de son hideux sourire.

Ils approchaient de l'habitation. Prudemment, ils restèrent silencieux, et ils avancèrent avec précaution, faisant le moins de bruit possible, guidés par la sombre silhouette du vieux bâtiment, enveloppés dans le brouillard.

Arrivés à la porte du jardin, le vicomte s'aperçut qu'elle était entr'ouverte et le fit remarquer à Adrien.

— La petite a pris d'avance ses précautions, dit-il à voix basse. Décidément, mon cher, cette naïve enfant est plus rusée que vous ne le supposiez. Après tout, il faut bien qu'elle ait le génie de son sexe.

Il poussa un peu la porte et avança la tête dans l'ouverture.

— Il me semble, dit-il, que je vois une filtration de lumière au premier étage.

— Dans la chambre d'Aurore, répondit le marquis ; elle ne tardera pas à venir.

— Attendons.

Et ils tendirent l'oreille, prête à percevoir le moindre bruit qui pourrait se faire dans la maison ou dans l'enclos. Mais tout restait plongé dans un silence si profond qu'ils auraient pu entendre le vol d'une chauve-souris.

Tout à coup un bruit insolite, étrange, sortit de ce silence de mort. Cela ressemblait à des détonations successives. Ces espèces d'explosions, répétées par plusieurs échos, que la lande déserte n'avait peut-être jamais entendues, traversaient le brouillard et crépitaient dans l'air comme une vive fusillade.

Le vicomte s'était redressé brusquement, comme si une tarentule l'eût mordu au talon.

— Qu'est-ce donc que cela? lui demanda Adrien.

— Cela? je ne m'attendais guère à l'entendre à cette heure de la nuit.

Le bruit continuait avec un redoublement de sonorité.

Le vicomte avait pris la main du marquis.

— On dirait que vous tremblez, dit-il ; est-ce que vous avez peur?

— Je ne suis pas très rassuré, je l'avoue; je ne puis me défendre d'un vague effroi.

— Ah! ah! vraiment? Eh bien, mon cher, ce que vous entendez, ce sont les clic-clac d'un fouet que tient la main d'un gaillard passé maître en l'art de s'en servir.

— Quoi! c'est un fouet qui produit ce bruit d'enfer?

— Pas autre chose. Vous voyez comme certaines choses dans les ténèbres peuvent paraître formidables. Clic-clac, clic-clac, clic et clac, un joli jeu, n'est-ce pas? Je connais l'individu qui s'amuse à troubler le silence de la nuit; il est cocher chez un loueur de voitures de Longuyon. Il vient probablement de conduire quelqu'un à Vendœuvre ou à Bar-sur-Aube. C'est un Champenois de la plus belle eau, solide comme un roc, bête et bon enfant, une poigne de fer, vous pouvez en juger; d'un coup de sa large patte il assommerait un bœuf.

Le bruit du fouet cessa de se faire entendre. A ce moment le Champenois ne devait pas être loin du carrefour de la route, car le vicomte et Adrien entendirent distinctement sa grosse voix enrouée :

— Hue, Bibi. Au pas, maintenant, et allons-y gaiement.

Une demi-douzaine de clic-clac bien nourris suivirent ces paroles et tout retomba dans le silence.

Au bout d'un instant, le bruit d'une porte qui s'ouvre attira toute l'attention des deux guetteurs.

— Avez-vous entendu? demanda le vicomte.

— Oui, répondit Adrien, dont le cœur battait à se briser.

— C'est elle, elle vient. Pas de faiblesse, surtout. Nous lui laisserons franchir le seuil; aussitôt vous la prenez dans vos bras, vous l'enlevez comme une plume et nous filons au plus vite.

— Si, effrayée, elle crie, elle appelle?

— Avec un gros baiser vous la bâillonnerez.

Tous deux tendirent l'oreille.

— J'entends crier le sable de l'allée, dit Adrien.

— Oui, la voici; silence!

Le vicomte ouvrit la porte à moitié, mit un pied dans le jardin et regarda.

Maintenant on entendait parfaitement marcher sur le sable, et le vicomte aperçut une lumière qui dansait dans le brouillard comme un feu follet.

— La petite s'est munie d'une lanterne, pensa-t-il.

Soudain, la lueur sautillante troua complètement la brume.

Aussitôt le vicomte saisit le bras du jeune homme, qu'il serra fortement, et, rasant le mur, il l'entraîna à une dizaine de pas. Ils n'eurent que le temps de se coller contre le mur. Un homme portant une lanterne, parut dans l'encadrement de la porte.

C'était le comte de Lasserre.

Adrien sentit un frisson de terreur courir dans tous ses membres.

Le vicomte avait tiré un revolver de sa poche et se tenait prêt à faire feu sur le vieillard.

— Aurore a tout dit à son père!

Telle avait été la première pensée des deux complices.

Cependant le vieillard restait immobile devant la porte ouverte du jardin, n'ayant nullement l'attitude menaçante.

— Ah çà! que vient-il faire là? se demandait le vicomte étonné.

Un bruit sourd, que son émotion l'avait empêché d'entendre plus tôt, vint répondre à sa question.

Ce bruit était celui des roues d'une voiture et des pas d'un cheval sur la lande.

— Je comprends, se dit le vicomte, il va partir; un petit voyage à Paris. Il est comme la chouette, il préfère la nuit au jour. Sa fille a naturellement attendu qu'il fût parti pour accourir à son premier rendez-vous d'amour. Eh bien, bon voyage, monsieur Dumolet! Quand tu reviendras, tu ne trouveras plus la colombe dans sa cage.

La voiture arrivait. Elle tourna sur le terrain plat de la lande et vint s'arrêter devant la porte.

— Une chienne de nuit, monsieur, dit le Champenois, en sautant à bas de son siège. Je vois que vous avez entendu mon fouet. Sans ce satané brouillard, il y a vingt minutes que je serais ici. Par moment, monsieur, on n'y voit pas à deux doigts du bout de son nez. Mais ça ne fait rien, nous arriverons tout de même à la gare avant l'heure du train. Vous connaissez Bibi? Ah! la bonne bête! il se fiche du brouillard comme du reste.

— As-tu pris une voiture douce, commode? demanda le comte.

— Vous voyez, monsieur, la berline... On est là-dedans comme dans son lit.

— Auras-tu de la place pour deux malles? Je n'emporte que cela aujourd'hui.

— En me serrant un peu, l'une tiendra à côté de moi sur le siège; l'autre aura sa place sous mes jambes.

— Elles sont là, tu peux les charger.

Sur ces mots le comte rentra dans le jardin.

Le Champenois se mit aussitôt en devoir de placer les malles sur le véhicule. Il achevait cette opération lorsque le vieillard reparut.

— Est-ce fini? demanda-t-il.

— Oui, monsieur vous pouvez monter.

Le vicomte et le marquis restaient toujours immobiles et silencieux, adossés au mur.

Le Champenois ouvrit la portière de la berline.

— Venez, dit le comte.

Aussitôt, à la grande stupéfaction du vicomte et d'Adrien, Aurore et Francesca sortirent du jardin.

Le comte prit sa fille par la main et l'aida à se placer dans la voiture. Cependant Aurore avait eu le temps de jeter autour d'elle un regard rapide.

Évidemment elle pensait à Adrien, au rendez-vous qu'il lui avait donné et qu'elle avait accepté.

A son tour, la muette enjamba le marchepied et s'assit sur le siège de devant en face de sa jeune maîtresse.

Le comte de Lasserre fermait la porte à double tour, pendant que le Champenois, sa casquette de peau de loutre à la main, restait sous le coup de l'ébahissement que lui avait causé l'apparition des deux femmes.

Le vicomte de Sanzac tordait furieusement sa moustache, pendant que son autre main tourmentait la crosse de son pistolet. Une rage sourde, qu'il sentait impuissante, grondait en lui.

Ainsi, le comte de Lasserre partait et emmenait sa fille! Cette chose imprévue enrayait ses projets de vengeance! Cette innocente jeune fille, proie nouvelle, autre victime qu'il voulait sacrifier à sa haine, lui échappait!... Il avait peine à se contenir; il rugissait intérieurement. Il avait une envie folle de bondir sur le vieillard, de le saisir à la gorge, de le terrasser, afin de pouvoir ensuite enlever violemment la jeune fille. Mais le Champenois était là, qui le tenait en respect, le Champenois dont la large patte, — selon son expression, — pouvait assommer un bœuf.

Son revolver n'était qu'une arme inutile, car tout misérable qu'il était, il ne voulait pas être un assassin. Le vicomte de Sanzac ne tenait nullement à paraître devant une cour d'assises entre deux gendarmes. Ah! il était aussi prudent que lâche!... Il voulait bien frapper son ennemi, mais dans l'ombre, à couvert, sans courir ni risques, ni périls!

Cependant, après avoir fermé la porte et mis la clef dans sa poche, le comte prit place dans la voiture à côté de sa fille.

Le Champenois sortit enfin de son immobilité. Il remit sur sa tête sa peau de loutre, ferma la portière et grimpa sur son siège.

— Hue, Bibi! Allons, trotte gaiement.

Et la mèche du fouet se tortilla dans l'air :

Clic-clac, clic-clac.

La voiture s'enfonça dans le brouillard et disparut.

Les deux complices se détachèrent du mur et sortirent des hautes herbes qui les avaient cachés.

Le vicomte poussa une sorte de rugissement qui fut suivi d'un formidable juron.

— Eh bien? interrogea le marquis.

— Eh bien, nous en sommes pour nos frais.

— Elle est partie, son père l'emmène. Où? Probablement dans quelque autre coin ignoré, perdu au milieu de la France.

— C'est bien, dit le vicomte en grinçant des dents, nous les retrouverons !

VIII

A PARIS

Assises en face l'une de l'autre, à une table qui occupait le centre d'une vaste salle à manger, Mme Delorme et Aurore achevaient leur déjeuner du matin.

Depuis quinze jours qu'elle était à Paris, il ne s'était fait chez la jeune fille aucun changement notable. Peut-être était-elle moins triste, moins languissante; mais elle ne parvenait pas encore à secouer sa torpeur, à sortir de son engourdissement. Pelotonnée sur l'ottomane de son petit salon, les yeux à demi fermés, elle passait de longues heures plongée dans une sorte d'extase.

Le boudoir d'Aurore était bien le plus délicieux endroit qu'une belle jeune fille pût rêver; tout y était d'une grande richesse et d'un goût exquis. Meubles et tentures étaient des merveilles de la tapisserie moderne. A côté se trouvait sa chambre, un véritable nid de soie et de dentelles, frais, parfumé, coquet, charmant.

Assurément, Aurore avait trouvé tout cela très joli; pendant quelques jours elle s'était amusée à tout voir, à tout examiner; puis, presque subitement, elle était retombée dans son apathie.

Elle avait éprouvé une grande joie quand, lui ouvrant ses bras, madame Delorme l'avait appelée sa fille, sa chère enfant; mais l'expression produite par ce premier embrassement n'avait été que passagère; maintenant elle était presque insensible aux douces paroles et aux caresses que lui prodiguait l'excellente femme qu'elle croyait être sa mère.

Il est vrai qu'elle était encore sous le coup d'une séparation qui lui avait causé un grand chagrin.

Toujours fort de volonté et absolu dans ses décisions, le comte de Lasserre était parti; il avait suivi son ami Guillaume, que de sérieux intérêts, nous l'avons dit, appelaient en Amérique et en Asie. Quand, pouvant à peine retenir ses larmes, le père avait dit à sa fille : « — Je pars, je ne te reverrai peut-être pas avant un an », elle s'était jetée à son cou en sanglotant. Puis, le comte parti, elle avait beaucoup pleuré.

Madame Delorme avait déjà pour elle une grande affection; il y avait dans le cœur de cette femme, qui avait été mère trop peu de temps, des trésors de tendresse maternelle, non dépensés, qui allaient être l'héritage d'Aurore.

Elle faisait tout ce qui dépendait d'elle pour distraire, occuper son attention et sa pensée. Presque tous les jours on sortait. A deux heures, le coupé attendait ces dames dans la cour, devant le perron du grand escalier. On gagnait l'Arc-de-Triomphe, on faisait le tour du Bois et on revenait par les Champs-Élysées et la place de la Concorde; une autre fois on se promenait sur les boulevards ou les quais ou dans les rues du haut commerce parisien. Si Aurore le voulait, on mettait pied à terre; mais la jeune fille témoignait rarement le désir d'entrer dans une boutique ou un magasin.

Mme Delorme avait accepté une mission difficile et délicate; elle voulait la remplir dignement; elle le pouvait, car elle savait ce qu'elle devait à la chère petite que son bienfaiteur avait confiée à ses soins, à son affection, à son dévouement.

Malheureusement, n'oubliant pas assez qu'Aurore était la fille du comte de Lasserre, et sentant trop la distance qui existait entre la riche héritière et elle, elle n'entrait pas suffisamment dans son rôle. Dans ses manières, son langage, même dans sa tendresse, il y avait quelque chose de respectueux. Elle prononçait ces mots : ma chérie, mon enfant, ma chère fille, comme si elle eût dit mademoiselle. Ce n'était pas sa faute, elle obéissait à un sentiment. Quoi qu'il en fût, elle ne prenait point l'autorité d'une mère sur sa fille; instinctivement, Aurore le sentait. Et c'est pour cela qu'il n'y avait point entre elles cette douce intimité, cette familiarité charmante, cet abandon qui provoquent la confiance, stimulent les épanchements de l'âme.

Aurore aimait Mme Delorme comme elle avait aimé ses fauvettes; même dans ses bras, sur son cœur, elle ne sentait point pénétrer en elle cette chaleur, ces sensations délicieuses que communique l'amour maternel.

Si la jeune fille eût pu réfléchir, penser, apprécier, juger, elle se serait certainement dit : Je croyais que c'était autre chose que cela une mère!

Mme Delorme et Aurore achevaient de déjeuner, comme nous l'avons dit plus haut, et allaient se lever de table lorsque la sonnerie du timbre de la porte d'entrée de l'appartement se fit entendre.

Un instant après, la porte de la salle à manger s'ouvrit et la femme de chambre parut. C'était une jeune fille de vingt-cinq ans, au maintien modeste, assez jolie, ayant la physionomie ouverte, le regard doux et honnête.

— Madame, dit-elle, c'est une dame en noir qui demande à vous parler.

— C'est elle! Enfin! pensa madame Delorme.

Et tout haut :

— Cette dame vous a-t-elle dit son nom?

— Non, madame, mais elle vient de la part de M. Van Ossen.

— C'est bien, dit madame Delorme en se levant vivement; conduisez cette dame dans ma chambre.

La femme de chambre disparut, et s'adressant à Aurore, madame Delorme reprit :

— Ma chère fille, cette dame qu'on vient d'annoncer est votre institutrice, la personne dont vous a longuement parlé votre père avant de nous quitter; je vais aller la recevoir, et quand j'aurai causé avec elle un instant je vous la présenterai.

Aurore répondit par un mouvement de tête et se leva.

Madame Delorme lui mit un baiser sur le front en disant :

— Allez, ma chérie, allez nous attendre dans votre boudoir.

La jeune fille s'éloigna lentement sans avoir prononcé une parole. Madame Delorme sortit à son tour de la salle à manger, et tout en se dirigeant vers sa chambre elle se disait :

— L'institutrice sera-t-elle plus habile, plus heureuse que moi? Il faut bien l'espérer.

La protégée de M. Van Ossen attendait debout, la tête légèrement inclinée, dans une attitude pleine de recueillement. C'était une femme d'une taille au-dessus de la moyenne, souple, élancée, gracieuse. Son visage était pâle, fatigué, mais beau encore; bien que quelque grande douleur ou quelque chagrin lent lui eût enlevé sa fraîcheur, l'eût vieilli et marqué d'une tristesse indéfinissable, la finesse des traits, la délicatesse des contours lui conservaient un je ne sais quoi de charmant, de délicieux. La bouche avait l'habitude du rire. Les yeux étaient limpides et doux, et du regard éclairé jaillissaient des étincelles de fierté. La sérénité de la physionomie indiquait la résignation ou l'apaisement. Tout en elle inspirait l'intérêt, la sympathie. Elle plaisait sans le vouloir, car, sans le savoir peut-être, elle possédait ce qui attire, ce qui charme.

Elle paraissait avoir quarante ans; mais avait-elle réellement cet âge? Il aurait été difficile de le dire. Toutefois, on remarquait que les années ne lui avaient point enlevé deux choses qui sont l'orgueil de toutes les jeunes femmes et que les vieilles regrettent toujours : ses belles dents blanches et ses magnifiques cheveux.

Elle portait avec aisance son vêtement noir très simple et de coupe sévère. La couleur sombre faisait ressortir en même temps la pâleur du visage et son cachet de haute distinction.

Au bruit que fit la porte en s'ouvrant, sa tête se redressa. Ses yeux se fixèrent sur madame Delorme l'espace d'une seconde, puis, après s'être inclinée légèrement, elle tendit une lettre qu'elle tenait à la main.

— Ce papier est sans doute la lettre que M. Van Ossen vous a écrite avant de quitter Paris? dit madame Delorme; je n'ai pas besoin de la lire, je sais ce qu'elle contient. Soyez la bienvenue, madame, je vous attendais avec impatience.

— Voilà de bonnes paroles, madame, répondit l'institutrice d'une voix douce et mélodieuse comme le son d'une flûte ; elles sont affectueuses et pleines d'encouragement. Merci ! Vous savez, sans doute, pourquoi je ne me suis pas présen-

Aurore, étendue sur son ottomane, les yeux fermés, avait l'air de sommeiller.

tée plus tôt. Une de mes premières élèves, une jeune Anglaise, vient de se marier à Londres. Quelques jours avant le mariage, elle est venue à Paris avec sa famille. J'ai cédé aux prières, aux sollicitations affectueuses de la famille entière, je me suis laissée emmener.

Madame Delorme ne pouvait se lasser de regarder l'institutrice; elle était étonnée, éblouie, ravie, et elle se disait :

— Quelle charmante femme! Quelle distinction! Quelle noblesse dans le regard! Elle a plutôt l'air d'une princesse que d'une institutrice.

Elle répondit :

— M. Van Ossen nous a appris cela, en effet. Nous saurons nous dédommager, ma fille et moi, des jours que nous ne vous avons pas possédée ; il n'en sera pas de même pour M. Delorme ; il a vivement regretté de ne pas vous avoir vue avant de partir.

— Ah ! M. Delorme est absent de Paris !

— M. Van Ossen ne vous l'a donc pas dit ? Ils se sont embarqués il y a cinq jours pour l'Amérique.

— Croyez, madame, que je regrette beaucoup...

— Vous n'avez rien à regretter. Oh ! j'oubliais de vous prier de vous asseoir ; excusez-moi.

Tout en parlant, elle avait poussé un siège sur lequel madame Durand prit place. Elle s'assit en face de la jeune femme et reprit :

— Je n'ai aucune question à vous faire. Je sais que vous avez été l'institutrice des demoiselles Van Ossen, et M. Van Ossen, l'ami le plus intime de M. Delorme, vous a en grande estime. Du reste, madame, — et ceci n'est pas une flatterie, — votre figure si sympathique, votre distinction, toute votre personne disent ce que vous êtes et quelle est votre valeur... Je suis trop heureuse que vous vouliez bien vous charger de l'éducation de notre chère enfant. La tâche sera difficile, vous aurez beaucoup de mal ; mais il vous sera tenu compte de la peine que vous vous serez donnée. C'est une mission toute de dévouement qui vous est confiée. Aurore aura bientôt dix-sept ans, et cependant vous allez la prendre comme un enfant au sortir du berceau. Elle ne sait rien ou presque rien, vous aurez tout à lui apprendre.

« Hélas ! comme M. Van Ossen vous l'a écrit, c'est plus qu'une éducation à faire ; c'est une intelligence à créer, un esprit à former. Aurore nous a causé de grandes inquiétudes dans son enfance ; elle était maladive, faible de complexion. A dix ans, alors qu'elle grandissait à vue d'œil, que ses forces physiques se développaient comme par enchantement, elle tomba dangereusement malade. La maladie fut longue, on crut souvent que la chère petite ne vivrait pas. Pourtant, grâce à Dieu, elle fut sauvée. Malheureusement, le mal avait affecté le moral et il reste là, dans le cerveau, une grande obscurité. C'est un esprit à éclairer c'est la pensée qu'il faut conduire, c'est l'intelligence qu'il faut aider à se manifester.

« Autant que je le pourrai, madame, je vous aiderai dans votre œuvre, et espérons-le, vous triompherez.

— Oui, espérons ; nous triompherons, puisque vous joindrez vos efforts aux miens.

— Vous ferez, j'en suis sûre, beaucoup plus que moi. Une mère a toujours sur son enfant une puissance qu'une autre femme n'aura jamais. Mais, n'importe, vous pourrez compter sur mon dévouement. Les peines ne me coûteront rien.

— Permettez-moi de vous demander une chose.
— Vous avez le droit de m'interroger.
— Vous êtes veuve, je le sais ; avez-vous eu des enfants?

Une lueur rapide traversa le regard de l'institutrice.

— Un, répondit-elle, faisant des efforts pour cacher son émotion.
— C'était un garçon?
— Non, c'était une fille.
— Et vous l'avez perdue?
— Je l'ai perdue !
— A quel âge?
— Elle était toute petite.
— Comment s'appelait-elle?
— Lucie.
— Pauvre mère ! soupira madame Delorme.

Et elle se mit à pleurer. Elle aussi pensait à sa fille que la mort lui avait enlevée.

L'institutrice essuya furtivement deux grosses larmes. Elle se raidissait pour retenir un sanglot qui l'étranglait.

— M. Van Ossen a dû vous dire aussi, reprit madame Delorme, que vous recevriez six mille francs par an.
— C'est trop, madame, beaucoup trop.
— Du tout, M. Delorme trouvait même que c'était peu ; mais vos appointements sont en dehors de ce que M. Delorme compte faire pour vous plus tard. Comme vous vous éloignerez d'Aurore le moins souvent possible, il va sans dire que vous avez la table et le logement. Nous vivrons en famille et, je l'espère, dans un intimité que rien ne troublera. La porte de votre chambre ouvre sur le couloir de l'escalier de service ; elle se trouve ainsi indépendante des autres pièces. Toutefois, elle a une autre porte qui établit une communication entre elle et la chambre d'Aurore, dont elle est séparée par un cabinet qui pourra vous servir de garde-robe. Vous examinerez tout cela à loisir. Nos domestiques seront aussi les vôtres ; vous aurez le droit de leur donner des ordres, et ils devront vous obéir comme à moi-même.
— Je n'abuserai point de l'autorité que vous voulez bien me donner, répondit la jeune femme en ébauchant un sourire.
— Quand êtes-vous arrivée de Londres? demanda madame Delorme.
— Hier soir, assez tard.
— Êtes-vous venue ici avec vos effets?
— Non, madame. J'ai pensé qu'il était convenable que je me présentasse d'abord.
— Où sont-ils déposés?
— Mon linge et mes effets sont chez moi, madame, aux Batignolles, où j'ai un petit logement.

— C'est bien. Tantôt on attellera et vous irez prendre chez vous les objets que vous voudrez apporter ici.

L'institutrice s'inclina en signe d'assentiment.

— Maintenant, venez, reprit madame Delorme, je vais vous conduire près de votre élève.

IX

UN CŒUR QUI S'OUVRE

Aurore, étendue sur son ottomane, et les yeux fermés avait l'air de sommeiller.

Quand la porte du boudoir s'ouvrit, ses paupières se levèrent lentement, et pendant un instant, toujours immobile, elle regarda la jeune femme inconnue que madame Delorme venait de faire entrer la première.

— Bonjour, mademoiselle, dit l'institutrice de sa voix douce et caressante.

Aussitôt Aurore se souleva, les yeux agrandis, comme si le son de la voix qu'elle venait d'entendre eût produit en elle quelque mystérieuse vibration.

— Aurore, ma fille, dit alors madame Delorme, cette dame est votre institutrice.

— Oui, mademoiselle, c'est à moi que vos parents veulent bien confier votre éducation ; ce sera pour moi une douce chose, j'en suis sûre. Je ferai tout mon possible pour répondre à la confiance de vos chers parents, tout mon possible pour vous rendre le travail facile et agréable.

La jeune fille ne quittait pas l'institutrice des yeux. Son visage s'était subitement épanoui, et quelque chose d'intraduisible rayonnait dans son regard.

Soudain, elle se dressa sur ses jambes, et son front s'éclaira de la lumière de son regard.

— Oh ! l'adorable enfant ! se disait l'institutrice.

Aurore s'avança vers elle et lui dit :

— Je vous attendais. Mon père m'a parlé de vous ; il est parti, mon père, et je ne sais pas quand il reviendra ; il m'a dit que vous seriez pour moi une amie, comme une sœur. Dites, est-ce vrai que vous serez mon amie, ma sœur ?

— Oui, mon enfant, répondit la jeune femme d'une voix vibrante d'émotion, je serai votre amie, je serai votre sœur.

— Et un peu aussi votre mère, ajouta madame Delorme.

L'institutrice tressaillit.

— Ah ! je suis contente, bien contente, dit Aurore.

Il y eut un moment de silence.

— Mon père m'a recommandé de bien vous écouter, reprit Aurore ; il m'a dit que vous m'apprendriez beaucoup de choses, beaucoup de choses ; il m'a dit encore d'être bonne pour vous; vous verrez, je ne suis pas méchante... Il m'a dit encore de bien vous aimer. Ah! oui, oui, je vous aimerai bien !...

Et par un élan spontané, elle jeta ses bras autour du cou de l'institutrice.

— Tenez, dit-elle avec feu, je vous aime déjà !

— Ah! chère enfant, chère enfant, je vais trop vous aimer ! murmura la jeune femme toute frémissante en serrant Aurore contre son cœur.

Cette fois elle ne put vaincre son émotion; un sanglot s'échappa de sa poitrine et ses larmes jaillirent.

— Excusez-moi, madame, dit-elle en se tournant vers madame Delorme; mademoiselle Aurore m'a surprise, je m'attendais si peu... je me suis oubliée... je...

— Je ne suis pas jalouse, répondit madame Delorme en souriant; et puis vous n'avez pas à vous excuser d'une chose dont je suis ravie.

Elle ajouta d'un ton mystérieux :

— Il faut tout cela pour que vous puissiez réussir.

— Oh! nous réussirons, madame ! s'écria la jeune femme ; il y a en moi quelque chose qui me le dit.

— Allons, je vous laisse ensemble, dit **madame** Delorme.

Et elle sortit en saluant la jeune femme d'un mouvement de tête affectueux.

L'institutrice et l'élève restèrent un moment en face l'une de l'autre dans une sorte de contemplation muette. Certes, madame Durand ne s'était pas attendue à se trouver dans cet intérieur bourgeois, en présence d'une pareille merveille de grâce et de beauté.

— Elle a dans le regard une clarté pénétrante qui me fascine, se disait-elle. Idiote, cette enfant! Non, non, elle n'est pas idiote! Qu'est-ce donc qui pétille dans ses beaux yeux, si ce n'est l'intelligence?

Aurore, toute souriante, prit la main de la jeune femme.

— Venez là, lui dit-elle.

Et elle l'entraîna vers l'ottomane où elles s'assirent tout près l'une de l'autre.

— Ah! je suis bien contente ! murmura la jeune fille à l'oreille de madame Durand.

— Dites-moi donc pourquoi vous êtes si contente, ma chère mignonne ?

— Pourquoi? Parce que vous serez ma bonne amie, parce que je serai toujours avec vous.

— Ainsi, vous savez que je viens ici pour vous faire travailler et vous n'êtes pas effrayée?

— Non.

— Étudier est souvent une chose difficile et pénible.

— Pas avec vous, répondit Aurore d'un ton convaincu.

— Vous serez docile ?

— Je ferai tout ce que vous voudrez.
— Allons, je vois que nous nous entendrons à merveille.
— Qu'est-ce que vous allez m'apprendre?
L'institutrice sourit.
— Je ne sais pas encore, répondit-elle; il faut que je sache d'abord ce que vous avez appris déjà.
— Je ne sais pas grand'chose.
— Nous verrons.
— Voyez-vous, je sens bien en moi qu'il existe une infinité de choses que je ne connais pas. Parfois, il y a certaine de ces choses que je voudrais comprendre, m'expliquer... Je ne peux pas. C'est là, dans ma tête, et ça ne peut pas sortir.
— Je vous aiderai, ma mignonne, et j'espère bien que tout cela sortira.
La jeune fille passa à plusieurs reprises sa main sur son front.
— Pourtant, ce n'est pas ma faute, fit-elle avec un charmant petit mouvement de colère.
— Mais on n'a donc rien fait pour développer l'intelligence de cette pauvre petite? pensait l'institutrice; on n'a donc jamais essayé de parler à son esprit? C'est singulier, on dirait qu'on l'a volontairement laissée dans l'ignorance!
— Comme je me sens bien, reprit Aurore d'une voix câline en se serrant contre madame Durand; il me semble que je ne suis plus la même Aurore, que depuis un instant, depuis que vous êtes ici, tout est changé pour moi.
Elle resta un moment silencieuse et continua :
— Tout à l'heure, quand vous êtes entrée, j'avais fermé les yeux?
— Ah! Et pourquoi aviez-vous fermé les yeux?
— Je ne sais pas, je ne pourrais pas dire... Mais je les ai vite ouverts pour vous regarder. Vous me regardiez aussi. Oh! comme votre regard était doux et plein de tendresse!,.. Aussitôt, il m'a semblé que tout remuait en moi et j'ai senti quelque chose là, dans mon cœur, quelque chose que je ne peux pas expliquer. Il m'a semblé encore qu'il y avait longtemps que vous étiez mon amie; je me suis sentie si heureuse que je n'ai pu m'empêcher de vous sauter au cou et de vous embrasser !
— Chère petite, chère petite ! murmura l'institutrice vivement émue.
Aurore appuya doucement sa tête sur l'épaule de la jeune femme et murmura à son oreille :
— Ah! je vous aime bien!
Madame Durand l'étreignit dans ses bras avec transport, et ce fut pendant un instant comme un grésillement de baisers.
— Pourquoi suis-je ainsi? Que se passe-t-il donc en moi? se demandait-elle. Pourquoi tant de tendresse pour cette enfant que je ne connaissais pas il y a une heure?

Aurore, la physionomie animée, le regard illuminé, tenait ses deux mains appuyées sur son cœur.

— Comme c'est bon d'être embrassée ainsi ! dit-elle,

Et aussitôt, prenant un petit air mystérieux, elle reprit :

— J'ai senti en moi cette même chose qui fait battre mon cœur, quand il m'a embrassée.

— De qui donc parlez-vous ?

— De lui.

— Qui, lui ?

— Adrien, répondit Aurore à l'oreille de l'institutrice.

Étonnée, inquiète, madame Durand attacha sur la jeune fille un regard scrutateur,

— Qui est-ce, cet Adrien ? demanda-t-elle.

— Un jeune homme.

— Ah ! c'est un jeune homme ?

— Oui.

— C'est ici qu'il vous a embrassée ?

— Non.

— Où étiez-vous donc ?

— A la Cordelière.

— Qu'est-ce que c'est que la Cordelière ?

— Une maison où il y a un jardin, qui appartient à mon père.

— Je comprends, fit l'institutrice en souriant, M. Adrien est un ami de votre père.

— Non, répondit Aurore en secouant la tête ; quand il est revenu de Paris, il s'est fâché... oh ! mais une colère ; et il a chassé Adrien.

— Ainsi M. Adrien est venu à la Cordelière en l'absence de votre père ?

— Oui.

— Pourquoi y est-il venu ?

— Pour me voir et causer avec moi.

— Avant, vous l'aviez déjà rencontré plusieurs fois ?

— Je ne l'avais jamais vu.

— Mais il vous connaissait, lui ?

— Je ne sais pas. Il m'avait entendue chanter.

Et elle se mit à fredonner les premiers vers du couplet :

« Un jour, le Jour dit à la Rose. »

Elle reprit :

— Pour me voir il était monté sur le mur ; alors je lui ai ouvert la porte du jardin.

— Mais vous n'étiez pas seule à la Cordelière ?

— Avec Francesca.

— Francesca?

— Oui, la bonne Francesca, notre domestique; elle m'aime beaucoup, la bonne Francesca; seulement elle ne parle pas, elle est muette.

— Votre mère n'était donc pas avec vous à la Cordelière?

— Non. Je vais vous dire, ma mère...

Elle s'interrompit brusquement. Elle venait de se rappeler qu'une des principales recommandations que lui avait faites son père était de ne point révéler à son institutrice qu'elle avait vécu en Italie, en Suisse, puis à la Cordelière sans avoir jamais vu sa mère.

— Eh bien, votre mère? l'interrogea madame Durand.

— Elle était à Paris.

— Avec votre père?

— Oui.

— Vous avez donc ouvert la porte du jardin à ce jeune homme que vous appelez Adrien, à un inconnu?

— Est-ce que j'ai fait mal?

— Oui, ma chère petite, vous avez fait mal; je ne vous dis pas aujourd'hui pourquoi vous avez mal agi; je vous expliquerai cela plus tard et vous me comprendrez. Enfin, que vous a-t-il dit ce jeune homme?

Les yeux d'Aurore s'étaient mouillés de larmes, ce qui indiquait qu'elle n'était pas insensible au premier reproche de son institutrice.

— Beaucoup de choses, répondit-elle d'une voix un peu hésitante; il m'a dit que j'étais belle, que je chantais à ravir; il m'a dit qu'il m'aimait.

Madame Durand se sentit frissonner d'indignation.

— Et il vous a embrassée, fit-elle profondément attristée.

— Oh! pas le premier jour.

— Il est donc revenu plusieurs fois à la Cordelière?

— Oui, plusieurs fois.

— Mais, pendant ce temps-là, que faisait donc Francesca, votre domestique muette? s'écria l'institutrice.

— Oh! elle n'était pas contente, Francesca; elle grondait tout le temps; mais elle nous suivait pas à pas dans le jardin, dans la maison; elle écoutait tout ce que nous disions.

Madame Durand laissa échapper un soupir de soulagement.

— Je devine le reste, dit-elle, quand vos parents sont revenus de Paris, ils ont surpris M. Adrien près de vous et votre père a chassé cet inconnu, qui a eu l'audace de pénétrer jusqu'à vous.

Aurore baissa la tête.

— Ainsi, reprit l'institutrice, quand M. Adrien vous a embrassée, cela ne vous a pas déplu?

Le père et la fille pleuraient de joie, pendant un instant on n'entendit que le bruit des baisers.

— Non, cela m'a fait plaisir.

Cette réponse, non moins franche que naïve, fut suivie d'un assez long silence.

L'institutrice tenait sur la jeune fille son regard clair, profond, pénétrant, comme si elle eût voulu lire dans ses yeux ce qui se passait en elle.

— Allons, se dit-elle, les paroles de cet audacieux jeune homme n'ont point touché à sa candeur, à la pureté de son âme!

Puis, attirant Aurore contre elle, elle lui mit un baiser sur le front.

Cependant, à un mouvement de la physionomie de la jeune fille, elle devina qu'elle ne lui avait pas tout dit. Or cette enfant qui lui était confiée, qui allait lui appartenir, ne devait rien avoir de caché pour elle. Cette confidence inattendue, qu'Aurore venait de lui faire, lui avait fourni un intéressant sujet d'étude ; c'était un premier et sérieux examen de ses facultés morales que la jeune fille venait de subir.

— Ma chérie, dit-elle d'une voix douce et pleine de tendresse, je vais vous adresser encore quelques questions, et vous me répondrez, n'est-ce pas, avec la même franchise que tout à l'heure ?

— Oui, répondit Aurore.

— Avez-vous revu M. Adrien depuis que votre père l'a chassé ?

— Oui, une fois.

— Toujours à la Cordelière ?

— Oui.

— L'avez-vous dit à votre père ou à votre mère ?

— Non.

— Pourquoi ?

— Je n'ai pas osé.

— Ah ! vous voyez, ma chérie, vous voyez... vous sentiez que cela était mal !

Aurore devint rouge comme une pivoine.

— Enfin, reprit l'institutrice, vous vous êtes revus une fois ; que s'est-il passé dans cette entrevue ?

— Il était sur le mur du jardin...

— Comme la première fois ?

— Oui. Il m'a appelée tout bas et m'a jeté une lettre.

— Vous l'avez, cette lettre ?

— Non, après l'avoir lue, je l'ai déchirée en morceaux.

— Vous souvenez-vous de ce qu'elle disait, cette lettre ?

— Oui.

— Voyons ?

— Elle disait qu'Adrien ne m'oubliait pas, qu'il m'aimerait toujours, répondit Aurore presque à voix basse.

— C'est tout ?

— Elle disait que le lendemain, la nuit, à onze heures, je ne devais pas manquer de me trouver à la porte du jardin, qu'Adrien serait là, qu'il avait quelque chose à me dire..

— Le misérable, le lâche ! murmura l'institutrice.

Elle reprit à haute voix :

— Que disait-elle encore ?

— Je ne sais plus.

— Et le lendemain, à onze heures, trompant la surveillance de votre mère et de votre père, vous êtes sortie de la maison sans faire de bruit et vous êtes allée à la porte du jardin ?

— Non, répondit Aurore, je n'ai pas pu.

— Ah !... Et pourquoi ?

— Parce que c'est ce soir-là, à la même heure, que nous avons quitté la Cordelière pour venir à Paris.

— Heureuse coïncidence ! pensa madame Durand.

— Adrien m'attendait, il était là, continua la jeune fille, mais je ne l'ai pas vu... Il y avait un épais brouillard et la nuit était noire, bien noire. Et puis, Adrien s'était caché, bien sûr, car il a eu peur de mon père. Qu'a-t-il dit en me voyant partir ? Je n'en sais rien. Il devait être bien triste... J'étais triste aussi, moi. Mais, vous ne savez pas ?...

— Non.

— Un jour, plus tard, quand j'aurai bien étudié, quand j'aurai appris beaucoup de choses, il viendra ici, je le reverrai... mon père me l'a promis.

— S'il en est ainsi, ma chérie, dès demain nous nous mettrons au travail ; vous étudierez et apprendrez beaucoup de choses.

— Oui, n'est-ce pas ? Vite, vite, beaucoup de choses !

Et, frappant ses mains l'une contre l'autre :

— Je suis contente, bien contente, dit-elle ; j'apprendrai beaucoup de choses et Adrien reviendra, mon père me l'a promis.

— C'est singulier, se disait madame Durand, c'est son père, toujours son père ; elle ne parle jamais de sa mère.

X

RÉSURRECTION

L'institutrice ne se dissimula point, dès les premiers jours, qu'elle entreprenait une tâche difficile ; mais elle ne la trouva pas au-dessus de ses forces. Elle ne voulait voir que le but qu'il fallait atteindre, et elle sentait qu'aucune peine ne lui coûterait. D'ailleurs l'affection qu'Aurore avait su lui inspirer, cette tendresse quasi maternelle qui débordait de son cœur et dont elle s'étonnait, mettaient en elle une sorte d'enthousiasme, une ardeur qu'elle ne s'était jamais connus.

Aimer, s'attacher, se dévouer était un besoin du cœur et de l'âme chez cette jeune femme qui avait beaucoup souffert, qui avait vécu de longues années sans trouver l'emploi des trésors d'affection et de tendresse qu'elle avait gardés dans son cœur comme un palliatif à ses douleurs, un adoucissement à l'amertume de ses regrets.

Oui, on voyait que madame Durand avait souffert, qu'elle souffrait encore et qu'elle n'espérait point toucher au terme de ses souffrances. Évidemment, une grande résignation, puisée dans le sentiment du devoir et de la justice, rendait forte cette victime de la fatalité. Elle s'était faite à sa destinée ; mais peut-être ne l'avait-elle pas acceptée sans protestation, sans révolte.

Il semblait aussi qu'elle eût quelque chose à se faire pardonner, tellement il y avait d'humilité en elle, et que par sa grande douceur, son inaltérable bonté, manifestation du repentir, elle voulût mériter la rédemption.

Comme nous l'avons dit, il fallait que cette femme aimât ; elle vivait pour aimer.

Nul autre mieux qu'Aurore, cette grande jeune fille enfant qui lui était confiée, ne pouvait donner satisfaction aux secrets désirs de son cœur. Dans cinquante, dans cent élèves qu'on lui aurait présentées, c'est Aurore qu'elle eût choisie.

Pour bien donner son affection, sa tendresse et un peu de son amour maternel, qui avait à peine eu le temps, autrefois, de rayonner sur un berceau, c'est Aurore qu'il lui fallait, Aurore, cette innocente dont elle allait former le cœur, éclairer l'esprit, qu'elle avait à animer, à créer en quelque sorte.

On lui avait dit : « Vous serez un peu sa mère. » Mais elle s'était dit, elle : « Je serai tout à fait sa mère ! » Et ce fut vrai.

Elle ne fit pas attention qu'Aurore allait avoir dix-sept ans ; elle voulut la voir toute petite et la prit comme au sortir du berceau, comme si elle revenait de nourrice. Pour un temps, l'institutrice disparut. C'était la mère attentive, pleine de tendresse et de sollicitude, qui prodiguait ses caresses, les douces paroles ; qui enveloppait l'enfant de son souffle maternel, le faisait passer dans son âme et dans son cœur, afin d'y faire vibrer successivement toutes les cordes.

Oh ! comme elle se souvenait bien qu'elle avait été mère ! Mais ne l'était-elle pas encore près de cette enfant d'une autre femme que le hasard lui avait donnée ? Ne faisait-elle pas pour Aurore tout ce qu'elle aurait fait pour son enfant, sa fille, à elle, si elle eût eu le bonheur de l'élever ? Elle n'avait pu remplir auprès de l'enfant qu'elle avait mis au monde la douce mission que la nature impose à toutes les mères ; mais elle l'avait maintenant, cette mission sacrée.

Oui, elle n'aurait pas fait autre chose pour sa fille que ce qu'elle faisait pour Aurore. Et elle avait à remplir sa mission tout entière, puisque, malgré son âge, Aurore était restée dans l'enfance.

Elle était si bien entrée dans son rôle de mère, qu'il y avait des instants où, oubliant ce qu'elle était, et madame et M. Delorme, elle croyait qu'Aurore était réellement sa fille. Et quand elle revenait subitement de l'erreur dans laquelle son cœur la faisait tomber, c'était comme un réveil douloureux ; elle sentait son cœur se serrer ; sa poitrine se gonflait, des larmes brûlantes coulaient de ses yeux.

D'autres fois, en regardant Aurore, comme si elle se mirait dans les beaux yeux limpides de la jeune fille, elle s'étonnait d'éprouver les mêmes joies, de tomber dans le même ravissement, la même extase qu'autrefois, quand, sur le duvet du berceau, elle contemplait la jolie tête blonde de son enfant.

Alors, transportée, dans une ivresse indicible, elle prenait Aurore sur ses genoux, l'étreignait fortement contre sa poitrine haletante, la berçait, la couvrait de baisers et lui disait tout ce qui montait de son cœur à ses lèvres.

— Maman ! maman ! disait l'enfant, en rendant avec usure les baisers qu'elle recevait.

La première fois qu'elle avait donné ce doux nom à madame Durand, la jeune femme avait tressailli dans tout son être, puis éclaté en sanglots.

Aurore était restée interdite, et pendant plusieurs jours n'avait plus osé dire : maman.

— Pourquoi ne m'appelles-tu plus maman ? lui demanda madame Durand dans un de ces instants où l'institutrice tenait l'élève sur ses genoux, serrée contre son cœur.

— Pour ne pas vous faire pleurer, répondit Aurore ; l'autre jour je vous ai fait beaucoup de peine.

— Non, non, ma chérie, tu m'as fait éprouver, au contraire, la joie la plus vive.

Depuis, aussi bien devant madame Delorme que quand elles étaient seules, le mot maman, prononcé d'une façon qui ravissait l'institutrice, était fréquemment sur les lèvres d'Aurore.

C'est ainsi que se faisait l'éducation de l'enfant. C'est ainsi, par de douces et tendres paroles, par d'intéressantes causeries mises à la portée de l'intelligence de l'élève, que l'institutrice donnait à la jeune fille l'instruction qui lui manquait. Madame Durand avait senti qu'elle devait, avant tout, s'adresser au cœur de la jeune fille, en y faisant naître et grandir tous les nobles sentiments, et c'est avec son cœur, à elle, qu'elle forma le cœur de son élève.

On avait des livres dont on se servait le moins possible ; c'est par des explications, des démonstrations simples et justes, souvent répétées, qu'Aurore parvenait à saisir, à comprendre. Lentement, progressivement, la jeune fille s'instruisait. Sa mémoire lui était d'un grand secours, car une fois qu'elle avait compris une chose, l'institutrice pouvait n'y pas revenir, elle le savait.

Madame Durand marchait vers le but à atteindre avec une sage lenteur ; elle procédait sur un programme progressif, avec ordre, avec beaucoup de réserve, une grande délicatesse et une extrême prudence.

Madame Delorme vit, avec un étonnement mêlé d'une joie immense, s'accomplir le phénomène qu'on avait espéré : le réveil de l'esprit de la jeune fille, le merveilleux développement de son intelligence, délivrée successivement des liens qui la retenaient captive.

En moins de six mois l'institutrice avait opéré ce prodige.

Maintenant, presque sans effort, Aurore comprenait tout ; une de ses facultés, l'intuition, était d'une puissance extraordinaire. Quelle joie elle éprouvait quand, presque seule, elle avait saisi, deviné une chose, trouvé une définition. Son raisonnement était presque toujours d'une grande justesse ; il est vrai que, chez elle, le cœur était le plus souvent l'inspirateur de ses pensées. A mesure qu'elle s'instruisait, augmentait son impatience de savoir ; mais l'institutrice ne voulait pas s'écarter du programme qu'elle s'était tracé, et elle était obligée de mettre un frein à l'avidité de la curiosité d'Aurore. Sans doute une jeune fille a besoin de savoir bien des choses en dehors des matières comprises dans l'instruction qu'on lui donne ordinairement ; mais il est de ces choses auxquelles on ne doit toucher qu'avec une grande prudence.

Aussi est-ce avec beaucoup de circonspection, de délicatesse et de tact que madame Durand, après avoir expliqué à Aurore ce que c'est que le monde, la société, vivant sous la protection des lois communes à tous, lois qu'on doit respecter, auxquelles on doit l'obéissance, et lui avoir dit ce qu'on entendait par civilisation, lui parla des nombreux devoirs de la femme, de la grande mission à laquelle elle est appelée, de la place qu'elle doit occuper dans la société d'un peuple civilisé.

C'était toujours de la manière la plus simple que l'institutrice instruisait son élève. L'explication de chaque chose venait à son heure, et chaque chose était le sujet d'une causerie familière.

Il arrivait souvent qu'à la suite d'une explication donnée, la jeune fille restait rêveuse, la tête penchée sur sa poitrine. Elle faisait ses réflexions sur ce qui venait de lui être dit ; après quoi, relevant la tête :

— Oui, disait-elle, j'ai bien compris.

Et, pour remercier l'institutrice, elle jetait ses bras autour de son cou et l'embrassait.

Aurore n'apprenait pas sans avoir, parfois, de grands étonnements. Un de ces étonnements fut d'entendre dire à madame Durand qu'il y a dans le monde des bons et des méchants des deux sexes, et que si tous les peuples civilisés ont des lois, des lois basés sur le principe de l'équité, ces lois ont été créés pour protéger les bons et existent également pour punir les méchants. Aurore n'avait pas pensé jusque-là qu'on pût être méchant.

Un autre de ses étonnements fut d'apprendre qu'il y a dans le monde beaucoup de choses de convention, et que la civilisation, imposant par ses lois un ordre de choses à une société, est souvent en opposition avec les grandes lois de la nature. Cependant elle comprit facilement les immenses bienfaits de la civilisation, quand l'institutrice lui eut fait voir ce qu'était réellement le monde dans les temps barbares, alors que la loi du plus fort primait toutes les autres.

D'ailleurs madame Durand lui apprenait en même temps quelles étaient les mœurs des peuples à toutes les époques et lui démontrait, par la comparaison, qu'il y avait eu nécessité absolue de civiliser les hommes en les forçant à se soumettre à des lois instituées pour le bien de tous.

Forcément, après avoir dit à Aurore qu'il y a des bons et des méchants, après avoir fait naître son admiration pour tout ce qui est bien, grand et beau, madame Durand dut mettre en opposition de tous les sentiments honnêtes, nobles et élevés, quelques-uns des instincts mauvais, des vices et des passions qui avilisent l'homme. Elle lui montra l'un s'élevant, s'anoblissant par le travail et la pratique du bien, par ses vertus ; l'autre s'abaissant, se dégradant, perdant ses droits à l'affection, à l'estime, au respect de ceux qui le connaissent, parce qu'il est devenu l'esclave d'une de ces passions mauvaises, terribles, qui, du plus haut sommet, peuvent précipiter l'homme dans la boue de l'abjection.

Madame Delorme ne recevait personne. Aurore ne pouvait causer qu'avec elle et son institutrice et quelquefois avec les domestiques. Dans la rue, sa fenêtre ouverte, et quand elle sortait en voiture ou à pied, elle voyait les passants, des hommes, des femmes, des jeunes filles, des vieillards, des enfants. C'était tout. Néanmoins, grâce à madame Durand, le monde n'était plus pour elle une chose inconnue. Elle aurait pu déjà y entrer et s'y faire remarquer par sa tenue, sa grâce, son intelligence, la vivacité de son esprit, bien qu'elle n'eût pas encore l'éducation, ni l'instruction solide que son institutrice voulait lui donner.

C'était comme un miracle de résurrection qu'avait fait madame Durand. Aurore le sentait quand elle disait :

— Je ne suis plus la même ; il me semble que je n'existais pas auparavant.

Cependant elle gardait précieusement quelques-uns des souvenirs de son existence précédente. Elle n'oubliait pas son père ; elle pensait à lui souvent, au contraire ; et, quand elle parlait de M. Delorme à madame Durand, c'était pour lui répéter combien il était bon et affectueux, combien il méritait d'être aimé.

— Quelle joie, quel bonheur pour lui, disait-elle les yeux rayonnants, de me retrouver à son retour comme vous m'avez fait !

Elle n'oubliait pas non plus son Adrien ; n'était-ce pas lui qui, le premier, avait fait passer une clarté dans son pauvre cerveau malade ? Quatre personnes maintenant avaient une place dans son cœur ; ces quatre personnes étaient tout son monde à elle ; elle les gardait là, où elles les avait réunis, pour ne jamais les séparer. Maintenant qu'elle n'était plus la pauvre ignorante d'autrefois, elle savait bien ce qu'elle faisait. Elle n'oubliait pas Adrien parce qu'il avait été son premier ami, parce qu'il était le mari qu'elle voulait. Elle se disait souvent :

— Je n'ai rien à désirer ; j'ai toute ma famille : mon père, ma mère, mon institutrice, qui est aussi maman, et mon mari.

Mᵐᵉ Durand ne lui défendait point de lui parler du jeune homme.

— Adrien habite à Paris, lui disait-elle, comment se fait-il qu'en sortant presque tous les jours nous ne l'ayons jamais rencontré ?

— Paris est si grand ! Et puis il est possible que quand nous nous promenons sur les boulevards, aux Champs-Élysées et au bois de Boulogne, ce ne soit pas à la même heure que M. Adrien.

— Je regarde toujours si je ne l'apercevrai pas.

— Ce serait difficile sur les boulevards où il y a toujours beaucoup de promeneurs.

— Vous savez que j'ai de bons yeux.

— Je ne veux pas vous empêcher de penser à M. Adrien, ma chérie ; mais vous avez peut-être tort. Qui sait si ce jeune homme ne vous a pas déjà oubliée ?

— Oh ! non, non, ne dites pas cela ! Adrien m'a dit qu'il m'aimait, il ne peut pas m'oublier !

Aurore n'ignorait point l'existence des salles de spectacle. En lui faisant lire Corneille, Racine, Molière et un certain nombre de pièces choisies dans le théâtre contemporain, Mᵐᵉ Durand lui avait expliqué comment ces drames et ces comédies étaient représentés sur la scène par des acteurs remplissant le rôle de chaque personnage.

Plusieurs fois déjà, la jeune fille avait témoigné le désir de voir un théâtre et d'assister à une représentation ; mais Mᵐᵉ Delorme, se renfermant dans les ordres que lui avait donnés le comte de Lasserre, répondait toujours :

— Plus tard.

Un jour, Aurore ne se contenta point de cette réponse. Si douce et si docile qu'elle fût, elle avait une volonté. Elle insista pour qu'on la conduisît dans un théâtre. Mᵐᵉ Delorme, embarrassée, consulta l'institutrice.

— Mon Dieu, je comprends sa curiosité, répondit madame Durand, elle est bien naturelle.

— Alors vous croyez que je dois céder à son désir ?

— Je le crois.

— N'y a-t-il pas quelque danger ?

— Je n'en vois aucun.

— A quel théâtre irons-nous ?

— Au Théâtre-Français, de préférence. On y joue en ce moment un drame qu'on dit très remarquable : *la Fille de Roland*.

— Vous viendrez avec nous ?

— Non, je vous remercie.

La porte s'ouvrit doucement. L'institutrice parut sur le seuil.

— Pourquoi ?
— J'ai renoncé depuis longtemps à tous les plaisirs.
— Pourtant...
— N'insistez pas, madame, ce serait augmenter le regret que j'ai de ne pouvoir accompagner ce soir ma chère élève.

Aurore éprouva une joie très vive quand Mme Delorme lui annonça que, le soir même, elle la mènerait au Théâtre-Français.

La jeune fille n'avait qu'une faible idée de ce qu'est une salle de spectacle.

splendidement éclairée par les lustres et les feux de la rampe; aussi s'attendait-elle à certaines surprises. Tout en pensant au plaisir nouveau et inconnu qu'elle allait avoir, elle se disait :

— C'est là que je reverrai Adrien

Elle n'eut point cette satisfaction. Vainement son regard chercha le marquis de Verveine de tous les côtés dans la salle. Cela lui causa un peu de dépit; mais bientôt, éblouie, ravie par tout ce qui était sous ses yeux, elle oublia sa petite déception. Le jeu brillant des acteurs, le puissant intérêt du drame, la captivèrent entièrement. Elle n'avait pas vu Adrien ; mais elle revint du spectacle heureuse, et dans l'enchantement de la délicieuse soirée qu'elle venait de passer.

Le lendemain, en embrassant Mme Durand, elle lui dit :

— Il y a encore quelque chose de nouveau en moi.

— Quoi donc?

— Comme un fourmillement de pensées dans ma tête ; c'est tout un monde. Il me semble que par une large fenêtre, qui s'est ouverte soudain, passent des torrents de lumière dans lesquels je suis enveloppée.

L'institutrice eut un sourire intraduisible.

— J'arrive au bout de la tâche qui m'a été confiée, se dit-elle ; M. Delorme peut revenir de son long voyage, je puis, maintenant, lui présenter sa fille !

XI

LE RETOUR

Mme Delorme et Mme Durand s'entendaient fort bien ensemble. Celle-ci était traitée par la première sur le pied d'une égalité parfaite. Jamais il ne s'était élevé un nuage entre elles; ce que l'une désirait, l'autre le voulait aussi; toujours elles étaient du même avis. Elles étaient comme deux amies d'enfance, comme les deux sœurs. Sans doute parce qu'elle-même était dans une situation dépendante, Mme Delorme n'avait voulu prendre aucune autorité sur l'institutrice. Celle-ci l'avait remarqué, non sans étonnement. Du reste, Mme Delorme lui avait causé plus d'une surprise, particulièrement dans sa manière d'être vis-à-vis d'Aurore. En effet, elle s'était aperçue que la mère avait pour sa fille comme de a déférence, quelque chose qui ressemblait à du respect. Pourquoi ? Elle avait ainement essayé de s'expliquer cette chose qui ne lui semblait pas naturelle. Pourquoi aussi la mère ne tutoyait-elle jamais sa fille? Assurément, Mme Delorme avait pour Aurore une vive tendresse ; mais elle sentait que ce n'était point là toute la tendresse que contient le cœur d'une mère.

D'un autre côté, Aurore ne se laissait point aller avec Mᵐᵉ Delorme, comme avec elle, à ces doux épanchements du cœur, qui lui faisaient éprouver de si délicieuses jouissances. Vingt fois par jour Aurore l'embrassait, et c'est à peine si, le matin et le soir, elle présentait son front au baiser de sa mère. Enfin, Aurore qui, d'une voix si douce, si caressante, l'appelait maman, disait toujours à Mᵐᵉ Delorme : ma mère.

— Pourquoi cela, pourquoi ? se demandait-elle souvent.

L'appartement de Mᵐᵉ Delorme était meublé avec une richesse, pour ne pas dire un luxe, qui annonçait une belle fortune. M. Delorme, ancien négociant retiré des affaires, — c'est ce qu'on lui avait dit, — devait avoir des amis. Comment, même en l'absence de son mari, Mᵐᵉ Delorme ne recevait-elle personne ? Mais elle-même avait certainement des amies, et Mᵐᵉ Delorme ne faisait jamais de visites ; jamais une personne étrangère à la maison n'était entrée dans l'appartement.

Tout cela était autant de sujets de surprise pour l'institutrice. Et elle se disait :

— C'est bien singulier !

Mais, absolument discrète vis-à-vis de Mᵐᵉ Delorme et de son élève, elle ne se permettait pas de les interroger.

Après tout, que lui importait ! Si l'existence de Mᵐᵉ Delorme était un peu mystérieuse, cela ne la regardait point. N'était-elle pas heureuse, autant qu'elle pouvait l'être, dans cet intérieur tranquille où on l'avait accueillie si affectueusement, où elle avait trouvé une jeune fille à aimer avec autant d'ardeur qu'elle aurait aimé sa fille, l'enfant si chère qu'elle avait perdue ?

Il lui arrivait, parfois, de penser que sa tâche accomplie, M. et Mᵐᵉ Delorme la renverraient, n'ayant plus besoin de ses services. Alors elle sentait son cœur se briser, et elle versait des larmes abondantes. Si on la séparait d'Aurore, c'était lui enlever l'unique bonheur qu'elle pût avoir encore ; c'était la rejeter dans sa vie de douleurs, la replonger dans l'amertume sombre de ses regrets.

Mais elle cherchait à se rassurer en se disant :

— Mᵐᵉ Delorme me parle constamment de sa reconnaissance et de celle de son mari ; je les supplierai de ne pas me séparer d'Aurore et ils me garderont. Ils sont riches, qu'est-ce que cela leur fait d'avoir une personne de plus dans leur maison ? D'ailleurs, je vivrai près d'eux sans leur rien demander, et je saurai trouver le moyen de me rendre utile à quelque chose. Oui, oui, ils me garderont ; est-ce qu'Aurore voudrait me voir partir ? Elle m'aime autant que je l'aime, la chère petite !

Assez rarement et aussi très irrégulièrement on recevait une lettre du comte de Lasserre, signée René Delorme, le nouveau nom qu'il avait pris. Chaque lettre indiquait le lieu où la réponse devait être adressée.

Le comte n'avait écrit directement à sa fille qu'une seule fois, une lettre qui contenait une infinité de recommandations, mais qui exprimait en même temps sa vive tendresse. Cependant, chaque fois que Mme Delorme répondait au comte, l'enveloppe contenait aussi une gentille lettre d'Aurore. M. de Lasserre pouvait ainsi juger par lui-même des progrès que faisait l'élève et apprécier les merveilleux résultats obtenus par l'institutrice.

Il avait quitté Paris depuis près de quatre mois, quand il reçut la première lettre de Mme Delorme, laquelle lui annonçait que l'institutrice avait déjà, comme par miracle, transformé sa fille.

Est-il besoin de le dire ? le comte faillit devenir fou de joie et de bonheur. Sur cette lettre de bonne nouvelle il colla pieusement ses lèvres. Et quand M. Van Ossen vint le retrouver, il le prit dans ses bras et le serra à l'étouffer. C'était une sorte de délire. Il pleurait comme un enfant. Et d'une voix entrecoupée il disait :

— Comme tu as bien fait de me parler sévèrement, de me montrer ma folie ! Il me semble que j'ai reconnu aujourd'hui la moitié de mon honneur ! Oh ! si je n'avais pas écouté tes conseils !... Mais non, je savais que tu es mon bon génie !... Sauvée, Aurore est sauvée, j'ai une fille maintenant !... Et sans toi, mon ami, mon cher Guillaume, sans toi elle serait restée idiote !...

Malgré la grande confiance que Mme Delorme avait en l'institutrice, elle ne lui lisait ou ne lui faisait lire aucune lettre du comte. Elle se contentait de lui dire :

— J'ai reçu aujourd'hui une lettre de M. Delorme ; il me dit ceci et cela et pour vous telle et telle chose.

Il y a lieu de supposer que M. de Lasserre n'écrivait point à Mme Delorme comme un mari écrit à sa femme, et si Mme Delorme cachait avec tant de soin les lettres qu'elle recevait du comte, c'était dans l'unique crainte de faire connaître le secret qui devait être gardé jusqu'à ce qu'il plût à M. de Lasserre de le faire connaître lui-même.

Aurore qui n'avait, elle, aucun secret à cacher, s'était empressée de montrer la lettre de son père à sa « maman. » Mais se doutant bien que l'institutrice verrait sa lettre, le comte l'avait écrite de façon à ne lui laisser rien soupçonner de ce qu'il ne fallait pas qu'elle sût.

En lisant cette lettre, fort touchante d'ailleurs, d'un père à sa fille, lettre d'une écriture rapide, un peu grosse et presque ronde, l'institutrice éprouva une émotion singulière qui, du reste, ne fut que d'un instant. La façon dont les lettres de cette écriture étaient formées et jetées sur le papier l'avait subitement frappée, en éveillant en elle le souvenir vague, incertain, d'une écriture pareille. Mais après avoir lu la lettre jusqu'à la fin et la signature : René Delorme, elle sourit tristement de sa méprise.

Et elle pensa avec raison que puisqu'il y a des hommes qui se ressemblent de visage, de tournure et de manières, plusieurs écritures peuvent également se ressembler.

Or, un an et quelques jours s'étaient écoulés depuis le départ du comte de Lasserre, lorsque M⁽ᵐᵉ⁾ Delorme reçut une lettre de lui, annonçant son retour prochain à Paris.

Il y eut chez Aurore une grande explosion de joie. Elle courait à travers l'appartement, sautait, bondissait, riait, pleurait, embrassait l'institutrice et M⁽ᵐᵉ⁾ Delorme. C'était une véritable petite folle.

— Je voudrais déjà qu'il fût ici pour le manger de baisers, disait-elle. Comme il va être content, comme il sera heureux !

Et, se plaçant devant une glace, elle ajoutait :

— Bien sûr il ne me reconnaîtra pas, puisque c'est à peine si je me reconnais moi-même.

Madame Delorme parla du retour de M. Delorme comme une tendre épouse, qui a compté les longues heures d'absence d'un mari aimé, et qui éprouve une vive satisfaction de le voir revenir près d'elle.

Quant à l'institutrice, elle était triste, elle avait l'air songeur. Elle aurait bien voulu partager la joie de son élève, mais elle ne pouvait pas. Aurore avait beau lui dire :

— Vous ne connaissez pas mon père, mais vous verrez comme il est bon ! Il sait tout ce que vous avez fait pour sa petite Aurore ; dès qu'il vous aura vue, il vous aimera autant que ma mère et moi nous vous aimons !

Elle restait soucieuse comme si elle eût eu le pressentiment de quelque malheur. Ce qu'elle éprouvait n'était pas de la crainte, et pourtant cela y ressemblait ; c'était une sorte d'anxiété, une espèce de malaise qu'elle ne pouvait définir. Et, inquiète, elle se demandait quels changements il y aurait dans la maison après le retour du père.

Un soir, entre neuf et dix heures, comme M⁽ᵐᵉ⁾ Delorme, Aurore et l'institutrice, réunies dans le salon, se disposaient à se séparer pour le repos de la nuit, un coup de sonnette retentit à la porte d'entrée.

— C'est lui ! dit M⁽ᵐᵉ⁾ Delorme en se dressant sur ses jambes.

— Mon père, c'est mon père ! exclama Aurore.

L'institutrice devint très pâle et son cœur se mit à battre violemment. Elle n'aurait certainement pas su dire pourquoi.

La porte avait été ouverte et on entendait un bruit de pas dans l'escalier. Le cocher qui avait amené le comte de la gare montait la malle de son voyageur.

Impatiente de se sentir dans les bras de son père, malgré M⁽ᵐᵉ⁾ Delorme, qui essaya de la retenir, Aurore s'élança hors du salon.

L'institutrice s'était levée.

— Madame, dit-elle d'une voix qui tremblait légèrement, permettez-moi de me retirer.

— Comment ! vous ne voulez pas rester ici avec moi pour recevoir M. Delorme.

— Excusez-moi, je me sens fatiguée.
— En effet, vous êtes un peu pâlotte.
— Et puis, après une absence d'une année, M. Delorme a certainement bien des choses à vous dire ; je ne veux pas vous gêner par ma présence.
— Au fait, vous avez peut-être raison. Mais M. Delorme voudra sans doute vous voir, causer avec vous d'Aurore.
— Eh! bien, si M. Delorme désire me parler ce soir, vous me ferez prévenir ; je ne me coucherai pas; il suffira, j'espère, d'un moment de repos sur le canapé pour dissiper le malaise que j'éprouve.

Sur ces mots l'institutrice serra la main de Mme Delorme, et, comme si elle eût craint de voir paraître le voyageur, elle sortit précipitamment du salon.

Aurore était accourue vers son père comme le comte donnait l'ordre à un domestique de l'annoncer.

A la vue de sa fille si animée, plus gracieuse et plus belle que quand il l'avait quittée, dont le front était irradié de bonheur, dont le regard doux, éclairé par l'intelligence, pétillait de tendresse, M. de Lasserre resta immobile, les yeux grands ouverts fixés sur Aurore, comme s'il eût hésité à la reconnaître.

Si bien qu'il eût été prévenu par les lettres de Mme Delorme, le comte ne s'attendait point à une pareille métamorphose. Et il contemplait cette merveille, sa fille, toute rayonnante, toute ensoleillée, saisi d'une admiration profonde.

— Est-ce que tu ne me reconnais pas? dit Aurore d'une voix douce et vibrante, les bras tendus, prête à s'élancer.

— Ma fille! ma fille! s'écria le comte.

Un sanglot qui montait à sa gorge lui coupa la voix.

Ses bras, qui s'étaient ouverts, se refermèrent sur l'enfant collée contre sa poitrine.

Pendant un instant on n'entendit que le bruit des baisers sonores donnés et rendus. Puis deux sanglots s'échappèrent en même temps. Le père et la fille pleuraient de joie, continuant à s'étreindre dans leurs bras frémissants.

— Oh! père chéri, dit la jeune fille de sa voix douce et fraîche comme un souffle de la brise, comme je sens bien que tu m'aimes!

Ces paroles furent suivies d'un nouveau grésillement de baisers.

Le comte restait muet; il était si ému qu'il ne pouvait prononcer une parole.

Cependant Mme Delorme s'était décidée à sortir du salon pour venir à la rencontre de son bienfaiteur. Le comte l'embrassa sur les deux joues; puis il saisit une de ses mains et la serra dans les siennes en lui disant tout bas ce seul mot :

— Merci!

— Vous ne pouvez pas rester ici, mon ami, dit Mme Delorme; d'ailleurs vous devez être fatigué; votre chambre est prête; si vous le voulez, nous allons vous y conduire.

— Je ne suis nullement fatigué, répondit le comte, et je passerais volontiers la nuit sans songer à prendre du repos. Le véritable repos pour moi, aujourd'hui, c'est d'être près de vous ; c'est de voir, c'est de contempler ma fille ; c'est de l'embrasser, c'est de causer avec elle.

— Alors entrons dans le salon ; venez.

Tenant Aurore dans ses bras, la portant presque, le comte suivit Mme Delorme.

Dans le salon, une conversation animée, charmante, pleine d'abandon, s'engagea entre le père et la fille, assis l'un à côté de l'autre sur une causeuse. Le comte se plaisait à multiplier les questions qu'il adressait à sa fille, et Aurore lui répondait avec une grâce, une facilité, une vivacité d'esprit, qui faisaient constamment grandir son admiration. Il n'avait pu encore se rendre maître de lui ; toujours sous le coup de sa grande émotion, à chaque instant il essuyait les larmes qui, malgré lui, jaillissaient de ses yeux. Il ne cherchait pas à cacher son ravissement. Le rayonnement de son regard, l'expression de sa physionomie, disaient son bonheur.

— Oui, oui, pensait-il, c'est merveilleux !

Il avait tant de choses à dire à sa fille que, jusque-là, il n'avait pas pensé à l'institutrice ; Aurore elle-même, l'ingrate, toute à la joie de revoir son père, oubliait celle qu'elle appelait maman.

Mais en établissant une comparaison facile entre l'enfant, la pauvre idiote, qu'il avait quittée un an auparavant, et la belle et intelligente jeune fille qu'il retrouvait, le comte songea à la jeune femme qui avait opéré ce miracle, à cette Mme Durand qu'il ne connaissait pas encore.

Ce que Mme Delorme avait fait pour lui n'était pas à comparer à ce que Mme Durand avait fait pour sa fille. Sans doute, il était reconnaissant du dévouement de la première ; mais l'autre, l'autre ?... Par quel moyen lui témoigner sa reconnaissance ? Quels mots employer pour la remercier ? Il ne les trouvait, ces mots capables d'exprimer ce qu'il ressentait, dans aucune des langues qu'il connaissait. Il sentait que cette femme méritait qu'il s'agenouillât devant elle comme devant une divinité.

— Où est donc Mme Durand ? demanda-t-il tout à coup.

— Oh ! c'est mal, c'est bien mal, fit Aurore d'un ton attristé, de ne t'avoir pas encore parlé de ma bonne amie.

Mme Delorme répondit :

— Elle s'est trouvé un peu fatiguée ce soir et s'est retirée dans sa chambre au moment de votre arrivée.

— Je comprends, dit le comte, elle a craint d'être indiscrète... Pourtant elle est de la famille.

— Une autre mère pour moi, dit Aurore.

— En me quittant, Mme Durand m'a dit qu'elle ne se coucherait pas, reprit Mme Delorme, et qu'on n'aurait qu'à la prévenir si vous désiriez lui parler.

— Je cours la chercher, dit Aurore, en bondissant vers la porte.

Le comte la rappela.

— Non, lui dit-il, ne dérange pas ce soir ton institutrice, ma mignonne. Elle s'est trouvée fatiguée, elle a besoin de se reposer ; je la verrai demain.

La jeune fille revint s'asseoir près de son père.

M. de Lasserre était trop impatient de connaître Mme Durand et il savait trop ce qu'il devait à l'institutrice de sa fille pour vouloir remettre au lendemain l'entrevue qu'il désirait avoir avec elle, afin de lui exprimer, autant qu'il le pourrait les sentiments de reconnaissance dont son cœur était pénétré. Mais une réflexion subite lui était venue. Il avait senti que, pour ce qu'il voulait dire à l'institutrice dans cette première entrevue, et pour être moins gêné devant elle, il ne fallait pas qu'il lui parlât en présence d'Aurore et de Mme Delorme.

On causa un instant encore, puis le comte se leva.

— Je sais que tu te couches habituellement vers dix heures, dit-il en s'adressant à sa fille, et l'aiguille de la pendule va bientôt marquer minuit ; tu dois avoir besoin de dormir.

— Mais non, père, je t'assure que je n'ai pas du tout sommeil.

— Soit, mais je ne veux pas te priver du repos si nécessaire à ton âge.

— Cher père, tu sais que quand je le veux je suis vaillante.

— Je crois que ma mignonne chérie aime toujours beaucoup son père, répondit-il en souriant, et que pour rester près de lui elle ne penserait ni à se reposer, ni à dormir. Allons, viens, que je mette un bon gros baiser sur ton front. Demain nous reprendrons notre intéressante conversation.

Mme Delorme sonna. La femme de chambre parut un flambeau à la main.

— Oh ! que je t'embrasse encore ! dit Aurore en se suspendant au cou de n père.

Ensuite, elle présenta son front à Mme Delorme.

— Bonsoir, ma mère, bonsoir, cher père, dit-elle.

Et elle suivit la femme de chambre.

— Chère madame, dit le comte à Mme Delorme, vous me rendez au centuple jour par jour, heure par heure, le peu que j'ai eu le bonheur de faire pour vous. Par amitié pour moi, vous avez accepté une situation difficile et délicate : vous remplissez dignement votre mission.

— En m'inspirant de votre pensée, monsieur le comte, j'ai fait tout ce qui dépendait de moi pour être à la hauteur des devoirs que je m'étais imposés.

— C'est vrai, et vous avez mieux réussi que je ne l'espérais. Vous devez avoir beaucoup de choses à me dire ; demain et les jours suivants nous aurons tout le temps de causer.

— Monsieur le comte habitera ici ?

— Je vous ai fait connaître mes intentions, elles sont toujours les mêmes ; non, je ne puis encore demeurer sous le même toit que ma fille, et c'est excep-

A la vue de la comtesse prosternée, le comte de Lasserre s'arrêta tout interdit.

tionnellement, pour donner satisfaction à un besoin de mon cœur, que j'ai voulu passer cette nuit près de vous. Dès demain j'irai rejoindre Francesca, ma vieille domestique muette, qui occupe le modeste appartement que j'ai loué rue du Rocher, sous le nom de Pierre Rousseau. Mais souvent je viendrai voir ma fille et vous, Mme Delorme. Toutefois, j'espère que cette existence, très pénible pour moi, ne durera pas longtemps; il peut se faire que certains événements rapprochent le jour de notre réunion.

Vous m'avez dit tout à l'heure que Mme Durand attendrait que je la fisse appeler si je désirais lui parler.

— Je ne pense pas qu'elle se soit couchée, monsieur le comte.

— Eh bien, je ne veux pas attendre à demain pour la remercier des bons soins, des soins intelligents et maternels qu'elle a donnés à Aurore. Ayez l'obligeance d'aller la prévenir que je l'attends. Cela fait, vous rentrerez chez vous, car, vous aussi, madame Delorme, vous devez avoir besoin de vous reposer.

La fausse mère d'Aurore s'inclina devant le comte, comme devant un maître, et sortit.

XII

MATER DOLOROSA

Le comte resta un instant immobile, les yeux fixes, ayant l'air de réfléchir. Puis il fit lentement le tour du salon. La satisfaction, la joie qui rayonnait dans son regard, illuminait son noble et large front couronné de cheveux blancs. Il portait toujours toute sa barbe, mais beaucoup moins longue, car il la faisait tailler fréquemment.

— Oui, je suis heureux aujourd'hui, se dit-il, trop heureux peut-être. J'ai toujours peur de la fatalité qui s'est attachée à mon existence ; et quand j'éprouve une grande joie, quand un bonheur m'arrive, il me semble que je touche à une immense douleur, que je vais rencontrer une amère déception.

Et pourtant... Allons, vieux misanthrope, réfléchis, regarde autour de toi et vois... Des nobles cœurs, de l'affection, du dévouement ! Ah ! cela fait du bien, cela réchauffe de sentir qu'on n'est pas seul dans la vie, qu'on peut s'appuyer sur quelque chose ! Qu'ai-je encore à désirer ? Peu de chose après ce qui m'est donné. J'ai l'affection d'un véritable ami ; j'ai, rue du Rocher, le dévouement d'une femme fidèle ; j'ai ici deux autres dévouements aussi sûrs, mais plus grands ; c'est au dévouement de ces deux femmes, de madame Delorme, de madame Durand, surtout, que je dois le bonheur qui inonde mon âme ! Je prends le malheur du passé, le bonheur du présent, et je les jette dans la balance ; le poids le plus lourd, celui qui est si léger pour moi, c'est le bonheur !... Ah ! je le sens, je commence à me réconcilier avec l'humanité !...

Soudain, un bruit de pas léger et le froufrou d'une robe arrivèrent à son oreille ; il se redressa brusquement et fit quelques pas vers la porte, sur le bouton de laquelle se posait une main timide. La porte s'ouvrit doucement, presque sans bruit, et l'institutrice, tenant de la main gauche un chandelier, parut sur le seuil.

Le comte fit encore un pas en avant, la main tendue ; mais aussitôt il se rejeta en arrière comme si un épouvantable fantôme ou quelque monstre hideux, menaçant, se fût dressé devant lui.

En même temps, l'institutrice poussa un cri rauque, et le chandelier, s'échappant de sa main, roula sur le tapis.

Un tremblement convulsif secouait tous ses membres ; ses jambes fléchissaient sous le poids de son corps. Blanche comme un lis, les yeux démesurément ouverts, elle s'appuya contre le chambranle de la porte pour ne pas tomber.

Le visage du comte avait subitement changé d'expression ; toutes les rides de son front s'étaient creusées ; il se dressait dur, sévère, terrible comme un juge qui prononce une sentence de mort. Maintenant, ce n'était plus la joie, mais la colère qui étincelait dans ses yeux.

L'institutrice resta pendant un instant pantelante, comme écrasée sous le regard fulminant du comte. Enfin un gémissement sourd s'échappa de sa poitrine, et, se sentant assez de force pour avancer, tremblante toujours, courbant la tête, elle marcha vers le comte, qui resta immobile comme si ses pieds eussent été cloués au parquet.

— Pitié, monsieur le comte, dit-elle en joignant les mains et en tombant à genoux, pitié pour la femme coupable, pitié pour la pauvre mère au nom de son enfant !

— Relevez-vous, madame, dit sourdement M. de Lasserre, on ne s'agenouille que devant Dieu.

— Ou devant son juge, monsieur le comte, pour implorer sa miséricorde.

— Il y a seize ans que je vous ai jugée et condamnée !

— C'est vrai, monsieur le comte, mais écrasée, broyée sous le poids de votre malédiction, de mes regrets, de mes remords, il y a seize ans que je souffre, que je pleure... Ah ! si la faute a été grande, le châtiment a été terrible !

— Ne me parlez pas du passé, madame, non, ne m'en parlez pas !

— Hélas ! vous ne l'avez pas oublié !

— Je ne l'oublierai jamais. Oh ! misère de la vie ! inexorable fatalité, toujours cramponnée après moi !... C'est ici, dans cet asile de l'innocence et de la pureté, quand j'avais tout fait pour vous éviter, c'est ici que vous me retrouvez !

— Je ne vous cherchais plus, monsieur le comte, je ne cherchais plus ma fille... résignée, je laissais à Dieu le soin de me rapprocher de mon enfant, ne cessant d'espérer qu'il aurait un jour pitié de mes souffrances et de mes larmes !... Ah ! Dieu est bon, monsieur le comte. Je pouvais mourir de douleur, de misère, de faim. Je ne l'ai pas voulu ; il fallait que je vécusse afin de pouvoir mériter un jour le pardon après le repentir. Pour vivre, il fallait travailler ; je suis devenue institutrice. Ah ! Dieu avait ses vues sur moi ! C'est par sa volonté, par la vôtre, monsieur le comte, que j'ai été appelée ici. Dieu juste ! Dieu grand ! Comme j'avais raison d'espérer en lui !... C'est sa main divine qui a conduit la mère malheureuse près de son enfant. Car ce n'est pas une institutrice qu'il fallait à ma fille, mais sa mère, monsieur le comte, sa mère !... Oui, sa mère seule avait le pouvoir d'ouvrir son cœur et d'éclairer sa pensée.

Et c'est sans la connaître, sans savoir qu'elle était ma fille, que je lui ai donné toute la tendresse de mon cœur, tout l'amour maternel que peut avoir une mère! Oui, j'ai donné à celle qu'on appelait Aurore Delorme toute la tendresse, tout l'amour que je tenais en réserve pour Lucie de Lasserre. Pourquoi cela, monsieur le comte, pourquoi? Parce que c'était ma fille, parce que cette chose mystérieuse qu'on appelle la voix du sang parlait en moi! C'était ma fille! C'était ma fille!... Vous ne pouvez pas dire le contraire, monsieur le comte, c'est Dieu qui a voulu cela!

M. de Lasserre restait impassible; mais, malgré lui, il commençait à se sentir remué jusqu'au fond des entrailles.

— Monsieur le comte, continua la comtesse, il y a seize ans, vous m'avez jugée et condamnée; j'ai expié ma faute, mon crime... Ayez pitié de la femme coupable, oubliez le mal qu'elle vous a fait; au nom de notre fille, de notre enfant, pardonnez à la mère!

M. de Lasserre laissa tomber de ses lèvres ce mot terrible:

— Jamais!

La malheureuse poussa un cri déchirant, se courba jusqu'à ses pieds et éclata en sanglots.

Au bout d'un instant elle releva lentement la tête et tendit vers le comte ses mains suppliantes, en lui montrant son pâle visage inondé de larmes.

— Jamais! répéta le mari d'une voix creuse.

Elle se courba de nouveau jusqu'à terre.

Le comte reprit d'un ton sévère:

— Vous ne pouvez plus rester dans cette maison; demain, sous un prétexte quelconque, que vous trouverez, vous partirez.

— Que dites-vous! s'écria-t-elle.

— Que vous ne pouvez plus rester dans cette maison et que vous la quitterez demain.

La comtesse frissonna des pieds à la tête. Puis, comme sous l'action d'une pile électrique, elle se dressa debout en face de son mari, frémissante, fiévreuse, une flamme dans le regard.

— Vous voulez me chasser, me séparer de mon enfant! exclama-t-elle. Non, vous ne ferez pas cela, vous ne le pouvez pas!

— Il le faut: le bonheur d'Aurore passe avant tout.

— Le bonheur d'Aurore! Est-ce vraiment son bonheur que vous cherchez.

— Ma fille ne doit pas savoir que vous êtes sa mère.

— Et pourquoi?

— Étrange question! Mais vous ne réfléchissez donc pas? Pourquoi? Parce qu'il y a d'autres choses qu'elle doit ignorer toujours.

La comtesse poussa un gémissement, et, accablée, baissa la tête.

— D'ailleurs, continua M. de Lasserre, ma fille a la mère que je lui ai donnée. Elle et moi ne pouvons plus porter un nom que vous avez déshonoré. Lucie de Lasserre n'existe plus, elle est devenue Aurore Delorme, la fille de madame Delorme. Comprenez-vous, enfin, pourquoi vous ne pouvez plus rester ici?

— Eh bien, non, je ne comprends pas!
— Prenez garde, madame!
— Est-ce une menace?
— Peut-être.
— Ainsi, vous me chassez! Ainsi, parce qu'il vous a plu de faire croire à ma fille que madame Delorme est sa mère, vous vous imaginez que, déchue de tous mes droits, je ne suis plus rien! Et une fois encore vous voulez enlever l'enfant à sa mère! Monsieur le comte, il y a en moi une chose que vous ne pouvez détruire, une chose sacrée, la maternité, qui proteste et se révolte!... Je ne devine pas quelles sont vos idées; mais je le sens en moi, monsieur le comte, vous vous trompez, vous vous trompez!... Non, en voulant m'éloigner de ma fille vous n'agissez pas en vue de son bonheur. Ah! dites-le, c'est moi, toujours moi que vous voulez frapper!

Me laisser près de ma fille serait comme une promesse de pardon, et vous me l'avez fait entendre durement, vous ne pardonnerez jamais!

Bon, noble, indulgent, généreux pour tout le monde, vous êtes sans pitié pour moi. Rien ne peut vous émouvoir, ni mes souffrances passées, ni l'amour de la mère, ni mes prières, ni mes larmes! Pour moi votre grand cœur s'est fermé. Oh! je le sais, j'ai été une misérable; j'ai mérité votre colère, votre mépris, votre haine... Mais n'est-ce donc rien que l'effroyable douleur causée par un instant de faiblesse, d'égarement ou de folie? N'est-ce donc rien que le remords brûlant duquel naît le repentir?

Est-ce que vous n'y croyez pas, à mon repentir? Demandez en Angleterre, à milady Forster, qui m'a confié sa fille pendant cinq ans, demandez à votre ami, M. Van Ossen, qu'elle a été ma conduite; demandez-leur si je n'ai pas fait ce que je devais pour expier ma faute, pour laver la tache de honte imprimée sur mon front! Mais non, en regardant votre fille, demandez-le à vous-même!

Deux ruisseaux de larmes coulaient sur ses joues, elle suffoquait; elle s'arrêta pour reprendre haleine.

Après avoir essuyé ses yeux et son visage, elle reprit:

— Ah! tenez, monsieur le comte, vous êtes plus impitoyable que Dieu, car il m'a pardonné, lui. Oui, il m'a pardonné, et la preuve, c'est que touché par mon repentir et mes larmes, qui sont montés jusqu'à lui, il a enfin permis que ma fille me soit rendue!

Tout à coup son regard s'enflamma, et le front haut, elle se dressa majestueuse, superbe.

— Monsieur le comte, dit-elle d'une voix claire, vibrante, à mon tour je vous crie: Prenez garde!

M. de Lasserre ne put s'empêcher de tressaillir.

— Que voulez-vous dire? demanda-t-il.

— Monsieur le comte, vous savez dans quel état se trouvait votre fille il y a un an quand vous l'avez quittée. Inconsciente de tout, la pauvre petite était presque idiote. Pourquoi? Je n'ose pas, je ne veux pas vous le demander. Et on m'appelait près d'elle en qualité d'institutrice... Mais dès que j'eus causé un instant avec elle, l'institutrice disparut; j'avais senti que c'était une mère qu'il fallait à cette innocente qu'on confiait à mes soins. Comment m'y suis-je prise pour faire sortir l'esprit des ténèbres, pour rallumer le foyer d'une intelligence éteinte, donner l'activité à la pensée endormie, pour faire mouvoir, enfin, tous les ressorts des facultés intellectuelles? Je ne saurais le dire. Mais il faut bien croire qu'un souffle puissant, inconnu, m'animait moi-même. Qui sait? Si j'eusse su qu'elle était ma fille, je n'aurais peut-être pas eu la même puissance, je n'aurais peut-être pas aussi bien réussi... Avec la volonté, avec la force que l'amour maternel peut seul donner, c'est mon cœur et mon âme que j'ai fait passer en elle!... Et à moi, malheureuse femme maudite, était réservé ce bonheur sans pareil de donner deux fois la vie à mon enfant!

Oui, oui, encore une fois, c'est Dieu qui a voulu cela. Voilà le signe de ma rédemption. Il y a une sorte de fierté qui tressaille en moi... Ah! vous n'empêcherez pas cela, monsieur le comte, je me sens réhabilitée!...

Son regard s'était irradié et il y avait sur son front, subitement éclairé, quelque chose de céleste.

— Maintenant, monsieur le comte, reprit-elle, écoutez : Vous pouvez me chasser, vous pouvez nous séparer; si vous le faites, d'un seul coup vous tuez la mère et l'enfant!

Le vieillard chancela comme s'il eût reçu un coup de massue sur la tête.

— Que... que dites-vous? balbutia-t-il.

— Je dis que la vie de ma fille est attachée à la mienne comme ma vie, à moi, est attachée à la vie de ma fille!... Cette chose mystérieuse qui parlait en moi a également parlé en elle : elle m'aime autant que je l'aime; à l'amour maternel a répondu l'amour filial. Elle ne voit pas en moi son institutrice, mais sa mère!

« Interrogez-la, monsieur le comte, vous verrez ce qu'elle vous répondra.

« Pour vous je suis toujours une femme indigne, une misérable; mais je crois avoir racheté ma faute, puisque j'ai conquis l'affection de mon enfant!

— Et le droit à son respect? murmura le vieillard.

— Quand elle pourra le faire, monsieur le comte, Lucie de Lasserre me jugera. Je la connais; j'ai formé son cœur avec l'essence du mien; au lieu de me repousser, elle m'ouvrira ses bras!

« Nous nous aimons, et vous auriez la cruauté de nous séparer?... Êtes-vous sûr qu'elle n'a plus besoin de moi? Croyez-vous que la mère n'a plus rien à faire pour son enfant? Voilà pourquoi je vous disais tout à l'heure : prenez garde! Oui, prenez garde de détruire ce qu'a fait ma tendresse! Ah! vous ne savez pas, vous ne savez pas... si je quitte cette maison, elle n'aura plus pour l'animer la chaleur de mes baisers; elle peut retomber... Tenez, je vais encore vous dire ceci et ce sera tout : Quand je la tiens sur mes genoux, dans mes bras, contre mon cœur, sa tête appuyée sur mon épaule, ravie, heureuse de se sentir aimée, et bien que je ne sois que madame Durand, une institutrice, elle m'appelle de sa douce voix d'ange : maman, maman!

« Maintenant, monsieur le comte, la mère se tait, et l'épouse coupable n'a rien à dire. Prononcez. J'attends votre arrêt. »

— Vous resterez près de votre fille, dit M. de Lasserre.

La comtesse ne put contenir un cri de joie, et elle fit un mouvement, prête à s'élancer dans les bras de son mari.

D'un geste le comte l'arrêta.

— Merci, monsieur le comte, dit-elle en baissant la tête.

Après un moment de silence, M. de Lasserre passa rapidement sa main sur son front couvert de sueur et reprit :

— Vous resterez près de votre fille, mais à une condition.

— Je me soumets à votre volonté.

— Vous ne direz pas à Aurore que vous êtes sa mère; vous ne ferez rien qui soit de nature à le lui laisser deviner.

Un long soupir fut la réponse de la comtesse.

— Le promettez-vous? insista le comte.

— Oui.

— Vous aurez cette force?

— Je l'aurai.

— Je n'ai pas à vous dire quelles sont mes idées; peut-être un jour vous les ferai-je connaître. Mais vous devez comprendre que je ne puis rien changer, quant à présent, à l'existence d'Aurore. J'ai eu tort, je le reconnais maintenant, de lui dire que madame Delorme était sa mère; mais je ne pouvais pas prévoir ce qui est arrivé.

« Ce que vous avez fait pour votre fille, sans la connaître, me fait oublier bien des choses; ne me demandez jamais plus; vous me comprenez, n'est-ce pas?

La comtesse laissa tomber sa tête sur sa poitrine.

— C'est pour Aurore que j'ai vécu, que je vis, poursuivit le comte; ma vie comme la vôtre est attachée à la sienne; pour moi, en dehors d'elle, il n'existe rien. Tout pour elle, pour son avenir, pour son bonheur!

— Oui, tout pour elle, pour son avenir, pour son bonheur! répéta la comtesse.

— C'est très bien, nous nous entendrons. Donc, c'est convenu; pour Aurore, pour madame Delorme, pour les domestiques, pour moi-même, pour tout le monde, enfin, vous continuerez à être madame Durand, l'institutrice de mademoiselle Aurore Delorme.

— Je vous l'ai promis, monsieur le comte.

— Bien.

— Je veux respecter vos idées, monsieur le comte, et croire que, dans l'intérêt d'Aurore, toutes vos intentions sont bonnes; seulement, s'il m'était permis de vous adresser une question...

— Je vous écoute.

— Eh bien, je vous demanderais si vous avez pensé déjà au moyen de sortir de la situation actuelle, quand vous y serez forcé par les circonstances.

— Précisez, je vous prie.

— Bientôt vous devrez songer à marier Aurore.

— Je n'en suis pas encore là.

— Ce jour arrivera, monsieur le comte, peut-être plus vite que vous ne le croyez; alors il faudra bien que mademoiselle Aurore Delorme reprenne son nom de Lucie de Lasserre.

— Est-ce seulement une supposition que vous faites?

— C'est une conviction, monsieur le comte.

— Aurore vous a fait quelque confidence?

— Ce qu'elle n'a pas dit à madame Delorme, elle me l'a confié, à moi. Oui, monsieur le comte, Aurore m'a parlé d'un jeune homme...

— Ainsi, elle ne l'a pas oublié?... murmura le vieillard dont les sourcils se froncèrent.

— Au contraire, sa pensée est constamment occupée de ce jeune homme qu'elle nomme Adrien.

Le comte hocha la tête et garda le silence, tenant dans sa main son front soucieux et pensif.

— Vous connaissez sans doute ce jeune homme? reprit la comtesse.

— Je le connais.

— S'il est digne de Lucie de Lasserre...

— Eh! l'interrompit le comte brusquement, sais-je seulement ce qu'il est devenu? Qu'est-ce que c'est que les jeunes gens d'aujourd'hui? Des débauchés, des viveurs qui sacrifient tout aux plaisirs; tête et cœur vides, ils ne m'inspirent pas la moindre confiance.

— Tous les jeunes gens ne sont pas les mêmes, monsieur le comte.

— Heu! heu!

— Vous admettez bien qu'il y en a d'intelligents, qui travaillent, qui deviendront des hommes supérieurs, utiles à leur pays. Puisque vous connaissez ce M. Adrien, vous devez savoir...

— Je ne sais rien. La façon dont il s'est présenté à Aurore me donne de lui riste opinion. J'espérais que ma fille ne penserait plus à lui; c'est un

Le Juif écrivit rapidement deux lignes qu'il tendit ensuite à Adrien.

malheur qu'elle ne l'ait pas oublié... Elle garde son souvenir, mais lui?... Depuis leurs fatales entrevues, un an s'est écoulé.

— Il habite à Paris?
— Oui.
— En ce cas, vous pouvez être vite renseigné.
— Certainement, il faut que je m'occupe de ce jeune homme.
— Si Lucie de Lasserre...
— Dites Aurore Delorme.

— Pardon! Si Aurore Delorme ne devait plus penser à lui, il faudrait agir près d'elle en conséquence, vite et énergiquement. Chez une fille impressionnable comme Aurore, le rêve est souvent dangereux.

— Dès demain, je ferai prendre des informations, et dans quelques jours je serai renseigné.

— Je répète vos paroles de tout à l'heure, monsieur le comte : Tout pour Aurore, pour son avenir, pour son bonheur!

— Maintenant, dit le comte, vous pouvez vous retirer. Mais n'oubliez pas à quelle condition vous resterez près de votre fille; souvenez-vous de la promesse que vous m'avez faite!

— Je serai forte, répondit la comtesse.

Elle ramassa le chandelier, ralluma la bougie, salua le comte et disparut.

XIII

LE SOMMEIL D'AURORE

Après le départ de la comtesse, que nous continuerons aussi à appeler madame Durand, le comte s'assit sur un fauteuil, prit sa tête dans ses mains et resta pendant un long quart d'heure absorbé dans ses pensées.

Il se disait :

— Voilà comment sont déjouées toutes les combinaisons humaines, comment est réduit à néant ce que veut la volonté de l'homme. Je lui avais dit : « Vous ne reverrez jamais votre fille! » Et il faut que je m'incline devant la volonté de ce Dieu puissant, dont les vues sont impénétrables!

« La comtesse de Lasserre institutrice!... C'est bien. Après l'infamie, elle pouvait rouler jusqu'au bas de l'abîme de fange; mais la pensée de son enfant lui a rendu sa fierté; elle s'est redressée et elle restée digne dans son malheur.

« Je pouvais l'éloigner de sa fille, oui, je le pouvais, je n'avais qu'à ordonner, elle aurait obéi. Pourquoi ne l'ai-je pas fait? Est-ce une crainte quelconque qui m'a retenu? Non. Je me suis laissé émouvoir; il reste encore de la pitié en moi; mon cœur ulcéré n'est pas un cœur de monstre! Depuis un an elles vivent ensemble, elles s'aiment : les séparer eût été une chose méchante, odieuse... Ce que la mère a fait lui donne un droit que je ne dois pas lui contester, le droit de rester près de sa fille.

« Mais qu'elle ne compte point sur le pardon qu'elle me demandait là, à genoux, la face contre terre. Je ne peux pas pardonner, je ne pardonnerai jamais! »

La comtesse de Lasserre était rentrée dans sa chambre; mais bien qu'elle fût fatiguée, brisée par une succession rapide d'émotions violentes, elle ne songeait plus à se mettre au lit. Debout, la tête penchée en avant et encore toute tremblante, elle avait l'air d'écouter dans le silence profond qui régnait dans la maison.

Son mari n'avait pas été inflexible, il s'était laissé toucher par ses larmes. Certes, il ne lui avait pas accordé tout ce qu'elle désirait; néanmoins elle était satisfaite. Car, enfin, avait-elle le droit d'exiger davantage? Elle ne serait point séparée de sa fille, elle pourrait vivre près d'elle, elle pourrait la voir, lui parler, l'embrasser à chaque instant, autant qu'elle le voudrait! Après tant de douleurs, d'aspirations étouffées, de désespérances, quel immense bonheur! Elle ne devait pas sortir de son rôle d'institutrice, mais qu'importe? Sans doute, elle aurait à se contraindre, à s'observer sans cesse, à se faire violence pour ne pas se trahir; mais elle sentait qu'elle puiserait dans son amour même pour son enfant toute la force qui lui serait nécessaire, et qu'elle subirait sans défaillance cette cruelle épreuve.

Après être restée assez longtemps immobile, l'oreille tendue, écoutant, comme nous l'avons dit, et n'entendant aucun bruit, elle pensa que le comte était sorti du salon, immédiatement après elle, et qu'il était dans sa chambre.

Alors, il y eut comme un étincellement dans son regard, et son visage prit une expression de tendresse indicible.

— Ma fille! ma fille! murmura-t-elle tout bas. Ah! je ne veux pas me coucher sans avoir mis un baiser sur son front d'ange!

Elle prit le chandelier, dans lequel la bougie continuait de brûler, et légère comme un oiseau, posant à peine ses pieds sur le parquet, elle marcha vers le fond de sa chambre.

Doucement, elle ouvrit une porte dissimulée dans le lambris et pénétra dans un cabinet qui séparait la chambre d'Aurore de la sienne. Elle le traversa rapidement, comme en glissant, puis s'arrêta devant une seconde porte pour écouter, comme si elle eût hésité à tourner le bouton de cette porte, qui fermait de ce côté la chambre de sa fille.

— Elle dort, pensa-t-elle.

Devenue plus hardie, elle fit tourner le bouton et entr'ouvrit seulement la porte, sans faire entendre d'autre bruit qu'un léger craquement qui, cependant, la fit tressaillir. Elle eut encore un moment d'hésitation. On aurait dit qu'elle avait peur d'être surprise. Enfin, par l'ouverture de la porte, elle se glissa dans la chambre que sa bougie éclaira subitement.

Le lit était en face d'elle; mais elle ne pouvait voir le visage de la jeune fille; car, après avoir assisté à son coucher, la femme de chambre, avant de se retirer, avait rapproché les rideaux de soie blanche et bleue qui, enveloppant le lit tout entier de leurs larges plis, tombaient sur le magnifique tapis d'Aubusson qui couvrait le parquet.

La comtesse posa son chandelier sur un meuble et s'avança lentement vers le lit. D'une main légère, elle écarta doucement les rideaux. Alors, la jolie tête de la jeune fille endormie apparut sur l'oreiller dans un cadre de dentelles, moins riche, toutefois, que celui de sa superbe chevelure blonde aux reflets d'or. Sa respiration facile, régulière et qu'on entendait à peine, indiquait le calme de son sommeil. Cependant elle devait être bercée par un de ces doux rêves, aux ailes d'or et d'azur, qui voltigent la nuit autour du chevet des jeunes filles, car sur ses lèvres roses, légèrement entr'ouvertes, derrière lesquelles brillait l'émail de ses dents blanches, se dessinait un délicieux sourire. C'est aussi au rêve, sans doute, qu'on pouvait attribuer le frémissement imperceptible des narines et des paupières closes. Du reste, il y avait sur son beau front le rayonnement de la joie avec laquelle elle s'était endormie. Un de ses bras, demi-nu, sorti de dessous la couverture, laissait pendre la main au bord du lit; l'autre, gracieusement recourbé, portait la main ouverte contre la tête, comme pour la soutenir.

Tableau délicieux! Cette tête charmante, qu'une lueur discrète éclairait, se détachait sur le fond blanc, au milieu du chatoiement de la soie, comme un camée antique. L'idéaliste Raphaël l'eût donnée à une de ses vierges immortelles.

La mère, frémissante de joie et d'orgueil, en admirant sa fille, était tombée en extase. Craignant de la réveiller, elle retenait sa respiration et n'osait plus faire un mouvement.

Cependant, au bout d'un instant, ses genoux fléchirent tout à coup. Elle s'agenouilla devant le lit, joignit ses mains, et les yeux mouillés de larmes, tournés vers le ciel, elle se mit à prier. Prière fervente, hymne de reconnaissance qui montait jusqu'à Dieu.

Le tableau de tout à l'heure changeait d'aspect et d'expression, comme sous le pinceau d'un maître inspiré, et devenait touchant. Il y avait là tout un poème.

Mais le ravissant tableau n'était pas encore complet.

Soudain, une porte s'ouvrit et une tapisserie se souleva, mais si doucement que la mère, absorbée dans sa prière, n'entendit rien. Le comte de Lasserre entra dans la chambre. A la vue de la comtesse prosternée, priant près de sa fille endormie, il s'arrêta et, tout interdit, resta immobile. Une fois encore il se sentait remué jusqu'au fond du cœur!

Comme la mère, le père n'avait pas voulu se coucher sans avoir reposé son regard sur le doux visage de l'enfant adorée. Certes, il ne s'attendait pas à trouver la comtesse dans cette chambre où il entrait, lui, pour la première fois.

— Allons, pensa-t-il, j'ai bien fait de ne pas être sans pitié.

Pendant un instant, indécis, ses yeux allèrent alternativement de la mère à la fille.

— Que dois-je faire? se demanda-t-il.

Allait-il avancer, troubler le recueillement de la mère, et peut-être réveiller Aurore?

— Non, se dit-il, laissons-les : la mère est là mieux que moi à sa place.

Sa main souleva la tapisserie derrière laquelle il disparut.

Cette fois, la comtesse entendit le bruit que fit le pêne de la serrure dans la gâche de la porte se fermant. Elle tourna vivement la tête et jeta autour d'elle des regards inquiets. Mais ne voyant personne et tout étant retombé dans le silence :

— Je me suis trompée, murmura-t-elle.

Elle se releva, s'approcha tout près du lit, et se mit de nouveau à contempler, à admirer la belle dormeuse.

En même temps sa pensée remontait le cours des années et elle revivait dans le passé par le souvenir. Elle se retrouvait chez son oncle, le colonel de Noirmont, dormant, elle aussi, dans sa chambre de jeune fille, sous des rideaux blancs, du sommeil tranquille de l'innocence ; elle se voyait chez la marquise de Montperrey, qui l'avait prise en amitié, dans le grand salon du château de Bression, au milieu d'une nombreuse société. Ce jour-là, s'accompagnant sur le piano, elle chantait une romance, dont toutes les paroles revenaient à sa mémoire. Soudain, un homme grave, déjà vieux, mais au regard plein de bonté, portant le cachet d'une haute distinction, entra dans le salon. C'était le comte Paul de Lasserre. Elle le voyait pour la première fois, et cependant elle éprouva un vif plaisir à l'entendre parler.

Comme si la chose se fût passée la veille, elle se rappelait les paroles qu'il avait prononcées, le long regard qu'il avait laissé tomber sur elle ; elle n'avait pas oublié, non plus, les compliments qu'il lui avait adressés.

Peu de temps après, vêtue de blanc, enveloppée dans un long voile de tulle, le front ceint de la couronne de fleurs d'oranger, elle était agenouillée à côté du comte, devant le grand autel de l'église de Vaucreux. Un prêtre portant l'étole, vieillard à cheveux blancs, les bénissait. L'époux venait de mettre à son doigt l'anneau du mariage. Qu'était devenu cet emblème ? N'ayant plus le droit de le porter, elle l'avait arraché violemment de son doigt et caché dans un coffret, sous d'autres menus objets.

Sa pensée s'arrêtait sur chaque événement qui avait marqué dans sa vie.

Continuant à évoquer ses souvenirs, elle se voyait arrivant à Paris et s'installant à l'hôtel de Lasserre. Elle avait la jeunesse, la beauté ; devant elle s'ouvrait la route large, facile, jonchée de fleurs d'un superbe avenir ; elle était aimée, riche, heureuse... Dans les salons parisiens elle resplendissait comme une étoile ; le monde lui faisait fête ; on l'admirait, on l'adulait, et les plus nobles et les plus belles enviaient son bonheur. Ne l'avait-elle pas complet, le bonheur, depuis qu'elle avait donné le jour à une petite fille qu'on avait appelée Lucie ? Émue, il lui semblait sentir encore les premiers tressaillements de l'amour maternel naissant en elle.

Elle avait alors, après les enivrements du plaisir et des triomphes mondains, les ivresses plus douces, plus pures d'une mère souriant à son enfant ! C'étaient les beaux jours printanniers, les beaux jours de soleil, éclairant toutes ses joies de leur vive lumière.

Hélas! tout cela allait disparaître comme les dernières feuilles d'automne emportées dans le tourbillon d'un vent de tempête. Un lâche ennemi, un démon acharné à sa perte, était là, guettant la fille d'Ève. Des nuages paraissent à l'horizon, montent, se groupent, s'amoncellent, et dans le ciel obscurci éclate un effroyable coup de tonnerre. Tout se brise autour d'elle et dans cet horrible ébranlement ses joies, son bonheur, son avenir, tout est englouti!... C'est le jour de la chute, jour un million de fois maudit! L'épouse a trompé son mari, la femme a manqué à tous ses devoirs!

A ce souvenir, il lui semble que son sang se glace dans ses veines, de grosses gouttes de sueur froide perlent sur son front; un soupir s'échappe de sa poitrine oppressée et elle se courbe comme sous un lourd fardeau, car elle sent que, malgré le temps écoulé, sa honte n'est point effacée.

Soudain, sa tête se redressa, et de ses yeux enflammés jaillirent deux éclairs.

— Le misérable, le lâche! murmura-t-elle.

Les beaux jours avaient disparu; plus de lumière; elle était plongée dans la nuit sombre, livrée au désespoir; elle n'était plus rien!

Elle se voyait quittant l'hôtel de Lasserre, la nuit, furtivement, comme une voleuse, fuyant son mari, mortellement outragé; et emportant son enfant, dont elle n'avait pas eu la force de se séparer, pour aller rejoindre son séducteur.

Elle se retrouvait à Menton, dans la blanche villa de Garavant, au milieu des citronniers et des orangers, en face les eaux bleues de la Méditerranée, pleurant près de sa petite Lucie, l'embrassant à chaque instant, cherchant ainsi à s'accrocher à quelque vague espérance. Ses rêves, ses désirs, ses projets, tout cela n'est qu'illusion et folie... Loin de son mari, se croyant bien cachée, elle pense qu'elle ne le reverra jamais. Hélas! cela n'adoucit point l'amertume de ses regrets, ne calme point son immense douleur.

Quelques jours seulement se sont écoulés. Un homme pénètre dans la villa. C'est lui, c'est le comte de Lasserre! Il vient sans doute lui demander un compte terrible. Il va la tuer : le mari a le droit de tuer sa femme coupable. Eh bien, non, c'est à peine si le comte lui parle; il se contente de lui jeter un regard de profond mépris; il ne la trouve même plus digne de sa colère. Pourquoi est-il là? Que veut-il donc? Ce qu'il veut? Sa fille.

Lucie est couchée; le comte s'élance dans la chambre où elle dort; il la prend, il l'emporte; il lui jette, en passant devant elle, ces mots foudroyants comme un arrêt de mort : « Vous ne la reverrez jamais! » et il disparaît.

Elle s'affaisse sur le parquet, sans connaissance, comme morte!

Plus tard, quand elle revient à elle, son regard effaré cherche autour d'elle. Le comte est parti, emportant l'enfant. Un homme est là, près d'elle; c'est le vicomte de Sanzac, l'homme qui l'a flétrie, perdue!... Le misérable ne lui cache pas son contentement de ce qui s'est passé; elle le repousse avec colère et il a l'impudence, l'audace de lui avouer qu'il hait le comte de Lasserre, qu'elle est sa victime, et que, pour frapper le comte d'un coup mortel, il l'a immolée à sa vengeance ! Cette horrible révélation met le comble à sa honte.

Terribles souvenirs ! Oubliant les larmes qu'elle a versées depuis, il lui semble qu'elle est encore à ce jour, un des plus douloureux de sa vie. Les sensations qu'elle éprouve sont les mêmes; sa chair frémit, son cœur saigne, elle est comme écrasée.

A ce moment, un mouvement que fit Aurore l'arracha brusquement à son rêve.

Sans savoir pourquoi, elle se cacha dans le rideau du lit. Aurore venait-elle de s'éveiller? Avec précaution elle avança la tête. Non, Aurore dormait toujours. Elle se remit à contempler le doux et frais visage de la bien-aimée, puis elle revint à ses souvenirs.

Elle se sauvait de la villa de Menton comme elle s'était enfuie de l'hôtel de Lasserre et se trouvait en face de l'inconnu, seule, abandonnée, presque sans argent et sans moyens d'existence, avec ses douleurs, ses regrets, ses remords, son repentir ! Elle se voyait en Italie, à Vintimille et à Gênes, cherchant inutilement le comte et Lucie, puis à Paris chez le notaire Corvisier où elle refusait fièrement la fortune que lui faisait offrir le comte de Lasserre.

Cependant, comme elle voulait vivre, il fallait travailler et gagner son pain quotidien. Ne pouvant plus porter le nom de son mari, elle prenait le premier venu, et c'est sous ce nom de madame Durand, se donnant comme une jeune veuve, qu'elle entrait en qualité de sous-maîtresse dans un pensionnat de jeunes filles.

Elle se rappelait les rebuffades, les vexations, les impertinences, les affronts, les humiliations de toutes sortes que lui faisait subir une maîtresse pédante, prude, acariâtre, méchante, toujours de mauvaise humeur. Antipathique aux autres sous-maîtresses, ses compagnes, jalouses de sa distinction et de sa beauté, elle se rappelait aussi les duretés, les moqueries, les grossièretés, les injures, les outrages qu'elle avait supportés d'elles, pauvre souffre-douleur, sans se plaindre, en dévorant ses larmes.

Elle voulait vivre, et sa vie alors était un vrai martyre. Elle souffrait et supportait tout sans se plaindre parce qu'elle se savait condamnée. C'était l'expiation. Mais un jour elle sortit de cet enfer pour entrer comme institutrice chez lady Forster. Là elle trouva un peu de tranquillité, elle souffrait toujours, mais moins cruellement; elle put se recueillir; elle était relativement heureuse. La colère du juge suprême, de Dieu, commençait donc à s'apaiser?

— Oh! oui, se disait-elle, Dieu commençait à me prendre en pitié; c'est lui qui m'a conduite chez M. Van Ossen en sortant de chez lady Forster; c'est lui qui a suggéré à M. Van Ossen la pensée de me faire entrer ici où, après tant d'années d'attente, j'ai retrouvé ma fille !

Rapidement, comme sur une toile de panorama, sa vie tout entière venait de passer dans sa mémoire et sous ses yeux.

Dans un lointain obscur de ce tableau, une figure apparaissait. C'était le vicomte de Sanzac, l'ennemi du comte de Lasserre, le sien, celui de sa fille. Depuis plusieurs années le vicomte la cherchait et la faisait chercher partout. Elle le savait. Pourquoi la cherchait-il? Croyait-il donc pouvoir ressaisir sa proie? Mais dans quel but? Sa vengeance n'était-elle pas complète?

Sous le nom da madame Durand elle s'était cachée facilement. D'ailleurs, elle avait toujours vécu dans la retraite, préférant à tout les heures solitaires. Quand elle sortait, parce qu'elle y était forcée, elle prenait les plus grandes précautions; toujours un voile épais couvrait son visage.

Ce n'était pas seulement par crainte du vicomte de Sanzac qu'elle cachait ses traits, mais d'autres personnes aussi pouvaient la reconnaître. Être reconnue! Elle eût considéré cela comme un malheur. Voilà pourquoi elle sortait rarement et ne se montrait jamais en public.

Sa bougie, prête à s'éteindre, ne jetait plus qu'une lueur faible et vacillante. Il y avait longtemps, peut-être une heure, qu'elle était là, près de sa fille endormie.

Elle se pencha lentement, en avançant la tête, ses lèvres touchèrent le front de la dormeuse. Aurore s'agita et elle se redressa vivement. Aussitôt les bras de la jeune fille se soulevèrent et se tendirent comme pour un appel de tendresse.

— Maman! maman! murmura-t-elle.

Ses yeux restaient fermés, elle ne s'était pas réveillée; elle parlait dans son rêve. Mais qui peut dire qu'elle n'avait pas senti sur son front le baiser de sa mère?

Le cœur inondé de joie, éperdue de bonheur, la comtesse lui envoya plusieurs baisers du bout de ses doigts et se retira d'un pas léger.

Et quand elle fut entrée dans sa chambre, elle se dit avec une ivresse indicible :

— Même quand elle dort je suis toujours présente à sa pensée!

XIV

LE MAUVAIS GÉNIE

Nous entrons dans une grande et belle maison de la rue Vanneau. Par un large escalier, nous montons au deuxième étage. Nous franchissons le seuil d'une porte à deux battants; nous traversons l'antichambre, le salon, puis la salle à manger d'un appartement richement meublé, et nous pénétrons dans la

L'IDIOTE 297

Le marquis ne reconnut pas le père d'Aurore dans ce personnage ainsi déguisé.

chambre du maître. Cet appartement est occupé par le marquis Adrien de Verveine.

Midi venait de sonner à la pendule. Le jeune homme, qui était encore couché, se réveilla. Après avoir bâillé, s'être étiré les bras et frotté les yeux, il se souleva paresseusement et se mit sur son séant. Alors il montra au jour, qui s'introduisait dans la chambre entre les rideaux de velours vert de deux grandes fenêtres, sa figure pâle, amaigrie, fatiguée, ses traits tirés, ses yeux entourés d'un cercle bleuâtre, qui brillaient d'un éclat fiévreux.

Liv. 38. F. ROY, éditeur. 38

Trois fois déjà son valet de chambre avait entr'ouvert sa porte et s'était retiré discrètement, ne voulant pas réveiller son maître.

Le marquis, bien qu'il passât une partie de ses nuits dans des lieux de plaisir, ne dormait jamais aussi longtemps ; il se levait toujours entre dix et onze heures. Ce jour-là, il était rentré chez lui à l'aube naissante, la tête lourde par suite d'un fin souper, s'était mis au lit et avait dormi d'un sommeil de plomb.

Tout à fait éveillé, il se leva, passa ses pieds nus dans des babouches et alla tirer les rideaux des fenêtres. Une grande clarté, avec un rayon oblique du soleil, inonda la chambre.

Le marquis se plaça devant une glace ; mais il détourna vivement la tête, pendant qu'un pli amer se dessinait sur ses lèvres. Il renonçait à la satisfaction de contempler son visage de déterré. Il sonna son valet de chambre qui vint aussitôt, et il se mit à sa toilette.

Le marquis de Verveine n'était plus le garçon joyeux, enthousiaste, plein de foi, chevaleresque et un peu poète que nous avons connu. Pourtant, quinze mois seulement se sont écoulés depuis que nous l'avons vu mettant un baiser sur les lèvres d'Aurore, dans le clos de la Cordelière.

La vie qu'il mène est peinte sur sa figure ; des rides précoces apparaissent sur son front ; la ligne régulière de ses sourcils s'est brisée dans un froncement habituel ; il y a dans son sourire quelque chose d'amer, comme du dégoût ; si, parfois, il rit encore, son rire est forcé, nerveux, et fait mal à entendre.

Adrien n'est pas encore un de ces débauchés qui traînent dans la boue du ruisseau, leur dignité, leur nom, leur honneur ; les vices ne sont encore qu'à la surface, la gangrène n'a pas encore atteint le cœur et l'âme. Et cependant il est devenu un viveur et un joueur.

Mal conseillé, entraîné, poussé en avant, et trop faible pour résister, il a des fréquentations malsaines ; on le rencontre fréquemment dans les pires tripots parisiens où tant de fortunes disparaissent. C'est ainsi que le malheureux gaspille sa jeunesse, s'énerve, s'abrutit, ruine sa santé et jette à tous les vents du hasard l'héritage paternel. Chez lui le goût du jeu menace de devenir une passion incurable... Du reste, toutes les passions sont en lui germes prêts à se développer... Il est une victime désignée, il est sur la pente fatale, il descend !... S'il n'est pas déjà tombé dans le gouffre béant qui engloutit tant d'espérances, tant d'avenirs, tant de promesses faites au début de la vie ; s'il y a encore dans son cœur quelques bons sentiments, c'est qu'il conserve religieusement deux souvenirs : le souvenir de sa mère, le souvenir d'Aurore ! L'une est morte, l'autre a disparu... N'importe, elles sont près de lui, comme deux anges gardiens !

Mais le vicomte de Sanzac était là aussi, lui, et son influence funeste exerçait son action terrible.

Nous connaissons M. le vicomte. Homme taré, débauché, dégradé, sans cœur, sans honneur, vicieux jusqu'à la moelle, il avait toutes les passions mauvaises. Railleur et sceptique, il se moquait de tout et ne craignait plus rien parce qu'il n'avait plus rien à perdre. Fourbe et flatteur, beau parleur, distingué en apparence, pouvant se faire prendre pour un sage, quand son visage revêtait le masque de l'austérité, jouant successivement tous les rôles en parfait comédien, il s'était emparé de l'esprit du marquis, après avoir su d'abord capter sa confiance. Maintenant le jeune homme était sa chose, un instrument, un pantin qu'il faisait mouvoir et agir à sa volonté.

C'est lui qui, sous le prétexte de lui offrir des distractions, l'avait introduit dans des cercles de femmes galantes, véritables oiseaux de proie, dont l'honneur et le sang le plus pur des familles paient le luxe éhonté ; c'est lui qui le poussait au jeu et lui faisait perdre des sommes énormes.

Dans quel but? Disons-le tout de suite.

Depuis quelques années, le vicomte était complètement ruiné; il avait laissé au jeu et entre les serres des oiseaux de proie dont nous venons de parler tout ce qu'il possédait. Malgré cela, cependant, il parvenait à faire encore assez bonne figure dans le monde interlope qu'il fréquentait. Par quel prodige? C'est que, sa ruine accomplie, le vicomte avait trouvé le moyen de vivre d'expédients, c'est-à-dire aux dépens des autres. Certes, il n'était pas scrupuleux pour se procurer des ressources.

Dans certains jours de détresse il avait emprunté plusieurs sommes assez importantes à Adrien; mais il savait d'avance comment il s'acquitterait envers le jeune homme. Ah! le vicomte était un homme habile : en ne rendant pas ce qu'il avait emprunté, c'était risquer de se faire fermer un coffre-fort où il pouvait puiser si facilement. On ne tue pas la poule aux œufs d'or !...

M. le vicomte n'avait point passé à travers tous les mauvais lieux de Paris sans se faire quelques amis choisis avec intention parmi la fine fleur des grecs et des escrocs en habit noir, gens qui le valaient. Il s'était associé avec eux et ils s'entendaient fort bien ensemble. S'il n'était pas, comme eux, expert en l'art de manier les cartes, il rendait néanmoins d'importants services à l'association. M. le vicomte était le pourvoyeur des tripots fréquentés par ses amis. C'est lui qui leur amenait et leur présentait les naïfs fils de famille à dépouiller.

En compère émérite, le vicomte jouait et perdait toujours; mais le lendemain, quand les associés se partageaient les bénéfices de la veille, on ne manquait pas de tenir compte au pourvoyeur de tripots des pertes qu'il avait faites.

On sait maintenant pourquoi, comme un démon tentateur, le misérable poussait Adrien au jeu. Il lui rendait l'argent qu'il lui faisait voler par ses dignes complices.

Toutefois, nous verrons bientôt que sa haine pour le comte de Lasserre n'était pas éteinte et qu'il comptait toujours sur Adrien pour l'aider dans sa vengeance.

Le marquis achevait de s'habiller lorsque le vicomte fit irruption dans sa chambre.

— Ah! c'est vous, fit le jeune homme.

— Hein, tu dis cela comme si tu étais étonné de me voir. Ah çà! mon cher Adrien, où as-tu la tête? Ne te souviens-tu pas de m'avoir invité, hier soir, à déjeuner ce matin?

Le jeune homme passa sa main sur son front, comme pour dégager sa tête encore lourde des vapeurs du champagne.

— Si, si, je me souviens, répondit-il.

— A la bonne heure!

— Je vous ai prié de venir ce matin, parce que j'ai besoin de causer avec vous.

— Allons donc, la mémoire te revient complètement.

Le déjeuner était prêt. Ils passèrent dans la salle à manger. Le repas terminé, ils allumèrent chacun un cigare et entrèrent dans le salon. Après s'être assuré que les portes étaient bien fermées, Adrien vint s'asseoir près du vicomte sur le canapé où déjà il s'était étendu.

— Mon cher, dit celui-ci, regardant le jeune homme en dessous et prenant un air grave, tu peux parler, je t'écoute.

— Vous savez que j'ai joué hier soir?

— Eh bien?

— Eh bien, j'avais douze mille francs sur moi, et je les ai perdus.

— Le marquis de Verveine est trop beau joueur pour être sensible à une perte d'argent.

— Ce n'est pas tout.

— Ah!

— J'ai joué ensuite sur parole et j'ai encore perdu.

— Combien?

— Vingt mille francs.

— Peuh! qu'est-ce que c'est que vingt mille francs pour toi?

— C'est vingt mille francs! Je dois les payer ce soir et je ne les ai pas.

— Tu les trouveras.

— Où?

— Et le juif Salomon, ce vieux coquin, qui te traite en enfant gâté.

— Je n'ai pas grand espoir de ce côté; la dernière fois que j'ai vu Salomon, il y a quinze jours, il m'a fait comprendre que je ne devais plus compter sur lui pour des prêts d'argent.

— Fi! le vilain fait des manières avec le marquis de Verveine! Je vois ce qu'il veut : dix pour cent de plus.

— J'irai le voir tantôt : mais je vous le répète, sans espérer trouver la somme qu'il me faut.

— Mon cher Adrien, dit le vicomte d'un ton contrit, je voudrais pouvoir te tirer d'embarras; mais, en ce moment, je suis comme toi complètement décavé. Qui t'a gagné tes vingt mille francs?

— Le Portugais.

— Don José, comte de Rogas; je le connais. Si tu n'avais pas ce soir la somme que tu lui dois, je le verrais et obtiendrais certainement un délai de vingt-quatre heures. En attendant, permets-moi de m'étonner que tu te trouves ainsi sans argent avec une fortune comme la tienne.

— Oh! ma fortune!...

— Soixante-quinze mille francs de rente.

— De tout cela, il ne me reste peut-être rien.

— Allons donc!

— Vous ne me croyez pas?

— Je ne peux pas te croire.

— Eh bien! écoutez : je ne sais pas au juste quelle est ma situation; mais si Salomon exigeait le remboursement de ce que je lui dois, mes fermes, mes bois, mon château, tout serait vendu, et je suis convaincu qu'il me resterait à peine de quoi vivre comme un boutiquier retiré des affaires.

— C'est impossible, tu dois te tromper!

Le jeune homme secoua tristement la tête.

— Combien dois-tu à Salomon? demanda le vicomte.

— Je n'en sais rien.

— Tu ne tiens donc pas tes comptes?

— J'ai le calcul et les chiffres en horreur.

— Jusqu'à un certain point je comprends cela. Et pourtant... A qui dois-tu en dehors de Salomon?

— Je ne dois qu'à lui.

— En ce cas, il t'est facile de connaître le chiffre de ta dette, tu n'as qu'à le lui demander.

— C'est vrai; mais je ne lui adresserai point cette question.

— Pourquoi?

— Je saurai assez tôt que j'ai dévoré mon héritage en moins de deux ans.

Le vicomte hocha la tête, et, prenant son air le plus grave :

— Mon cher Adrien, dit-il, je suis désolé, oui, désolé que tu n'aies pas suivi les conseils que j'ai cru devoir te donner quand je te voyais te lancer étourdiment, follement à travers les périls de la vie parisienne, comme un jeune cheval indompté dont on a lâché la bride. Tu reconnaîtras que je t'ai dit plus d'une fois : « Adrien, prends garde! En allant ainsi tu finiras par te casser le cou! » Eh! je sais bien qu'il faut que jeunesse s'amuse; j'entends dire cela tous les jours, même par des pères de famille très graves; seulement il faut que la jeunesse sache mettre un frein à ses ardeurs, à ses emportements, qu'elle sache s'arrêter à temps afin de ne pas aller trop loin. Un jour, mon ami, tu auras comme moi de l'expérience, et comme moi tu l'auras acquise à tes dépens. Ce n'est qu'à la rude école de la vie qu'on devient véritablement un homme.

Mais ce n'est pas le moment de te faire de beaux discours; d'ailleurs, je n'ai pas le goût des sermons; et puis à quoi bon? Laissons le passé et ne songeons qu'à l'avenir. Tu as fait une brèche énorme à ta fortune; il faut la réparer.

— Comment?

— Je vais te le dire. En même temps, mon cher Adrien, tu verras si je suis réellement ton ami. Tu connais Jules Latrade?

— Oui.

— C'est le fils d'un ancien maçon devenu entrepreneur, qui s'est complètement retiré des affaires, il y a quatre ans, avec une fortune de plus de six millions, solidement construite avec des moellons, du plâtre et du ciment. Les uns se ruinent, les autres s'enrichissent, ainsi va le monde. Je ne parle pas des pauvres diables condamnés à rester gueux toute leur vie, ce qui n'est pas toujours juste. Outre le magnifique hôtel qu'il s'est fait bâtir avenue du Bois-de-Boulogne, l'ex-maçon possède je ne sais combien de maisons dans Paris. Je le connais depuis longtemps et je suis reçu chez lui. Il n'est pas sans intelligence : on ne gagne pas des millions si l'on n'a pas quelque chose dans la tête; mais il a la vanité et le sot orgueil de la plupart des parvenus et des enrichis. Il aime à recevoir, à parader, à étaler le luxe de sa maison. Roturier, il ne rêve que noblesse; un titre accolé à un nom a pour lui un prestige sans pareil; aussi cherche-t-il, par tous les moyens possibles, à s'entourer de gens titrés. Il donnerait certainement ses deux plus belles maisons pour un parchemin qui l'autoriserait à mettre la particule *de* devant son nom, et la moitié de sa fortune pour se faire appeler monsieur le baron. Oui, mon cher, il y a encore aujourd'hui des gens, et beaucoup, qui ont les idées du bonhomme Latrade. C'est ridicule, grotesque, mais c'est comme cela.

Le père Latrade a perdu sa femme il y a deux ans. Bien qu'il tienne à ses écus, il ne s'est pas trop fait tirer l'oreille pour rendre ses comptes à son fils majeur, et il l'a lesté d'un joli million, que le gaillard achève de croquer en compagnie de drôlesses, qui ne te sont pas inconnues.

— J'écoute, de Sanzac, et je me demande où vous voulez en venir.

— J'y arrive. Jules Latrade a une sœur : Vingt ans, beaux cheveux châtain foncé; petite, un peu replète, sans que sa taille manque d'élégance; belles dents, regard vif, agréable; figure un peu forte, un peu haute en couleur, mais tout de même jolie, avenante, accorte, suffisamment instruite et distinguée; un million et demi de dot sans compter les espérances. Voilà mademoiselle Adèle Latrade.

— Je crois comprendre, dit Adrien.

— Parbleu! tu m'as parfaitement compris.

Le jeune homme baissa la tête.

— Mon cher, reprit le vicomte, c'est le moyen de réparer la brèche faite à ta fortune.

— Oui, mais...

— Achève.

— D'abord, rien ne dit que mademoiselle Latrade voudrait de moi.

— Elle dira oui tout de suite. Tu ne l'as jamais vue, mais elle te connaît, elle; un jour que tu descendais à cheval l'avenue du Bois-de-Boulogne, son frère lui a dit : « Tiens, voilà un de mes amis, le marquis de Verveine! » Depuis, je le sais, elle s'est souvent mise à une fenêtre pour te voir passer.

— Son père est six fois millionnaire et moi je suis ruiné ou à peu près; si je demandais à M. Latrade la main de sa fille, il me rirait au nez.

— A toi, un marquis! Mais tu n'as donc pas entendu ce que je t'ai dit? Au surplus, tu n'as aucune crainte à avoir; dis-moi seulement : je consens, et je me chargerai de tout.

— Mon cher de Sanzac, je ne peux pas vous dire cela.

— Parce que?

— Parce que je ne peux pas aimer Mlle Latrade, vous savez bien pourquoi.

— Quoi ! tu penses encore à ton Estelle de la Cordelière?

— Toujours.

— Une jeune fille idiote!

— Je l'aime!

— Bigre! tu as l'amour robuste.

— Après les recherches que nous avons faites, vous de votre côté, moi du mien, comprenant qu'elle était perdue pour moi, j'ai voulu l'oublier, vous le savez, mais je n'ai pas pu; son image reste gravée dans mon cœur, et, quoi que je fasse, son souvenir me suit partout. De Sanzac, vous m'avez dit dernièrement que vous continueriez vos recherches.

— Je ne me suis jamais arrêté.

— Et rien, toujours rien?

— Toujours rien! répéta le vicomte d'une voix sombre.

Et un éclair qui s'éteignit aussitôt sillonna son regard.

— Quelque chose me dit qu'Aurore est à Paris, reprit le jeune homme; nous n'avons pas su la retrouver, de Sanzac.

— Si elle est à Paris, comme tu le crois, où son père et elle se cachent-ils? Tu sais ce que nous ont coûté les recherches que nous avons faites. Paris a été fouillé dans tous les sens, jusque dans les coins les plus reculés. Pourtant, pas plus que toi je ne désespère de les retrouver un jour, puisque je fais continuer les recherches. Gabiron, l'homme que je paye pour cela, ne nous vole pas l'argent que je lui donne : le jour, la nuit il est sur pied; il a l'activité, la ténacité, l'adresse et le flair du plus fin limier. De plus, il est excité et comme enragé de son insuccès. S'il ne les trouve pas, c'est qu'ils ont quitté la France ou qu'ils sont morts!

— Non, non, Aurore n'est pas morte!

— Soit. Mais en définitive qu'attends-tu? Que veux-tu? Tu viens de m'avouer que tu es à peu près ruiné; je ne puis supposer que tu songes à épouser ton Aurore, en admettant que nous la retrouvions. C'est charmant l'amour; mais la misère, qui est horrible quand on la supporte seul, devient tout à fait épouvantable avec une femme. Adrien, pas de folie! cela coûte trop cher. Ta barque a chaviré, il faut la remettre à flot et mieux tenir le gouvernail... Je te tends la perche, tu peux te sauver! Épouse Mlle Latrade! Ouvre les yeux et regarde bien : quinze cent mille francs de dot, juste le chiffre de ton héritage disparu.

« Tu n'aimes pas Mlle Latrade, tu ne pourras pas l'aimer? Eh! grand niais que tu es, est-ce qu'on se marie aujourd'hui par amour? C'est une dot qu'on épouse. Nous sommes les adorateurs du veau d'or. Tout pour l'argent! Demande à nos grands hommes s'ils travaillent uniquement pour la gloire.

« Encore une fois, remets ta barque à flot; donne à Mlle Latrade le titre de marquise en échange de sa dot. Si tu ne peux pas oublier ton Aurore, garde son souvenir. Quand nous la retrouverons tu seras riche. Alors... alors, comme tu ne pourras pas en faire ta femme, tu en feras ta maîtresse. Ta femme te donnera l'argent, ta maîtresse te donnera l'amour! Conclusion : Pas plus tard que ce soir, je te présente chez M. Latrade.

— Mais...

— Pas de mais. Viendras-tu?

— J'irai!

XV

BARBE ROUSSE

Il était deux heures. Le vicomte se leva pour s'en aller. Adrien sortit en même temps que lui. Après avoir traversé la Seine sur le Pont-Royal, ils se séparèrent à l'entrée du jardin des Tuileries.

— Tu vas voir ton vieux juif, bonne chance! dit le vicomte.

Adrien se rendit immédiatement chez le juif Salomon, qui demeurait rue des Bons-Enfants.

Salomon, vieillard sanguin, chauve, voûté, aux joues creuses, vermillonnées, à l'œil luisant, perçant comme celui de l'aigle, très vert encore malgré son âge, reçut le jeune homme comme d'habitude, avec une politesse un peu obséquieuse et de grandes salutations.

Sans préambule, Adrien lui fit connaître le sujet de sa visite

— Monsieur le marquis, répondit Salomon, je regrette vivement de ne pouvoir répondre à votre demande comme vous le désirez.

L'IDIOTE

Le marquis de Verveine se rendit au café Riche, où il trouva le comte de Rogas.

— Comment, monsieur Salomon, vous me refusez ces trente mille francs ? Je vous promets que c'est mon dernier emprunt.

— Je ne prête plus d'argent, monsieur le marquis.

Le jeune homme devint très pâle.

— Monsieur Salomon, dit-il d'une voix mal assurée, est-ce que je n'ai plus de garanties suffisantes à vous offrir ?

— Oh ! ce n'est pas pour cela. Je connais la fortune de monsieur le marquis peut-être aussi bien que lui-même.

— Mieux, monsieur Salomon.

— Eh bien, rassurez-vous, monsieur le marquis; un banquier quelconque peut encore vous prêter, sans aucun danger pour son argent, même sur deuxième hypothèque, une centaine de mille francs.

— Je m'étais effrayé, je l'avoue; j'avais cru voir dans votre refus l'annonce de ma ruine.

— Vous seriez ruiné, en effet, monsieur le marquis, complètement ruiné, s'il vous fallait recourir à une vente forcée ou si vos immeubles étaient vendus par autorité de justice.

Le jeune homme se sentit frissonner.

— Mais vous n'en êtes pas à cette extrémité, ajouta le juif.

Malgré lui, malgré le souvenir d'Aurore, Adrien pensa à la dot de Mlle Latrade.

— Monsieur Salomon, dit-il, je ne mentais pas tout à l'heure en vous assurant que je contractais mon dernier emprunt. Ma situation va devenir meilleure, car je me marierai prochainement.

— Je vous félicite, monsieur le marquis, oui, oui, mariez-vous.

— Vous allez me donner ces trente mille francs dont j'ai un besoin urgent!

— J'ai déjà eu l'honneur de répondre à monsieur le marquis que je ne prêtais plus d'argent. Je vois que vous attendez une explication, la voici : il y a longtemps que je travaille; je suis vieux, fatigué, usé; j'ai senti que le moment du repos était venu pour moi, et je me suis tout à fait retiré des affaires.

— Est-ce possible?

— Cela est tellement vrai, monsieur le marquis, que vous n'êtes plus mon débiteur.

— Que voulez-vous dire? demanda Adrien en pâlissant.

— Monsieur le marquis, vous savez ce que fait un commerçant quand il quitte les affaires : il trouve un successeur à qui il cède ses marchandises et sa clientèle. Eh bien, monsieur le marquis, c'est ce qu'a fait le vieux Salomon.

— Ainsi vous avez vendu les titres de ma dette?

— C'était mon droit, monsieur le marquis; voulant me reposer, ne plus avoir à m'occuper de rien, je n'avais pas mieux à faire.

— Mais je suis ruiné, je suis perdu! s'écria le jeune homme atterré.

— Comment cela?

— Parce que mon nouveau créancier va exiger le remboursement.

— Monsieur le marquis, je crois pouvoir vous dire que vous avez tort de vous effrayer. Je sais que vous ne serez pas inquiété, et que votre nouveau créancier attendra comme j'aurais attendu. D'ailleurs, que vous importe qu'il se montre exigeant dans un an, dans six mois; alors vous serez marié, et la dot de votre femme, une dot superbe, naturellement, vous rendra maître de vos biens, libres de toute hypothèque.

— Comment se nomme-t-il, mon créancier?

— Vous allez trouver cela singulier, monsieur le marquis, je l'ignore.

— Vous l'ignorez?

— Absolument. L'affaire a été traitée par un mandataire extrêmement discret.

— Cela est étrange, en effet; mais il faudra bien que je le connaisse un jour, ce mystérieux personnage. En attendant, c'est trente mille francs ou tout au moins vingt mille qu'il faut que je trouve aujourd'hui avant la nuit.

— Une dette de jeu? interrogea Salomon.

— Oui. Maintenant, vous comprenez, n'est-ce pas?

Le juif répondit par un mouvement de tête.

— Voyons, monsieur Salomon, reprit Adrien, ne pouvez-vous pas m'indiquer où je trouverai cette somme à emprunter?

Pendant un instant Salomon eut l'air de réfléchir.

— Vous pourriez vous adresser, répondit-il, à un de mes vieux amis, ancien banquier, qui fait encore, par-ci par-là, le métier de prêteur d'argent.

— Votre ami se nomme?

Le juif prit sa plume et écrivit rapidement deux lignes sur un morceau de papier qu'il tendit ensuite à Adrien.

Le jeune homme lut tout haut :

Pierre Rousseau, 53, rue du Rocher.

— Oui, Pierre Rousseau, dit Salomon; et je pense qu'il consentira à vous tirer d'embarras.

— Il ne me connaît point, monsieur Salomon, mais puisqu'il est votre ami, ne pouvez-vous pas me donner une petite lettre?

— Tenez, monsieur le marquis, dit Salomon, en tendant une carte de visite, ceci sera suffisant.

Le marquis se leva. Salomon le reconduisit jusqu'à la porte de son appartement, en recommençant ses profondes salutations.

Au bout de la rue des Bons-Enfants il y a une station de voitures de place. Adrien prit là un coupé en donnant l'ordre au cocher de le conduire, 53, rue du Rocher. Pendant que la voiture tournait autour de la Banque pour prendre la rue Vivienne et gagner les boulevards, le marquis se disait :

— De Sanzac a raison et le vieux Salomon aussi; oui, si je ne veux pas me voir réduit à solliciter bientôt un emploi quelconque de bureaucrate, il faut que je me marie. Et me voilà condamné à vendre le titre de marquis à la fille de ce maçon qui veut bien l'acheter.

Tout en se parlant ainsi, quelque chose tressaillait au fond de son cœur. C'était le souvenir d'Aurore.

Le coupé s'arrêta. Adrien mit pied à terre et se trouva devant une porte de fonte dont la partie supérieure était à jour. Cette porte fermait l'entrée d'une petite cour, assez mal pavée, où l'herbe poussait à volonté, que le marquis pouvait voir entre les jambes d'une chimère qui tenait une corne d'abondance dans sa gueule de lion.

Il sonna. La lourde porte s'ouvrit aussitôt.

— M. Pierre Rousseau? demanda-t-il au concierge, qui montrait sa tête par un vasistas.

— M. Pierre Rousseau demeure au premier, répondit l'homme ; montez l'escalier du perron.

— Merci, dit Adrien.

Le corps de bâtiment, haut de deux étages seulement, était à gauche ; il avait sur la cour sa façade, percée de six fenêtres au premier étage, de quatre lucarnes au-dessus, éclairant des mansardes inhabitées, et devant lui le pignon blanc d'une grande maison nouvellement construite.

Le marquis monta les six marches du perron, puis l'escalier intérieur et agita le cordon de sonnette qui pendait à côté de l'unique porte se trouvant sur le palier du premier étage.

Au bout d'un instant la porte s'ouvrit et Adrien se trouva en présence d'un homme en cravate blanche, ayant la figure complètement rasée, qui paraissait avoir cinquante ans. Impossible de se méprendre, cet homme était un domestique.

— M. Pierre Rousseau est-il visible? demanda le marquis.

— Monsieur veut-il me dire son nom?

— Annoncez à M. Pierre Rousseau le marquis de Verveine, et dites-lui que je viens de la part de M. Salomon.

Le domestique eut un mouvement d'émotion qui indiquait que le jeune homme était attendu.

— Veuillez me suivre, monsieur le marquis, dit-il.

— Il le fit entrer dans une espèce d'antichambre assez mal éclairée et meublée d'une banquette seulement.

— Que monsieur le marquis veuille bien attendre un instant, dit le domestique.

Puis il ouvrit une porte, qu'il referma sur lui, traversa une grande pièce, une seconde plus petite, et entra dans le cabinet de son maître, après avoir frappé trois coups à la porte pour s'annoncer.

Pierre Rousseau ou plutôt le comte de Lasserre s'était dressé dans son fauteuil. Son regard interrogea le domestique.

— C'est lui, répondit ce dernier.

— Enfin! dit le comte en se levant.

M. de Lasserre n'avait plus, maintenant, ni ses longs cheveux blancs, ni sa longue barbe blanche. Ses cheveux étaient coupés ras et sa figure était complètement rasée comme celle de son domestique.

Ce domestique était Théodore, son ancien maître d'hôtel. Le comte ayant besoin, près de lui, d'un homme sûr, discret et dévoué, l'ancien maître d'hôtel était là pour jouer le rôle de valet de chambre. C'est M. Corvisier, le notaire infatigable, quand il s'agissait de servir le comte de Lasserre, qui avait retrouvé Théodore dans une commune des environs de Paris. Théodore s'était marié et était devenu père de trois enfants. Il avait fait valoir, dans un petit commerce, le don du comte de Lasserre, auquel il avait ajouté ses économies, et il avait acquis une honnête aisance. Il pouvait donc se dispenser de reprendre la livrée. Mais quand le notaire lui eut dit de quoi il s'agissait, il répondit :

— Je dois ma petite fortune, ma tranquillité, mon bonheur à M. le comte; moi, ma femme et mes enfants nous lui appartenons.

Et il avait tout quitté pour se mettre à la disposition de son ancien maître.

— Théodore, dit le comte, vous vous tiendrez dans le salon; quand je serai prêt à recevoir le marquis, je sonnerai : alors vous l'amènerez ici.

— Bien, monsieur le comte, répondit Théodore.

Et il se retira.

Adrien assis sur la banquette, attendait depuis près d'un quart d'heure et commençait à s'impatienter, quand un coup de sonnette arriva jusqu'à lui. Presque aussitôt, la porte de l'antichambre s'ouvrit et le domestique reparut.

— Si monsieur le marquis veut venir, dit Théodore, M. Pierre Rousseau va le recevoir.

Adrien suivit le domestique, qui l'introduisit dans le cabinet de l'ami du juif Salomon. Cette pièce n'était guère mieux éclairée que celle où il venait d'attendre si longtemps. Son mobilier se composait d'un vieux canapé et de quatre fauteuils recouverts en velours vert d'Utrecht, usé jusqu'à la trame et éventré par endroits; d'une grande bibliothèque dont les rayons ployaient sous le poids des gros volumes entassés; d'un bureau de bois noir chargé de livres et couvert de paperasses devant lequel un homme était assis.

Cet homme, M. Pierre Rousseau, sans doute, était enveloppé dans une longue robe de chambre à grands carreaux dont il eût été difficile de reconnaître les couleurs : sa barbe, qu'il portait en collier, était rousse et commençait à blanchir; ses cheveux plats, demi-longs, étaient de la même couleur que la barbe; seulement, sur les tempes, ils avaient la teinte grise du plâtre. Des lunettes à branches d'or étaient posées sur son nez, et leurs grands verres bleus et ronds cachaient entièrement ses yeux.

Certes, il était impossible que le marquis reconnût le père d'Aurore, dans ce personnage ainsi déguisé, qu'il n'avait vu, du reste, qu'une fois, la nuit, sans pouvoir bien examiner ses traits. Et puis, à moins d'y regarder de très près, on ne pouvait découvrir qu'il avait une barbe postiche, et que sa tête était ornée d'une perruque.

Après avoir salué, Adrien, ému, mal à son aise, regardait avec une sorte de crainte la barbe, les cheveux et surtout les verres de lunettes de l'ami de Salomon, à travers lesquels passait la flamme de son regard.

— Encore un juif, pensa le jeune homme.

Ayant arrêté un instant ses yeux sur le marquis, le comte l'invita à s'asseoir, en lui montrant un fauteuil.

— M. de Verveine, dit-il, vous venez ici envoyé par Joseph Salomon, m'a-t-on dit?

Le timbre de la voix du comte fit tressaillir Adrien.

— Cette voix ne m'est pas inconnue, pensa-t-il.

Mais il était, à ce moment, si loin de la Cordelière, qu'il ne se rappela point.

— Oui, monsieur, répondit-il, je suis envoyé par M. Salomon.

— Vous avez une lettre de lui?

— Non, monsieur, sa carte seulement. La voici.

— C'est bien, cela suffit. Pourquoi venez-vous me trouver?

— J'ai besoin d'une somme assez forte, balbutia Adrien.

— Dites le chiffre.

— Vingt mille francs me sont absolument nécessaires, et je voudrais emprunter trente mille francs.

— Ah!... Et quand vous faut-il cette somme?

— Aujourd'hui même.

— C'est, en effet, un besoin urgent, Salomon a dû vous dire, monsieur le marquis, que je ne suis pas précisément un prêteur d'argent; quand il m'arrive de faire ce métier, qui ne me plaît guère, c'est plus par obligeance, vous pouvez me croire, que pour placer un capital à un taux élevé. Pour des raisons que je n'ai pas à vous faire connaître, j'aime à rendre service, de temps à autre, à un fils de famille. Seulement, je me permets de le gronder et de lui donner des conseils, qu'il ne suit pas toujours, malheureusement. De plus, quand je prête une somme plus ou moins forte, j'aime à savoir l'emploi qu'on en veut faire. C'est ce que je demande à monsieur le marquis de Verveine. Ah! dame, je suis un peu curieux.

— Je n'ai pas à vous le cacher, monsieur, répondit Adrien, hier j'ai joué sur parole et j'ai perdu vingt mille francs.

— Et avant, combien aviez-vous perdu?

— Douze mille.

— Total : trente-deux mille francs dans une seule soirée.

Le jeune homme baissa la tête.

— Monsieur le marquis, reprit le comte, combien avez-vous de revenu?

— Soixante-quinze mille francs; mais je puis le doubler, le tripler même.

— Comment cela?

— En faisant quarante ou cinquante coupes de bois au lieu de vingt.

— Dites plutôt, monsieur le marquis, en détruisant la propriété! Mais c'est un expédient cela, monsieur, un très mauvais expédient. Et après, où en serez-vous ? Qu'aurez-vous fait du revenu si bien aménagé par votre père ? Mais vous sentez si bien tout cela, que vous n'en êtes pas venu encore à cette extrémité. Laissez vos bois debout, monsieur le marquis.

« Mais admettons un instant que vous fassiez cette sottise ; admettons en même temps que vous perdiez au jeu, non pas chaque nuit, mais tous les mois seulement trente-deux mille francs, et faisons ce calcul : Rapport de la sottise : — Deux cent vingt-cinq mille francs ; pertes de jeu : trois cent quatre-vingt-quatre mille francs ; différence en moins : cent cinquante-neuf mille francs. Et les dépenses de votre maison, dont je ne parle pas ! Vous voyez bien, monsieur le marquis, que c'est un expédient mauvais, très mauvais. Avec votre formidable abatage de bois, vous irez six mois tout au plus. Et après, comme vous n'êtes pas homme à traîner dans la boue des rues des bottines trouées, il faudrait vous brûler la cervelle ; et vous laisseriez à vos créanciers, volés, des immeubles presque sans valeur. Voyons, est-ce que vous voudriez qu'on dise de vous, même après le suicide : le marquis de Verveine est un voleur ! »

Le jeune homme devint écarlate.

— Oh ! monsieur, fit-il d'une voix frémissante, j'aimerais mieux...

— Quoi ?

Adrien resta muet ; il ne trouva rien à répondre.

— Allons, se disait le comte, tous les bons sentiments ne sont pas morts en lui ; on peut encore le sauver !

XVI

LES BIJOUX DE FAMILLE

Après un court silence, M. de Lasserre reprit :

— Monsieur le marquis, vous vous êtes engagé sur une mauvaise voie ; vous ne montez pas, vous descendez ; au bas de la pente se trouve l'effroyable abîme qui attend les imprudents et les fous. Vite, — et je crois qu'il en est temps encore, — retournez en arrière pour prendre un autre chemin !

« Vous voyez, je gronde, je conseille ; j'exécute mon programme.

« Bien doué comme vous l'êtes, vous avez mieux à faire qu'à passer vos nuits dans des maisons de jeu, dans des coulisses de théâtre, chez des marchandes de baisers, plus ou moins maquillées, ou à de joyeux festins qui finissent toujours en orgie ! La France, monsieur le marquis, la France, notre chère patrie, n'a pas trop de tous ses enfants pour la servir ! L'administration, la législature et la grande industrie, qui décuple notre fortune nationale, réclament des intelligences. Quoi ! vous seriez un de ces débauchés, hommes sans valeur, hommes de rien, sots gonflés de vanité et de faux amour-propre, qui se roulent dans toutes les fanges, s'abêtissent, ruinent leur santé et ne savent que dilapider la fortune péniblement amassée par le travail de leur père ! Un Français inutile à son pays n'est pas un Français ! On casse le bois mort et on le jette au feu ! On arrache l'ivraie qui gêne le blé qui monte ! Si vous devez quelque chose à la France, monsieur le marquis, vous devez aussi quelque chose à vous-même, au vieux et beau nom que vous portez, à la mémoire de vos ancêtres, les preux qui vous l'ont donné !

« Vous avez de l'intelligence, vous êtes instruit et vous êtes jeune ; toutes les carrières vous sont ouvertes. Consultez vos forces et vos aptitudes, et choisissez ! je vous le répète, monsieur le marquis, on n'a plus le droit aujourd'hui d'être un homme inutile. Chacun dans sa sphère, les plus petits comme les plus grands, selon leurs forces et leurs moyens, tous doivent être à l'œuvre ! »

Le jeune homme tenait sa tête baissée et se disait tout bas :

— Il a raison !

— Je ne vous demande pas à combien se montent vos dettes, reprit le comte de Lasserre, ce que vous devez à Salomon et probablement à d'autres, cela ne me regarde point. Salomon est mon ami, je le connais ; s'il vous a adressé à moi, c'est qu'il est sûr que je peux traiter avec vous : mais au train dont vous y allez, si vous continuez la même existence, vous arriverez fatalement, et peut-être dans un bref délai, à la ruine. Alors que vous restera-t-il ? La honte d'avoir si mal employé votre jeunesse, vos regrets, le mépris des honnêtes gens, les humiliations de toutes sortes, les dédains et les railleries de vos anciens amis, qui diront, en vous voyant passer : Regardez donc ce pauvre diable qui se traîne rasant les maisons, baissant la tête, ayant peur qu'on le voie. Eh bien ! c'est le marquis de Verveine, autrefois si joyeux, si brillant. Quelle dégringolade !

— Vous m'accablez, monsieur, dit Adrien d'une voix presque éteinte

— Je vous ai prévenu, monsieur le marquis, c'est mon programme. Vous me trouvez peut-être bien hardi, bien audacieux ?

— Non, monsieur ; je sens dans vos paroles l'intérêt que vous voulez bien me témoigner, et si dures qu'elles soient, je les écoute avec déférence...

— C'est bien. D'ailleurs, je suis un vieillard : on peut tout entendre d'un homme de mon âge. Voyons, profiterez-vous de mes conseils ?

— Je tâcherai, monsieur.

— C'est déjà quelque chose. Monsieur le marquis, vous connaissez ce proverbe : « Dis-moi qui tu hantes, je te dirai qui tu es ! » Vous êtes mal entouré, mal conseillé... Les flatteurs sont des ennemis ; on les a vus et on les verra encore faire tomber des hommes montés très haut.

« Prenez garde ! Défiez-vous des faux amis.

— Comment les reconnaître ?

— A ce qu'ils vous font faire, à ce qu'ils font eux-mêmes. Mon Dieu, j'ai été

L'IDIOTE

L'entrée d'Adrien fit sensation parmi les invitées de M. Latarde.

jeune aussi, moi, et j'ai subi quelques entraînements. On peut être faible à certains moments et manquer de volonté, mais il me semble qu'on doit toujours avoir en soi quelque chose, une force pour se retenir. Ne sentez-vous pas en vous ce quelque chose, monsieur le marquis? C'est, par exemple, le souvenir de son père, de sa mère... ou bien encore le souvenir d'une personne qu'on aime... ou qu'on a aimée!

En prononçant ces derniers mots, la voix du comte était devenue tremblante. Se soulevant sur son siège, il attendit avec anxiété la réponse du jeune homme.

Liv. 40. F. ROY, éditeur.

— Oui, oui, monsieur, répondit Adrien en s'animant, vous avez raison ; j'ai gardé le souvenir de mon père, de ma mère, qui m'a tant aimé, et je sens que c'est une force en moi.

M. de Lasserre retomba sur son fauteuil.

— Ah! il ne pense plus à ma fille! se dit-il.

Et il étouffa un soupir dans sa poitrine.

Mais, toujours maître de lui, il reprit :

— Eh bien, monsieur le marquis, c'est de cette force dont il faut vous servir.

Puis changeant de ton subitement :

— Maintenant, monsieur le marquis, dit-il, parlons de la chose qui vous a amenée chez moi. Vous désirez m'emprunter vingt ou trente mille francs.

— Oui, monsieur.

— Eh bien, j'ai une proposition à vous faire.

— Laquelle, monsieur?

— Vous possédez, m'a dit Salomon qui les a vus et longuement examinés, puisqu'il a pu m'en donner une exacte description, de superbes bijoux.

— Qui ont appartenu à ma mère.

— Et avant elle, à plusieurs marquises de Verveine ; je sais cela. Parmi ces pierreries, il y a une parure d'émeraudes d'un très grand prix. Cette parure, un cadeau royal, a été donnée à la marquise Raymonde de Verveine par la reine Marie Leczinska, dont elle était dame d'honneur, en reconnaissance de services particuliers rendus à la reine par le marquis Philippe de Verveine.

— C'est vrai, monsieur.

— Banquier, autrefois, j'ai eu de grandes relations jusque dans les cours des empereurs et des rois. Aujourd'hui encore, dans certaines circonstances, les princes s'adressent à moi. Or, un jeune prince, héritier futur d'un Etat européen, qui est à la veille de se marier, m'a chargé de lui acheter, choisis par moi, les bijoux qu'il veut mettre dans la corbeille de sa fiancée, une fille de roi. J'ai vu chez nos grands bijoutiers parisiens, Fontana et autres, ce qu'ils ont de plus riche et de plus beau. Eh bien, monsieur le marquis, tout ce qu'on m'a montré comme pierres précieuses et comme bijoux, ne peut être comparé en beauté et en travail à vos magnifiques pierreries. Bref, l'idée vient de me venir de vous acheter vos bijoux pour le prince en question.

— Mais c'est impossible, monsieur! s'écria Adrien.

— Pourquoi?

— Ce sont les bijoux de ma mère!

— C'est vrai. Vous craignez peut-être que je ne vous les paie point ce qu'ils valent?

— Non, je n'ai pas cette crainte. Vous devez comprendre qu'en repoussant votre offre j'obéis à un sentiment de respect et de vénération filiale.

— Alors, c'est dit, vous ne voulez pas vendre vos bijoux!

— Jamais !

— Soit. Je ne saurais vous blâmer, quand ce que vous faites est bien ; je vous approuve, au contraire, monsieur le marquis. Le désir que j'avais d'acheter vos joyaux pour le prince ne m'aveugle pas à ce point de ne pas reconnaître que ces bijoux, héritage de famille, portés successivement par plusieurs marquises de Verveine, ont pour vous une valeur bien autrement considérable que celle qu'ils représentent comme argent. Voyons donc si nous pourrons nous entendre d'une autre manière.

« Je vais vous prêter trente mille francs, ils sont là, dans ce tiroir ; naturellement il me faut une garantie. Vous allez m'offrir une hypothèque sur une de vos fermes, un de vos bois et même sur la généralité de vos biens. Mais vos immeubles, je le sais, sont déjà grevés de lourdes hypothèques. Je n'aime pas prendre hypothèque, moi, je ne l'ai jamais fait ; ne prêtant mon argent que par occasion, je demande les garanties qui me plaisent. Eh bien, monsieur le marquis, je vous prêterai trente mille francs sur vos bijoux remis entre mes mains en nantissement. »

Le jeune homme s'agita avec malaise.

— Vous ne pouviez pas accepter ma première proposition, je l'ai compris, poursuivit le comte ; mais rien ne vous empêche d'accueillir la seconde. Votre écrin sera ici aussi en sûreté que chez vous, et vous pourrez le reprendre quand il vous plaira.

— J'entends bien, monsieur, balbutia Adrien ; mais... mais...

— Eh bien ?

— Je... je ne peux pas...

— Je comprends votre embarras, monsieur le marquis ; vos bijoux ne sont pas chez vous, n'est-ce pas ?

— Je l'avoue, répondit Adrien en proie à un grand trouble.

— Ils sont au mont-de-piété.

— Vous savez ?..,

— Oui, je sais que vous les avez engagés, il y a dix mois, pour cinquante mille francs, le quart à peu près de leur valeur. Entre nous, monsieur le marquis, ils sont là pour longtemps, si l'on ne vient pas à votre aide pour les en faire sortir. Sans doute, l'année d'engagement expirée, vous renouvellerez l'engagement si vous n'avez pas, comme c'est probable, les cinquante mille francs nécessaires pour retirer l'écrin. Mais si, au milieu de vos plaisirs, vous oubliez ou négligez de remplir la formalité du renouvellement, qu'arrivera-t-il ? Les bijoux seront vendus aux enchères publiques. Et quand vous vous marierez, — un jour vous ferez comme tout le monde, — vous ne pourrez plus offrir à votre jeune femme les parures des marquises de Verveine.

« Je reprends ma proposition, monsieur le marquis : Vous me remettrez la reconnaissance du mont-de-piété afin que je puisse dégager les bijoux, et, en vous comptant dans la main trente mille francs, nous signerons un petit contrat par lequel vous vous reconnaîtrez mon débiteur de quatre-vingt mille francs. De mon côté je déclarerai avoir reçu votre reconnaissance du mont-de-piété pour retirer les bijoux, qui resteront en dépôt chez moi, en garantie du prêt. En outre, je m'engagerai à vous remettre vos bijoux le jour du remboursement des quatre-vingt mille francs augmentés, naturellement, des intérêts au taux légal.

«Comme vous le voyez, monsieur le marquis, continua le comte en souriant, je ne cherche pas à vous mettre la corde au cou. Encore une fois, je ne prête pas mon argent pour augmenter ma fortune, mais seulement pour obliger, quand cela me convient. Vous m'avez entendu?

— Oui, monsieur.

— Ce que je vous propose vous convient-il?

— Oui.

— En ce cas nous n'avons plus qu'à terminer l'affaire.

— Vous êtes venu en voiture?

— Un fiacre m'attend dans la rue.

— Pourquoi un fiacre? Est-ce que vous n'avez pas chevaux et voitures?

— J'ai vendu mes voitures, monsieur, et n'ai gardé qu'un cheval de selle.

— Ah!... Après tout vous avez peut-être sagement agi. Eh bien, monsieur le marquis, vous allez vous rendre chez vous et vous reviendrz immédiatement avec la reconnaissance. A propos, où demeurez vous?

— Rue Vanneau, n° 4.

— Merci. Pendant l'aller et retour d'ici à la rue Vanneau, j'aurai le temps de préparer notre contrat, et nous n'aurons plus qu'à signer.

— Allez, monsieur le marquis, lui dit le comte en le saluant de la main.

Adrien sortit du cabinet.

M. de Lasserre mit ses coudes sur le bureau et sa tête dans ses mains. Il réfléchissait, en pensant à Aurore et à Adrien; il examinait la situation et essayait de jeter une clarté dans l'avenir.

Au bout d'un instant, il se redressa.

— Non, non, murmura-t-il, je ne dois pas me décourager. Je le croyais tombé plus bas qu'il n'est: je peux toujours espérer. Ah! s'il m'avait parlé d'Aurore!... Nous verrons, nous verrons... En attendant, je dois faire tout ce qu'il faut pour le sauver du naufrage. Comme je suis changé!... Ainsi me voilà pris d'affection pour ce jeune homme que je haïssais, que j'aurais étranglé il y a dix-huit mois, si Guillaume ne s'était pas placé entre lui et moi! Tout pour ma fille!... Aurore ne l'a pas oublié, Aurore l'aime!... Il faut bien que je l'aime aussi, moi.

Mais je sors de mon rôle : je suis ici Pierre Rousseau banquier et prêteur d'argent.

Il ouvrit un tiroir où il trouva deux feuilles de papier timbré, qu'il plaça devant lui. Ensuite il prit sa plume et se mit à écrire rapidement.

Il achevait de remplir la deuxième feuille de papier quand Adrien reparut. Trois quarts d'heure s'étaient écoulés.

— Monsieur, dit le jeune homme, voici la reconnaissance du mont-de-piété.

Le comte la prit, l'examina et dit :

— C'est bien.

Puis tendant une des feuilles de papier timbré au jeune homme :

— Asseyez-vous et lisez, reprit-il.

Adrien obéit.

L'acte était court et admirablement rédigé. Mais ce qui causa au jeune homme une vive surprise, qui approchait de la stupéfaction, c'est qu'il contenait la désignation exacte et minutieuse de chaque bijou, avec le chiffre de sa valeur en regard.

— Monsieur, dit-il, quand il eut fini de lire, on dirait que vous avez écrit cela, ayant sous les yeux l'écrin ouvert.

— Je me suis simplement servi d'une note que m'a remise Salomon, répondit le comte. Salomon est plus que moi un homme d'argent ; le jour où il a eu entre les mains l'écrin qui renferme vos pierreries de famille, vous lui deviez déjà une centaine de mille francs ; pensant bien que vous lui emprunteriez de nouvelles sommes, il a fait sérieusement l'inventaire de l'écrin, voyant dans vos joyaux un surcroît de garantie.

— J'avoue que si vous m'aviez demandé quel est le nombre des bijoux et leur valeur je n'aurais pas su vous répondre.

— Pourtant, répliqua finement le comte, chacun de ces bijoux est pour vous un souvenir précieux.

— C'est vrai, fit Adrien en rougissant, car il avait compris le reproche déguisé.

— Maintenant, monsieur le marquis, dit le comte, prenez cette plume. Bien. Écrivez : Approuvé l'écriture ci-dessus, et signez.

Cela fait, le comte prit la feuille, signa l'autre et la remit à Adrien, en disant :

— Voilà votre garantie et voici la mienne. Une nouvelle signature là, ajouta-t-il, en posant le doigt sur la reconnaissance,

Adrien signa et le comte étala devant lui trente billets de mille francs, qu'il ramassa sans les compter.

— Avez-vous encore quelque chose à me dire, monsieur Rousseau !

— Seulement ceci : je me suis permis de vous donner quelques conseils, comme à un ami, tâchez de ne pas trop les oublier.

— Monsieur Rousseau, répondit le jeune homme d'une voix qui tremblait légèrement, je vous donne l'assurance que je changerai de vie, vous en aurez la preuve bientôt.

Le comte resta un moment silencieux, le regardant fixement, comme si il eût voulu lire dans sa pensée.

— Nous verrons, monsieur le marquis, nous verrons, dit-il.

Les deux hommes se saluèrent, et Adrien s'en alla, ayant trente mille francs dans sa poche et un poids énorme de moins sur les épaules, car il allait pouvoir, le soir, à l'heure dite, payer sa dette de jeu.

Le comte se leva très agité. Son front s'était subitement rembruni. Il fit deux ou trois fois le tour de son cabinet, marchant d'un pas inégal, fiévreux; puis, s'arêtant brusquement, il murmura :

— Qu'a-t-il donc voulu dire par ces paroles : « Je changerai de vie, vous en aurez la preuve bientôt? » Ces mots étaient-ils l'écho de sa pensée? évidemment il a une intention. Laquelle? J'ai bien examiné sa physionomie et je n'ai pu deviner. Marquis de Verveine, je ne vous perdrai pas vue, quoi que vous fassiez, je le saurai.

Soudain la porte du cabinet s'ouvrit. Francesca, la muette, entra, s'avança vers son maître et son regard expressif l'interrogea.

Le comte secoua tristement la tête.

Alors la muette fit entendre un grognement prolongé, agita ses bras en l'air, et se retira lentement, la tête baissée, de grosses larmes dans les yeux.

Francesca connaissait les intentions, les projets du comte de Lasserre; elle savait quel but il poursuivait et quelles étaient ses espérances, à la réalisation desquelles sa vie était maintenant consacrée.

XVII

CE QU'ON FAIT POUR DE L'ARGENT

Pendant que le comte de Lasserre se débarrassait de sa barbe rousse et de sa perruque, le marquis de Verveine réfléchissait, blotti dans un coin du fiacre, qui se dirigeait une seconde fois vers la rue Vanneau.

— Singulier personnage, que ce M. Pierre Rousseau ! pensait-il. Quoi qu'il dise, il n'est autre chose qu'un prêteur d'argent. Mais je dois convenir qu'il ne ressemble guère au juif Salomon et autres Gobseck que je connais. Oui, singulier homme! Il me semble toujours que j'ai entendu quelque part cette voix cuivrée. Où? Je ne puis me le rappeler. Ce n'est probablement qu'une ressemblance, à moins qu'un jour chez Salomon... J'ai fait si souvent antichambre chez le vieux juif, pendant qu'il causait dans son cabinet, que j'ai bien pu entendre la voix de M. Pierre Rousseau. Mais oui, c'est cela, je crois me souvenir qu'un matin... Après tout, que m'importe? Pierre Rousseau m'a tiré d'embarras, voilà le point essentiel. En somme, ce M. Rousseau, bien nommé, est un honnête vieillard. Il m'a dit carrément, sans se gêner, des choses un peu dures, mais absolument vraies. Quelqu'un qui nous aurait entendus l'eût pris pour un bon père morigénant son fils.

Ah! puisqu'il était écrit que je devais faire mille folies, si je l'eusse connu il y a dix-huit mois et que je me fusse adressé à lui, au lieu de tomber dans les griffes de Salomon, je ne serais pas aujourd'hui dans une situation aussi critique, presque ruiné et réduit à endosser ce soir mon habit noir pour satisfaire la vanité bête d'un M. Latrade, autrefois compagnon de la truelle, maintenant millionnaire. Je vais me faire voir, je vais m'étaler comme une marchandise, afin qu'on puisse apprécier la valeur réelle de l'objet. Triste, triste!...

Gracieusement je courberai l'échine, je ferai le joli cœur, j'aurai des regards de brochet qui se pâme, des sourires de croque-mort et de l'esprit... si je peux. Tout cela en honneur du bonhomme Latrade et de sa rouge héritière; car je sais ce que signifient ces mots : « haute en couleur. » Les grosses joues de la petite Latrade sont certainement lie de vin. Et moi qui n'ai jamais pu voir en face une figure vermillonnée! Voilà comment un marquis de Verveine tourne au sire de Framboisy!

Il le faut! Je me suis fourré dans une affreuse souricière, je me suis embourbé jusqu'au menton, et mademoiselle Latrade est la perche qui m'est tendue... La perche! quelle dérision : elle est petite, réplète, boulotte, quelque chose qui ressemble à un tonneau... j'aimerais mieux une perche.

Il raillait, en se mordant les lèvres de dépit.

— Pauvre Aurore! pauvre Aurore! reprit-il en laissant échapper un soupir; si seulement je savais où elle est? Elle seule pourrait me tirer du guêpier des Latrade.

Il resta un moment silencieux et reprit:

— Ah! fou que je suis, j'oublie constamment que je suis ruiné! Que pourrait faire Aurore? Rien, rien. Ce Sanzac a raison; il n'existe qu'un moyen de me sauver, et ce moyen il me l'offre... Je suis condamné aux Latrade à perpétuité!

Il n'y a pas à dire, une dot de quinze cent mille francs est une belle dot. Avec cela, je paie mon créancier inconnu, je rends à M. Pierre Rousseau ses quatre-vingt mille francs et je reprends mes bijoux.

Ses lèvres se crispèrent en un rictus amer.

— Oh! oh! fit-il. Et c'est la grosse fille d'un orgueilleux parvenu qui parera ses imperfections physiques et morales avec les bijoux que la marquise de Verveine, ma mère, a portés!

Cette idée paraissait le contrarier vivement ; car le froncement habituel de ses sourcils s'était singulièrement accentué.

— Ah ! par exemple, reprit-il d'un ton lugubre, qu'elle ne me demande pas de la rendre heureuse, cette rougeaude ; ce sera assez pour moi d'avoir eu le courage de lui donner mon nom. Exiger des prévenances, des caresses, de l'amour.. Allons donc, j'aimerais mieux me faire capucin ! C'est drôle je ne la connais pas encore, et déjà je la hais !

Adrien se trompait. N'ayant aucune raison de détester mademoiselle Latrade, il ne pouvait pas la haïr. Pour le moment, il était simplement furieux d'être forcé d'épouser une femme, Adèle Latrade ou une autre, ayant une dot énorme, afin de se tirer du bourbier où il s'était enfoncé, comme il le disait lui-même, jusqu'au menton.

Le soir, à six heures, cachant son habit de soirée sous un pardessus, le marquis de Verveine se rendit au café Riche, où il trouva, l'attendant, celui qu'on apppelait don José, comte de Rogas. Il paya sa dette.

— Quand il vous plaira de prendre votre revanche, monsieur le marquis, lui dit le Portugais, je serai à vos ordres.

— Un de ces jours, monsieur, répondit Adrien.

— Donc, à bientôt, monsieur le marquis.

Le jeune homme salua froidement don José et se retira.

Il alla retrouver le vicomte Sanzac qui lui avait donné rendez-vous au café Napolitain. A sept heures ils dînèrent au restaurant du café Anglais, à neuf heures ils montèrent dans un coupé de remise qu'ils trouvèrent sur le boulevard, et se firent conduire chez M. Latrade où ils arrivèrent à neuf heures et demie.

Dans le salon, superbement meublé, décoré avec un certain goût, celui de l'architecte et du peintre, sans doute, mais beaucoup trop chargé de dorures, se trouvaient une vingtaine de personnes. Adrien n'en connaissait aucune.

Naturellement, son entrée fit sensation. Pensez donc, un marquis ! Les hommes le toisèrent curieusement ; des jeunes filles chuchotèrent ensemble derrière les éventails.

Un marquis authentique chez M. Latrade ! On devina du coup ce qui l'y amenait.

Un petit homme chauve, voûté, au visage parcheminé, s'avança vers les visiteurs en sautillant et la main tendue.

La présentation se fit dans les règles. Toutefois le vicomte aurait pu se dispenser de parler, car avant qu'il eût ouvert la bouche, M. Latrade s'était emparé d'une main d'Adrien, qu'il serrait dans les siennes avec une chaleur ou plutôt avec une vigueur qui indiquait combien il était flatté, honoré, gonflé d'orgueil, d'avoir entendu résonner sous ses lambris dorés et devant sa société, composée de parvenus comme lui, ces mots sonores : marquis Adrien de Verveine.

— Me trouvez-vous bien? demanda Aurore. Tout à fait charmante

Une jeune fille un peu épaisse de taille, ayant les joues un peu fortes et un peu rouges, plus rouges même que d'ordinaire, mais pas gauche du tout, se leva à son tour et fit quelques pas dans le salon.

— Ma fille, monsieur le marquis, dit le père, ma fille, qui parle quelquefois de vous avec son frère. Ah! dame, monsieur le marquis, ou vous connaît ici, ou vous connaît. Mon gueusard de fils est assez fier de dire qu'il est de vos amis. Quand il apprendra demain que nous avons eu l'honneur de vous recevoir ce soir, il fera un nez... Ah! ah! ah!

— Oh! papa, papa, fit la jeune fille, qui passa du rouge au cramoisi.

— Eh bien, quoi? Oh! ces petites filles, monsieur le marquis, ça croit toujours en savoir plus que son père qui a gagné des millions. Mais venez donc vous asseoir, ces grands fauteuils vous tendent les bras; pas de gêne, nous sommes tous ici entre amis. Allons, Adèle, sois gracieuse comme tu sais l'être quand tu veux, et fais, comme il convient, les honneurs de la maison de ton père.

Placé en face de Mlle Latrade, Adrien put la regarder et l'examiner tout à son aise. Sans doute elle était un peu boulotte, avait la figure un peu large et un peu rouge, moins rouge cependant que tout à l'heure, mais la voix était agréable et ce qu'elle disait était bien dit. Et puis il y avait dans son sourire quelque chose de si doux, et ses yeux, deux jolis yeux, ma foi, avaient une expression de si grande bonté que, vraiment, il était impossible de la trouver laide. Montée sur son million et demi de dot elle paraissait plus grande, elle était moins replète. En définitive, Mlle Latrade pouvait faire une marquise aussi bien qu'une autre.

Telles étaient les réflexions que faisait Adrien, tout en répondant aux questions plus ou moins saugrenues que lui adressait le bonhomme Latrade. L'ancien maçon causait beaucoup, croyant montrer l'esprit qu'il n'avait point. Il est vrai que les belles dames dont les diamants étincelaient sous la lumière du lustre et des bougies, s'extasiaient en l'écoutant. Cela lui suffisait. Et, naïvement, il s'imaginait qu'il débitait de fort belles choses.

A onze heures, le marquis et le vicomte se retirèrent.

— Où allons-nous? demanda ce dernier dès qu'ils furent en plein air.

— Je rentre chez moi, répondit Adrien.

— Ah!

— Je suis encore fatigué de la nuit dernière, j'ai besoin de repos.

— A la bonne heure, mon cher Adrien, voilà que tu commences à suivre mes conseils. A propos, tu as donné au comte de Rogas l'argent qu'il t'a gagné au jeu, mais tu ne m'as point dit où tu as trouvé ces vingt mille francs. Est-ce une indiscrétion de te le demander?

— Nullement. Comme je le pressentais, Salomon me les a refusés.

— Le vieux scélérat!

— Mais il m'a adressé à un de ses amis, un ancien banquier, appelé Pierre Rousseau, qui m'a prêté ladite somme sans faire la moindre difficulté.

— Où demeure cet aimable banquier?

— Rue du Rocher, n° 53.

— Je note cela dans ma tête. Dame, tu sais, au moment où l'on s'y attend le moins, on peut avoir besoin de ces gens-là. Maintenant, une autre question plus sérieuse : comment trouves-tu Mlle Latrade?

— Mieux que je ne m'y attendais.

— J'en étais sûr. Ainsi elle te plaît?

— Elle ne me déplaît pas.

— C'est bien, je sais ce que parler veut dire. Dès demain je verrai le père Latrade et lui dirai carrément que tu désires épouser sa fille.

— Je vous en prie, de Sanzac, n'allez pas si vite.

— Allons donc! Avec un homme comme le père Latrade, mon cher, on doit traiter cette affaire comme un devis de maçonnerie. Tu as vu l'accueil qu'il t'a fait?

— Soit. Mais il y a la jeune fille!

— La jeune fille? Ah! ça, est-ce que tu avais les yeux dans ta poche? Comment, tu n'as pas vu qu'elle est folle de toi.

— Vous pouvez vous tromper.

— Non, mille fois non. D'ailleurs, laisse-moi faire. On a un ami ou on n'en a pas, morbleu! Demain, je parlerai au bonhomme, et dans un mois, dans quinze jours même, si tu le veux, tu palperas les quinze cent mille francs qui sont mis en réserve pour toi, heureux coquin! Voyons, est-ce dit?

Adrien hésita à répondre. Était-ce le souvenir d'Aurore qui le mordait au cœur? Peut-être. Mais, hélas! Aurore était le rêve, et Mlle Latrade, avec sa dot, la réalité.

— A quoi penses-tu? lui demanda le vicomte.

— A rien, répondit-il.

— Pourquoi ne me réponds-tu pas

— Mais...

— Eh bien?

— Eh bien, faites ce que vous voudrez

Ils arrivaient sur la place de l'Étoile.

Une voiture vide passa devant eux. Adrien arrêta le cocher.

— Moi, dit le vicomte en tendant les bras dans la direction de l'avenue Joséphine, je vais de ce côté. Je te verrai demain soir. Bonne nuit!

— A demain, dit Adrien.

Et ils se séparèrent.

Le vicomte ne s'était pas trop avancé en disant au marquis qu'il pouvait considérer son mariage avec Mlle Latrade comme une chose faite. En effet, M. Latrade accueillit avec enthousiasme la demande qui lui fut faite par le vicomte au nom du marquis. Il n'adressa aucune question embarrassante au vicomte. Sans en connaître le chiffre, il savait par son fils que le marquis avait des dettes. Il n'en parla point. Il pensait bien aussi que si le jeune homme voulait épouser sa fille, ce n'était pas seulement pour ses beaux yeux. Mais qu'est-ce que tout cela lui faisait? Il aurait pour gendre un marquis, sa fille serait marquise. N'était-ce pas assez?

Quant à Mlle Latrade, plus calme, plus réservée que M. Latrade, mais non moins ravie, elle déclara qu'elle se faisait un devoir d'accepter le mari choisi par son père.

Assurément, elle n'avait pas déjà pour Adrien cet amour ardent que rêvent toutes les jeunes filles, que toutes les femmes ont rêvé ; mais, si elle ne l'aimait pas encore de cette affection à laquelle une jeune fille attache le bonheur de sa vie entière, elle sentait, aux palpitations de son cœur, qu'il était loin de lui être indifférent.

Si le titre de marquise flattait son amour-propre, cela ne la grisait point, car Mlle Adèle Latrade n'était pas une jeune fille frivole. De même que son père, elle pensait bien que sa dot n'était pas pour rien dans la demande du marquis ; mais elle voulait croire que ses qualités personnelles y étaient pour quelque chose. S'exagérait-elle son mérite ? Non. Elle se connaissait, elle savait ce qu'elle valait. Et ce titre de marquise, qu'on mettait à ses pieds, elle l'eût repoussé avec dédain, avec mépris, si elle eût soupçonné qu'il lui était offert en échange de sa fortune. Avant tout elle voulait être aimée !

Adrien aurait voulu que la chose fut tenue secrète au moins pendant quelque temps. Mais comment faire taire M. Latrade, qui aurait voulu que cent mille trompettes allassent sonner aux quatre coins de l'univers que sa fille allait devenir marquise de Verveine ? Contre la volonté du marquis, il annonça le futur mariage à ses intimes, d'abord, puis aux autres personnes qu'il recevait chez lui. Bientôt la nouvelle circula dans Paris et pénétra dans tous les salons de la finance et du faubourg Saint-Germain.

Le vicomte de Sauzac disait à ses dignes associés :

— Le marquis de Verveine est ruiné ; on lui jette à la tête une dot énorme, il la prend. Mais soyez tranquilles, il nous reviendra. Il a joué, il jouera encore. La dot de sa femme sera lourde, nous l'aiderons à en porter le poids.

XVIII

UNE ANCIENNE ÉLÈVE

Un jour, vers deux heures de l'après-midi, la comtesse de Lasserre sortit pour aller faire aux magasins du Printemps quelques emplettes de menus objets de lingerie dont elle avait besoin. Ayant toujours peur d'être reconnue, ce n'était que quand elle y était forcée, et en prenant beaucoup de précautions, qu'elle entrait dans une de ces grandes maisons de nouveautés où se porte la foule.

Après avoir jeté autour d'elle un coup d'œil rapide, et n'ayant vu que des figures inconnues, elle avait relevé son voile afin de mieux examiner les divers objets que lui montrait une des demoiselles du rayon de lingerie.

Comme la comtesse achevait de choisir les pièces qui lui convenaient le mieux, une jeune fille, accompagnée d'une femme de chambre, s'arrêta devant la rayon de lingerie, à quelques pas de la comtesse.

Tout à coup, la jeune fille laissa échapper une exclamation de surprise et s'approcha vivement de la comtesse, en disant:

— C'est madame Durand, ma bonne madame Durand!

Puis, jetant ses bras autour du cou de la jeune femme, elle l'embrassa sur les deux joues.

Tout cela s'était passé si rapidement que Mme de Lasserre n'avait pas eu le temps de baisser son voile. Mais, comme elle n'avait rien à redouter de cette jeune fille, elle n'éprouva que l'émotion de la surprise...

— Vous me reconnaissez, n'est-ce pas? reprit la jeune fille toute souriante.

— Certainement, mademoiselle Adèle.

— Oh! appelez-moi Adèle tout court, comme autrefois.

— Autrefois vous étiez une petite fille, tandis que maintenant...

— C'est vrai, j'ai grandi, pas trop pourtant; mais je suis restée telle que vous m'avez connue; je ne suis pas changée, ma bonne madame Durand, et je veux être toujours votre petite Adèle. Savez-vous qu'il y a plus de neuf ans que je n'ai eu le bonheur de vous voir. Comme le temps passe tout de même! neuf ans! On vieillit sans s'en apercevoir. J'ignorais ce que vous étiez devenue; si j'eusse su votre adresse il y a longtemps que je vous aurais écrit, car je vous aime beaucoup, madame Durand, oui, beaucoup. Ah! quelle heureuse idée j'ai eue de venir ici aujourd'hui! Je voulais aller au Louvre et c'est en chemin que je me suis décidée à venir au Printemps. Je crois vraiment que quelque chose me disait qu'une joie m'y attendait. Et vous, madame Durand, n'êtes-vous pas contente de me revoir?

— J'en suis heureuse, ma chère Adèle; je suis heureuse surtout de pouvoir apprécier de nouveau les excellentes qualités de votre cœur. Mais donnez-moi donc des nouvelles de vos chers parents.

Le visage de la jeune fille s'attrista et deux larmes roulèrent dans ses yeux.

— Nous avons eu la douleur de perdre ma mère, répondit-elle.

— Quand ce malheur vous est-il arrivé?

— Il y a deux ans.

— Pauvre petite!

— Oh! oui, allez: c'est une grande perte que nous avons faite, mon frère et moi.

— Que fait-il monsieur votre frère?

— Rien.

— Rien?

— Il s'amuse.

— Enfin, il vous reste votre père.

— Il est très bon, il m'aime beaucoup ; mais voyez-vous, madame Durand, le père le meilleur ne pourra jamais remplacer une mère.

— Si M. Latrade n'a pas éprouvé de revers de fortune, il doit être aujourd'hui immensément riche.

— Trop riche, peut-être, dit la jeune fille en soupirant.

— Comme vous dites cela !

— On a beau avoir des millions, le bonheur ne s'achète point.

— Mais vous n'êtes point malheureuse, Adèle.

— Quant à présent, non ; mais qui peut-être sûr de l'avenir ?

— Manqueriez-vous de confiance ? Pour vous, ma chère Adèle, l'avenir n'a rien de terrible.

— Je me dis cela souvent ; mais l'avenir est la chose inconnue, et quand j'y pense je ne puis m'empêcher d'être un peu inquiète. Mais vous ne me parlez pas de vous, ma bonne madame Durand ; que faites-vous ? Êtes-vous toujours institutrice ?

— Oui.

— Dans une famille ?

— Oui, dans une famille. Tout le monde n'a pas des millions comme M. Latrade, quand on est pauvre on doit travailler pour gagner sa vie.

— C'est vrai. Vous trouvez-vous aussi bien que vous l'étiez chez lady Forster ?

— Oui ; du reste, je ne suis pas bien difficile.

— Lady Forster est une bien excellente femme. Je me souviendrai toujours de ses bontés pour moi. C'est grâce à elle que j'ai eu le bonheur d'être votre élève, de profiter, autant que je l'ai pu, des leçons que vous donniez à miss Henriette. Depuis que milady et sa fille ont quitté Paris pour retourner en Angleterre, je n'ai plus entendu parler d'elles. Avez-vous quelquefois de leurs nouvelles ?

— Oui, quelquefois.

— Si un de ces jours je vais à Londres, je ne manquerai pas de faire une visite à lady Forster ; j'aurai un grand plaisir à revoir miss Henriette.

— Miss Henriette est aujourd'hui la comtesse de Ruttley.

— Ah ! elle est mariée ?

— Depuis un an.

— Elle est heureuse, bien sûr, autant qu'elle le mérite.

— Je crois qu'elle n'a à envier le bonheur d'aucune autre.

La jeune fille resta un moment pensive, les yeux baissés.

— Chère madame Durand, reprit-elle, ne me ferez-vous pas l'amitié de venir nous voir ?

— Voilà une chose que je ne puis vous promettre.

— Pourquoi ?

— Je ne sors presque jamais.

— Mon père parle souvent de vous, car il n'a pas oublié que c'est à vous que je dois le peu que je sais ; je vous assure que vous seriez bien accueillie et que mon père serait enchanté de vous revoir.

— Je le crois, mais...

— Et puis, l'interrompit la jeune fille, je serais heureuse de causer un peu avec vous, de vous demander quelques conseils que ma mère, hélas ! ne peut plus me donner.

— Votre père la remplace.

La jeune fille secoua la tête.

— Un père ne comprend pas, ne sent pas certaines choses comme une mère ou une véritable amie, dit-elle. Mon père reçoit beaucoup de monde ; mais dans ce milieu de gens indifférents, pour la plupart, je me trouve à peu près isolée. Je n'ai personne à qui confier mes pensées et mes idées. Pour moi, un grand jour s'approche.

— Je crois comprendre, fit l'institutrice en souriant.

— Oui, je vais me marier.

— Je vous souhaite, ma chère Adèle, tout le bonheur que vous méritez.

— C'est au sujet de mon mariage que je désirerais causer avec vous, ma bonne madame Durand.

— Mais je ne puis vous donner aucun conseil.

— Peut-être.

— Je dois croire que votre fiancé est digne de vous et que vous l'aimez. C'est sans doute un homme à la tête de grandes entreprises, comme M. Latrade ?

— Non, c'est un marquis.

— Ah ! fit la comtesse.

— Il est jeune, dit vivement mademoiselle Latrade.

— Et riche ?

— Je ne connais pas sa fortune.

— Il se nomme ?

— Adrien de Verveine.

Madame de Lasserre éprouva un tel saisissement que son cœur cessa de battre.

Heureusement, la jeune fille avait les yeux baissés ; elle ne remarqua point son trouble.

— Je vous en prie, reprit mademoiselle Latrade, promettez-moi de venir me voir prochainement.

— Eh bien, oui, un de ces jours, je vous le promets, répondit la comtesse, remise de son émotion.

— Oh ! vous êtes toujours bonne, fit la jeune fille, laissant voir sa satisfaction.

Elle mit une carte de visite dans la main de la comtesse en disant :

— Voilà notre adresse. Seulement, ajouta-t-elle, ne vous faites pas trop attendre.

L'institutrice serra la main de son ancienne élève et suivit la demoiselle de magasin qui l'attendait pour la conduire à la caisse.

Quand elle rentra, Aurore, qui guettait son retour, accourut joyeusement à sa rencontre.

— Vous paraissez bien contente, ma chérie, dit la comtesse.

— Oui, répondit Aurore, je suis bien heureuse aujourd'hui.

— Ne l'êtes-vous pas toujours?

— Si, si, mais je vais vous dire...

— J'écoute.

— Mon père est venu.

— Est-il encore ici? demanda vivement la comtesse.

— Non, il n'est resté qu'un instant.

— Enfin, M. Delorme est venu, et puis?

— Je lui ai dit que je désirais aller à l'Opéra ce soir, et il me l'a permis.

— Oh! alors, je comprends votre grande joie.

— Viendrez-vous avec nous?

— Vous savez bien, ma chérie, que je ne vais jamais au spectacle.

— C'est vrai; mais pour une fois...

— C'est impossible. Je dois me priver, non pas seulement du plaisir d'entendre chanter d'excellents artistes, mais du plaisir plus grand encore de vous accompagner. Mais demain j'aurai une compensation quand vous me raconterez vos impressions de la soirée.

Aurore prit un petit air mystérieux, se pencha à l'oreille de la comtesse et lui dit tout bas :

— Je verrai peut-être Adrien!

La mère ne put s'empêcher de tressaillir. Puis, après avoir enveloppé l'enfant d'un long regard, elle l'entoura de ses bras et la serra fiévreusement contre son cœur. La pauvre mère pensait à la douleur qu'éprouverait sa fille le jour où on serait forcé de lui apprendre que le marquis de Verveine était le mari d'une autre.

Comment protéger son enfant, comment la défendre contre cette horrible douleur qui pouvait la tuer? Serait-ce assez de son amour maternel? Dérision! Obligée, par les dures conditions imposées par le comte de Lassorre, de le comprimer en elle, quelle pouvait être son action sur sa fille? Elle n'avait même pas le droit de se laisser inspirer par sa tendresse. Hélas! près de sa fille elle n'était toujours qu'une institutrice!

Elle ne connaissait aucun des projets de son mari. Le comte venait voir sa fille souvent. Il causait avec madame Delorme, avec Aurore, jamais avec elle.

Quels nouveaux ordres monsieur le vicomte a-t-il à me donner?

Du reste, il évitait de la rencontrer. Quand, par hasard, ils se trouvaient en présence l'un de l'autre, il la saluait froidement d'un « bonjour madame, » et c'était tout.

Le comte n'entrait jamais ni dans le salon ni dans le boudoir d'Aurore où la jeune fille travaillait avec son institutrice. Dès qu'il arrivait, il s'isolait dans sa chambre, et, suivant ce qu'il avait à dire ou à demander, il faisait appeler successivement Aurore et madame Delorme. Il restait quelquefois assez longtemps, mais jamais plus de deux heures. Jamais il ne prenait un repas dans la maison.

Était-ce pour ne pas se trouver en contact avec sa femme? La comtesse le pensait.

Les allures singulières de M. Delorme, qui paraissait adorer sa fille, et qui vivait pour ainsi dire complètement séparé d'elle et de madame Delorme, intriguaient fort les domestiques. Persuadés qu'il était bien M. Delorme, le mari de leur maîtresse, il était pour eux une énigme vivante, et ils le regardaient comme un monomane. Toutefois, ils avaient un profond respect pour ce maître au service duquel ils n'étaient point. Ils ne se permettaient pas, même entre eux, la moindre remarque sur les bizarreries de M. Delorme. Choisis par M. Corvisier, bien payés, bien nourris, n'ayant à faire qu'un service facile, tenant naturellement à conserver leur place, ils étaient d'un dévouement absolu et incapables de commettre la plus légère indiscrétion.

Le soir, après le dîner, l'institutrice voulut remplacer la femme de chambre auprès d'Aurore. Une fantaisie de mère! Elle mit la dernière main à la coiffure de sa fille, plaçant les fleurs dans les cheveux, arrangeant sur le haut du front les boucles blondes. La robe de soie blanche à manches courtes et pudiquement décolletée, sur laquelle retombait une tunique de dentelle, relevée par des nœuds de rubans dans des bouillonnés, laissait voir deux avant-bras délicieux, la naissance de deux belles épaules et d'une gorge ravissante, sur laquelle étincelait, entre deux plissés de malines, un magnifique médaillon, composé d'un superbe saphir entouré de brillants. Au-dessous émergeait un joli bouquet d'églantines que la comtesse avait attaché elle-même. Pas d'autres bijoux, si ce n'est au bras gauche un de ces légers cercles d'or appelés porte-bonheur.

Cette toilette, riche et simple en même temps, allait divinement à Aurore, sans pouvoir augmenter, cependant, son éclatante beauté. D'ailleurs, en plus de sa beauté, la jeune fille possédait ce charme suprême que donne la grâce unie à la distinction et qui appartient surtout à la jeunesse. De quelque façon qu'elle fût habillée, Aurore était toujours ravissante.

Debout et immobile devant sa fille, la comtesse l'admirait sans réserve. Sur ce jeune front qu'aucune douleur sérieuse n'avait encore assombri, il lui semblait voir une auréole.

— Autrefois j'étais belle aussi, pensait-elle, mais jamais ma beauté ne fut comparable à celle de ma fille.

— Me trouvez-vous bien? demanda Aurore.

— Tout à fait charmante.

— Alors ma toilette vous plaît?

— Oui, ma chérie.

Se regardant dans une glace, Aurore reprit :

— N'est-ce pas que je suis jolie?

— Vous êtes adorable.

— Adorable, répéta la jeune fille en souriant et en hochant la tête, laissant deviner ainsi une de ses secrètes pensées.

La mère soupira. Elle pensait aussi au marquis de Verveine.

Madame Delorme entra dans la chambre. Le moment de partir était venu. Le coupé les attendait dans la cour.

Penchée à une fenêtre la comtesse les vit monter en voiture. Elle éprouva une sensation douloureuse jusqu'alors inconnue et son cœur se serra. Pour la première fois un sentiment de jalousie venait de pénétrer en elle; pour la première fois, elle eut un mouvement de colère contre madame Delorme, qui prenait près de sa fille la place qui lui appartenait. — Elle referma brusquement la fenêtre et courut s'enfermer dans sa chambre où elle se mit à pleurer à chaudes larmes.

XIX

A L'OPÉRA

C'était une très intéressante reprise de la *Juive*. Cette reprise, annoncée depuis longtemps par les journaux, excitait vivement la curiosité. Le chef-d'œuvre d'Halévy, disait-on, allait avoir, cette fois, une interprétation hors ligne. On verrait apparaître, tenant le rôle de Rachel, une nouvelle étoile dans la constellation des grandes artistes. Ce serait un triomphe. L'Opéra reverrait l'enthousiasme et retrouverait la gloire de ses plus beaux jours.

C'était assez pour que cette importante reprise eût la grande attraction d'une première représentation.

En effet, tout le Paris connu, hommes remarquables ou illustres, célébrités dans tous les genres, législateurs, magistrats, financiers, militaires, savants, littérateurs, artistes et dilettanti semblaient s'être donné rendez-vous ce soir-là au grand Opéra.

Tout de suite après l'ouverture des portes, les loges, l'amphithéâtre, les fauteuils d'orchestre se garnirent rapidement.

Les plus jolies femmes de Paris étaient là. Depuis longtemps l'Opéra n'avait vu en si grand nombre d'aussi merveilleuses toilettes. C'était comme une lutte d'élégance, de distinction, de grâce, de beauté et de luxe. Partout les diamants étincelaient, croisant leurs feux dans un ruissellement de lumière. Inutile de dire que de tous côtés on voyait les lorgnettes à la hauteur des yeux. On se reconnaissait; on se saluait de la main ou par un mouvement de tête. Que de sourires plus ou moins mystérieux sont alors échangés d'une loge à l'autre! Bien des fronts superbes cachent une rougeur subite derrière un éventail!

Les musiciens n'étaient pas encore tous à leur place. Aux premiers rangs des fauteuils d'orchestre un groupe serré s'était formé autour d'un monsieur qui parlait. Quelques journalistes, la tête en avant, allongeant le cou, l'écoutaient sans perdre un mot. Ces messieurs sont curieux; c'est une nécessité de leur profession; grâce à eux rien ne se perd; ils ramassent avec soin tout ce qui tombe autour d'eux et peut s'encadrer dans une chronique. Vieil habitué de l'Opéra, le monsieur, qui semblait y être encore, racontait la première représentation de la *Juive*, les émotions de la salle, ses frémissements, son enthousiasme indescriptible.

— Tous les yeux étaient mouillés de larmes, disait-il, nous avions des sanglots dans la gorge et nos cœurs battaient aux champs. Ah! c'est que nous acclamions une grande œuvre, et cette œuvre était d'un Français!

Grand admirateur de Nourrit, il exaltait et portait jusqu'aux nues cet inimitable chanteur. Et quand il parla de la Rachel d'alors, de la jeune et charmante Cornélie Falcon, qui avait partagé avec Nourrit le triomphe de cette soirée mémorable, l'émotion causée par ses souvenirs lui fit verser des larmes.

— En ce temps-là, dit-il en terminant, nous avions de vraies étoiles; on les payait beaucoup moins cher que maintenant; mais elles ne passaient pas du jour au lendemain à l'état de nébuleuses.

Caché au fond d'une baignoire, un spectateur invisible observait tout ce qu se passait dans la salle. C'était le comte de Lasserre. Il avait voulu se donner le plaisir de voir sa fille à l'Opéra sans qu'elle s'en doutât. De la loge sombre qu'il avait choisie, son regard plongeait facilement jusqu'au fond de la loge des premières, où Aurore et madame Delorme allaient prendre place dans un instant.

C'était par surcroît de précaution que le comte avait loué une baignoire pour lui seul, car, depuis qu'il avait appris l'art de se grimer et qu'il changeait à volonté la couleur de sa barbe et de ses cheveux, il pouvait se montrer partout sans risquer beaucoup d'être reconnu.

Tout à coup, en face de lui, une première loge de côté s'ouvrit, et il vit paraître une jeune fille, très richement habillée, qui lui parut fort laide, accompagnée d'un petit homme à l'air prétentieux et déjà vieux. C'était M. Latrade et sa fille.

Au même instant, deux hommes se levèrent aux fauteuils d'orchestre et saluèrent mademoiselle Latrade et son père, lequel remuait les chaises et gesticulait comme un possédé, probablement pour attirer de son côté l'attention de la salle entière.

Dans l'un des deux hommes, le comte Lasserre avait aussitôt reconnu le marquis de Verveine. Puis ayant examiné l'autre plus attentivement, il le reconnut également. Alors ses sourcils se froncèrent et les rides de son front se creusèrent.

— Lui, lui! murmura-t-il, le vicomte de Sanzac!

Il voyait les signes échangés par les deux hommes avec les personnes de la loge.

— Ils se connaissent, pensa-t-il.

Il ne lui vint aucun soupçon. D'ailleurs ce qui le préoccupait et lui causait un vif mécontentement, c'était l'intimité qui paraissait exister entre le marquis et le vicomte.

Mais soudain ses yeux s'irradièrent, un rayon lumineux venait de chasser le nuage qui obscurcissait son front. Sa fille était arrivée. Elle et madame Delorme s'étaient assises sans bruit sur le devant de la loge. Malgré cela, Aurore avait déjà attiré l'attention d'une grande partie de la salle, et bientôt tous les regards, toutes les lorgnettes se dirigèrent de son côté.

Au milieu de tant de femmes jeunes et charmantes, Aurore était comme une reine. Reine? elle l'était par sa beauté! Un murmure flatteur s'éleva. Le comte comprit, et il sentit en lui un tressaillement d'orgueil. Éblouie, étourdie, la jeune fille seule ne voyait point qu'elle était l'objet de l'admiration de tout le monde.

— Oh! la charmante personne! Oh! la ravissante jeune fille! Oh! la merveilleuse créature! Oh! l'adorable enfant!

Ces exclamations étaient sur toutes les lèvres.

Mais qui donc était cette jeune fille si distinguée, si gracieuse, si parfaite, et la dame assise à côté d'elle, sa mère, sans doute? On voulait savoir. On s'interrogeait. Nul ne pouvait répondre. C'était la première fois qu'on les voyait à l'Opéra. Il était impossible, cependant, de les prendre pour des étrangères ou des provinciales, tellement elles avaient dans la mise et le maintien le cachet de la vraie Parisienne.

Comme tout le monde, Adrien avait porté ses yeux sur la loge des deux inconnues. Aussitôt un tressaillement avait remué tout son être et il était devenu très pâle. Était-ce Aurore, la jeune fille de la Cordelière, qu'il voyait dans une loge à l'Opéra, après l'avoir si longtemps cherchée et avoir désespéré de la retrouver? Vainement son regard cherchait à rencontrer le regard de la jeune fille.

De temps à autre Aurore jetait timidement les yeux autour d'elle; peut-être regardait-elle sans voir; d'ailleurs comment aurait-elle reconnu Adrien parmi tous ces hommes qui ne laissaient pas une place vide aux fauteuils d'orchestre?

— Réellement, cette jeune fille est délicieusement jolie, dit le vicomte de Sanzac, en ôtant sa jumelle de devant ses yeux.

Adrien lui saisit le bras, et le serrant fortement :

— De Sanzac, dit-il, c'est elle!

— Qui, elle?

— Aurore.

— Allons donc!

— Je la reconnais, vous dis-je.

— Ce n'est pas la première fois que pareille chose t'arrive; tu es halluciné, mon cher.

— Non, non, une ressemblance aussi parfaite n'existe pas; je ne puis me tromper, c'est elle, c'est bien elle!

— Tu es fou, mon pauvre Adrien. D'ailleurs, à cette distance, même avec ta lorgnette, tu ne peux la voir qu'imparfaitement.

— Eh bien, je vais...

Il allait s'élancer vers le couloir.

— Décidément, es-tu tout à fait insensé? dit le vicomte en le retenant presque de force.

Heureusement, le chef d'orchestre leva en l'air son bâton noir, et l'ouverture commença. Tout le monde s'assit et fit silence.

Mais, en proie à une grande agitation, les mains appuyées sur son cœur pour en comprimer les battements, Adrien n'écoutait pas; il ne jeta point les yeux sur la scène lors de l'entrée de la débutante; il n'entendit point sa voix harmonieuse, ses magnifiques accents, rendant les intentions et la pensée d'une musique sublime.

Aussitôt l'acte fini, il se dressa debout, et mademoiselle Latrade, qui attendait son regard, vit ses yeux se diriger vers la loge de la belle inconnue. Pinçant ses lèvres, elle fit une petite moue qui indiquait son dépit.

— Sortons, dit Adrien au vicomte.

— Soit, allons causer un instant avec M. Latrade et sa fille.

— Non, répondit Adrien d'un ton sec.

— Alors, restons à nos places.

— Mais je veux...

— Pas de folie! Mademoiselle Latrade a les yeux sur toi, prends garde!... Ne va pas sottement, par une démarche ridicule, compromettre ta situation. Je connais ta fiancée et je te répète, prends garde! Dans cette jeune fille, qui cause en ce moment avec sa mère, et lui fait part, sans doute, de son ravissement, tu crois reconnaître Aurore?

— Je suis certain que c'est elle. Oui c'est bien sa jolie tête, sa taille souple et gracieuse, sa riche chevelure blonde, ses grands yeux bleus inondés de lumière, sa bouche souriante; je reconnais tous les traits de son visage. Oui, oui, je suis certain que c'est elle!

— Et moi, pour plusieurs raisons, je suis certain que tu te trompes. Illusion d'optique, mon cher. Pourtant, je veux bien admettre la ressemblance! mais celle-ci est une jeune fille du monde, aussi distinguée qu'elle est belle, l'intelligence rayonne sur son front. Comment peux-tu reconnaître en elle la petite fille niaise, disons le mot, l'idiote que tu as vue pleurer à la Cordelière, en ramassant un insecte mort?

Adrien secoua la tête.

— Je sens ce qui se passe en moi, répliqua-t-il; mieux encore que mes yeux, mon cœur reconnaît Aurore.

— Hum, hum! fit le vicomte.

On levait la toile pour le deuxième acte.

Adrien était de plus en plus agité. Le vicomte réfléchissait. Le marquis était si profondément convaincu, que lui-même commençait à se sentir ébranlé. Si le marquis ne se trompait pas, pourtant? Si cette jeune fille était bien la fille du comte de Lasserre? Mais, alors, qui était cette femme qui l'accompagnait et qui avait l'air d'être sa mère? Par suite de ses réflexions, le vicomte résolut de savoir bientôt à quoi s'en tenir au sujet des deux inconnues.

A l'entr'acte, il dit à Adrien :

— Eh bien, as-tu toujours la même certitude?

— Oui.

— En ce cas je vais me mettre en campagne et nous saurons bientôt si tu as tort ou raison.

— Qu'allez-vous faire?

— Que t'importe? As-tu confiance en moi?

— Oui.

— Alors, laisse-moi agir. Je te demande seulement, et cela dans l'intérêt de mes projets, de te conduire ce soir comme si cette jeune fille t'était inconnue et tout à fait indifférente. Monsieur et mademoiselle Latrade s'étonnent que nous ne soyons pas encore venus leur faire une visite. Viens.

Ils sortirent de la salle.

Le comte de Lasserre n'avait perdu aucun de leurs mouvements, il avait surpris leurs regards attachés sur sa fille; il avait remarqué l'agitation, le trouble du marquis; il les avait vus parler avec animation, et, aux mouvements de leurs lèvres et à l'expression de leurs regards, il avait à peu près deviné ce qu'ils disaient.

— Est-ce qu'ils oseraient, est-ce qu'ils auraient l'audace?... se dit-il en les voyant sortir.

Pâle, tremblant, la colère dans les yeux, il allait s'élancer hors de sa loge, pour courir défendre l'entrée de celle de sa fille, lorsqu'il vit apparaître le marquis et le vicomte dans la loge de M. Latrade. Rassuré, il se calma.

Au bout d'un instant il eut une nouvelle inquiétude, en voyant le vicomte quitter la loge, laissant Adrien assis entre le père et la fille. Mais la loge de madame Delorme resta fermée, et on arriva à la fin de la pièce sans autre incident. Adrien était resté près de mademoiselle Latrade. Le vicomte de Sanzac n'avait pas reparu.

— Le marquis a seulement cru reconnaître Aurore pensa M. de Lasserre.

On avait rappelé les artistes pour les saluer une dernière fois d'une triple salve d'applaudissements. La foule se précipitait vers les portes de sortie.

Comme Aurore et madame Delorme descendaient les premières marches du grand escalier, Adrien passa devant elles, donnant le bras à mademoiselle Latrade. Aurore le reconnut et l'émotion dont elle fut saisie arrêta dans sa gorge un cri prêt à lui échapper, Elle était devenue très pâle, et, sentant ses jambes fléchir, elle s'appuya sur madame Delorme pour ne pas tomber.

A quelques pas, caché derrière une colonne de marbre, son père la dévorait des yeux. Il l'avait vue pâlir et chanceler.

— Comme elle l'aime ! Comme elle l'aime ! murmura-t-il.

XX

UNE ANCIENNE CONNAISSANCE

Le vicomte de Sanzac ne demeurait plus rue de Londres, d'où ses créanciers l'avaient expulsé, après avoir fait vendre jusqu'au dernier bibelot de son mobilier. Il habitait maintenant rue de Grammont, à deux pas du boulevard des Italiens. Son appartement était au deuxième étage. Chez lui, pas de luxe, pas de superflu, le nécessaire seulement. Tenant à passer pour un sage auprès de ses amis, afin de les mieux duper, sa vie était en apparence des plus régulières. Il n'avait que deux domestiques : une cuisinière et un valet de chambre, lequel avait été autrefois son cocher, et qui répondait au nom de Lory. Cet individu, un chenapan de la pire espèce, homme de sac et de corde, capable de tout faire, hormis le bien, était l'âme damnée de son maître.

Le vicomte l'avait gardé à son service, d'abord parce que Lory connaissait une partie de ses secrets, et ensuite, et principalement, parce que c'était un affreux gredin.

Il s'était dit :

— Qui sait? Un jour j'aurai peut-être besoin de lui.

Ces paroles, dans la bouche de l'ennemi du comte de Lassorre, avaient une signification sinistre.

Si le domestique savait que son maître était un coquin, ce dernier savait également que Lory, — un faux nom, — condamné comme complice d'un crime d'assassinat à quinze ans de travaux forcés, s'était évadé du bagne avant d'avoir subi la deuxième année de sa peine.

Comme on le voit, le maître et le valet, tout à fait dignes l'un de l'autre, pouvaient parfaitement s'entendre.

Le surlendemain du jour où le hasard avait réuni nos principaux personnages dans la salle de l'Opéra, le vicomte était encore au lit lorsque Lory, entr'ouvrant la porte de sa chambre, lui annonça la visite de M. Gabiron.

M. Gabiron, de l'agence Serpin et Cie, est bien connu de nos lecteurs qui, déjà, l'ont vu à l'œuvre. C'est toujours le même homme, sauf qu'il a un peu vieilli.

Prêt à servir indistinctement tous ceux qui le paient, le vicomte de Sanzac

Le vicomte mit une douzaine de pièces d'or dans la main du domestique.

est devenu son client; mais, comme la discrétion est une de ses grandes qualités, il s'est bien gardé de parler à M. de Sanzac de la mission que lui a confiée un jour un certain Pierre Rousseau.

Disons, toutefois, pour permettre au lecteur de bien juger Gabiron, que pour rien au monde il n'aurait voulu commettre une action que, dans sa conscience, il aurait trouvée mauvaise. Agent secret, espion, il ne rougissait point du métier qu'il faisait; au contraire, il en parlait, entre amis, avec une sorte de fierté. Premier sujet de la maison Serpin, laquelle était constamment en communication avec les bureaux de la préfecture de police, il se croyait un homme nécessaire et utile à la société au même titre que le gardien de la paix, qui veille, jour et nuit, à la sécurité publique ; que le policier, qui cherche les malfaiteurs, ou le gendarme qui arrête les voleurs et les assassins.

Au nom de Gabiron, le vicomte sauta à bas du lit, et en un instant il se trouva prêt à recevoir le visiteur.

— Je recevrai ici M. Gabiron, dit-il à Lory, faites-le entrer.

Le valet de chambre ouvrit la porte et Gabiron parut. Sur un signe du vicomte, Lory sortit en refermant la porte sur lui.

— Votre visite matinale est significative, dit le vicomte à l'agent, à la bonne heure, vous n'avez pas perdu de temps. Commencez d'abord par vous asseoir. Bien. Maintenant, parlez, je vous écoute.

— Comme monsieur le vicomte veut bien le reconnaître, je n'ai pas perdu une minute. Avant-hier soir, j'ai suivi la dame et la demoiselle ; je n'eus pas loin à aller, car elles demeurent boulevard Haussmann, dans la maison portant le n° 218.

Le vicomte prit un carnet et un crayon.

— Je prends note, dit-il ; continuez.

— Comme il était près d'une heure du matin et que tout le monde était couché dans le quartier, je pensai que ce que j'avais de mieux à faire était d'aller me coucher aussi. Mais, hier matin, j'étais de bonne heure boulevard Haussmann.

La dame en question, qui se nomme madame Delorme, occupe avec sa fille un grand appartement au deuxième étage de la maison. Or voici ce que j'ai appris, non sans quelque difficulté, car, bien que paraissant avoir une certaine fortune, puisqu'elle a plusieurs domestiques et chevaux et voitures, madame Delorme n'est pas connue des gens du voisinage. Il y a seize mois que madame Delorme a pris possession de l'appartement qui avait été précédemment loué à son nom, puis meublé en moins de huit jours par un tapissier du faubourg Saint-Honoré. Ce tapissier, que j'ai vu et questionné, a été payé par le notaire de madame Delorme.

— Comment s'appelle ce notaire ?

— Corvisier.

— Le regard du vicomte eut un éclair rapide.

— Continuez, dit-il d'un ton très calme.

— Monsieur le vicomte me permet-il d'appeler son attention sur une remarque que j'ai faite ?

— Voyons.

— J'ai remarqué que parmi les personnes que vous m'avez indiquées comme pouvant m'aider à découvrir le comte de Lasserre et sa fille, toujours introuvables, se trouve le notaire Corvisier.

— Eh bien, qu'y a-t-il d'étonnant à cela ? M. Corvisier, qui est le notaire du comte de Lasserre, peut bien être aussi celui de cette madame Delorme.

— C'est juste. Mais j'ai fait en même temps un rapprochement de dates : c'est il y a seize mois que M. de Lasserre a dû s'installer à Paris avec sa fille, et c'est depuis seize mois que Madame Delorme et sa fille demeurent boulevard Haussmann.

— C'est une coïncidence, répondit négligemment le vicomte.

— On est certain que madame Delorme et sa fille arrivaient de province.

— Je ne dis pas le contraire.

— La mère et la fille, en effet, vivent comme des étrangères qui ne connaissent personne à Paris ; elles ne reçoivent pas, ne font aucune visite.

— Je sais cela.

L'agent regarda fixement M. de Sanzac, pour juger de l'effet qu'il allait produire, et reprit :

— Mademoiselle Delorme se nomme Aurore comme la fille du comte de Lasserre.

Le vicomte resta impassible.

— Ah ! vraiment ! fit-il. Eh bien, monsieur Gabiron, c'est une autre coïncidence.

— Décidément, pensa l'agent, je suis aujourd'hui d'une incroyable maladresse. C'est bien, j'ai compris.

— Je sais, et je vous prie d'en être convaincu, monsieur Gabiron, continua le vicomte, qu'il n'y a absolument rien de commun entre madame Delorme et le comte de Lasserre. Si je vous ai chargé d'avoir des renseignements sur cette dame, c'est pour des raisons qui sont complètement en dehors de vos précédentes recherches concernant le comte de Lasserre.

— Je savais très bien que mes remarques étaient tout à fait sans valeur, répliqua humblement Gabiron ; toutefois, j'ai cru devoir en faire part à monsieur le vicomte. Monsieur le vicomte me connaît ; il sait bien que je ne suis pas assez niais pour prendre un tiercelet pour une alouette. Je n'ai pas supposé un instant que mademoiselle Aurore Delorme pût être mademoiselle Aurore de Lasserre.

— Au surplus, reprit le vicomte, je n'ai plus aucun intérêt à savoir ce qu'est devenu le comte ; nous n'avons plus à nous occuper ni de lui, ni de sa fille.

— Ma foi, j'en suis enchanté.

— Et pourquoi ?

— Pourquoi, monsieur ? Parce que vous me déchargez d'une chose qui me rendait le plus malheureux des hommes.

— Comment cela ?

— Mais depuis un an je suis torturé par cette idée que je ne suis plus bon à rien ; j'ai perdu l'appétit, je ne dors plus... Monsieur le vicomte peut voir comme j'ai maigri. Que voulez-vous ? Chacun a son amour-propre, son orgueil... Être chargé de chercher quelqu'un, être payé pour cela et ne pas le trouver, oh ! pour moi, Gabiron, c'était une honte! Il y avait de quoi se jeter dans la Seine avec une pierre pendue au cou. Je l'ai dit souvent à monsieur le vicomte, ma conviction est que M. de Lasserre et sa fille sont allés s'établir dans quelque pays lointain.

— Maintenant, cela m'importe peu. Revenons à madame Delorme.

— Il ne m'est pas possible de renseigner exactement monsieur le vicomte sur la vie intime de cette dame, ni de lui dire comment elle vit dans son intérieur; ses domestiques et le concierge de la maison sont, à ce sujet, d'une discrétion désespérante. Toutefois, avec le temps et de la patience, je crois qu'on pourrait faire jaser le cocher, en le prenant par son côté faible ; je me suis aperçu que le gaillard, tout gras qu'il est, ce qui indique qu'il est bien nourri, n'est pas ennemi de la bouteille vidée au cabaret.

— Madame Delorme est une femme de trente-cinq à quarante ans, n'est-ce pas?
— Oui.
— Vivant seule avec sa fille, il y a lieu de supposer qu'elle est veuve.
— Il cache son jeu, cachons le mien, pensa l'agent.

Il répondit :
— Certainement, monsieur, cette dame est veuve. Ah! il ne faut pas que j'oublie de vous dire qu'un vieux monsieur, qui se nomme aussi Delorme, va la voir fréquemment. Assez souvent aussi mademoiselle Delorme fait une visite à ce vieux monsieur, qui doit être le frère ou plutôt l'oncle de madame Delorme.

— Est-ce que mademoiselle Delorme sort seule?
— Seulement quand elle va chez son vieil oncle, et toujours en voiture.
— Comme vous le dites, et son nom le prouve, ce vieux monsieur est un proche parent de madame Delorme.
— A moins...
— Achevez.
— A moins que ce ne soit un riche entreteneur : car enfin, cette madame Delorme et sa fille peuvent bien être deux farceuses. Dame, on voit de ces choses-là tous les jours.

— Tiens, tiens, je ne songeais pas à cela. Allons monsieur Gabiron, vous pouvez vous rassurer, vous êtes toujours un malin. Quel flair!

— Mon Dieu, monsieur, répliqua l'agent prenant un air modeste, ce qui me fait supposer cette chose, c'est que madame Delorme et sa fille ont vécu pendant un an, au boulevard Haussmann, sans qu'on vît paraître le vieux monsieur.

— Ah!
— Il ne fréquente ces dames que depuis trois ou quatre mois.
— Décidément, monsieur Gabiron, vous avez raison. Savez vous où demeure ce monsieur.
— Non, monsieur le vicomte ; mais si vous tenez à avoir son adresse, demain ou après-demain, au plus tard, je la connaîtrai.

Pendant une minute M. de Sanzac parut réfléchir.

— Non, répondit-il, je n'ai nul besoin de savoir où demeure ce personnage.

— Alors je ne m'en occupe plus. Quels nouveaux ordres monsieur le vicomte a-t-il à me donner ?

— Aucun pour le moment, cher monsieur Gabiron. Si, dans quelques jours, j'ai besoin de vous, je vous écrirai.

— Toujours aux ordres de monsieur le vicomte, dit l'agent en se levant.

Il salua respectueusement et se retira.

Tout en remontant les boulevards, sa canne sous son bras et ses mains dans ses poches, Gabiron se disait :

— Qu'est-ce que tout cela veut dire ? Du diable si j'y comprends quelque chose. Depuis quinze mois nous cherchons un brave homme le comte de Lasserre, et quand enfin je tombe sur une piste sérieuse, crac, nous ne cherchons plus M. le comte. Coïncidence, coïncidence, c'est possible ; mais... c'est drôle tout de même. La seule chose qui me paraisse limpide comme de l'eau de roche, c'est que M. le vicomte n'a en moi qu'une médiocre confiance ; il connaît mes principes et il ne juge pas à propos de me laisser pénétrer son dessein. C'est évident, il ne veut pas que j'en sache trop long. Mais, mille tonnerres, quand on se défie des gens on ne se sert pas d'eux ! En fin de compte, qu'est-ce qu'il manigance ?

Il hocha plusieurs fois la tête et reprit :

— Vous me faites l'effet, monsieur le vicomte, de vouloir beaucoup pêcher en eau trouble. Ça, c'est votre affaire, faites ce que vous voudrez, je m'en lave les mains.

Après avoir fait une vingtaine de pas, la tête inclinée, réfléchissant, il poursuivit :

— Je suis curieux, très curieux ; c'est une des nombreuses nécessités de mon métier. M. le vicomte m'a déclaré que, pour le moment, il n'avait plus besoin de moi. Soit. Mais, puisque j'ai quelques petits loisirs, je puis travailler un brin pour mon propre compte. Madame Delorme et sa fille m'intéressent : cela se comprend, il y a là un mystère. Je désire savoir ce qu'est réellement cette femme, je le saurai. Et le vieux monsieur, qui est, paraît-il, le mari de la dame ! Ah! ah! ah! je ne vous ai pas dit cela, monsieur le vicomte : je ne voulais pas vous contrarier. Je n'ai pas été sa dupe quand il m'a dit : « Je n'ai nul besoin de savoir où demeure ce personnage. » Il se procurera cette adresse sans se servir de moi, voilà tout ; j'ai parfaitement deviné. Parbleu, ce n'est pas bien difficile avec les renseignements que je lui ai fournis. Décidément il n'est pas malin, le vicomte de Sanzac, tout en se croyant très fort. S'il m'a pris pour un imbécile il faut qu'il soit bien naïf. Allons donc, on ne cherche pas un homme avec acharnement si longtemps pour renoncer ainsi à le retrouver ? Non, non, pas de ça, Lisette! M. le vicomte m'a pris pour un autre. Comme moi il soupçonne, et peut-être même est-il certain que cette demoiselle Aurore Delorme n'est que mademoiselle de Lasserre, et que le vieux monsieur est le comte lui même... Mais pourquoi diable a-t-il voulu détourner mes doutes ? Autre mystère.

« Mais, ne vous en déplaise, monsieur le vicomte, je saurai à quoi m'en tenir sur tout cela, j'en veux avoir le cœur net. »

Gabiron était arrivé devant la Madeleine.

Il s'arrêta et se demanda ce qu'il allait faire.

— Tâchons donc de savoir, dès aujourd'hui, où demeure celui qu'on nomme M. Delorme, se dit-il.

Il alluma un cigare et se dirigea vers le haut du boulevard Haussmann.

XXI

LE MAITRE ET LE VALET

Après le départ de l'agent de la maison Serpin, le vicomte était resté longtemps pensif. De temps à autre un sourire singulier crispait ses lèvres et une flamme s'allumait dans son regard sombre.

Pour lui, le doute n'était plus possible ; cette jeune fille que le marquis avait cru reconnaître était bien la fille du comte de Lasserre. Et cette charmante enfant, — car il était bien forcé de reconnaître qu'Aurore était ravissante, — dont la pensée animait le regard, était cette petite niaise, cette idiote dont Adrien lui avait raconté les incroyables naïvetés. Cela le confondait. Quel merveilleux phénomène s'était donc accompli en elle ?

Il se demandait pourquoi le comte vivait à part, loin de sa fille ; pourquoi il lui avait donné une fausse mère et pourquoi aussi ce nom de Delorme. Aurore croyait-elle réellement que Mme Delorme était sa mère ? Était-ce sous ce nom de Delorme que le comte avait voyagé, sous ce nom qu'il s'était caché à la Cordelière ?

La manière d'agir de M. de Lasserre était-elle celle d'un homme qui a toute sa raison ? Non, certainement. Mais connaissant le caractère du comte, de Sanzac croyait deviner le mobile de son étrange conduite : M. de Lasserre ne voulait pas que la comtesse revît sa fille, et il employait tous les moyens pour rendre inutiles les recherches qu'elle devait faire. Aucune autre explication ne se présentait à l'esprit du vicomte.

Continuant à réfléchir, il se disait :

— Le marquis de Verveine m'appartient, il est ma dernière ressource, je ne veux pas qu'il m'échappe. Cela arriverait fatalement s'il se trouvait en présence d'Aurore et qu'il pût causer seulement un instant avec elle. Sans doute la fortune du comte de Lasserre est au moins égale à celle de l'ancien maçon, car depuis seize ans il a dû faire de belles économies ; mais si Adrien devenait son gendre, je perdrais mon pouvoir sur lui, et je ne pourrais plus nager dans ses eaux. Non, non, je ne veux pas de ça. Mlle Latrade sera marquise de Verveine : il le faut. D'ailleurs c'est moi qui ai conduit toute cette affaire; je me suis avancé pour Adrien, il ne peut plus reculer. Donc je dois d'un côté hâter le mariage, et de l'autre empêcher le marquis de revoir Aurore.

Cependant le vicomte n'éloignait point sa pensée de M. de Lasserre et de sa fille. Il y avait là une situation bizarre qu'il se plaisait à examiner, à creuser. Ne pouvait-il pas l'exploiter à son profit? Il fit appel à son imagination toujours fertile pour le mal. Alors, dans son cerveau en ébullition, il y eut un fourmillement d'idées.

Soudain, ses yeux étincelèrent.

— Quelle belle partie j'aurais à jouer! murmura-t-il. Mais pour cela il faudrait retrouver la comtesse. Où la chercher? Qu'est-elle devenue depuis si longtemps? Non, fit-il, en secouant la tête, rien à faire sans elle... Et pourtant...

Il retomba dans ses réflexions.

Au bout d'un instant il se dressa sur ses jambes et agita le cordon d'une sonnette.

— En attendant, dit-il d'une voix sourde, comme on ne sait ce qui peut arriver, il faut être prêt à tout.

Lory entra dans la chambre.

— Vous m'avez appelé? dit-il.

— Oui. Puis-je compter sur toi?

— Parbleu, vous le savez bien, répondit le valet en se redressant.

— Il s'agit de savoir si tu ne t'es point rouillé depuis que tu es à mon service.

— Vous n'avez qu'à me mettre à l'épreuve.

— C'est mon intention.

— Que dois-je faire?

— D'abord me prouver ton adresse, en attendant que tu me donnes la preuve de ton dévouement.

Lory se mit à rire.

— Il paraît, répliqua-t-il, que mon maître ne croit pas beaucoup à mon habileté en certaines choses; c'est pour cela, sans doute, que je vois venir ici, assez souvent, le nommé Gabiron.

— Je n'ai plus besoin de Gabiron. Je me suis servi de cet homme parce que te réservais, toi, pour quelque chose plus sérieux. Maintenant, écoute.

— Mes oreilles sont ouvertes.

— Tu sais que je puis parfaitement me passer de valet de chambre.

— Je comprends; monsieur le vicomte me flanque à la porte.

— Tu ne comprends pas du tout. Je veux te donner un autre emploi.

— Lequel?

— Ton emploi d'autrefois : tu redeviens cocher.
— Monsieur le vicomte achète un cheval et une voiture?
— Écoute donc, animal, si tu veux comprendre.
— Mon maître a raison.
— De t'appeler animal?
— C'est un nom comme un autre, monsieur; je ne suis plus susceptible. Donc, je redeviens cocher.
— Je te destine à jouer, pendant un temps plus ou moins long, le rôle d'un ancien cocher de grande maison qui a pris sa retraite, et vit à l'aise avec les rentes de ses économies.
— Je ne pourrai pas jouer ce rôle.
— Pourquoi?
— Parce que n'ayant jamais fait d'économies, les rentes dont vous parlez me manquent.
— J'ai compris, dit le vicomte en souriant, tu auras dix francs à dépenser par jour.
— Oh! alors, vous aurez un modèle de cocher en retraite. Comment dépenserai-je ma rente?
— Comme tu l'entendras.
— Voilà qui en double la valeur. Mais j'ai hâte de connaître la saveur du métier de rentier, et j'attends les instructions de mon maître.
— Tu ne prétends pas, je suppose, que je vais te faire part de certains projets que j'ai en tête. D'ailleurs tout cela n'est encore qu'à l'état d'ébauche, et moi-même je serais fort embarrassé de dire en ce moment si je ferai ceci ou cela. Donc, malgré ma confiance en toi, je ne te communique aucune de mes idées. Qu'il te suffise de savoir que tu vas sérieusement travailler à ta fortune et au rétablissement de la mienne, car d'un seul coup nous pouvons gagner un ou deux millions. Il faudra pour commencer de l'habileté, de l'adresse, et plus tard de la hardiesse, de l'audace.
— Sans rien risquer.
Le vicomte haussa les épaules.
— On risque toujours quelque chose, répondit-il; mais il n'y a que les maladroits, les imbéciles ou les peureux qui se laissent prendre. Si tu avais eu peur au moment de t'évader du bagne, où serais-tu? En Calédonie ou à Cayenne.
— Maître, on aura l'adresse et l'audace, et on ne tremblera pas.
— A la bonne heure. Tantôt, quand tu auras déjeuné, tu mettras tes effets dans ta malle et tu partiras, lesté d'une dizaine de louis.
— Où irai-je?
— Te nicher quelque part, à proximité du boulevard Haussmann, aux Ternes, par exemple.
— Pourquoi de ce côté?

Elles entrèrent sous les regards curieux de plus de cent personnes.

— Attends donc; tu le sauras dans un instant. Pour bien jouer ton rôle de cocher qui a pris sa retraite, tu te feras la tête qui convient.

— Sous ce rapport, soyez tranquille; je me badigeonnerai la boule de manière à ne pas être reconnu par quelque vieux roussin. J'ai conservé deux ou trois vieilles brigantes (perruques) dans mon baluchon.

— Maintenant, écoute-moi bien : Au n° 218 du boulevard Haussmann demeure, avec sa fille, une très jolie personne de dix-sept à dix-huit ans, une dame qu'on appelle Mme Delorme. Cette Mme Delorme est, paraît-il, fort riche.

Elle a plusieurs domestiques, entre autres un cocher. J'ignore le nom de ce cocher; mais il te sera facile de savoir comment il se nomme. C'est auprès de cet homme que tu vas agir. Comme il a du temps à lui et qu'il doit souvent s'ennuyer dans son écurie, il fréquente un ou plusieurs cabarets du quartier. Sans être un ivrogne, il aime à fêter Bacchus et le jus de la treille en joyeuse compagnie. De la façon la plus naturelle du monde, tu feras sa connaissance chez le marchand de vin. Tu lui offriras une bouteille de derrière les fagots et vous trinquerez ensemble. Tu lui parleras chevaux et des autres choses de son métier et, peu à peu, tu gagneras sa confiance. Par tous les moyens tu feras naître entre vous l'intimité; il faut que tu deviennes son ami, son inséparable. Si tu ne manques pas d'adresse, tu auras obtenu ce résultat dans quelques jours.

N'oublie pas que Mme Delorme a dû recommander à son cocher, comme à ses autres domestiques, d'être très discret. Le cocher n'occupe sa place que parce qu'on est absolument sûr de son dévouement. Aussi ne devras-tu lui adresser aucune question qui puisse éveiller sa défiance. Il faut qu'il ait en toi une si entière confiance, qu'il n'hésite pas à te charger de le remplacer si, un jour, pour une cause ou pour une autre, il était empêché de faire son service. M'as-tu bien compris?

— Oui.

— Donc, pas de questions maladroites qui pourraient faire naître un doute dans son esprit. D'ailleurs je n'ai nul besoin de savoir ce qui se passe chez Mme Delorme. Cette dame, qui est à Paris depuis peu de temps, vit très retirée; elle ne va jamais dans le monde. Quand elle sort avec sa fille, c'est pour faire une promenade au bois ou aux Champs-Élysées.

Mme Delorme ne reçoit chez elle qu'un homme d'un certain âge, qui porte également le nom de Delorme, ce qui indique que cet individu est un parent. D'après ce qui m'a été rapporté, il paraîtrait que la dame ne lui rend aucune visite; mais de temps à autre, la jeune fille, qui sort quelquefois sans être accompagnée, se fait conduire chez lui. C'est ce monsieur qui est à surveiller. Tu auras à savoir où il demeure et à te renseigner exactement sur ce qu'il fait, c'est-à-dire à connaître ses habitudes et à savoir l'emploi qu'il fait de son temps.

— J'ai compris.

— Bien. Surtout pas d'imprudence, je ne saurais trop te le recommander. La plus petite maladresse pourrait tout compromettre.

— Mon maître peut compter sur moi.

— Voilà ce que tu as à faire pour le moment; plus tard, quand je jugerai que les renseignements sont suffisants, j'aurai un plan bien arrêté dans ma tête et nous agirons.

Lory lança sa calotte au plafond et la rattrapa dans sa descente en criant :

— Vive monsieur le vicomte!

— Qu'est-ce qui te prend? fit celui-ci.

— Je me plonge dans un océan d'allégresse, monsieur; voyez-vous, j'étais très bien ici, mais trop à l'étroit; je sentais s'anéantir, peu à peu, les facultés que la nature m'a données. Vivre comme un rat dans un fromage ne va pas à mon tempérament. Je suis un homme d'action, moi. Ne riez pas, monsieur le vicomte, j'étais né pour faire de grandes choses. Enfin, nous allons nous livrer à une opération qui promet d'être sérieuse. La satisfaction, la joie viennent de réchauffer mon sang, et je vous remercie à ma manière.

— Je n'ai plus rien à te dire; tu peux aller faire tes préparatifs de départ. Tiens, voilà de l'argent.

Et le vicomte mit une douzaine de pièces d'or dans la main de son domestique.

Lory les fit sonner un instant et les glissa dans son gousset.

— Quand reverrai-je monsieur le vicomte? demanda-t-il.

— Dès que tu auras quelque chose d'intéressant à me communiquer. Viens le matin afin d'être toujours sûr de me trouver.

Le valet se retira.

— Voilà l'homme qu'il me faut, murmura le vicomte, il n'aura pas de scrupules, lui, comme cet imbécile de Gabiron.

Ses traits se contractèrent et de fauves éclairs sillonnèrent son regard.

— Ah! ah! grommela-t-il d'une voix caverneuse, cette fois je vous tiens, monsieur le comte de Lasserre, vous n'échapperez pas à ma vengeance... Oh! elle sera terrible, car c'est ma haine qui m'inspirera!

Il appuya sa tête dans ses mains et s'absorba dans ses sombres réflexions.

Ce fut sa cuisinière qui vint le prévenir que son déjeuner était servi. Lory était parti.

— Monsieur a donc congédié son valet de chambre? lui demanda-t-elle.

— Du tout, c'est lui qui me quitte. Un coup de tête, une araignée qui trotte dans son cerveau! Je suis sûr qu'il ne sera pas huit jours sans revenir ici; mais tant pis pour lui, je suis décidé à me passer de valet de chambre pendant quelque temps.

Il déjeuna. Ensuite il s'habilla et sortit. A une heure il entrait dans la salle à manger du marquis de Verveine qui achevait de déjeuner. Le jeune homme lui tendit silencieusement la main, en l'interrogeant du regard.

Le vicomte s'assit, prit un cigare sur la table et l'alluma.

— Est-ce que vous ne savez rien encore? demanda Adrien, voyant que le vicomte gardait le silence.

— Mon cher Adrien, répondit Sanzac d'un air attristé, tu dois voir que je ne suis pas content.

— En effet.

— Je voudrais n'avoir rien à te dire.

— Alors, vous savez…
— Oui.
— Parlez, parlez vite.

Le vicomte secoua tristement la tête.

— Mon pauvre Adrien, dit-il, je t'apporte une déception.
— Une déception? répéta le jeune homme.
— Oui, car la jeune fille en question n'est point celle que tu as connue à la Cordelière et que, malheureusement, tu aimes toujours.

Adrien poussa un long soupir et laissa tomber sa tête sur sa poitrine.

— Il faut bien admettre, continua le vicomte, que la jeune fille de l'Opéra ressemble beaucoup à l'autre, par les traits du visage, puisque tes yeux ont pu être trompés par cette ressemblance. Crois-moi, mon cher Adrien, oublie ton rêve et ne pense plus qu'à la réalité. Voici, du reste les renseignements qui m'ont été donnés : La dame que tu as vue à côté de cette jeune fille est bien sa mère. Madame Delorme, — c'est le nom de cette dame, — vit seule avec sa fille ; les uns disent qu'elle est depuis longtemps séparée de son mari. En somme on ne connaît pas du tout ses antécédents, et le genre de vie de la mère et de la fille et leur grand train de maison étonnent bien des gens.

En vérité, je ne sais si je dois te dire…

Adrien releva vivement la tête.

— Bah! poursuivit le vicomte, je n'ai plus besoin de te rien cacher. Malgré la fortune de la mère et la merveilleuse beauté de la fille, ces deux femmes sont de celles qu'on ne peut pas recevoir dans un salon. En effet, on ne les invite nulle part ; elles sont complètement bannies de la société. Une seule personne fréquente assidûment leur maison ; c'est un homme âgé, archi-millionnaire. On assure que mademoiselle Delorme est une nouvelle Danaé dont le vieux richard est le Jupiter pluie d'or. Ce qui confirme la chose, c'est que madame Delorme elle-même ne peut pas dire comment elle a acquis une fortune qui lui permet de dépenser cinquante ou soixante mille francs par an. Bref, cette madame Delorme, dont la vie a été plus ou moins accidentée et scandaleuse, se livre aujourd'hui à l'exploitation de la beauté et des faveurs de sa fille.

Adrien se leva et fit deux ou trois fois le tour de la salle à manger, marchant d'un pas saccadé, fiévreux.

— Eh bien, fit le vicomte, voilà tout ce que tu me dis ?

Le jeune homme s'arrêta brusquement.

— Que voulez-vous que je dise? répondit-il d'une voix sombre.
— M'en veux-tu de t'avoir appris ce que sont madame Delorme et sa fille?
— Nullement. Je vous remercie, au contraire.
— Tu as besoin de te distraire ; si tu le veux nous sortirons.
— Où irons-nous ?

— Où tu voudras.
— Je ne sais pas.
— Au fait, si nous allions chez M. Latrade.
— Soit, allons chez M. Latrade.

XXII

LA MÈRE

Le même jour, dans l'après-midi, le comte de Lasserre vint faire une visite à sa fille, qu'il n'avait pas revu depuis l'avant-veille à l'Opéra.

— Madame et mademoiselle sont allées faire une petite promenade, lui dit la femme de chambre, mais elles ne tarderont pas à rentrer.

— C'est bien, je vais les attendre, répondit-il.

Il entra dans sa chambre. Il avait à peine eu le temps de s'asseoir qu'on frappa légèrement à sa porte.

— Entrez, dit-il.

La porte s'ouvrit et il vit paraître la comtesse. Aussitôt, il se dressa sur ses jambes, les sourcils froncés.

— Que me voulez-vous ? demanda-t-il d'un ton courroucé.

— Je vous attendais, monsieur le comte, commença la jeune femme, qui tremblait comme une feuille au vent.

— Vous m'attendiez? Pourquoi?

— Pour vous parler de notre... de votre fille, monsieur le comte.

— Eh bien, madame, parlez. Qu'avez-vous à me dire ?

— Monsieur le comte, Aurore souffre. Aurore est désolée; hier elle a beaucoup pleuré, et ce matin encore ; je crains pour sa santé.

— Pourquoi ne m'a-t-on pas prévenu? A-t-on envoyé chercher le médecin?

— Que peut faire le médecin, là où je suis impuissante ?

— Enfin, que lui est-il arrivé ?

— Avant-hier, à l'Opéra, elle a vu...

— Le marquis de Verveine, je le sais.

— L'affection d'Aurore pour ce jeune homme n'est pas ordinaire; c'est un amour violent.

— Malheureusement.

— Oui, malheureusement. Cet amour né dans des conditions exceptionnelles, et qui semble s'être développé en même temps que l'intelligence, surexcite la sensibilité d'Aurore, extrêmement nerveuse, et a sur son tempérament une action mystérieuse que je ne puis définir. Voilà ce qui m'épouvante, monsieur le comte.

— On ne peut donc pas la guérir de ce fatal amour?

— Il est devenu une passion, monsieur le comte, et je vous le dis, tout est à craindre. L'existence même d'Aurore est attachée à cet amour, qui s'est emparé de tout son être ; elle peut en mourir!

M. de Lasserre devint affreusement pâle.

— Non, non, répliqua-t-il d'une voix troublée, vous exagérez, je ne puis croire...

— Depuis longtemps j'étudie Aurore, son caractère son tempérament, ses sensations ; aucune de ses impressions ne m'échappe. Mais, hélas! comme je viens de vous le dire, je suis impuissante. Sans doute, j'ai su inspirer à Aurore une grande confiance, puisqu'elle ne me cache pas ses plus secrètes pensées. Seulement, j'occupe une si petite place dans son cœur que je n'ai point l'autorité et la force morale suffisantes pour lutter contre le danger que je vois venir avec terreur. Pour elle je ne suis qu'une institutrice !

Le comte se méprit sur le sens des paroles de la comtesse et crut y voir une intention contraire à ses idées. Aussitôt les plis de son front se creusèrent davantage, ses sourcils se hérissèrent et, faisant deux pas en avant :

— Ah! ah! dit-il d'une voix frémissante de colère contenue et avec une ironie mordante, je comprends pourquoi vous cherchez à m'effrayer, je vous vois venir, madame.

— Oh! fit la comtesse.

— Oui, je vois votre jeu. Vraiment, ce n'est pas mal imaginé. Vous voudriez, n'est-ce pas, pouvoir dire à Aurore : « Madame Delorme ne t'est rien, c'est une étrangère que ton père a placée près de toi ; tu ne t'appelles pas Aurore Delorme, tu te nommes Lucie de Lasserre ; tu es la fille unique du comte de Lasserre, et c'est moi qui suis la comtesse de Lasserre, c'est moi qui suis ta mère ? »

— Monsieur le comte! gémit la jeune femme.

Il poursuivit d'une voix vibrante :

— Eh bien, non, mille fois non, vous ne ferez pas cela ; je ne le veux pas !.. Que ma fille sache ce que vous avez été, ce que vous êtes, jamais! jamais! Si vous êtes lasse de la position que vous avez ici, allez-vous-en !

La comtesse parvint à étouffer ses sanglots, mais elle ne put empêcher ses larmes de jaillir.

— Vous êtes cruel, monsieur le comte, répondit-elle d'un ton douloureux ; je vous le jure, vous vous êtes mépris sur mes intentions. Vous avez peut-être encore le droit de me suspecter ; mais pouvez-vous me croire capable de jouer une odieuse comédie? Quelles qu'elles soient, je respecte vos idées et vos volontés, monsieur le comte, et, s'il le faut, je mourrai près de mon enfant sans qu'elle sache que je suis sa mère!

— Voyons, soumise à votre volonté, ne vous ai-je pas obéi en tout? Quel reproche pouvez-vous me faire? Ah! vous devez être satisfait, vous devez être content de moi, monsieur le comte. Avez-vous pensé quelquefois à mon étrange situation? N'avez-vous pas senti qu'elle était pour moi une torture de tous les instants? Je vis près de mon enfant, je puis compter les battements de son cœur; du mien l'amour maternel déborder et je dois rester dans mon rôle d'institutrice, et pour ma fille je suis une étrangère, une femme qu'on paye! Existe-t-il un supplice comparable à celui-là?... Ah! monsieur le comte, vous êtes bien vengé du mal que je vous ai fait!

— Je vous ai dit à quelles conditions vous pouviez rester ici; vous étiez libre d'accepter ou de refuser.

— Ce n'est pas une plainte que je vous adresse; je souffre horriblement, mais qu'importe, du moment que je suis près de ma fille, prête à la défendre contre le malheur. Oh! avec quelle joie je donnerais ma vie pour elle, si ma mort pouvait être le prix de son bonheur!

— Mais c'est trop parler de moi, de moi qui suis si peu de chose. C'est d'Aurore qu'il s'agit, monsieur le comte, d'Aurore seule. Ah! croyez-moi, pour que j'ai eu la hardiesse de venir vous trouver, braver votre courroux, il faut que je sois convaincue que, d'un moment à l'autre, Aurore peut être mortellement frappée.

— Voyons, que voulez-vous dire? demanda M. de Lasserre, sérieusement effrayé, cette fois.

— Monsieur le comte, vous avez évidemment des intentions, des projets que vous cachez à tout le monde; je ne vous dis pas de me les faire connaître, je veux et dois rester, même vis-à-vis de vous, une étrangère. Mais, connaissant l'amour d'Aurore pour celui qu'elle ne peut nommer autrement qu'Adrien, permettez-moi de vous demander pourquoi vous n'avez pas fait ou fait faire une démarche près de ce jeune homme.

Pourquoi? Pourquoi? répondit le comte devenu très sombre; sais-je seulement s'il pense encore à ma fille? Qui me dit qu'il ne l'a pas complètement oubliée? Suis-je seulement édifié sur les véritables intentions qu'il avait lorsqu'il s'est introduit à la Cordelière? Et puis me croyez-vous capable de jeter ma fille dans les bras d'un écervelé, d'un fou... d'un viveur débauché, joueur et coureur de filles?... Eh bien, le marquis de Verveine est tout cela et je m'étonne qu'il ne soit pas déjà tombé plus bas. Si vous saviez quelles sortes de gens il fréquente... Mais, non, je ne veux pas vous le dire; il y a un nom que je ne veux pas prononcer devant vous.

La comtesse comprit, car elle baissa honteusement la tête.

— J'aime, j'adore ma fille, continua le comte; faut-il pour cela que j'en fasse une malheureuse? J'ai souci de son avenir. Elle n'épousera pas un homme que je n'aurai pas jugé digne d'elle. Ce qui doit arriver et doit être est écrit:

je suis fataliste ! Vous croyez que je reste inactif ; vous vous trompez. Jouant le rôle de prêteur d'argent, j'ai vu le marquis de Verveine ; il est venu chez moi, je lui ai parlé. Je lui ai donné de bons conseils, c'est à lui de les suivre. Sachant qu'il est au bord de l'abîme, je lui ai tendu ainsi la perche de salut ; s'il ne la saisit pas, tant pis pour lui !

— Vous auriez pu lui dire...

— Je lui ai dit ce qu'il fallait. Il n'est pas perdu sans ressources ; mais, avant tout, qu'il change de vie, qu'il se corrige. Voulez-vous savoir où il en est actuellement ? Eh bien, en moins de deux ans, il a dévoré son patrimoine, il est ruiné ? Si je le voulais, dans huit jours il serait sur la paille !

— Si vous le vouliez ?...

— Oui, mais je ne le veux pas. A force de contracter des emprunts onéreux, le marquis a engagé tous ses biens. Apprenant que son principal créancier allait le poursuivre, ce qui aurait amené la vente judiciaire du château et du domaine de Verveine, de ses fermes et de ses bois, j'ai racheté toutes ses créances.

— Dans quelle intention ?

— Pour empêcher les biens du marquis de passer en des mains étrangères, pour lui conserver, enfin, l'héritage de sa famille.

— Vous avez eu là, comme toujours, une pensée généreuse, monsieur le comte ; mais ne vous êtes-vous donc pas dit que le marquis de Verveine chercherait, par tous les moyens possibles, à sortir des embarras causés par ses folies de jeune homme ?

— Que peut-il faire ?

— Se marier.

— C'est vrai. Mais quel père consentirait à donner sa fille à un homme que sa mauvaise conduite a ruiné ?

— Il porte un grand nom.

— Est-ce que cela compte encore pour quelque chose aujourd'hui ?

— Je crois, monsieur le comte, qu'auprès de certaines gens les vieux titres de noblesse ont conservé tout leur prestige. Et cela est si vrai que le marquis de de Verveine, tout ruiné qu'il est, a trouvé un père, plusieurs fois millionnaire, qui veut bien lui donner sa fille.

M. de Lasserre eut un haut le corps, et une contraction nerveuse fit grimacer ses lèvres.

— Êtes-vous sûre ? demanda-t-il d'une voix qui trahissait son agitation intérieure.

— Absolument sûre, monsieur le comte.

— Ah ! le misérable !

— De quoi est-il coupable ? dit tristement la jeune femme. Il ne sait pas ce qu'est devenue la jeune fille qu'il a connue à la Cordelière, qu'il a aimée, qu'il aime peut-être toujours. Mal conseillé, entraîné, poussé sur une pente fatale, il

La jeune fille, qui s'était éloignée de la fenêtre, se tourna du côté du Marquis.

a dissipé son héritage ; devez-vous le blâmer de chercher à sauver le château et le domaine dont il porte le nom de la vente judiciaire dont vous parliez tout à l'heure ? En voulant se marier, c'est-à-dire changer de vie, le marquis de Verveine suit probablement les conseils que vous lui avez donnés.

A son tour M. de Lasserre baissa la tête.

— J'ignorais ce que vous venez de m'apprendre, reprit la comtesse ; maintenant je comprends, et vous devez comprendre aussi pourquoi le marquis s'est décidé, peut-être résigné à épouser la fille de M. Latrade.

— Qu'est-ce que c'est que M. Latrade?
— Un ancien entrepreneur de maçonnerie qui a gagné des millions.
— Ainsi, ce mariage est une chose décidée?
— Oui, monsieur le comte. Voyez si j'ai tort de m'alarmer.
— Comment avez-vous appris cela?
— Par Mlle Latrade elle-même, que j'ai rencontrée il y a deux jours dans les magasins du Printemps.
— Alors vous connaissez cette demoiselle?
— Je la connais. Lorsque j'étais l'institutrice de miss Forster, lady Forster habitait dans une maison appartenant à M. Latrade et où il demeurait. Pour une cause quelconque, que je n'ai pas tenu à connaître, M. Latrade fut obligé de congédier l'institutrice qu'il avait donnée à sa fille. Apprenant cela, lady Forster offrit à Mme Latrade, laquelle n'existe plus aujourd'hui, de faire bénéficier sa fille des leçons que je donnais à miss Forster. L'offre fut acceptée, et pendant deux ans Mlle Adèle Latrade fut mon élève.
— Elle est jeune?
— Vingt et un ans, je crois.
— Jolie?
— Non. Mais elle ne manque pas d'une certaine distinction. De plus elle est instruite, intelligente et a un excellent cœur.

Le comte se frappa le front.
— C'était M. Latrade et sa fille, murmura-t-il.
— Vous dites, monsieur le comte?
— Rien. Une réflexion que je faisais. Mais je dis que le marquis de Verveine n'est pas encore marié.
— Quel moyen avez-vous, maintenant, d'empêcher ce mariage?
— Je le chercherai, ce moyen, et je le trouverai.
— J'ai tout lieu de croire que les choses sont bien avancées.

Le comte hocha la tête et resta un moment silencieux. Il cherchait en vain à le cacher à la comtesse, il était troublé, inquiet.
— Ne disiez-vous pas tout à l'heure, reprit-il, que le marquis avait aimé Aurore et que peut-être il l'aimait toujours?
— J'ai dit cela, monsieur le comte.
— Croyez-vous qu'il l'a aimée réellement?
— Je le crois, répondit-elle d'un ton convaincu.
— Soit. Mais il a eu le temps de l'oublier.

La comtesse se redressa et répliqua avec une superbe fierté :
— Votre fille, monsieur le comte, est de celles qui inspirent un amour profond : quand on les aime, celles-là c'est pour la vie !

M. de Lasserre tressaillit malgré lui. Après avoir passé à plusieurs reprises sa main sur son front, il attacha sur sa femme un regard étrange qui la força à baisser les yeux.

— C'est bien, reprit-il, rompant le silence, je vous remercie de m'avoir prévenu ; je verrai, j'aviserai.

Ne puis-je pas vous aider à quelque chose ?

— Je n'ai besoin de personne, répondit-il durement, et avec un mouvement de colère que rien ne justifiait.

Un bruit de portes se fit entendre. M⁰ᵉ Delorme et Aurore rentraient.

— Ma fille va venir, dit le comte, vous pouvez vous retirer.

La jeune femme sortit. Un instant après, Aurore entra dans la chambre de son père. Celui-ci fut aussitôt frappé de sa pâleur et de son abattement. Il la fit asseoir près de lui, lui prit les deux mains, et la regardant fixement :

— Qu'as-tu ? lui demanda-t-il d'une voix caressante ; tu es triste ; il paraît que tu as pleuré.

Aurore soupira :

— Avant-hier, pourtant, tu étais joyeuse. Voyons, dis-moi la cause de ce chagrin qui t'est venu si vite.

Aurore restait toujours silencieuse.

— Tu veux que je t'aide un peu ? En sortant de l'Opéra, tu as vu un jeune homme qui donnait le bras à une jeune fille et tu as reconnu M. Adrien.

— C'était lui, murmura-t-elle.

Et ses yeux se remplirent de larmes.

— T'a-t-il reconnue, lui ?

— Il ne m'a pas même aperçue, répondit-elle avec un sanglot dans la voix.

— Tu l'aimes donc bien, ce jeune homme ?

Elle répondit par un mouvement de tête.

Il y eut un moment de silence.

— Mon père, reprit-elle d'une voix oppressée, je voudrais savoir qui est cette personne qui était à son bras ?

— Une parente, probablement.

Elle secoua tristement la tête.

— C'est ce que m'a dit déjà mon institutrice ; mais non, je suis sûre que ce n'est pas une parente. Mon père, c'est sa femme !

— Tu te trompes, Aurore ; M. Adrien n'est pas marié.

— En êtes-vous sûr, mon père ?

— Je te le jure !

— Ah ! ah ! fit-elle, en respirant avec force.

— Aurore, reprit le comte, est-ce que tu es jalouse !

— Je ne sais pas ; mais je sens là, dans mon cœur quelque chose qui me brûle et qui m'étouffe.

— Aurore, ma fille bien-aimée, écoute-moi donc : tu ne dois rien supposer, et quand il te vient certaines idées qui te font souffrir, il faut les repousser.

— Je ne peux pas.

— Tu pourras si tu as la volonté. Écoute encore : Si tu me promets de faire aujourd'hui tous tes efforts pour retrouver ta gaieté, je te promets, à mon tour, que tu reverras prochainement M. Adrien et que tu pourras causer un instant avec lui.

Le visage de la jeune fille s'épanouit subitement et ses grands yeux s'irradièrent.

— Oh! mon père, mon père! fit-elle.

Et, éclatant en sanglots, elle cacha sa jolie tête blonde sur la poitrine du comte. Celui-ci l'entoura de ses bras et l'étreignit fortement contre son cœur.

XXIII

UNE SOIRÉE

Le lendemain, le comte de Lasserre arriva chez sa fille vers deux heures. Après avoir causé assez longuement avec Mme Delorme, il fit appeler Aurore.

— Tu vois, lui dit la jeune fille, j'ai tenu ma promesse, je suis gaie aujourd'hui.

Elle avait l'air joyeux, en effet, mais le comte n'eut pas de peine à s'apercevoir qu'elle lui montrait une gaieté de commande.

— Et moi, répondit-il, je viens t'annoncer que je me suis mis en mesure de tenir la mienne. Aujourd'hui même, ce soir, tu feras ta première entrée dans le monde. Tu te trouveras dans un grand salon, magnifiquement éclairé, au milieu d'une société nombreuse d'hommes et de femmes charmantes. Mais ne t'effraye pas, mon enfant, tu seras reçue par Mme la marquise de Montperrey comme si tu étais sa fille, et tu ne seras pas la moins jolie, la moins belle, parmi les jeunes filles et les jeunes femmes élégantes que tu verras. On fera de la musique, on dansera. Peut-être seras-tu priée de chanter une romance.

— Oh! je n'oserai jamais!

— Tu essayeras, pour être agréable à Mme la marquise de Montperrey. Au nombre des jeunes gens que la marquise a invités à sa soirée se trouvera M. Adrien.

Une vive rougeur monta au front de la jeune fille.

— Mme de Montperrey le connaît donc? dit-elle.

— Naturellement. Pourtant, elle avait cessé de le voir ; mais sur ma demande, elle lui a écrit hier soir une lettre d'invitation à laquelle il ne peut se dispenser de répondre

Aurore appuya ses mains sur son cœur comme pour en arrêter les battements précipités.

— Et ma toilette ? fit-elle.

— Je me suis entendu à ce sujet avec ta mère, répondit le comte ; nous avons décidé que tu t'habillerais ce soir exactement comme tu l'étais à l'Opéra.

— Mᵐᵉ Durand m'a dit que j'étais très bien.

— Ce soir tu seras ravissante. Maintenant, ma fille, je vais te faire quelques recommandations qu'il ne faudra pas oublier. En ce moment c'est ton avenir et ton bonheur qui sont en jeu. Tu aimes Adrien... Je te l'ai dit et je te le répète, il sera ton mari. Mais il faut, comprends-moi bien, il faut qu'il t'aime, lui, comme tu mérites d'être aimée ; il faut, enfin, qu'il soit tout à fait digne de toi. Le jour où je lui dirai : « Je vous donne ma fille », je veux avoir toutes les garanties de ton bonheur. Ces garanties, ma chère Aurore, je ne les ai pas aujourd'hui, et c'est pour cela qu'il faut que tu attendes encore un peu.

« Je ne puis savoir d'avance ce qui se passera ce soir chez la marquise de Montperrey ; mais Adrien te reconnaîtra et te parlera. Eh bien, Aurore, voici les recommandations de ton père où, si tu préfères les ordres que je te donne : Tu feindras de ne pas reconnaître Adrien ; quoi qu'il te dise, tu paraîtras étonnée et tu auras l'air de ne pas comprendre. Je veux, entends-moi bien, qu'il ne puisse avoir la certitude que tu es la jeune fille qu'il a vue à la Cordelière. M'as-tu compris ?

— Oui, mon père, répondit-elle ; mais pourquoi, pourquoi ?

— Aurore, j'exige cela de toi pour des raisons qu'il m'est impossible de te faire connaître. Ne m'interroge pas, puisque je ne puis te répondre ; obéis aveuglément à ton père. Je sais bien que j'exige de toi une chose difficile, qui te coûtera beaucoup. Tu auras besoin d'une grande force pour ne pas te trahir ; mais cette force, tu l'auras, il le faut. Je te le dis encore, ma fille, il s'agit de ton bonheur, de ton avenir ; ah ! ne compromets ni l'un ni l'autre !

— Mon père, je ferai ce que vous voulez, dit la jeune fille.

— Bien, mon enfant, bien. Ainsi tu sens en toi la force nécessaire ?

— Père, répondit-elle, je penserai à toi !

Le comte la prit dans ses bras et l'embrassa avec transport.

— Va, dit-il, c'est bien mon sang qui coule dans tes veines !

Après un moment de silence il reprit :

— Demain je viendrai de bonne heure, et tu me raconteras ce qui se sera passé ; j'ai besoin de le savoir.

. . . .

Dix heures sonnaient lorsque le coupé de Mᵐᵉ Delorme entra dans la cour de l'hôtel de Montperrey, dont toutes les fenêtres étaient brillamment éclairées. Mᵐᵉ Delorme et Aurore mirent pied à terre et montèrent le grand escalier de marbre, recouvert d'un tapis et orné de fleurs. Elles pénétrèrent dans une vaste pièce carrée où deux domestiques silencieux, en habit noir et cravate blanche, les débarrassèrent de leurs fourrures. Deux autres domestiques se tenaient, graves et raides, de chaque côté de la porte du salon.

Mme Delorme se nomma. L'un des deux domestiques, qui remplissaient les fonctions d'huissiers, ouvrit la porte à deux battants et annonça d'une voix sonore :

— Madame et mademoiselle Delorme.

Elles entrèrent sous les regards curieux de cent personnes, éblouies par les flots de lumière qui tombaient des lustres et les scintillements des pierres précieuses qui étincelaient de tous les côtés.

Aussitôt, la marquise se détacha d'un groupe de plusieurs personnes avec lesquelles elle causait, et marcha avec empressement vers Mme Delorme et Aurore.

En même temps, à l'extrémité du salon, un jeune homme se dressa sur ses jambes comme poussé par un ressort. C'était le marquis de Verveine.

De même qu'à l'Opéra, il y eut un murmure causé par l'admiration.

Pâle, frémissant, anxieux, les yeux fixés sur Mme Delorme et la jeune fille, Adrien attendit.

— Chère madame, soyez la bienvenue, dit la marquise en tendant la main à Mme Delorme.

Puis elle se tourna vivement vers Aurore, l'enveloppa d'un long regard, et pendant un instant, immobile, muette, elle s'oublia à la contempler.

Interdite, troublée, confuse, Aurore balbutiait des paroles inintelligibles.

Cependant la marquise s'aperçut de l'embarras de la jeune fille.

— Ah ! chère enfant, chère enfant, dit-elle en ouvrant ses bras, et assez haut pour que tout le monde puisse l'entendre, mais embrassez-moi donc !

— Oh ! madame, fit la jeune fille émue, se sentant serrée dans les bras de la marquise.

Celle-ci lui dit tout bas en l'embrassant :

— Vous ne me connaissez pas encore, mon enfant ; mais il faut que vous le sachiez, la marquise de Montperrey est votre amie !

Quand la marquise revint au milieu du salon, tenant la jeune fille par la main, et qu'elle la fit asseoir dans le fauteuil qu'elle même occupait un instant auparavant, entre le vieux duc de Maupertuis et la belle duchesse de Clarens, on put voir deux grosses larmes qui coulaient lentement sur ses joues.

— Qu'est-ce que cela signifie ? se disait Adrien ; je suis bien éveillé, ce que je vois n'est pas un rêve... Mais que m'a donc dit de Sanzac?... Ah çà ! voyons, a-t-il été trompé ou est-ce lui qui a voulu me tromper ?

Les domestiques continuaient à annoncer les nouveaux arrivants. Les salons se remplissaient. Des groupes se formaient et les causeries devenaient intimes.

Dans le grand salon, le coup d'œil était magnifique : c'était un ruissellement éblouissant de diamants, de perles, d'émeraudes, de rubis et autres pierreries. Aux branches des lustres, des guirlandes de fleurs artificielles s'entrelaçaient avec un art infini. D'autres fleurs, naturelles celles-là, de toutes les saisons, venues d'Italie, s'épanouissaient, fraîches et parfumées, dans de grands vases de Sèvres, de Chine et du Japon. Volontiers on se serait cru transporté dans un pays enchanté du royaume des fées.

Après avoir causé un instant avec le duc et la duchesse à qui elle avait présenté la jeune fille, la marquise s'était éloignée. Elle faisait le tour du salon, tendant la main aux uns, adressant à d'autres un mot ou un sourire gracieux.

Passant devant Adrien, elle lui dit d'un ton affectueux :

— Vous voilà donc revenu, mauvais sujet !

Elle allait s'éloigner. Le jeune homme l'arrêta par ces mots :

— Madame la marquise, voulez-vous m'accorder une minute ?

— Je comprends, répondit-elle en riant, vous voulez vous excuser ; c'est bien, je vous pardonne.

— Merci. Mais j'ai quelque chose à vous demander.

— En ce cas, parlez, je vous écoute.

— Quelle est cette dame et cette jolie personne, qui sont assises près du duc de Maupertuis et de Mme la duchesse de Clarens ?

— Madame Delorme et sa fille.

— Vous les connaissez bien ?

— Certainement, sans cela elles ne seraient pas ici.

— Il y a longtemps que vous connaissez Mlle Delorme ?

— Depuis le jour de sa naissance, je l'ai vue venir au monde. Mais, pardon, marquis, pourquoi me faites-vous ces singulières questions ?

— C'est que... je croyais... je supposais... je... balbutia Adrien embarrassé.

— Eh bien, pour couper court à tous ces je, je, apprenez mon cher marquis, que Mme Delorme est une de mes meilleures amies, et que j'aime sa fille comme si elle était la mienne.

Sur ces mots la marquise le quitta brusquement.

Adrien était de plus en plus perplexe, il ne savait plus que penser. Que pouvait-il supposer ? Que devait-il croire ? Loin de le calmer, les paroles de Mme de Montperrey avaient encore augmenté son trouble.

Mlle Delorme était là, à quelques pas de lui, répondant tour à tour, avec une grâce charmante, au vieux duc et à la duchesse qui l'interrogeaient. Était-il réellement halluciné ou le jouet d'un incroyable phénomène d'optique. Il reconnaissait Aurore, mais Aurore ayant le front radieux, le regard éclairé par la pensée, Aurore cent fois plus jolie, plus ravissante qu'autrefois.

Ses yeux et son cœur lui disaient : « C'est elle ! » Et cependant, quand il comparait cette jeune fille rayonnante de grâce et de beauté à la pauvre idiote de la Cordelière, il n'osait plus s'en rapporter au seul témoignage de ses yeux. Une métamorphose pouvait-elle être aussi complète ? Il ne l'admettait point et il doutait ; et ce doute le faisait cruellement souffrir.

Tout à coup, toutes les conversations cessèrent et un grand silence se fit dans le salon.

Un petit homme brun, à l'œil vif et clair, au front intelligent, la figure encadrée d'un collier de barbe noire, venait de paraître, tenant un violon. Le nom de Sivori courut aussitôt d'un bout à l'autre du salon.

Le célèbre violoniste joua un morceau de sa composition avec cette verve, ce sentiment et cette perfection merveilleuse que tout le monde connaît.

Après lui, plusieurs autres artistes d'un grand talent se firent successivement applaudir.

Depuis un instant, la marquise de Montperrey s'était assise dans le groupe dont Mme Delorme, Aurore, le duc et la duchesse formaient le centre, et dont Adrien s'était peu à peu rapproché.

On venait d'entendre une fantaisie brillante sur le piano. Après la salve d'applaudissements mérités par la pianiste, la marquise se leva, et, s'adressant aux personnes qui l'entouraient :

— Je désire vous faire une surprise, dit-elle ; nous avons ici, tout près de moi, une belle jeune fille, qui, je le sais, possède une voix délicieuse et chante à ravir.

Puis se tournant vers Aurore :

— C'est de vous que je parle, mon enfant, reprit-elle.

La jeune fille devint rouge comme un coquelicot.

— Voyons, ma mignonne, faites-nous le plaisir de nous chanter une romance.

— Pour vous et vos amis, madame la marquise, je chanterais volontiers, répondit timidement Aurore, mais sans musique je ne peux pas m'accompagner.

— Il y a ici beaucoup de jolies romances parmi lesquelles vous en trouverez sûrement une. Venez, mignonne, nous allons regarder cela.

Elle prit la main de la jeune fille qui se leva, rouge, tremblante, et se laissa conduire près du piano.

— Voyons, dit la marquise, cherchons. Ah ! voici une vieille romance dont je raffole : « Le Jour et la Rose. » Peut-être la connaissez-vous ?

— Oui, madame, je la connais.

— Eh bien, mon enfant, c'est cette romance que je vous prie de nous chanter ; le signor Antelli voudra bien vous accompagner ; n'est-ce pas monsieur Antelli ?

— Ce sera un grand honneur pour moi, répondit le pianiste italien en s'inclinant.

Il y eut un nouveau murmure d'admiration, puis le silence se fit, profond.

La portière fut ouverte violemment, et un homme s'élança d'un bond à côté d'elle.

Le signor Antelli joua l'introduction de la romance, et Aurore chanta:

« Le Jour, un jour, dit à la Rose. »

Debout, la tête en avant, retenant sa respiration et immobile comme s'il eût été galvanisé, Adrien écoutait. Cette fois, ce n'était plus seulement les traits de la figure, mais aussi la voix qu'il reconnaissait. Et cette romance, oubliée, inconnue, pouvait-elle être chantée par une autre que par Aurore?

Liv. 46. F. ROY, éditeur.

Le premier couplet était chanté. Ce fut un tonnerre d'applaudissements. Toutes les voix criaient : Bravo !

Certes, jamais jeune fille à son entrée dans le monde n'obtint un succès aussi complet, aussi grand, et, disons-le, mieux mérité sous tous les rapports.

Adrien était hors de lui ; un tremblement convulsif agitait tous ses membres ; s'il n'en eût été empêché par une barrière humaine, il se serait élancé pour tomber à genoux aux pieds de la chanteuse.

— Oh ! c'est à en devenir fou ! murmura-t-il en appuyant ses mains sur son front ruisselant de sueur.

Après le dernier couplet, pendant que tous les auditeurs applaudissaient, madame de Montperrey, enthousiasmée comme tout le monde, publiquement, cette fois, embrassa Aurore à deux reprises sur les deux joues.

Aussitôt les applaudissements redoublèrent. C'était une ovation comme n'en ont pas toujours les plus célèbres cantatrices.

Alors la jeune fille étourdie, éperdue, fut entourée et chaleureusement complimentée. Heureusement, un vieux général, ami de la marquise, vint lui offrir son bras pour la conduire près de sa femme et de ses filles.

— Pour une petite bourgeoise, quelle distinction ! — On croirait voir une jeune reine ! — Elle a une beauté incomparable ! — Quelle merveilleuse chevelure ! — Une voix exquise ! — Elle chante comme un ange ! — Quel délicieux regard ! — L'adorable sourire ! — Jeunesse, grâce, beauté, talent, elle a tout pour elle ! — Il paraît que sa mère est puissamment riche ! — La marquise de Montperrey a parlé de quinze millions. — La marquise et madame Delorme sont des amies intimes ! — Madame de Montperrey aime mademoiselle Delorme comme si elle était sa fille ; elle le dit à tout le monde.

Voilà ce que le marquis de Verveine entendait dire autour de lui.

Le malheureux était dans un état impossible à décrire. Il sentait dans sa tête comme un brasier. A le voir aller et venir, bousculant les uns, marchant sur les pieds des autres et sur les robes à longues traînes, on aurait pu le prendre pour un échappé de Bicêtre.

Après avoir causé un instant avec les filles du général, Aurore était devenue distraite, préoccupée, rêveuse, inquiète. Elle avait aperçu Adrien.

— Ma fille, est-ce que vous souffrez ? lui demanda madame Delorme, venant s'asseoir auprès d'elle.

— Non, répondit-elle.

Elle ne remarqua point le mouvement qui se faisait autour d'elle. Le concert était terminé. Une douzaine de musiciens, composant un orchestre de bal, se plaçaient autour de leur chef. Des domestiques rangeaient de côté les canapés, les fauteuils, les chaises et les banquettes de velours à franges d'or.

Le bal commença. Un jeune homme vint l'inviter pour le quadrille ; elle ne l'entendit point. Il alla inviter une autre jeune fille.

Pendant la danse, Adrien se rapprocha d'elle, poussé par une force irrésistible; mais madame Delorme était là : il n'osa point lui adresser la parole. Elle, tenant ses yeux baissés, ne le voyait point; mais elle sentait qu'il n'était pas loin d'elle.

Soudain elle sursauta comme une personne qu'on réveille brusquement. La main de madame de Montperrey venait de s'appuyer sur son épaule.

— Ma chérie, lui dit la marquise, on va jouer une valse; ne voulez-vous pas la danser? Tenez, avec monsieur, qui est un excellent valseur, ajouta-t-elle en montrant Adrien.

Le jeune homme s'était avancé.

— Mademoiselle veut-elle me faire cet honneur? dit-il d'une voix tremblante.

Aurore avait subitement pâli.

— Que je vous présente, d'abord, reprit la marquise. Ma mignonne, je vous présente M. le marquis Adrien de Verveine, un de mes amis.

La pâleur de la jeune fille disparut et fit place à une vive rougeur.

— Marquis de Verveine, répéta-t-elle tout bas, en inclinant la tête.

La marquise prit sa main et la mit dans celle d'Adrien.

Les deux mains tremblaient.

— Je sais à peine valser, murmura Aurore.

— Je vous conduirai, mademoiselle, répondit Adrien.

Elle se leva. Son cœur bondissait dans sa poitrine. L'orchestre attaqua les premières mesures de la *Valse des Roses*. Valseurs et valseuses s'enlacèrent, tournèrent lentement d'abord, puis plus vite, et tourbillonnèrent bientôt, enivrés par l'harmonie des sons, emportés par les notes rapides de l'allégro.

Tout à coup, le marquis sentit le corps de la jeune fille s'appesantir sur lui, et il la vit pâlir d'une manière effrayante.

— Vous vous trouvez mal? dit-il en s'arrêtant.

— J'étouffe... de l'air... dit Aurore haletante.

Adrien vit une porte entr'ouverte, il la poussa et fit entrer la jeune fille dans une petite pièce où, aussitôt, elle s'affaissa sur une ottomane. Le jeune homme courut à la fenêtre et l'ouvrit. L'air de la nuit pénétra dans la chambre et vint rafraîchir le front d'Aurore. Adrien se rapprocha.

— Comment vous trouvez-vous maintenant? lui demanda-t-il.

— Mieux, beaucoup mieux, l'air qui se répand ici me ranime. Merci, monsieur.

— Vous pouvez avoir froid; voulez-vous que je referme la fenêtre?

— Non, pas encore.

Elle se leva et fit quelques pas dans la chambre. Adrien la suivait des yeux avec l'attention et la sollicitude d'une mère qui veille sur les premiers pas de son enfant. Mais il restait cloué à sa place, se demandant ce qu'il devait faire.

Aurore était allée s'appuyer au balcon de la fenêtre. Le front au grand air, elle semblait admirer des myriades d'étoiles semées dans l'immensité.

— Non, non, je ne puis vivre ainsi, se dit Adrien ; il faut que je sorte de cette incertitude !

XXIV

LA MARRAINE

La pièce où Aurore et Adrien se trouvaient était faiblement éclairée par une lampe. Cette lampe était placée de façon que le corps de la jeune fille se dessinait dans une demi-obscurité ; Adrien la voyait enveloppée d'une vive lumière qui le pénétrait de ses rayonnements. Après un dernier moment d'hésitation, il s'avança vers elle.

— Aurore, dit-il doucement.

La jeune fille, qui s'était un peu éloignée de la fenêtre, fit un mouvement brusque et se tourna du côté du marquis.

Au même instant, un homme passa derrière elle et lui glissa ces deux mots à l'oreille :

— Prenez garde !

Cet homme était M. Corvisier.

Adrien le vit passer et s'éloigner ; mais il n'avait rien entendu.

Aurore, l'appela-t-il de nouveau.

Voyant qu'elle gardait le silence :

— Vous est-il donc défendu de me répondre, de me parler ? reprit-il.

— Je ne comprends pas vos paroles, monsieur, dit-elle.

— Je reconnais vos traits, votre voix, votre doux regard ; j'ai vu votre sourire et l'ai reconnu. Ah ! je vous en supplie, dites-moi que vous êtes Aurore !

— Mais, monsieur, je ne sais pas ce que vous voulez dire.

— Que vous ai-je donc fait pour que vous me répondiez ainsi ?

— Je vois que vous me prenez pour une personne que vous connaissez, monsieur ; en vérité, il faut que je ressemble étrangement à cette autre personne.

Adrien secoua tristement la tête.

— Ne parlez pas de ressemblance, dit-il ; non, non... L'autre soir, à l'Opéra, je vous ai vue.

Une exclamation échappa à la jeune fille.

— J'étais assez éloigné de vous, continua Adrien, malgré cela, je vous ai tout de suite reconnue... je sentais que c'était vous, aux battements de mon cœur. Cependant je pouvais croire que mes yeux se trompaient et il me restait un doute. Ce doute, je l'avais encore ce soir, même après vous avoir entendu chanter « Le Jour et la Rose, » cette romance que je connais. Mais, depuis un instant, je ne doute plus, non, je ne doute plus !... Vous êtes Aurore ; oui, vous êtes Aurore, l'enfant que j'ai aimée à la Cordelière ! Aurore, dont l'image et le cher souvenir sont restés enfermés dans mon cœur ! Aurore, qui n'a jamais été éloignée de ma pensée ! Aurore que depuis seize mois j'ai cherchée partout ! Aurore que je croyais perdue pour moi et que je retrouve aujourd'hui ! Aurore que j'aime toujours !

Il saisit une des mains de la jeune fille que celle-ci retira vivement.

— Je vous assure que vous vous trompez, monsieur, et, malgré la singularité de vos paroles, je vous excuse.

— Ainsi, vous ne voulez point me reconnaître, vous ne voulez point me dire...

— Je vous le répète, monsieur, je ne vous connais pas.

— Aurore, je lis dans vos yeux ; ils démentent vos paroles... Ah ! ils ne savent pas tromper, eux.

— Vous me faites souffrir, monsieur : je vous en prie, laissez-moi, dit la jeune fille d'une voie oppressée.

Les cruels efforts qu'elle faisait pour ne point se trahir, et plus encore les paroles brûlantes du marquis l'avaient brisée. Ses jambes fléchissaient ; elle s'appuya contre un meuble.

— Ah ! vous êtes émue, vous ne savez pas mentir ! s'écria le jeune homme.

Elle lui jeta un regard suppliant, presque effrayé.

— Mon Dieu !... mon Dieu !... murmura-t-elle.

Il ne comprit point qu'elle souffrait horriblement.

— Si vous saviez comme j'étais malheureux de vous avoir perdue, reprit-il ; je vous ai pleurée, Aurore, car je n'espérais plus vous retrouver ! Et maintenant que je vous revois, vous me traitez comme un inconnu, vous restez insensible à mes paroles, qui sont l'expression des sentiments de mon cœur !... Pour vous, le passé est oublié ; ce que nous avons dit à la Cordelière n'est pas resté dans votre mémoire ; tout cela s'est envolé comme un rêve ! Voyons, que vous ai-je fait ? Quel crime ai-je commis pour que, vous aussi, vous vouliez vous venger ?

La jeune fille resta silencieuse.

— Je comprends, allez, je comprends, continua Adrien d'un ton douloureux, votre père n'a pu me pardonner ; il me déteste, il m'a pris en haine, et il a fait passer sa haine en vous.

— Mon père ne hait personne, répliqua vivement la jeune fille.

— Ah ! vous venez de vous trahir ! s'écria le marquis. Vous êtes Aurore ! vous êtes Aurore !

La jeune fille comprit que les paroles qui venaient de lui échapper pouvaient éclairer le marquis. Voulant en détruire l'effet immédiatement, elle répondit :

— Je suis mademoiselle Delorme, monsieur ; je m'étonne que vous vous obstiniez ainsi à me prendre pour une autre. J'ai cherché à vous faire sortir d'une erreur causée par une ressemblance qui existe, je veux bien le croire ; je regrette de n'avoir pas mieux réussi.

En achevant ces mots, qu'elle prononça d'une voix émue, elle s'éloigna rapidement, laissant le marquis interdit, frappé au cœur par ces dernières paroles.

Les dénégations de la jeune fille le troublaient au dernier point, et sérieusement il se demandait s'il avait bien toute sa raison.

Si c'était Aurore, pourquoi feignait-elle de ne pas le reconnaître ? Et s'il se trompait réellement, d'où venait cette émotion que la jeune fille n'avait pu lui cacher ?

Tout cela le replongeait dans ses perplexités et, de nouveau, son esprit flottait entre le doute et la certitude.

A l'entrée du salon, Aurore se trouva face à face avec madame de Montperrey qui, cachée derrière une tapisserie, avait tout vu et tout entendu. Sans rien dire, elle prit le bras de la jeune fille et le passa sous le sien.

Madame Delorme, qui n'avait pas cessé de causer avec la générale, venait seulement de s'apercevoir de la disparition d'Aurore. Elle allait se lever pour se mettre à sa recherche lorsqu'elle la vit revenir vers elle, donnant le bras à la marquise.

— Ma mère, lui dit Aurore, je me sens fatiguée.

S'adressant à madame de Montperrey, elle ajouta :

— Madame la marquise voudra bien nous excuser et nous permettre de nous retirer.

— Oui, ma mignonne, je vous le permets, dit la marquise.

Madame Delorme s'était levée immédiatement.

La marquise les accompagna dans l'antichambre. En embrassant une fois encore la jeune fille, elle lui dit :

— Ce soir, vous avez été tout à fait charmante ; votre père sera content de vous.

Comme madame Delorme et Aurore sortaient, le marquis fit irruption dans l'antichambre. Madame de Montperrey l'arrêta au passage.

— Où allez-vous donc ?... lui demanda-t-elle.

— Mais je... balbutia-t-il.

— Encore des je... Oh ! assez, fit-elle en riant. Offrez-moi votre bras, je vous prie, monsieur le marquis, pour rentrer dans le salon.

Adrien étouffa un soupir et s'exécuta d'assez bonne grâce.

Ils allèrent s'asseoir dans un coin.

— Avouez-le, monsieur, lui dit la marquise, vous vouliez accompagner madame et mademoiselle Delorme jusqu'à leur voiture.

— Ce que je voulais, je ne le sais pas !

— Monsieur le marquis, je vous trouve un air fort drôle.
— Eh bien, madame la marquise, je crois que je deviens fou !
— Oh ! oh ! fit-elle, riant très fort, mais cela n'est pas rassurant du tout
— Je vous en prie, ne vous moquez pas de moi.
— Enfin, qu'avez-vous ?
— J'aime, madame la marquise, j'aime !...
— Bah !
— Oui, je l'aime, je l'adore !
— Qui ? mademoiselle Delorme ? Mon Dieu, vous n'êtes pas le seul ici à qui elle a plu. C'est une jeune fille accomplie, qui a en elle tout ce qui charme, et je comprends qu'on en devienne amoureux ; mais d'habitude, monsieur le marquis, une passion capable de faire perdre la raison à un homme ne naît pas ainsi en un instant, dans une valse.
— Mais je ne l'ai pas vue ce soir pour la première fois !
— Vous connaissiez déjà mademoiselle Delorme ?
— Je la connais depuis longtemps.
— Ah !
— Madame la marquise, dites-moi la vérité.
— La vérité ? je ne vous comprends pas.
— Elle se nomme Aurore, n'est-ce pas ?
— Elle se nomme Lucie, monsieur ; et puisqu'il faut vous dire la vérité, c'est moi qui lui ai donné ce prénom, qui est aussi le mien ; je suis sa marraine.
— Vous êtes...
— Sa marraine. Qu'y a-t-il d'étonnant à cela ?
— Le jeune homme appuya fortement ses deux mains sur son front brûlant.
La marquise le regardait en dessous en souriant malicieusement.
— Madame la marquise, reprit-il, ne se contenant plus, voulez-vous m'écouter un instant ?
— Je le veux bien.
— Eh bien, voici pourquoi j'ai en ce moment l'esprit si troublé que j'ai peur d'en devenir fou !
Et d'une voix fiévreuse, rapidement, sans s'arrêter, il raconta à la marquise son aventure de la Cordelière.
— En vérité dit la marquise quand il eut fini, voilà une bien étrange histoire !... Ainsi mademoiselle Lucie Delorme ressemble absolument à Aurore ?
— Mais c'est elle, madame la marquise, c'est Aurore !
— Je comprends maintenant que vous vous soyez si vite épris de mademoiselle Delorme, qui vous rappelle une jeune fille que vous avez aimée. Car ne vous y trompez pas, monsieur le marquis, Aurore n'est plus qu'un souvenir ; ce n'est plus elle que vous aimez, c'est Lucie !... Qu'est-elle, Aurore ? Une fille

étrange, une idiote, vous le dites vous-même... Oh ! vous ne pouvez pas la comparer à Lucie qui a la grâce, la distinction, l'intelligence, l'esprit, l'instruction, en un mot toutes les qualités qui font une femme parfaite !

— Soit, répliqua-t-il avec exaltation, ce n'est plus Aurore, c'est mademoiselle Lucie Delorme que j'aime !

— C'est fort bien, dit la marquise en riant.

Puis devenant subitement très sérieuse, elle ajouta :

— Et après ?

— Après ? fit Adrien interloqué.

— N'oubliez pas, monsieur, que vous parlez à la marraine de Lucie. Si cela vous est possible, tâchez de raisonner. Voyons, avez-vous seulement le droit d'aimer ma filleule.

— Mais... je...

— Pas de je, interrompit la marquise ; n'ai-je pas entendu dire que vous êtes sur le point de vous marier ?

Il tressaillit et baissa la tête.

— Il faut me répondre, reprit la marquise ; est-ce vrai, ou est-ce faux ?

— C'est vrai, dit-il piteusement.

Madame de Montperrey le regarda sévèrement.

— Monsieur le marquis, dit-elle, il faut que vous soyez fou, en effet, pour vous permettre d'aimer ma filleule.

— Je comprends votre blâme, madame ; mais mon mariage n'est pas une chose accomplie.

— Vous avez fait votre demande, m'a-t-on dit, et elle a été acceptée.

— Je puis me retirer.

— Vous feriez cela, vous, un gentilhomme ! s'écria la marquise ; mais si vous commettiez cette infamie, qui est la plus grave insulte qu'on puisse faire à une jeune fille, vous seriez à jamais déshonoré, et le souvenir de vos ancêtres et de votre mère se dresserait contre vous pour vous maudire !

Le jeune homme devint très pâle.

— Mademoiselle Latrade est une personne extrêmement délicate, répondit-il ; si elle apprend que j'en aime une autre — et je le lui dirai, — c'est elle qui ne voudra plus de moi.

— Exécrable moyen !... Ainsi, monsieur, ce n'est pas cette jeune fille, qui paraît avoir beaucoup de cœur, que vous vouliez épouser, c'est sa dot ! Mais c'est odieux cela !... Et voilà les jeunes gens de notre époque ! De l'argent, l'argent toujours, tout pour de l'argent !

De pâle qu'il était, le jeune homme devint rouge de confusion.

— Tenez, c'est honteux ! ajouta la marquise.

— De grâce, madame, dit-il avec amertume, ne soyez pas sans pitié !

Eh ! monsieur, ce n'est pas vous seulement, c'est le vice, c'est la corruption

— Ne perdons pas de temps, dit la comtesse, parlez-moi de ma fille.

de notre société moderne qui font naître mon indignation, qui me désolent.

— J'ai subi un entraînement, j'ai été mal conseillé.

— Pour votre honneur, je veux bien le croire. Maintenant, admettant la rupture de votre mariage avec mademoiselle Latrade, croyez-vous, après cela surtout, que vous pourriez vous faire aimer de Lucie, croyez-vous qu'il vous sera facile d'obtenir sa main? Si vous croyiez cela, monsieur le marquis, vous vous tromperiez grandement. Ma filleule se mariera un jour, mais elle épousera l'homme qui aura su la mériter. Elle repousserait avec dédain, avec mépris celui qui, sachant que sa fortune est considérable, la rechercherait pour son argent. Grâce aux dons précieux qu'elle a reçus de la nature, Lucie est, — je n'hésite pas à le dire, — une jeune fille incomparable. Elle a le droit de vouloir être aimée pour elle-même. Par contre, n'aurait-il pas un sou vaillant, l'homme qu'elle aimera sera son mari. Et celui-là aura les qualités voulues, monsieur le marquis, car Lucie est incapable d'aimer un indigne ! Eh bien, voyons, la main sur votre conscience, vous trouvez-vous digne de ma filleule ? Croyez-vous l'avoir méritée ?

Qu'avez-vous fait ? Rien. Je me trompe, vous vous êtes amusé, et vous vous êtes ruiné en gaspillant votre temps, qu'il vous était si facile de bien employer...

Ceux qui disent : Il faut que jeunesse s'amuse, sont des sots ou des pervers ; je dis, moi, il faut que jeunesse travaille !

Vous êtes faible, monsieur le marquis, on vous a mal conseillé, vous vous êtes laissé entraîner, et on vous a poussé dans une voie mauvaise ; vous êtes mal entouré, vous avez des fréquentations malsaines ! Je ne cite pas de nom, je ne connais pas vos amis !

J'ai connu particulièrement votre mère, vous le savez ; c'est pour cela que je me permets de vous parler ainsi. Vous pouvez accepter ces reproches d'une femme de mon âge qui a été l'amie de la marquise de Verveine.

— Madame la marquise sait que j'ai pour elle un profond respect, et que je l'ai toujours écoutée avec déférence.

— Malheureusement, Adrien, vous avez cessé de me voir ; si vous n'aviez pas abandonné la bonne vieille femme, vous ne seriez pas aujourd'hui dans une situation vraiment déplorable. Cependant, je crois qu'il en est temps encore, retournez vite en arrière. Je sais en présence de quelles difficultés vous vous trouvez ; mais vos créanciers ne se montreront peut-être pas trop terribles. S'ils devenaient exigeants, venez me voir ; je verrais à vous être utile.

En ce qui concerne mademoiselle Latrade, je n'ai rien à vous dire. Si ce n'était pas vous conseiller une mauvaise action je vous dirais : Ce que vous avez de mieux à faire est de l'épouser. J'ai mes idées sur le mariage, et je suis trop vieille pour transiger avec mes principes. Je trouve monstrueux qu'on épouse une jeune fille pour sa dot, et si on l'épouse sans l'aimer, cet acte devient une lâcheté !

Réfléchissez, marquis, consultez-vous et voyez ce que vous avez à faire. Moi, je n'ai pas autre chose à vous dire. S'il vous plaît de revenir me voir, venez, je vous recevrai toujours bien en souvenir de mon amitié pour votre mère.

Je vous quitte, ajouta-t-elle en se levant, je me dois à tous mes invités et je crois qu'on commence à s'apercevoir que je cause trop longtemps avec vous.

Resté seul, le marquis regarda tristement autour de lui.

— Que vais-je faire, que vais-je faire ? se demanda-t-il.

XXV

CONFIDENCE

La comtesse, qui n'était pas encore couchée, fut étonnée de voir revenir Aurore et madame Delorme un peu après minuit, car elle savait que les fêtes données par madame de Montperrey duraient toujours jusqu'à quatre ou cinq heures du matin. Son étonnement se changea bientôt en une vive inquiétude quand elle remarqua l'agitation de la jeune fille et la pâleur de son visage.

Qu'était-il donc arrivé à Aurore? S'était-elle subitement trouvée indisposée.

Mais se renfermant comme toujours dans son rôle d'institutrice, elle n'osa point, devant madame Delorme, interroger la jeune fille.

Aurore le comprit sans doute, car avant de se retirer dans sa chambre, et sans que madame Delorme puisse l'entendre, elle lui dit :

— Tout à l'heure, quand je serai couchée, venez dans ma chambre, j'ai quelque chose à vous dire.

Un quart d'heure après, quand elle fut certaine que la femme de chambre n'était plus là, la mère se rendit près de sa fille.

— Aurore, lui dit-elle, vous avez deviné mon inquiétude; je n'ai pu vous la cacher en vous voyant si pâle.

— J'étais et je suis encore toute troublée.

— Pourquoi, mon Dieu?

— Tranquillisez-vous, ma bonne amie, il ne m'est rien arrivé de désagréable.

— Alors, pourquoi êtes-vous revenue si tôt?

— Je ne pouvais plus rester.

— Pour quelle raison?

— D'abord, asseyez-vous, tout près de moi.

La jeune fille se souleva et avança sa tête au bord du lit, la soutenant dans sa main.

— Approchez votre tête tout près de la mienne, dit-elle. Oui, comme cela. On pourrait m'entendre causer et je ne veux pas qu'on sache que vous êtes en ce moment avec moi.

Après un court silence, Aurore reprit :

— Je suis peinée, ma bonne amie, et cependant je suis heureuse, bien heureuse! Oh! ce n'est pas parce que je souffrais que j'étais pâle! Mais je veux tout vous dire.

— C'est cela, dites-moi tout, ma chérie.

— A vous, je ne peux rien cacher, tandis qu'à ma mère... Pourtant, ce devrait être tout le contraire.

La comtesse arrêta un soupir prêt à lui échapper.

— Je commence, écoutez-moi bien.

— Oui, je vous écoute.

— C'est très grand et très beau, chez madame de Montperrey ; je crois bien que tout notre appartement tiendrait dans son salon. On monte dans la maison par un large escalier de marbre. Devant nous, un domestique ouvrit une porte à deux battants et nous annonça. Nous entrâmes. Il y avait déjà beaucoup de monde, surtout des dames, magnifiquement mises. Les toilettes étaient plus belles encore que celles que j'ai vues à l'Opéra. Tout de suite, la marquise vint à notre rencontre. Elle tendit la main à ma mère, puis, après m'avoir regardée un instant, elle m'ouvrit ses bras, en me disant : — « Embrassez-moi donc, mon enfant ! » — Et moi qui avais peur d'être reçue comme une inconnue.

Cette fois, la comtesse ne put s'empêcher de soupirer.

Que de souvenirs évoquaient les paroles d'Aurore !

— Le concert commença, continua la jeune fille ; je voudrais vous dire les noms des artistes qui se sont fait entendre, mais j'étais distraite, je ne me rappelle rien. Vers la fin du concert la marquise me pria de chanter une romance.

— Et vous avez chanté ?

— Oui, parce que mon père m'avait prévenue.

— Ah ! fit la comtesse.

Et tout bas elle se dit :

— Une de ses étranges idées !

— La marquise avait justement « le Jour et la Rose, » ma romance favorite, reprit Aurore. J'étais très émue, mon cœur battait avec une force... Pourtant, il paraît que j'ai bien chanté. J'ai eu, m'a dit ma mère, un succès étourdissant ; c'est le mot dont elle s'est servie. Il est vrai qu'on m'a beaucoup complimentée, et qu'on ma dit une infinité de choses très flatteuses.

— Je connais cela, pensa la comtesse, et je sais, hélas ! ce que me coûtent les adulations du monde.

La jeune fille poursuivit :

— Je causais avec deux jeunes filles et leur mère, la femme et les filles d'un général, quand, tout à coup, je vis au milieu du salon un jeune homme qui ne me quittait pas des yeux. C'était lui, Adrien !

— Je crois que je commence à comprendre, se dit la comtesse.

— A partir de ce moment, je me sentis comme complètement étourdie ; je n'entendais plus, je ne voyais plus, et je n'avais plus conscience de ce qui se passait autour de moi. Pourtant je ne devais pas être surprise, puisque mon père m'avait dit qu'Adrien serait chez la marquise et que je le verrais.

— Ah ! votre père vous avait dit cela ?

— Oui. Plus tard, la marquise, qui ne sait rien, elle, me le présenta. C'est un marquis !... Il ne m'avait pas dit cela, mon père... Je n'ai pas oublié son nom :

il s'appelle le marquis de Verveine. Il m'invita pour la valse ; je ne savais pas si je devais accepter ; je craignais de m'en tirer fort mal, n'ayant jamais dansé qu'ici, avec vous ; mais la marquise prit ma main et la mit dans celle d'Adrien.

Son bras entoura ma taille et nous voilà partis. J'eus à peine fait une douzaine de tours que la respiration me manqua tout à coup, mes jambes fléchirent et il fut obligé de me soutenir dans ses bras.

— Vous vous êtes trouvée mal ! s'écria la comtesse effrayée.

— Non, car Adrien a eu le temps de me conduire dans une chambre où le grand air m'a aussitôt ranimée.

— Il vous a parlé, que vous a-t-il dit ?

— Qu'il ne m'a pas oubliée, qu'il m'aimait toujours !

— Ah ! fit la comtesse, poussant un soupir de soulagement.

— Il m'a cherchée pendant longtemps ; ne pouvant savoir où j'étais et ce que j'étais devenue, il croyait qu'il ne me reverrait plus... Il m'a vue à l'Opéra, il m'avait reconnue... Il m'a parlé de la Cordelière, puis il m'a dit beaucoup de choses encore.

— A tout cela qu'avez-vous répondu ?

— Ce que j'ai répondu ? Ah ! voilà ce qui m'a causé cette grande peine que j'ai toujours... Je lui ai répondu que je ne comprenais rien à ses paroles, qu'il se trompait certainement, que je n'étais point cette jeune fille dont il me parlait, qu'il avait connue autrefois.

— Comment, vous lui avez dit cela ?

— Hélas ! oui.

— Mais pourquoi, pourquoi ?

— Pour obéir à mon père.

— Oh ! oh ! oh ! fit la comtesse.

— Il m'avait défendu de me faire reconnaître.

— Mais que veut-il donc ? Que veut-il donc ? exclama la mère, ne pouvant plus se contenir.

— Malgré la joie qui pénétrait en moi et inondait mon cœur en l'écoutant, reprit Aurore, je souffrais beaucoup, car je voyais bien qu'il souffrait aussi, lui. Je ne sais point mentir, vingt fois j'ai failli oublier les recommandations de mon père ; je ne sais pas comment j'ai eu la force de me contraindre ainsi. Je sentais mon cœur se briser et comme un déchirement dans ma poitrine. A chaque instant il me semblait que mes forces allaient m'abandonner. Oh ! j'étais dans une situation affreuse ! Je l'ai quitté brusquement, car, si j'étais restée un instant de plus avec lui, je lui aurais crié, voyant sa grande douleur : Oui, oui, Adrien, je suis Aurore, et je vous aime !... Il fallait respecter la volonté de mon père. Il m'avait dit : « Il s'agit de ton bonheur et de ton avenir ! » Et, vous le savez, mon père ne dit jamais que la vérité... Enfin, presque sûre que, si Adrien me parlai encore, je n'aurais plus la force de me contenir, je dis à ma mère : Allons-nous-en. Et voilà pourquoi nous sommes revenues si tôt.

— Je ne comprends plus, non, je ne comprends plus, se disait la comtesse devenue pensive.

— Pauvre Adrien ! soupira Aurore, que va-t-il penser? Que va-t-il croire?

Elle resta un moment silencieuse et reprit :

— Si mon père était méchant, je pourrais supposer qu'il veut punir Adrien parce qu'il m'aime. Mais non, ce n'est pas cela... Voyons, dites, me blâmez-vous d'avoir répondu à Adrien ainsi que je l'ai fait?

— Je ne connais pas les motifs qui ont déterminé M. Delorme à vous faire agir ainsi; sans rien savoir je vous réponds : Oui, vous avez bien fait de respecter la volonté de votre père.

— Ah! me voilà rassurée par votre approbation, dit Aurore.

Elle avança la tête et ses lèvres se collèrent sur le front de la comtesse. Celle-ci prit dans ses mains la tête de l'enfant et elle l'embrassa avec passion.

— Vous êtes ma meilleure, ma seule amie, dit Aurore d'un ton adorable.

— Autrefois, répondit la mère d'une voix timide, il vous arrivait souvent, surtout quand je vous consolais d'un petit chagrin, de m'appeler maman; maintenant, ce doux nom que vous me donniez n'est plus jamais sur vos lèvres.

— C'est vrai, fit Aurore tristement.

— Est-ce que vous m'aimez moins!

— Je vous aime bien plus, au contraire. Mais je vais vous dire : c'est mon père qui me l'a défendu, en me disant que cela n'était pas convenable.

Les yeux de la pauvre mère se remplirent de larmes.

— Ah! se dit-elle, rien ne manquera à mon châtiment!

— Oh! ne pleurez pas! lui dit Aurore.

Puis lui jetant ses bras autour du cou :

— Mon père ne le saura pas, dit-elle en l'embrassant. Maman, maman, je t'aime!

La comtesse retint avec peine ses sanglots. A ce moment elle fut tentée de lui dire la vérité; mais elle s'imposa un cruel silence en pensant aux conséquences que cette imprudente révélation pouvait avoir. Forcément résignée, elle se contenta d'étreindre sa fille dans ses bras.

Elles ne parlèrent plus, mais longtemps encore elles restèrent enlacées. Les deux têtes étaient tombées l'une contre l'autre sur l'oreiller. Aurore ferma les yeux et s'endormit. Alors, la comtesse poussa doucement l'oreiller, mit les bras de sa fille sous la couverture, répara le désordre du lit, rapprocha les rideaux et se retira sans bruit.

Elle se coucha, mais il lui fut impossible de s'endormir. Elle passa le reste de la nuit à réfléchir, à chercher, à deviner quelles étaient les intentions du comte de Lasserre. Était-il réellement préoccupé du bonheur d'Aurore? Avec ses idées incompréhensibles, étranges, n'allait-il pas le détruire à jamais? Cela dépendait de ce qu'allait faire le marquis de Verveine, maintenant qu'il avait vu et reconnu Aurore.

Elle se rappela la promesse qu'elle avait faite à mademoiselle Latrade.

— Oui, se dit-elle, j'irai lui faire une visite.

Elle ne pouvait avoir l'idée d'aller trouver son ancienne élève pour lui dire : Vous avez tort d'épouser le marquis de Verveine, qui aime une autre jeune fille, et qui ne voit en vous que votre dot et les millions de votre père! Il y a de ces choses qu'une femme délicate ne fait jamais. Mais par mademoiselle Latrade elle pouvait avoir de précieux renseignements sur le marquis. Elle ne doutait pas que la rencontre du jeune homme avec Aurore n'eût un effet immédiat, si cette rencontre, évidemment préparée par M. de Lasserre, avait eu le résultat vraisemblablement espéré par le comte. Dans ce cas, mademoiselle Latrade ne manquerait pas de lui parler de la nouvelle attitude prise par le marquis vis-à-vis d'elle.

Cependant elle crut devoir laisser s'écouler deux jours avant de faire sa visite.

Le troisième jour, vers deux heures de l'après-midi, elle sortit, vêtue comme toujours d'une robe noire de cachemire, prit une voiture de place et se fit conduire avenue du Bois-de-Boulogne, devant l'hôtel de M. Latrade.

Elle mit le pied à terre et sonna à l'une des deux portes qui se trouvent de chaque côté de la grille. La porte s'ouvrit aussitôt. Elle entra dans une cour carrée dont les murs, tapissés de lierre, étaient encore décorés, à droite et à gauche, par des fusains, des lauriers et des mahonias en fleur.

Le concierge s'avança sur le seuil de sa loge.

— Je viens faire une visite à mademoiselle Latrade, lui dit-elle, sans lui laisser le temps de l'interroger.

— Bien, répondit l'homme, montez au premier.

Mademoiselle Latrade avait entendu le son du timbre, s'était approchée d'une fenêtre pour regarder et avait aussitôt reconnu madame Durand, qui venait de lever son voile. La visiteuse n'avait pas encore eu le temps de traverser la cour que, déjà descendue, la jeune fille accourait à sa rencontre, les deux mains tendues.

— Ah! ma bonne madame Durand, s'écria mademoiselle Latrade, comme je suis contente de vous voir.

— Je vous avais promis ma visite.

— Et je vous attendais. Venez, venez, ajouta la jeune fille en lui prenant le bras.

Elles entrèrent dans la maison.

La comtesse n'avait point remarqué que les rideaux d'une fenêtre du rez-de-chaussée s'étaient écartés et que deux visages d'hommes s'étaient pour ainsi dire collés contre les vitres. Soudain, en voyant la figure de la visiteuse, l'un de ces hommes avait tressailli dans tout son être; puis son regard s'éclaira de lueurs étranges; on aurait dit que ses yeux étaient devenus phosphorescents.

Allons, se dit-il, en s'éloignant de la fenêtre, voilà un bonheur qui me tombe des nues; cela me dédommage de mes ennuis d'un autre côté. Par exemple, si je m'attendais à rencontrer ici quelqu'un aujourd'hui, ce n'est pas elle! Décidément, le diable est toujours mon ami!

Et un sourire intraduisible, un sourire de démon, fit grimacer ses lèvres.

— Cher monsieur Latrade, dit-il, cette dame, qui vient voir mademoiselle Latrade, a l'air très bien.

— Oui, répondit le bonhomme, elle a été et est encore fort jolie.

— Seulement, elle n'est plus de la première jeunesse.

— Mais elle n'a guère plus de trente ans, vicomte.

— Elle m'a paru plus âgée; il est vrai qu'elle est mise avec une simplicité...

— Je l'ai toujours vue vêtue ainsi.

— Est-ce que vous la connaissez depuis longtemps?

— Depuis une douzaine d'années.

— Elle vient ici souvent?

— Aujourd'hui pour la première fois.

— Ah!

— Nous l'avions perdue de vue depuis des années, lorsque, dernièrement, par hasard, ma fille l'a rencontrée et l'a invitée à venir la voir.

— Je comprends; à en juger par la façon dont mademoiselle Latrade l'a accueillie, c'est une amie?

— Oui et non.

— Comment cela?

— Dame, on ne peut pas se lier d'amitié avec tout le monde.

— Sans doute; pourtant...

— Je vais vous dire: cette dame a donné autrefois des leçons à ma fille.

— C'est donc une institutrice?

— Oui, c'est une pauvre institutrice.

— Comment l'appelez-vous?

— Mme Durand.

— Savez-vous où elle demeure?

— Non. Elle n'a pas donné son adresse à ma fille, probablement parce qu'elle habite quelque taudis.

— N'importe, je tâcherai de faire quelque chose pour elle, je la recommanderai.

— En effet, vous pouvez lui être utile, vous qui avez de si belles relations, et vous ferez d'autant mieux que ma fille croit qu'elle est sans place en ce moment.

Le comte se plaça devant le tableau pour le mieux voir ; il resta un instant à le contempler

— Elle laissera certainement son adresse à mademoiselle Latrade, et si je lui trouve une position convenable... Seulement, cher monsieur Latrade, vous m'obligerez en ne lui parlant point de moi, hein ?
— C'est entendu.
— Je vous quitte, je ne veux pas abuser de vos instants ; d'ailleurs, vous désirez sans doute causer un instant avec madame Durand. Allons, à revoir !
— Est-ce qu'on ne vous verra pas demain?
— Je viendrai demain avec le marquis, s'il est de retour.

— Faire un voyage en ce moment, a-t-on idée de cela?
— Je vous l'ai dit, cher monsieur Latrade, des bois à désigner pour la coupe, des réparations urgentes à faire au vieux manoir de Verveine.
— A quoi lui sert-il alors d'avoir un intendant?
— Vous savez bien qu'il y a des choses qu'il est bon de voir par soi-même.
— Enfin.

Le vicomte serra la main du vieil entrepreneur et partit.

Disons tout de suite que le marquis de Verveine n'avait point quitté Paris. Refusant obstinément depuis trois jours d'accompagner de Sanzac chez M. Latrade, sans avoir voulu lui donner aucune explication, le vicomte était venu dire à Mlle Latrade d'abord, et à son père ensuite, que le marquis avait été obligé de s'absenter pour quelques jours. C'était donner une raison acceptable de la retraite momentanée du jeune homme. Car le vicomte ne doutait point qu'il ne parvînt à vaincre la résistance du marquis et à le ramener aux pieds de la riche héritière.

Il pensait bien que le souvenir d'Aurore était la cause des indécisions du marquis; mais il ignorait que le jeune homme eût rencontré chez la marquise de Montperrey celle qu'on appelait Mlle Delorme, l'innocente jeune fille qu'il avait osé calomnier lâchement.

Commençant à se défier de son faux ami, Adrien, qui aurait pu lui reprocher de l'avoir trompé au sujet de Mlle Delorme, jugea qu'il valait mieux garder un silence prudent.

Il avait longuement réfléchi à ce que lui avait dit la marquise, et, à force de commenter ses paroles, il avait fini par leur trouver un sens mystérieux, qui lui avait échappé dans la conversation. La marquise ne lui avait-elle pas dit clairement : « C'est Mlle Delorme que vous aimez ; si vous voulez être aimé d'elle, si vous voulez qu'on vous la donne, changez de vie ; et par votre conduite, par ce que vous ferez, rendez-vous digne d'elle? »

XXVI

ESCARMOUCHE

Tout en sortant de la cour de l'hôtel, le vicomte, vit, stationnant sur la chaussée, la voiture qui avait amené la comtesse.

— Je m'en doutais, murmura-t-il, elle n'est pas venue à pied..

Il resta un moment immobile, réfléchissant.

— Sans doute, se disait-il, je pourrais la suivre et savoir ainsi où elle demeure ; mais elle a une voiture et moi, sottement, j'ai renvoyé la mienne. La suivre à pied est impossible. Voilà bien des voitures qui passent, mais elles ne sont pas vides. C'est comme un fait exprès : on trouve toujours quatre fiacres au lieu d'un quand on n'en a pas besoin. Là-bas, à la station, je trouverais probablement un véhicule quelconque ; oui, mais il faut y aller, et pendant ce temps, elle peut partir... Non, non, je ne veux pas qu'elle m'échappe ; il y a assez longtemps que je la cherche !

Une idée jaillit de son cerveau.

— Au fait, pourquoi pas ? reprit-il ; à certains moments il faut avoir de l'audace.

Il rejeta sa tête en arrière par un mouvement brusque et marcha droit au cocher, qui se tenait debout près de son cheval, à la tête duquel il avait suspendu le sac de toile contenant sa pitance.

A l'encontre de ses confrères, qui ont généralement un large faciès et les joues couperosées, ce cocher avait une petite figure, longue et maigre, au teint bilieux, les lèvres minces, le nez écrasé, et, dans le regard, quelque chose qui tenait à la fois du renard et du loup.

Le vicomte n'eut qu'à le regarder pour savoir à quelle espèce d'individu il avait à faire.

— Hé, l'ami, lui dit-il, n'est-ce pas vous qui avez conduit une dame habillée de noir qui est entrée là !

Le cocher toisa le vicomte des pieds à la tête et répondit :

— Oui, c'est moi.

— Très bien. Voulez-vous gagner un louis ?

— Je ne refuse jamais de gagner de l'argent, répondit le chafouin, dont les yeux pétillèrent. Qu'est-ce qu'il faut que je fasse pour ça ?

— Me rendre sans que tu perdes beaucoup de temps, un petit service facile.

— Jaspinez, bourgeois.

— J'ai besoin de parler à la dame.

— La dame noire ? Compris.

— Dis-moi d'abord où tu l'as prise.

— A la gare Saint-Lazare.

— Elle venait du chemin de fer ?

— Je ne crois pas. Mais il pourrait bien se faire qu'elle ne demeure pas à Paris, car, en me prenant à l'heure, elle m'a dit que je la ramènerais au même endroit.

— C'est possible. Mais, pour le moment, cela importe peu. Je te disais donc que j'ai absolument besoin de causer avec elle.

— Vous me disiez ça, bourgeois.

— Pour cela, il faut que je monte dans sa voiture.

— Facile ; prenez votre place d'avance.

— Non ; tu ne comprends pas.

— Alors, c'est la faute à ma jugeotte.

— Il faut que je monte dans sa voiture, quand elle y sera, et malgré elle.
— Cette fois, on y est.
— Sans attirer l'attention des curieux.
— Naturellement.
— Or, pour cela, il ne faut pas que la chose se fasse ici.
— Trop de passants.
— Il y a bien, par ici, une rue à peu près déserte par laquelle tu peux passer?
— Comme qui dirait la rue Duret.
— Va pour la rue Duret. Donc, au lieu de suivre l'avenue jusqu'à la place de l'Étoile, tu prendras par la rue Duret.
— Après?
— C'est là que j'attendrai. Tu me verras et tu t'arrêteras à trois pas de moi.
— Ensuite?
— Le reste me regarde. Seulement, dès que j'aurai sauté dans ta voiture et refermé la portière, tu fouetteras ton cheval pour qu'il parte au galop.
— Afin qu'on ne puisse entendre les cris de la dame dans le cas où elle voudrait faire la méchante.
— Décidément, tu es un garçon intelligent.
— On fait ce qu'on peut pour cacher qu'on est bête.
— Ainsi, tu as bien compris?
— Oui. Seulement... fit le cocher, en se grattant derrière l'oreille.
— Quoi?
— J'aimerais assez être payé d'avance.
— N'as-tu pas confiance en moi?
— Oh! la plus grande confiance; mais dame, voyez-vous, on ne sait pas ce qui peut arriver.
— Allons, tu me prouves que, quand il le faut, tu sais prendre tes précautions. Tiens, voilà les vingt francs promis.

Pendant que le cocher enfermait la pièce d'or dans son porte-monnaie, le vicomte se disait:
— Ce gaillard-là peut m'être utile à un moment donné.
— Comment t'appelles-tu?
— Colibri.
— C'est un sobriquet, cela?
— Oui, mais on ne me connaît que sous ce nom-là.
— Tu es marié?
— Pas si bête!
— Tu appartiens à la compagnie des Petites-Voitures?
— Non, je travaille pour mon compte.
— Alors ce cheval et cette voiture sont à toi?

— A peu près.
— Donne-moi ton adresse.
— Voilà.
— Un de ces jours je puis avoir besoin de toi.
— Je suis à vos ordres, bourgeois.
— C'est entendu. A tout à l'heure, rue Duret.

Et le vicomte s'éloigna rapidement.

Vingt minutes après, la comtesse prit congé de M. et de Mlle Latrade sans avoir rien appris concernant le marquis de Verveine. Cependant Mlle Latrade lui avait dit, et cela l'avait beaucoup surprise, — que le marquis s'était absenté de Paris pour quelques jours. En somme, la jeune fille était parfaitement tranquille et considérait toujours son mariage comme un fait accompli.

Après avoir eu soin de baisser son voile, la comtesse franchit le seuil de la porte de la cour et marcha vers la voiture, dont le cocher s'était empressé d'ouvrir la portière. Elle enjamba le marchepied et se jeta dans un coin du coupé. Colibri referma la portière, grimpa sur son siège et fouetta son cheval qui partit au petit trot.

La comtesse, les yeux à demi-fermés, s'absorba peu à peu dans ses tristes pensées !

Tout à coup elle sentit que la voiture s'arrêtait. Ses yeux s'ouvrirent. En même temps la portière de gauche fut ouverte violemment et un homme s'élança d'un bond à côté d'elle.

La comtesse reconnut le vicomte de Sanzac. Saisie d'épouvante, elle poussa un cri rauque, étranglé. Le vicomte avait déjà refermé la portière, et Colibri ayant cinglé les flancs de son cheval de deux vigoureux coups de fouet, l'animal partait ventre à terre, comme s'il eût subitement pris le mors aux dents.

Affolée de terreur, la jeune femme se jeta sur la portière de droite et essaya de l'ouvrir pour appeler à son secours ou pour se précipiter sur le pavé, au risque de se broyer la tête. Mais le vicomte lui saisit les deux bras et parvint, non sans peine, car elle se débattait furieusement, à paralyser tous ses mouvements.

— Il faut que je vous parle, lui dit le vicomte, c'est dans votre intérêt.
— Non, non, non, cria-t-elle d'une voix oppressée, cherchant à se dégager.
— Réfléchissez donc. Qu'avez-vous à craindre? Rien. Écoutez-moi, et vous n'aurez qu'à vous en féliciter, il s'agit de votre fille !

Elle tressaillit et le regarda fixement.

— Oui, de votre fille ! reprit-il. Ah ! je savais bien que ce mot magique produirait son effet. Tenez, je laisse vos bras libres. Vous vouliez ameuter les passants; pourquoi? Si vous aviez fait cela, savez-vous ce qui serait arrivé? On nous aurait conduits tous les deux chez un commissaire de police, et là nous aurions eu à nous expliquer. Il vous eût fallu dire que vous êtes la comtesse de

Lasserre et raconter beaucoup de choses du passé. Quel scandale! Eh bien, ai-je eu tort ou raison de vous empêcher de crier, d'appeler au secours? Je vous le répète, vous n'avez rien à craindre. D'ailleurs, quel mal puis-je vous faire? Enfin, vous me comprenez, vous voilà plus calme.

Tout à l'heure, j'étais chez M. Latrade et je causais avec lui quand vous y êtes arrivée. Je vous avais reconnue avant que vous eussiez fait cinq pas dans la cour. Et pourtant il y a plus de seize ans que je ne vous ai vue; mais votre image et votre souvenir ne se sont jamais effacés de ma pensée.

J'ai questionné M. Latrade et il m'a appris ce que je désirais savoir. Vous avez quitté le nom de votre mari; vous vous faites appeler madame Durand, et, comme il vous fallait gagner votre vie, vous avez pris un métier, le métier ingrat d'institutrice. Qu'est-ce que vous pouvez gagner? A peine de quoi manger, vous habiller et vous loger.

Ainsi, le comte de Lasserre vous a complètement abandonnée. Oh! cela ne m'étonne point; il a la férocité des fauves les plus cruels! Et, depuis seize ans, vous courez les leçons à deux ou trois francs le cachet; depuis seize ans, vous végétez misérablement! Pauvre et chère Hélène! Je vous plains et en même temps je vous admire! Quelle résignation! Quelle force de volonté et quel courage il vous a fallu dans cette lutte terrible de tous les instants!... Ah! vous avez eu tort de me quitter, et moi le tort plus grand encore de vous laisser partir. Je m'étais dit : Je l'oublierai! Je me trompais. Vous oublier, vous! Était-ce possible? Dès le lendemain de ce jour fatal, je voulus courir après vous; mais où aller? Et pourtant, je vous ai cherchée longtemps, toujours... Oui, je n'ai pas cessé de vous chercher. Mais je ne pouvais pas deviner que vous étiez devenue institutrice et que vous vous cachiez sous ce faux nom de madame Durand.

Ah! le hasard m'a bien servi aujourd'hui en me conduisant chez M. Latrade. Enfin, vous voilà, je suis près de vous, je vous ai retrouvée!... Chère Hélène! Chère Hélène!

Stupéfiée, abêtie, elle le laissait parler et l'écoutait.

Il reprit :

— Si vous saviez... Mais non, ce n'est pas le moment de vous parler de cela; plus tard... C'est, je l'ai dit, de votre fille qu'il s'agit.

La comtesse fit un mouvement brusque, sortant subitement de son espèce de torpeur.

— Que pouvez-vous me dire au sujet de ma fille? demanda-t-elle.

— Seriez-vous heureuse de la voir?

— Oh! fit-elle.

— Eh bien, je sais où elle est.

Les yeux de la comtesse étincelèrent, et son regard clair et perçant plongea dans les yeux du vicomte.

— Vous savez où est ma fille ? s'écria-t-elle, devenant tout à fait maîtresse d'elle-même.
— Oui.
La comtesse secoua tristement la tête.
— Je vous le jure ! dit le vicomte.
— Le misérable médite quelque nouvelle infamie, pensa-t-elle. Oh ! il faut que je tâche de savoir...
— Mais, reprit-il, nous ne pouvons pas continuer à causer dans cette voiture ; voulez-vous que nous allions chez vous ?
— Chez moi ? Non, non.
— Je comprends : dans la maison où vous demeurez, il y a des gens curieux et bavards ?
— Oui.
— Je vous proposerais bien de nous faire conduire chez moi ; mais vous refuseriez. Je crois que ce qu'il y a de mieux à faire est d'entrer dans un restaurant. Là, en tête à tête dans un salon, nous pourrons causer librement.
— Soit, répondit la comtesse.

Elle acceptait, malgré le mépris qu'elle avait pour cet homme, l'auteur de son irréparable malheur ; elle acceptait malgré le dégoût qu'il lui inspirait. Sentant, devinant que le misérable, toujours l'ennemi du comte de Lasserre, enveloppait sa fille dans sa haine, et espérant pouvoir découvrir ses projets ténébreux, elle se condamnait à subir son horrible contact.

La voiture avait suivi l'avenue de la Reine-Hortense, traversé le parc Monceau ; puis, le cocher ayant sans doute compris que ses voyageurs n'étaient pas pressés d'arriver à la gare Saint-Lazare, elle avait pris les boulevards extérieurs pour descendre ensuite la rue d'Amsterdam. Mais, à la hauteur de la rue de Rome, le vicomte héla Colibri, qui arrêta aussitôt son cheval.

— Cocher, dit le vicomte, conduisez-nous devant un restaurant.
— Bien, fit Colibri.

Un coup de fouet, et la bête se remit à courir.

Un instant après, le véhicule s'arrêtait de nouveau à l'entrée de la place de Clichy.

Le vicomte ouvrit la portière et descendit le premier. A son tour la comtesse sauta lestement sur le trottoir, sans prendre la main que le vicomte lui tendait. Un coup de vent avait jeté son voile sur son front. Elle le rabattit vivement, mais pas assez vite pour qu'un homme, qui venait de s'arrêter à quelques pas, n'eût le temps de voir son visage.

— Oh ! fit cet homme, laissant voir une grande surprise.

Le vicomte mit cinq francs dans la main du cocher en disant :
— Rien à rendre.

La comtesse le laissa faire. Elle ne pensait plus que la voiture avait été prise par elle.

Ils entrèrent dans le restaurant.

— Bon, bon, j'y suis, se dit Colibri : c'est une maîtresse ; il y avait de la brouille dans le ménage ; ils viennent de se raccommoder et ils vont signer la paix dans un cabinet particulier. Eh bien, si le galant est content, je le suis aussi.

Et son bidet partit au petit trot.

L'homme dont nous venons de parler était resté à la même place, immobile, comme pétrifié.

— Madame la comtesse de Lasserre, le vicomte de Sanzac, murmura-t-il, après les avoir vus entrer dans le restaurant.

Il poussa un profond soupir, hocha la tête et continua son chemin d'un pas rapide.

Le vicomte et la comtesse étaient assis en face l'un de l'autre.

— Que faut-il vous servir? demanda le garçon.

Le regard du vicomte interrogea la comtesse.

— Rien, répondit-elle.

— Tenez, voilà dix francs, dit le vicomte au garçon ; nous ne voulons pas être dérangés.

Le garçon disparut.

— Ne perdons pas de temps, monsieur, dit la comtesse, parlez-moi vite de ma fille.

— Vous avez dû la chercher, comme moi-même je vous ai cherchée, car je sais que vous l'aimez, que vous l'adorez, votre fille !

— Oh ! oui, je l'aime !

— Eh bien, je vous l'ai dit, je sais où elle est et bientôt vous la reverrez.

— Où est-elle ?

— A Paris.

— Mais où, à Paris ?

— Comme voilà bien l'impatience d'une mère !... fit le vicomte en souriant. Attendez un peu, je ne peux pas vous dire cela si vite.

— Je me demande si je dois vous croire, car quelque chose me dit que vous voulez me tromper.

— Pourquoi vous tromperais-je ? Dans quel but ?

— Est-ce que je sais, moi ?

— Vous devez bien penser que je ne me suis pas emparé brutalement d'une place dans votre voiture sans avoir une raison qui puisse justifier mon audace. Désirant avoir avec vous un entretien immédiat, je n'avais pas le choix des moyens, j'ai pris celui qui s'offrait à moi. Certes, vous ne pouvez me blâmer d'avoir voulu vous dire : On vous a enlevé votre fille ; pour que vous ne puis-

L'IDIOTE

— Votre marquis de Verveine, monsieur le vicomte, est un misérable.

siez pas la retrouver, on l'a cachée et on la cache encore; mais c'est une joie pour moi de vous apprendre que j'ai découvert sa retraite.

— Oui, répliqua-t-elle, j'ai cherché ma fille longtemps, inutilement, hélas ! J'avais des motifs légitimes de me livrer à ces recherches, je suis sa mère !... Vous, plus heureux que moi, vous êtes parvenu à savoir où elle est, ce qui paraît indiquer que vous la cherchiez aussi. Pour quelle raison cherchiez-vous ma fille?

Le vicomte fut un instant interloqué ; mais retrouvant vite son aplomb :

— Pour vous la rendre, répondit-il.
— Mais vous ne saviez pas ce que moi-même j'étais devenue.
— J'avais la certitude qu'un jour je vous retrouverais; vous avez la preuve que je ne me trompais point.
— C'est vrai, fit la comtesse.

Cependant elle n'était pas dupe des paroles hypocrites du vicomte : sans voir clair dans son jeu, elle savait le cas qu'elle devait faire de ses réponses aux questions qu'elle venait de lui adresser.

— Maintenant, reprit-elle, vous plaît-il de me dire comment vous avez retrouvé ma fille ?

— Dans cette circonstance, comme cela arrive souvent, comme cela vient encore de m'arriver aujourd'hui, le hasard s'est mis de mon côté, se faisant un plaisir de me servir. Mais, à quoi bon vous parler — ce serait trop long, d'ailleurs — de deux ou trois rencontres que j'ai faites, des indications qu'elles m'ont fournies, des déductions que j'en ai tirées; qu'il vous suffise de savoir, pour le moment, que votre fille habite à Paris depuis plus d'un an. Je puis vous dire, toutefois, que votre fille ignore absolument qu'elle est la fille du comte de Lasserre.

Le comte, dont vous connaissez comme moi les idées extravagantes, a cru devoir changer de nom. Mademoiselle de Lasserre, aujourd'hui une grande jeune fille, délicieusement jolie, porte, naturellement, le faux nom que s'est donné son père. Du reste, je n'ai aucune raison de vous cacher ce nom d'emprunt, qui est Delorme. Donc Lucie de Lasserre s'appelle aujourd'hui Aurore Delorme.

La comtesse ne put s'empêcher de tressaillir.

Le vicomte poursuivit :

— Mais le comte, de plus en plus... fou, a fait pire que cela encore.
— Qu'a-t-il donc fait ? demanda avidement la jeune femme.
— De même qu'il a donné à sa fille un faux nom, ne s'est-il pas imaginé de lui donner aussi une fausse mère ?
— Une fausse mère ! s'écria la comtesse.
— Oui, une fausse mère... Et Lucie de Lasserre, votre enfant, à vous, trompée comme tout le monde, appelle cette femme : maman. Et cette femme, qui jouit de l'immense fortune du comte de Lasserre et vit au milieu du plus grand luxe, cette femme, que le comte a ramassée on ne sait où, vous vole, à vous, la comtesse de Lasserre, qui travaillez pour gagner misérablement votre pain de chaque jour, les sourires, les regards caressants, les baisers et l'amour de votre enfant !

La comtesse soupira, baissa la tête et cacha son visage dans ses mains.

— Je la tiens, pensa le vicomte, qui cherchait à faire vibrer toutes les fibres du cœur de la mère.

— Ah! cela vous remue, n'est-ce pas? reprit-il; vous êtes indignée, tout se révolte en vous et vous sentez les pointes acérées de la jalousie et peut-être déjà de la haine!

La comtesse poussa un gémissement.

Il la contempla, une flamme dans le regard.

— Allons, se dit-il, tout marche à souhait.

Il reprit à haute voix :

— Eh bien, oui, voilà ce qu'a fait le comte de Lasserre, inspiré par ses idées de monomanie. En vérité tout cela est si burlesque, que si la chose ne vous touchait point de si près, il y aurait de quoi rire jusqu'à la pâmoison.

La comtesse releva brusquement la tête.

— Mais tout ce que vous me racontez là est absolument invraisemblable ! s'écria-t-elle.

— Et pourtant cela est.

— Mais, encore une fois, rien ne me prouve que cette jeune fille, que vous appelez Aurore Delorme, soit Lucie de Lasserre, ma fille !

— Aurore Delorme, n'est autre que Lucie de Lasserre.

— Vous avez pu vous tromper.

— Non.

— Ainsi, vous êtes sûr ?...

— Comme je suis sûr que c'est, en ce moment, le jour qui nous éclaire.

La comtesse laissa tomber ses bras à côté d'elle, jouant d'une façon parfaite un accablement profond.

— Et le comte vit avec... cette femme? demanda-t-elle d'une voix hésitante.

— Non. Pour une ou plusieurs raisons, qui me sont inconnues, le comte ne demeure pas dans la même maison que sa fille.

— C'est bien singulier.

— Il a son appartement particulier où il vit, comme il vivait autrefois, c'est-à-dire comme un ours.

— Alors vous savez également où il demeure.

— Non, pas encore; mais pas plus tard que ce soir, j'espère bien être renseigné à ce sujet...

— Que le comte de Lasserre demeure là ou ailleurs, cela doit vous être indifférent.

— Pas tant que cela.

— Pourtant, je ne vois pas...

— Longtemps d'avance, j'aime à prévoir ce qui peut arriver. A un moment donné, le comte peut devenir mon ennemi.

— M. de Lasserre n'a jamais songé à se venger du mal qu'on lui a fait.

Le vicomte eut son mauvais sourire.

— N'importe, répliqua-t-il, je veux me tenir sur mes gardes.

— Il est prudent, pensa la comtesse, il ne se livrera point.

Ils restèrent un moment silencieux.

— Maintenant, reprit la comtesse, dites-moi où est ma fille.

— Tout de suite, comme cela, sans conditions ?

— Mais qu'exigez-vous donc ? Quel est votre but ?

— Vous voulez le savoir ?

— Oui, je le veux.

— Eh bien, écoutez : Hélène, je vous aime toujours.

— Oh ! fit-elle en haussant les épaules.

— Oui, je vous aime toujours, plus que je vous aimais autrefois ; je vous aime ardemment, comme jamais peut-être une femme n'a été aimée !

Pour lui cacher l'indignation, la colère, le dégoût, qui éclataient dans son regard, la comtesse de nouveau baissa les yeux.

Le vicomte interpréta en sa faveur l'émotion de la jeune femme. Il continua :

— Voici le plan que j'ai conçu, plan dont l'exécution ne présente aucune difficulté sérieuse : Je vous rends votre fille...

— Comment ?

— Eh, parbleu ! en employant tout simplement le moyen dont le comte s'est servi à Menton, en la lui enlevant.

— Et après ? fit la comtesse d'une voix frémissante.

— Tous les trois, comme par cette nuit délicieuse, dont ni vous ni moi n'avons perdu le souvenir, nous quitterons Paris pour nous envoler vers une contrée lointaine où votre fille et moi, par nos caresses et notre amour, nous vous rendrons le bonheur que vous avez mérité par tant d'années de souffrances.

Jamais la force de volonté de la jeune femme n'avait été mise à une pareille épreuve. Prête à éclater, elle dompta sa colère. Cependant elle se dressa debout et répondit d'une voix vibrante :

— Je crois que vous m'aimez toujours, en effet, monsieur de Sanzac, puisque vous avez fait tant d'efforts pour fixer mon attention et m'intéresser. Oui, je crois à votre amour qui vous a inspiré cette fable, fort bien imaginée, d'ailleurs, qui me fait voir ma fille à Paris, ayant une fausse mère et portant un autre nom que le sien.

— Comment, vous ne croyez pas !...

— J'ai la conviction, je suis certaine qu'après m'avoir enlevé ma fille, le comte de Lasserre a quitté la France et n'y est pas rentré depuis. Vous avez voulu me tromper, monsieur de Sanzac...

— Mais, je vous jure...

— Pas de serment, l'interrompit-elle, c'est inutile ; vous avez voulu me tromper, mais je vous excuse en faveur du motif qui vous a fait agir. Vous avez cru pouvoir faire revivre en moi un sentiment mort depuis longtemps ; quand vous m'avez connue, j'étais une femme, aujourd'hui je ne suis plus qu'un spectre vivant. Mon cœur n'est pas tout à fait mort, pourtant ; mais il n'y reste plus qu'un écho lointain des cris et des rires de mon enfant dans son berceau. Ne pensez plus à moi et oublions l'un et l'autre que nous nous sommes connus. Vous ne pouvez rien faire pour moi, comme moi, rien pour vous. Je suis malheureuse, je vis péniblement ; mais je suis résignée. Adieu donc, monsieur de Sanzac, adieu !

Elle marcha vers la porte.

— Quoi ! vous vous en allez ? s'écria-t-il.

— Je n'ai plus rien à faire ici.

Vivement, elle ouvrit la porte, et, avant que le vicomte ait eu le temps de lui barrer le passage, elle se précipita dans l'escalier et disparut.

Le vicomte resta un instant stupéfié de cette fuite rapide, puis il se dressa d'un bond, prêt à s'élancer à la poursuite de la jeune femme. Mais, aussitôt, réfléchissant, il se dit :

— Au fait, à quoi bon ? Quand j'aurai sérieusement besoin d'elle, je saurai bien la retrouver.

La comtesse descendait rapidement la rue d'Amsterdam et se retournait à chaque instant afin de s'assurer qu'elle n'était pas suivie. Tout en marchant, sa pensée travaillait. Bien qu'elle connût l'homme qu'elle venait de quitter, elle ne voyait plus, après avoir été d'abord très effrayée, qu'il pût rien entreprendre contre sa fille. Il connaissait M. Latrade et était reçu chez lui ; évidemment, il connaissait le marquis de Verveine, et peut-être même était-il son ami. Elle se rappelait certaines paroles prononcées par M. de Lasserre, lui parlant, à elle, des mauvaises relations d'Adrien. Le comte n'avait-il pas désigné M. de Sanzac. Adrien ayant reconnu Aurore à l'Opéra, il y avait lieu de supposer qu'il avait parlé de la jeune fille au vicomte, ce qui avait appelé l'attention de ce dernier sur madame Delorme et celle qui passait pour être sa fille. Mais le reste, comment était-il parvenu à le découvrir ! Cela restait une énigme pour la comtesse.

Toutefois, elle se tranquillisait et sentait peu à peu s'évanouir toutes les craintes que le vicomte avait fait naître en elle au sujet de son enfant.

XXVII

UNE EXÉCUTION

Pendant que le vicomte et la comtesse causaient, dans le salon du restaurant, Théodore, le factotum et le confident du comte de Lasserre, revenant de voir un de ses parents malades, entra dans le cabinet de son maître, après s'être annoncé, en frappant à la porte d'une manière convenue.

Assis devant son bureau, le comte écrivait.

Il leva la tête, se tourna vers Théodore et demanda :

— Qu'y a-t-il ?

— Monsieur le comte, je suis tout bouleversé.

— En effet, vous paraissez agité. Est-ce que votre cousin ?...

— Il ne va pas bien du tout, et il faut s'attendre à le voir s'en aller bientôt.

— Tant pis.

— Oui, c'est triste, laisser cinq enfants, dont l'aîné n'a pas encore douze ans !

— Vous avez donné à votre cousine ce que je vous ai dit ?

— Oui, monsieur le comte, et j'ai à vous transmettre les remerciements de toute la pauvre famille.

— C'est bien. Vous me reparlerez plus tard de cette douloureuse situation et j'aviserai. Est-ce tout ce que vous aviez à me dire ?

— Non, monsieur le comte.

— Eh bien, Théodore, j'écoute.

— Ce n'est pas précisément parce que j'ai trouvé mon parent au plus mal que je suis tout sens dessus dessous. En revenant, monsieur le comte, j'ai fait une rencontre.

— Quelle rencontre ?

— D'abord, je ne voulais point vous en parler, monsieur le comte ; mais j'ai réfléchi et je me suis dit que mon dévouement pour vous me faisait un devoir de ne vous rien cacher. Monsieur le comte, madame la comtesse est à Paris.

— Ah ! c'est elle que vous avez rencontrée ! Eh bien, Théodore, elle a parfaitement le droit d'être à Paris comme ailleurs. Qu'est-ce que cela peut me faire, à moi ?...

— C'est que...

— Dites.

— Monsieur le comte, je crains...

— Vous n'avez rien à craindre.

— Monsieur le comte, promettez-moi de rester calme.

— Mais parlez donc ! s'écria M. de Lasserre impatienté. Où avez-vous rencontré la comtesse ?

— Place de Clichy.

— Elle demeure probablement aux Batignolles.

— Elle n'était pas seule.

— Ah !

— Un homme l'accompagnait.

— Un homme?
— Oui, monsieur le comte, et dans cet homme j'ai reconnu...
— Qui?
— M. de Sanzac.

La foudre éclatant au milieu du cabinet n'aurait pas produit un effet plus terrible.

La plume, que le comte tenait encore, tomba à ses pieds et, les traits contractés, livide, les yeux pleins d'éclairs et secoué des pieds à la tête par un tremblement convulsif, il se dressa comme sous l'action d'une pile électrique.

— Mais non, mais non, s'écria-t-il d'une voix saccadée, c'est impossible ! Théodore, vous avez mal vu, vous vous êtes trompé !

Le domestique secoua tristement la tête.

— Alors vous êtes bien sûr de cela ?

— Oui, monsieur le comte, bien sûr ; je les ai parfaitement reconnus tous les deux.

Le comte fit entendre une sorte de rugissement.

— Est-ce qu'elle lui donnait le bras ? demanda-t-il d'une voix brisée.

— Ils descendaient d'une voiture.

— Oh ! fit le comte.

Et il s'affaisa lourdement dans son fauteuil.

De nouveaux éclairs jaillirent de ses prunelles enflammées.

A chaque instant le mot infâme sifflait entre ses lèvres crispées.

Après un assez long silence, Théodore reprit la parole :

— Je venais de traverser la place, dit-il, quand d'une voiture, qui s'arrêta à quelques pas de moi, je vis sortir le vicomte de Sanzac ; tout de suite après, une dame vêtue de noir sauta sur le trottoir ; elle était voilée ; mais en sautant, le vent s'engouffra sous le voile et le rejeta en arrière ; c'est ainsi que j'ai pu voir le visage et reconnaître madame la comtesse.

Tout cela était précis ; le comte ne pouvait plus douter.

— M. de Sanzac donna cinq francs au cocher, continua Théodore, et lui et madame la comtesse entrèrent dans le restaurant.

Le comte fit entendre une espèce de râle qui fut suivi d'un cri rauque horrible.

Soudain, saisi d'un épouvantable accès de fureur, il bondit au milieu de la pièce, en agitant ses bras avec des mouvements d'épileptique. Se cognant aux meubles, renversant et broyant tout sur son passage, il tournait autour de son cabinet comme un fou dans son cabanon, et lançait autour de lui des regards effrayants.

Heureusement, la crise ne dura que deux ou trois minutes. Il se calma subitement.

Théodore était resté là, prêt à secourir son maître.

— Mes bottines, mon chapeau, lui dit-il, vite, vite !

Le domestique s'élança hors du cabinet et revint presque aussitôt, apportant les objets demandés.

Le comte, après s'être débarrassé de sa robe de chambre, avait déjà endossé un de ces vêtements d'un nouveau modèle et peu gracieux, dont la jupe tombe presque sur les talons. Il mit ses chaussures, son chapeau, prit sa canne et sortit.

En moins de dix minutes il arriva au boulevard Haussmann.

— Madame et mademoiselle sont sorties, lui dit la femme de chambre.

— Depuis longtemps ?

— Il y a à peine un quart d'heure.

— Savez-vous si elles sont allées loin ?

— Je crois bien que, pour changer, mademoiselle a désiré voir le bois de Vincennes.

— C'est bien. Madame Durand est-elle là ?

— L'institutrice est sortie un peu avant deux heures et n'est pas encore rentrée.

— Aussitôt qu'elle rentrera, vous lui direz que je l'attends.

Un instant après, la comtesse arriva, essoufflée, haletante, en sueur.

— Monsieur est ici, lui dit la femme de chambre, il désire vous parler, il vous attend.

— Merci, répondit la jeune femme.

Elle se dirigea vers la chambre du comte, où elle n'était encore entrée qu'une fois.

La porte était ouverte. Le comte debout, les bras croisés, était immobile au milieu de la pièce, pareil à une statue. A le voir ainsi, calme et froid, on n'aurait jamais dit que, sous son crâne, il y avait une tempête.

— Entrez, dit-il à la comtesse.

Rien d'agité dans sa voix, qui était seulement un peu voilée.

La comtesse entra. Il ferma la porte. Puis se plaçant en face de la jeune femme, qui n'avait pas encore eu le temps de reprendre haleine, il l'enveloppa d'un regard dur, tranchant comme l'acier, pendant qu'un sourire ironique et cruel courait sur ses lèvres.

— Qu'a-t-il donc ? se demanda la comtesse, qui perdait contenance.

Enfin le comte parla.

— Madame, dit-il d'une voix très calme en apparence, mais qui laissait deviner une grande colère contenue, vous ne pouvez plus rester ici ; vous allez immédiatement mettre dans vos malles tout ce qui vous appartient ; il faut, je veux, que dans une heure vous soyez partie.

Ce fut comme un coup de massue que la malheureuse reçut en pleine poitrine. La bouche ouverte, les yeux écarquillés, hagards, elle le regardait stupidement, ne pouvant prononcer une parole.

— Es-tu sûr de le reconnaître? lui demanda le vicomte.

— Vous m'avez entendu? reprit-il; allez!
Et d'un geste impérieux il lui montra la porte.
— Mon Dieu, mon Dieu! gémit-elle.
— Allons, assez de comédie, dit-il brutalement.
— Mais qu'ai-je donc fait, dites, qu'ai-je donc fait?
— Je n'ai aucune explication à vous donner.
— Et vous voulez me séparer de ma fille! s'écria-t-elle éperdue.

— Malheureuse ! répliqua-t-il d'un ton farouche, je vous défends d appeler Aurore ainsi !

Elle se redressa, mais pour se courber aussitôt, écrasée sous le regard terrible de son mari.

— Je vous chasse, entendez-vous, je vous chasse ! reprit-il d'une voix rauque.

— Mon Dieu, est-ce que je rêve ? murmura la comtesse défaillante.

Cependant, elle fit un pas vers lui, tendant ses mains suppliantes.

Il se rejeta en arrière comme s'il eût redouté une morsure.

— Mais vous ne voyez donc pas, dit-il, que tout mon sang bout dans mes veines, que la colère qui gronde sourdement dans mon cerveau est prête à éclater, comme les matières enflammées d'un volcan ? Mais vous ne sentez donc pas que je suis capable de vous broyer sous mes pieds !... Je ne veux ici ni bru t, ni scandale, j'aurai la force de me contenir. Vous allez partir ! Je ne vous jette pas sur le pavé, puisque vous avez un domicile où vous pourrez vous rendre en sortant de cette maison.

Il a été promis, en mon nom, une récompense à l'institutrice de ma fille, je ne l'ai pas oublié. Cette récompense vous sera donnée. Vous connaissez M. Corvisier ; demain, vous irez le trouver ; il aura reçu l'ordre de mettre entre vos mains le capital de vingt mille francs de rente.

— Ainsi, fit-elle, c'est vrai, vous me renvoyez, vous me... chassez !

— Oui, répondit-il d'un ton sec.

Elle le regarda et lut dans ses yeux que toutes ses prières et toutes ses supplications seraient inutiles.

— Dieu trouve que je n'ai pas encore assez souffert, se dit-elle avec résignation.

Puis, s'adressant à son mari, elle reprit d'un ton navrant.

— Vous m'ordonnez de partir, j'obéis ; hélas ! le droit de rébellion ne m'appartient pas !... Mais vous regretterez un jour ce que vous faites en ce moment, sans daigner me donner aucune explication. Quant à la récompense promise à l'institutrice, à la fortune que vous m'offrez, je la refuse.

— Vous avez tort.

— Je n'ai plus besoin d'argent. Allez, monsieur le comte, je ne vivrai pas longtemps maintenant ; je le sens, le coup que vous venez de me porter au cœur est mortel ! Je m'en vais, monsieur le comte, adieu !

Et elle sortit de la chambre.

Pendant qu'elle rassemblait précipitamment son linge et ses effets d'habillement, le comte envoya chercher une voiture de place.

Les domestiques exécutaient les ordres de leur maître, ahuris, consternés.

Une malle et un paquet furent descendus, et, chancelante, le front courbé comme une criminelle, le cœur gonflé de sanglots, mais les yeux secs et le regard fiévreux, la comtesse s'en alla.

Tout cela s'était fait en moins d'une heure.

Évidemment, le comte, redoutant une scène de larmes, avait voulu que la pauvre mère fût partie avant le retour d'Aurore.

Vingt minutes plus tard, madame Delorme et la jeune fille rentrèrent.

Chose qui les étonna d'abord beaucoup, le comte les attendait dans le salon.

— Ma fille, dit-il à Aurore, j'ai dû prendre ce soir, en ton absence, une grave détermination. Pour de très sérieuses raisons, que je ne puis te faire connaître, j'ai été forcé de congédier ton institutrice.

Le visage de la jeune fille prit subitement la pâleur d'une morte. Des spasmes successifs soulevèrent violemment sa poitrine. La langue paralysée, muette, elle regarda son père avec égarement ; puis, tout à coup, éclatant en sanglots déchirants, elle s'enfuit dans sa chambre.

— Monsieur le comte, dit timidement madame Delorme, pouvez-vous me dire...

— Rien, l'interrompit-il d'un ton glacial ; j'ai fait ce que je devais faire.

Et la laissant atterrée, il courut rejoindre sa fille.

Aurore, agenouillée devant son lit, éplorée, les cheveux épars, en proie à un immense désespoir, roulait sa tête dans les plis de dentelles qui ornaient sa couche virginale.

— Partie, gémissait-elle, elle est partie sans attendre mon retour, sans m'avoir embrassée !

Le comte la prit dans ses bras, la fit asseoir sur ses genoux et, lui prodiguant les plus tendres caresses, il lui dit, pour la consoler, toutes les paroles que son cœur put lui inspirer.

Soudain, Aurore se dressa debout, et se plaçant en face du comte :

— Mais vous ne savez donc pas une chose, mon père ?

— Que veux-tu dire ? Quelle est cette chose ?

— Eh bien, j'aime mieux mon institutrice que ma mère !

M. de Lasserre frissonna jusque dans la racine de ses cheveux.

Cependant, à force de lui faire entendre des paroles consolantes, il finit par calmer un peu sa fille.

Alors il crut devoir la quitter pour qu'elle pût se livrer complètement à ses pensées.

Il revint rue du Rocher très soucieux, mécontent de tout et de lui-même. Il ne regrettait pas l'exécution un peu brutale qu'il venait de faire ; mais il en souffrait et il était inquiet. Le malheureux avait en lui une chose terrible, qu'il n'avait pu tuer ou anéantir, une chose qu'il essayait de se cacher à lui-même, qu'il aurait voulu nier, qui lui faisait honte ! Et cette chose-là le tenaillait sans répit.

La nuit était venue. Il entra dans son cabinet, alluma une bougie, souleva une tapisserie, qui cachait une porte, et pénétra dans une petite pièce rectangulaire où lui et Francesca la muette entraient seuls. Cette pièce, toujours sombre, même dans les longs jours d'été, parce qu'un épais rideau de velours vert était constamment tiré devant son unique fenêtre, n'avait pour tout meuble qu'une espèce de lit de repos. Mais plusieurs tableaux, des portraits, étaient accrochés au mur.

L'une de ces toiles, d'assez grande dimension et signée Flandrin, représentait une jeune femme d'une merveilleuse beauté, en toilette de bal. C'était le portrait de la comtesse Hélène de Lasserre, peint quelques mois après son mariage.

Le comte se plaça devant le tableau, et élevant la bougie pour le mieux voir, il resta un instant à le contempler.

— Pourquoi donc l'ai-je conservé? Pourquoi donc ne l'ai-je pas détruit? prononça-t-il sourdement.

Puis, comme s'il eût été soudainement saisi d'un accès de démence, il poussa un cri de fureur, bondit vers une panoplie, s'arma d'un poignard égyptien à lame effilée et tranchante, et revint devant le portrait avec l'intention évidente de le lacérer.

Il avait le bras levé, la pointe menaçante allait trouer, déchirer la toile et anéantir l'admirable peinture.

Mais, tout à coup, lui si fort et si terrible, il se mit à trembler comme un chêne qu'un vent de tempête déracine. Le poignard s'échappa de sa main et tomba sur le parquet.

— Oh! misère de la vie! exécrable nature humaine! exclama-t-il; malgré tout, je l'aime, je l'aime toujours!

Ces paroles furent suivies d'un grondement sourd, puis d'une sorte de cri sauvage, et il s'affaissa sur lui-même.

Pendant au moins dix minutes, il se roula et se tordit sur le parquet, en proie à une horrible convulsion. Enfin, il resta étendu, sans mouvement, comme évanoui.

Quand il revint à lui, la muette, agenouillée, pleurait en lui frottant le front et les tempes d'un linge mouillé d'eau sédative.

Il se releva, et, par signes, il fit comprendre à Francesca qu'il voulait une pièce d'étoffe assez grande pour couvrir entièrement le tableau.

Un instant après, le portrait était caché sous un voile épais de percale noire.

XXVIII

UNE SURPRISE

Le comte de Sanzac venait de se lever. Il s'habillait pour se rendre chez le marquis de Verveine à qui il voulait demander à déjeuner, lorsque Lory entra dans sa chambre, sans s'être annoncé autrement que par un léger grattement à la porte.

— Ah! te voilà? fit le vicomte. Eh bien, qu'as-tu à me dire ce matin?
— Je sais enfin où demeure le vieux monsieur Delorme.
— Ah! Et où demeure-t-il?
— Rue du Rocher, n° 53.
— Quel numéro, dis-tu?
— N° 53.
— Tiens, c'est singulier.
— Pourquoi monsieur le vicomte trouve-t-il cela singulier?
— Parce que, rue du Rocher, à cette même adresse, demeure un banquier du nom de Pierre Rousseau.
— Que vous connaissez?
— Oui. Comment as-tu su que le vieux demeurait là?
— Oh! par le moyen le plus simple et le plus naturel... en le suivant.
— Alors, hier soir, il est allé boulevard Haussmann?
— Vers quatre heures et demie. Je flânais sur le trottoir, attendant Louis, le cocher de Mme Delorme, qui faisait faire à ses maîtresses une promenade en voiture, lorsqu'un vieux grand monsieur, marchant à grandes enjambées, comme un fou, passa près de moi et me heurta si fort qu'il faillit me renverser. Je me retournai vivement pour l'invectiver de la bonne manière. Mais, sans songer le moins du monde à me dire poliment : « Pardon, excusez-moi, monsieur, de ma maladresse, » il avait déjà traversé la chaussée et je le vis entrer dans la maison de Mme Delorme. Je devinai que c'était lui ; mais je n'en étais pas plus sûr que cela. Comment en avoir la certitude? A tout hasard, je m'approchai de la porte cochère du n° 218. M'ayant déjà vu causer plusieurs fois avec Louis, le concierge me connaît un peu. Je pouvais entrer dans la loge et le questionner ; mais monsieur le vicomte m'a tellement recommandé d'être prudent... Bref, je ne savais pas trop ce que je devais faire, quand je vis apparaître la femme de chambre de Mlle Delorme. Elle ouvrit la porte de la loge et, sans entrer, je l'entendis dire au concierge :

« — Père Chaminon, allez vite chercher une voiture.

« — Hein, une voiture? fit l'honorable pipelet. Mais vous avez l'air tout je ne sais comment, mam'zelle Elisa. Ah ! çà, que se passe-t-il donc d'extraordinaire chez vous aujourd'hui ?

« — Ne m'en parlez pas, père Chaminon, monsieur vient d'arriver et nous ne savons plus où nous en sommes là-haut. Je ne sais pas ce qu'a M. Delorme, mais il est d'une colère... Enfin, il vient de renvoyer l'institutrice, qui est en train de faire sa malle. C'est pour elle qu'il faut courir chercher un fiacre, père Chaminon.

« — Comment, s'écria le bonhomme, il renvoie Mme Durand ? »

Le vicomte, qui mettait sa redingote, resta immobile, le bras tendu en arrière, à l'entrée de la seconde manche.

— Quel nom viens-tu de dire ? demanda-t-il.

— J'ai dit Mme Durand ; c'est le nom de l'institutrice de Mlle Delorme ou plutôt de celle qui était son institutrice, puisque, hier, on lui a donné son compte.

Le front du vicomte s'était subitement rembruni, et son mauvais sourire avait reparu sur ses lèvres.

— Es-tu bien sûr de ce renvoi ? demanda-t-il.

— J'en suis tellement sûr que j'ai vu le père Chaminon aller chercher la voiture ; que j'ai vu descendre une grosse malle et un paquet de hardes qu'on a placés, la malle à côté du cocher, le paquet dans la voiture ; que j'ai vu arriver ensuite l'institutrice, qui paraissait à moitié pâmée ; que je l'ai vue monter dans le fiacre ; et voilà tout, la voiture l'a emmenée.

— Ainsi, tu l'as bien vue, cette madame Durand ? demanda le vicomte avec agitation.

— Comme je vous vois.

— Voyons, comment est-elle ?

— Ni trop grande ni trop petite, jeune encore, — dans les trente-cinq ans ; — elle était très pâle, mais j'ai tout de même pu remarquer qu'elle était encore fort jolie.

— Comment était-elle habillée ?

— Tout en noir.

— Cela suffit, dit le vicomte.

Il ne pouvait plus douter, c'était la comtesse. Et elle avait été l'institutrice de sa fille... Qu'est-ce que cela voulait dire ? Nouvelle énigme. Impossible de comprendre.

— Assurément, se disait-il, la comtesse sait qu'Aurore est sa fille ; mais tout indique qu'on a laissé ignorer à la jeune fille que son institutrice était sa mère. Parbleu, je sais maintenant pourquoi elle était si calme, si tranquille, si maîtresse d'elle-même hier, quand je lui parlais de sa fille. Il faut que j'en convienne, elle a été plus maligne, plus fine que moi... Je me suis laissé jouer comme un imbécile ! Décidément, la comtesse de Lasserre est une maîtresse femme.

Un éclair sillonna son regard.

— C'est bien, c'est bien, continua-t-il en serrant les dents, j'aurai mon tour... Mais pourquoi diable le comte a-t-il renvoyé sa femme ? Bast ! on n'explique pas les idées d'un fou... Après tout, que m'importe ? c'est peut-être un maître atout dans mon jeu !

Se rapprochant de Lory, il reprit à haute voix :

— Comment n'as-tu pas suivi la voiture qui emmenait l'institutrice ?

— Je n'en ai pas eu seulement la pensée, répondit le domestique étonné.

— Si du moins tu avais eu l'idée de prendre le numéro du fiacre.

— Je n'ai pas supposé un instant que ce numéro pût vous être utile. Je n'étais pas là pour m'occuper de l'institutrice, mais pour attendre la sortie du vieux monsieur et le suivre, ce que j'ai fait. Au surplus, monsieur le vicomte, vous ne m'aviez pas parlé du tout de cette Mme Durand.

— C'est vrai.

— Je ne pouvais donc pas deviner...

— J'en conviens. J'ignorais que Mlle Delorme eût une institutrice. Voilà pourquoi je ne t'en ai pas parlé. Mais il faudra savoir où elle est allée se nicher.

— On le saura.

— Où en es-tu avec le cocher ?

— Bientôt au tutoiement. Comme vous me l'avez dit, c'est un franc licheur; levant une *négresse* (bouteille) bien coiffée, on en fait tout ce qu'on veut ; il est maintenant, tout à fait *empaumé*.

— Commence-t-il à te faire des confidences ?

— Non, pas encore ; sur ce chapitre-là, il se montre rétif comme un âne qui ne veut pas aller à la foire sans son ânesse.

— Enfin, tout va bien ?

— Je le crois.

— Continue à bien soigner M. Louis.

— Je l'aime tant, ce cher ami !

— Je n'ai pas besoin de te recommander de nouveau la plus grande prudence.

— On sait se tenir.

— D'ici à quelques jours je te communiquerai un de mes projets et je te chargerai d'une besogne plus sérieuse.

— La besogne sérieuse, c'est ce qui me va.

Le vicomte mit dans la main de Lory un petit imprimé carré, et lui dit :

— Ceci est l'adresse d'un cocher qui répond au nom de Colibri, bien qu'il soit un assez vilain oiseau. Ce Colibri m'a fait l'effet d'être un homme dont on peut se servir à l'occasion ; tu le tâteras afin de savoir si ses aptitudes répondent à sa bonne volonté.

— Compris.

— As-tu encore quelque chose à me dire?
— Pour le moment, plus rien.
— En ce cas, comme il faut que je sorte immédiatement, je me permets de te congédier.
— Dois-je revenir demain?
— Oui, viens demain.

Lory s'en alla. Un instant après le vicomte se dirigeait pédestrement vers le haut du faubourg Saint-Germain.

Il pensait à la comtesse et cherchait vainement à voir clair à travers les réseaux mystérieux dans lesquels étaient enveloppés le comte de Lasserre, sa femme, sa fille, et cette Mme Delorme, qui jouait, dans cette étrange comédie, un rôle si étonnant... Que voulait donc le comte de Lasserre?... Quel but mystérieux poursuivait-il?... Tout lui paraissait incompréhensible, tout était obscur. Il ne pouvait voir dans tout cela que les actes ridicules, burlesques d'un insensé.

Il arriva chez le marquis de Verveine un peu avant midi.

Le jeune homme le reçut assez froidement et fit un effort pour lui tendre la main.

— La même mouche continue à le piquer, pensa le vicomte. Diable, diable, mais c'est embêtant cela.

Après être resté un moment silencieux, regardant fixement Adrien :

— Tu ne me reçois pas comme d'habitude, dit-il ; est-ce que tu me boudes !
— Moi ! pas du tout !
— A la bonne heure ! Alors, il y a toujours là, dans la tête, un papillon noir qui bat des ailes ?
— On n'est pas toujours de bonne humeur.
— Tu as tort de trop rêver, mon cher.
— Vous vous trompez, de Sanzac, je ne rêve plus, je pense.
— J'aime mieux cela. Enfin, qu'as-tu ?
— Demandez-moi plutôt ce que je n'ai pas...
— Eh bien, qu'est-ce que tu n'as pas ?
— La fortune que j'ai jetée à tous les vents.
— Et c'est pour cela ?...
— Oui.

Le vicomte se dérida.

— En voilà un enfantillage, fit-il. Voyons, est-ce que dans un mois, tu ne seras pas redevenu plus riche que tu ne l'étais !... Hier, j'ai causé assez longuement avec M. Latrade ; c'est la crème des beaux-pères ; il a des intentions magnifiques pour toi. En plus de la dot, il veut maintenant te donner son hôtel tout meublé, tel qu'il est, de la cave au grenier ; lui, il ira se loger à côté, avec son fils, dans une maison qui lui appartient. Que puis-je te dire encore ? Tu as fait la conquête de la fille, et le père, qui ne jure plus que par le marquis de Verveine, te monte au septième ciel, à cheval sur des millions !

— C'est fait, lui dit le vicomte; dès ce soir tout sera prêt.

Adrien resta silencieux.

— A propos, reprit le vicomte, ils s'étonnent de ne pas t'avoir vu depuis cinq jours; tous deux m'ont interrogé à ce sujet; assez embarrassé, comme tu dois le penser, et ne voulant pas leur laisser supposer un manque d'empressement, je leur ai répondu que, pour ceci et pour cela, tu avais été obligé de te rendre à Verveine. Te voilà prévenu.

Mais, pour Dieu, ne va pas gâter ton affaire, qui marche si bien! Toutes tes réflexions doivent être faites maintenant.

— Oui, toutes, répondit le marquis. Aussi, irai-je, aujourd'hui même, chez M. Latrade.

— Bravo ! s'écria le vicomte. Eh bien, nous irons ensemble, car je viens te demander à déjeuner.

— Le déjeuner, qu'on ne va pas tarder à servir, vous est offert de bon cœur, de Sanzac ; mais je vous prierai, — n'en soyez point formalisé, — de ne pas m'accompagner chez M. Latrade ; je désire y aller seul aujourd'hui.

— Mais je n'ai aucun motif de me formaliser, mon cher Adrien, répliqua le vicomte. Après tout, vous avez raison : devant un tiers, si peu gênant qu'il soit, il y a une infinité de choses qu'on ne peut pas se dire.

A ce moment le valet de chambre vint les prévenir qu'ils pouvaient se mettre à table. Ils passèrent dans la salle à manger.

Le repas se fit silencieusement, car Adrien parla à peine. Le vicomte voyait parfaitement que le jeune homme était soucieux et fortement préoccupé ; mais il n'attacha pas à cela une grande importance. Il pensa, ce qui était exact, d'ailleurs, que le marquis se trouvait une fois de plus dans une mauvaise situation pécuniaire, car il n'avait pas encore reçu le produit de la vente de ses coupes de bois.

Mais ce n'était point cela qui préoccupait le jeune homme et le rendait soucieux et taciturne.

Adrien avait longuement réfléchi pendant les trois jours qu'il venait de passer sans sortir de chez lui. Comme il l'avait dit au vicomte, il avait fait toutes ses réflexions.

Les paroles de la marquise de Montperrey n'avaient pas porté à faux, elles avaient eu la puissance de le remuer jusqu'au fond des entrailles. Et ses réflexions, il les avait faites, entendant toujours résonner à ses oreilles ces mots : « Voyons, monsieur le marquis, la main sur votre conscience, vous trouvez-vous digne de ma filleule ? Croyez-vous l'avoir méritée ? » Et ces autres encore : « Je trouve monstrueux qu'on épouse une jeune fille pour sa dot, et si on l'épouse sans l'aimer, cet acte devient une lâcheté ! »

Et, à la suite de ses réflexions, retrempé, régénéré, redevenant maître de sa volonté, le jeune homme avait pris une résolution virile.

XXIX

OU LE MARQUIS S'APERCOIT QU'UN ROTURIER VAUT BIEN UN GENTILHOMME

M. Latrade était seul dans cette salle du rez-de-chaussée, où nous l'avons vu, la veille, causant avec le vicomte de Sanzac, lorsqu'un de ses domestiques lui annonça la visite du marquis de Verveine.

— Mais vous savez bien, dit-il assez brusquement au valet, que M. le marquis n'a plus besoin de se faire annoncer.

Et courant à la porte, les deux mains tendues :

— Mais venez donc, marquis, s'écria-t-il, venez donc ! Par exemple, est-ce que nous avons besoin, entre nous, de tant de cérémonies ?

Grave, un peu pâle, légèrement ému, tenant son chapeau à la main, Adrien entra.

— Vous voilà donc, reprit l'ex-entrepreneur; savez-vous, jeune homme, que c'est aujourd'hui le cinquième jour que nous ne vous avons pas vu? Adèle a été un peu inquiète ; mais hier nous avons eu la visite de de Sanzac, qui nous a rassurés. Par conséquent, vous ne serez pas grondé. Mais vous auriez bien pu nous dire l'autre jour que vous vouliez aller voir ce qui se passe dans votre beau domaine de Verveine. Eh bien, êtes-vous satisfait de votre voyage?

— Oui, assez satisfait.

— Voyez-vous, marquis, il est bon que de temps à autre l'œil du maître soit là. Je sais ça, moi, qui ai dirigé et conduit, pendant près de trente ans, des armées d'ouvriers. En ai-je construit de ces maisons ! C'est ma gloire, à moi ; mes parchemins, marquis, ce sont des pierres de taille !... Mais nous n'allons pas rester debout, je pense. Asseyons-nous. Ma fille est en ce moment avec sa couturière... oh! la coquetterie des femmes ! tout à l'heure nous monterons chez elle.

— Monsieur Latrade, dit Adrien, je suis heureux de vous avoir trouvé ici, seul, car j'ai besoin de vous parler en particulier.

Le bonhomme sourit en clignant de l'œil.

— Eh bien, marquis, dit-il, parlez, je vous écoute.

— J'ai un aveu pénible à vous faire.

— Ah !

— Monsieur Latrade, en ne vous faisant point connaître ma position telle qu'elle est, je vous ai trompé ; je me trouve indigne de l'honneur que vous voulez me faire en me donnant la main de votre fille, je ne peux pas être le mari de mademoiselle Latrade.

— Qu'est-ce que vous me dites là ?

— La vérité, monsieur. Vous êtes immensément riche, et moi je suis pauvre.

— Pauvre, pauvre, pas tant que cela. Quand on possède un château comme celui de Verveine, avec son vaste domaine qui comprend, outre le parc, trois belles fermes d'un excellent rapport, plus de grands et magnifiques bois, qui couvrent une partie d'un arrondissement, on ne peut pas appeler cela rien. Vous ne pouvez pas être le mari de ma fille? Pourquoi ? Expliquez-vous, monsieur le marquis, et après je vous répondrai. Voyons cet aveu pénible que vous avez à me faire.

— Depuis deux ans, depuis un an surtout, j'ai mené une vie désordonnée.
— Dans le genre de celle que mène en ce moment mon coquin de fils.
— J'ai été joueur.
— Jules joue aussi.
— J'ai perdu au jeu des sommes énormes.
— Voilà ce que fait Jules.
— Je ne me suis pas conduit comme un être raisonnable, mais comme un véritable insensé, entassant sottises sur sottises, satisfaisant tous mes caprices, jetant ma fortune à tous les vents.
— Ce matin même, faisant des remontrances à Jules, je lui disais précisément : « Tu te conduis comme un insensé et tu entasses sottises sur sottises ; pour satisfaire tes caprices tu jettes ton argent à tous les vents. »
— Enfin, monsieur Latrade, je suis un dissipateur ; mes revenus ne suffisant pas, j'ai contracté de gros emprunts et laissé prendre successivement hypothèque sur Verveine, mes fermes et mes bois. Follement, bêtement, j'ai gaspillé mon héritage !
— Eh bien, monsieur le marquis, nous savons tout cela.
— Comment, vous savez ?...
— Que vous êtes à peu près ruiné, oui, monsieur le marquis. Morbleu ! vous devez bien penser qu'un homme de ma trempe ne se laisse point prendre au vert ; je me suis informé, j'ai pris des renseignements, et voilà comment j'ai su...
— Alors, monsieur Latrade, vous devez comprendre...
— Oui, oui, je comprends à quels sentiments vous avez obéi en me faisant l'aveu pénible... C'est très bien cela, monsieur le marquis, c'est très beau !... Maintenant voici ma réponse : Monsieur le marquis, plus que jamais, je suis fier de vous avoir pour gendre !

Adrien s'attendait si peu à une pareille réponse qu'il resta stupéfié, les yeux démesurément ouverts fixés sur l'ancien maçon.

Ce dernier reprit :

— On pourrait avoir la velléité de vous faire la mauvaise farce de vous poursuivre afin de s'emparer de vos biens ; mais halte-là, le père Latrade ne l'entend pas ainsi ; on ne fera rien sans sa permission ; il a dans la main ce qui arrêterait les huissiers, les avoués et autres gens de loi à minute, à grosse, à rôle, à paraphe et à papier timbré, qui tous réunis ne valent pas le diable. Donc, de ce côté, pas la moindre inquiétude.

Faut-il vous le dire ? Eh bien, marquis, je voulais vous faire une surprise. Oui, je voulais, le jour de la signature du contrat, vous mettre dans la main les titres de vos emprunts rachetés par le beau-père. Une idée à moi, un petit cadeau de papa.

Le marquis, éperdu, ahuri, continuait à écarquiller les yeux. Le malheureux comprenait trop que M. Latrade ne le laisserait point échapper et il sentait la lourdeur de sa chaîne. Sa situation, qui, pour un autre, non intéressé, avait quelque chose de vraiment comique, était horrible pour lui.

— Oh! je ne renonce pas à mon idée, continua M. Latrade ; et si ce n'est pas le jour de la signature du contrat, ce sera pour un peu plus tard. Je suis allé voir le juif Salomon. Quel drôle de personnage! Il a, m'a-t-il dit, cédé ses créances sur vous à une autre personne; mais il n'a pu ou n'a point voulu me dire le nom de cet individu. Cela m'a contrarié à cause de mon idée, mais pas du tout inquiété. Quand votre créancier voudra bien se faire connaître en employant tel ou tel moyen, nous serons là pour lui répondre.

Ainsi donc, marquis, soyez tout à fait tranquille et dormez sur vos deux oreilles. On ne touchera à aucune de vos propriétés. Le château de Verveine vendu? Jamais, jamais! Voyez-vous, je suis un bonhomme, moi; si j'ai des défauts, — qui n'en a pas? — j'ai aussi quelques qualités.

Je ne vous en veux pas d'avoir fait des dettes; cela ne veut pas dire que je vous donne raison, mais, enfin, je vous le répète, je ne puis vous en vouloir pour cela. Il y a dans la vie tant de choses qu'il faut excuser et pardonner! Je n'ai jamais fait de dettes, moi. Peut-être parce que je n'ai pas pu. Toute ma vie je n'ai connu que le travail. Toujours à mon affaire, je n'ai jamais eu le temps de m'amuser; sans cela, j'aurais probablement fait comme vous, comme Jules et bien d'autres

J'ai commencé à gâcher le plâtre à quatorze ans, je maniais pas mal déjà la truelle à seize. Bon ouvrier, je devins contre-maître, puis directeur de travaux, puis associé et, finalement maître seul de mon affaire, et en travaillant toujours, sans penser à autre chose qu'à travailler, j'ai monté, monté, monté... échelon par échelon, comme à l'échelle ou comme une maison de six étages.

J'ai gagné huit millions! Eh bien, ne faut-il pas que j'en fasse quelque chose? Adèle a un million et demi de dot; mais cette somme lui appartient depuis la mort de sa mère. S'il me plaît à moi, en mariant ma fille, de lui donner encore un million et même deux millions, qui a le droit d'y trouver à redire ? Eh morbleu! ma fortune est à moi, bien à moi! Regardez, marquis, ce sont ces grosses pattes-là qui l'ont gagnée.

En parlant ainsi, le père Latrade était vraiment superbe. Il avait le teint animé, du feu dans le regard, tout riait dans sa physionomie.

Un futur gendre autre que le marquis n'aurait pu résister à tant de rondeur; il aurait saisi et baisé les deux larges *pattes* tendues vers lui.

— Voyez-vous, poursuivit M. Latrade, je n'ai jamais su dépenser mon argent; sans ma femme et ma fille, je crois bien que je porterais encore mon paletot encrassé de poussier de plâtre et de ciment, et je veux bien que le diable m'emporte si j'aurais songé à me bâtir un hôtel. Le goût du luxe m'a empoigné tout d'un coup, comme une maladie contagieuse, — mais n'est-il pas réellement une maladie de notre époque? — et il m'est venu des idées de grandeur. Hé, oui, c'est un travers, je le sais bien. Que voulez-vous, on n'est point parfait.

On peut se moquer de moi, ça m'est égal. Il y a du bon dans ma vanité et mon orgueil de parvenu. Après avoir gagné de l'argent, j'en fais gagner aux autres. Voyons, cela ne vaut-il pas mieux que de l'enfermer dans des coffres comme font les avares?

Mais je me suis un peu éloigné de ce que je voulais dire. J'y reviens. Une fois ma fille mariée, je n'ai plus besoin de luxe, moi. Je serai souvent chez mes enfants, car n'étant ni ennuyeux ni gênant, j'espère bien qu'on n'évincera pas le bonhomme; alors je vivrai magnifiquement avec cinquante mille francs par an. Eh! bien, marquis, mon intention bien arrêtée dès aujourd'hui est de faire deux parts de ce que j'aurai de trop. Je mettrai l'une en réserve pour monsieur mon fils quand il aura un peu plus de plomb dans la tête ; quant à l'autre, je la donnerait tout de suite à ma fille. Hein! n'est-ce pas une excellente idée? elle m'est venue à la suite d'une conversation que j'ai eue avec votre ami le vicomte. Pensez donc, mon gendre, ma fille sera marquise! Je veux qu'elle puisse tenir le rang qui convient à une marquise de Verveine! Voyons, qu'est-ce que vous dites de cela?

— Je... je ne dis rien, parce que je ne sais plus que dire, balbutia le jeune homme en proie à toutes sortes d'anxiétés; je suis confus... je...

— Allons donc, je savais bien que je produirais mon petit effet!

Réellement, Adrien ne savait plus que dire, et son attitude embarrassée disait assez combien la situation étrange dans laquelle il se trouvait était pénible pour lui.

A ce moment, avertie que le marquis causait avec son père, mademoiselle Latrade entra dans le salon.

— Ah! te voilà, Adèle! s'écria M. Latrade; viens vite, j'ai quelque chose à te dire tout de suite devant lui.

— Quoi donc, cher père? demanda la jeune fille après avoir tendu la main à Adrien.

— Devine ce que M. le marquis de Verveine m'a dit tout à l'heure.

La jeune fille regarda Adrien et répondit:

— Je ne sais pas deviner, cher père.

— Tu as raison, ma fille, tu ne devinerais jamais.

— Eh bien, père, dites-le moi.

— Ecoute cela: M. le marquis est venu me dire, comme un aveu qu'il me faisait, — note bien cela, il est venu me dire: Je suis indigne de l'honneur que vous me faites en m'acceptant pour gendre, je ne puis épouser mademoiselle Latrade, parce que vous êtes immensément riche et que je suis pauvre : j'ai mené une vie désordonnée, et, par suite de mes folies, je suis à peu près ruiné. Donc, voilà pourquoi, etc., etc.

Le regard et la physionomie de la jeune fille s'éclairèrent subitement. Ce fut un épanouissement radieux...

Le sein palpitant, les yeux humides de larmes, elle regarda Adrien qui, les yeux baissés, avait l'air d'un collégien pris en faute et qu'on réprimande. Puis lui prenant la main :

— C'est bien, cela, monsieur le marquis, dit-elle vivement émue.

— Je lui ai dit la même chose, reprit M. Latrade, j'ai même ajouté que c'était beau. Puis, je lui ai répondu de la belle manière, à ce grand garçon. Regarde-le, il est encore dans l'ébahissement de ce que je lui ai dit. Par exemple, il a été joliment étonné quand je lui ai répliqué : Hé, monsieur le marquis, ce que vous croyez m'apprendre en ce moment, il y a belle lurette que nous le savons !... Maintenant, ma fille, à ton tour de le gronder. Là, là, je vous laisse.

Et il sortit en riant très fort.

— Ah ! il m'aime, il m'aime ! se disait mademoiselle Latrade dans un délicieux ravissement.

L'attitude d'Adrien était de plus en plus embarrassée.

— Ainsi, monsieur le marquis, lui dit la jeune fille, c'est bien vrai : ayant honte de nous tromper, par excès de délicatesse, vous renonciez à m'épouser ?

Adrien la regarda avec effarement et, accablé, s'affaissa sur un siège.

La jeune fille l'examina avec une surprise mêlée d'inquiétude.

— Qu'avez-vous ? Est-ce que vous souffrez ? lui demanda-t-elle doucement.

Il tressaillit.

— Oui, je souffre, répondit-il avec effort.

Elle fit aussitôt quelques pas vers la porte, avec l'intention d'appeler.

— Non, non, lui dit-il vivement, n'appelez personne.

Elle revint et s'assit en face de lui.

Il était très pâle, de grosses gouttes de sueur perlaient à son front.

— Mais vous êtes réellement malade ! s'écria-t-elle.

— Non, mademoiselle, non, je ne suis point malade ; mais je suis embarrassé et troublé jusqu'au fond de l'âme.

— Pourquoi, mon Dieu ?

— Ah ! fit-il tristement, il y a dans la vie des situations bien difficiles, bien douloureuses.

— De grâce, monsieur le marquis, expliquez-vous.

— Oui, il le faut, mon devoir le veut, mon honneur l'exige.

Puis, comme s'il eût retrouvé tout à coup son courage et ses forces, il reprit d'une voix plus affermie :

— Mademoiselle, c'est un malheureux, un coupable qui est devant vous tremblant, honteux et repentant de ce qu'il a fait.

Les yeux de mademoiselle Latrade se fixèrent sur ceux du marquis avec un douloureux étonnement.

— Vous avez un grand cœur, mademoiselle, continua-t-il, des sentiments élevés, une noble fierté et j'ai eu le bonheur de pouvoir apprécier les qualités exquises que renferme votre cœur. Mon estime et mon admiration pour vous me font mieux sentir encore mon indignité. Je viens implorer votre pardon, mademoiselle, et, j'en suis sûr d'avance, vous me pardonnerez.

Vous savez, par les renseignements qui ont été donnés à M. Latrade, que mes inexcusables folies m'ont conduit à la ruine. Tous mes biens sont hypothéqués en garantie des sommes énormes que j'ai empruntées. D'un moment à l'autre des poursuites judiciaires peuvent être dirigées contre moi. Alors, c'est la catastrophe finale ; c'est le château de mes ancêtres, c'est mon patrimoine tout entier vendu par autorité de justice pour payer mes dettes. Voilà dans quelle situation je me trouve, dans quelle situation je me trouvais lorsqu'on vint me dire : « Pour vous tirer d'embarras et rétablir votre fortune, il n'y a qu'un moyen : il faut vous marier, épouser une jeune fille ayant une grosse dot. » On me parla de vous, mademoiselle, de votre dot et des millions de M. Latrade.

Effrayé de ma ruine, dont je ne pouvais plus douter, je me suis laissé entraîner, conduire, j'ai été faible... Oh ! je ne cherche pas à m'excuser, je sais que ma faute est grande... Je fis la demande de votre main et je fus agréé... Et cela n'était qu'un odieux calcul, je ne pensais qu'à votre dot et aux millions de M. Latrade.

La jeune fille, qui était en apparence très calme, laissa échapper un profond soupir.

— Voilà, mademoiselle, continua le marquis, voilà ce qui est indigne, ce qui fait monter le rouge de la honte à mon front ! Vous avez été, vous, si grande, si noble par le cœur, si digne d'être aimée, vous avez été l'objet de ma vénalité, Je considère une pareille chose comme un crime !... Pardon, mademoiselle, pardon !

Il s'interrompit, pensant qu'elle allait lui répondre : Mais elle lui dit seulement, d'une voix oppressée :

— Je vous écoute, monsieur le marquis, veuillez continuer.

— Que puis-je vous dire encore, mademoiselle ? reprit-il. Il y a quelques jours une voix vénérable, la voix d'une femme qui a été l'amie de ma mère, m'a jeté comme une malédiction ces paroles : « Épouser une jeune fille pour sa dot est une chose monstrueuse ; et si on l'épouse sans l'aimer, cet acte devient une lâcheté. »

La jeune fille porta vivement la main à son cœur. Elle était devenue très pâle.

— J'ai compris, dit-elle d'une voix étranglée, vous ne m'aimez pas !

Il baissa la tête.

— Je m'aperçois bien, continua, le vicomte que tu me retires ta confiance.

— Je sens que vous avez souffert pour me dire cela, continua-t-elle ; aussi je ne veux pas augmenter votre torture en vous laissant m'en dire davantage. Je comprends, je devine tout, monsieur le marquis : les paroles de celle qui a été l'amie de votre mère vous ont touché au cœur. Alors vous avez réfléchi et vous vous êtes dit : « Si j'épousais mademoiselle Latrade, que je n'aime pas, je serais un lâche » ! Et chez vous, aussitôt, le sentiment de l'honneur a parlé, et vous êtes redevenu digne de vous-même. Et vous êtes venu trouver mon père pour lui dire : « Je ne possède plus rien, je suis ruiné », espérant qu'il vous répondrait : « En ce cas, monsieur le marquis, je reprends ma parole, je ne vous donne plus ma fille ! » Mais mon père, qui malgré ses petites faiblesses est le meilleur des pères, le meilleur des hommes, mon père vous a répondu : « Monsieur le marquis, je vous donne ma fille quand même, et ce n'est plus un million et demi, c'est trois, peut-être quatre millions que je vous donne en même temps ! »

Malgré cela, malgré autre chose encore, mettant votre honneur au-dessus de tout, et si pénible que cela fût pour vous, vous n'avez pas hésité à faire votre devoir...

Elle s'arrêta pour respirer. Ses yeux s'étaient voilés de larmes. Elle reprit d'une voix plus faible encore, la tête penchée sur sa poitrine :

— Je commençais à vous aimer, oui, je... commençais... Hé, qu'importe ! fit-elle avec énergie, en se redressant brusquement. Monsieur le marquis, donnez-moi votre main, je vous pardonne !...

Après une pause, elle reprit :

— Si, devenue votre femme, j'eusse découvert que je n'étais pas aimée, je serais morte !... Monsieur le marquis, vous sauvez votre honneur et vous me sauvez la vie !...

— Ah ! mademoiselle, dit-il d'un ton pénétré, comme je me trouve petit et misérable à côté de vous !

— Monsieur le marquis, répliqua-t-elle en se levant, vous avez fait ce que vous deviez et je vous ai pardonné. Ce qui était indigne n'existe plus. Oublions que nous nous sommes connus. Adieu, monsieur le marquis; ajouta-t-elle prête à sangloter, adieu !

Elle s'élança vers la porte, l'ouvrit et disparut.

Un instant après, redoutant de se retrouver en face de M. Latrade, le marquis de Verveine sortit furtivement de la maison.

XXX

LA FAMILLE LATRADE

Mademoiselle Latrade avait rapidement grimpé au premier étage et s'était précipitée dans sa chambre où, aussitôt, sa douleur faisant explosion, elle fondit en larmes.

— Je suis laide, je suis affreuse, on ne m'aimera jamais ! disait-elle en se tordant convulsivement les bras, et si un jour je me marie, on m'épousera pour mon argent !... Mais non, non, je ne me marierai pas, je resterai vieille fille... Oh ! c'est horrible, horrible ! Quelle destinée ! L'opulence, le luxe, à quoi cela sert-il ? A attirer des flatteurs, à être considérée comme une chose que l'on achète, à être mieux trompée!... Ah! la petite ouvrière la plus pauvre, la plus misérable, est mille fois plus heureuse que moi.

Et ses larmes coulaient plus fort, et elle sanglotait.

Une demi-heure s'écoula. Elle s'était calmée, elle avait essuyé ses yeux.

Tout à coup son père entra dans sa chambre.

— Je te cherchais partout, lui dit-il, et tu es ici toute seule. Où donc est le marquis?

— M. de Verveine est parti, sans doute.

— C'est certain, il est parti, et je vous croyais ensemble. Parti sans me dire à revoir, sans me serrer la main! Voilà un singulier procédé, une nouvelle manière de remercier les gens. Par exemple, je ne manquerai pas, à sa première visite, de lui témoigner mon mécontentement.

— M. le marquis de Verveine ne reviendra plus ici, mon père.

— Hein, tu dis?

— Que M. le marquis de Verveine ne reviendra plus ici.

— Il ne reviendra plus? fit M. Latrade stupéfié, en appuyant sur chaque syllabe.

— Non, car il n'a plus aucun motif de venir nous voir.

— Mais je ne comprends pas du tout.

— Mon mariage est rompu, mon père, vous devez renoncer à tous vos beaux projets.

— Ah! çà, que s'est-il donc passé entre vous?

— Nous avons causé, nous nous sommes expliqués.

— Et après m'avoir demandé ta main, il ne veut plus de toi?

— Ce n'est pas tout à fait cela, mon père. Pour plusieurs raisons, dont j'ai apprécié la valeur, M. le marquis de Verveine ne peut faire de moi sa femme.

— Quelles sont ces raisons? demanda M. Latrade d'un ton bref.

— Mon père, il vous les a fait connaître.

— Mais je lui ai répondu.

— Oui. Seulement vous ne l'avez pas convaincu.

M. Latrade secoua la tête.

— Non, dit-il, il y a autre chose que ça. Et tu as accepté ses raisons, comme cela, toi, tout simplement? Il refuse de t'épouser et tu restes calme!

— Mon père, mon père, je vous en prie...

— Mais tu n'as donc pas de cœur! l'interrompit-il d'une voix éclatante

De nouvelles larmes jaillirent des yeux de la jeune fille.

— Ah! tu pleures, maintenant, tu pleures, reprit M. Latrade en s'animant graduellement; eh bien, j'aime mieux ça. Cela prouve que tu sens comme moi l'affront, l'outrage sanglant qui nous est fait! Ah! çà, pour qui nous prend-il donc, ce beau marquis? Croit-il, parce qu'il est noble, qu'il a le droit de se moquer des gens ainsi, impunément? Belle noblesse, vraiment! Mais le dernier homme du peuple n'oserait pas agir ainsi... Il s'est joué de nous, ce marquis, mais on lui apprendra qu'on ne se joue pas de la tranquillité d'une famille, de la réputation d'une jeune fille ! Est-ce que je suis allé le chercher ? Est-ce que j'ai couru après lui, moi ? Est-ce lui qui m'a demandé ma fille ou moi qui la lui ai offerte ?... Ses raisons ! je n'en accepte aucune ; la meilleure ne vaut rien. Il les avait ou bien devait les avoir avant de te demander en mariage. Ce mariage est décidé, conclu, tout est arrangé, et c'est quand tous nos amis, toutes nos connaissances sont prévenus, qu'il vient nous dire : à toi, je ne veux plus de vous ; à moi, je ne veux plus épouser votre fille !... Mais c'est ignoble, cela ; mon palefrenier ne se conduirait pas ainsi. Ah ! ça, est-ce que la fille du père Latrade ne vaut pas un marquis ruiné ? Les privilèges, aujourd'hui, ce sont les aptitudes, l'intelligence, le droit au travail ; les vrais titres de noblesse sont dans les œuvres qu'on a produites ? Qu'a-t-il donc voulu, ce bellâtre ? Faire de nous la risée du monde ?

— Mon père, dit la jeune fille d'une voix suppliante, je vous en prie, calmez-vous !

— Non, non, laisse-moi tranquille ! s'écria-t-il avec emportement. Je ne veux pas qu'on se moque de moi, je ne pardonne pas une injure faite à ma fille ? Tout se révolte en moi. Ah ! on ne me connaît pas, on ne me connaît pas !... Tiens, veux-tu que je te dise la vérité ? Tu connais la situation du marquis, tu sais qu'il est à bout et que, pour se sauver, il faut qu'il se marie richement. Eh bien, la véritable raison de sa conduite misérable est celle qu'il s'est bien gardé de faire connaître. Il ne veut plus t'épouser, toi, parce qu'il en a trouvé une autre.

La jeune fille eut un tressaillement convulsif.

— De grâce, mon père, dit-elle d'une voix étouffée, ne croyez pas cela.

— Je te dis que c'est cela, moi ; voilà la vérité ! Je suis un bonhomme, soit, mais je ne suis pas un imbécile. Et il croit, le misérable, que cela se passera ainsi ! Non, mille fois non, sur mon honneur, que je place plus haut que le sien, cela ne se passera pas ainsi !

Et les yeux enflammés, la fureur dans le regard, frappant des pieds avec rage, l'ex-entrepreneur sortit de la chambre, en refermant sur lui la porte avec fracas.

Le soir, à la tombée de la nuit, Jules Latrade rentra accompagné du vicomte de Sanzac. Celui-ci venait pour savoir ce qui s'était passé le tantôt entre M. Latrade et sa fille et le marquis de Verveine. Peut-être espérait-il que le jeune homme serait là encore. Dans ce cas, on dînerait gaiement en famille, ce qui ferait parfaitement l'affaire du parasite, car, parmi les trucs employés par M. le vicomte pour vivre aux dépens des autres, il ne dédaignait point de quémander un déjeuner à ceux-ci, un dîner à ceux-là.

Le père Latrade le reçut à peu près comme un chien dans un jeu de quilles.

— Monsieur Latrade, dit-il, vous m'accueillez aujourd'hui d'une façon fort singulière.

— Ah! vous trouvez?

— Oui, et votre fils aussi, dont l'étonnement est égal au mien.

— Eh bien, monsieur le vicomte, je suis furieux ; voilà.

— Contre moi?

— Oui.

— Que vous ai-je fait?

— Ce que vous m'avez fait? Est-ce vous ou est-ce un autre qui a amené ici le marquis de Verveine, qui nous l'a présenté?

— Eh bien?

— Eh bien, je vous en veux à cause de cela.

— Mais, enfin, monsieur Latrade, expliquez-vous ; que se passe-t-il? Qu'y a-t-il?

— Il y a, monsieur le vicomte, que vous et votre marquis vous nous avez pris pour des simples, que vous vous êtes moqués de nous.

— Oh!

— Si j'étais un bel esprit comme vous autres, gens de noblesse, je trouverais d'autres mots pour qualifier votre inqualifiable conduite.

— Mais monsieur...

— Votre marquis de Verveine, votre meilleur ami, monsieur le vicomte, est un misérable. Sous le prétexte que je suis millionnaire et qu'il est, lui, un marquis ruiné, n'a-t-il pas eu l'audace de venir nous dire aujourd'hui à moi d'abord et à ma fille ensuite, qu'il ne voulait plus l'épouser?

Atterré, le vicomte resta muet.

— Qu'est-ce que tu dis de cela, toi? demanda M. Latrade, s'adressant brusquement à son fils.

— Je dis, mon père, que c'est une infamie.

— Ah? tu comprends, à la bonne heure ; je vois qu'il y a du sang dans tes veines. Ah! mais, cela ne se passera ainsi!

— Non, cela ne peut se passer ainsi, amplifia Jules Latrade.

— C'est inouï, révoltant, monstrueux, dit le vicomte retrouvant la parole.

— Vous n'approuvez donc pas la conduite de votre ami? lui demanda M. Latrade.

— Je la trouve odieuse, au contraire ; faire cette injure à une jeune fille, à une famille toute entière!... Oh! une pareille chose ne saurait s'excuser!

— Oui, c'est une injure, la plus grave des injures. Que va-t-on penser et dire de nous? Comme ils vont être contents, les envieux et les jaloux!... Il me semble que je les entends rire, se faire des gorges chaudes, se moquer à qui mieux mieux. Je pourrais bien, moi aussi, me moquer du qu'en dira-t-on ; mais on a son amour propre, son orgueil. Et puis, c'est ma fille, tu entends, Jules, c'est ma fille, c'est ta sœur compromise dans sa réputation!

Un mariage qui a été annoncé, dont tout le monde parle et qui ne se fait
as... Pourquoi donc? — Que s'est-il donc passé? — Tout de même, c'est
drôle! — Et l'ancien maçon, le parvenu, le vaniteux Latrade, il doit faire un
nez... — C'est le marquis qui s'est retiré. — Et sans hésiter, malgré la grosse
dot de la fille et les millions du bonhomme. — Oui, il a refusé net d'épouser la
fille! — Il faut bien croire qu'il a découvert quelque chose de grave! —
Et patati et patata... On ne peut pas empêcher les méchants et les sots
de jacasser et de faire toutes sortes de commentaires. Et voilà comment l'honorabilité d'un homme qui a travaillé toute sa vie, qui a réussi, parce qu'il en a pris
la peine, peut être discutée, amoindrie et mise en doute.

— Permettez, monsieur Latrade, vous exagérez beaucoup les conséquences
de la sottise du marquis de Verveine.

— Non, de Sanzac, répliqua Jules, mon père a raison ; voilà ce qu'on dira ;
et, après une rupture aussi inattendue, on pourra supposer les choses les plus
invraisemblables.

— Et, ajouta M. Latrade, nous sommes impuissants contre la calomnie, qui
jette sa bave immonde sur tout ce qu'elle touche, contre la calomnie qui souille,
flétrit, écorche, empoisonne, tue !...

Jules Latrade fit le tour du salon, marchant à grands pas, en proie à une
agitation fébrile. Puis, revenant près de son père :

— Que dit ma sœur? demanda-t-il.

— Rien. Elle pleure, enfermée dans sa chambre.

Le regard de Jules se chargea de sombres éclairs. Le jeune viveur venait
de sentir se réveiller en lui le sentiment de la dignité, de la fierté et de l'honneur.

— Mon père, dit-il d'une voix vibrante, ma sœur est méprisée, outragée,
elle doit être vengée!

— Elle le sera. J'irai demander au marquis de Verveine, raison de sa conduite infâme!

— Pardon, mon père, répliqua Jules, en se dressant de toute sa hauteur,
vous oubliez que vous avez un fils dont le devoir est de vous remplacer dans
cette circonstance. Comme vous et ma sœur, je suis offensé; c'est à moi qu'il
appartient de défendre la réputation de ma sœur, de défendre notre honneur.

Le père saisit les mains de son fils, et, les serrant à les briser :

— C'est bien, dit-il très ému, c'est très bien ; va, je suis content, tu me montres que tu as du cœur!

Le vicomte prit alors la parole.

— Oui, dit-il, c'est très bien ; mais permettez-moi de vous le dire, monsieur Latrade, et à Jules aussi, j'espère que vous n'en viendrez pas à cette extrémité.

— Parce que, monsieur le vicomte?

— Parce que, le marquis se repentira de ce qu'il a fait dans un moment de folie et qu'il reviendra implorer à genoux le pardon de mademoiselle Latrade.

Le père et le fils échangèrent un regard rapide.

— Je le verrai, continua le vicomte, je lui reprocherai sévèrement sa conduite ; je lui ferai voir dans quelle situation il vous jette, quelle conséquence terrible peut avoir pour vous et pour lui sa retraite inexplicable ; bref, je lui ferai entendre raison et je vous le ramènerai.

— Tout cela est fort bien, répliqua M. Latrade, mais s'il refuse ?

— Oh ! alors, je me brouille avec lui, je ne le connais plus, je l'abandonne. J'aurai aussi, moi, à lui demander compte du rôle singulier qu'il m'a fait jouer près de vous ; je prendrai ma part de l'injure qui vous est faite ; et si un duel entre votre fils et lui est inévitable, prenant parti contre le marquis, je réclame l'honneur d'être le premier témoin de Jules.

— Ça, c'est bien parlé, dit M. Latrade.

— Vous serez mon premier témoin, de Sanzac, dit Jules, en lui tendant la main.

— Vicomte, reprit M. Latrade, vous êtes pour nous et avec nous ; c'est bien. Maintenant je ne vous en veux plus.

Alors, il fut convenu que Jules, avant d'agir, attendrait le résultat de la démarche officieuse que ferait le vicomte dès le lendemain. Celui-ci se trouvait ainsi, comme il le voulait d'ailleurs, le pivot de l'affaire. Il tenait dans ses mains les personnages qui ne pouvaient agir sans sa volonté. Et il se promettait bien, si une rencontre devait avoir lieu, de la retarder de quelques jours. Pendant ce temps, il aurait, lui, le temps d'agir d'un autre côté... Et alors, s'il réussissait... Mais ne disons rien, quant à présent, des projets ténébreux du vicomte ; du reste, nous ne tarderons pas à savoir ce qu'il méditait dans l'ombre.

Il fut encore convenu entre M. Latrade, son fils et le vicomte, qu'on ne parlerait pas à mademoiselle Latrade de la décision qu'on venait de prendre, ni des graves résolutions qui pourraient être prises ultérieurement.

Le vicomte fut retenu à dîner. En attendant mieux, il avait toujours gagné cela.

A table, les trois hommes purent causer librement, car mademoiselle Latrade, prétextant un violent mal de tête, avait énergiquement refusé de sortir de sa chambre.

XXXI

LE JEU DU VICOMTE

Le lendemain matin, le vicomte eut avec son associé Lory une longue conférence. Bien qu'il ne crût pas avoir à redouter la curiosité et les indiscrétions de sa cuisinière, maintenant son unique domestique, il avait soigneusement fermé les portes de sa chambre devant lesquelles, par surcroît de précautions, s'élargissaient de lourdes tapisseries.

Le vicomte allait tenter un coup d'audace inouïe ; il se lançait dans une aventure périlleuse sans être certain de réussir, comme le cerf aux abois, qui se précipite au devant de la mort qui l'attend, ou comme un joueur qui jette sur le tapis vert le reste de sa fortune, résolu à se brûler la cervelle après avoir perdu.

Le vicomte avait compté sur le mariage d'Adrien avec mademoiselle Latrade pour pouvoir continuer à se livrer à son genre d'exploitation habituelle ; mais le marquis lui échappait ; car il ne se faisait pas illusion ; il savait que le jeune homme ne reviendrait point sur la résolution qu'il avait prise. Cette dernière ressource, qu'il s'était ménagée avec tant de soins, cette dernière ressource lui manquait ; il ne fallait plus penser aux millions de l'ancien maçon. Ne possédant plus rien, n'ayant plus de crédit, la bourse de ses amis restant fermée pour lui, le vicomte était réellement aux abois.

D'un autre côté, sa vieille haine pour le comte de Lasserre l'aveuglait ; il ne voulait point voir les dangers auxquels il s'exposait, il ne sentait point que les suites de ce qu'il allait faire pouvaient être funestes pour lui. Il était à bout, le misérable, et quoi qu'il puisse arriver, il fallait qu'il jouât son va-tout.

Quand il eut donné toutes ses instructions à Lory, ils se séparèrent.

Ce dernier se rendit directement à la gare du Nord. Il attendit pendant vingt minutes l'ouverture des guichets devant lesquels il passa à son tour pour demander un billet de troisième classe pour Ermont.

Le vicomte avait achevé de s'habiller et était sorti pour se rendre également à la gare du Nord. Sans avoir l'air de le connaître, sans même échanger un regard avec lui, il passa devant Lory, qui l'attendait, et s'empressa d'aller prendre son billet de première classe, car le guichet allait se refermer. Il traversèrent les salles d'attente, déjà ouvertes, et montèrent dans le train. A la station d'Ermont ils descendirent. Le vicomte s'éloigna rapidement, suivi à distance par Lory.

Bientôt, le vicomte se trouva au milieu des champs. Il prit un chemin, assez bien entretenu, qui grimpe le coteau d'Ermont et conduit au milieu des bois qui font suite à la forêt de Montmorency. Ce chemin étant, pour le moment, complètement désert, et jugeant qu'il pouvait se relâcher un peu de sa prudence, le vicomte s'arrêta et fit signe à Lory de le rejoindre. Celui-ci hâta le pas et fut bientôt près de son maître.

— As-tu bien regardé ? lui demanda le vicomte.

— Oui.

— Es-tu sûr de te reconnaître ;

— Parfaitement.

— Même la nuit ?

— Oui, même la nuit.

— Mon dernier mot, répondit le jeune homme, le voici...

— La route que nous avons traversée mène à Pontoise ; c'est par cette route, qui continue celle de Saint-Denis, qu'on vient ici de Paris, en voiture. Maintenant, marchons. Nous en avons encore pour vingt minutes, un bon quart d'heure en pressant le pas.

Au bout d'un instant, le vicomte reprit :

— Il y a d'autres chemins qui traversent les bois et par lesquels on peut également arriver à l'endroit où nous allons, comme celui qui passe au bas de Montmorency et qui est beaucoup moins long ; mais en venant par là, on peut s'égarer facilement, en prenant dans le bois un chemin autre que celui qu'on doit suivre. Par ici, au contraire, à moins qu'on n'y voie pas clair du tout, il est impossible de se tromper. Il y a une forte montée, c'est vrai, mais le chemin n'est pas mauvais.

Ils avaient gravi le coteau et, depuis un instant, ils étaient sous bois. Ils arrivèrent à un carrefour. Le vicomte s'arrêta.

— Nous cessons de suivre la route qui descend à Ermont, dit-il. Regarde ces quatre chemins creusés d'ornières qui s'enfoncent dans le bois, deux à droite et deux à gauche.

— Je les vois.

— Fais bien attention; nous laissons les deux à gauche, nous laissons également le premier à droite, et nous prenons celui-ci.

— Bien, je grave ça dans ma *boussole*.

— Avançons.

Après avoir marché encore pendant sept ou huit minutes, ils arrivèrent devant une vieille grille de fer rongé par la rouille, qui fermait un vaste enclos. A travers cette grille, au milieu d'arbres qui commençaient à bourgeonner et qui élevaient leurs branchages au-dessus d'un taillis déjà vert, on apercevait, à une assez grande distance, un vieux bâtiment noir, aux murs lézardés, ayant un étage sur rez-de-chaussée, et flanqué de deux tourelles percées de meurtrières, comme les murs d'une forteresse.

Cette habitation semblait déserte. De fait, elle devait être abandonnée depuis longtemps par son propriétaire, à en juger par les herbes, les mousses et les ronces qui avaient envahi toutes les allées.

— Nous n'allons pas plus loin, c'est ici, dit le vicomte.

— Est-ce que quelqu'un habite là-dedans? demanda Lory.

— Oui, deux personnes, le mari et la femme, qui seront, j'en suis certain, enchantés de ma visite.

— Mais c'est un vrai désert; on se croirait dans un pays habité par des sauvages.

— La maison, que nous apercevons d'ici, n'a pas, en effet, un agréable aspect; mais l'intérieur ne ressemble nullement à l'extérieur. Il y a plusieurs pièces très belles, bien décorées et convenablement meublées.

— Ma foi, on ne le dirait guère.

— Autrefois, maître Lory, il y avait ici une faisanderie et des faucons. C'était un magnifique rendez-vous de chasse où les plus grands seigneurs, des princes et même des rois, venaient gaiement s'attabler pour boire les meilleurs vins de France, en compagnie de belles et nobles dames, qui ne craignaient point de s'égarer un peu à travers les taillis.

Il y a une dizaine d'années, un richissime Yankee de mes amis a acheté cela uniquement pour se donner le plaisir d'y recevoir se amis des deux sexes, et de dépenser beaucoup d'argent dans des fêtes endiablées qui duraient généralement plusieurs jours et plusieurs nuits. Cela marcha ainsi pendant deux ans. Alors, ruiné ou à peu près, mon Yankee retourna en Amérique pour y refaire sa fortune, et il n'en est pas encore revenu. Depuis près de cinq ans, je suis sans nouvelles de lui. Que fait-il? Je commence à croire qu'il est mort. Avant de quitter Paris, il m'a prié de venir ici quelquefois, ce que j'ai fait, et ce que je fais encore, car trois ou quatre fois chaque année, dans la belle saison, j'y réunis cinq ou six amis et le même nombre de jolies filles, la fine fleur de nos belles pécheresses. Elles viennent réveiller les échos endormis des éclats de rire et des soupirs amoureux des nobles dames qui, jadis, charmaient le rendez-vous de chasse.

Il y a quatre ans, il y avait encore ici un jardinier; la propriété avait alors un autre aspect; il ratissait les allées, taillait les arbustes, émondait les arbres et faisait pousser quelques fleurs. Mais comme son maître, ou le correspondant à Paris de ce dernier, oubliait trop souvent de lui payer ses gages, il est allé travailler ailleurs.

C'est moi qui ai placé ici les gardiens actuels du *Clos d'Iris*, — c'est le nom qu'on a donné au rendez-vous de chasse, probablement en souvenir d'une des belles dames qui le fréquentaient. — Inutile de te dire que l'homme et la femme me sont entièrement dévoués; pour m'être agréables ils se feraient hacher en morceaux. Ils ne reçoivent pas un sou de l'Américain; cependant ils vivent assez convenablement, grâce aux largesses des personnes que nous recevons au Clos d'Iris.

Maintenant, te voilà instruit. Il n'est pas nécessaire que tu m'accompagnes jusqu'à la maison; tu vas aller t'asseoir ou te coucher au pied d'un arbre en m'attendant.

Sur ces mots, le vicomte tira une clef de sa poche, ouvrit une porte pratiquée dans le mur à quelques pas de la grille, et entra dans l'enclos.

Au bout de vingt minutes, il reparut. Lory s'élança de l'endroit où il s'était blotti.

— C'est fait, lui dit le vicomte; dès ce soir tout sera prêt.

Et, reprenant le même chemin, ils revinrent à la station d'Ermont, où ils n'eurent plus l'air de se connaître.

Il n'était pas encore trois heures quand ils rentrèrent à Paris.

Sans se préoccuper de Lory, qui savait ce qu'il avait à faire de son côté, le vicomte prit une voiture de place et se fit conduire rue Vanneau. Comme il s'y attendait, le marquis était chez lui. Il le trouva fort triste et en train de réfléchir profondément, étendu sur le canapé du salon.

Adrien ne parut nullement enchanté de la visite du vicomte. Du reste, celui-ci n'espérait point qu'il se jetterait à son cou. La froideur glaciale du jeune homme ne lui causa aucune surprise.

— Mon cher Adrien, dit-il, quand deux amis comme nous, deux inséparables, se battent froid et ne sont plus d'accord, c'est qu'une femme s'est placée entre eux. Oh! les femmes! Elles ont toujours eu et auront toujours sur nous la plus funeste influence; elles forceraient deux montagnes à se battre ensemble.

Adrien jeta un regard oblique sur le vicomte, en ébauchant un sourire plein d'amertume.

— Je m'aperçois bien, continua le vicomte, que tu me retires ta confiance. Depuis quelques jours, il s'est passé en toi ou autour de toi quelque chose que tu me caches. En vérité, je ne sais pas bien pourquoi; mais, enfin, c'est ton secret. Garde-le, je ne te le demande point. Cependant, permets-moi de te dire que je trouve cela mal, après les nombreuses preuves d'amitié que je t'ai données. Je te dis cela, en passant, sans avoir l'intention de te faire un reproche. Va, je connais la vie; je sais bien qu'il faut s'attendre à y rencontrer, à côté de beaucoup d'autres choses, l'ingratitude.

Je ne veux plus te parler de ton rêve insensé; je t'ai dit à ce sujet tout ce que je pouvais te dire.

— Tout? fit Adrien.

— Oui, tout. Je t'ai montré où tes lubies te conduisaient... Un instant tu m'as écouté, ayant l'air de me comprendre.

— Malheureusement! pensa le jeune homme.

— Puis une vision a passé devant tes yeux et tu t'es replongé dans les fatales illusions de ton rêve. J'ai cherché à te sauver, tu ne veux pas, je n'ai plus rien à faire pour toi.

— C'est vrai, de Sanzac.

— Tu te demandes en ce moment dans quel but je suis venu te voir.

— Je le devine un peu, répondit Adrien avec aigreur.

— Tu devines que j'ai vu la famille Latrade?

— Oui.

— J'ai passé la soirée d'hier avec M. Latrade et son fils. Donc, je sais avec quelle aisance et quelle facilité tu reprends ta parole après l'avoir engagée. D'habitude, dans notre monde, — ceci soit dit sans t'offenser, — on y met un peu plus de formes. Il est vrai que le bonhomme Latrade n'est qu'un ancien maçon; mais il y a mademoiselle Latrade, qui n'est pas précisément une fille de rien. Entre nous, mon cher, tu nous as fait jouer, près de ces braves gens, deux rôles de haute comédie. Eh bien, le père et le fils sont furieux; je ne parle pas de la fille; tout entière à sa douleur, elle ne fait que pleurer. Les raisons que tu as données pour rompre les engagements pris, présentées d'ailleurs si tardivement, ont été trouvées absolument mauvaises, et le père et le fils ne peuvent les admettre.

En vérité, je me demande si, avant d'agir, tu as réfléchi, pensé à ce que tu allais faire.

— Je vous réponds immédiatement, de Sanzac; j'ai réfléchi et pensé.

— Soit! Mais tu n'as certainement pas vu dans quelle situation déplorable tu mettais M. Latrade et les siens?

— J'ai vu cela parfaitement.

— Et tu ne t'es pas arrêté?

— Puisque je me suis retiré.

— Comme cela, tout simplement, le cœur léger, te souciant comme de rien de la réputation d'une jeune fille qui a eu seulement le tort de t'aimer et de vouloir te donner des millions!

— Pardon, de Sanzac, je ne vois pas en quoi j'ai touché à la réputation de mademoiselle Latrade.

— Parbleu! j'en étais sûr, tu ne t'es pas douté que, moralement, tu causais à la famille Latrade un tort considérable. Le mariage a été annoncé comme un fait accompli...

— Malgré moi; je ne le voulais pas.

— C'est possible; mais, enfin, tout Paris sait que tu as demandé mademoiselle Latrade et que sa main t'a été accordée. Or, quand on saura que tu as rompu brusquement, que pensera-t-on?

— Ce qu'on voudra.

— Il y a les suppositions stupides, les interprétations malveillantes, la calomnie... en un mot, il y a le monde.

— On le laisse dire, répliqua le jeune homme, en haussant dédaigneusement les épaules.

— Tu peux te moquer de lui, si tu le veux, comme de la façon dont, souvent, il se permet de juger les choses; mais, sur ce point, beaucoup de gens n'ont pas ton manque de susceptibilité. Il en est qui s'effrayent du bruit fait autour d'eux et qui redoutent ces jugements du monde que tu dédaignes. M. Latrade et son fils sont de ceux-là. Un homme riche comme M. Latrade, qui, sorti de rien, s'est élevé par lui-même, n'est pas sans avoir autour de lui beaucoup de jaloux et d'envieux. On sait ce que valent les envieux et les jaloux et de quoi ils sont capables. Certes, ils vont avoir beau jeu, quand ils apprendront que mademoiselle Latrade n'épouse plus le marquis de Verveine. Les paroles perfides, les coups de griffe, la médisance iront bon train; de la médisance à la calomnie il n'y a qu'une petite distance, qui sera vite franchie. Bref, à tort ou à raison, M. Latrade et son fils pensent que leur parfaite honorabilité va être mise en suspicion.

— Que puis-je faire contre cela?

— C'est à toi-même, à ta conscience qu'il faut le demander.

— Ma conscience me dit que j'ai bien agi.

— Cela prouve qu'elle n'est pas bien difficile. Ainsi, malgré ce que je viens de te dire, tu ne veux pas revenir sur ta grave résolution?

— Jamais !

— Je ne dois pas te cacher que je suis venu ici en conciliateur, et que je te parle au nom de M. Latrade et de son fils.

— Je m'en doutais.

— Qu'aurai-je à leur dire ?

— Ce que vous voudrez.

— Voilà une réponse bizarre.

— J'ai parlé à M. Latrade, je me suis expliqué avec mademoiselle Latrade ; je n'ai rien à leur faire dire de plus.

— Je t'ai dit tout à l'heure pourquoi ils ne pouvaient pas accepter tes raisons.

— Je n'en ai pas d'autres à leur donner.

— Alors, se considérant comme outragés, ils se verront forcés de te demander une réparation.

— Un duel ?

— Oui.

— C'est insensé !

— Selon toi. Je crois, moi, qu'une rencontre est inévitable.

— Entre M. Latrade et moi ?

— Avec Jules, qui veut défendre la réputation de sa sœur et leur honneur à tous les trois. J'ajoute que si je ne m'y étais opposé, tu aurais déjà reçu ses témoins. J'ai cru devoir prendre ta défense et chercher à t'excuser ; et j'ai obtenu que ces messieurs ne feraient rien avant de connaître le résultat de mes négociations. Faut-il te le dire, j'espérais...

— Quoi ?

— Te ramener repentant dans les bras de cet excellent M. Latrade, qui voulait faire de toi le plus millionnaire des marquis.

— Renoncez à cet espoir, de Sanzac.

— Adrien, je te le dis une dernière fois, tu as tort.

— C'est votre avis, de Sanzac, et non le mien.

Le vicomte secoua tristement la tête.

— Je suis navré, dit-il. Quoi, je verrai se battre ensemble deux amis d'hier, deux jeunes gens que j'aime.

— Sans doute, puisque vous dites que ce duel est inévitable.

— Adrien, Jules Latrade est très fort à l'épée.

— Je le sais.

— Très adroit au pistolet.

— Plus adroit que moi.

— Mais, malheureux, il peut te tuer !

— Je ne suis pas encore mort !

— Te blesser dangereusement !

— On guérit une blessure.

Le vicomte se mordit fortement les lèvres.

— Je n'ai plus rien à faire ici, dit-il en se levant, je m'en vais.

— Si vous voulez, répondit froidement le marquis.

Le vicomte marcha vers la porte, puis se retournant brusquement :

— Adrien, dit-il, ton dernier mot?

— Mon dernier mot, répondit le jeune homme, le voici : puisque Jules Latrade croit avoir à me demander une réparation par les armes, vous pouvez lui dire que j'attends les témoins qu'il me fera l'honneur de m'envoyer.

Un sombre éclair sillonna le regard du vicomte.

— A revoir! dit-il avec raideur.

Et il s'en alla.

Il rentra chez lui furieux contre le marquis, se demandant pour la centième fois, peut-être :

— Que s'est-il donc passé ?

Il ne pouvait pas deviner qu'Adrien avait rencontré Aurore chez la marquise de Montperrey et que, là, il avait appris que madame Delorme et sa fille, si lâchement calomniées par lui, étaient, la première l'amie de la marquise et l'autre sa filleule.

Immédiatement il écrivit un billet de quelques lignes à M. Latrade pour lui dire qu'il s'était présenté deux fois dans la journée chez le marquis de Verveine, sans avoir pu le rencontrer. Il ajoutait :

« Prenez patience, je serai probablement plus heureux demain. Je suis toujours convaincu que je parviendrai à arranger les choses. J'ai sur Adrien une certaine autorité, je lui ferai voir facilement qu'il a mal agi envers vous, et qu'il n'a qu'une chose à faire : vous demander de le pardonner. »

Comme on le voit, le mensonge ne coûtait guère au vicomte. Bast! cela lui était bien égal de mentir. Il tenait à ce que le duel fût retardé de quelques jours et louvoyait en conséquence.

TROISIÈME PARTIE

RÉDEMPTION

I

LES PORTRAITS DES ANCÊTRES

Le coupé de madame Delorme, attelé d'un superbe cheval bai, attendait dans la cour. Trois heures venaient de sonner. Devant la porte de l'écurie, laissée entr'ouverte, Louis, le cocher, causait avec son nouvel ami Constant, ancien cocher de bonne maison, vivant maintenant de ses petites rentes.

Avons-nous besoin de dire que Constant est le nom que s'était donné Lory ?

— Mademoiselle sort seule aujourd'hui, dit Louis, répondant à une question que venait de lui adresser Lory ; nous n'irons pas loin, car je suppose qu'elle va voir son père, qui demeure rue du Rocher ; c'est l'affaire d'une heure, une heure et demie ; je serai donc libre de bonne heure, et nous nous retrouverons chez le père Charlot, pour boire gaiement la fine de vieux que je t'ai gagnée hier, en cent cinquante d'un seul coup.

— Tu as eu une veine !... Quatre-vingt-dix et capot ! Seulement, tu ne me verras peut-être pas ce soir chez le père Charlot, j'ai une longue course à faire.

— Ne te gêne pas, mon vieux, ce sera pour demain ou un autre jour.

— Tu sais bien que je ne me fais pas tirer l'oreille pour payer mes dettes de jeu.

— C'est connu, tu es un bon zigue.

— Ah ! voilà mademoiselle.

Aurore entrait dans la cour.

Louis s'empressa d'ouvrir la portière du coupé pendant que Lory, ne voulant pas que la jeune fille le vît, se glissait prestement dans l'écurie par la porte entrebâillée.

Un pied sur le marchepied, Aurore dit à son cocher :

— Louis, nous allons d'abord chez mon père, où je resterai le moins possible ; ensuite vous me conduirez rue Davy, n° 6.

Le narcotique avait achevé de produire son effet. Louis dormait profondément.

— Rue Davy ? fit le cocher.
— C'est aux Batignolles.
— Nous trouverons, mademoiselle.
— Louis, je désire qu'on ne sache pas, mon père surtout, que vous m'aurez conduite là.

Et comme le cocher paraissait étonné et prenait un air soucieux, elle s'empressa d'ajouter :

— Ne craignez rien, c'est rue Davy que demeure madame Durand, mon institutrice, je veux la voir ce soir. Je resterai peut-être un peu longtemps avec elle; mais je dirai, en rentrant, que nous sommes revenus par les Champs-Élysées et les grands boulevards. Hélas! fit-elle tristement, je suis obligée de mentir.

— C'est bien, mademoiselle, répondit Louis, je ferai comme vous voulez.

Aurore prit place dans la voiture, Louis ferma la portière, monta sur son siège, prit les rênes, fit claquer sa langue et le cheval partit.

La tête en avant, l'oreille tendue, Lory n'avait pas perdu un mot de ce qu'avait dit Aurore au cocher. Avant que le coupé eût passé la porte cochère, il sortit de l'écurie et marcha lentement, les deux mains dans ses poches.

— Bonsoir, monsieur Chaminon, dit-il au concierge, en passant devant lui.

— Bonsoir, monsieur Constant, répondit l'homme du cordon.

Quand il fut sur le trottoir, Lory marcha rapidement jusqu'à une voiture qui stationnait à quelque distance, et dont le cocher, un œil fermé et l'autre ouvert, faisait mine de dormir.

— Vite, vite, rue Grammont, fouette ton cheval, lui dit Lory.

— Alors, il y a du nouveau? fit Colibri tout en saisissant les rênes.

— Oui, car je crois bien que c'est pour ce soir.

Lory se jeta dans le fiacre et, aussitôt piqué au flanc, le cheval fila comme une flèche.

Depuis trois jours, attendant l'occasion, qui ne pouvait manquer de se présenter, de mettre à exécution la première partie de son plan, le vicomte ne bougeait plus de chez lui entre deux heures et neuf heures du soir.

Voyant arriver Lory, qui, ayant monté l'escalier quatre à quatre, était tout essoufflé, il ne put s'empêcher de tressaillir.

— Eh bien? l'interrogea-t-il.

Sans se donner le temps de reprendre haleine, Lory lui rapporta exactement les paroles qu'il avait entendues, caché dans l'écurie.

Le regard du vicomte s'éclaira de lueurs sombres.

— Tout cela est exquis, dit-il.

— Que faut-il faire, demanda Lory.

— Agir, et sans perdre une seconde.

— Si je ne réussis pas?

— Il faut réussir.

— Pourtant...

— De l'adresse et en même temps de l'audace, entends-tu? Oui, de l'audace, toujours de l'audace! L'occasion est trop belle pour que nous la laissions échapper. Colibri est avec toi?

— Oui.

— Où est-il?

— En bas, avec sa voiture.

— C'est parfait. Maintenant décampe. Tu sais ce que tu dois faire.

Lory descendit l'escalier plus vite encore qu'il ne l'avait monté; il dit tout bas quelques mots à Colibri et remonta dans le véhicule qui se remit à rouler, brûlant le pavé.

— Enfin, se disait le vicomte, faisant jaillir autour de lui les éclairs de son regard, cela va commencer; après, nous verrons.

Il s'habilla très vite, et, dix minutes après le départ de Lory, il sortait de chez lui.

. . . .
. . . .

— Au coup de sonnette qu'Aurore fit entendre à la porte de l'appartement de son père, Théodore vint lui ouvrir. Francesca, la muette, ne se montrait presque jamais.

— Je puis voir mon père? demanda la jeune fille.

— Oui, mademoiselle, vous le trouverez dans son cabinet.

Et comme on n'annonçait jamais la jeune fille, elle se dirigea seule vers la pièce où le comte de Lasserre se tenait presque constamment.

Voulant le surprendre, ainsi que cela lui arrivait quelquefois, et lui révéler sa présence près de lui en lui jetant ses bras autour du cou, elle ouvrit doucement la porte et entra sans bruit.

Le comte n'était pas dans son cabinet.

La jeune fille étonnée regarda autour d'elle.

Soudain, ses yeux tombèrent sur une porte dont elle n'avait jamais remarqué l'existence, étant toujours cachée derrière une tapisserie.

— Il est là, se dit-elle.

Et un doux sourire effleura ses lèvres.

La porte était entr'ouverte. Aurore marcha de ce côté, sur la pointe des pieds, légère comme une sylphide, et pénétra dans la chambre secrète.

Étendu sur le sofa, la tête appuyée sur un coussin, et les yeux fixés sur un point du mur, en face de lui, le comte réfléchissait profondément ou rêvait.

La jeune fille put s'avancer tout près de lui, et il ne la vit que lorsqu'elle s'inclina pour lui mettre un baiser sur la joue.

— Ah! ma fille, fit-il en l'entourant de ses bras.

Heureux de tenir Aurore serrée contre son cœur, il ne pensait pas qu'elle se trouvait dans la chambre où il ne voulait pas qu'elle entrât.

Pendant un instant, ils échangèrent des baisers et des paroles affectueuses.

— Père, lui dit tout à coup Aurore, je ne connaissais pas cette chambre, comment se fait-il que vous ne m'y ayez jamais fait entrer?

— Parce que je n'y ai pas pensé, répondit-il.

Elle se leva, et faisant rapidement l'inventaire de la pièce :

— Votre petit salon, cher père, dit-elle, n'est guère meublé; et puis c'est un peu triste et trop sombre. Mais je comprends, monsieur le savant, c'est ici que vous vous livrez à vos graves méditations.

Elle eut un délicieux sourire et marcha vers la fenêtre dont elle tira le rideau de velours. La lumière entra à flots dans la chambre.

— A la bonne heure, reprit-elle ; comme cela, au moins, on y voit. Quand je viens vous voir, cher père, j'aime bien que vous m'embrassiez, mais j'aime bien aussi pouvoir vous regarder. Vos doux yeux, toujours pleins de caresses, me disent tant de choses !

Elle revint près de lui, l'embrassa sur les deux joues, puis debout au milieu de la pièce, elle se mit à regarder les tableaux, maintenant en pleine lumière, qui décoraient les murs.

— Ah ! s'écria-t-elle gaiement, je reconnais celui-là, celui-ci aussi, cet autre encore... Un, deux, trois, quatre, cinq, six : ceux-là étaient à la Cordelière ; les autres, je ne les connaissais pas. Père, est-ce que vous les avez achetés depuis peu ?

— Oui, depuis peu.

— Ce ne sont que des portraits. En fait de tableaux, cher père, vous n'aimez donc que les portraits ?

— Tu en vois la preuve.

— Je ne m'y connais pas beaucoup, mais je trouve que toutes ces toiles sont admirablement peintes. Ce sont de grands artistes qui ont fait ces portraits, n'est-ce pas, père ?

— Oui, de grands artistes.

— Comme ils ont grand air, tous ces personnages ! Oh ! les femmes sont superbes !... Quelle majesté !... Comme elles portent bien leurs magnifiques et riches toilettes! C'est singulier, je suis tout émue en les regardant ; il me semble qu'elles aussi me regardent, qu'elles me parlent, qu'elles me connaissent et que je ne leur suis pas étrangère ! Père, je sens que si elles vivaient encore, je les aimerais. Mais toutes sont mortes, depuis longtemps.

— Oui, toutes sont mortes, murmura le comte.

— On voit, par le costume qu'elles portent, à quelles époques elles vivaient. Père, elles étaient au moins des baronnes, des comtesses ou des marquises, comme madame de Montperrey.

— Je ne sais pas, ma fille.

— Ah ! fit-elle, en s'arrêtant devant un portrait d'homme, portant un riche et élégant costume du temps de Louis XV.

— Père, reprit-elle, ce beau seigneur, regardez...

— Eh bien ?

— On dirait que c'est vous, tellement vous lui ressemblez.

— Une idée que tu te fais, Aurore. Mais tu as assez regardé ces vieilles toiles, continua-t-il en se levant, allons, viens dans mon cabinet.

— Je vous en prie, cher père, permettez-moi de regarder encore; j'éprouve un véritable plaisir.

Le comte n'osa pas insister.

La jeune fille avança de quelques pas.

— Ah! dit-elle, voici une dame qui n'est pas vêtue comme les autres; à peu de chose près, elle est habillée comme on s'habille aujourd'hui; on voit bien aussi que la peinture n'est pas ancienne. Comme elle a l'air bon! Quelle douceur dans la physionomie! Comme le regard... Père, cher père, mais elle a tout à fait votre regard et vos yeux.

Le comte commençait à se sentir mal à l'aise.

— Petite folle, fit-il, ayant l'air de railler, est-ce que tous les yeux et tous les regards n'ont pas entre eux de la ressemblance? Maintenant que tu as vu tous ces portraits, viens, viens.

La jeune fille venait de se retourner et se trouvait juste en face du portrait de la dernière comtesse de Lasserre, qui, nous le savons, avait été récemment couvert d'un voile.

— Cher père, dit Aurore, il y a un tableau là.

— Oui, répondit-il brusquement.

— Pourquoi donc y a-t-il dessus cette vilaine toile noire?

— Pour le cacher.

— Et pourquoi le cacher, cher père?

— Parce que, parce que... balbutia le comte interloqué, et sans trop savoir ce qu'il répondait, parce que la peinture est mauvaise.

— Cela ne fait rien, cher père, je voudrais voir aussi ce portrait.

— Non.

— Pourquoi, père?

— Tu ne dois, tu ne peux pas voir cela.

— C'est donc laid à regarder?

— Affreux!

— Ah!... Mais alors, cher père, vous qui vous connaissez en peinture comme en toute autre chose, vous qui êtes si délicat, toujours si scrupuleux, pourquoi donc avez-vous acheté ce vilain tableau?

— Aurore, répliqua le comte, avec un mouvement d'impatience qu'il ne put réprimer, tu m'ennuies avec tes questions.

— Oh! mon père! fit la jeune fille d'un ton affligé.

— C'est vrai, tu n'es pas raisonnable... Voyons, qu'est-ce que cela te fait que ce tableau soit voilé?

— Mon père, répondit la jeune fille avec une sorte d'exaltation, dans tous ces portraits qui m'entourent, je crois voir les ancêtres glorieux et vénérés d'une même famille à laquelle vous appartenez, à laquelle j'appartiens aussi... Encore une idée que je me fais, mon père... Et là, cet autre portrait caché, voilé de noir, que je ne dois, que je ne peux pas voir, ce portrait m'attire vers lui malgré moi, et je voudrais...

— Tu voudrais !

— Le découvrir, mon père !

— Cela, répliqua-t-il vivement et d'une voix frémissante, je te le défends !

La jeune fille laissa échapper un long soupir. Puis, s'appuyant de ses deux mains jointes sur l'épaule du comte :

— Père, dit-elle d'une voix câline, un jour tu me le montreras, n'est-ce pas ?

— Jamais, jamais ! répondit le père avec emportement.

Et saisissant le bras de sa fille, il l'entraîna presque violemment hors de la chambre. Entré dans son cabinet, il se calma subitement. Il appuya ses lèvres sur le front d'Aurore et lui dit en souriant :

— Tu es toujours une enfant gâtée, je t'ai laissé regarder mes tableaux, des portraits plus ou moins beaux, plus ou moins intéressants, que j'achète de loin en loin, lorsque le hasard m'en fait rencontrer un qui me plaît. Si l'un d'eux est recouvert d'une toile, c'est que je le trouve indigne de figurer dans ma petite galerie et que je ne veux pas qu'on le voie. Ainsi, voilà qui est dit ; tu ne me parleras plus de cela, n'est-ce pas ?

— Je ne vous en parlerai plus, répondit tristement Aurore en baissant la tête.

Ils causèrent pendant un instant encore, puis Aurore se leva pour s'en aller. Comme toujours le comte l'accompagna jusque dans la rue. Il ne rentra qu'après avoir vu le coupé descendre la rue du Rocher et disparaître à l'angle de la rue de la Pépinière.

Louis n'avait pas oublié que sa jeune maîtresse lui avait dit : « Je ne veux pas qu'on sache, mon père surtout, que je vais voir ce soir mon institutrice. » Alors, sous les yeux du comte, il avait descendu la rue du Rocher comme s'il allait rentrer directement. Mais, arrivé à la rue de la Pépinière, il tourna à gauche et remonta vers les Batignolles par la rue de Rome.

Pendant que le coupé descendait la rue du Rocher, Aurore se disait :

— C'est étrange ! Pourquoi donc mon père a-t-il mis un voile sur ce portrait ? Pourquoi donc ne veut-il pas que je le voie ?

Mais cela cessa bientôt de la préoccuper et elle ne pensa plus qu'à la joie, au bonheur qu'elle allait éprouver en revoyant son institutrice, celle qu'elle aimait à appeler maman.

II

SCÈNE INTIME

En moins d'un quart d'heure le coupé arriva rue Davy et s'arrêta devant le n° 6. Louis sauta à bas de son siège et ouvrit la portière. Aurore mit pied à terre.

— C'est ici? dit-elle.

— Oui, mademoiselle, et voilà la porte de la maison.

— Merci, Louis.

Elle entra et s'adressant à la concierge :

— Madame Durand? demanda-t-elle.

— Madame Durand est chez elle, mademoiselle, répondit la concierge, ouvrant de grands yeux pour mieux voir sans doute la belle jeune fille; vous pouvez monter : c'est au troisième, la porte à droite.

— Je vous remercie, madame, dit gracieusement Aurore.

Et d'un pas léger, serrant les plis de la jupe de sa robe, elle monta l'escalier.

Il n'y avait pas de sonnette à la porte indiquée. Elle frappa. Aussitôt, elle entendit le bruit d'une chaise remuée, puis marcher, et la porte s'ouvrit.

— Ah! ah! ah! fit la comtesse, que l'étonnement, la joie suffoquaient.

Mais elle avait ouvert ses bras, et la jeune fille s'y précipita en prononçant ce mot charmant et délicieux que la mère ne croyait plus entendre : maman! Puis, pendant un instant, on n'entendit plus que le bruit d'une infinité de baisers donnés et rendus.

La comtesse referma la porte, et l'un de ses bras continuant à entourer la taille de la jeune fille, elle l'entraîna près d'une causeuse, meuble principal de la pièce, qui était une petite salle à manger, et dont l'institutrice faisait en même temps son salon.

Elles s'assirent à côté l'une de l'autre et Aurore se mit à examiner les objets qui l'entouraient.

— Vous regardez mon modeste mobilier, lui dit la comtesse, ébauchant un pâle sourire; ce n'est ni beau, ni riche; on fait comme on peut, ma chérie; on doit toujours régler ses dépenses sur ses moyens. Je n'ai que cette pièce et une autre à côté d'égale grandeur dont j'ai fait ma chambre. Aujourd'hui, les appartements se louent très cher; les pauvres gens trouvent difficilement à se loger d'une façon convenable. Je ne parle pas de moi; mon réduit me plaît, j'y suis tranquille. A côté de tant d'autres, je suis ici comme dans un palais.

Les yeux de la jeune fille s'étaient fixés sur ceux de l'institutrice, dans lesquels elle voyait rouler des larmes.

— Qu'est-ce que vous faisiez quand j'ai frappé à la porte?

— Ce que je faisais?... Je pensais à vous, ma chérie.

— Et en pensant à moi vous pleuriez?

— Mais non, je ne pleurais pas.

Aurore secoua la tête.

— Je le vois bien, dit-elle; vos yeux sont rouges et encore pleins de larmes.

— Le plaisir de vous voir : ce sont des larmes de joie. Ah! je n'espérais pas un pareil bonheur!

— Votre élève n'est pas une ingrate.

— Oh! je le sais, je le sais... Il n'existe rien dans votre cœur qui me soit inconnu. Votre cœur! n'est-ce pas avec tout ce qu'il y a de meilleur dans le mien que je l'ai formé? Non, non, vous n'oublierez jamais votre institutrice, votre amie !... Je n'ai pas cette crainte; de ce côté je suis bien tranquille. Oui, vous penserez toujours à moi. Mais je ne veux pas m'illusionner, je n'aurai pas le bonheur de vous voir souvent; il est probable que vous ne reviendrez plus ici.

— Pourquoi donc?

— Pourquoi? Parce que votre père vous le défendra.

La jeune fille baissa la tête. La comtesse reprit :

— Vous êtes venue aujourd'hui sans le lui dire?

— Oui.

— J'en étais sûre. Pourquoi ne lui avez-vous pas dit que vous aviez cette intention?

— Il m'aurait répondu : non.

— Oui, il vous aurait défendu de me faire cette visite, qui me rend si heureuse. Alors, comme vous désiriez vivement me voir, vous êtes venue ici à l'insu de votre père et de votre mère. Eh bien, Aurore, savez-vous ce que vous avez fait? Oh! bien innocemment, sans savoir que vous agissiez mal, vous avez trahi la grande confiance que votre père a en vous, vous l'avez trompé! Cela, mon enfant, vous ne le ferez plus... Si grande que serait la joie que j'éprouverais à vous voir venir ici, à vous recevoir dans ce petit coin, je n'en veux pas, parce qu'une tache à la pureté de votre âme la payerait trop cher. Aurore, quand on a menti et trompé une première fois, on prend vite la funeste habitude du mensonge, de la dissimulation, de la tromperie, et on devient hypocrite... Non, non, vous resterez digne de vous-même, vous garderez la pureté de votre cœur et de vos pensées; vous serez toujours l'élève chérie à qui j'ai appris à détester le mensonge, à qui j'ai inspiré l'horreur de tout ce qui est faux, de tout ce qui est laid! Demain, ma chérie, demain, quand vous verrez votre père, vous lui demanderez pardon d'être venue ici sans sa permission, d'avoir agi sans le consulter.

Les yeux d'Aurore s'étaient voilés de larmes.

— Oh! maman, maman! prononça-t-elle avec une expression intraduisible.

Confuse, affligée, elle appuya sa tête contre le sein de la comtesse.

— Ma chérie, mon enfant, ma fille! s'écria la jeune femme éperdue, faisant de ses bras un cercle autour du corps de la jeune fille.

Puis dans un rapide instant de fièvre et d'exaltation :

— Tiens, reprit-elle d'une voix brisée, en la serrant avec passion, je voudrais mourir en ce moment!

La tête d'Aurore se redressa.

— Vous voudriez mourir? Pourquoi? fit-elle.

— C'est cela ! s'écria-t-il, je me suis endormi et Constant a pris ma place pour ramener mademoiselle.

La comtesse redevint aussitôt maîtresse d'elle-même. Appelant sur ses lèvres un sourire forcé, elle répondit :

— Ne faites pas attention, mademoiselle, je ne savais pas ce que je disais.
— Oh ! mademoiselle ! répliqua Aurore d'un ton de reproche, vous m'appelez mademoiselle, maintenant ! Savez-vous pourquoi je vous appelle maman, moi ? continua-t-elle avec des inflexions de voix délicieuses, c'est pour vous entendre prononcer ces mots : mon enfant ! ma fille !... Mon enfant, ma fille... je ne sais pas comment vous dites cela ; mais, quand vous m'appelez ainsi, je sens pénétrer

en moi une sensation inconnue qui dépasse en douceur tout ce qu'on peut imaginer.

— Mon Dieu, se disait mentalement la pauvre mère bouleversée, soutenez mon courage, rendez-moi forte contre toutes les tentations !

— Mais je comprends, poursuivit la jeune fille, vous n'êtes pas contente de moi. Eh bien, oui, j'ai eu tort de venir vous voir sans que mon père le sache. Je le lui dirai ; bien sûr il ne sera pas content, lui aussi il me grondera, puis il m'embrassera et tout sera oublié. Mais vous, avant, n'allez-vous donc pas me pardonner !

— Chère enfant, il faut bien que je vous excuse, que je vous pardonne, puisque c'est pour moi que vous avez commis le premier acte répréhensible de votre vie. Mais je vous ai dit à ce sujet ce qu'il était de mon devoir de vous dire, ne parlons plus de cela. Comment va M. Delorme ?

— Mon père va bien.

— Êtes-vous allée le voir aujourd'hui ?

— Oui, avant de venir ici.

— Lui avez-vous parlé de moi ?

— Non. Vous savez combien il est bon ; mais il est si bizarre !... Chaque jour je remarque des choses singulières que je ne peux pas m'expliquer. Pourquoi vous a-t-il renvoyée, quand j'étais si bien, si heureuse avec vous ?

— M. Delorme a jugé que je ne vous étais plus nécessaire.

Aurore secoua la tête.

— Il y a autre chose que cela, répliqua-t-elle. Quoi ? Je me le demande en vain. Je l'ai interrogé à ce sujet ; mais, aussitôt, son visage a pris une expression qui m'a épouvantée. Maintenant, je n'ose plus lui parler de vous, tellement j'ai peur de le contrarier. Ah ! il est facile de le contrarier, sans le vouloir, et pour la moindre chose. Tenez, aujourd'hui même, cela m'est encore arrivé.

— Comment cela ?

— Je suis entrée dans son cabinet en ouvrant la porte doucement, comme toujours, afin de le surprendre.

— Et c'est pour cela ?

— Non. Il n'était pas dans son cabinet ; je vis une porte entr'ouverte, que je n'avais jamais remarquée, et j'entrai dans une chambre dont j'ignorais l'existence.

— Ah !

— Il était là.

— Je comprends.

— Attendez. Il m'a reçue avec sa bonne figure et son beau regard comme d'habitude ; il m'a même semblé qu'il m'embrassait avec une tendresse plus grande que les autres jours. La chambre n'est pas meublée ; elle sert à mon père pour y mettre des tableaux qu'il achète de temps à autre, m'a-t-il dit, quand il trouve une occasion. Il y a quatorze ou quinze tableaux accrochés au mur; ce sont des portraits, rien que des portraits d'hommes et de femmes, avec des costumes de plusieurs époques et dont le plus ancien m'a paru remonter à Henri IV. Je me mis à examiner ces portraits avec beaucoup d'intérêt. J'en reconnus six que nous avions à la Cordelière; cela me fit plaisir de les revoir. Je ne connaissais pas les autres, puisque mon père les a achetés depuis.

— M. Delorme ne vous a pas empêchée de regarder ces portraits?

— Non. Mais j'ai bien vu qu'il aurait préféré que je ne les regardasse point. J'avais examiné tous les portraits, l'un après l'autre, lorsque, tout à coup, je m'aperçus qu'un tableau, de même grandeur que les autres, était couvert d'un voile noir.

— Mon portrait, pensa la comtesse, il l'a conservé!

Alors? demanda-t-elle avec émotion.

— Alors, je témoignai à mon père le désir de voir la toile voilée. Une curiosité bien innocente, n'est-ce pas?

— Qu'a-t-il répondu?

— Que c'était un portrait affreux, qu'il le cachait exprès, qu'il ne pouvait me montrer une aussi vilaine toile, que je ne devais pas le voir... Et comme, sans insister, je lui faisais cependant, au sujet de ce portrait, des questions peut-être un peu embarrassantes, je vis son front s'assombrir et dans son regard cette lueur sombre qu'il a toujours dans ses mauvais moments. Je compris que je venais de le contrarier et qu'il était sur le point de se fâcher sérieusement. Il m'entraîna hors de la chambre, et, heureusement, il se calma tout de suite. Comme vous le voyez, un rien suffit pour contrarier mon père et le mettre en colère.

— C'est à vous, ma chérie, de faire bien attention; ne dites rien, ne faites rien qui puisse déplaire à votre père.

— Quand je suis près de lui, je m'observe constamment.

Aussi, depuis plusieurs jours, je ne lui ai pas parlé d'Adrien.

— Vous faites bien. Votre père vous a dit qu'il s'occupait de votre bonheur; ayez pleine confiance en lui et attendez patiemment.

— J'attends! soupira la jeune fille.

— Moi, pensa la comtesse, n'ayant plus rien à espérer, je n'attends plus rien!

Il y avait plus d'une heure qu'elles étaient ensemble, et ni la comtesse, ni Aurore n'avaient remarqué avec quelle rapidité le temps s'était écoulé. La nuit commençait à tomber.

La mère laissa échapper un profond soupir.

— Hélas! dit-elle, il faut nous séparer.

— Déjà! fit Aurore.

— Je vous garderais bien encore un instant, mais il ne le faut pas. Mme Delorme pourrait s'inquiéter. Quand nous reverrons-nous, maintenant? Dieu seul le sait.

— Il y a en moi quelque chose qui me dit que ce sera bientôt.

La comtesse hocha tristement la tête.

— Enfin! soupira-t-elle.

Toutes deux s'étaient levées. Une dernière fois l'institutrice et l'élève s'embrassèrent.

— Je vais vous accompagner jusqu'en bas, dit la comtesse.

— Je le veux bien, répondit Aurore.

Elles sortirent de la chambre et descendirent lentement l'escalier.

III

LE COCHER

Pendant que la mère et la fille causaient ensemble, il se passait, non loin d'elles, d'autres scènes que nous allons raconter.

Une voiture de place, attelée d'un vigoureux cheval du Perche, — ce qui, entre parenthèses, est assez rare, — déboucha de la rue Lacroix et descendit la rue Davy au petit trot du percheron.

Tout à coup, un homme avança sa tête hors de la voiture.

— Cocher, arrêtez! cria-t-il.

Le véhicule s'arrêta aussitôt.

La portière s'ouvrit brusquement, l'homme sauta sur le pavé et, l'air joyeux, s'élança vers le cocher de Mme Delorme qui, descendu de son siège, se tenait près de son cheval, debout sur le trottoir.

— Tiens, c'est toi! fit Louis, en reconnaissant son ami Constant.

— Comme tu vois, mon vieux; je viens de faire plusieurs courses dans le quartier. Pour aller plus vite et aussi pour ne point trop me fatiguer, je me suis payé un *sapin;* ma foi, j'ai assez longtemps promené les autres en voiture pour avoir le droit, à mon tour, de m'offrir ce p'tit agrément. On chante ça dans *l'OEil Crevé*. Mais toi, Louis, par quel singulier hasard te trouves-tu ici, au fin fond des Batignolles?

— Ma maîtresse est venue faire une visite dans cette maison.

— Ah! Mme Delorme est là?

— Ce n'est pas madame, c'est Mlle Aurore.

— N'importe. Voilà ce qui m'explique ta présence dans ce quartier perdu où tu es venu peut-être aujourd'hui pour la première fois. Par exemple, si je m'attendais à rencontrer quelqu'un dans cette rue, ce n'est pas toi. Dis donc, as-tu soif?

— Non. Du reste, serais-je altéré comme une éponge au soleil, que je garderais ma soif. Tu sais bien que, quand je suis dans mon service, je ne bronche jamais.

— Baste! une fois n'est pas coutume.

— Je sais bien, mais...

— Cela me ferait bien plaisir de te payer ma dette. Voilà justement un *mastroquet* qui me fait l'effet d'avoir quelque chose de *chenu* dans sa cave.

— Tu vois bien que je ne peux pas, ce sera pour une autre fois.

— Voyons, y a-t-il longtemps que ta jeune maîtresse est dans cette maison?

— Elle vient seulement d'entrer; mais ça ne fait rien, elle peut revenir d'un moment à l'autre.

— Quand on fait une visite, le moins qu'on peut rester c'est une demi-heure; trois fois plus de temps qu'il n'en faut pour vider une et même deux vieilles bouteilles.

— D'ailleurs, répliqua Louis, je ne peux pas quitter mon cheval.

A ce moment, Colibri vint se mêler à la conversation.

Il était descendu de son siège et avait rangé sa voiture contre le trottoir.

— S'il n'y a que ça qui vous gêne, camarade, dit-il, vous pouvez aller trinquer avec le bourgeois; je me charge de garder votre cheval.

— Ça, c'est bien dit, fit Lory; cocher, je vous donnerai quinze sous de pourboire.

Louis était fortement ébranlé. Cependant il essaya une dernière objection.

— Ma maîtresse peut venir, dit-il.

— Eh bien, répliqua Colibri, est-ce qu'il n'est plus permis d'avoir un petit besoin? Si la patronne vient, je vous appellerai. Voilà.

Louis suivit son ami Constant.

— Et allons donc! fit Colibri, en enfonçant ses deux mains dans ses poches.

Les deux hommes entrèrent dans le débit de vins et liqueurs. Du premier coup d'œil Lory vit qu'il y avait au fond de la boutique ce qu'il voulait : un cabinet de société.

Une femme seule, assise derrière le comptoir d'étain, était occupée à repriser du linge.

— Madame, lui dit Lory en passant devant le comptoir sans s'arrêter, vous nous servirez une bouteille de vin, ce que vous avez de plus vieux et de meilleur. Dépêchez-vous, nous sommes pressés.

Il ouvrit la porte du cabinet, où il n'y avait personne.

— Bon, fit-il.

Et il entra suivi de Louis. Ils s'assirent en face l'un de l'autre, à une table de marbre.

Un instant après, la débitante apporta la bouteille et deux verres.

— Vous faut-il autre chose? demanda-t-elle.
— Non, merci, répondit Lory.

Après avoir débouché la bouteille, la femme se retira en fermant la porte du cabinet. Lory remplit à demi les deux verres.

— Goûtons d'abord, dit-il.
— Voyons ça.
— Eh bien, comment le trouves-tu?
— Pas mauvais du tout. C'est du vieux bourgogne.
— Je crois que je m'y connais mieux que toi : c'est du beaujolais.
— Tu as raison. Vois-tu, dans ces diables de vins, on se trompe toujours, si fin connaisseur qu'on soit; il y a des années où le fleury ressemble au beaune.
— Mon cher, avec les vins du Beaujolais on fabrique ou on imite tous les crus de Bourgogne, depuis le mâcon jusqu'au nuits et au corton. J'ai connu dans le temps un vieux courtier, un malin, qui m'a expliqué tout ça. Dis donc, je croquerais bien quelque chose en vidant la bouteille. Tu es près de la porte, demande donc une demi-douzaine de biscuits à la patronne.
— Par la même occasion, je donnerai un coup d'œil à mon cheval, dit Louis.

Il se leva et sortit du cabinet.

Sans perdre une minute, dans le verre du cocher qu'il venait de remplir, Lory versa le contenu d'une petite fiole qu'il avait dans sa poche.

Louis reparut, apportant lui-même les biscuits sur une assiette.

— Et ton cheval? lui demanda Lory.
— Il est tranquille; ton cocher veille sur lui.
— En ce cas, c'est parfait. Ferme donc la porte. Bon. Maintenant, mon vieux Louis, à notre santé!

Ils trinquèrent et vidèrent les verres.

Un petit quart d'heure s'écoula. La bouteille était vide.

— Je vais en faire apporter une autre, dit Lory.
— Non, non, c'est assez, dit Louis, la langue embarrassée; ce vin est capiteux en diable.
— C'est vrai, il a de la vertu, il réchauffe.
— J'ai de la peine à remuer ma langue.
— Tu plaisantes!
— C'est singulier; je sens ma tête s'alourdir; ma parole d'honneur, on dirait que je suis ivre!
— Allons donc, trois et même quatre bouteilles à deux ne t'ont jamais fait peur.
— C'est drôle, bégaya Louis en se remuant. Ah! çà, mais, qu'est-ce que j'ai donc? Mes oreilles sonnent, ma vue se trouble...

Il passa à plusieurs reprises ses deux mains sur son front et sa figure et dit encore :

— C'est drôle, c'est drôle !

Après un moment de silence :

— Mais non, mais non, je ne veux pas! s'écria-t-il.

Déjà sa tête commençait à vaciller sur ses épaules. Le sommeil venait, il se raidissait pour le dompter.

Il essaya de se dresser sur ses jambes ; mais il retomba sur son siège comme une masse.

Alors il se porta à la poitrine des coups de poing violents. Puis, les yeux démesurément ouverts, s'adressant à Lory, il lui dit d'une voix pâteuse, à peine distincte :

— Ami, aide-moi à me lever, il faut que je m'en retourne près de ma voiture; mademoiselle ne doit pas m'attendre.

— Attends un instant, répondit le complice du vicomte de Sanzac, je vais voir si ta maîtresse est toujours dans la maison.

Sur ces mots, Lory sortit du cabinet et alla jeter un regard rapide dans la rue. Colibri était toujours à son poste.

— Combien vous est-il dû, madame, demanda-t-il à la débitante.

— Trois francs cinquante, monsieur.

Il paya et rentra dans le cabinet.

Le narcotique avait achevé de produire son effet. Louis, les bras ballants, la tête sur la table, dormait profondément.

Lestement, Lory s'empara du chapeau à livrée, qu'il mit sur sa tête, et dépouilla Louis de son manteau dont il couvrit ses épaules. Cela fait, il sortit du cabinet, dont il eut soin de refermer la porte, et ensuite de la boutique, en disant à la débitante, contrefaisant la voix du cocher.

— Le camarade sortira dans un instant; il est en train d'écrire, ne le dérangez pas.

Ainsi déguisé en cocher, Lory alla prendre la place de Louis près du coupé.

— C'est fait, dit-il tout bas à Colibri.

— Bravo!

— Pourvu maintenant que la colombe ne tarde pas à arriver.

— Tout marche trop bien pour que nous ne réussissions pas.

— Il ne faut jamais vendre la peau de l'ours avant de l'avoir tué... Grimpe sur ton siège et tiens-toi prêt à tout événement.

Colibri s'empressa d'obéir.

Dix longues minutes s'écoulèrent. Enfin, sur le seuil de la porte du n° 6, deux femmes parurent. Lory reconnut Aurore. La comtesse accompagna la jeune fille jusqu'à la voiture. Malheureusement, ni l'une ni l'autre ne regarda le faux cocher, car malgré le soin qu'il prenait de cacher sa figure, elles se seraient certainement aperçues que ce n'était pas Louis.

Le faux cocher s'était empressé d'ouvrir la portière. La jeune fille monta dans la voiture. La portière refermée, Lory s'élança sur le siège, saisit les rênes d'une main exercée, comme Louis, fit claquer sa langue, et le cheval s'élança d'un trot rapide.

La comtesse vit disparaître le coupé et remonta tristement chez elle. Elle était oppressée, inquiète ; il lui semblait qu'elle avait le pressentiment de quelque malheur imprévu.

Le coupé, après avoir tourné à l'angle de la rue Davy, descendait à fond de train la route de Saint-Ouen, suivi à quelque distance par la voiture de Colibri.

Au bout d'un instant, les deux voitures prirent la rue de Championnet ; elles suivirent ensuite la rue Belliard jusqu'au boulevard Ornano et sortirent de Paris par la porte de Clignancourt.

Pendant ce temps, Louis dormait. La maîtresse du débit l'avait oublié. Elle venait d'avoir une poussée, c'est-à-dire qu'il était entré chez elle un certain nombre de personnes, qui s'étaient fait servir sur le comptoir, ceux-ci un petit verre d'eau-de-vie ou de liqueur, ceux-là un verre de vin. Et puis l'heure du dîner approchant, les ménagères du voisinage, clientes de la maison, étaient venues chercher successivement le litre à quatorze ou à seize destiné au repas de la famille.

Il y avait plus d'une heure que Lory avait quitté le cabaret.

Deux habitués de la mère Lolotte — on appelait ainsi la marchande de vin — entrèrent dans la boutique pour prendre, comme d'habitude, un vermouth.

— Est-ce qu'il y a quelqu'un dans le cabinet, maman Lolotte? demanda l'un d'eux.

— Dans le cabinet ? fit-elle, cherchant à se souvenir ; ma foi, je n'en sais rien.

Et se reprenant :

— Tout de même, je ne l'ai pas vu s'en aller. Ah ! çà, est-ce qu'il a l'intention de coucher ici, celui-là ?

Elle sortit de son comptoir, alla ouvrir la porte du cabinet et se trouva en présence de Louis, ronflant comme une poulie de machine à vapeur.

— Voilà ce que c'est, le gaillard s'est endormi, dit-elle. Monsieur, monsieur ! réveillez-vous ! par exemple, est-ce qu'on s'endort ainsi ?... Allons, vite, réveillez-vous, continua-t-elle, en criant plus fort. Est-ce que vous croyez, par hasard, que vous êtes ici dans votre chambre à coucher?

Louis ronflait de plus belle.

— Voilà un particulier qui a le sommeil dur, on peut le dire, reprit-elle.

Elle s'inclina et cria dans l'oreille du dormeur :

— Vite, vite, réveillez-vous, voici votre femme?

Le cocher ne fit pas un mouvement.

— Par exemple, c'est trop fort, continua la mère Lolotte, stupéfiée de voir le peu d'effet qu'avaient produit ses dernières paroles.

L'IDIOTE 441

Le comte bondit hors du salon et se précipita dans l'escalier.

Il faut croire que, dans son établissement, ces mots : « voici votre femme ! » résonnaient comme une des trompettes du jugement dernier.

Lasse d'appeler le dormeur et de lui crier dans les oreilles, elle prit le parti de le secouer, et elle n'y alla pas de main morte. Le corps inerte du cocher allait à droite, allait à gauche ou en arrière, suivant l'impulsion qui lui était donnée, et la tête roulait sur les épaules comme si elle eût été à moitié détachée. Trois fois de suite la mère Lolotte voulut l'obliger à se tenir en équilibre ; mais, dès qu'elle retirait ses mains, la tête retombait lourdement, le front sur le marbre.

Cette fois, la cabaretière commença à se sentir sérieusement effrayée.
— Par exemple, en voilà un drôle de tour, fit-elle.
Les deux habitués s'étaient approchés et regardaient.
— Ce n'est pas un homme, ça, mère Lolotte, dit l'un en riant, c'est un pantin qu'un mauvais plaisant a placé là.
— Ne riez pas, monsieur Philippe, je vous assure que je suis très en peine.
— Pour si peu ?
— Mais vous venez de voir : impossible de le réveiller. Si je ne l'entendais pas souffler comme une locomotive, je croirais qu'il est mort.
— Non, il n'est pas mort, mais je sais bien ce qu'il est, moi
— Que voulez-vous dire ?
— Qu'il est ivre-mort, parbleu !
— Non, répliqua la cabaretière, qui s'y connaissait, ce n'est pas là un homme qui a bu. Il est venu avec un camarade, il y a environ une heure et demie, et ils n'ont bu à eux deux qu'une seule bouteille, en mangeant une demi-douzaine de biscuits.
— Ce n'est pas une bouteille de vin, ni même deux qui peuvent mettre un homme dans un pareil état, dit l'autre habitué ; maman Lolotte a raison : à y regarder de près, on voit bien que ce pauvre diable n'a pas la figure d'un homme qui a bu.
— Voilà bien pourquoi je suis effrayée, car, enfin, qu'est-ce que cela signifie ?
— Mère Lolotte, voulez-vous que je vous dise ?
— Eh bien ?
— C'est une farce que son camarade lui a faite ; je suis sûr qu'il a mis quelque chose dans son verre.
— Oui, oui, c'est cela, ce doit être cela... Il faut pourtant arriver à le réveiller.
— Si on lui jetait un verre d'eau fraîche à la figure ? conseilla M. Philippe.
— C'est une idée, dit la femme,
— Il vaudrait mieux peut-être lui faire avaler un petit verre...
— De quoi ? demanda la mère Lolotte.
— D'absinthe, répondit M. Philippe.
— Non de vinaigre, répliqua son ami.
— Ah ! ça, est-ce que tu veux le mettre en salade ?
Et enchanté d'avoir trouvé ce mauvais mot, M. Philippe se mit à rire.
Louis s'était remis à ronfler.
Les deux habitués le prirent chacun sous un bras et essayèrent de le faire tenir sur ses jambes ; mais, comme le reste du corps, les jambes étaient inertes. Ils le laissèrent retomber sur sa chaise.
— Faut tout de même essayer de faire quelque chose, dit la mère Lolotte.

Elle alla à son comptoir et revint avec un verre dans lequel elle avait versé du rhum ; elle fit avaler ce liquide au dormeur, pendant que M. Philippe lui tenait la tête en arrière. Ensuite on lui fit respirer du vinaigre et on lui aspergea le visage d'eau fraîche.

Le cocher dormait toujours.

Cependant, au bout d'une heure, à force de lui mettre du vinaigre sous le nez, de lui jeter de l'eau à la figure, de le tourmenter de toutes les manières, Louis finit par se réveiller.

— Eh bien, m'entendez-vous maintenant? demanda la mère Lolotte.

Il regarda tout étonné.

— Oui... oui... j'en... j'entends, bégaya-t-il.

— Vous dormez comme une vraie souche, mon garçon ; un coup de canon ne vous aurait pas réveillé.

Louis se frotta les yeux, puis jetant autour de lui des regards effarés :

— Où suis-je, où suis-je donc? demanda-t-il.

— Vous le voyez bien.

Il resta un moment silencieux, le front appuyé dans ses mains.

Soudain, il se dressa sur ses jambes comme mû par un ressort.

— Ma voiture... mademoiselle ! exclama-t-il.

— Hein, vous dites?

Le visage de Louis devint livide.

— Ah ! mon Dieu ! ah ! mon Dieu ! fit-il. Mais comment donc me suis-je endormi? Pourquoi ?... Madame, ai-je dormi longtemps?

— Plus de deux heures.

— Plus de deux heures ! s'écria le pauvre Louis, en agitant ses bras avec désespoir. Et ma voiture, et mademoiselle?...

Les jambes encore chancelantes, il bondit hors du cabinet.

— Vous oubliez votre paletot et votre chapeau, lui cria la mère Lolotte.

— C'est vrai, j'oublie tout.

La débitante lui tendait les deux objets.

— Ça, dit-il en les repoussant, c'est à mon camarade.

— Voyons, voyons, mon garçon, est-ce que vous y voyez trouble?

— Non, ce paletot et ce chapeau de feutre appartiennent à mon camarade. Moi, j'avais un manteau et un chapeau galonné.

— Décidément, fit la mère Lolotte en riant, c'est de plus en plus drôle ; voilà, maintenant, que vous vous prenez pour le cocher.

— Mais c'est moi, c'est moi qui suis le cocher ! où est mon camarade?

— Il y a longtemps qu'il est parti.

— Parti, il est parti?

— Oui.

— Madame, je vous en prie, donnez-moi vite mon chapeau et mon manteau; mademoiselle m'attend; que doit-elle penser, mon Dieu! Et mon cheval et ma voiture..

— Votre voiture? Voulez-vous parler du coupé bleu qui stationnait dans la rue avant la nuit!

— Hé! oui.

— Et c'est vous qui êtes le cocher de cette voiture de maître?

— Je me tue de vous le dire.

— En ce cas, mon garçon, je commence à comprendre. Vous voyant endormi et ne pouvant vous réveiller, votre camarade a pris votre manteau, votre chapeau et votre place sur le siège du coupé de maître. Il y a plus de deux heures que la voiture roule sur le pavé.

Louis se frappa le front d'un coup de poing.

— C'est cela! c'est cela! s'écria-t-il; je me suis endormi comme une brute, et Constant a pris ma place pour ramener mademoiselle.

A demi rassuré, il s'élança hors de l'établissement.

IV

UN COUP DE FOUDRE

La nuit venue et ne voyant point rentrer Aurore, madame Delorme commença à s'étonner. Toutefois, pensant que le comte de Lasserre avait pu retenir sa fille pour une cause ou pour une autre, ce n'est qu'après une attente d'une longue demi-heure que l'inquiétude la saisit. Elle ne savait plus que penser.

Il était impossible que le comte eût gardé Aurore si longtemps, lui qui recommandait toujours de rentrer de promenade avant la nuit. La jeune fille avait-elle été prise d'une indisposition subite chez son père? Mais, dans ce cas, le comte l'aurait immédiatement fait prévenir. Sans aucun doute, il était arrivé quelque chose à Aurore. A Paris, les accidents de voitures sont fréquents; une roue ou un essieu du coupé avait pu se briser; elle pouvait supposer aussi que le coupé avait versé par suite d'une rencontre avec une autre voiture. Mais si l'une ou l'autre de ces choses était arrivée, comment n'était-elle pas déjà prévenue? Du boulevard Haussmann à la rue du Rocher la distance n'est pas grande. Qui sait, le cheval si doux d'habitude, si facile à conduire, s'était peut-être emporté?

Madame Delorme s'arrêta à cette dernière supposition. Alors, très agitée, horriblement tourmentée, dans une angoisse qui augmentait à chaque minute, elle voyait le cheval s'abattant contre un obstacle infranchissable, la voiture brisée, le cocher lancé de son siège et Aurore étendue sans mouvement, blessée, morte peut-être!

Elle allait, venait, courait comme une folle à travers les pièces de l'appartement. La cuisinière et Elisa, très inquiètes aussi, guettaient aux fenêtres l'arrivée de leur jeune maîtresse.

Enfin, n'y tenant plus, voulant absolument sortir de son affreuse perplexité, madame Delorme mit un chapeau sur sa tête, jeta un châle sur ses épaules et s'élança hors de l'appartement.

Sur le boulevard elle s'arrêta et plongea avidement son regard à droite et à gauche, sur toute la ligne éclairée par les becs de gaz, espérant voir arriver Aurore. Des voitures montaient, descendaient, se croisaient, leurs lanternes allumées; mais ses yeux cherchèrent vainement le coupé de la jeune fille.

Elle poussa un gémissement et se mit à courir jusqu'à la rue du Rocher.

Le comte de Lasserre achevait de dîner, lorsqu'un violent coup de sonnette le fit bondir sur son siège...

— Qui donc peut venir me déranger à cette heure? se demanda-t-il.

Il se leva brusquement, les sourcils froncés, et s'avança jusqu'à la porte de la salle à manger, qu'il ouvrit.

Répondant au coup de sonnette, Théodore était allé ouvrir la porte de l'appartement. Le comte entendit ces paroles :

— Je veux voir tout de suite M. Delorme.

Il reconnut la voix de madame Delorme.

Aussitôt, il devint affreusement pâle, et un tremblement convulsif le secoua de la tête aux pieds. Il sentait qu'un immense malheur venait d'arriver ; cela seul, en effet, pouvait expliquer la présence chez lui de madame Delorme.

— Ma fille ! ma fille ! exclama-t-il d'une voix étranglée.

Et avant que Théodore ait eu le temps de répondre à madame Delorme, il était près d'eux. Sa main fiévreuse saisit le bras de la pauvre femme, qui avait peine à se tenir sur ses jambes, et, la portant presque, il l'entraîna dans son cabinet.

— Maintenant, parlez, parlez vite, lui dit-il d'une voix saccadée ; que me voulez-vous?

— Aurore... commença-t-elle.

— Qu'est-il arrivé à mon enfant ? l'interrompit-il d'un ton effrayant.

— Je pensais que vous l'aviez retenue, je croyais la trouver ici, répondit-elle.

Et ses jambes fléchissant enfin sous le poids de son corps, elle s'affaissa sur un siège en sanglotant.

Un afflux de sang monta au cerveau du comte ; il chancela comme s'il eût reçu un coup violent dans la poitrine ou sur le crâne, et resta un instant sans pouvoir prononcer un mot.

Mais se raidissant contre sa faiblesse, commandant comme toujours à sa volonté, il retrouva vite l'énergie qu'il avait constamment montrée en face du malheur.

— Ainsi, dit-il d'une voix frémissante, qu'il s'efforçait de rendre calme, Aurore n'est pas rentrée?

— Hélas! gémit madame Delorme.

— Elle m'a quitté vers quatre heures et demie ; en admettant qu'elle ait donné l'ordre à Louis de lui faire descendre les Champs-Élysées jusqu'à la place de la Concorde, elle devait être rentrée à cinq heures, au plus tard à cinq heures et demie. Il n'y a pas à en douter, un accident grave leur est arrivé.

Madame Delorme se remit à pleurer à chaudes larmes.

— Pourquoi, la nuit venue, Aurore ne venant pas, n'êtes-vous pas accourue immédiatement pour me prévenir ?

— J'attendais toujours. A la fin, dévorée d'inquiétude, folle de terreur, je me suis décidée à venir.

Le comte se mit à tourner autour de son cabinet comme un fauve captif dans sa cage de fer.

— Un accident ! disait-il, se parlant à lui-même, un accident ! Lequel? Que peut-il être arrivé ? Qu'ai-je à redouter ? Que dois-je craindre? Quel nouveau malheur vient de me frapper ? Ne rien savoir, rien, rien... Je meurs d'angoisse ! Ma fille, ma chère fille !

Il s'arrêta devant madame Delorme.

— Pleurer, gémir, se lamenter est inutile, lui dit-il; avant tout il faut savoir; nous devons nous attendre à un malheur, mais il faut le connaître avant de pousser des cris de désespoir. Il est impossible qu'on ne vienne pas vous prévenir de ce qui est arrivé ; peut-être y a-t-il déjà quelqu'un chez vous. Vous allez retourner boulevard Haussmann, et je vous accompagne.

Il s'habilla très vite et partit avec madame Delorme, après avoir dit à Théodore de lui envoyer chez madame Delorme n'importe quelle personne qui se présenterait dans la soirée pour lui parler. Il donnait cet ordre dans le cas où l'on viendrait l'avertir, lui, de ce qui s'était passé au lieu d'en informer madame Delorme.

Très inquiet aussi, Théodore laissa son maître s'éloigner sans oser lui adresser une seule question.

Boulevard Haussmann, devant la porte cochère, toute grande ouverte, le comte trouva Elisa qui causait avec animation avec les concierges et deux autres personnes, locataires de la maison.

— Eh bien? demanda le comte.

— Toujours rien, monsieur, répondit Elisa.

— Il est inutile que vous restiez là. Rentrez.

La cuisinière ne s'occupait plus de son dîner refroidi. Penchée à une fenêtre ouverte, elle promenait son regard sur le boulevard, tressaillant à la vue de chaque voiture qui venait et soupirant en la voyant passer rapidement devant la maison.

Elisa éclaira le salon. Le comte et madame Delorme s'y installèrent. M. de Lasserre s'était jeté dans un fauteuil et paraissait réfléchir profondément, la tête dans ses mains. Au bout d'un instant, madame Delorme lui dit timidement :

— Monsieur le comte, ne voyez-vous donc rien à faire?

Il se redressa brusquement.

— Non, rien, répondit-il. Est-ce que vous croyez que je serais ici si je savais où trouver ma fille? Sans doute, je pourrais me mettre à sa recherche ; mais où aller? Avant d'agir, il faut que je sache quelque chose

Madame Delorme laissa échapper un long soupir.

— Nous n'avons qu'à attendre, ajouta le comte.

Et sa tête retomba dans ses mains.

La pendule du salon sonna huit heures.

— Mon Dieu, mon Dieu! murmura M. de Lasserre.

. . . .

Comme nous l'avons vu, le cocher de madame Delorme s'était persuadé facilement que celui qu'il appelait Constant, et qu'il croyait son ami, avait pris sa place sur le siège du coupé pour ramener Aurore boulevard Haussmann. Mais s'il était tranquillisé de ce côté, il n'en redoutait pas moins, pour lui, les conséquences de la faute grave qu'il avait commise.

Si, hors de son service, il avait la liberté d'aller où il voulait, de faire ce que bon lui semblait, il n'ignorait point que, dans son service, le premier devoir d'un cocher fidèle est de ne point abandonner dans la rue son cheval et sa voiture. Or, voilà ce qu'il avait fait, et, aggravation de la faute, il était entré dans un cabaret, avait bu et s'était stupidement endormi. Rien ne pouvait excuser cela. Louis le savait si bien qu'il se condamnait lui-même en se reprochant amèrement sa conduite.

— Il faut en convenir, se disait-il en descendant rapidement la rue d'Amsterdam, je suis un chenapan, un gredin, indigne de la confiance de mes maîtres ; j'avais une excellente place, comme il n'y en a pas deux dans tout Paris, et je l'ai perdue ; car je n'ai pas à me faire illusion, on va me donner mon compte et ce sera bien fait. Un cocher comme moi il n'en faut pas... Maintenant c'est à peine si je suis bon pour conduire une vieille rosse, une carcasse attelée à un fiacre pourri. Ah! je suis un misérable!

Arrivé boulevard Haussmann, il vit la porte cochère ouverte et cinq ou six personnes qui causaient sur le trottoir. Sans aucun doute, c'était de lui qu'on parlait ; on allait l'accueillir par des éclats de rire, l'accabler de quolibets. Il s'arrêta, se demandant s'il devait entrer ou s'il ne ferait pas mieux de se sauver pour aller se cacher n'importe où.

Cependant, au bout d'un instant, s'armant de tout son courage, il traversa la chaussée et s'approcha du groupe au milieu duquel gesticulait le père Chaminon. Celui-ci le reconnut et s'écria :

— Louis, voilà Louis!

Ces mots montèrent comme une fusée à la fenêtre du deuxième étage où se trouvaient la cuisinière et la femme de chambre. Aussitôt, toutes deux s'élancèrent vers le salon en criant :

— Monsieur, madame, Louis arrive !

Le comte bondit hors du salon, ouvrit la porte de l'appartement et se précipita dans l'escalier qu'il descendit comme une avalanche, au risque de se briser les reins sur les marches.

Pendant ce temps, par les questions qu'on lui adressait, et auxquelles il ne répondait point, Louis apprenait que sa jeune maîtresse n'était pas rentrée et qu'on était dans une inquiétude mortelle.

M. de Lasserre apparut.

Louis, blanc comme un suaire, les yeux égarés, le front ruisselant de sueur, tête nue, plus mort que vif, marcha vers son maître, en trébuchant.

— Ma fille, où est ma fille? demanda le comte d'une voix étranglée.

Louis essaya de répondre ; mais toutes les veines de sa gorge s'étaient gonflées, et il ne fit entendre qu'une sorte de râlement.

Le père Chaminon se chargea de répondre pour lui.

— Louis revient seul, dit-il, sans sa voiture, sans son chapeau, sans son manteau.

— Ah ! ma fille est morte! exclama le comte.

Et le malheureux père serait tombé à la renverse si madame Delorme, arrivée au bas de l'escalier, ne l'eût soutenu dans ses bras.

Le cocher, lui, s'était affaissé comme foudroyé.

On s'empressa de le relever et de le faire revenir à lui, car il était à demi évanoui. Le comte remontait l'escalier soutenu par madame Delorme et Elisa.

Pendant près d'une demi-heure, M. de Lasserre, immobile et comme pétrifié, resta dans une prostration complète. Il semblait n'avoir plus conscience de rien. L'homme fort était terrassé. Assis dans un fauteuil, les yeux démesurément ouverts, secs, luisants et fixes, il regardait devant lui, sans voir. A chaque instant des spasmes nerveux déchiraient sa poitrine, et à la contraction de ses traits on s'apercevait qu'il souffrait horriblement.

Madame Delorme était également dans un fort triste état; la pauvre femme se demandait avec épouvante si le comte n'avait pas perdu subitement la raison.

Soudain, le vieillard sortit de sa torpeur et se dressa debout.

— Où est le cocher ? demanda-t-il.

— Il est là, répondit Élisa ; il désire parler à monsieur, et il attend que monsieur puisse le recevoir.

— Qu'il vienne !

Le comte retomba sur son fauteuil en gémissant.

L'IDIOTE 449

La comtesse essaya de parler, elle ne put que pousser un cri étranglé, déchirant, horrible.

La femme de chambre sortit du salon et rentra presque aussitôt, annonçant Louis.

— Parlez, lui dit le comte, j'aurai la force de tout entendre; qu'est-il donc arrivé?

— Hélas! monsieur, je ne sais rien.

— Comment, vous ne savez rien?

— Rien, monsieur.

— Où est ma fille?

— Je ne sais pas... Je croyais qu'on l'avait ramenée.
— Mais faites-vous donc comprendre ! Quel accident vous est arrivé ?
— Aucun accident, monsieur.
— Ah ! fit le comte.
Et il respira bruyamment.
— Alors, reprit-il, expliquez-moi comment vous êtes revenu ici sans ma fille, sans votre voiture.
— Je sais que monsieur va me renvoyer, car j'ai mérité d'être chassé ; je n'aurais pas attendu que monsieur me donnât mon compte, je serais déjà parti si je n'avais pas voulu dire à monsieur la faute que j'ai commise.
Tantôt, au moment de sortir, mademoiselle m'a dit : « — Louis, nous allons chez mon père ; mais avant de me ramener ici, vous me conduirez rue Davy, n° 6, aux Batignolles, c'est là que demeure Mme Durand, mon institutrice ; je veux lui faire une visite aujourd'hui. »
Le comte avait fait un brusque mouvement.
— Saviez-vous cela ? demanda-t-il à Mme Delorme.
— Je l'ignorais absolument, répondit-elle.
— Mademoiselle ne voulait pas qu'on sût qu'elle était allée voir l'institutrice, reprit le cocher, car elle m'avait bien recommandé de ne rien dire à monsieur et à madame.
— C'est bien, continuez, dit le comte.
— Donc, obéissant à ma maîtresse, au lieu de revenir ici, je la conduisis rue Davy.
Mademoiselle mit pied à terre et entra dans la maison. Moi, debout près de mon cheval, j'attendais. Tout à coup, un fiacre s'arrêta dans la rue tout près de ma voiture. Un homme en descendit et je reconnus un de mes amis. Il vint me serrer la main ; tout en causant il m'invita à boire un verre de vin. Je refusai net, attendu que je ne pouvais pas quitter mon cheval. Il insista beaucoup, et, le cocher du fiacre s'offrant pour garder mon cheval, j'eus la faiblesse ou plutôt le malheur d'accepter. Voilà ma faute, monsieur. Ah ! je me repens, monsieur, je me repens.
— J'examinerai plus tard si vous êtes plus ou moins coupable ; continuez.
— Nous entrâmes dans un débit de vins, et mon camarade commanda une bouteille qu'il fit servir dans un cabinet. Je ne me rappelle pas si nous avons bu la bouteille entièrement, en mangeant deux ou trois biscuits. Soudain je sentis ma tête s'alourdir ; ma vue se troublait, je ne pouvais plus remuer la langue, elle était comme morte. Impossible de me rendre exactement compte de ce que j'éprouvais.
— Malheureux, vous étiez ivre !
— Non, monsieur, non, je n'étais pas ivre ; je ne me grise jamais ; d'ailleurs, j'avais bu à peine deux verres de vin. Je venais d'être pris subitement, sans

savoir à quoi l'attribuer, d'un malaise étrange. Je voulus lutter contre le sommeil qui s'emparait de moi ; je me mis debout, mais je ne pus me tenir sur mes jambes ; je retombai sur mon siège et, la tête sur la table, je m'endormis.

Une clarté soudaine se fit dans l'esprit de M. de Lasserre.

— Oh ! murmura-t-il, un narcotique...

— C'est cela, monsieur, c'est cela ! s'écria le cocher. Maintenant je comprends. C'est lui... Constant... Ah ! le brigand a jeté quelque drogue dans mon verre !

— Continuez, continuez, dit le comte d'une voix impatiente et fiévreuse.

De sombres éclairs sillonnaient son regard et son visage avait pris une expression terrible.

— Je dormirais encore, probablement, poursuivit Louis, si l'on n'avait pas employé je ne sais quel moyen pour me réveiller. Enfin je rouvris les yeux et la mémoire me revint. Je crus que j'allais devenir fou quand on m'apprit que j'avais dormi pendant plus de deux heures. Incapable de réfléchir, il ne me vint pas à l'idée que Constant avait mis dans mon verre quelque chose pour me faire dormir. Mais pourquoi, mon Dieu, pourquoi ?...

M. de Lasserre eut un regard farouche. Pourquoi on avait fait prendre au cocher un narcotique, il le savait, lui. Il n'en pouvait douter, sa fille était victime d'un audacieux enlèvement ; pour la deuxième fois on venait de lui prendre, de lui voler sa fille ! Et déjà, sans avoir rien examiné, il accusait de ce rapt infâme la comtesse de Lasserre, ayant pour complice, comme la première fois, le vicomte de Sanzac.

— Pendant que je dormais, continua le cocher, Constant, — ah ! je ne l'appelle plus mon ami, le misérable, — Constant s'empara de mon manteau, de mon chapeau et alla prendre ma place près du coupé. La marchande de vin m'apprit qu'elle avait vu partir la voiture avec Constant monté sur le siège. Cela m'avait rassuré, monsieur ; j'étais convaincu que, me voyant endormi, malade, Constant avait pris ma place pour ramener mademoiselle. Aussi je croyais bien que mademoiselle était ici depuis longtemps. Ah ! le misérable ! Ah ! le brigand ! Mais que fait-il ? où est-il allé ? Monsieur, je vais me mettre à sa recherche, je courrai toute la nuit, j'irai aux quatre coins de Paris...

— Vous n'avez pas à chercher cet homme, dit le comte, ce soin me regarde. Je ne vous chasse pas immédiatement, parce qu'il peut se faire que j'aie besoin de vous demain : vous resterez donc ici, sans sortir, je vous le défends, et vous attendrez mes ordres.

Louis se courba, humble et respectueux.

— Pardonnez-moi, monsieur, prononça-t-il avec des larmes dans la voix, pardonnez-moi !

Le comte lui jeta un regard terrible qui fit passer un frisson dans tous ses membres.

— Si j'avais su !... si j'avais su !... balbutia-t-il.

V

MAUVAISE NUIT

Il y eut un assez long silence.

Pensant que son maître n'avait plus rien à lui dire, Louis, tête basse comme un chien qui vient d'être battu, se dirigea lentement vers la porte.

— Attendez, lui dit le comte.

Il se retourna.

— Approchez-vous, ordonna M. de Lasserre.

Louis obéit.

— J'ai quelques questions à vous adresser, répondez : Qui est cet individu que vous appelez Constant ?

— Un ancien cocher de bonne maison, qui vit maintenant de ses petites rentes, m'a-t-il dit.

— Où demeure-t-il ?

— Aux Ternes.

— Vous savez son adresse ?

— Hélas ! non, monsieur. Je ne suis jamais allé chez lui.

— Il y a longtemps que vous le connaissez ?

— Depuis quelques jours seulement, monsieur.

L'expression de sévérité de M. de Lasserre s'accentua encore.

— Ainsi, vous, dit-il, un homme probe, un homme que d'excellentes recommandations qualifient de serviteur modèle, vous faites votre camarade d'un individu que vous connaissez à peine ; vous l'appelez votre ami... Vous avez l'amitié facile et je ne vous fais pas mon compliment sur la façon dont vous choisissez vos amis. Où avez-vous connu ce Constant ?

Louis, qui avait baissé la tête, se courba encore davantage.

— Chez le marchand de vin, répondit-il.

— J'aurais dû le deviner. On est honnête, on n'a jamais mérité un reproche, on a une bonne place ; mais, comme on n'a presque rien à faire et qu'on jouit de trop de liberté, on va chez le marchand de vin : là, on s'attable, on cause et on boit avec le premier venu. Et voilà comment on devient un mauvais serviteur ; comment, manquant à son devoir, on trahit la confiance de ses maîtres. Ainsi, vous n'avez point vu que vous étiez la dupe de cet homme, de ce misérable ; vous n'avez point pensé qu'il avait une raison pour se lier avec vous ? Pourtant il n'a pas été sans vous adresser des questions qui auraient dû éveiller votre défiance.

— Jamais il ne m'a fait aucune question, monsieur.

— C'est possible, c'était de la prudence.

— D'ailleurs, s'il m'avait questionné, je ne lui aurais pas répondu.

— Ce n'est point le hasard qui l'a conduit aux Batignolles, rue Davy, à l'heure précise où vous vous y trouviez. Evidemment, il s'était préparé d'avance. Tout était combiné. Certain que vous le suivriez dans le débit de vins, il avait sur lui le narcotique avec lequel il vous a endormi. Il s'était adjoint comme complice le cocher de fiacre qui s'est offert si obligeamment à garder votre cheval.

— Je comprends, monsieur, je comprends. Ah! les brigands!...

— Moi, aussi, je comprends... Tout cela est d'une clarté à ne pas laisser un doute. Ma fille a été attirée dans un guet-apens! Mais on lui a écrit; comment la lettre lui a-t-elle été remise?... Les misérables, les infâmes!...

Pendant un instant, le comte resta silencieux, comme accablé.

— Le misérable que vous appelez Constant, reprit-il, est un agent, un complice payé. Il avait été prévenu, il savait que ce soir, entre quatre et cinq heures, ma fille se ferait conduire rue Davy.

— C'est certain, monsieur, il le savait.

— Ce n'est pas vous qui le lui avez dit?

— Non, monsieur, je le jure!

— D'ailleurs, vous ne le pouviez pas, puisque votre maîtresse vous a prévenu seulement au moment de partir.

— En montant en voiture, monsieur.

— Vous n'aviez pas vu le matin votre faux ami?

— Si, monsieur, je l'ai vu.

— Où cela?

— Ici.

— Comment, ce misérable a eu l'audace de pénétrer dans la maison!... Vous êtes bien coupable, Louis, bien coupable!

— Hélas! je le vois bien maintenant.

Pendant un instant le cocher parut réfléchir; puis, tout à coup, se frappant le front :

— J'y suis, j'y suis! s'écria-t-il.

— Que voulez-vous dire? lui demanda le comte.

— Je sais comment il a su que mademoiselle irait rue Davy.

— Ah! fit M. de Lasserre.

— Oui, c'est bien cela, je me souviens.

— Parlez, de quoi vous souvenez-vous?

— Quand mademoiselle est descendue, il était dans la cour, nous causions ensemble. Pour que mademoiselle ne le vît pas, il se glissa dans l'écurie, et il a entendu ce que mademoiselle me disait.

— Etes-vous bien sûr qu'il a entendu?

— Tout à fait sûr, monsieur. Mademoiselle n'a pas parlé bien haut, mais nous étions tout près de la porte de l'écurie.

M. de Lasserre appuya sa main sur son front.

Convaincu que l'homme en question était un complice de sa femme et du vicomte de Sanzac ; persuadé, d'autre part, que la jeune fille avait été attirée rue Davy et que, prévenu par la comtesse, son agent savait le jour et l'heure où elle s'y rendrait, l'affirmation du cocher déroutait un peu le comte. Mais quand il avait une idée il n'en voulait pas démordre. Il resta absolument convaincu que sa femme était l'auteur de l'enlèvement.

Il n'avait plus rien à demander à Louis. D'un signe il le congédia.

— Vous paraissez plus tranquille, lui dit madame Delorme.

— Oui, répondit-il, grâce à ce que je viens d'apprendre, je suis maintenant rassuré. Aurore ne court aucun danger, et j'espère bien que demain je la ramènerai ici.

— Dans tout ce que Louis vous a dit, je n'ai compris qu'une chose : Aurore a été enlevée.

— Cela ne laisse aucun doute.

— Pourquoi ! Par qui ?

— Je le sais.

— Ne pouvez-vous pas me dire ?...

— Rien, l'interrompit-il brusquement. Vous n'avez pas dîné, allez vous mettre à table.

Madame Delorme comprit qu'il voulait être seul. Elle se leva aussitôt et sortit du salon.

Alors M. de Lasserre bondit sur ses jambes, le regard chargé de sombres éclairs, frémissant, terrible.

— Les misérables, les infâmes ! murmura-t-il d'une voix tremblante de fureur. Eux, toujours eux !... Oh ! les lâches, les lâches !... Et sans que je sache rien, sans que j'aie seulement un soupçon, ils ont pu comploter et mettre à exécution cette nouvelle infamie ! Ma fille, ma pauvre fille !...

Un sanglot lui coupa la voix.

— Allons, allons, reprit-il, en se redressant avec une énergie farouche, il ne s'agit point de pousser des gémissements, il faut agir !

Il jeta les yeux sur la pendule. L'aiguille marquait neuf heures et demie.

Répondant sans doute à une réflexion qu'il venait de faire, un sourire étrange crispa ses lèvres.

— Voyons toujours, fit-il.

Il prit son chapeau et sortit précipitamment.

Sur le boulevard, il arrêta un cocher de fiacre qui passait, ayant sa voiture vide.

— Rue Davy, n° 6, dit-il à l'automédon, en se jetant dans le coupé.

Vingt minutes après, il était rue Davy, il entra dans la loge de la concierge.

— C'est ici que demeure madame Durand ? lui demanda-t-il.

— Oui, monsieur.
— Est-elle chez elle?
— Non, elle est sortie.
— J'en étais sûr, pensa-t-il.
Il reprit à haute voix :
— A quelle heure madame Durand est-elle sortie?
— Vers sept heures, répondit la femme, en lui lançant un regard de travers.
— Savez-vous où elle est allée?
— Mes locataires n'ont pas de compte à me rendre, répondit aigrement la concierge ; ils vont où ils veulent ; ça ne me regarde pas.
— Je comprends cela ; mais vous savez peut-être à quelle heure madame Durand rentrera?
— Je n'en sais rien du tout. Au fait, qu'est-ce que vous lui voulez à madame Durand?
— J'ai besoin de lui parler.
— Eh bien, ce sera pour un autre jour, attendu que madame Durand ne reçoit pas des hommes la nuit : et quand même elle rentrerait... vous comprenez. Dites-moi votre nom et je la préviendrai que vous êtes venu.
— Il est inutile que je vous donne mon nom, je reviendrai demain matin.
— Comme vous voudrez, grogna la concierge.
M. de Lasserre remonta dans le fiacre et se fit ramener boulevard Haussmann. Peut-être espérait-il que les ravisseurs d'Aurore, songeant aux conséquences terribles de leur action, avaient renoncé à leur projet et fait reconduire la jeune fille chez elle.

Vain espoir! Aurore n'était pas revenue.

Le comte s'était rendu rue Davy avec la certitude qu'il n'y trouverait pas la comtesse ; l'absence de la jeune femme, sortie à sept heures, peu de temps après l'enlèvement, l'affermissait dans toutes ses convictions.

La malheureuse! Elle avait osé, une seconde fois, lui prendre sa fille... Maintenant, il allait être sans pitié pour la misérable! Il roulait dans sa tête toutes sortes de projets de vengeance et ne trouvait pas qu'il y eût un châtiment assez grand, assez terrible à infliger à une pareille coupable, qu'il mettait au-dessous des plus viles créatures.

Après avoir accompagné Aurore, comme nous l'avons vu, jusqu'à sa voiture, la comtesse était remontée chez elle, heureuse de la visite de sa fille, ayant au cœur toute la joie qui pouvait encore y entrer. Elle avait préparé et pris son modeste repas du soir ; puis elle s'était habillée pour se rendre chez madame de Montesson, la fille cadette de M. Van Ossen, qui lui avait écrit le matin de venir la voir.

M. de Lasserre passa la nuit chez madame Delorme ; mais, malgré les instances de celle-ci et tout ce qu'elle put lui dire, il refusa absolument de se mettre au lit pour prendre le repos dont son corps et son esprit surtout avaient le plus grand besoin. Il est vrai que, dans l'état de fièvre et d'agitation où il se trouvait, il lui eût été impossible de fermer les yeux.

Affaissé dans un fauteuil, ou étendu sur le canapé, ou debout, arpentant le salon à grands pas, lançant toutes sortes d'imprécations, pleurant et sanglotant par instants, après d'effroyables accès de fureur et de rage concentrées, il s'enfonçait, se perdait au milieu du chaos d'idées qui grouillaient dans son cerveau malade.

Quel moyen devait-il employer pour se faire rendre immédiatement sa fille ? Il le cherchait, mais il y avait une telle confusion dans ses idées et ses pensées qu'il ne parvenait pas à imaginer quelque chose de raisonnable.

Il pouvait dénoncer le fait au parquet du procureur de la république, et aussitôt une légion d'agents de la sûreté serait mise en campagne. C'était évidemment ce qu'il avait de mieux et en même temps de plus simple à faire. Mais si le moyen était bon, il avait aussi son côté dangereux, et le comte faisait valoir plusieurs raisons pour se justifier à lui-même la répugnance qu'il avait de mêler à cette grave affaire des hommes de justice.

Il voulait que sa fille lui fût rendue et que les coupables fussent punis ; mais il redoutait un éclat autour du nom de Lasserre, un scandale public dont Aurore aurait à supporter le contre-coup. Plus que jamais le comte de Lasserre tenait à rester dans l'ombre et l'oubli, caché sous le nom de Delorme et celui de Pierre Rousseau. Après avoir porté sa honte seul, pendant des années, il ne voulait pas la rendre publique, il ne voulait pas la faire partager à sa fille.

C'est ainsi que le malheureux passa la nuit, dans des angoisses inexprimables, formant mille projets et ne s'arrêtant à aucun.

Un peu avant sept heures, il se disposait à sortir lorsque l'honorable Chaminon fit irruption dans l'appartement en criant :

— Madame, monsieur, on ramène la voiture.

Le comte descendit rapidement l'escalier. Dans la cour il se trouva en présence d'un gardien de la paix et d'un garde du bois de Boulogne.

Louis était en train de dételer le cheval ; mais il y mettait du temps, car il s'interrompait à chaque instant dans son travail pour accabler de caresses la pauvre bête qu'il retrouvait dans un état pitoyable. En effet, le cheval était fourbu, efflanqué, couvert de poussière et crotté jusqu'au ventre. Il ne paraissait pas complètement insensible aux caresses du cocher ; mais, pour le moment, une épaisse litière fraîche, une bonne ration d'avoine et un fort coup de bouchon de paille et d'étrille auraient mieux fait son affaire.

Le comte de Lasserre interrogea le gardien de la paix et le garde du bois, et voici ce qu'il apprit :

Au petit jour, faisant sa tournée dans le bois, le garde avait rencontré le cheval dans une allée, marchant au pas et à l'aventure. Il avait cru, d'abord,

— Nous n'avons plus à nous occuper de cet homme, dit-il d'un ton brusque.

qu'un accident était arrivé la veille ; mais, après examen, il acquit la certitude que la voiture n'avait point versé et que le cheval ne s'était pas emporté ; il n'existait, en effet, aucun désordre dans le harnachement du cheval, et la voiture ne portait pas la moindre trace d'un accident quelconque.

Très étonné, mais renonçant à s'expliquer l'abandon de l'attelage, le garde avait pris le cheval par la bride et s'était rendu au bureau du commissaire de police de Neuilly, où le secrétaire du commissariat reçut sa déclaration. Ce dernier avait déjà donné l'ordre de conduire le cheval et la voiture à la fourrière.

lorsqu'un gardien de la paix eut l'idée de visiter l'intérieur du coupé. Dans une des poches de côté il avait trouvé un carré de papier, — qu'il présenta au comte, — sur lequel une main peu habile avait écrit le nom et l'adresse de madame Delorme. Alors, au lieu de conduire l'attelage à la fourrière, on l'avait amené boulevard Haussmann, à l'adresse indiquée.

— Maintenant, monsieur, ajouta le gardien de la paix, si madame Delorme a une déclaration à faire, je suis chargé de lui dire qu'elle devra se présenter dans la journée au bureau de M. le commissaire de police de Neuilly.

— Madame Delorme, répondit le comte, n'a aucune déclaration à faire, aucune plainte à formuler; l'abandon de son cheval et de sa voiture dans le bois de Boulogne, par suite d'une erreur involontaire de son cocher, est un fait auquel elle désire qu'on n'attache aucune importance. Je vous prie de dire cela à M. le commissaire de police; vous le préviendrez en même temps que M. Delorme aura l'honneur de lui faire une visite aujourd'hui ou demain.

Quant à vous, messieurs, je vous remercie : madame Delorme et moi, nous aimons à reconnaître les services qui nous sont rendus ; M. le commissaire de police de Neuilly vous remettra à chacun une gratification de la part de madame Delorme.

Les deux hommes saluèrent respectueusement le comte et se retirèrent.

Le père Chaminon, qui n'avait pas perdu un mot de ce qui venait d'être dit, était stupéfié de la réponse du comte.

— Par exemple, se disait-il en hochant la tête, si j'y comprends quelque chose, je veux bien que le diable m'emporte !

Le comte alla prendre une voiture de place à la station la plus proche et se rendit rue Davy.

VI

FAUSSE ROUTE

La concierge donnait un coup de balai sur le trottoir devant la maison.

— Qui demandez-vous ? dit-elle à M. de Lasserre en le voyant ouvrir la porte de la loge.

— Madame Durand, répondit-il.

— Ah ! je vous reconnais, c'est vous qui êtes venu hier soir. Eh bien, madame Durand est chez elle ; je lui ai dit qu'un vieux monsieur était venu pour la voir, elle ne sera pas surprise de votre visite. Montez, c'est au troisième, la porte à droite.

Le comte grimpa rapidement l'escalier ; arrivé sur le palier du troisième étage, il s'arrêta un instant pour reprendre haleine. Il paraissait calme, mais son cœur battait à se briser et son regard avait gardé quelque chose de farouche.

Ne voyant pas de cordon de sonnette à la porte, il frappa. Presque aussitôt la porte s'ouvrit et il se trouva en face de sa femme en négligé du matin.

La comtesse laissa échapper un cri de surprise.

— Vous, monsieur le comte, c'est vous? dit-elle en reculant pour le laisser entrer.

Sans prononcer une parole, le comte franchit le seuil, referma la porte et entra en même temps que la jeune femme dans la petite pièce que nous connaissons. Alors son regard devint fulminant et son visage prit une expression terrible.

— Mon Dieu! mais qu'avez-vous donc? s'écria la comtesse épouvantée.

Il darda sur elle son regard de feu.

— Misérable! infâme! prononça-t-il d'une voix rauque, où est ma fille? Allons, répondez, où est ma fille?

Le cœur de la comtesse cessa de battre et elle sentit un froid glacial dans tous ses membres, comme si son sang se figeait dans ses veines.

— Mais... je... je ne comprends pas... balbutia-t-elle.

— Ah! vraiment, répliqua-t-il avec un ricanement étrange; eh bien, je vais vous faire comprendre. Hier soir, à cinq heures, Aurore était ici.

La jeune femme baissa la tête, en murmurant :

— C'est vrai.

— En sortant de chez vous, dans la rue, à la porte de cette maison, Aurore a été enlevée.

La figure décomposée, livide, et les yeux égarés, la comtesse se redressa.

— Que dites-vous, mon Dieu? que dites-vous donc? exclama-t-elle affolée, en faisant un pas en avant.

— Je vous dis qu'Aurore a disparu, qu'elle a été enlevée par deux hommes à votre solde, deux bandits, vos complices!

Les yeux de la comtesse, subitement injectés de sang, se voilèrent. Elle essaya de parler; mais elle ne put que pousser un cri étranglé, déchirant, horrible... Pendant une seconde ses bras battirent l'air, son corps rejeté en arrière se raidit et elle tomba comme une masse sur le carreau où elle resta étendue ne donnant plus signe de vie.

Le cri de la pauvre mère, exhalation de son âme, avait été plus éloquent que tout ce qu'elle aurait pu dire.

— Je me suis trompé, pensa le comte, elle ne savait rien, ce n'est pas elle !

La flamme de ses yeux s'éteignit et il enveloppa d'un long regard la malheureuse qui gisait à ses pieds. Il se pencha sur elle avec l'intention évidente de la relever, de lui porter secours; mais, aussitôt, il se redressa brusquement.

— Non, non, murmura-t-il avec une sorte de fureur, je ne veux pas!

Et il s'élança hors du logement.

Au bas de l'escalier, il rencontra la concierge.

— Montez vite, lui dit-il, Mme Durand vient de se trouver mal; elle réclame vos soins.

Il s'éloigna rapidement, pendant que la concierge effrayée s'empressait de monter au troisième étage.

Le comte se jeta dans sa voiture sans rien dire au cocher.

— Où allons-nous? lui demanda celui-ci.

— Je n'en sais rien.

Malgré cette singulière réponse, le cocher fouetta son cheval tout en se disant :

— En voilà un drôle de *pistolet!* Après tout, ça m'est bien égal, je marche à l'heure et pourvu que je sois payé...

Blotti dans un coin du coupé, le comte réfléchissait ou plutôt essayait de fixer sa pensée. A tort il avait accusé la comtesse, il le reconnaissait; il avait fait fausse route. Où chercher maintenant? A qui devait-il réclamer sa fille? Il fallait tâcher de deviner, d'abord, pourquoi Aurore avait été enlevée. Quel mobile avait fait agir le ravisseur? Quelles pouvaient être ses intentions? Tout à coup, une clarté se fit dans son esprit troublé et il lui sembla qu'une main invisible traçait sous ses yeux, en lettres de feu, le nom du marquis de Verveine. Il tressaillit et s'écria :

— C'est lui, c'est lui!

Après sa femme, pouvait-il accuser, raisonnablement, un autre que le marquis? En effet, tout s'élevait contre Adrien : sa conversation avec Aurore, chez la marquise de Montperrey, que la jeune fille avait fidèlement rapportée à son père, prouvait suffisamment au comte que le jeune homme était le coupable qu'il cherchait.

— Le lâche, le lâche ! prononça-t-il d'une voix sourde. Oh! je le tuerai; oui, je le tuerai comme un chien enragé.

Soudain, une idée nouvelle traversa son cerveau, faisant surgir une hypothèse douloureuse, stupéfiante, qui se dressait entre lui et le marquis. Or, cette hypothèse lui montrait comme chose possible une entente entre Aurore et Adrien. Dans ce cas sa fille était la complice de son ravisseur, il l'avait enlevée avec son consentement, tout avait été convenu entre eux.

Quel moyen le marquis avait-il employé pour suborner sa fille? Sans doute ils s'étaient écrit. L'homme qui s'était fait l'ami du cocher avait été leur messager. Sans doute encore, ils s'étaient rencontrés quelque part. Et Mme Delorme, chargée de veiller sur sa fille constamment, comme une mère, Mme Delorme n'avait rien vu, rien soupçonné !

— Oh! oh! fit-il.

Et, atterré, il pressait dans ses mains son front brûlant.

Toutefois, dans son cœur, la fibre paternelle essayait encore de défendre sa fille et il hésitait à croire qu'elle eût pu le tromper ainsi. Quoi, Aurore capable d'une pareille chose ! Non, non, c'était impossible !... Et pourtant, sans son autorisation, sans lui rien dire, elle était allée chez son institutrice, chez sa mère, et elle avait su lui cacher cela. Donc elle avait pu le tromper d'une autre manière

Et l'affreuse supposition revenait persistante, opiniâtre, s'imposait, et la malheureuse idée s'incrustait dans sa pensée.

Ainsi, après sa femme, qui l'avait trompé, trahi, déshonoré, c'était sa fille, qu'il aimait et adorait, plus encore peut-être qu'il n'avait aimé et adoré la mère, c'était sa malheureuse fille, qui grossissait à son tour la masse des filles perdues !

— Malheur ! malheur ! s'écria-t-il avec désespoir. Mais pourquoi donc suis-je encore sur terre ? Pourquoi donc ne suis-je pas mort depuis longtemps ? Qu'ai-je fait dans la vie ? Rien. Quels services ai-je rendus ? Aucun.

J'avais quelque chose là, continua-t-il en se frappant le front, et quelque chose aussi dans le cœur et dans l'âme ! Et tout cela a été détruit, anéanti, emporté dans le tourbillon du malheur ! Aujourd'hui, qu'est-ce que je suis ? Un corps sans âme, une machine dont tous les ressorts sont brisés, un spectre vivant ! Ah ! qu'il soit maudit, comme moi, le jour où je suis entré dans cette misérable et exécrable vie !

Maintenant, qu'allait-il faire ?

Allait-il abandonner sa fille à sa destinée comme il avait autrefois abandonné sa femme ?

Cette pensée lui vint. Mais il la repoussa aussitôt avec horreur. Non, il ne pouvait pas faire cela. Il avait trouvé sa femme indigne du pardon ; mais, si coupable que fût Aurore, il sentait qu'il aurait la force de lui pardonner sa faute.

Avant tout, il fallait la retrouver, l'arracher des mains de son séducteur, de ce misérable marquis de Verveine, dont il avait voulu faire son gendre, à qui il aurait donné sa fille et qui la lui avait prise, l'infâme !... Ah ! maintenant, c'était fini... Il aurait préféré voir Aurore dans un cercueil plutôt que de la marier à un pareil misérable !

Les créances du marquis étaient toutes entre ses mains ; il allait immédiatement le poursuivre ; il ferait vendre par autorité de justice, à vil prix, le domaine de Verveine, ses bois, ses fermes, tout ce qu'il possédait. Ce serait sa première vengeance !

En attendant, comment savoir où il avait conduit Aurore ? Evidemment, ils étaient partis ensemble. Quel moyen employer pour découvrir leur retraite ?

Ces questions, que M. de Lasserre s'adressait, réveillèrent d'anciens souvenirs et firent jaillir de sa mémoire un nom : Gabiron.

— Oui, se dit-il, voilà l'homme qu'il me faut ; mais depuis seize ans, qu'est-il devenu ? Est-il toujours un agent de la maison Serpin ? Existe-il encore ? Aujourd'hui même, je le saurai. Après tout, si je n'ai pas Gabiron, l'agence me trouvera un autre homme.

Le fiacre était arrivé sur les boulevards extérieurs que le cheval suivait tranquillement, marchant au pas.

Le comte eut la pensée de se rendre chez son ami Van Ossen pour l'instruire du nouveau malheur qui lui arrivait et lui demander ses conseils. Mais il changea aussitôt d'idée.

— Non, se dit-il, jusqu'à nouvel ordre Guillaume ne doit rien savoir.

Après avoir réfléchi un instant :

— Si j'allais chez le marquis, dit-il : je suis certain de ne pas le trouver ; mais, qui sait, je puis apprendre quelque chose.

Il baissa un des panneaux vitrés de devant.

— Cocher ? cria-t-il.

L'homme se retourna.

— Conduisez-moi rue Vanneau, n° 20.

— Allons-y, grommela le cocher, il vaut encore mieux aller là que nulle part.

Et il fouetta sa haridelle, qui voulut bien partir au trot.

Le comte de Lasserre ne fut nullement étonné quand le concierge de la maison où demeurait le marquis lui apprit que M. de Verveine était absent. A une seconde question qu'il adressa, le concierge répondit :

— M. le marquis est parti hier soir, vers cinq heures, sans dire à son valet de chambre où il allait ; il a emporté une valise de voyage, ce qui indique qu'il ne reviendra pas avant trois ou quatre jours. J'étais là au moment de son départ ; je lui ai trouvé un air tout je ne sais comment, il était pâle et paraissait préoccupé et inquiet. Je l'ai fait remarquer à ma femme en lui disant : « Bien sûr, il est arrivé quelque chose de désagréable à M. de Verveine. »

Le comte n'avait pas besoin d'en apprendre davantage pour se trouver suffisamment édifié. Le doute n'était plus possible. Ce que venait de lui dire le concierge affermissait sa conviction.

Il remonta dans le fiacre et se fit ramener boulevard Haussmann.

— Je ne sais rien encore, dit-il à Mme Delorme ; je cherche... Je vais rentrer chez moi, je ne sortirai probablement pas de la journée. Si, d'une manière ou d'une autre, vous appreniez quelque chose, vous m'enverriez Louis immédiatement.

Et il s'en alla sans lui avoir adressé aucun reproche sur son manque de surveillance.

Aussitôt rentré chez lui, le comte écrivit une lettre qu'il mit dans une enveloppe. Cela fait, il appela Théodore.

— Vous allez tout de suite porter ceci à cette adresse, lui dit-il, en lui donnant la lettre ; vous remettrez ce pli à M. Serpin lui-même ou à son représentant, ou à son successeur si l'agence a changé de directeur. Dans le cas où la personne que je demande se trouverait là, vous reviendrez ici avec elle.

D'ailleurs, quelle que soit la réponse qui vous sera faite vous me l'apporterez immédiatement.

Théodore, habitué avec le comte à obéir passivement, s'inclina et sortit.

Le comte reprit sa plume et écrivit une seconde lettre. Celle-ci était adressée au commissaire de police de Neuilly. Il glissa dans l'enveloppe, avant de la cacheter, un billet de cent francs. C'était la récompense promise aux deux hommes qui avaient ramené le cheval et la voiture.

Théodore revint au bout de trois quarts d'heure. Il apportait à son maître une réponse écrite, signée Serpin et C¹ᵉ.

En lui donnant l'assurance de son entier dévouement, et en le remerciant de n'avoir pas oublié sa maison, toujours au service de sa clientèle, le directeur de l'agence informait M. Pierre Rousseau que Gabiron faisait toujours partie de son personnel. Cet agent hors ligne, tout à fait digne de la confiance que M. Pierre Rousseau avait en lui, était en tournée pour le moment; mais il devait passer à l'agence vers midi, et recevrait l'ordre de se rendre immédiatement rue du Rocher pour recevoir les instructions de M. Pierre Rousseau.

— C'est bien, dit le comte, après avoir lu.

— Onze heures sont sonnées, dit Théodore; monsieur ne veut-il pas déjeuner?

— Je n'ai pas faim, répondit le comte; mais n'importe, je me forcerai pour manger un peu.

Tenez, continua-t-il, voici une autre lettre, vous n'oublierez pas de la porter tantôt au bureau du commissariat de police de Neuilly. Vous n'attendrez pas qu'on vous interroge, et si l'on vous adresse quelques questions, vous répondrez, ce qui est vrai, que vous ne savez rien.

Il se leva et passa dans la salle à manger. Le couvert était mis et Francesca attendait l'ordre de servir le déjeuner de son maître.

. . . .
. . . .

A midi précis, Gabiron, l'homme exact par excellence — ancien militaire, il en avait gardé les habitudes — Gabiron entra dans les bureaux de l'agence Serpin.

— Le patron a à vous parler, lui dit le caissier.

Gabiron passa aussitôt dans le cabinet du directeur.

— Ah! vous voilà, dit celui-ci, je vous attendais. Vous souvenez-vous d'un ancien client pour le compte duquel vous avez travaillé, il y quelque chose comme seize ans, et qui se nomme Pierre Rousseau?

Une lueur rapide traversa le regard de Gabiron, qui ne put s'empêcher de tressaillir.

— Parfaitement, répondit-il.

— Eh bien, ce particulier a conservé de vous un bon souvenir; il a de nouveau besoin de nos services et c'est vous qu'il me prie de mettre en communication avec lui.

Avez-vous déjeuné ?

— Pas encore.

— Vous déjeunerez vite et vous vous rendrez chez M. Pierre Rousseau, qui vous attend ; voici son adresse.

Gabiron prit le papier dont il n'avait nul besoin, car il savait très bien où demeurait M. Rousseau.

— Gabiron, reprit maître Serpin, j'ai dans l'idée — car quelque chose me le dit — que vous allez traiter là une affaire importante.

— Faut voir.

— Je n'ai pas besoin de vous recommander d'user de votre adresse et de votre habileté ordinaires. La dernière campagne a été mauvaise pour l'agence et son personnel ; on aurait dit que le diable, enchaîné, laissait en repos la pauvre humanité. Il faut, mon brave Gabiron, que cette campagne-ci nous dédommage de la précédente.

— On fera pour le mieux, patron, c'est-à-dire ce qu'on pourra.

Un instant après, Gabiron sortit de l'agence. Il était devenu pensif. Il faisait certaines réflexions tout en tourmentant fortement son épaisse moustache grise.

VII

QUE VA FAIRE GABIRON ?

Une heure venait de sonner. Le comte de Lasserre, accablé de fatigue, se promenait de long en large dans son cabinet, afin de lutter contre le sommeil qui, malgré lui, fermait à chaque instant ses paupières. Il attendait Gabiron avec impatience.

Enfin, Théodore ouvrit la porte du cabinet et annonça l'agent.

— Venez, monsieur Gabiron, venez ! cria le comte.

Aussitôt Gabiron entra, tenant respectueusement son chapeau à la main. Théodore referma la porte du cabinet.

En face l'un de l'autre les deux hommes restèrent un moment silencieux, se regardant.

— Me reconnaissez-vous ? demanda le comte.

— Parfaitement.

— Pourtant j'ai beaucoup vieilli.

— Dame, monsieur Rousseau, le temps, en marchant, laisse sur nous la trace de son passage. J'ai vieilli aussi, moi. Mais, voyez-vous, monsieur Rous-

L'IDIOTE 465

L'agent se sentit électrisé par les paroles du comte.

seau, si mes jarrets ne sont plus d'acier comme il y a seize ans, j'ai toujours le même courage, la même volonté, la même ardeur à me mettre à votre service.

— Très bien. Je sais que je puis compter sur vous. Je vous ai donné la preuve de ma confiance, en vous faisant demander à votre agence.

— Elle me fait grand honneur, monsieur Rousseau, et je tâcherai de continuer à m'en rendre digne. Je suis aussi extrêmement flatté du souvenir que vous avez gardé à votre serviteur.

— Je n'oublie jamais ceux qui m'ont rendu service.

Liv. 59. F. ROY, éditeur. 59

— Alors, autrefois, vous avez été content de moi?
— Oui.
— Sans être très complets, les renseignements que je vous ai fournis ont été suffisants; vous avez pu retrouver, à Menton, le personnage qui avait si brusquement quitté Paris.

Le regard du comte eut un bout de flamme.

— Nous n'avons plus à nous occuper de cet homme, dit-il d'un ton brusque.
— C'est vrai. Monsieur Rousseau veut-il me dire maintenant ce qu'il attend de moi?
— Asseyez-vous d'abord.
— Je ne refuse pas; on est mieux assis que debout.
— Monsieur Gabiron, je vous ai fait demander pour vous charger d'une mission extrêmement sérieuse et délicate.
— Monsieur Rousseau sait que j'ai la spécialité de ces sortes de missions.
— Habileté, prudence et discrétion absolue, voilà ce qu'il faut.
— On aura cela en y ajoutant l'activité, le zèle et le dévouement.
— Il y a beaucoup de rapport entre ce que je vais vous demander aujourd'hui et ce que vous avez fait autrefois pour moi.
— Je ferai en sorte de réussir également. Monsieur Pierre Rousseau se souvient-il de la manière dont l'agence traite avec les particuliers?
— Oui. La première condition de votre agence est de se faire remettre une somme déterminée, selon l'importance de l'affaire, à titre de provisions.
— Oui, monsieur.

Le comte ouvrit un tiroir de son bureau et prit cinq billets de mille francs, qu'il posa devant l'agent ébahi.

— Vous verserez cette somme dans la caisse de l'agence, dit-il; nous verrons si elle est suffisante; je l'espère, car je voudrais que, dès demain, vous ayez rempli votre mission. Dans tous les cas, ces cinq mille francs sont dès à présent acquis à l'agence. Nous traiterons tout à l'heure la question des gratifications.

— Monsieur Pierre Rousseau a une excellente mémoire, fit Gabiron d'un ton flatteur et en souriant. Mais, continua-t-il, je ne sais pas encore de quoi il s'agit.
— Je vais vous le dire. Ecoutez: Hier soir, une jeune fille appelée Aurore Delorme a disparu.

Gabiron fit un bond sur son siège et un oh! qu'il ne put retenir lui échappa.

— Qu'avez-vous? lui demanda le comte.
— Rien, monsieur, rien, répondit vivement l'agent, je vous écoute.
— Je n'ai pas besoin de vous dire que je m'intéresse particulièrement à cette jeune fille, dont la mère, maintenant dans les larmes, désespérée, est mon amie. Aurore Delorme n'a pas encore dix-huit ans et elle est remarquablement jolie.

— Je le sais bien, pensa Gabiron.

— Nous supposons, je puis même dire, nous sommes convaincus, continua M. de Lasserre, qu'elle a inspiré un violent amour à un jeune homme qu'elle a rencontré dans le monde, et que c'est ce jeune homme qui l'a enlevée, poussé à cette action infâme, à ce crime, par une passion frénétique, insensée. Vous le voyez, monsieur Gabiron, la chose est d'une extrême délicatesse.

— On ne peut plus délicate.

— Il s'agit de l'honneur d'une famille, et je le mets entre vos mains.

— Vous pouvez être tranquille, monsieur, Gabiron est un honnête homme, il sait garder un secret et peut passer partout la tête haute.

— Le jeune homme en question, reprit le comte, demeure à Paris, rue Vanneau, n° 20. Il appartient au meilleur monde; il se nomme le marquis Adrien de Verveine.

— Le marquis de Verveine ! exclama Gabiron.

— Est-ce que vous le connaissez ? fit le comte étonné.

— Oh ! à peine ; j'ai eu seulement l'honneur de le voir deux ou trois fois.

— Dans ce cas, ce que vous allez avoir à faire vous sera plus facile.

— Ainsi, monsieur, vous êtes certain que c'est le marquis de Verveine qui a enlevé mademoiselle Delorme ?

— Oui.

Gabiron resta un moment silencieux, ayant l'air de réfléchir.

— Pourtant, monsieur, dit-il, on peut parfois se tromper.

— Je suis sûr, vous dis-je.

— Alors, monsieur, votre conviction fait la mienne.

— Il s'agit de savoir où le ravisseur a conduit sa victime, dans quel lieu il la cache. Je vous ai donné le fil conducteur.

— Je le crois.

— Trouvez-vous la chose impossible ?

— Impossible, non ; mais je rencontrerai certainement de grandes difficultés.

— Les difficultés, on les surmonte ; les obstacles, on les brise. Monsieur Gabiron, dans la circonstance présente, l'argent n'est rien ; on en dépensera autant qu'il en faudra. Employez dix, vingt, trente, cent hommes, si c'est nécessaire. Il faut retrouver Aurore Delorme le plus vite possible, il le faut à tout prix. Pour sa mère, pour ceux qui l'aiment et pour elle-même, la malheureuse enfant, un jour, une heure est un siècle !... Ah ! mettez-vous immédiatement à l'œuvre et ne perdez pas une seconde. Je me suis présenté ce matin chez le marquis, bien que je fusse sûr de ne pas le trouver. Il a quitté Paris hier soir ; naturellement il s'est bien gardé de dire où il allait. Vous le saurez. Ce que je ne puis faire, vous le ferez, vous...

— Le marquis a-t-il emmené un lourd bagage?
— Il est parti avec une valise de voyage seulement, m'a-t-on dit.
— Dans ce cas, il reviendra à Paris dans deux ou trois jours...
— C'est probable.
— S'il reparaît, bien des difficultés seront aplanies et nous pourrons arriver plus vite à un résultat. Les renseignements que vous venez de me donner me paraissent suffisants. Mais vous ne m'avez point dit — peut-être l'ignorez-vous — si le marquis a agi seul ou avec des complices.
— Ce sont deux gredins payés par lui, qui se sont emparés d'Aurore avec une audace incroyable.
— Il ne me serait pas inutile, je crois, de savoir comment a eu lieu l'enlèvement.
— Voici :

Et le comte raconta à Gabiron ce qu'il crut devoir lui apprendre des événements de la veille.

— Ce matin, continua-t-il, le cheval et la voiture ont été ramenés chez madame Delorme par un garde du bois de Boulogne, qui avait trouvé l'attelage dans une allée du bois. L'animal était dans un état pitoyable. Tout indiquait qu'il avait fait une longue course, trente lieues peut-être, par de très mauvais chemins. Les roues du coupé, enduites jusqu'aux moyeux d'une boue jaune et noire, s'étaient évidemment enfoncées dans de profondes ornières. Sans nul doute, après avoir obtenu du cheval ce qu'ils exigeaient, et ne sachant plus que faire de l'attelage, les misérables n'ont rien imaginé de mieux que de le ramener à Paris pour l'abandonner au milieu du bois de Boulogne.

— Le fait ne peut pas s'expliquer autrement, appuya Gabiron.
— C'est un autre indice pour vous, monsieur Gabiron; la direction prise par les ravisseurs vous est indiquée.

L'agent secoua la tête.

— C'est fort incertain, dit-il ; je ne me laisse pas prendre à certaines ruses ; je crois plutôt que les gredins en question sont sortis de Paris d'un autre côté. Ce sont, en vérité, d'audacieux coquins ; et ce que vous venez de m'apprendre, monsieur Rousseau, me stupéfie. La chose s'est accomplie si facilement, à une heure où les habitants circulent dans les rues, qu'il y aurait presque lieu de supposer que la demoiselle était d'accord avec les deux bandits.

Le visage du comte se décomposa; ce que voyant Gabiron, il s'empressa d'ajouter :

— Mais ceci ne me regarde point.

Après un court silence, il reprit :

— Avec votre permission, monsieur Rousseau, je me permettrai d'interroger le cocher de madame Delorme afin qu'il me donne le signalement des deux individus.

— Je vous autorise à prendre près du cocher tous les renseignements qui pourront vous être utiles, et dans le cas où son aide vous serait nécessaire, il aura l'ordre de se tenir à votre disposition.

— Je prends note de vos paroles pour le cas où j'aurais besoin de l'employer. Mais, pour l'instant, j'agirai seul ; c'est préférable pour plusieurs raisons. On ne sait pas toujours si les hommes qu'on s'adjoint ont l'habileté voulue. Or, dans une infinité de cas, la moindre maladresse compromet le succès. Le marquis peut supposer que les soupçons ne se porteront point sur lui ; il faut donc manœuvrer prudemment pour lui laisser sa quiétude et ne pas éveiller sa défiance. Ensuite, plus une affaire est délicate, moins il faut de mouvement autour d'elle. Il s'agit ici d'un secret de famille qu'on ne peut pas confier au premier venu. Sans être capable d'en abuser — chez nous le chantage n'existe pas — on peut commettre une indiscrétion sans le vouloir. Un secret connu de plusieurs personnes n'est plus un secret. Moins on est à le connaître, mieux il est gardé.

Donc, monsieur Rousseau, je vais immédiatement me mettre à l'œuvre seul. J'ai l'espoir de réussir. Malheureusement je ne puis vous dire dans combien de temps ; cela dépend des circonstances et de certains événements qu'il m'est impossible de prévoir, mais je vous fais la promesse de remplir la mission que vous voulez bien me confier avec tout le zèle, toute l'activité et tout le dévouement qui sont en moi. Ah ! vous ne savez pas, vous ne pouvez pas savoir combien, aujourd'hui, je suis heureux de vous servir.

— Monsieur Gabiron, dit le comte avec émotion, vous êtes un brave homme !

L'agent se sentit électrisé par ces paroles.

— Je réussirai, oui je réussirai, reprit-il ; allez, j'y mettrai du cœur... Quand j'aurai découvert l'endroit où se trouve mademoiselle Aurore Delorme, que devrai-je faire ?

— Tout de suite, vous me préviendrez.

— Oui, si cela m'est possible. Je puis être empêché par une cause quelconque. Il peut se faire, par exemple, que je sois loin de Paris.

— C'est vrai.

— On ne sait jamais le matin ce qui peut arriver le soir. Dans le cas où, servi par les circonstances, je pourrais à mon tour enlever la jeune fille pour la ramener à sa mère, suis-je autorisé à le faire ?

— Mais certainement, monsieur Gabiron.

— Cela me suffit.

— Ah ! si vous faites cela, vous nous aurez rendu un de ces services qu'on ne peut payer que par la reconnaissance ; mais vous recevrez une récompense dont vous serez satisfait, je vous en donne ma parole.

— Je sais depuis longtemps que M. Rousseau est très généreux.

— Monsieur Gabiron, madame Delorme et moi nous mettons en vous tout notre espoir. Avez-vous besoin d'argent?

— En voilà, répondit l'agent, en prenant les billets de banque.

— Si vous en manquez, pour vous, ne craignez pas de venir m'en demander.

— Oui, si j'ai besoin, je viendrai.

— Je vous l'ai dit tout à l'heure, monsieur Gabiron, dans la circonstance présente l'argent n'est rien.

L'agent s'était levé.

— Monsieur Rousseau a-t-il encore quelque chose à me dire? demanda-t-il.

— Non. Je crois n'avoir rien oublié d'important; vous avez les seuls renseignements que je puisse vous donner.

— Alors, je puis me retirer?

— Oui. Ah! je ne saurais trop vous le répéter, monsieur Gabiron, ne perdez pas une seconde.

— Monsieur Rousseau peut compter sur moi, je ne trahirai point sa confiance.

Sur ces mots Gabiron s'inclina respectueusement et sortit du cabinet.

Quand il fut dans la rue, il allongea le cou, jeta autour de lui des regards rapides et, la tête en l'air, il parut flairer le vent. Puis, enfonçant ses mains dans ses poches, il arpenta le trottoir.

— Étrange, tout à fait étrange, se disait-il; pourquoi M. le comte de Lasserre se cache-t-il boulevard Haussmann sous le nom de Pierre Rousseau, qu'il avait déjà pris il y a seize ans? Depuis huit jours je cherche le mot de l'énigme sans pouvoir le trouver. Un homme riche à millions, et comte par-dessus le marché, ne se cache pas ainsi sans y être forcé. Il y a certainement quelque chose de terrible dans son passé. Quoi? Ah! voilà... il se cache et il cache sa fille, voilà le fait! Et il pousse la chose jusqu'à faire croire à la demoiselle que madame Delorme est sa mère. Oui, oui, tout cela est étrange.

Pauvre père! comme il était ému tout à l'heure en me parlant de son enfant; quels efforts il a dû faire pour empêcher de couler les grosses larmes que je voyais dans ses yeux! Parmi les plus riches, parmi ceux qu'on envie le plus, il existe des malheureux, et le comte de Lasserre en est un. Et plus malheureux peut-être qu'on ne peut le supposer... J'avais envie de lui dire: Pleurez donc, si cela peut vous soulager; ne vous gênez pas devant moi; je sais que vous êtes monsieur le comte de Lasserre et que mademoiselle Aurore est votre fille!... Je me suis retenu. J'ai bien fait. Il ne faut jamais laisser voir qu'on sait trop de choses.

Il a réellement beaucoup vieilli; malgré cela, il conserve une force et une énergie peu communes. S'il eût été heureux, cet homme-là était taillé à vivre plus de cent ans... Si je ne l'avais pas vu avant, déjà, j'aurais hésité à le reconnaître; pourtant il a une physionomie et un regard — le regard surtout — qui restent dans la mémoire. C'est égal, il est bien changé.

Quand il a quitté Paris, il y a seize ans, il logeait dans une mauvaise chambre garnie où il m'a reçu; il venait — je sais cela depuis quelques jours — de quitter le superbe hôtel qu'il possédait rue de Berri et qui a été vendu peu de temps après. Où donc étaient alors la comtesse de Lasserre et leur petite fille? Pourquoi le comte a-t-il couru à Menton après le vicomte de Sanzac?

A cet endroit de son monologue, Gabiron s'arrêta brusquement.

— Diable, diable, fit-il en enfonçant sa tête dans ses épaules, je crois que je devine. Oui, oui, ce doit être cela. La comtesse enlevée ou partie avec sa fille... Parbleu, voilà le mot de l'énigme, voilà tout le mystère. Toujours les mêmes, les femmes... le diable les tente, adieu la vertu! En font-elles, des sottises! Et pour qui? Le plus souvent pour des rien-qui-vaille, car le beau vicomte n'a jamais été autre chose que ce qu'il est aujourd'hui : un véritable chenapan.

Tout cela est d'une clarté limpide : le comte a retrouvé l'amant de sa femme; il y a eu un duel, probablement; puis le comte, ne voulant plus d'une femme qui s'était donnée à un autre, s'est contenté de reprendre sa fille. Et voilà pourquoi il a changé de nom. Il y a bien dans tout cela des choses que je ne comprends pas, qui ne s'expliquent point, mais enfin... Après tout je n'ai pas le droit de pénétrer les secrets de M. le comte de Lasserre. Si je me permets de regarder dans son existence, c'est pour ma propre satisfaction et par intérêt pour lui. Il me plaît, il m'intéresse, cet homme-là; oui, j'ai de l'affection pour lui. Est-ce parce qu'il est malheureux et que le vicomte m'est antipathique? Peut-être. Ah! je ne mentais pas tout à l'heure en lui disant qu'il pouvait compter sur mon dévouement... Il m'a promis une récompense; eh bien, cela m'est égal : pour lui je travaillerais pour rien!

Et la comtesse! Qu'est-elle devenue, la pauvre femme? Je connais le vicomte : au bout d'un an, de quelques mois peut-être, il en a eu assez et il l'a lâchement abandonnée. C'est toujours ainsi que ces histoires-là finissent. Et dire que les femmes sont toujours disposées à croire qu'elles seront aimées éternellement! Si elles se donnaient seulement la peine de penser un instant à ce qui les attend, il n'y aurait pas tant de maris... malheureux!... Une comtesse est une femme comme une autre, mais n'importe, c'est dur... Elle n'a pu supporter cela. Pauvre femme, elle doit être morte!... Il y a seize ans, c'était la mère; aujourd'hui, c'est la fille... Décidément le comte de Lasserre n'a pas de chance, il est né sous une bien mauvaise étoile.

Maintenant, examinons la situation et tâchons de voir clair dans ce que j'ai à faire.

Le marquis de Verveine ne sait pas, cela est évident que mademoiselle Aurore Delorme est la fille du comte de Lasserre. Amoureux d'Aurore, dans laquelle il ne voit qu'une petite bourgeoise, qu'il ne veut pas épouser, il s'est dit, absolument comme ces bons marquis d'autrefois : Bast, j'en ferai ma maîtresse! Et voilà, qu'elle ait consenti ou non à la chose, la jeune fille a été enlevée, et il est probable qu'à l'heure qu'il est... Les marquis d'aujourd'hui ne sont pas moins terribles que ceux du temps jadis. Mais, voyons, est-ce bien ce jeune marquis de Verveine, qui a du cœur, qui sait ce que vaut l'honneur, est-ce bien lui qui a eu l'idée d'enlever la jeune fille?

Gabiron hocha la tête et, pendant un instant, resta pensif.

— J'en mettrais ma main au feu, reprit-il continuant son monologue mental, le Sanzac a mis la patte dans cette vilaine affaire. Ce n'était pas pour rien qu'il m'a fait prendre des renseignements sur madame Delorme et la demoiselle. Dès ce jour-là, j'ai bien compris qu'il méditait une gredinerie quelconque. Pourquoi? Eh, parbleu, c'est qu'il hait le comte de Lasserre, qu'il m'a fait chercher partout pendant des mois. C'est une vengeance! une vengeance de misérable ; mais un coquin devient si facilement un scélérat ! Il n'y a pas à en douter, il y a là-dessous une vengeance depuis longtemps préméditée : le vicomte a poussé le marquis et se sert de lui comme d'un instrument. Ah! le brigand, il s'est bien gardé de dire à son ami qu'Aurore est la fille du comte de Lasserre.

Il faut convenir qu'il ne manque pas d'habileté, le Sauzac ; il frappe son ennemi, il se venge, en se mettant à couvert sous un autre ; de sorte que, quoi qu'il arrive, il peut dire : Je suis ignorant de tout cela, je n'ai rien fait, je suis blanc comme neige... Halte-là, vicomte, Gabiron est là : il aura l'œil sur vous aussi.

Nous verrons, nous verrons...

Il réfléchit un instant et continua :

— Je n'ai pas à m'occuper de madame Delorme ; mais il y a l'institutrice. Une institutrice que l'on renvoie, que l'on chasse, car elle a été bel et bien chassée, cela n'annonce rien de bon. M. de Lasserre ne m'a point dit pourquoi il avait été forcé de la congédier ; mais il faut qu'il ait découvert quelque chose de grave. Rien ne prouve que cette madame Durand n'est pas aussi une complice. Une institutrice, c'est pauvre ; ça rêve sans cesse un sort meilleur, de belles toilettes, des bijoux, etc. Il y a des gens qui pour de l'argent sont capables de tout. Dieu sait si j'en ai vu et si j'en connais de ces gens-là.

Évidemment je peux me tromper ; mais sur ce point tout m'est permis : je cherche. Encore une qu'il ne faudra pas trop perdre de vue. Elle demeure aux Batignolles, rue Davy ; du reste j'ai eu soin de prendre son adresse sur mon calepin. Il sera peut-être bon de lui faire une petite visite. J'examinerai, je verrai. En attendant, il faut que je sache si le marquis reviendra à Paris dans quelques jours ou si, comme autrefois le vicomte, il se fera envoyer par son valet de chambre les choses dont il a besoin. Tiens, tiens, ce serait assez drôle que je réussisse par le même moyen. Au fait, pourquoi pas ? N'est-ce pas M. le vicomte qui a manigancé tout cela? Si fort qu'il paraisse, je ne crois pas que son sac à malices soit bourré de ruses.

Sans s'en apercevoir, Gabiron était arrivé boulevard Haussmann.

Il marcha d'un pas rapide vers la maison, dont le père Chaminon gardait la porte.

Comme il l'avait déjà fait en sortant de chez le comte de Lasserre, il dressa la tête et eut l'air d'interroger la rose des vents. Ensuite il regarda sa montre.

— Bon, murmura-t-il, j'ai encore du temps devant moi. Allons procéder à l'interrogatoire du cocher de madame Delorme.

Et coupant court à ses réflexions, il marcha d'un pas rapide vers la maison dont le père Chaminon gardait la porte.

VIII

AU CLOS D'IRIS

Ainsi que nous l'avons raconté, les deux bandits qui avaient si audacieusement enlevé Aurore, étaient sortis de Paris par la porte Clignancourt.

Les chevaux continuant à aller au grand trot, le coupé et le fiacre, qui suivait de près, gagnèrent rapidement la route nationale.

Un peu au delà d'Epinay, le cheval du coupé marcha au pas pendant un instant, évidemment pour ne pas prendre une trop grande avance sur le fiacre, qui s'arrêta au milieu de la route.

Aussitôt, un homme, qui attendait là, s'approcha de l'attelage de Colibri, ouvrit la portière, sans prononcer une parole, et prit place dans la voiture.

Immédiatement les deux chevaux reprirent le galop.

La nuit était tout à fait venue, une nuit sombre, sans lune et sans étoile, qu'une brume épaisse rendait plus obscure encore.

Les deux lanternes allumées éclairaient faiblement l'intérieur du coupé.

Aurore, pelotonnée dans un coin, la tête penchée sur son épaule, tenait ses yeux à demi fermés. Elle se berçait dans un rêve, un délicieux rêve de jeune fille depuis longtemps commencé, souvent repris et jamais achevé. Devant elle, sans doute, elle voyait se grouper de gracieuses images, car à chaque instant un sourire d'une ineffable douceur courait sur ses lèvres.

Bien souvent, quand elle se trouvait seule, Aurore se livrait ainsi à ses pensées, à son rêve. Alors elle ne craignait pas de soulever un coin de ce voile qui cache la destinée ; sa pensée pénétrait dans l'avenir inconnu, mystérieux et redoutable ; elle l'interrogeait, et l'avenir, toujours rempli de si belles promesses tant qu'on a la jeunesse, l'avenir lui cachait les soucis, les amertumes, les peines, les chagrins, les désillusions, les déceptions de la vie pour lui laisser voir seulement le bonheur escorté de toutes les joies rêvées ou désirées.

A l'exception du bois de Boulogne, des Champs-Élysées, où elle se promenait fréquemment, et des principaux boulevards, Aurore, nous le savons, ne connaissait pas Paris. Elle n'était allée qu'une fois aux Batignolles. Peut-être avait-elle eu sous les yeux le plan de la ville, mais elle n'aurait certainement pas su dire si les Batignolles se trouvaient au midi ou au nord de Paris, et moins encore quelle distance il y a du boulevard Haussmann à la rue Davy.

Le coupé roulait depuis environ trois quarts d'heure sans qu'elle eût songé à s'étonner de la longueur du trajet. Elle ne s'était pas rendu compte non plus du temps écoulé ; elle avait une mignonne petite montre, un bijou de prix, cadeau récent de son père, mais elle ne l'avait pas consultée. Elle s'était à peine aperçue que la nuit était devenue noire.

Tout à coup la voiture eut un mouvement inaccoutumé causé par un cahot.

La jeune fille sursauta, ouvrit les yeux et se redressa.

— Mais non, murmura-t-elle, nous ne sommes pas arrivés ; il me semble que nous mettons bien du temps. Il fait tout à fait nuit, ma mère va être inquiète.

Son regard traversa la vitre de la portière.

— C'est singulier, fit-elle, je ne vois pas de maisons, aucune clarté.

Elle avança la tête, colla sa figure contre la vitre et regarda.

Devant ses yeux passaient de grandes ombres qui avaient l'air de courir les unes après les autres. Ces ombres noires, auxquelles la lumière des lanternes donnait un aspect et des formes fantastiques, ressemblaient à des fantômes échevelés ou à de formidables géants.

Aurore n'était pas peureuse ; malgré elle, cependant, elle frissonna.

— Oh ! fit-elle se rejetant vers l'autre portière.

La même illusion d'optique se reproduisit. A gauche comme à droite, d'horribles fantômes, d'effroyables géants couraient le long de la route ou à travers champs.

Aurore ne pensa point que toutes ces grandes ombres de formes étranges, qui paraissaient se poursuivre avec fureur et acharnement, étaient des arbres.

Elle éprouva un saisissement singulier, qui était le commencement de la frayeur que cause l'approche d'un danger qu'on ne connaît pas encore.

— Mon Dieu, mais où sommes-nous donc ? prononça-t-elle d'une voix oppressée.

Elle frappa contre l'un des panneaux de bois de palissandre qui fermaient le devant du coupé et appela.

— Louis ! Louis !

A ce moment, Louis ronflait dans le cabinet du cabaret, et le misérable qui était sur son siège se garda bien de répondre.

Ne recevant pas de réponse et croyant que le cocher n'avait pas entendu, elle frappa de nouveau et appela d'une voix plus forte

— Louis ! Louis !

Pas plus de réponse que la première fois.

— Mais il s'est donc endormi ? murmura-t-elle.

Elle frappa encore de grands coups à poings fermés.

— Louis ! Louis ! s'écria-t-elle d'une voix éclatante.

Toujours même silence.

— Louis, arrêtez, je le veux, je vous l'ordonne !

Au lieu d'obéir, Lory, croyant remarquer que le cheval n'allait pas assez vite, lui fit sentir la mèche du fouet et le coupé se mit à filer avec une rapidité vertigineuse.

Subitement, chez Aurore, la terreur succéda à l'inquiétude. Elle pâlit affreusement et se mit à trembler. Vainement elle faisait appel à sa raison et essayait de se rassurer, toutes sortes de craintes l'assaillirent. Elle s'était enfin convaincue qu'elle n'était plus dans Paris et que, depuis qu'elle avait quitté son institutrice, il s'était écoulé quatre ou cinq fois plus de temps qu'il n'en fallait pour revenir boulevard Haussmann.

Mais pourquoi Louis était-il sorti de Paris ? Pourquoi cette course insensée dans les ténèbres, sur un chemin qui lui était inconnu ? Elle avait appelé, pourquoi le cocher n'avait-il pas répondu ? Où donc voulait-il la conduire ?

Elle se faisait ces questions et beaucoup d'autres encore sans pouvoir répondre à aucune. Elle ne comprenait point.

— Mon Dieu ! qu'est-ce que cela veut dire ? s'écria-t-elle toute frissonnante ; oh ! j'ai peur, j'ai peur !

Sa frayeur était instinctive et elle avait seulement le pressentiment d'un danger quelconque.

Élevée dans l'admiration de tout ce qui est beau, de tout ce qui est grand, ne connaissant que le bien, que ce qui est pur, noble, élevé, il ne lui venait pas à la pensée qu'elle pût être victime d'un attentat. Assurément, elle savait qu'il existe des méchants, des criminels, mais elle n'avait aucunement l'idée du mal qu'ils peuvent faire.

Cependant, après avoir réfléchi un instant ou plutôt essayé de réfléchir, elle se mit à frapper et à appeler de nouveau afin d'obtenir une réponse quelconque du cocher. Mais elle eut beau crier et faire résonner les panneaux de la voiture, le misérable, qui obéissait à un mot d'ordre donné, resta muet.

Alors, Aurore eut la pensée de s'élancer hors du coupé. Elle chercha à ouvrir la portière. Impossible. Celle-ci ne s'ouvrait qu'à l'extérieur. Ses petites mains délicates et inhabiles ne parvinrent pas non plus, malgré tous ses efforts, à faire descendre le panneau vitré dans ses coulisses.

Du reste, qu'aurait-elle fait ? La nuit devenait de plus en plus épaisse et, malheureusement, la route était complètement déserte.

Sans aucun doute, si les malfaiteurs eussent eu à redouter que les cris qu'elle poussait pussent être entendus, ils auraient pris certaines mesures brutales pour la contraindre à rester silencieuse.

A la fin, égosillée, terrassée par l'épouvante, à bout de forces, la jeune fille cessa d'appeler à son secours. Secouée par un tremblement convulsif, sentant des frissons successifs courir dans tous ses membres, elle s'affaissa sur le coussin de la voiture et se mit à pleurer à chaudes larmes.

Une bonne demi-heure s'écoula encore, les chevaux galopant toujours. Enfin le coupé et le fiacre s'arrêtèrent en même temps devant la grille rouillée de l'enclos, ancien rendez-vous de chasse, où nous avons déjà amené le lecteur.

L'homme qui était monté dans la voiture de Colibri entre Épinay et Enghien, sauta hors du véhicule, entra dans l'enclos par la petite porte et s'empressa d'ouvrir la grille, dont il trouva la clef dans la serrure. Alors le coupé pénétra dans l'enceinte, s'avança lentement en suivant une ancienne allée, formant un arc de cercle, et ne tarda pas à arriver devant l'habitation, dont deux fenêtres du rez-de-chaussée étaient éclairées.

Les gardiens du lieu avaient évidemment entendu venir la voiture, car sans qu'ils eussent été autrement avertis, la porte de la maison s'ouvrit et l'homme parut, tenant une lanterne allumée.

Le personnage, dans lequel on a reconnu le vicomte de Sanzac, s'avança vers l'homme à la lanterne et lui dit à voix basse :

— Je vois que vous attendiez.
— Nous attendons depuis trois jours.
— Où est la Grêlée ?
— Elle est là.
— Que fait-elle ?
— Elle ouvre la porte de la tourelle.
— Laquelle ?
— Celle du haut, pardine ! Les deux portes ouvrent au moyen d'une pression qui fait jouer un ressort caché dans la maçonnerie ; mais ni ma femme ni moi ne savons faire mouvoir le ressort de la porte d'en bas ; vous nous avez indiqué le secret de l'une, mais pas celui de l'autre.

— C'est vrai, et cela pour une bonne raison : je ne le connais pas. La Grêlée a-t-elle bien fait tout ce que je lui ai dit ?
— Oui.
— Alors la cage est prête pour y mettre l'oiseau ?
— Oui, à part la lumière et l'espace qui manquent un peu, la cage est assez belle.
— Je connais l'endroit et c'est avec intention que je l'ai choisi.

Pendant ce court et rapide colloque, Colibri laissant son cheval et sa voiture à l'entrée du clos, était venu rejoindre Lory qui, descendu de son siège, attendait les ordres de son maître.

Celui-ci fit un signe et, prudemment, tenant sans doute à ce que la jeune fille ne le vît point, il s'effaça dans l'ombre.

Alors Lory ouvrit la portière du coupé.

Aussitôt Aurore sortit de la torpeur dans laquelle elle était tombée, elle sursauta et se redressa, effarée. Son regard rencontra les deux hommes qui se tenaient devant la portière, et la lumière suffisante des lanternes lui fit voir deux visages complètement inconnus. Elle eut un cri étranglé et, épouvantée, elle se rejeta au fond du coupé.

Lory avança la tête dans la voiture :

— Eh ben, la demoiselle, dit-il de sa voix enrouée, nous sommes arrivés ; comme vous ne voulez pas, je suppose, passer la nuit dans votre voiture, veuillez prendre la peine de descendre.

Aurore, se faisant petite, se serra plus encore contre les parois du coupé. La pauvre enfant tremblait d'une manière effrayante; on entendait claquer ses dents.

— Faut la descendre de force, dit Colibri.

— Je vois qu'il faut en venir là, répondit Lory.

— A nous deux nous en viendrons bien à bout.

Lory monta dans le coupé et saisit le bras de la jeune fille, qui lui fit aussitôt lâcher prise et le repoussa avec une violence et une force que doublait l'épouvante. Lory grommela un juron entre ses dents.

— Laissez-moi, laissez-moi, dit Aurore; que me voulez-vous? Je ne vous connais pas; qui êtes-vous?

— On vous dira cela plus tard.

— Vous êtes deux misérables!

— Nous sommes ce que vous voudrez. Mais comme vous ne pouvez pas rester là, ni nous non plus, avec ou sans votre permission, nous allons vous conduire ou vous porter dans un lieu plus convenable.

Lory la saisit de nouveau, et cette fois à bras-le-corps, au-dessous des épaules.

— Laissez-moi, laissez-moi! cria-t-elle en se débattant furieusement.

Mais il lui était impossible de se défendre, car ses bras de même que son corps étaient serrés comme dans un cercle de fer. Voyant son impuissance, elle se mit à pousser des cris perçants.

— Attends, attends, dit Colibri passant rapidement de l'autre côté du coupé, dont il ouvrit la portière, il y a un excellent moyen de l'empêcher de crier.

Et, se servant d'un foulard que lui avait jeté le vicomte, il bâillonna la jeune fille avec une dextérité surprenante. Alors, tout en continuant à se débattre et à se tordre entre les bras robustes qui la serraient à l'étouffer, Aurore ne fit plus entendre que des gémissements sourds.

Sans trop de peine, les deux misérables la tirèrent de la voiture. Cela fait, sur un nouveau signe du vicomte, Lory la prit dans ses bras et entra dans la maison.

La jeune fille ne faisait plus aucun mouvement; sa tête était tombée en arrière; elle avait perdu connaissance.

— Elle ne remue plus, elle est comme morte, dit Lory à Colibri, qui l'avait suivi, prêt à l'aider en cas de besoin.

— Je connais ça, c'est l'effet du bâillon, la respiration lui aura manqué.

— Ote-le-lui.

— Il n'est d'ailleurs plus utile. Bah! ajouta le bandit en dénouant le foulard, elle en verra bien d'autres, si elle vit son temps.

— C'est par ici, venez, dit l'homme à la lanterne, qui portait, sans pour cela prêter à rire, tellement il avait la figure sinistre, le nom de Cocasse.

— Elle n'est pas bien lourde, dit Lory à Colibri, tu peux rester ici, je n'ai plus besoin de toi.

Sans avoir l'apparence d'un homme fort, Lory avait une force musculaire peu commune, qui faisait de lui une espèce d'hercule. Sans sentir beaucoup le poids de son fardeau, précédé de Cocasse qui l'éclairait, il monta un escalier assez large qui aboutissait à un vaste palier sur lequel ouvraient les portes des pièces du premier étage. L'une de ces portes était ouverte. Le gardien de la maison et Lory entrèrent dans une grande chambre carrée, assez richement meublée, mais sentant le renfermé et une forte odeur de moisissure qui prenait au nez et à la gorge. Ils traversèrent cette pièce et, par une seconde porte ouverte devant eux, ils pénétrèrent dans une autre pièce beaucoup moins grande que la première, qui avait en même temps l'aspect d'un boudoir et d'un cabinet de travail. Sur la cheminée, surmontée d'une magnifique glace de Venise, dont le cadre était dédoré, il y avait une belle pendule de bronze, probablement arrêtée depuis des années, et deux superbes statuettes de bronze également, représentant, l'une une jeune fille effeuillant une rose, l'autre une Diane chasseresse, appuyant sa main droite sur la tête d'un lévrier.

Quelques volumes moisissaient sur les rayons d'une bibliothèque en bois noir, à fermeture vitrée, et décorée de fines incrustations de cuivre et d'écaille. Une vingtaine de vieux journaux, sales de poussière, traînaient sur un guéridon, style Louis XV, dont les ornementations de cuivre ciselé disparaissaient sous une couche de vert-de-gris. Les autres meubles, une ottomane, deux fauteuils, des chaises, étaient recouverts de housses de toile de cretonne.

Au fond de cette pièce, une ouverture très étroite établissait un passage pour entrer dans un sombre réduit, d'environ deux mètres carrés, assez semblable à une cellule de prison. L'endroit était éclairé et, par la porte, on pouvait voir un petit lit de fer et une table-toilette avec son miroir.

Entendant le bruit des pas sur le parquet, la digne femme de Cocasse se montra avec sa lampe à la main.

— C'est là, dit l'homme à Lory en lui indiquant le réduit.

— Dites donc, est-ce qu'elle est morte? dit la femme.

— Je n'en sais rien; mais ce qu'il y a de certain, c'est qu'elle ne bouge pas plus qu'une carpe pâmée.

— Faut voir ça; vite, mettez-la sur le lit.

Lory s'empressa d'obéir, car il n'était pas fâché de se débarrasser de son fardeau.

Alors la femme s'approcha et, aussitôt, elle laissa échapper un cri d'admiration. Les yeux fixés sur le visage d'Aurore, elle resta un instant immobile comme en extase.

— Dieu, qu'elle est jolie! murmura-t-elle.

— Qu'est-ce que ça te fait, qu'elle soit jolie? T'as pas besoin de voir ça, toi, dit brusquement Cocasse.

— Tiens, répliqua la femme, ça serait drôle que je n'aie plus le droit de regarder. De quoi que t'as peur, dis, vieux lézard?

Cocasse haussa les épaules.

— Tu ferais mieux de soigner cette jeunesse, au lieu de rester là, penchée sur ta hanche et les bras ballants comme une grue qui a l'aile cassée.

— Je sais ce que je dois faire. La demoiselle n'a pas besoin de moi en ce moment : tiens, regarde, elle commence à se ranimer.

Aurore, en effet, reprenait ses sens. Elle venait de faire un mouvement, elle aspirait l'air à pleins poumons, et le sang remontait à ses joues.

— Non, dit Cocasse, nous pouvons la laisser. Descendons vite, car monsieur le vicomte peut avoir quelque chose à nous dire.

— Je lui laisse de la lumière.

— Si tu veux.

Ils sortirent; la femme poussa la porte, épaisse, bardée de ferrures, parfaitement assise sur ses gonds invisibles, qui se ferma presque seule, en faisant entendre dans le mur le bruit sec d'un pêne qui tombe dans un cran.

Le vicomte attendait dans une pièce du rez-de-chaussée.

— Ton camarade a conduit le coupé hors de l'enclos, dit-il à Lory, va le retrouver; j'ai à causer avec Cocasse et sa femme, mais ce ne sera pas long. dans dix minutes je vous rejoindrai.

Lory s'en alla. Alors, s'adressant en même temps à l'homme et à la femme, qui l'écoutèrent avec la plus grande attention, le vicomte leur donna ses instructions auxquelles ils devaient absolument se conformer.

Ils devaient avoir les plus grands égards pour la jeune fille. Défense de prononcer devant elle un mot grossier, de lui dire une parole blessante. La femme devait se considérer comme son humble servante, être empressée auprès d'elle et l'entourer de soins affectueux.

Quand il fut certain que les gardiens du clos d'Iris l'avaient bien compris, il les quitta après avoir mis cinq louis dans la main de la femme.

Il rejoignit Lory et Colibri, qui l'attendaient avec non moins d'impatience que les chevaux, lesquels ne paraissaient nullement satisfaits de se trouver au milieu des bois par cette nuit noire.

— Nous n'avons plus rien à faire ici, dit le vicomte à ses complices, il faut retourner à Paris.

— Je pense bien que nous n'allons pas passer la nuit dans le bois, grommela Lory.

— Dans quel état est ton cheval? demanda le vicomte, s'adressant à Colibri.

— Un peu esquinté, mais ce n'est rien; je viens de lui faire croquer son picotin d'avoine.

— Est-il capable de faire rapidement le trajet?

La jeune fille ne faisait plus aucun mouvement, elle avait perdu connaissance.

— Je l'espère bien, et sans broncher encore.
— En ce cas, c'est toi qui vas me ramener à Paris.
Pour plusieurs raisons je préfère ta voiture au coupé. Mais je te recommande de ne pas perdre une minute et d'aller le plus vite possible. Je suis forcé de quitter Paris demain pour un ou deux jours et il faut que je me lève de bonne heure.

— Soyez tranquille : il est neuf heures, avant onze heures nous serons rue de Grammont.

— Tout cela, c'est fort bien, dit Lory ; mais je voudrais savoir, moi, ce que je vais faire du cheval et du coupé.
— Es-tu réellement si embarrassé que cela ?
— Dame !
— Demain, sans trop de peine, Lory pourrait trouver un acquéreur et vendre l'attelage, opina Colibri.
— J'y ai déjà pensé, fit le valet de chambre.
— Au risque de te faire empoigner par les gendarmes, imbécile ! dit le vicomte.
— Il est vrai que la chose pourrait arriver, dit Colibri.
— Donc ce n'est point là le moyen que doit employer Lory pour se débarrasser du cheval et du coupé.
— Alors je n'ai qu'à laisser l'attelage dans la forêt ou sur la route.
— L'abandonner est assurément ce qu'il y a de mieux à faire, répliqua le vicomte ; mais cela ne peut point se faire par ici. On fera certainement des recherches pour retrouver la jeune fille ; l'attelage laissé imprudemment de ce côté pourrait être un indice. Ce qu'il faut faire, Lory, le voici : Comme nous, tu vas rentrer à Paris, et dans Paris, à l'endroit que tu choisiras, tu abandonneras le cheval et le coupé.

IX

LA TOUR DU FAUCON

Aurore avait été enfermée à l'étage supérieur de l'une des deux tourelles, qui donnaient à la maison du clos d'Iris l'apparence d'un petit manoir fortifié du moyen âge. Chacune de ces tourelles portait un nom ; celle où se trouvait la jeune fille s'appelait la tour du Faucon ; l'autre se nommait la tour des Dames.

Quelques minutes après que Lory et l'aimable couple Cocasse se furent retirés, la prisonnière rouvrit les yeux. Aussitôt elle se mit sur son séant et regarda autour d'elle avec effarement.

— Où suis-je ? mais où suis-je donc ? murmura-t-elle.

Certes, cette petite pièce étroite, presque ronde de la tour du Faucon, une espèce de cachot, ne ressemblait guère à sa chambre de jeune fille, nid délicieux, frais, coquet, parfumé, tout capitonné de soie, que son père, ne trouvant rien de trop beau et de trop riche pour sa fille adorée, avait fait meubler et décorer avec un luxe oriental.

Elle appuya ses deux mains sur son front et resta un instant immobile faisant des efforts pour ressaisir sa pensée, cherchant à se souvenir.

Tout à coup elle tressaillit, poussa un cri de terreur, et sauta à bas du lit.

— Oh! fit-elle, blême d'épouvante, oh! les misérables!

Tremblante, elle fit le tour de la cellule, frappant contre les murs, cherchant une porte, une issue quelconque. Trois fois de suite elle passa devant la porte sans se douter qu'il y avait là une entrée, tellement on l'avait habilement dissimulée dans la muraille. Vainement aussi ses yeux cherchèrent une fenêtre. Elle vit seulement, à une hauteur de deux mètres environ, trois espèces de trous percés dans le mur à égale distance l'un de l'autre ; ces trois ouvertures, vitrées à l'intérieur, évidemment pour empêcher le froid, le vent, la neige et la pluie de pénétrer dans la tourelle, ressemblaient du dehors à des meurtrières. C'était sans doute une fantaisie dans la construction, car il n'était guère possible d'admettre que le bâtiment eût été édifié en vue d'un siège à soutenir. Quoi qu'il en soit, cette partie de la tourelle recevait le jour par les meurtrières, qui, à elles trois, ne parvenaient pas à remplacer une seule petite fenêtre.

Aurore n'eut pas de peine à comprendre qu'elle avait été emprisonnée. Mais pourquoi? Dans quel but? Qu'avait-elle fait? Quels étaient ses ennemis? Que devait-elle craindre? Quelle chose terrible avait-elle à redouter? Elle s'adressa successivement ces diverses questions ; n'en pouvant résoudre aucune, elle sentit redoubler sa terreur.

Elle pensa à son père, à sa mère, à son institutrice et aussi au marquis de Verveine. Quelle douleur pour son père et sa mère en ne la voyant pas revenir ! Et les autres, n'auraient-ils pas un grand chagrin en apprenant qu'elle avait disparu?

Sans doute son père ferait d'actives recherches pour la retrouver; mais quel en serait le résultat? Pouvait-elle espérer qu'on parviendrait à découvrir l'endroit où on l'avait amenée?

Elle se voyait séparée pour toujours de ceux qu'elle aimait, et déjà, dans sa désespérance, la mort lui apparaissait, car il lui semblait qu'on l'avait enfermée vivante dans un tombeau.

Elle aurait pu crier, appeler à son secours. A quoi bon? Son œil avait sondé l'épaisseur de la muraille, et elle était convaincue que ses cris ne seraient pas entendus. Ainsi, elle n'avait rien à espérer, rien : nul ne viendrait la délivrer. Elle ne devait plus compter que sur Dieu, lui seul avait le pouvoir de la secourir; mais puisqu'il avait permis qu'elle tombât entre les mains des misérables qui l'avaient si audacieusement enlevée, Dieu lui-même ne l'avait-il pas abandonnée?

Aurore ne connaissait les souffrances morales que de nom ; n'ayant jamais éprouvé une grande douleur, elle ne possédait pas encore cette vertu des malheureux qu'on appelle la résignation. Loin de chercher à se rassurer, elle se livrait, au contraire, à toutes les craintes qui l'assaillaient.

— Oh! je suis perdue! s'écria-t-elle d'une voix étranglée.

Elle poussa un gémissement, s'affaissa sur l'unique siège de sa prison et se mit à sangloter.

Au bout d'un instant elle entendit ou crut avoir entendu un bruit sourd qui semblait sortir de dessous terre. Un frisson courut dans tous ses membres et de grosses gouttes de sueur froide perlèrent sur son front. Elle cessa de sangloter, essuya ses yeux et, pantelante, elle prêta l'oreille. Mais elle n'entendit plus rien. Le silence autour d'elle était lugubre, plus effrayant encore que le bruit. Le bruit est le signe de la vie, le silence est le signe de la mort!

Elle eut un nouveau frisson de terreur et se mit à trembler plus fort. La pauvre enfant se sentait mourir.

— Mon père, mon père! s'écria-t-elle dans une angoisse inexprimable, où es-tu? Ne me laisse pas ici plus longtemps, viens vite me délivrer!

Et elle tendit ses bras comme si elle se fût attendue à voir apparaître celui qu'elle appelait.

— Ah! je suis folle, je suis folle! prononça-t-elle en serrant sa tête dans ses mains, mon père est loin de moi, mon père ne peut pas m'entendre!

Soudain ses yeux flamboyèrent; elle se dressa comme poussée par un ressor et s'écria avec une sorte de fureur :

— Mais c'est épouvantable, cela, c'est horrible! Que veulent-ils donc faire de moi, les misérables?

Ses yeux s'étaient fixés sur une des meurtrières.

— Mon Dieu, mon Dieu, ne m'abandonnez pas! gémit-elle.

Dans le ciel, il se fit subitement une éclaircie, et à travers le carreau de la meurtrière elle vit scintiller une étoile.

— Ah! fit-elle.

La lumière d'en haut descendait dans sa prison comme une lueur d'espoir. Manifestation sublime! Dieu lui répondait... Aurore n'était pas superstitieuse, cependant; mais il y a des instants dans la vie où les sceptiques, les esprits forts eux-mêmes croient aux révélations mystérieuses.

La jeune fille tomba à genoux, les mains jointes. Alors, mentalement, élevant son âme, elle adressa à celui qui défend les faibles et les opprimés et protège les innocents, une prière, invocation touchante, que son institutrice, sa mère, lui avait apprise.

Elle se releva. Maintenant, dans son regard, il y avait une sorte de clarté radieuse. Effet merveilleux de la prière, elle n'avait plus la même terreur; sans être rassurée, elle sentait en elle la force de se défendre contre n'importe quel danger!

Elle jeta encore les yeux sur la meurtrière. Mais le coin du ciel s'était recouvert et l'étoile avait disparu. Elle s'assit et, presque calme, elle attendit. Dix minutes s'écoulèrent.

Tout à coup il y eut comme un craquement dans la muraille. Cette fois elle avait bien entendu, elle ne se trompait point. Elle bondit sur ses jambes, une flamme dans le regard, énergique, pleine de résolution.

En face d'elle, il lui sembla que la muraille oscillait comme si elle allait s'effondrer; aussitôt une masse se détacha du mur et elle vit s'ouvrir une fente, qui s'élargit et s'agrandit lentement. A peine avait-elle reconnu que c'était une porte qui s'ouvrait, qu'une forme humaine lui apparut.

— Une femme! murmura-t-elle.

C'était la Cocasse, qui lui apportait son dîner. Elle entra sans rien dire et posa sur la table-toilette un plateau sur lequel il y avait un couvert de métal argenté, une petite carafe pleine d'eau, une timbale d'étain, du pain, un morceau de viande froide et un bol de porcelaine opaque rempli d'un bouillon gras fumant.

Toujours silencieuse, mais paraissant très satisfaite de voir la jeune fille debout et tranquille, la femme montra le plateau à Aurore et lui fit signe qu'elle pouvait manger.

Immobile, les bras croisés sur sa poitrine, la jeune fille regardait curieusement la gardienne du clos d'Iris.

C'était une femme d'une cinquantaine d'années, plutôt grande que petite, d'une maigreur effrayante, qui ressemblait à un squelette. Son visage avait été affreusement ravagé par la variole, et sa peau jaunâtre, tannée, ridée, collée sur les os, était trouée comme une écumoire. De là le nom de « la Grêlée » qu'on lui avait donné. Ses yeux éraillés étaient sans éclat et on comptait jusqu'à dix les dents qui lui restaient. Ses cheveux grisonnants, courts et mal peignés, s'échappaient en désordre de dessous un madras à carreaux rouges, arrangé sur la tête en forme de béguin.

La Grêlée était d'une laideur repoussante; mais c'était une femme. Aurore ne se sentait nullement effrayée.

Une seconde fois, par un geste, la femme invita la jeune fille à manger ce qu'elle venait de lui servir, puis elle marcha vers la porte. Aurore comprit qu'elle allait se retirer, la laisser seule. Devait-elle la laisser partir sans l'interroger, sans essayer de savoir quelque chose? Cette femme était une espèce de monstre, mais elle n'avait pas l'air méchant. Qui sait? elle parviendrait peut-être à l'émouvoir, à exciter sa pitié, à se faire d'elle une protectrice.

La Grêlée était prête à franchir le seuil. Aurore l'en empêcha en lui saisissant le bras. La femme se retourna et regarda la jeune fille, ayant l'air étonné.

— Pourquoi ne me parlez-vous pas? lui demanda Aurore, est-ce que vous êtes muette?

— Je ne vous parle pas, parce que je n'ai rien à vous dire.

— Comment, vous n'avez rien à me dire? Mais vous pouvez, si vous le voulez, m'apprendre bien des choses.

La Grêlée secoua la tête.

— Je ne sais rien, mademoiselle, dit-elle.

— Je ne vous crois pas. Ah! dites plutôt qu'on vous a défendu de parler.

— Il est tard, mademoiselle, vous devez avoir besoin de prendre quelque chose, il faut manger un peu.

— Non, je n'ai pas faim.

— Je vous ai apporté un bon bouillon, bien chaud, prenez au moins ça; vous verrez que ça vous fera du bien. Je vous donne ce soir ce que j'ai, pas grand'chose; demain vous serez mieux servie, je ferai aussi bien que je pourrai et vous aurez du vin. Vous ne vous plaindrez pas de moi, vous verrez. Vous êtes effrayée, vous avez peur, dame! je comprends ça; mais il faut vous rassurer, vous n'avez rien à craindre, on ne veut pas vous faire de mal.

— Vous ne vouliez pas me parler tout à l'heure, et pourtant, vous le voyez, vous avez beaucoup de choses à me dire. Je sens que vous n'êtes pas une méchante femme, que vous avez pitié de moi; je vous en prie, dites-moi pourquoi l'on m'a amenée ici. Que veut-on faire de moi?

— Malgré ce que je viens de vous dire, vous êtes encore inquiète, vous avez toujours peur. Allons, soyez raisonnable, écoutez-moi, mangez un peu. Après vous m'interrogerez et, si je peux, je vous répondrai. C'est vrai, je ne suis pas une méchante femme; mais, quand on est au service des autres, il faut faire ce que le maître commande. Vous m'intéressez, vous êtes si jeune, si belle!... Tout ce que je sais, je vous le dirai. Eh bien, êtes-vous satisfaite?

Sans répondre, Aurore alla s'asseoir devant la petite table où la femme avait placé la chaise. Sans grand appétit elle avala le bouillon, qui n'était pas absolument mauvais, et elle poussa l'obéissance jusqu'à manger un peu de viande avec gros comme deux doigts de pain, en buvant la valeur d'un verre d'eau.

La Grêlée était restée debout en contemplation devant la jeune fille, qu'elle ne pouvait se lasser d'admirer. Celle-ci se leva.

— J'ai fait ce que vous vouliez, dit-elle, c'est à mon tour à vous demander si vous êtes contente.

— Oui, je suis contente de vous.

— Maintenant, comme vous me l'avez promis, vous allez répondre à mes questions?

— Oui. D'abord, asseyons-nous, vous sur le lit, moi sur la chaise.

Aurore obéit.

— Vous trouvez-vous bien? reprit la Grêlée; je me place en face de vous; ça me fait plaisir de pouvoir bien vous regarder.

Maintenant je vous écoute, qu'avez-vous à me demander?

— Cet endroit où nous sommes, l'épaisseur des murs, ces espèces de fenêtres, cette porte qu'on ne voit pas quand elle est fermée et la façon dont elle s'ouvre, tout cela me paraît étrange; pourtant, je suppose que je suis dans une maison.

— Certainement, vous êtes dans une maison.

— Qui vous appartient?

— Non, mon homme et moi nous en sommes seulement les gardiens.

— Comment se nomme le propriétaire?
— Je l'ignore; je ne l'ai jamais vu; c'est, nous a-t-on dit, un étranger, un Américain.
— Ah! mais, alors, qui vous a placés ici comme gardiens?
— Une personne dont je ne puis vous dire le nom.
— Je comprends. Sommes-nous dans une ville ou dans un village?
— Ni dans une ville ni dans un village. Cette maison est isolée et à une assez grande distance de toute autre habitation.
— Ce qui veut dire qu'on ne pouvait mieux choisir pour m'emprisonner.
— Mais vous n'êtes pas du tout prisonnière, mademoiselle, répliqua vivement la Grêlée.
— Alors, demain toutes les portes s'ouvriront devant moi et je serai libre.
La Grêlée secoua négativement la tête.
— Ah! vous voyez bien... Du moment qu'on me prive de ma liberté, je suis prisonnière.
— Non, ce n'est pas tout à fait ça.
— Je ne vois pas, moi, jusqu'à présent, une autre manière d'interpréter la chose. A quelle distance sommes-nous de Paris?
— A peu près quatre lieues.
— C'est ce que je pensais. Où sont les deux hommes qui m'ont amenée ici?
— Ils sont partis.
— Vous les connaissez?
— Non.
— Vous ne voulez pas me dire qui ils sont?
— Je vous jure que je ne les connais pas; je les ai vus ce soir pour la première fois.
— Enfin, ces deux misérables sont mes ennemis; pourquoi? Que leur ai-je fait?
— Mais vous vous trompez, mademoiselle, vous n'avez pas d'ennemis.
— Quoi! s'écria la jeune fille, j'ai été audacieusement enlevée, amenée ici par deux hommes qui me sont inconnus, et vous osez dire que ces misérables ne sont pas mes ennemis! Ils sont mes amis, peut-être!
— Oui, peut-être, mademoiselle, fit la Grêlée avec un sourire mystérieux.
Aurore haussa les épaules.
— J'ai eu à peine le temps de voir leurs visages, reprit-elle, mais cela m'a suffi pour comprendre que j'étais tombée entre les mains de deux affreux bandits. Ce qu'ils ont fait se nomme un rapt, c'est un acte qualifié crime; donc ce sont deux malfaiteurs. Quel moyen ont-ils employé pour mettre leur projet à exécution? Je me le demande en vain; le fait est au-dessus des choses que je peux concevoir: je trouve cela inouï... Je ne saurais croire que Louis, notre cocher, ait été leur complice, et pourtant, pour commettre leur crime, ils se sont emparés du cheval

et de la voiture. Comment ont-ils fait? Tenez, je me sens frissonner d'épouvante! Qui sait, les scélérats ont été capables d'assassiner Louis?

— Mon Dieu, mademoiselle, je ne peux pas vous dire ce qui s'est passé, je n'étais pas là; mais je dois vous rassurer aussi de ce côté; je suis sûr qu'il n'a été fait aucun mal à votre cocher.

— Je veux bien vous croire. Mais, enfin, j'ai été enlevée brutalement; on me sépare de mon père, de ma mère, on m'enferme ici dans cet espace étroit, à peine éclairé, entre ces murs froids et sombres; dans quel but, voyons, dites, dans quel but? Vous prétendez que je n'ai pas d'ennemis. Sur ce point encore, je veux bien vous croire... Des ennemis! Comment en aurais-je? Je n'ai jamais fait de mal à autrui. D'ailleurs, je connais quelques personnes seulement à Paris... Cependant, il y a un fait, qui n'est que trop réel : on veut me retenir ici, malgré moi, enfermée dans ce trou noir, que j'ai le droit de considérer comme un cachot.

Les deux hommes à figure sinistre, qui m'ont amenée ici, ne sont pas mes ennemis, soit; mais que sont-ils donc? S'ils sont les exécuteurs de l'ordre d'un autre, qui est-il, cet autre! Celui ou celle qui vous a placée ici pour me garder et dont il vous est défendu de me dire le nom. Si cette personne inconnue ne me veut pas de mal, quelles sont donc ses intentions? Je ne suis pas ici pour rien. De nouveau je vous le demande : que veut-on faire de moi?

— Je vous ai promis de répondre à vos questions; malheureusement, mademoiselle, je ne sais pas tout. Pourtant je veux vous prouver ma bonne volonté. D'après ce qui m'a été dit, mademoiselle, il s'agit uniquement de votre bonheur.

Aurore fit un bond sur le lit.

— Mon bonheur! exclama-t-elle.

— Oui, mademoiselle.

— Mais ce que vous dites là est insensé!

— Pourtant...

— Ah! c'est trop fort, l'interrompit Aurore avec une sorte de violence, on me sépare de mes parents, on me prive de ma liberté, et cela pour mon bonheur!... En vérité, ceci est encore plus inouï que le reste. Est-ce qu'on sait si je suis heureuse ou malheureuse, si j'ai ou si je n'ai pas le bonheur qu'on veut me donner par des moyens si singuliers? Est-ce que j'ai réclamé la protection de quelqu'un? Ah! tenez, je rirais, oui, je rirais, si je n'avais pas envie de pleurer!

— Mon Dieu, mademoiselle, je vous dis ce que je sais, ce qu'on m'a dit. S'il vous plaît de m'écouter...

— Je vous écoute, parlez, parlez.

— Eh bien, mademoiselle, il paraît que M. Delorme a des idées très bizarres, comme personne n'en a.

— Voudriez-vous dire que j'ai à me plaindre de mon père?

— Mais non, mais non.

La concierge guettait son retour et l'arrêta au passage.

— Apprenez, madame, que M. Delorme est le meilleur des pères; il ne m'a jamais rien refusé; il m'adore, c'est tout dire.
— Peut-être vous aime-t-il trop!
— Un père ne saurait aimer trop son enfant.
— Certainement, mademoiselle; mais avec ses singulières idées, M. Delorme ne voit pas les choses de la vie comme tout le monde.
— Mon père a le droit d'avoir sa manière de voir, répliqua fièrement Aurore; il ne doit compte à personne de ses pensées et de ses actions.

— Sans doute, sans doute; cependant...
— Eh bien?
— Il paraît, — remarquez, mademoiselle, que je vous dis ce qu'on m'a appris, — il paraît que votre père, si bon pour vous, qui ne vous a jamais rien refusé, s'oppose cependant à un magnifique mariage que vous pourriez faire.

Aurore eut un mouvement brusque et regarda fixement la Cocasse.
— Je vois que cela commence à vous intéresser, dit celle-ci.
— Je suis étonnée, voilà tout, répondit Aurore. Continuez.
— Vous aimez un beau jeune homme, que vous connaissez depuis longtemps déjà.

La jeune fille ne put s'empêcher de tressaillir.
— Ce jeune homme vous aime beaucoup aussi, — par exemple, on comprend cela, — et il voudrait vous épouser.
— Alors? fit Aurore légèrement troublée.
— Malheureusement, il ne le peut pas.
— Pourquoi?
— Les idées de M. Delorme. Bien que ce jeune homme soit riche et de grande famille, votre père ne veut pas entendre parler de votre mariage avec lui.

La jeune fille éprouva au cœur une sensation douloureuse et elle baissa tristement la tête.
— Bon, se dit la Grêlée, j'ai bien touché la corde sensible.

Elle reprit à haute voix :
— Eh bien, mademoiselle, votre amoureux a un ami intime, qui, naturellement, est votre ami aussi. Cet ami dévoué, qui ne veut pas être connu de vous, ce protecteur mystérieux, qui lui aussi a ses idées, s'est mis dans la tête de forcer votre père à consentir à votre mariage. Comprenez-vous maintenant? Voilà pourquoi vous êtes ici. Vous voyez que vous n'avez rien à redouter, rien à craindre, et que c'est bien de votre bonheur, uniquement de votre bonheur qu'il s'agit.

Aurore hocha la tête.

Bien que ce qu'on venait de lui dire eût tout à fait l'apparence de la vérité, elle ne se sentait pas suffisamment convaincue. La Grêlée jouait parfaitement son rôle, elle avait parlé avec un grand accent de sincérité, avait su adoucir le timbre un peu dur de sa voix et donner à sa physionomie, si peu agréable, l'expression qu'il fallait pour amadouer la jeune fille, la rassurer et gagner sa confiance.

Il y eut un assez long silence. Aurore réfléchissait.
— Eh bien, mademoiselle, dit la Grêlée, avez-vous encore quelque chose à me demander?
— Oui, répondit la jeune fille. Par ce que vous venez de me dire, je vois que

vous êtes parfaitement instruite. Savez-vous comment se nomme ce jeune homme qui m'aime et qui désire m'épouser?

— On ne m'a pas dit son nom.

— Le verrai-je ici?

— Ça, mademoiselle, je l'ignore.

— Alors, vous ignorez également s'il sait que je suis dans cette maison?

— Oui.

— Pendant combien de temps dois-je être privée de ma liberté?

— Je ne peux pas vous dire. Cela dépendra de votre père, des difficultés qu'il fera pour accorder ce qu'on veut lui demander.

— Ainsi, c'est pour cela, uniquement pour cela, que j'ai été enlevée?

— Je vous l'ai dit.

Aurore jeta autour d'elle un regard rapide.

— Alors, dit-elle, expliquez-moi quelle est la nécessité de me mettre dans un cachot.

La Grêlée resta un moment interloquée. Mais reprenant vite son aplomb :

— On craignait que vous ne fussiez pas raisonnable. Comprenez : si vous criiez, si vous appeliez, si vous cherchiez à prendre la fuite, si, enfin, vous n'aviez pas voulu entendre raison, il fallait prendre des précautions pour vous empêcher de tout compromettre par un coup de tête.

— Soit. Mais, comme vous le voyez, je prends bravement mon parti; je n'ai nulle envie de me révolter, et moins encore le désir de m'enfuir, ce qui, j'en suis persuadée, me serait impossible. Allez-vous, malgré cela, me condamner à cette prison?

— Dame! j'ai reçu des ordres, balbutia la Grêlée, avec embarras.

Un double éclair jaillit des yeux de la jeune fille.

La femme comprit sa maladresse et reprit vivement d'un ton patelin :

— Il est vrai que ces ordres m'ont été donnés en cas de résistance de votre part.

— Eh bien?

— Au fait, oui, je peux prendre cela sur moi : la pièce à côté sera à votre disposition ; mais vous me promettez de ne pas ouvrir la fenêtre ; du reste, je la ferai clouer demain par mon homme. Je voudrais vous faire coucher ailleurs, mais je ne peux pas ; seulement, je ne vous enfermerai pas ici, la porte restera ouverte. Voyons, cet arrangement vous convient-il?

— Il faut bien qu'il me convienne.

— Hein, vous ne direz point que je ne suis pas gentille... Je crois, vraiment, que vous m'avez ensorcelée.

En achevant ces mots, la Grêlée se leva.

— J'ai encore une question à vous adresser, dit Aurore.

— Voyons.

— Aurai-je des nouvelles de mon père et de ma mère?
— Oui, je m'arrangerai pour cela.
— Me sera-t-il permis de leur écrire?
— Ça, je ne sais pas, je ne peux rien vous promettre, répondit la Grêlée, après un moment d'hésitation. Je demanderai au maître, nous verrons ce qu'il dira.
— Il ne demeure pas ici... le maître?
— Non.
— Quand le verrez-vous?
— Dans trois ou quatre jours.
— C'est long! fit Aurore.
Et elle laissa échapper un soupir.
— Maintenant, reprit la Grêlée, vous allez vous coucher, je vois que vous avez besoin de dormir. Vous n'aurez pas froid; j'ai eu soin de vous donner un excellent édredon.
Aurore eut un sourire amer.
— Allons, bonsoir et bonne nuit, dit la Cocasse.
— Vous vous en allez?
— Il faut bien que je vous laisse reposer. Je vous ai tranquillisée, rassurée, vous ne pouvez plus avoir peur.
— Vous ne fermez pas la porte!
— C'est convenu. Bonsoir, mademoiselle.
La Grêlée se retira, laissant ouverte la porte de la tourelle; mais Aurore entendit qu'elle fermait à double tour la porte de l'autre pièce.
La Grêlée rejoignit son homme qui se chauffait les jambes devant un grand feu de bois mort.
— Eh ben? l'interrogea-t-il.
— Eh bien, quoi?
— T'es restée longtemps là-haut!
— Elle avait peur, fallait-il pas la tranquilliser?
— T'as réussi?
— Parbleu!
— Ça ne m'étonne pas, car toi, t'es une maline. Qu'est-ce qu'elle dit?
— Que veux-tu qu'elle dise? Elle est douce comme un mouton, nous en ferons tout ce que nous voudrons.
— Bon. Mais, tu sais, la Grêlée, je te connais; faut pas trop faire de sentiment.
— Je sais ce que j'ai à faire, répliqua la femme avec humeur.
— T'as pas à prendre la mouche pour ce que je dis. Il faut ce qu'il faut, rien de plus. Le vicomte nous a promis des rentes pour nos vieux jours, faut les gagner.

— Ça suffit ; maintenant, fais-moi le plaisir de te taire.

— Ouâ, ouâ, ouâ ! fit Cocasse imitant la voix d'un chien.

Et il se mit à tourmenter le feu du bout de son sabot.

Aurore était restée assise sur le lit, pensive, la tête inclinée sur sa poitrine.

— Oui, se disait-elle, ce qui m'arrive est étrange. Tout ce que m'a dit cette femme est-il vrai ? Il faut bien le croire, puisque je ne peux pas m'expliquer autrement pourquoi l'on m'a amenée ici. D'ailleurs, pourquoi m'aurait-elle menti ? Elle pouvait se taire ; elle m'a dit cela parce qu'elle l'a bien voulu... Ainsi je n'ai rien à craindre... C'est singulier comme je suis calme, je ne sens plus en moi aucune frayeur. Ah ! je ne serais pas ainsi si j'avais quelque malheur à redouter ! Oui, je ne suis plus inquiète, je suis presque aussi tranquille que si j'étais près de ma mère, dans ma chambre.

Près d'une demi-heure s'écoula. Tout à coup elle sentit le froid la saisir, ses jambes et ses mains étaient glacées ; la fraîcheur des murs et de la nuit tombait sur ses épaules ; elle commençait à grelotter.

— Allons, il faut que je me couche, murmura-t-elle.

Elle se déshabilla et se mit au lit, laissant la lampe allumée.

Au bout d'un instant ses yeux se fermèrent. Elle ne dormait pas encore. Elle était dans cet état qui précède le sommeil, où la pensée devient flottante, se brise, s'égare, et se perd dans le vague. Elle voyait son institutrice près d'elle, lui souriant, penchée sur le lit, et il lui sembla qu'elle sentait deux lèvres mettre un baiser sur son front. Il lui arrivait souvent d'avoir cette espèce d'hallucination avant de s'endormir.

Elle rouvrit les yeux et les referma aussitôt.

— Maman, maman ! murmura-t-elle.

Elle dormait.

X

RÉSOLUTION

Nous avons vu comment le comte de Lasserre avait quitté sa femme évanouie et était remonté précipitamment dans la voiture qui l'avait amené rue Davy, après avoir dit à la concierge de monter vite près de madame Durand, qui venait de se trouver mal.

Cette concierge, — toutes ne lui ressemblent pas, — était une très excellente femme ; elle avait une grande estime et une grande affection pour la comtesse de Lasserre, ne voyant en elle, d'ailleurs, qu'une pauvre institutrice.

Grâce à ses soins empressés, la jeune femme ne tarda pas à revenir à elle.

— Ah ? c'est vous, dit-elle à la concierge en la reconnaissant ; vous êtes bien bonne, merci.

Puis jetant dans la chambre un regard effaré.

— Est-ce qu'il est parti? demanda-t-elle.

— L'homme? Oui, il s'en est allé. C'est lui qui m'a dit de venir près de vous. J'ai vite grimpé l'escalier et je vous ai trouvée là, étendue sur le carreau, comme morte. Si j'avais su... Ah! c'est moi qui ne l'aurais pas laissé monter chez vous. Qu'il revienne, et je le recevrai avec le manche de mon balai. Est-il possible qu'on mette une pauvre femme dans un état pareil!... Oh! ces hommes, ça n'a pas de cœur! Mais qu'est-ce qu'il vous a donc fait, ce vilain homme? Est-ce qu'il vous a frappée? Est-ce qu'il a voulu vous voler?

La comtesse secoua négativement la tête.

— C'est bon, c'est bon, reprit la concierge, je lui garde un chien de ma chienne, à celui-là; s'il a l'aplomb de revenir, je lui toiserai les côtes de la belle manière.

— Il ne reviendra pas, dit la comtesse.

— Alors, tant mieux pour ses os. Mais, enfin, qu'est-ce qu'il vous a fait?

— Il est venu m'annoncer une mauvaise, une bien mauvaise nouvelle, répondit la comtesse en soupirant : j'ai été frappée comme d'un coup de foudre et je suis tombée sans connaissance.

— Ah! fit la concierge. C'est donc bien grave, ce qui vous arrive?

— Oui, c'est affreux. Mais ne m'interrogez pas, je ne puis vous répondre.

Ne pouvant plus se contenir, la comtesse se mit à sangloter, pendant que ses larmes inondaient ses joues. Elle avait le cœur serré, la poitrine embarrassée. L'explosion de sa douleur la soulagea.

— Allons, madame Durand, il ne faut pas pleurer comme ça, on doit se faire une raison.

— Les larmes me font du bien; allez, quand on le peut encore, c'est bon de pleurer.

— Soit; seulement il ne faut pas vous rendre malade. Voyons, qu'est-ce qu'il faut que je vous fasse? Avez-vous besoin de quelque chose?

— Non, merci. Je me sens soulagée; ce sont les nerfs... mais je me trouve mieux, les forces me reviennent. Je ne veux pas vous retenir plus longtemps, vous avez vos occupations. Vous pouvez me laisser maintenant. Encore une fois, merci!

La concierge comprit que sa locataire désirait être seule. Elle se retira.

— Voyons, voyons, se dit la comtesse, en essuyant son visage, que vais-je faire? Je ne peux pas rester ici à pleurer et à sangloter, à me livrer à un désespoir stérile. Non, non, j'ai mieux à faire... Ma fille a disparu, ma fille a été enlevée! Ah! le misérable, c'est lui! Je le reconnais à son œuvre lâche et infâme! Mes pressentiments ne m'ont point trompée; oui, je sentais le malheur autour de moi. Mais que veut-il faire de mon enfant? A quel sinistre projet veut-il donc la faire servir? Que veut-il? Qu'espère-t-il? Il haïssait le comte de Lasserre. Pourquoi?

Je ne l'ai jamais su. Mais ne s'est-il pas vengé, le misérable ?... Oh ! comme je le hais aujourd'hui, cet homme, qui m'a précipitée au fond de l'abîme.

Elle se dressa debout, les yeux pleins de flammes.

— Quoi ! s'écria-t-elle, farouche, ce n'est pas assez pour lui d'avoir perdu la mère, il faut qu'il frappe l'enfant ! Oh ! le monstre !... Mais il est capable de tout... il est capable...

Elle s'interrompit brusquement, secouée par un tremblement convulsif.

— Oh ! non, non, reprit-elle les yeux hagards, une pareille chose est impossible ; tout infâme qu'il est, il n'oserait pas... Non, non, je ne veux pas avoir cette horrible pensée. Il veut commettre une nouvelle infamie, c'est certain ; mais pas cela, pas cela !...

Elle resta un moment silencieuse et reprit avec fureur, d'une voix rauque :

— Vicomte de Sanzac, vous me rendrez mon enfant, ou malheur, malheur à vous !

Se sentant encore faible sur ses jambes, elle se laissa tomber sur un siège et pendant un bon moment elle s'absorba dans ses douloureuses pensées.

— Enlevée, enlevée ! dit-elle, reprenant son monologue ; oh ! j'avais bien deviné qu'il cherchait à s'attaquer à ma fille, mais je n'aurais pas osé supposer qu'il serait assez audacieux et assez lâche pour s'emparer d'une innocente enfant, qui ne lui a fait aucun mal... Et ce n'est pas lui que le comte de Lasserre accuse, c'est moi ! C'est à la malheureuse mère, qu'il a chassée d'auprès de son enfant, que le père vient réclamer sa fille !... Quelle expiation, mon Dieu ! Je boirai jusqu'à la lie la coupe amère de toutes les douleurs ! Il a pu m'accuser, me croire coupable, moi, moi ! Hélas ! pour lui, toujours, je suis une misérable... Mais je l'excuse, je lui pardonne, sa douleur avait égaré sa raison. Malheureuse que je suis, je n'ai pas même le droit d'être offensée d'un injuste soupçon, il faut que je pardonne tout !

J'irais bien le trouver, je lui dirais... Mais non, je le connais, il refuserait de me recevoir ; et s'il me laissait pénétrer jusqu'à lui, ce serait pour m'accabler de son dédain, de son mépris, de sa colère. Il ne m'écouterait point, il ne voudrait pas me croire. Ah ! je n'ai qu'une manière, une seule, de répondre à son accusation, c'est de lui rendre sa fille.

Eh bien, oui, je la lui rendrai... Seule, avec la force que Dieu mettra en moi, je lutterai contre l'ennemi.

Si elle eût su où demeurait le vicomte de Sanzac, elle se serait immédiatement habillée pour courir chez lui, afin de lui réclamer impérieusement sa fille.

Sa résolution était définitivement arrêtée : elle allait se dresser en face du vicomte, menaçante et terrible.

Mais, avant tout, il fallait savoir où le trouver.

Tout en réfléchissant, elle pensa à son ancienne élève, Adèle Latrade.

— Oui, se dit-elle, voilà le moyen d'avoir son adresse.

Alors elle se demanda si elle devait aller trouver Mlle Latrade ou simplement lui écrire.

Après être restée un instant hésitante, elle renonça à se rendre chez M. Latrade. Elle passa dans sa chambre, ouvrit le tiroir d'une commode où elle prit tout ce qu'il fallait pour écrire. Elle revint dans la première pièce, s'assit devant sa petite table ronde de salle à manger, et écrivit rapidement une lettre de quelques lignes. Elle s'excusait, disant qu'elle était un peu souffrante, de n'avoir pas fait encore une seconde visite à M. et à Mlle Latrade, après l'accueil affectueux qui lui avait été fait. Elle terminait en priant Adèle de bien vouloir lui donner l'adresse de M. le vicomte de Sanzac.

La lettre écrite et mise sous enveloppe, la pensée lui vint d'écrire aussi à son mari pour lui dire seulement qu'il l'avait injustement accusée. Elle reprit la plume et sur une nouvelle feuille blanche elle traça ces mots : « Monsieur le comte. » Ce fut tout. Elle changea subitement d'idée.

— Non, murmura-t-elle. D'ailleurs, à quoi bon ? S'il est parti après m'avoir vue tomber à ses pieds sans connaissance, c'est qu'il a compris qu'il s'était trompé en m'accusant.

Elle resta un moment silencieuse et continua :

— Il fera évidemment d'actives recherches pour retrouver Aurore ; je pourrais m'unir à lui, mais le voudrait-il ? Eh bien, non, seule, comme je l'ai résolu, j'agirai de mon côté. Je sens que l'aide de quelqu'un paralyserait la force et le courage qui sont en moi.

Un instant après, la comtesse descendit pour aller mettre sa lettre dans une boîte de l'administration des postes. Quand elle rentra, la concierge, qui l'avait vue sortir et qui guettait son retour, l'arrêta au passage, en lui disant :

— Je vois que ça va tout à fait bien, quoique vous soyez encore un peu pâlotte. Entrez donc vous asseoir un petit instant.

— Non, merci, je remonte chez moi, j'ai quelques petites choses à m'arranger.

— Oh ! vous avez bien le temps, maintenant que vous êtes sans place.

— Ne faut-il pas que je sorte pour en trouver une ? répondit la comtesse, essayant de sourire.

— Sans doute, mais vous n'en êtes pas à attendre le gain de votre journée comme tant d'autres ; vous devez avoir déjà de jolies économies. Enfin, si je me permets de vous inviter à vous asseoir un instant près de moi, c'est que j'ai quelque chose à vous dire.

— Vous avez quelque chose à me dire ? fit la comtesse étonnée, entrant dans la loge.

— Oui.

— En ce cas je vous écoute, dit la jeune femme en s'asseyant.

— Ça s'est passé hier soir, c'est la mère Lolotte, la marchande de vin, qui

— Vous ici, chez moi, s'écria-t-il, en jouant admirablement la surprise.

m'a raconté la chose tout à l'heure. Je crois que ça peut vous intéresser, puisqu'il s'agit du cocher de la belle jeune fille qui est venue vous voir hier.

— Ah! fit la comtesse en tressaillant.

— Donc, voici la chose, reprit la concierge : pendant que la jolie demoiselle causait avec vous, le cocher entra avec un de ses camarades chez la mère Lolotte pour boire un coup, histoire de trinquer ensemble, puisqu'ils n'ont bu à eux deux qu'une seule bouteille, que la mère Lolotte leur a servie dans le petit cabinet, au fond de la boutique. Pour sûr, ce ne sont pas deux verres de vin qui ont grisé le cocher; pourtant il s'est endormi comme une souche, la tête sur la table, et si bien qu'un coup de canon ne l'aurait pas réveillé. La mère Lolotte croit que son camarade, pour lui faire une farce, a mis quelque saleté dans son verre.

— Oh! je comprends, je comprends, murmura la comtesse.

— L'individu ne s'attendait probablement point à voir le cocher s'endormir si vite et si bien, continua la concierge, il dut être bien penaud, car il savait que la voiture et le cheval étaient là, dans la rue, attendant la demoiselle, qui ne devait pas tarder à revenir. Quoi faire? Il ne fit ni une ni deux, il prit le manteau et le chapeau du cocher, paya la dépense et alla prendre la place du dormeur. De sorte que la demoiselle est montée dans sa voiture sans se douter que ce n'était pas son cocher qui allait la conduire.

— Oh! le misérable, quelle audace! pensait la comtesse.

— Je n'ai pas besoin de vous dire dans quel état était le pauvre cocher quand, plus de deux heures après, la mère Lolotte est parvenue à le réveiller. Vous voyez d'ici la drôle de tête qu'il a faite. Il paraît qu'il était comme fou, un vrai diable déchaîné : il sautait, trépignait et s'arrachait les cheveux de désespoir.

Dame! il y avait de quoi. Quand on a une bonne place, on y tient, et il est probable que, ce matin, les parents de la demoiselle l'ont flanqué à la porte.

La tête de la comtesse s'était inclinée sur sa poitrine et elle paraissait réfléchir profondément.

— Eh bien, ce que je viens de vous raconter vous a-t-il intéressée? demanda la concierge, voyant que la jeune femme restait silencieuse.

La comtesse sursauta et se redressa brusquement.

— Oui, oui, répondit-elle, vous avez bien fait de me dire cela, et je vous en remercie.

— Je plains le pauvre cocher, reprit la concierge; vous devez connaître les parents de la demoiselle; s'il vous est possible d'intercéder pour le pauvre diable, vous ferez une bonne action.

— Oui, dit la comtesse, je verrai, je ferai ce qui dépendra de moi pour qu'il ne perde pas sa place.

Elle se leva, salua la concierge par un mouvement de tête et remonta chez elle.

A trois heures et demie de l'après-midi elle était habillée prête à sortir. Ayant mis sa lettre à la poste avant neuf heures, elle avait calculé que mademoiselle Latrade la recevrait entre onze heures et midi, et que si, comme elle l'espérait, la jeune fille lui répondait immédiatement, elle aurait sa lettre avant quatre heures. Elle attendait. Elle ne s'était pas trompée dans son calcul. En effet, un peu avant quatre heures on frappa à sa porte. C'était la concierge qui lui apportait la réponse de mademoiselle Latrade. Dès qu'elle eut refermé la porte, elle s'empressa de déchirer l'enveloppe.

Voici ce que lui écrivait la jeune fille :

« Chère et bonne madame Durand.

« Je vous excuse de tout mon cœur ; j'aurais été, cependant, bien heureuse
« de vous revoir. Vous êtes souffrante, et moi je suis triste, bien triste, pour ne
« pas dire désolée ! Je vous en prie, aussitôt que vous le pourrez, venez me voir.

« J'ai besoin d'entendre de douces, de consolantes paroles et de laisser voir
« mon chagrin à une amie sincère.

« Ah ! on a bien raison de dire que la fortune ne fait pas le bonheur !

« Bien des choses se sont passées depuis votre visite. Je ne me marie plus...
« Mais je ne veux pas vous en dire davantage aujourd'hui ; je vous expliquerai
« cela quand j'aurai le bonheur de vous voir.

« Vous me demandez l'adresse de M. de Sanzac. Il demeure rue de Gram-
« mont, n° 17. Mais il paraît qu'il n'est pas à Paris en ce moment. Mon père vient
« de me dire qu'il est parti ce matin avec mon frère pour un jour ou deux.

« Sans le vouloir, M. le vicomte de Sanzac m'a fait bien du mal.

« Votre ancienne élève et amie, qui vous embrasse de cœur.

« Adèle Latrade. »

— Ceci est assez singulier, se dit la comtesse, après avoir lu ; est-ce que le fils de M. Latrade serait le complice du vicomte ? La chose me paraît tout à fait invraisemblable ; mais, avec un misérable comme de Sanzac, tout est possible.

Bien qu'elle fût à peu près certaine, d'après la lettre de mademoiselle Latrade, qu'elle ne trouverait pas le vicomte, elle sortit pour se rendre chez lui. Elle prit une voiture à l'entrée de la route de Saint-Ouen et se fit conduire rue de Grammont.

Elle s'adressa au concierge de la maison où demeurait le vicomte, lequel lui répondit :

— M. de Sanzac est parti de bonne heure ce matin pour aller — a-t-il dit — passer la journée à Rouen chez un de ses amis. Sa domestique croit qu'il reviendra ce soir ou dans la nuit, mais pour repartir presque immédiatement pour un certain temps, car il a donné l'ordre de lui préparer les diverses choses qu'il veut emporter.

— Merci, dit la comtesse.

— Madame veut-elle me laisser son nom ?

— C'est inutile, répondit-elle, je reviendrai demain matin de bonne heure.

Elle sortit de la maison, paya sa voiture et se dirigea à pied vers le haut du boulevard Haussmann. Elle voulait essayer de se faire renseigner exactement sur tout ce qui s'était passé depuis la veille. Pour cela, elle comptait sur les époux Chaminon qui, dans maintes circonstances, s'étaient montrés très serviables pour elle.

Cela lui coûtait beaucoup de reparaître dans cette maison d'où son mari l'avait chassée quelques jours auparavant. Mais il s'agissait de sa fille ; elle put surmonter sa timidité et vaincre sa répugnance. Profitant d'un moment où elle ne vit personne dans la cour, elle se glissa furtivement dans la loge.

Les Chaminon poussèrent une exclamation de surprise en reconnaissant l'institutrice.

— J'ai appris que mademoiselle Aurore a disparu depuis hier soir, leur dit-elle ; vous savez combien était grande mon affection pour ma chère élève, je n'ai pas besoin de vous dire que je partage la douleur de M. et de madame Delorme. En me rappelant que vous avez toujours été bons pour moi, j'ai pensé que vous ne refuseriez pas de me dire ce que vous savez sur ce douloureux événement ; voilà pourquoi je suis venue vous trouver.

— Il nous a été absolument recommandé de nous taire, répondit la femme ; mais vous, madame Durand, on vous connaît, on peut avec vous débrider sa langue. Qu'en dis-tu, Chaminon ?

— Tu sais bien que je suis toujours du même avis que toi.

— Alors, dis ce que tu sais à madame l'institutrice.

Chaminon ne se fit pas prier. Il était évidemment heureux de trouver une occasion de faire admirer son éloquence.

Il raconta à la comtesse, dans leurs plus légers détails, les scènes de la veille et celles du matin, en y ajoutant ses observations personnelles, appuyées de longs commentaires.

— Depuis, acheva-t-il, M. Delorme n'est pas revenu ici. Bien certainement il s'est mis à la recherche de mademoiselle Aurore. Ah ! j'ai bien peur qu'on ne la retrouve pas facilement. Madame Delorme est inconsolable ; on ne l'a pas vue de la journée ; elle pleure tout le temps, enfermée dans sa chambre. Quant à Louis, il s'attend à recevoir son compte. M. Delorme lui a défendu de sortir sans sa permission. Il n'ose plus se montrer, il se cache dans son écurie ; allez, il ne pense guère à aller faire sa partie de piquet chez le marchand de vin. Aussi, c'est par trop fort : un cocher qui se laisse prendre son cheval et sa voiture, jamais on n'a vu chose pareille. Tantôt, un individu est venu le demander...

— Je crois bien que c'est un agent de la sûreté, dit la femme.

— Il nous a fait à tous deux l'effet d'être de la police. Bref, pendant plus d'une heure ils ont causé ensemble dans la remise ; mais je ne sais pas ce qu'ils se sont raconté. Voilà, madame Durand, tout ce que je peux vous dire.

La comtesse se trouva suffisamment renseignée. Elle remercia les époux Chaminon et se retira.

XI

EN PRÉSENCE

Le lendemain, à huit heures du matin, la comtesse de Lasserre était rue de Grammont.

— M. de Sanzac est-il de retour ? demanda-t-elle au concierge.

— Oui, M. de Sanzac est revenu dans la nuit, très tard ; il n'est probablement pas levé encore ; mais si vous avez absolument besoin de lui parler, vous pouvez monter au deuxième.

Pâle, toute tremblante, la comtesse monta l'escalier et sonna à la porte du vicomte. La domestique vint lui ouvrir. Elle eut un mouvement de surprise en voyant une jeune femme qui lui était inconnue.

— Qui demandez-vous ? fit-elle.

— M. le vicomte de Sanzac.

— Je crois qu'il vient de se lever, mais je ne sais pas s'il aura le temps de vous recevoir. Comment vous appelez-vous ?

— Madame Durand.

La domestique ferma la porte et alla annoncer la visiteuse à son maître, laissant la comtesse pénétrer dans l'appartement.

Au nom de madame Durand, le vicomte tressaillit et pâlit légèrement. Il était facile de voir que cette visite matinale ne lui était pas agréable ; assurément, il ne l'avait point prévue dans ses combinaisons.

— Faut-il la renvoyer ? demanda la domestique.

— Non, répondit-il.

Déjà redevenu maître de lui, il voyait les avantages qu'il pouvait tirer de la situation. Lestement il endossa un veston, se regarda dans une glace et arrangea ses cheveux avec sa main. Cela fait, le sourire sur les lèvres et le regard rayonnant, il s'élança hors de sa chambre et courut au-devant de la comtesse.

— Vous, c'est vous, c'est bien vous, ici, chez moi ! s'écria-t-il, jouant admirablement la surprise et la pantomime. Ah ! voilà une joie, que dis-je, une joie, un bonheur que je n'aurais pas osé espérer.

La comtesse s'attendait si peu à un pareil accueil qu'elle en resta toute interdite.

— Mais entrez donc, reprit le vicomte, ouvrant la porte de son salon.

Quand la jeune femme fut entrée et qu'il eut refermé la porte, il continua, toujours sur le ton d'un homme transporté :

— Non, je ne puis revenir de ma surprise, je suis dans le ravissement... Mais votre présence chez moi, madame la comtesse, — hélas ! je n'ose plus dire ma chère Hélène, — me dit que vous avez besoin de moi, que vous venez me demander quelque chose. Je n'ai pas à vous dire, n'est-ce pas, que je suis tout à vous ; si je puis vous être utile, vous rendre n'importe quel service, ce sera un nouveau bonheur pour moi. Ne restez pas debout, je vous en prie, asseyez-vous.

La comtesse avait eu le temps de se remettre. Sans accepter le siège que le vicomte lui avait avancé, elle lui dit d'une voix vibrante :

— Monsieur de Sanzac, depuis avant-hier soir mademoiselle Aurore Delorme ou, si vous le préférez, mademoiselle Lucie de Lasserre a disparu ; ma fille a été enlevée, monsieur de Sanzac.

Changeant subitement de masque, le visage du vicomte parut tout bouleversé.

— Dieu ! s'écria-t-il, comme frappé de stupeur, que m'apprenez-vous ? mademoiselle de Lasserre, votre fille, a été enlevée ! Mais c'est affreux, cela, c'est un épouvantable malheur ! Comment cela a-t-il pu arriver?

Un double éclair jaillit des yeux de la comtesse.

— Comment cela est arrivé, monsieur de Sanzac, ah ! vous le savez mieux que personne !

— Moi, je sais... fit-il en la regardant d'un air hébété ; voyons, je ne comprends pas, que voulez-vous dire?

— Monsieur de Sanzac, répliqua-t-elle, en se dressant en face de lui, l'œil menaçant ; ma fille a été enlevée par deux hommes ; ces deux hommes sont vos complices, c'est vous qui les avez payés pour commettre ce crime !

— Vous m'accusez, moi, moi ! exclama-t-il.

— Oui, je vous accuse !

— Ah ! mais c'est de la folie, madame la comtesse, la douleur vous égare, vous n'avez plus votre raison !

— Vicomte de Sanzac, s'écria-t-elle frémissante, je viens vous réclamer ma fille, je vous ordonne de me rendre mon enfant !

— Quoi ! fit-il, avec indignation, vous persistez à croire...

— Ah ! prenez garde, l'interrompit-elle avec violence, vous ne savez pas encore de quoi est capable une mère qu'on pousse au désespoir !... Qu'avez-vous fait de ma fille ? Où est-elle ? encore une fois, rendez-moi mon enfant !

— Moi aussi, madame la comtesse, je vous dis une fois encore que votre douleur vous égare. Certes, je comprends votre désespoir et je vous plains ; oui, je vous plains sincèrement. Si vous étiez en état de réfléchir, de raisonner, vous ne m'accuseriez pas d'une chose que j'ignorais il y a un instant. Voyons, je vous en prie, calmez-vous et, si cela est possible, écoutez-moi. Venant d'une autre personne, je considérerais l'accusation portée contre moi comme une injure mortelle ; mais vous, madame la comtesse, vous ne m'avez pas offensé ; vous avez certains droits que je n'accorderais à nul autre. Non, je ne me sens pas offensé, mais je suis extrêmement peiné de voir que vous avez pu me soupçonner, moi qui donnerais ma vie pour vous ! Et pourquoi, je vous le demande, pourquoi vous aurais-je pris votre fille ? Dans quel but?

— Ah ! je n'en sais rien !

— Est-ce parce que je vous aime aujourd'hui plus que je ne vous ai jamais aimée ? Ce serait insensé. Ce serait aussi vous donner une singulière preuve de mon affection pour vous. Enfin, il faut un motif; où le trouvez-vous ?

— La vengeance ! prononça sourdement la comtesse.

— Mais quelle vengeance, dites, quelle vengeance ? A propos de quoi ?

— Vous haïssez le comte de Lasserre

— Je hais le comte de Lasserre ?

— Vous-même me l'avez dit.

— Autrefois, il y a près de vingt ans de cela, j'avais, en effet, certains griefs contre le comte.

— Que vous a-t-il fait ?

— Vous voulez le savoir ?

— Oui.

— Eh bien, le comte de Lasserre a été cause qu'un très brillant mariage que j'allais faire à cette époque a été rompu. Mais depuis longtemps tout cela est oublié.

— Vous n'êtes pas de ceux qui oublient, répliqua la comtesse en le regardant fixement dans les yeux : vous avez gardé votre haine et votre soif ardente de vengeance.

— Je vous jure qu'il n'existe plus en moi aucun ressentiment.

— Je ne vous crois pas, dit la comtesse en secouant la tête.

— Dans tous les cas, reprit le vicomte, ce ne serait pas une raison de vous faire souffrir, vous, parce que j'en voudrais au comte de Lasserre.

— Je vous sais capable de tout.

— Je ne croyais pas que vous pussiez me juger ainsi, répliqua-t-il en se pinçant les lèvres ; en vérité, Hélène, vous me traitez un peu trop durement.

C'était la seconde fois qu'il prononçait ainsi, familièrement, le nom d'Hélène. La comtesse dédaigna de lui faire sentir que cela ne lui plaisait point.

— Mais, continua-t-il, revenons à mademoiselle de Lasserre. Elle a été enlevée, voilà le fait, et vous êtes à la recherche de l'auteur de ce rapt.

— Qui est un crime, monsieur, que la loi punit.

— Soit. Pour ce crime, cependant, il y a des circonstances où la loi se montre peu sévère. Je veux parler du cas où la jeune fille enlevée, mineure ou non, est, elle-même, complice de son enlèvement.

— Oseriez-vous dire, monsieur, que ma fille...

— Je me permets simplement de vous répondre, l'interrompit-il doucement, et sans faire aucune espèce de supposition, ce qui serait absolument dans mon droit, car, enfin, rien ne prouve que votre fille n'a pas été enlevée avec son consentement.

La comtesse, qui n'avait pas du tout songé à cela, éprouva un vif saisissement.

— Je rentre dans la question, poursuivit le vicomte : parce que, ayant découvert que le comte et sa fille étaient à Paris, j'ai eu le désir de vous être agréable ; parce que, vous aimant toujours, je vous ai proposé de partir avec moi à l'étranger, en Amérique ou ailleurs, après vous avoir rendu votre fille en la reprenant à son père, vous avez conclu de cela que moi seul pouvais être l'auteur de l'enlèvement de mademoiselle de Lasserre. Eh bien, vous vous êtes trompée. Comme je n'aurais pu faire cela que pour vous, dans votre intérêt, vous auriez dû penser que je ne me serais pas permis d'agir sans vous prévenir, ni sans votre autorisation. Donc, au lieu de m'accuser si facilement, pour ne pas dire si légèrement, vous deviez chercher ailleurs.

Oh ! je ne vous fais pas de reproche. Cependant, c'est au moment où je vous offre mes services, vous disant que ce serait un bonheur pour moi de vous être utile, c'est à ce moment que vous vous dressez devant moi, le regard fulgurant, pour me menacer de je ne sais quelle foudre vengeresse ! Est-ce raisonnable, cela ?

La comtesse, dans un état d'agitation impossible à décrire, ne savait plus que penser, plus que dire. Le vicomte vit sur son visage et dans son regard la perplexité qui était en elle, et un sourire imperceptible courut sur ses lèvres. Il reprit :

— Permettez-moi de vous faire observer, madame la comtesse, que, généralement, je pourrais dire toujours, l'auteur d'un enlèvement est un amoureux.

La jeune femme ne put s'empêcher de tressaillir.

— Vous n'avez pas supposé, je pense, continua le vicomte, que je pusse être à mon âge amoureux de mademoiselle de Lasserre, une enfant !... Je vous l'ai dit, je comprends votre douleur, je vous plains. Je ne veux pas me souvenir de vos dures paroles et je ne retire point l'offre de mes services que je vous ai faite tout à l'heure. Je crois que, dans la circonstance présente, je puis vous être utile, car je sais certaines choses que vous devez ignorer.

La comtesse l'écoutait, complètement ahurie, incapable de trouver une réplique. Le vicomte comprit qu'il pouvait pousser l'audace aux dernières limites et il poursuivit :

— Je viens de vous parler d'un amoureux et vous vous dites, sans doute, qu'il est impossible que votre fille, qui ne connaît personne à Paris, qui ne va pas dans le monde et qui est si bien surveillée, puisse avoir un amoureux. Eh bien, madame la comtesse, si impossible que cela vous paraisse, cela est. Mademoiselle de Lasserre aime un jeune homme dont elle est éperdument aimée.

— Oh ! fit la comtesse.

Depuis un instant déjà elle pensait au marquis de Verveine. L'astucieux vicomte avait atteint son but. Il avait manœuvré avec une très grande adresse, pour amener la comtesse à porter ses soupçons sur le marquis, car il était convaincu qu'Aurore avait parlé à son institutrice des visites du jeune homme à

Les deux coups partirent en même temps, mais les combattants restaient debout.

la Cordelière. Mais, de même qu'il ne voulait pas laisser deviner à la comtesse qu'il savait qu'elle avait été près de sa fille en qualité d'institutrice, il feignait de croire qu'elle ignorait complètement les choses dont il avait l'air de l'instruire. Cela entrait dans son plan et promettait même d'y tenir une place importante

— Je comprends votre étonnement, madame la comtesse, dit-il; peut-être ne me croyez-vous point; mais je puis m'appuyer sur des faits, en vous les citant. Il y a peu de temps de cela, j'assistais, avec le jeune homme en question, — permettez-moi de ne pas dire son nom, — à une représentation de la *Juive*, à l'Opéra. Soudain, le jeune homme aperçut dans une loge une jeune fille d'une beauté merveilleuse et la reconnut aussitôt. Pendant plus d'un an il avait cherché partout cette jeune fille, qu'il avait connue en Champagne, je crois, et dont il s'était passionnément épris. Informations prises, il sut que la jeune fille, qu'il avait reconnue à l'Opéra, demeurait boulevard Haussmann et se nommait Aurore Delorme. Je dois vous dire qu'il ignorait alors, — peut-être ne le sait-il pas encore, — que mademoiselle Aurore Delorme est la fille du comte de Lasserre. J'ajoute que, bien que ce jeune homme soit mon ami, je n'ai pas cru devoir l'éclairer à ce sujet. Nous saurons plus tard si j'ai eu tort ou raison.

Il m'a raconté comment il a connu Mlle Aurore, leurs rendez-vous, les paroles d'amour et les serments échangés. Tout cela est une aventure assez singulière sur laquelle s'est greffée une idylle amoureuse, qui a eu un dénouement assez tragique quand, au bout de quelques jours, le comte de Lasserre revint de voyage.

Les amoureux furent violemment séparés. Désespoir de l'un et probablement aussi grande douleur de l'autre. Comme je vous l'ai dit, bien que toutes les recherches que le jeune homme avaient faites pour retrouver sa chère Aurore fussent restées sans résultat, il ne l'avait pas oubliée. Après l'avoir reconnue à l'Opéra, son amour se réveilla plus vivant, plus ardent que jamais ; si bien que, sur le point de se marier avec une riche héritière, il n'a pas hésité à rompre le mariage. Voilà les faits dont je vous garantis l'exactitude.

Maintenant, je ne prétends point que c'est ce jeune homme qui a enlevé Mlle de Lasserre avec ou sans son consentement, je n'affirme jamais rien sans avoir de preuves. Il me semble cependant que de fortes présomptions s'élèvent contre lui.

La comtesse réfléchissait, la tête inclinée.

— Ainsi, je me suis trompée, se disait-elle, ce n'est pas lui, c'est le marquis de Verveine. Et pourtant... Mais non, j'ai eu tort, je dois le reconnaître. Le comte de Lasserre m'a bien accusée, moi.

— Madame la comtesse, reprit le vicomte, je vous ai offert et je vous offre de nouveau mes services ; si vous le désirez, je vous aiderai dans vos recherches.

— Que ferez-vous ?

— Je tâcherai de savoir, d'abord, si le jeune homme en question est l'auteur de l'enlèvement.

— Ensuite ?

— Je ferai tout ce qui dépendra de moi pour découvrir le lieu où a été conduite Mlle de Lasserre.

— Ne devez-vous pas quitter Paris aujourd'hui même ?

— Oui, mais pour quelques jours seulement. Du reste, même absent, je puis agir et obtenir de précieux renseignements.

— En ce cas, monsieur de Sanzac, je ne refuse pas votre aide,

— Merci, madame la comtesse; ah! je ne puis vous exprimer combien vous me rendez heureux! Dès que je saurai quelque chose, je vous écrirai; où devrai-je adresser mes lettres?

— Chez moi.

— Seulement, je ne sais pas où vous demeurez.

— Rue Davy, n° 6.

Le vicomte, tenant à jouer sa comédie jusqu'à la fin d'une façon parfaite, écrivit l'adresse sur son carnet de poche.

—Avant de partir, reprit-il, j'irais bien chez notre jeune homme, mais je sais que je ne le trouverais pas; il est absent de Paris depuis deux jours.

— Depuis deux jours? répéta la comtesse.

— Cette coïncidence vous frappe, n'est-il pas vrai, comme elle m'a frappé moi-même. Mais ne préjugeons rien; il faut savoir, être sûr.

Elle marcha vers la porte, que le vicomte s'empressa de lui ouvrir.

— Madame la comtesse, à bientôt, lui dit-il en la quittant, après l'avoir accompagnée jusque sur le palier.

Le vicomte rentra dans sa chambre pour achever sa toilette.

— Allons, se dit-il, tout semble marcher à souhait. Décidément, elle a bien fait de venir.

La comtesse avait descendu lentement l'escalier, se demandant si elle allait immédiatement retourner chez elle. Arrivée près de sa voiture, elle se dit :

— Le marquis est absent depuis deux jours; n'importe, je vais aller chez lui.

Et elle donna l'ordre au cocher de la conduire à l'adresse du jeune homme.

Comme son mari, la veille, elle s'adressa au concierge, qui lui fit à peu près la même réponse. Il y avait en plus, cependant, l'étonnement des domestiques du marquis, qui commençaient à être inquiets au sujet de leur maître.

La comtesse comprit que, pour le moment, elle ne pouvait pas en savoir davantage. Elle remonta dans le fiacre, tout à fait convaincue, cette fois, que le marquis de Verveine était l'auteur de l'enlèvement.

XII

LE DUEL

Nous connaîtrons bientôt la cause du départ précipité du marquis, et nous saurons également pourquoi il n'avait pas reparu. Mais, avant, disons ce qui s'était passé dans la matinée et l'après-midi du jour de l'enlèvement d'Aurore.

A neuf heures du matin, le marquis vit arriver chez lui le vicomte de Sanzac accompagné d'un personnage qui paraissait avoir de trente à trente-cinq ans, et qui portait le ruban de la Légion d'honneur. Ce jeune homme, ingénieur civil d'un grand mérite, était inconnu du marquis.

Adrien reçut les visiteurs avec un sourire triste et beaucoup de courtoisie. Serrés dans leur redingote boutonnée, ils avaient un air sérieux, grave, qui ne laissait aucun doute sur le but de leur visite.

— Mon cher Adrien, dit le vicomte d'un ton peiné, nous sommes chargés, monsieur et moi, de remplir auprès de vous une mission qui, pour moi, est extrêmement pénible.

— Tout en vous voyant entrer, messieurs, dit le marquis, j'ai compris de quoi il s'agissait.

— Monsieur le marquis, dit M. Castel, — ainsi se nommait le jeune homme décoré, — il est de notre devoir, avant tout, de faire tous nos efforts pour arranger les choses.

Adrien se tourna vers le vicomte.

— Monsieur de Sanzac croit-il à la possibilité d'un arrangement? demanda-t-il.

— Certainement, répondit le vicomte.

— Que dois-je faire pour cela?

— Revenir simplement, sans réserve, sans arrière-pensée, comme il convient à un homme d'honneur, à un gentilhomme, sur la déplorable décision que vous avez prise, répondit M. Castel.

Adrien secoua tristement la tête.

— Messieurs, dit-il d'une voix ferme et avec fierté, gentilhomme et homme d'honneur, j'ai pris, ma conscience l'approuvant, une résolution sur laquelle rien ne peut me faire revenir. J'ai donné à qui je les devais des explications sur ma conduite, je regrette qu'elles n'aient pas été comprises ou qu'on n'ait pas cru devoir les accepter. J'ai fait ce que j'ai pu, ce que je devais ; je ne peux rien de plus.

Le vicomte et M. Castel échangèrent un regard.

— Alors, monsieur le marquis, dit ce dernier, une rencontre est inévitable.

— M. de Sanzac a eu soin déjà de m'en avertir. Je vous fais à tous deux la réponse que j'ai faite à M. de Sanzac : je suis à la disposition de M. Latrade.

Vous êtes sans doute ses deux témoins?

— Oui, monsieur le marquis, répondit l'ingénieur, et nous vous prions de nous désigner les vôtres, afin que nous puissions, aujourd'hui même, nous entendre avec eux sur les conditions du combat.

— Je vais écrire immédiatement à deux de mes amis ; ils s'empresseront, je n'en doute pas, de se rendre près de moi, et aujourd'hui, avant deux heures, ils se trouveront à l'endroit que je vous prie de m'indiquer comme rendez-vous.

— Chez moi, dit M. Castel, en remettant sa carte au marquis.

— Mon cher Adrien, dit le vicomte, je suis très affecté de ce qui arrive,

Jules Latrade m'a prié de lui servir de témoin; c'est moi qui vous ai conduit chez M. Latrade, qui vous ai présenté, je n'ai pas pu refuser.

— Je ne songe pas à vous blâmer, répliqua sèchement le jeune homme.

On se salua, et le vicomte et l'ingénieur se retirèrent.

Aussitôt Adrien écrivit à ses deux anciens amis, Gaston de Limans et André de Charmeille. Il les priait de venir immédiatement le trouver pour une très importante communication qu'il avait à leur faire. Afin qu'il n'y eût aucune perte de temps, il fit porter les deux lettres par son valet de chambre.

Sur le coup de onze heures, Gaston et André arrivèrent ensemble...

Après avoir fait promettre à ses amis qu'ils garderaient le secret le plus absolu sur ce qu'il allait leur dire, il leur annonça que le lendemain, probablement, il se battait en duel avec Jules Latrade, et leur raconta ensuite comment et pourquoi il avait cru devoir rompre son mariage avec Mlle Adèle Latrade, ce qui avait été cause de la rencontre.

— Maintenant, ajouta-t-il, je vous demande si vous voulez être mes témoins.

— Si nous refusions, nous ne serions pas tes amis, dit de Charmeille.

— Adrien sait qu'il peut compter sur nous comme nous compterions sur lui, ajouta de Limans.

— Merci, dit le marquis, en leur tendant ses deux mains, je vous investis de mes pleins pouvoirs, continua-t-il ; ce que vous ferez sera bien fait ; j'accepte d'avance ce que vous aurez décidé avec les témoins de mon adversaire. Ces témoins sont M. Castel, ingénieur civil, dont je vous remets l'adresse, et le vicomte de Sanzac.

— Comment, s'écria Gaston, de Sanzac, qui est ton ami, a accepté d'être le témoin de ton adversaire !

— Mon cher Gaston, répondit Adrien avec un sourire amer, nous ne devons nous étonner de rien. C'est chez M. Castel que vous êtes attendus, et j'ai promis à ces messieurs que vous seriez à leur rendez-vous avant deux heures. Vous les trouverez sûrement à partir d'une heure.

— Quelle arme devons nous prendre, si l'on nous en laisse le choix? demanda de Charmeille.

— Cela m'est égal, je n'ai pas de préférence.

— Jules Latrade est de première force à l'épée, fit observer Gaston.

— Il est également très adroit au pistolet, dit Adrien. Donc, qu'on choisisse cette arme ou l'autre, pour moi c'est à peu près la même chose.

— Mon cher, je ne suis pas de ton avis, répliqua André ; au pistolet, tu es au moins de la force de Latrade.

— C'est possible, mais permets-moi de te dire, mon ami, qu'entre faire mouche à chaque coup et tirer sur un homme, il y a une énorme différence.

— Adrien a raison, dit Gaston, il me semble qu'au moment de tirer la main doit trembler et l'œil voir de travers.

— Bah ! fit le marquis, ne parlons plus de ça. Si vous le voulez bien, nous passerons dans la salle à manger. J'ai fait mettre trois couverts, car nous allons déjeuner ensemble.

A une heure, Gaston et André quittèrent Adrien.

A deux heures et demie, ils étaient de retour près de lui.

— Eh bien, est-ce fini, leur demanda-t-il.

— Oui. Nous nous sommes, d'ailleurs, assez facilement entendus.

— Quel est le jour fixé ?

— Demain.

— Ah !... Il paraît que Jules Latrade a grande hâte de m'expédier dans l'autre monde, fit-il en souriant. Où devons-nous nous rencontrer ?

— En Belgique, dans un petit bois qui se trouve près de Rivert, village qui touche à la France.

— Pourquoi aller si loin?

— Pour se conformer à la mode, répondit de Charmeille ; depuis quelque temps on a l'habitude de se battre hors frontière.

— Il paraît que l'on craint moins les gendarmes étrangers que ceux de France, ajouta Gaston.

— De Sanzac a beaucoup insisté sur ce point et nous avons cédé, dit André.

— Il a été convenu, reprit Gaston, et pour cela nous n'avons pas eu à discuter, que l'affaire ne serait pas ébruitée jusqu'à nouvel ordre, quelles qu'en soient les conséquences.

— C'est bien, fit Adrien.

— Un procès-verbal de la rencontre et des causes qui l'ont rendue nécessaire sera dressé, et une copie signée des quatre témoins sera remise aux témoins de chaque adversaire.

— Tout cela est parfait, je ne peux qu'approuver.

— Tu ne nous demandes pas si la rencontre aura lieu à l'épée ou au pistolet?

— Je vous ai dit que cela m'était égal.

— Soit. Mais pour nous, tes amis, la chose a son importance. Les témoins de Jules Latrade nous ayant demandé de désigner l'arme, nous avons choisi le pistolet, persuadés que nous établissions une chance égale.

— Et puis, dit de Charmeille, on ne sait pas quelles peuvent être les suites d'un coup d'épée, tandis que, presque toujours, au pistolet, on se manque. Voilà pourquoi nous avons tenu à l'échange de deux balles seulement.

— Nos adversaires, dit Gaston, voulaient qu'il y eût quatre coups tirés, dans le cas où les deux premiers n'auraient pas de résultat. Mais sur ce point, nous avons été intraitables, et, bon gré mal gré, nous l'avons emporté.

— Allons, dit le marquis presque gaiement, je vois que vous avez plus souci de mes intérêts que moi-même.

— Nous ne nous sommes pas encore occupés d'un médecin, M. Castel nous avant dit qu'il se ferait accompagner par un médecin-chirurgien de ses amis. Mais si tu crois qu'un autre est nécessaire, dans une heure nous l'aurons trouvé.

— Le médecin de mon adversaire suffit.

— Dans ce cas, tout est terminé pour aujourd'hui.

— Maintenant, mon cher Adrien, dit de Charmeille, j'ai à te faire une proposition, que Gaston a déjà acceptée.

— De quoi s'agit-il?

— De partir ce soir tous les trois.

— Quelle idée!

— Tu vas comprendre : tu dois avoir vu chez mon père Mlle de Gontrey, ma grand'tante.

— Oui, je me rappelle.

— Eh bien, elle habite tout près de Maubeuge, dans son château de la Cerisaie. Nous nous rendrions directement chez elle et nous y passerions la nuit. Inutile d'ajouter que nous serons parfaitement reçus. Demain matin, toi bien reposé, frais et dispos, au lieu d'être brisé par la fatigue du voyage, nous prendrions à Maubeuge le même train qui amènera Jules Latrade et ses témoins. Comme cela, tu auras moins d'une heure de chemin de fer pour arriver au lieu du rendez-vous.

— Tu as accepté la proposition d'André? dit le marquis s'adressant à Gaston.

— Oui.

— S'il en est ainsi, je l'accepte aussi.

Alors il fut convenu que les trois amis se trouveraient le soir, à cinq heures, à la gare du Nord.

Voilà comment, sans dire où il allait, le marquis de Verveine avait quitté Paris à peu près à la même heure où les complices du vicomte de Sauzac enlevaient Aurore.

De Charmeille ne s'était pas trompé dans ses prévisions. Dans le train qu'ils prirent le lendemain matin, à Maubeuge, à onze heures quarante, pour se rendre en Belgique, au village de Rivert, se trouvaient Jules Latrade, ses témoins et le médecin, ami de l'ingénieur.

Dans une boîte, dissimulée avec soin sous son vêtement, Gaston de Limans portait les armes.

Nos sept personnages descendirent à la station de Quévy et se dirigèrent à pied, comme s'ils allaient à Rivert, vers le bois dont nous avons parlé, lequel n'était pas très éloigné.

On eut bientôt découvert une clairière, suffisamment cachée dans les arbres, où les deux adversaires, sans être gênés par rien, pouvaient être placés en face l'un de l'autre. Une fois sur le terrain, le marquis et Jules Latrade se saluèrent, de même que les témoins, puis se retirèrent à l'écart, chacun de son côté.

Les témoins commencèrent par mesurer la distance, vingt mètres, et deux baguettes, fixées en terre, indiquèrent les endroits où chaque combattant serait placé.

Cela fait, sous les yeux des trois autres témoins, l'ingénieur chargea les pistolets, mettant dans chaque canon la même quantité de poudre. Les capsules furent aussi minutieusement examinées.

— Monsieur de Limans, dit M. Castel, les pistolets sont chargés, prenez celui qu'il vous plaira.

Le jeune homme prit une des armes et alla la mettre dans la main du marquis, pendant que le vicomte faisait de même pour Jules Latrade.

Les deux adversaires se placèrent en face l'un de l'autre, aux endroits indiqués, le chapeau sur la tête; ils s'assujettirent sur leurs jambes, s'effacèrent en se tournant de côté et se tinrent prêts.

— Au troisième coup que je frapperai dans la main, leur dit M. Castel, vous tirerez ensemble.

Les quatre témoins étaient sur une même ligne, le médecin un peu en arrière. Entre deux temps égaux, l'ingénieur frappa trois fois dans sa main.

Les deux coups partirent en même temps. Les combattants restaient debout; mais, soudain, une tache rouge se montra sur la redingote du marquis; puis, aussitôt, on le vit chanceler et il tomba.

Le médecin, les quatre témoins et Jules Latrade lui-même s'élancèrent vers lui. Le marquis ne faisait plus aucun mouvement.

Déjà le médecin avait ouvert sa boîte, qui contenait ses instruments de chirurgie et les objets nécessaires à un pansement, puis s'était agenouillé et écartait la redingote, le gilet, et déchirait la chemise pour découvrir la blessure.

Au-dessus du sein droit, le projectile avait fait un trou par lequel le sang coulait à flots.

Jules Latrade, devenu très pâle, tremblait comme une feuille.

— Est-ce qu'il est mort? demanda-t-il d'une voix altérée.

— Pas encore, répondit le médecin qui se dépêchait de faire un premier pansement afin d'arrêter l'hémorragie.

— Pouvez-vous voir si la blessure est grave, docteur? demanda à son tour le vicomte.

— Non.

— Alors vous ne pouvez pas nous dire...

— Je ne peux rien dire encore.

De grosses larmes roulaient dans les yeux d'André de Charmeille. Quant à Gaston de Limans, qui, nous le savons, aimait Adrien comme un frère, il pleurait à chaudes larmes.

— Il faut absolument le transporter quelque part, dit le médecin, qui était parvenu à empêcher le sang de couler et avait achevé son pansement.

— A une faible distance d'ici, sur la route, il y a une maison, une espèce

L'IDIOTE 513

Colibri assis sur le siège de sa voiture attendait la Grêlée.

d'auberge, près de laquelle nous sommes passés tout à l'heure, dit M. Castel.
— Eh bien, il faut voir là. Faites-vous donner un matelas, une civière, ce que vous trouverez de plus convenable pour transporter le blessé.

L'ingénieur et de Charmeille partirent en courant. Ils reparurent au bout de vingt minutes, apportant, avec l'aide d'un paysan robuste, ce que le docteur avait demandé. On coucha le blessé sur un matelas placé sur la civière, et avec les plus grandes précautions, on le transporta dans l'habitation où le lit et la chambre des maîtres du logis furent mis obligeamment à la disposition du docteur.

Liv. 65. F. ROY, éditeur.

Ce n'est qu'au bout de deux heures que le marquis reprit connaissance. Il vit près du lit ses deux amis et le médecin; il les reconnut, les remercia du regard et leur tendit la main à tous les trois.

Le docteur fit un deuxième pansement, en disant qu'il croyait devoir attendre encore un peu avant d'extraire le projectile qui, heureusement, n'avait point pénétré à une grande profondeur.

Jules Latrade et ses témoins étaient encore dans la maison, où ils avaient déjeuné. Avant de s'éloigner, ils attendaient que le médecin leur eût dit ce qu'il pensait de la situation du blessé.

A quatre heures seulement, ils apprirent que le marquis était sorti de son évanouissement et qu'il se trouvait aussi bien que possible.

Le médecin ne répondait de rien encore, certains accidents pouvant survenir, mais il n'était pas sans espoir.

Jules Latrade qui, en définitive, était un écervelé, mais pas un mauvais garçon, se sentit subitement soulagé par les paroles du docteur. Le vicomte, qui avait toujours l'air d'être plongé dans une méditation profonde, restait silencieux et sombre.

— Alors, dit l'ingénieur à son ami, vous restez près de M. de Verveine?

— Vous devez comprendre, mon cher, que je ne puis l'abandonner.

— La science a ses droits.

— Et le médecin son devoir.

— Mon cher ami, je ne vous blâme pas, au contraire.

— Cependant, j'espère pouvoir rentrer à Paris dans trois ou quatre jours. Le marquis ne restera pas seul; ses amis ont déclaré qu'ils ne voulaient pas le quitter.

— Nous devons espérer tous que rien de fâcheux ne viendra compromettre la guérison du blessé, dit le vicomte, sortant de son mutisme.

— Certainement, fit le docteur.

— Dans combien de temps pensez-vous qu'il pourra revenir à Paris?

— C'est fort difficile à préciser, monsieur de Sanzac. S'il n'y a pas de complications, si rien de grave ne se présente, enfin si tout marche comme je veux l'espérer, dans deux mois, dans six semaines, peut-être même un peu plus tôt, il sera sur pied.

Le regard du vicomte s'éclaira d'une lueur.

— Complètement guéri? fit-il.

— Ou à peu près, répondit le docteur.

— J'ai du temps devant moi, pensa le vicomte.

Le procès-verbal de la rencontre, rédigé en partie à Paris et complété dans l'auberge de Rivert, fut signé en double par les quatre témoins. Cette dernière formalité remplie, Jules Latrade, le vicomte et l'ingénieur reprirent le chemin de Quévy, où ils allaient attendre le premier train pour Paris.

XIII

LES INSTRUCTIONS SECRÈTES

Nous pouvons admettre que le vicomte de Sanzac, avant le duel, n'avait fait aucun calcul sur l'hypothèse d'Adrien blessé par son adversaire. En voyant tomber le jeune homme et le sang ruisseler sur sa poitrine, il éprouva une angoisse horrible, car la mort du marquis aurait singulièrement amoindri le résultat qu'il espérait de ses combinaisons machiavéliques.

Dès que les paroles du docteur l'eurent rassuré et qu'il eut acquis la certitude que pendant trois semaines, quinze jours au moins, Adrien serait retenu loin de Paris, il comprit vite le parti qu'il pouvait tirer de la situation. Il se dit :

— Le comte de Lasserre remuera ciel et terre pour retrouver sa fille ; il a l'argent : une puissance. Sans doute, je défie les agents à sa solde, qu'ils soient de la police ou non, de découvrir l'endroit où j'ai placé Aurore ; mais le comte et surtout la comtesse peuvent me soupçonner ; il ne le faut pas, parce que cela me gênerait énormément. Je ne tiens pas à être surveillé. Donc il faut que je m'arrange de manière à faire supposer, à faire croire même que le marquis de Verveine est l'auteur de l'enlèvement. Cela me sera d'autant plus facile que le marquis a quitté Paris à l'heure même où Aurore était enlevée et qu'on ne sait point où il est allé. Cette condition, que le secret du duel sera gardé, est encore un maître atout dans mon jeu. La discrétion des gens de l'auberge ayant été grassement payée par Jules Latrade, ils ne diront rien. Les habitants de Rivert eux-mêmes ne sauront point ce qui s'est passé à cinq cents mètres de leurs maisons. De ce côté, je suis parfaitement tranquille. Le marquis soupçonné, tous les doutes seront justifiés par son absence, et avant qu'il revienne, prêt à prouver son innocence, j'aurai eu grandement le temps d'agir. Si le comte et la comtesse étaient assez aveugles pour ne pas penser à lui, on pourrait les avertir par une lettre.

C'est après avoir fait ces réflexions que le vicomte était rentré à Paris. Il s'était mis immédiatement au lit afin d'être prêt à quitter son appartement de la rue de Grammont.

Comme nous l'avons dit, le vicomte ne voulait pas qu'on eût l'œil sur lui. Pour se soustraire à une surveillance possible, il délogeait, non pour aller passer quelques jours chez un ami, en province, comme il l'avait annoncé à sa domestique, mais pour se cacher chez une femme, une ancienne maîtresse, qui demeurait rue de l'Évangile, à La Chapelle, et qui n'avait pas refusé de lui donner l'hospitalité.

Nous avons vu la comtesse de Lasserre se présenter chez le vicomte un instant après son lever, et nous savons que la mère d'Aurore, trompée par les paroles du fourbe, s'était retirée convaincue qu'elle l'avait injustement accusé.

Tout s'arrangeait selon les calculs et les désirs du vicomte. Du premier coup, et avec une facilité dont il s'étonnait, il avait obtenu plus même qu'il n'espérait. Cela lui paraissait être de bon augure pour le reste.

Une heure après le départ de la comtesse, pendant qu'il prenait une tasse de chocolat, il envoya la domestique lui chercher un fiacre. Quand celle-ci revint, il était prêt à partir. La malle qui contenait le linge et les effets d'habillement dont le vicomte pourrait avoir besoin fut descendue et placée sur la voiture, dans laquelle le vicomte monta, non pas sans avoir jeté de rapides regards le long des trottoirs. Il ne vit aucune figure suspecte. Cependant, pour plus de sûreté, il donna l'ordre au cocher de le conduire à la gare de l'Est. Là, la malle fut descendue, portée dans la salle où l'on pèse les bagages, absolument comme si le vicomte allait partir par le premier train.

Un quart d'heure plus tard, quand il se fut bien assuré qu'il n'était l'objet d'aucune surveillance, il fit prendre sa malle par un homme d'équipe, qui la transporta du côté de l'arrivée. Un train arrivant d'Avricourt venait d'entrer en gare. Au milieu du va-et-vient des voyageurs et du mouvement des voitures, le vicomte, ayant l'air d'être un voyageur descendu du train, fit reprendre et porter sa malle sur un fiacre par un second agent de la compagnie. Cette fois, tout à fait tranquille, il se fit conduire rue de l'Évangile.

Il avait à peine eu le temps de s'installer dans la chambre qu'on lui avait préparée, lorsque Lory arriva.

— A la bonne heure, dit-il, tu deviens l'homme exact par excellence.

— Je sais qu'il faut avec vous.

— L'exactitude est la vertu des bons serviteurs. Maintenant, parle, qu'as-tu fait? Que sais-tu?

— D'abord, je dois vous dire que j'ai fait une découverte qui me paraît fort drôle.

— Qu'est-ce que c'est?

— M. Delorme a un autre nom.

— Ah! fit le vicomte, les sourcils froncés. Quel est cet autre nom?

— Pierre Rousseau.

— Pierre Rousseau? répéta le vicomte avec surprise.

— Oui. C'est sous ce nom qu'il a loué l'appartement de la rue du Rocher où il se fait appeler tantôt M. Delorme, tantôt M. Rousseau.

— Es-tu bien sûr de cela?

— Oui, autrement je ne vous le dirais point.

— S'il en est ainsi, Lory, tu as fait une découverte précieuse, qui nous sera certainement utile.

— Comment?

— Je te le dirai tout à l'heure. Voyons d'abord ce que tu sais.

— M. Delorme a été prévenu, le soir même, de l'enlèvement de la jeune fille.

— Par qui?

— Par madame Delorme. La chose ne lui a pas été du tout agréable. Il a couru boulevard Haussmann, où il a passé la nuit. Le cocher de madame Delorme est rentré, je suppose qu'il a été interrogé et je ne sais trop comment il a expliqué la disparition de sa jeune maîtresse ; je ne sais pas davantage ce qu'il pense de la bonne farce que je lui ai faite ; mais il doit être furieux contre moi ; je me garderai bien d'aller me frotter près de lui ; s'il me rencontrait, il serait capable de m'étrangler.

— J'espère bien que tu sauras l'éviter, ce que te conseille la prudence dans l'intérêt de mes projets. Du reste, je crois que quand même tu te trouverais en face de lui il ne te reconnaîtrait point. Tu possèdes parfaitement l'art de changer ton visage ; si je n'eusse été prévenu, j'aurais hésité à te reconnaître avec ce collier de barbe postiche.

— Monsieur me trouve de son goût?

— Oui. Continue.

— Le matin, le cheval et la voiture ont été ramenés par un garde du bois de Boulogne, où je les avais laissés.

— Ceci nous importe peu. Après ?

— M. Delorme a pris un fiacre et s'est fait conduire rue Davy, chez l'institutrice.

— Tiens, tiens, fit le vicomte.

— Il n'y est resté qu'un instant. Il est remonté dans le fiacre et s'est rendu rue Vanneau, au domicile de votre ami, le marquis de Verveine.

— Bon ! fit le vicomte.

— On lui a répondu — ce qui est vrai — que le marquis avait quitté Paris, la veille au soir, sans qu'on sût où il était allé.

— De mieux en mieux !

— L'homme que j'avais chargé, par votre ordre, de surveiller les démarches de M. Delorme, n'a pu me dire ce qu'il a pensé du départ du marquis ; mais il paraît qu'il n'avait pas du tout l'air content.

— Je comprends cela.

— Ensuite M. Delorme s'est fait ramener boulevard Haussmann, puis chez lui, rue du Rocher. Peu de temps après, son domestique a porté une lettre cité d'Antin.

— Cité d'Antin? A qui?

— A une agence de renseignements.

— Où diable a-t-il appris l'existence de l'agence Serpin? murmura le vicomte.

— A midi, je remplaçai mon homme, qui était sur les dents, continua Lory. Je faisais le guet, rue du Rocher, lorsque je vis arriver, les deux mains dans ses poches et le nez en l'air, une de vos connaissances?

— Une de mes connaissances?

— M. Gabiron.
— Tu l'as reconnu? exclama le vicomte, dont le front s'était assombri.
— Parfaitement.
— Diable, diable, fit le vicomte en tordant sa moustache. Voyons, après, que s'est-il passé?
— Vous avez compris que Gabiron venait répondre à la lettre portée par le domestique. Il resta assez longtemps avec M. Delorme, ou M. Pierre Rousseau, puisque c'est le même homme. Quand il est sorti de la maison je l'ai suivi.
— Naturellement!
— Il est allé boulevard Haussmann, il a demandé le cocher et ils ont causé pendant plus d'une heure.
— Il se renseignait.
— Faut croire. Après cela il s'est transporté rue Vanneau.
— Parfait! exclama le vicomte, dont les yeux se remirent à pétiller. Où est-il allé ensuite?
— Où il est allé? Il s'est offert l'agrément de flâner dans le quartier, et j'ai fait comme lui.
Cette fois, retrouvant tout à fait sa joyeuse humeur, le front du vicomte s'éclaira.
— Bravo! fit-il.
Et après un court silence :
— Eh bien, Lory, reprit-il, que penses-tu de cela?
— Je pense que M. Delorme a chargé Gabiron de retrouver la jeune fille.
— Deviner cela n'était pas bien difficile.
— Je pense ensuite que ledit Gabiron fait tout ce qu'il faut pour ne pas la retrouver.
— Remarque juste, approuva le vicomte.
— Pas malin, M. Gabiron, fit Lory en riant ironiquement.
— Heu, heu, fit le vicomte, en hochant la tête, il ne faut pas trop nous y fier. Je ne crois pas Gabiron très redoutable ; mais n'importe, il faut nous défier de lui. Pour le moment il est sur une fausse piste ; c'est ce que je voulais. Seulement un doute peut lui venir d'un moment à l'autre, et il cherchera d'un autre côté.
— Nous avons pris nos précautions.
— Sans doute ; mais nous ne devons agir, néanmoins, qu'avec la plus extrême prudence. Sais-tu ce que Gabiron a fait ce matin?
— La même chose qu'hier. Il est revenu rue Vanneau pour recommencer sa promenade sur les trottoirs. Il attend le marquis, qui ne revient pas ; c'est comme un fait exprès. Pas de chance, Gabiron!
— Le marquis ne reviendra pas de sitôt.
— Vous savez où il est?

— Parbleu!
— Pauvre Gabiron!
— Laissons-le attendre.

Le vicomte posa ses coudes sur la table, près de laquelle il était assis, appuya sa tête dans ses mains et se mit à réfléchir.

— Décidément, se disait-il, toutes les bonnes cartes entrent dans mon jeu les unes après les autres. C'est le comte lui-même qui a lancé Gabiron sur une fausse piste. Il avait vu la comtesse, pourtant... Mais voilà, pour des raisons que je ne devine point, la comtesse a voulu agir seule auprès de moi; elle n'a point fait part de ses soupçons au comte. Qui sait, en se rappelant les jours d'amour d'autrefois, peut-être n'a-t-elle pas eu la force de m'accuser devant son mari...

Le comte sait depuis longtemps que le jeune homme qui s'est introduit près de sa fille, dans le jardin de la Cordelière, est le marquis de Verveine. C'est son ami, cet homme qu'Adrien n'a pu reconnaître, qui l'a instruit sur ce point. Il n'y a pas à en douter, depuis le jour où il a failli le tuer, le comte n'a pas perdu de vue le marquis. Il doit savoir que celui-ci aime toujours Aurore, et je puis admettre qu'il n'ignore pas que le marquis a reconnu à l'Opéra, dans Mlle Delorme, son innocente de la Cordelière. Naturellement, et cela devait être, ses soupçons se sont immédiatement portés sur l'amoureux de sa fille.

En vérité, tout cela s'est arrangé comme si je l'avais combiné moi-même.

Mais quelle singulière comédie a donc joué le comte, sous le nom de Pierre Rousseau, vis-à-vis du marquis? Je cherche à comprendre. Impossible! Tous les actes de cet homme sont bizarres, même les plus simples. Il ne fait rien comme les autres. En lui tout est mystérieux, incompréhensible. Ah! il n'a pas changé, il est aujourd'hui ce qu'il a toujours été: un misanthrope, un fou!...

Le marquis a besoin d'argent, le juif Salomon l'envoie à M. Pierre Rousseau qui lui en prête. Le vieux juif vend ses créances à un particulier qui ne veut pas être connu. Eh bien, voilà le secret dévoilé: l'acheteur mystérieux, c'est Pierre Rousseau, c'est-à-dire le comte de Lasserre. Ainsi le comte prête de l'argent au marquis et devient son unique créancier. Pourquoi? Dans quel but?... Je me perds dans un dédale de choses incompréhensibles.

Après tout, je suis bien bon, vraiment, de me creuser ainsi la tête. En définitive, cela m'importe peu. Assurément, qu'ils soient insensés ou non, le comte de Lasserre a ses desseins; mais il ne se doute guère que je ne lui laisserai pas le temps de les mettre à exécution.

Le vicomte releva la tête. Son regard s'était illuminé d'une clarté sinistre, et son rictus se tordait dans un hideux sourire.

— Monsieur le vicomte n'a-t-il pas quelque chose à me dire au sujet de M. Delorme? demanda Lory.

— Si, et je vais, dès maintenant, te donner des instructions sur ce que tu à faire. Approche-toi tout près de moi; je pense bien que personne ici ne songe à nous écouter ; mais on n'est jamais assez prudent ; je suis de l'avis de ceux qui disent que les murs ont des oreilles.

Lory avança son siège et il se pencha en avant pour être plus près encore de son maître.

Alors, voyant que son complice était prêt à l'écouter attentivement, le vicomte se mit à lui parler à voix basse, presque dans l'oreille.

Ce que disait le vicomte devait être bien effrayant, car Lory, tout scélérat qu'il était, avait l'air épouvanté. Blême, les yeux écarquillés, il s'agitait sur son siège avec malaise. Cependant il laissa parler le vicomte jusqu'au bout, sans l'interrompre.

— Eh bien, m'as-tu compris ? lui demanda celui-ci.
— Oui, mais...
— Quoi ?
— Dame ! c'est très sérieux, ça ; on risque sa tête.

Le vicomte haussa les épaules.

— On risque quelque chose quand on est assez bête pour se faire pincer, répliqua-t-il ; mais ce n'est pas à toi, un vieux singe, qu'on peut apprendre à faire des grimaces. Bref, je t'ai indiqué le moyen de réussir ; peux-tu, oui ou non ?

— Certainement, on peut faire le coup ; c'est égal, j'aurais mieux aimé autre chose.

— C'est possible, mais nous n'avons pas à choisir.
— Je le vois bien, dit Lory en se levant.
— Maintenant, tu peux t'en aller, dit le vicomte, se levant à son tour ; tu as tout le temps de te préparer ; quand le moment d'agir sera arrivé, je te le dirai.

Lory, devenu très sombre, se retira en hochant la tête. Il était facile de voir qu'il ne trouvait pas du tout de son goût la nouvelle besogne que lui commandait son maître.

XIV

OÙ L'ON COMMENCE A VOIR LE JEU DU VICOMTE

Aurore était crédule comme on l'est généralement à son âge. Son intelligence s'était merveilleusement développée, mais elle avait gardé un peu de sa naïveté. Dans la pureté de son âme et de ses pensées elle se refusait à croire au mal. On lui avait dit : « Vous n'avez rien à craindre, c'est au contraire dans votre intérêt et en vue de votre bonheur que des amis inconnus vous ont enlevée et amenée ici. » Elle avait accepté ces paroles menteuses et s'était trop facilement convaincue qu'elles étaient l'expression de la vérité. D'ailleurs, tout ce que lui avait dit la Grêlée lui semblait tout à fait vraisemblable.

La Cocasse était une maîtresse femme ; cette complice du vicomte de Sanzac

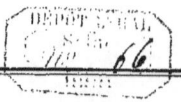

La comtesse bondit en arrière, en poussant un cri d'épouvante.

était d'autant plus dangereuse qu'elle avait la parole naturellement douce, mielleuse, insinuante, et qu'elle savait admirablement jouer le sentiment. Elle avait eu l'adresse, en ne se renfermant pas strictement dans les ordres qu'elle avait reçus, de capter la confiance de la jeune fille et de lui inspirer un commencement de sympathie.

Ne voyant et n'entendant rien autour d'elle qui fût de nature à éveiller sa défiance, Aurore était relativement tranquille. Elle s'ennuyait bien un peu dans sa prison, mais elle se résignait. Ne fallait-il pas qu'elle fît, elle aussi, quelque chose pour son bonheur?

La lourde porte de la tourelle restait constamment ouverte et, pendant le jour, Aurore ne quittait pas la chambre voisine de sa cellule, où elle avait plus d'espace pour marcher, des fauteuils pour s'asseoir et où elle pouvait s'étendre sur un canapé.

On avait eu la précaution de clouer la fenêtre pour qu'il ne lui fût pas possible de l'ouvrir; mais à travers les vitres elle voyait les grands arbres de l'enclos et plus loin ceux de la forêt, dont les feuilles, sorties des bourgeons, commençaient à grandir. C'était peu, mais cela suffisait pour la distraire. Quand l'ennui s'emparait d'elle, ayant la permission d'ouvrir la bibliothèque, elle prenait un livre et lisait. Du reste, la Grêlée venait souvent lui tenir compagnie et causer avec elle. Aurore lui faisait de nombreuses questions, auxquelles elle répondait avec une extrême complaisance. La Grêlée était toujours aux petits soins, respectueuse et très empressée. Elle faisait vraiment tout ce qui dépendait d'elle pour plaire à la jeune fille. Elle cherchait à lui être agréable par tous les moyens. Elle lui demandait ce qu'elle désirait manger, et quand Aurore n'avait pas à son déjeuner ou à son dîner ce qu'elle aurait voulu, c'est que la Grêlée se trouvait dans l'impossibilité de le lui donner.

C'est ainsi que le temps s'écoulait; et sans trop songer à la liberté qui lui manquait, Aurore attendait avec patience le résultat des démarches qu'on devait faire près de son père.

Elle pensait bien que son père et madame Delorme avaient dû être et étaient peut-être dans une grande inquiétude; elle-même aurait pu s'inquiéter au sujet de leur santé; mais la Grêlée avait grand soin de la tranquilliser en lui disant, le soir : J'ai des nouvelles de Paris; vous n'avez pas à être inquiète, vos parents vont bien.

— Quand pourrai-je leur écrire? demandait Aurore.

— Je ne sais pas, répondait la femme; il faut que vous attendiez, prenez patience.

La jeune fille poussait un long soupir et n'insistait point.

Un matin, — c'était le cinquième jour qu'Aurore était au clos d'Iris, — la Grêlée vint lui faire sa visite habituelle, apportant sous son bras une boîte fermée un peu plus longue que large. Le regard de la jeune fille tomba aussitôt sur ce coffret, dont la Grêlée se débarrassa en le posant sur la table.

— Avez-vous bien dormi, mademoiselle? demanda la femme.

— Oui, mieux que l'autre nuit, répondit Aurore, qui continuait à regarder curieusement la boîte.

— Ça se voit, car vous avez ce matin les yeux bien éveillés et la figure fraîche et belle comme une rose.

— Qu'y a-t-il donc dans cette boîte? demanda Aurore.

— Ah! ah! vous voudriez bien le savoir, fit la Grêlée en riant.

— Est-ce quelque chose pour moi?

— Oui, et ce quelque chose pour vous va vous rendre bien contente.
— Puis-je regarder?
— Certainement.

Aurore ouvrit la boîte. Aussitôt ses yeux étincelèrent et elle ne put retenir une exclamation joyeuse.

— Enfin, dit-elle, vous tenez aujourd'hui la promesse que vous m'avez faite.

Et elle sortit de la boîte un encrier, une plume, un cahier de papier à lettre et un petit paquet d'enveloppes.

— Eh bien, oui, dit la Grêlée, vous allez écrire une lettre ce matin, et vous avez ce qu'il vous faut pour cela ; voyons, dites, êtes-vous contente ?

— Ah ! je ne sais comment vous exprimer ma joie.

— Maintenant, si vous le voulez bien, reprit la Grêlée, nous allons causer un instant. A qui voulez-vous écrire ?

— A mon père ?

La Cocasse secoua la tête, et d'un air peiné :

— Non, dit-elle, vous ne pouvez pas écrire à votre père.

— Eh bien, répliqua Aurore, j'écrirai à ma mère.

— Vous ne pouvez pas non plus écrire à votre mère.

— Ah ! fit Aurore, attachant sur la Grêlée son regard étonné.

Puis s'éloignant de la table brusquement :

— S'il en est ainsi, dit-elle tristement, vous m'avez donné une fausse joie, vous pouvez remporter tout cela.

— Si mademoiselle réfléchissait, répondit hypocritement la Cocasse, elle comprendrait qu'en écrivant à son père ou à sa mère elle compromettrait le succès de ce que ses amis veulent faire pour elle. Mademoiselle ne peut-elle pas trouver une personne, parmi celles qu'elle connaît, à qui il lui serait agréable d'écrire ?

— Me permet-on d'écrire à madame Durand ? demanda Aurore après être restée un moment silencieuse.

— Qui est-ce, madame Durand ?

— Une amie, une seconde mère pour moi ; madame Durand a été mon institutrice.

Les yeux éraillés de la Grêlée eurent un bout de flamme.

— Êtes-vous absolument sûre de l'amitié et de la discrétion de cette dame ? demanda-t-elle.

— Oui, absolument.

— En ce cas rien ne s'oppose à ce que vous lui écriviez. J'irai à Paris tantôt et je lui porterai moi-même votre lettre. Seulement, mademoiselle, il faut bien réfléchir avant d'écrire à votre institutrice, afin de ne lui rien dire qui puisse contrarier les projets des amis qui s'occupent en ce moment de votre bonheur.

Tenez, si vous me le permettez, je pourrai peut-être vous indiquer dans quel sens vous devez écrire.

— Dites, je veux bien accepter vos conseils.

— Eh bien, voici, je crois, ce que vous pourriez écrire : Après avoir dit à votre institutrice que vous ne l'oubliez pas, que vous pensez à elle constamment, qu'elle peut toujours compter sur votre affection, vous lui apprendriez que vous êtes dans une maison où rien ne vous manque, ni les soins, ni les attentions, ni le respect qui vous est dû, dans une maison enfin, où l'on fait tout ce qu'on peut pour vous satisfaire et vous être agréable. Vous lui diriez ensuite que c'est votre amoureux, M. Adrien, qui vous a fait conduire dans cette maison, afin de contraindre votre père à donner son consentement à votre mariage.

La Grêlée resta un instant silencieuse, ayant l'air de réfléchir.

— Dites-moi, reprit-elle, ça vous ferait-il plaisir de voir votre institutrice ?

— Oh ! ce serait un grand bonheur pour moi !

— Eh bien, vous aurez ce bonheur, votre institutrice viendra vous voir. Je prends cela sur moi et je serai probablement grondée par le maître ; n'importe, je peux bien faire quelque chose pour vous, qui êtes si gentille, si mignonne ! C'est décidé, madame Durand viendra ici.

— Je ne sais comment vous remercier.

— Laissez donc, je n'ai pas besoin d'être remerciée ; je suis trop heureuse de pouvoir vous faire plaisir. Revenons à votre lettre : Pour que madame Durand ne refuse pas de venir, il faut que vous lui disiez que vous l'attendez avec impatience, que vous avez hâte de vous jeter dans ses bras et de l'embrasser ; il faut lui dire aussi qu'elle peut avoir une entière confiance dans la personne qui lui remettra votre lettre. Cette personne, je vous l'ai dit, c'est moi.

— Je vais écrire tout de suite.

— Savez-vous bien ce qu'il faut que vous écriviez ?

— Oui, oui, je vous ai écoutée avec beaucoup d'attention et j'ai compris.

— Du reste, vous êtes plus instruite que moi, vous saurez mieux dire les choses. Je vous laisse seule pour ne pas vous troubler dans vos réflexions ; mais vous attendrez que je revienne pour cacheter votre lettre, n'est-ce pas ? Je serai bien aise que vous me la lisiez.

— Oui, je vous la lirai, répondit Aurore, qui déjà s'était assise devant la table et avait pris la plume.

La Cocasse sortit de la chambre, ferma comme toujours la porte à clef et descendit dans une pièce du rez-de-chaussée où le vicomte de Sanzac l'attendait.

— Eh bien ? l'interrogea-t-il avec une sorte d'anxiété.

— La chose s'est passée comme vous l'aviez prévu, répondit-elle.

— Alors elle écrit ?

— Oui.

— Lui avez-vous bien dit ce qu'il fallait qu'elle écrivît ?

— Je le crois.
— C'est bien. Malgré cela il est bon que je voie la lettre.
— Vous la verrez.
— A quelle heure déjeune-t-elle?
— A onze heures.
— Il en est dix ; vous avez le temps de préparer le déjeuner. Aussitôt qu'elle aura écrit sa lettre, vous la servirez, puis vous mangerez lestement et vous partirez. Il faut que vous soyez chez madame Durand au plus tard à une heure et demie pour être de retour ici vers quatre heures.

Sur ces mots, le vicomte congédia la Grêlée.

— Jusqu'à présent, tout va bien, se dit-il, Lory de son côté, moi du mien, nous sommes prêts. Maître de la situation, je la dirige comme je veux, et je ne vois aucun obstacle sérieux se dresser devant moi. Je dois réussir, il le faut.

Soudain ses traits se contractèrent et un éclair fauve sillonna son regard.

— La lettre d'Aurore produira-t-elle l'effet que j'en attends? grommela-t-il; viendra-t-elle?

Il secoua la tête comme pour se débarrasser d'une pensée importune.

— Nous verrons bien, reprit-il, ayant l'air de jeter un regard de défi à un être invisible ou imaginaire.

Une demi-heure s'était écoulée. La Grêlée remonta près d'Aurore. La lettre était écrite. La jeune fille en fit la lecture, et la Cocasse approuva tout sans restriction, car Aurore ne s'était que trop bien inspirée de ses paroles.

— Ainsi, dit la jeune fille, vous ne trouvez rien à changer?
— Rien du tout, mademoiselle. C'est très gentiment écrit. Ah! on voit que vous aimez beaucoup votre institutrice... Vous lui dites de bien jolies choses. Comme ça doit la flatter que vous l'appeliez maman !
— Elle a été si bonne pour moi !
— Qui donc ne serait pas bon pour vous, mademoiselle?

Quand on vous a vue une fois, bon gré, mal gré, il faut qu'on vous aime. Avez-vous préparé votre enveloppe?

— La voici avec l'adresse de Mme Durand, rue Davy, n° 6, aux Batignolles.
— Bon, bon, je trouverai facilement.

Aurore se mit en devoir de plier sa lettre.

— Ne vous donnez pas cette peine, mademoiselle, dit la Grêlée, en prenant le papier des mains de la jeune fille, je la mettrai dans l'enveloppe et la cachèterai moi-même.

— Si vous voulez, fit Aurore.

La Grêlée s'était aussi emparée de l'enveloppe.

— Maintenant, dit-elle, comme je veux partir le plus tôt possible, je vais vous monter votre déjeuner : deux œufs à la coque et une côtelette.

Et elle descendit rapidement pour mettre entre les mains du vicomte la lettre d'Aurore.

— C'est parfait, se dit le vicomte après avoir lu ; je lui aurais dicté sa lettre qu'elle ne serait pas mieux réussie ; rien n'est oublié ; la Grêlée a mérité un bon point ; elle gagne à être connue ; décidément, c'est une fine mouche ! La petite appelle son institutrice « maman », c'est drôle tout de même. Ah ! ah ! ah ! il y a de ces mots qui viennent sur les lèvres, naturellement, sans qu'on sache pourquoi. Il faut croire qu'il y a dans le cœur des révélations. Maman, chère maman ! Oui, oui, cela ne fait point mal dans le tableau... Que sera-ce donc quand Aurore apprendra que son institutrice est sa mère ?

Le vicomte acheva de plier la lettre, la mit dans l'enveloppe et la cacheta après avoir passé sa langue sur la partie gommée.

— L'adresse de la Grêlée fera le reste, murmura-t-il.

Un instant après celle-ci reparut. Assez proprement mise, comme une paysanne des environs de Paris, elle avait, pour la circonstance, peigné ses cheveux et s'était coiffée d'un bonnet de linge, à fond brodé et agrémenté de deux nœuds de rubans pareils à des cocardes.

— Monsieur le vicomte, dit-elle, me voilà prête.

— Vous avez déjeuné ?

— J'ai eu vite fait, puisque, comme vous le voyez, j'ai encore eu le temps de m'habiller.

Le vicomte lui rendit la lettre d'Aurore, qu'elle glissa dans le corsage de sa robe.

— Vous savez ce que vous avez à faire, ce que vous devrez dire à l'institutrice ?

— Je n'oublierai aucune de vos recommandations, répondit-elle.

— Il faut, je vous le répète encore, il faut absolument que l'institutrice vienne ici. Si, pour la décider, la lettre n'est pas suffisante, je compte sur votre habileté ; il faudra bien jouer votre rôle.

— Monsieur le vicomte peut être tranquille, je ferai de mon mieux.

— J'ai tout lieu d'espérer que vous réussirez. A propos, je vous dois des félicitations.

— Pourquoi ?

— Pour la lettre que vous avez fait écrire à la petite.

— Monsieur le vicomte est satisfait ?

— Si je ne l'étais pas, je ne vous adresserais point de compliments. Maintenant, vous pouvez partir. Je n'ai pas autre chose à vous dire.

La Grêlée sortit. Dans l'enclos, à quelques pas de la maison, Colibri attendait depuis un instant, assis sur le siège de sa voiture. La Grêlée monta dans le véhicule. Le cheval sentit la mèche du fouet et partit. Debout devant la fenêtre ouverte, le vicomte vit le fiacre s'éloigner, sortir de l'enclos et disparaître bientôt à travers les arbres.

— Maintenant, attendons, murmura-t-il.

XV

LA LETTRE D'AURORE

Après avoir couru toute la matinée, à la recherche de renseignements que personne, hélas! ne pouvait lui donner, la comtesse de Lasserre était rentrée chez elle un peu avant une heure, brisée, exténuée de fatigue et profondément découragée. Elle avait eu, cependant, la force de préparer son modeste repas. Elle s'était mise à table et avait mangé un peu, sans appétit, bien qu'elle n'eût rien pris le matin. A chaque instant ses larmes, ses sanglots la suffoquaient. Depuis la disparition de sa fille, la pauvre mère ne faisait plus que pleurer et gémir. Si elle avait le courage de prendre chaque jour un peu de nourriture, c'est qu'elle sentait la nécessité de conserver ses forces, qui menaçaient de l'abandonner.

Elle était encore à table, la tête appuyée dans ses mains et pleurant à chaudes larmes, lorsque trois coups légers, frappés à sa porte, la firent tressaillir. Elle se dressa sur ses jambes.

— Je ne me suis pas trompée, se dit-elle; c'est bien ici qu'on a frappé.

Elle tendit l'oreille et entendit sur le palier, à sa porte, comme un piétinement.

Vivement, à plusieurs reprises, elle passa une serviette sur son visage, afin de faire disparaître la trace de ses larmes, puis elle alla ouvrir.

La Grêlée entra en faisant une révérence.

A la vue de cette vieille femme, affreusement laide, qui lui était inconnue, la comtesse s'était rejetée en arrière comme effrayée.

— Qui demandez-vous, madame? dit-elle.

— Madame Durand; est-ce vous qui êtes madame Durand?

— Oui, c'est moi; qu'avez-vous à me dire?

— Eh ben, voilà, je suis de la campagne, pas ben loin de Paris, et je vous apporte une lettre, répondit la Grêlée, faisant deux pas en avant.

— Une lettre?

— Oui, pardine! et la preuve c'est que la voilà, dit la messagère en sortant la missive de sa cachette.

— Et c'est à moi qu'on vous a dit de la remettre?

— A Mme Durand, rue Davy, n° 6, aux Batignolles.

— Qui vous l'a remise?

— Une jeune et belle demoiselle.

La comtesse pensa aussitôt à sa fille et elle éprouva un vif saisissement.

— Donnez, donnez vite, dit-elle d'une voix vibrante d'émotion.

— Vous êtes bien madame Durand, n'est-ce pas?

— Je vous l'ai dit.

— C'est que, voyez-vous, la demoiselle m'a ben recommandé de ne donner sa lettre qu'à la dame.

— Je vous le répète, je suis madame Durand.

— En ce cas, v'là la lettre.

La comtesse la prit d'une main tremblante. Ses yeux dévorèrent la suscription, dont elle n'eut pas de peine à reconnaître l'écriture. C'était bien la main d'Aurore, la main de sa fille adorée, qui avait tracé ces lignes. Un cri de joie s'échappa de sa poitrine. Elle referma la porte et montrant un siège à la Grêlée :

— Asseyez-vous, madame, lui dit-elle.

Alors, toute frémissante, elle déchira l'enveloppe et déplia la lettre. Mais ses yeux s'étaient voilés de larmes ; elle dut les essuyer et s'approcher de la fenêtre pour pouvoir lire. Elle tournait ainsi le dos à la Grêlée qui, s'étant assise, avait l'air d'occuper son regard à faire l'inventaire du modeste mobilier.

La comtesse porta la lettre à ses lèvres, puis en commença la lecture. Dès les premières lignes elle eut un redoublement d'émotion et elle fut obligée de faire de violents efforts pour arriver à la fin sans éclater en sanglots.

Ne se contentant pas d'une première lecture, elle lut la lettre une seconde fois. Ah ! c'était bien sa fille et non pas son élève qui lui parlait dans cette lettre, en ouvrant son cœur tout entier. Oui, c'était l'enfant à qui elle avait donné la vie, d'abord, et plus tard l'intelligence ; l'enfant dont elle avait créé l'esprit et formé le cœur avec l'essence du sien, qui l'appelait et lui tendait ses bras. Que d'affection, que de tendresse dans ces deux pages d'écriture ! C'était comme un cri échappé de l'âme d'Aurore, un chant d'amour filial !

La comtesse porta de nouveau la lettre à ses lèvres et la baisa avec transport. Puis, redevenant subitement maîtresse d'elle-même, elle se tourna vers la messagère.

— Savez-vous ce que contient cette lettre ? lui demanda-t-elle.

— Ma fine, non, mais je m'en doute ben... un peu, d'après ce que m'a dit la demoiselle.

— Vous lui avez parlé ? s'écria la comtesse.

— Oh ! pour ça, oui, je lui ai parlé.

— Que vous a-t-elle dit ?

— Dame ! moi, je ne me rappelle plus ben : que vous avez été son institutrice, que vous êtes sa seconde mère, qu'elle vous aime de tout son bon petit cœur ; enfin, quoi, des tas de choses que je n'ai plus dans la mémoire.

— Où est-elle ?

— Oh ! pas bien loin de Paris.

— Oui, vous m'avez dit déjà qu'elle n'était pas loin de Paris ; mais où ? Comment se nomme l'endroit ?

— Ma fine, pour de vrai je ne sais pas comment on appelle l'endroit ; c'est une maison au milieu du bois.

L'agent choisi par Gabiron était un ancien inspecteur de la police de sûreté.

— Quel bois?

— Je ne peux pas vous dire; par là on appelle ça le bois et v'là tout.

— Comment avez-vous pu voir la jeune fille? Comment a-t-elle pu vous charger de m'apporter cette lettre?

— Ça, madame Durand, c'était pas difficile, vu que je suis dans la même maison.

— Vous demeurez dans la maison où est la jeune fille?

— Ma fine, oui, avec mon homme.

— Vous y êtes domestiques?

— Nous sommes les gardiens de la maison; c'est à peu près la même chose que domestiques.

— Je commence à comprendre, pensa la comtesse.

Elle reprit à haute voix :

— Comment se nomme votre maître?

— Ni mon homme, ni moi ne savons son nom, vu que nous ne l'avons jamais seulement aperçu ; il voyage en pays étranger.

— Vous êtes donc seuls, dans la maison?

— Pas tout seuls, maintenant, puisqu'il y a la demoiselle.

— C'est juste. Voyons, vous devez savoir comment elle vous a été amenée, par qui et pourquoi?

— Moi, ma bonne dame, je ne peux trop rien vous dire, c'est mon homme qui en sait plus long que moi là-dessus.

— Soit, mais dites-moi toujours ce que que vous savez.

— Comme la demoiselle ne m'a pas défendu de vous causer, je vas tout de même vous raconter la chose : Alors donc, il y a de ça une huitaine, mon homme me dit tout d'un coup : « — Fifine, d'ici à bientôt, peut-être après-demain, peut-être demain, nous allons recevoir ici une jeunesse. — Une jeunesse que je fis, et pourquoi faire? — Ça, qu'il me répondit, ça ne te regarde point. » Comme vous devez le penser, ma bonne dame, j'ouvrais des yeux grands comme un portail d'église.

« — Cette jeunesse est une demoiselle, une vraie, que m'dit mon homme; il faudra être gentille pour elle, ne point la tarabuster et avoir soin d'elle comme si c'était ta propre fille. » Pour lors, je me mis à faire des questions à mon homme; mais il me coupa la langue en me disant : « — T'es une bavarde, t'as pas besoin de savoir pourquoi ci, pourquoi ça ; faut jamais fourrer son nez trop avant dans les micmacs des gens riches. Prépare-toi à recevoir la demoiselle, v'là tout ce que t'as à faire. » Et v'là, plus moyen de lui tirer une parole. Pourtant, j'aurais ben voulu en savoir davantage. Pardine, voyez-vous, je suis curieuse comme toutes les femmes.

Passons là-dessus. Trois jours après, le soir, à la nuit noire, une belle voiture toute luisante, attelée d'un cheval magnifique, s'arrêta tout à coup devant la porte de la maison; c'était la demoiselle qui arrivait, amenée par deux hommes, un cocher de grande maison et un autre domestique.

— Elle était effrayée, elle pleurait?

— Point du tout : elle avait l'air gai comme un pinson.

— Oh! fit la comtesse.

La Grêlée resta interloquée, se demandant si elle n'avait pas dit quelque sottise pouvant compromettre le succès de sa mission.

— Continuez, je vous prie, lui dit la comtesse.

— Tout en voyant la demoiselle, je me sentis tout je ne sais comment; j'étais éblouie, extasiée, tellement elle est belle. Oh! c'est pas pour dire, mais vrai de vrai, elle est jolie à croquer... « Venez, mam'zelle, venez, que je lui dis, venez. » Et je la conduisis dans son appartement.

— Depuis, quelqu'un est-il venu la voir?

— Personne, ma bonne dame; aussi la chère belle commence à s'ennuyer un brin. Pas besoin de vous dire que tout de suite je la pris en amitié. Elle est si charmante, si gentille, si douce, si aimante! Un vrai petit agneau, quoi! C'est moi qui lui prépare et qui lui sers son déjeuner et son dîner; mon homme ne s'occupe pas plus d'elle que si elle n'était pas là. Quand je n'ai rien autre chose à faire, pour qu'elle ne s'ennuie pas, je lui tiens compagnie, et nous faisons des petites causettes. C'est comme ça que j'ai pu savoir un peu de quoi il retourne.

— Ah! fit la comtesse, de plus en plus attentive.

— Je vas vous dire ça : Il paraît que la demoiselle a un amoureux; ce bon jeune homme voudrait bien l'épouser; mais v'là le nœud à la corde : le papa de la demoiselle n'entend pas de cette oreille-là. Naturellement, ça n'est agréable ni à l'amoureux, ni à la demoiselle. C'est bon, que s'est dit l'amoureux, je vas m'y prendre d'une autre manière. Pour lors, il enlève la demoiselle et il la met dans une cachette où elle doit rester jusqu'à tant que, finalement, le papa consentira à les marier. V'là, ma bonne dame, tout ce que je sais de l'histoire...

La comtesse ne savait plus que penser; car ce que la Grêlée venait de lui dire, avec un grand accent de vérité, tout en étant incompréhensible pour elle, lui paraissait cependant vraisemblable. Si elle avait eu le temps de réfléchir, d'examiner, de se livrer à un travail d'analyse, peut-être aurait-elle reconnu la fausseté des paroles de l'astucieuse femme qui, on peut le dire, jouait admirablement son rôle de paysanne niaise. Alors, mise en défiance, elle aurait deviné le piège qu'on lui tendait. Mais fortement émue, ayant l'esprit troublé, elle était incapable de se rendre compte exactement des choses. D'un autre côté, la lettre d'Aurore, écrite sous une inspiration perfide, lui confirmait les paroles de la messagère. Et puis, pouvait-elle supposer que cette femme, envoyée par sa fille, eût un intérêt quelconque à lui mentir, à la tromper?

Une seule chose occupait sa pensée : sa fille ne courait aucun danger, elle l'appelait, elle allait se rendre près d'elle; alors, par n'importe quel moyen, elle la ferait sortir de cette maison où son ravisseur la cachait, pour la ramener immédiatement dans les bras du comte de Lasserre.

Quelle immense satisfaction pour elle! Comme elle serait heureuse et fière de pouvoir dire à son mari : « Monsieur le comte, on vous avait pris votre fille, je l'ai retrouvée, je vous la rends! » N'était-ce pas Dieu, qui lui avait pardonné, lui; n'était-ce pas Dieu qui voulait cela encore comme preuve manifeste de sa rédemption?

Il y avait eu un assez long silence. La Grêlée le rompit, en disant :

— Ma bonne dame, je vais m'en aller ; si vous avez quelque chose à répondre à la demoiselle, faudrait vous dépêcher de l'écrire.

La comtesse enveloppa la vieille d'un regard plein d'anxiété et répondit d'une voix hésitante :

— Ne m'aviez-vous pas dit que vous connaissiez à peu près le contenu de la lettre?

— Oui, à peu près.

— Mon élève a dû vous dire qu'elle désirait me voir.

— C'est vrai, la demoiselle m'a dit ça.

— Et vous lui avez répondu que cela était possible.

— Ma fine, oui. Tenez, je vas vous dire comment ça s'est fait et pourquoi j'ai dit ça à la demoiselle : Hier, toute la journée, par plus de vingt fois, elle m'a raconté qu'elle voudrait bien écrire une petite lettre à son amie, sa seconde mère, à vous, quoi. Elle me disait ça si gentiment, d'une voix si câline, que j'en avais la larme à l'œil. Mais, à cause de mon homme, je n'osais rien lui promettre.

Mais v'là t'y pas qu'à ce matin mon homme s'en va pour revenir seulement dans la soirée de demain. Bon, que je m'dis, et de suite je pense à la demoiselle et au plaisir que je vas lui faire. Pour lors, je monte dans sa chambre de l'encre, du papier et une plume. J'ai pas besoin de vous dire si elle était heureuse ; elle sautait de joie comme une petite folle. Bon, v'là qu'elle se met à écrire ; puis, tout d'un coup, v'là qu'elle me dit : « Je voudrais ben que ma bonne amie, Mme Durand, vienne me voir. » Donc, ça m'a fait gratter l'oreille. Mais elle se met à me dire des choses, des choses si gentilles, que je m'laisse enjôler, quoi. Eh ben, oui, que j'lui dis, la dame viendra vous voir. Là-dessus elle m'a dit que j'étais une bonne femme et elle s'est mise à finir sa lettre.

Il était ben onze heures quand je m'suis mise en route avec le chemin de fer. Bon, ça va bien. Mais v'là qu'arrivée à Paris, je m'trouve ben embarrassée, vu que je n'sais pas tant seulement où qu'est la rue Davy des Batignolles. Ma fine, je n'fais ni une ni deux, je m'en vas droit à un cocher qu'avait l'air de flâner. J'lui dis d'où que je viens et où que je vas.

« — Tiens, qu'il fait, vous venez de par là? Si c'est ça, vu qu'il faut que j'y aille tantôt, si vous ne restez pas trop longtemps à Paris, je vous ramènerai dans ma voiture, et je ne vous prendrai pas plus cher que le chemin de fer. » Et v'là. Cet honnête cocher m'a amenée ici et il m'attend en bas.

La comtesse avait à peine entendu ces dernières phrases, elle n'y attacha d'ailleurs aucune importance. Il est probable que, dans un autre moment, elle aurait trouvé cette aventure de cocher fort singulière. Mais elle était comme aveuglée ; rien ne pouvait l'avertir qu'elle donnait dans un piège.

— Ainsi, dit-elle, votre mari est absent!

— Pour jusqu'à demain.

— Alors vous pouvez tenir la promesse que vous avez faite à mon élève. Elle me dit qu'elle m'attend et qu'elle espère me voir arriver avec vous.
— Ah! la demoiselle vous dit ça?
— Oui.
— C'est vrai que je lui ai promis.
— Je vous le demande à mon tour.
— Eh ben, soit, venez.
Les yeux de la comtesse rayonnèrent.
— Combien faut-il de temps pour aller là? demanda-t-elle, en jetant les yeux sur la pendule.
— Oh! pas longtemps : deux petites heures, que ce soit avec le chemin de fer ou avec une voiture.
— Je vous laisse seule un instant, reprit la comtesse, le temps de mettre un chapeau et mon paletot.
Et elle s'élança dans sa chambre. Elle reparut au bout de trois minutes.
— Je suis prête, dit-elle.
La Grêlée était debout.
— Ça n'a pas été long, fit-elle; à la bonne heure, v'là c'qui s'appelle se diligenter.
Elles sortirent aussitôt, descendirent rapidement l'escalier et montèrent dans le coupé de Colibri.
— Elle a réussi tout de même, la vieille, se dit celui-ci : décidément ça marche comme sur des roulettes.
Il piqua le flanc de son cheval d'un coup de fouet et l'animal partit comme un trait.
Debout sur le trottoir, ses mains jointes appuyées sur le manche de son balai, la concierge suivit la voiture des yeux jusqu'à l'angle de la rue, où elle disparut. Alors, hochant la tête :
— Cette pauvre Mme Durand est bien changée, murmura-t-elle : depuis quelques jours je la trouve toute drôle. Pour sûr, c'est un grand malheur qui lui est arrivé. Pauvre petite femme, si bonne, si honnête! Il y a vraiment des gens qui n'ont pas de chance.
Il était un peu plus de quatre heures quand la voiture de Colibri entra dans le clos d'Iris.
Depuis une demi-heure le vicomte attendait, frémissant d'impatience, en proie à une anxiété terrible, arpentant d'un pas fiévreux le parquet de la chambre où il s'était installé. A chaque instant il s'approchait de la fenêtre et écoutait, plongeant son regard devant lui aussi loin qu'il pouvait aller.
Quand, enfin, il entendit le bruit de la voiture qui arrivait et qu'il la vit passer à travers les ramures du taillis, il ne put s'empêcher de tressaillir. La Grêlée avait-elle ou n'avait-elle pas réussi? Le coupé venait de pénétrer dans l'enclos, il

allait le savoir. L'oreille tendue, il écouta. Soudain, un coup de fouet résonna, puis un deuxième, puis un troisième. C'était un signal convenu. Le vicomte, délivré de son angoisse, se redressa, une flamme dans le regard. Un sourire satanique courut sur ses lèvres. Les trois coups de fouet venaient de lui annoncer que la Cocasse amenait la comtesse de Lasserre. Il triomphait!

La voiture s'arrêta devant le perron. La Grêlée et la comtesse mirent pied à terre. Cette dernière jeta autour d'elle et sur la façade de l'habitation un regard rapide. L'aspect du lieu, son isolement, le silence lugubre qui l'entourait la firent frissonner et elle sentit en elle quelque chose qui ressemblait à de la terreur.

Mais la Grêlée ne la laissa pas longtemps sous le coup de son impression.

— Venez, ma bonne dame, suivez-moi, lui dit-elle d'une voix pateline, continuant pour un instant encore à jouer son misérable rôle.

— Oui, je vous suis, répondit la comtesse.

Elles entrèrent dans la maison, montèrent au premier étage, et, ouvrant une porte, la Grêlée introduisit la mère d'Aurore dans une vaste salle carrée, meublée d'un canapé, de quatre fauteuils, de chaises du même style et d'un guéridon au milieu. C'était le salon, l'unique pièce de l'ancien rendez-vous de chasse éclairée par deux fenêtres.

— Donc, dit la Grêlée, v'là des sièges pour vous asseoir; faut que vous attendiez un petit moment, j'vas chercher la demoiselle.

— Allez, répondit la comtesse.

La Cocasse se retira. La jeune femme, préoccupée, n'entendit pas la clef de la porte tourner deux fois dans la serrure.

Quelques minutes s'écoulèrent. La comtesse était restée debout. Soudain, un bruit léger, qui se fit à une porte latérale, attira son attention.

— C'est Aurore, c'est ma fille, pensa-t-elle.

Son cœur se mit à battre violemment. Les yeux étincelants de joie, elle ouvrit ses bras prêts à étreindre son enfant.

La porte s'ouvrit et le vicomte de Sanzac se montra sur le seuil.

Aussitôt la comtesse bondit en arrière, en poussant un grand cri d'épouvante.

XVI

GABIRON CHERCHE

Que faisait donc Gabiron pendant que le vicomte de Sanzac poursuivait sans encombre le but qu'il voulait atteindre?

Gabiron ne faisait rien ou plutôt il s'épuisait en vains efforts sans pouvoir rien découvrir. Il s'en prenait à sa mauvaise chance, et, sans être encore complètement découragé, il y avait des instants où il commençait à douter réellement de lui-même. Il avait cherché, interrogé, poussé aussi loin que possible ses investigations ; il avait employé toutes les ressources de son imagination, mettant son esprit à la torture pour deviner, et rien, rien ! Il n'avait pu saisir le moindre indice. Certes, il y avait de quoi être dépité. Jamais, dans sa longue carrière de chercheur émérite, pareille chose n'était arrivée à Gabiron. Aussi était-il d'une humeur massacrante. Quand, chaque jour, il rendait compte à M. de Lasserre de ses infructueuses recherches, s'il ne s'était pas retenu, il aurait pleuré de douleur et de rage.

— Mais je ne suis donc plus qu'un imbécile, s'écriait-il en tordant avec fureur sa longue moustache grise, une vieille bête, bonne à réformer !

Il avait, en effet, dans cette circonstance, manqué d'habileté et de prévoyance.

A peu près convaincu que le vicomte de Sanzac n'était pas étranger à l'enlèvement d'Aurore, il aurait dû prendre immédiatement ses dispositions pour le surveiller ou le faire surveiller par un autre agent, afin que rien ne lui échappât de ce qu'il pourrait faire. Malheureusement pour Gabiron, ce n'est que le deuxième jour, quand il eut bien compris que, seul, il ne pouvait arriver à rien, qu'il se décida à s'adjoindre un autre agent de la maison Serpin.

Cet agent, qu'il avait choisi lui-même parmi les plus retors, était un ancien inspecteur de la police de sûreté, mis à la retraite pour cause de vieillesse, bien qu'il eût encore la force, l'activité, l'ardeur et surtout le flair des plus fins policiers. Il se nommait Noirot. Il avait été pendant trente ans la terreur des malfaiteurs qui, de tout temps, infestent Paris. Particulièrement attaché au cabinet du chef de la sûreté, il avait rendu de très grands services et on ne saurait dire le nombre des scélérats qui, grâce à lui, avaient été empoignés, mis sous les verrous, jugés en cour d'assises et envoyés aux galères ou à la guillotine.

Gabiron le connaissait depuis longtemps ; ils étaient amis. C'est Gabiron, lorsqu'il fut mis à la retraite, qui lui proposa d'entrer dans la maison Serpin pour occuper ses loisirs. Gabiron savait que Noirot était un homme sûr, d'une valeu^r réelle, l'homme enfin qu'il lui fallait pour l'aider à remplir la mission de confiance dont l'avait chargé le comte de Lasserre.

Quand, après avoir donné à son collègue ses instructions au sujet du marquis de Verveine, Gabiron se présenta hardiment chez le vicomte de Sanzac, sous le prétexte de réclamer une somme minime qu'il devait ou ne devait pas à l'agence Serpin, le vicomte avait quitté la rue de Grammont depuis deux heures.

Gabiron comprit alors combien il avait été maladroit.

C'était une faute lourde, impardonnable, qu'il avait commise. Il était désespéré, pour un rien il se serait battu ; mais il ne se ménagea point les invectives ; il avait été mis en défaut, il s'était laissé *rouler*, lui, Gabiron, quelle honte ! Il se condamna lui-même et se traita avec une dureté excessive.

Que faire, maintenant ? Comme le marquis de Verveine, le vicomte était parti mystérieusement, sans rien dire à personne, sans même laisser soupçonner de quel côté il se dirigeait. Sans nul doute, il allait retrouver le marquis. Où? Probablement à l'étranger, pensait Gabiron. Mais dans quel pays? Il y a, en Europe, l'Espagne, l'Angleterre, la Belgique, l'Allemagne et beaucoup d'autres États. Vouloir les chercher à travers le monde sans avoir une trace à suivre, n'était-ce pas insensé? Autant vaudrait avoir la prétention de ramener une épingle tombée au fond de la mer... Et pourtant il fallait chercher, il fallait, coûte que coûte, trouver le moyen de découvrir la piste des fugitifs; car, plutôt que de s'avouer vaincu et de reculer devant un obstacle, Gabiron aurait préféré se précipiter dans la Seine du haut d'un pont. Toutefois, après avoir longuement examiné la situation, le malheureux se sentit écrasé en face de son impuissance.

Il consulta l'ancien inspecteur de police, qui lui répondit :

— Il y a lieu, en effet, de supposer que le marquis a conduit la jeune fille hors de France et que le vicomte est allé rejoindre son ami. Nous ne devons pas être surpris qu'ils aient pris leurs précautions pour ne pas être découverts; mais ils ne peuvent rester longtemps sans donner signe de vie. Ils écriront. Je suis même convaincu que l'un ou l'autre reviendra à Paris d'ici peu ! Continuons à faire bonne garde, à surveiller les faits et gestes des domestiques; c'est par eux que nous apprendrons quelque chose. Dans le métier que nous faisons, — nul ne le sait mieux que moi, — il faut avoir de la patience et savoir attendre.

— Oui, répliqua tristement Gabiron ; mais le temps passe et les parents de la jeune fille restent dans la désolation.

— Je comprends cela, et j'en suis affligé comme vous ; malheureusement, il faut s'incliner devant l'impossible.

Gabiron avait cru devoir informer M. de Lasserre que le vicomte de Sanzac, ami intime du marquis de Verveine, avait quitté brusquement son domicile et probablement Paris, sans que personne pût dire où il était allé. Ensuite, sans essayer de s'excuser, reconnaissant au contraire tous ses torts, il ne lui avait point caché qu'il soupçonnait le vicomte d'être non pas seulement le complice du marquis, mais de l'avoir conseillé, c'est-à-dire d'avoir été l'instigateur de l'enlèvement.

Le comte fut frappé d'une lumière subite. Il n'y avait pas à en douter, Gabiron avait raison. Comment n'avait-il pas deviné cela immédiatement? Pourtant il savait que le marquis connaissait le vicomte, qu'ils se voyaient souvent.

Ainsi, cet homme, que par un sentiment de pitié il avait épargné autrefois, cet homme, ce misérable, devenu son ennemi, continuait à le poursuivre de sa haine. Et c'était toujours dans ce qu'il avait de plus cher au monde : son honneur, son affection qu'il le frappait. Quelle effroyable soif de vengeance avait-il donc, cet homme? Quoi, ce n'était pas assez de lui avoir pris sa femme pour la flétrir, la déshonorer, il fallait encore qu'il lui prît sa fille ! Et pour faire mieux sentir au pauvre père le coup terrible qu'il lui portait, pour déchirer plus cruellement son cœur, il avait attendu, l'infâme, que l'enfant eût grandi !... Comment le Dieu

— Oui, continua la concierge, je suis étonnée, parce que tout ça n'est pas clair du tout

tout-puissant, le Dieu de justice laissait-il s'accomplir de pareilles atrocités ? Pourquoi, lui, le protecteur des faibles et le vengeur des innocents, ne s'armait-il pas de toutes ses foudres, pour écraser ce misérable, ce lâche ?

Oubliant un instant sa fille, dans un transport de rage impuissante, le comte de Lasserre se demandait quel épouvantable châtiment pourrait être infligé un jour au vicomte de Sanzac.

Cependant, Gabiron ne lui ayant point caché en présence de quelles difficultés lui et son compagnon se trouvaient, il résolut, ne voulant pas rester inactif, d'agir aussi de son côté.

Aussitôt il pensa à la marraine d'Aurore, la marquise de Montperrey. Parmi les jeunes gens qu'elle recevait chez elle, plusieurs sans doute connaissaient le marquis de Verveine, trois ou quatre au moins devaient être ses amis. Par eux on pourrait peut-être apprendre quelque chose.

Le comte était de ceux qui ne remettent jamais au lendemain ce qu'ils peuvent faire le jour même. Dès que Gabiron l'eut quitté, et bien qu'il fût déjà tard, il s'habilla et se rendit chez la marquise.

Madame de Montperrey, qui avait fait plusieurs visites dans l'après-midi, venait de rentrer et se trouvait seule pour le moment. Tout en voyant entrer son vieil ami, elle devina à son air lugubre et à la pâleur de son visage que quelque chose de grave lui était arrivé.

Sans préambule, brusquement, le comte apprit à la marquise l'enlèvement d'Aurore, comment et dans quelles circonstances le rapt avait eu lieu, et il termina son rapide récit en disant que le marquis de Verveine, ayant pour complice le vicomte de Sanzac, était l'auteur de cette infamie.

La vieille marquise, terrifiée, devenue blanche comme neige, s'était affaissée dans son fauteuil, les yeux démesurément ouverts, fixés sur le pauvre père, qui avait peine à étouffer ses sanglots. Ce n'est qu'au bout de quelques minutes qu'elle parvint à se remettre de son douloureux saisissement.

— Mon Dieu, gémit-elle en levant vers le ciel ses mains tremblantes, quelle chose épouvantable !

Ses yeux se remplirent de larmes, elle poussa un long soupir et se redressa lentement.

— J'ai été frappée là, au cœur, murmura-t-elle, comme si j'eusse reçu un coup de poignard. Ah ! ah ! ma pauvre Lucie !

Elle passa sa main sur son front, essuya ses yeux, et, après un moment de silence :

— Êtes-vous sûr, comte, que ce soit le marquis de Verveine? demanda-t-elle.

M. de Lasserre répondit à cette question en apprenant à la marquise que le jeune homme avait quitté Paris le jour de l'enlèvement, à peu près à la même heure, et que depuis il n'avait pas reparu. Ensuite il énuméra toutes les autres raisons qu'il avait d'accuser le marquis.

— Oui, dit tristement la vieille dame, tout cela est juste et il faut bien se rendre à l'évidence. Mais vous avez également raison de croire que cet odieux vicomte de Sanzac est son complice. Adrien a été conseillé, bien misérablement conseillé, hélas ! par cet affreux vicomte. Je connais M. de Verveine, comte ; il est léger, étourdi, il l'a prouvé par les sottises qu'il a faites, mais au fond il est honnête, il a du cœur, et il sait ce qu'il doit au nom qu'il porte et à lui-même. Le vicomte l'a poussé, peut-être l'a-t-il fait agir malgré lui. Seul, jamais la pensée d'une chose pareille ne lui serait venue, assurément. Ah ! je ne le défends pas, il ne le mérite point. C'est un indigne, un misérable, pour dire comme vous, comte, car ce qu'il a fait est abominable, horrible ! Oh ! le malheureux, l'insensé, le fou !... Après ce que je lui ai dit ! Mais, mon cher comte, il y a autre chose à faire qu'à se lamenter et à lancer des imprécations ; il faut vite savoir où le marquis est allé, où il a conduit Lucie.

— Oui, dit le comte d'une voix sourde, il faut savoir cela. Jusqu'à présent, mes recherches et celles que je fais faire par deux agents, aussi actifs qu'intelligents ont été inutiles. Le marquis et le vicomte sont partis en prenant leurs précautions ; leurs domestiques mêmes ignorent de quel côté ils se sont dirigés. Comment découvrir leurs traces ? Nous cherchons : mais les jours passent, et pendant que je gémis, maudissant plus encore qu'autrefois ma fatale destinée, ma fille est à la merci de ces deux hommes… Ah ! je frémis et tout mon sang se glace dans mes veines en pensant à l'horrible et irréparable malheur qui peut m'arriver.

— Je comprends votre angoisse, mon ami ; mais il faut chasser cette affreuse pensée ; je vous le répète, le marquis n'est pas un misérable.

— Je veux bien vous croire, mais le vicomte de Sanzac est près de lui, et, vous le savez comme moi, cet homme est capable de tout.

La tête de la marquise s'inclina sur sa poitrine. Elle sentait que les craintes du malheureux père n'étaient pas exagérées.

— Madame la marquise, reprit le comte après un court silence, vous voyez dans quelle situation je me trouve ; je dois vous dire, maintenant, que je suis venu vers vous pour réclamer votre aide.

— Comte, répondit-elle vivement, votre malheur est aussi le mien, il s'agit de votre fille, de ma chère filleule… Puis-je quelque chose ? Parlez, mon ami, je suis prête à faire ce que vous voudrez.

— Le marquis de Verveine n'est pas sans avoir des amis ; vous devez connaître quelques-uns des jeunes gens avec lesquels il est intimement lié.

— Certainement.

— Eh bien, j'ai pensé que, peut-être, vous pourriez savoir par un de ces jeunes gens où se trouve actuellement le marquis.

— Oui, oui, je comprends, je vois ce que vous désirez. Je reçois chez moi plusieurs jeunes gens qui connaissent M. de Verveine, deux, entre autres, qui sont ses amis intimes. La marquise de Verveine appelait autrefois son fils et ses deux amis les trois inséparables. L'un de ces jeunes gens est le fils aîné du comte de Charmeille, que vous avez rencontré ici plusieurs fois avant et après votre mariage.

— Je me souviens, dit le comte.

— L'autre se nomme Gaston de Limans. Ce dernier est l'ami d'enfance du marquis, et on peut dire qu'ils s'aiment comme deux frères. Je vais écrire immédiatement à Gaston, ainsi qu'au jeune de Charmeille ; un de mes domestiques portera mes lettres, et dès ce soir, ou demain matin de bonne heure, ils se rendront à mon **appel**. Assurément, le marquis s'est bien gardé de leur parler de son odieux projet ; mais, s'ils savent où il est allé, ils ne refuseront point de me le dire. D'une manière ou d'une autre, comte, vous recevrez une lettre de moi. C'est bien cela que vous voulez, n'est-ce pas ?

— Oui.

— J'espère comme vous que, par Gaston ou de Charmeille, nous serons renseignés.

M. de Lasserre remercia la bonne marquise et se retira.

Sans perdre une minute, madame de Montperrey écrivit les deux lettres et les fit porter aussitôt par un de ses valets de pied.

Le lendemain matin, à la première distribution, le comte de Lasserre reçut de la marquise la lettre suivante :

« Mon cher comte,

« Je suis désolée. Je vous écris avant de me mettre au lit ; je vais passer une
« nuit affreuse et je me lèverai demain avec ma vilaine migraine. Je n'ai, hélas !
« rien à vous apprendre de ce que vous êtes si impatient de savoir. Le fils du
« comte de Charmeille n'est pas à Paris et M. Gaston de Limans est également
« absent. Tous deux sont partis ensemble, paraît-il, sans dire où ils allaient.
« Sans être positivement inquiets, les parents des coureurs sont fort mécontents
« de cette fugue. M. de Charmeille suppose que son fils est allé voir une vieille
« tante qu'il a dans les environs de Maubeuge et qu'il a emmené avec lui son
« ami Gaston.

« Ce qui est surprenant, — il n'y a là évidemment qu'une coïncidence sin-
« gulière, — c'est que les deux amis sont partis le soir même du jour où le
« marquis de Verveine enlevait notre pauvre Lucie.

« Ah ! cela est désespérant. Que faire, que faire ? Vous pouvez toujours
« compter sur mon concours, que je vous ai promis ; tout ce que je pourrai faire,
« je le ferai. Si demain je peux me tenir sur mes jambes, je me mettrai de
« mon côté en quête de renseignements.

« Je vous plains de toute mon âme, mon pauvre ami ; je sens votre grande
« douleur par ce que je souffre moi-même.

« Je termine ma lettre, comme je l'ai commencée, en vous disant : Je suis
« désolée. Et je pleure en signant.

« Marquise DE MONTPERREY. »

Le comte de Lasserre n'avait eu qu'un instant d'espoir ; cette lettre de sa vieille amie, qu'il avait attendue si impatiemment, cette lettre lui apportait une nouvelle déception. Il la jeta sur son bureau avec un mouvement de fureur, poussa un long gémissement et, laissant tomber sa tête dans ses mains, il s'enfonça dans ses douloureuses et sombres pensées.

Dès le premier jour, Gabiron avait eu cette idée que l'institutrice d'Aurore, si brusquement congédiée, pouvait bien avoir participé à l'enlèvement de la jeune fille.

La même pensée lui revint. La façon dont les ravisseurs avaient mis leur plan à exécution dans la rue même où demeurait l'institutrice, à la suite d'une visite qu'Aurore venait de lui faire, semblait donner raison à son soupçon.

— Parbleu, se dit-il, il faut que j'en aie le cœur net. La situation dans laquelle je me trouve me donne le droit de tout supposer. Je cherche, je dois chercher partout et ne rien négliger de ce qui peut jeter une clarté quelconque dans cette affaire, qui devient de plus en plus obscure. Assurément, rien ne me prouve que cette madame Durand est une complice ; mais il faut que je la voie, que je cause avec elle... Qu'elle ait trempé ou non dans l'affaire, je trouverai là, peut-être, quelques précieux renseignements.

Et Gabiron, vers dix heures du matin, se rendit rue Davy.

— Est-ce bien ici que demeure une institutrice nommée madame Durand? demanda-t-il à la concierge.

— Oui, c'est ici.

— Je désire la voir, j'ai une commission à lui faire.

— Pas possible, fit la concierge en secouant la tête.

— Je comprends, elle est sortie ; mais elle rentrera probablement bientôt?

— Ça, monsieur, je ne le sais pas plus que vous.

— Alors, vous ne me conseillez pas de l'attendre?

— Revenez tantôt ou ce soir, si vous voulez.

— A quelle heure rentre-t-elle d'habitude?

— Quand madame Durand sort, elle rentre toujours à l'heure du déjeuner et du dîner, car elle mange chez elle.

— S'il en est ainsi, elle ne tardera pas à revenir.

— Dame! je ne sais pas. Madame Durand est une excellente locataire, très bonne, très serviable, aimable au possible, pas fière du tout, et honnête et rangée que ce n'est rien de le dire. Mais voilà, depuis quelques jours, il y a je ne sais quoi qui la tracasse, et elle n'est plus du tout la même qu'avant. Pour sûr, elle a quelque chose : c'est comme si elle avait peur de je ne sais pas quoi.

— Ah! fit Gabiron.

— Tenez, je pensais à elle quand vous êtes entré. Il faut vous dire, monsieur, que je suis étonnée, oh! mais étonnée vraiment. Madame Durand n'a pas couché chez elle la nuit dernière, et jamais, jamais, ça ne lui est arrivé, quand elle est sans place comme maintenant.

— Ah! fit encore Gabiron, qui ne put s'empêcher de tressaillir.

— Oui, continua la concierge, je suis étonnée et même inquiète, parce que, voyez-vous, tout ça n'est pas clair du tout. Hier, il n'était pas encore deux heures après midi, une femme, qui m'a paru être de la campagne, une vieille femme toute grêlée, qui est laide à faire peur, descendit d'un fiacre devant ma porte. Elle entra dans la loge, me demanda Mme Durand et monta l'escalier après que je lui eus dit : « C'est au troisième, la porte à droite. » Je ne sais pas ce que la vieille grêlée a dit à madame Durand; toujours est-il qu'au bout d'un quart d'heure ou vingt minutes elles sont descendues ensemble, ont monté dans le fiacre et, fouette cocher, les voilà parties. Depuis, plus de nouvelles de madame Durand. Je l'ai attendue hier soir, puis toute la nuit, puis ce matin, et je l'attends encore. Reviendra-t-elle, ne reviendra-t-elle pas? Je ne puis pas dire. C'est égal, monsieur, et vous avez beau dire, c'est bien drôle tout de même ! Rien ne m'ôtera de l'idée, voyez-vous, qu'il y a quelque chose de louche là-dessous.

Gabiron ne manifesta d'aucune manière son opinion.

— C'est bien, dit-il, je reviendrai.

— Monsieur veut-il me dire son nom pour que je prévienne madame Durand aussitôt qu'elle rentrera?

— C'est inutile, répondit-il, je n'ai pas l'honneur d'être connu de madame Durand.

— En voilà encore un qui me fait l'effet de ressembler au vieux monsieur de l'autre jour, pensa la concierge.

Changeant de ton et lançant un regard de travers à Gabiron, elle reprit tout haut :

— Comme vous voudrez.

L'agent ne s'aperçut point de ce commencement d'hostilité.

— A revoir, madame ! dit-il.

Et il sortit de la loge. Quand il eut fait vingt ou trente pas dans la rue, il se mit à tortiller furieusement sa moustache. Les sourcils froncés et le front plissé, il se disait :

— Encore une qui disparaît !... Voyons, qu'est-ce que tout cela signifie? Je m'y perds, je n'y comprends plus rien... Ah! décidément, nous jouons de malheur !

Il n'avait point cru devoir faire part de ses soupçons au comte de Lasserre ; mais il comprit qu'il devait, sans retard, l'informer de cette nouvelle disparition. Cinq personnes disparues : le marquis de Verveine, deux de ses amis, puis le vicomte de Sanzac et enfin l'institutrice, n'était-ce pas étrange?

La veille, quand il avait vu M. Pierre Rousseau, — car Gabiron, voulant respecter les secrets du comte, continuait à l'appeler ainsi, — celui-ci lui avait témoigné le désir de voir le collègue qu'il s'était adjoint. Il pensa qu'il pouvait se rendre chez M. Pierre Rousseau, accompagné de l'agent Noirot, lequel, depuis quatre jours, perdait son temps à croquer le marmot rue Vanneau, dans une mansarde, au cinquième étage, où il avait établi son poste d'observation.

En conséquence, Gabiron prit une voiture et se fit conduire rue Vanneau pour prendre Noirot, qu'il tenait à présenter le jour même à M. Pierre Rousseau.

XVII

LE GUET-APENS

Nous avons laissé la comtesse de Lasserre, frappée de stupeur, terrifiée de l'apparition soudaine du vicomte de Sanzac, sur le seuil de la chambre où la Grêlée l'avait enfermée.

Celui-ci était entré, avait refermé la porte et s'était placé en face de la jeune femme, l'enveloppant de son regard de fauve.

Alors, retrouvant subitement toute son énergie, les yeux pleins de flammes, les narines frémissantes et le sein bondissant, la comtesse se redressa, forte, fière, superbe, prête à se défendre contre le danger inconnu qui la menaçait.

— Infamie et lâcheté! exclama-t-elle d'une voix stridente; je comprends tout, maintenant : c'est un piège de bandit qui m'a été tendu, je suis tombée dans un guet-apens infâme... Que me voulez-vous, monsieur, dites, que me voulez-vous? Voyons, à bas le masque, montrez-vous donc enfin tel que vous êtes!

Un sourire singulier courut sur les lèvres du vicomte. Il fit deux pas en avant. La comtesse recula.

— Je m'attendais à cette explosion de colère, répondit-il, gardant son sourire stéréotypé sur ses lèvres, cela ne me surprend donc point ; mais permettez-moi de vous dire que vous avez eu tort de vous emporter, de vous être laissé égarer par je ne sais quelle crainte puérile. La comtesse de Lasserre sait bien qu'elle n'a rien à redouter de moi ; que, loin de lui vouloir du mal, je serais heureux, au contraire, de verser tout mon sang pour la défendre.

La jeune femme eut un mouvement imperceptible des épaules.

— C'est vrai, continua le vicomte, j'ai employé un stratagème pour vous faire venir ici, et, je ne vous le cache point, je suis enchanté d'avoir réussi.

— Ah! quelque chose qui remue en moi me le dit, c'est dans ce lieu désert, sauvage, désolé, dans cette maison perdue au fond des bois qu'on a emprisonné ma fille!

— Oui, mademoiselle de Lasserre est ici. La lettre qu'on vous a portée tantôt est bien de votre fille. Comme vous le voyez, on ne vous a pas tout à fait trompée.

— Et c'est vous, vous, le vicomte de Sanzac, qui l'avez enlevée! Allons, avouez tout, ayez le courage de prendre la responsabilité de vos actes.

— Eh bien, oui, c'est moi, puisque c'est par mon ordre que cela a été fait.

— Dans quel but, dites? Quel mobile vous a fait agir? Pourquoi ce crime?

— Si c'est un crime, comme vous le prétendez, j'espère qu'il me sera facilement pardonné. Tout à l'heure, je pourrai peut-être répondre catégoriquement à vos questions. Pour le moment, qu'il vous suffise de savoir que j'ai agi en vue du bonheur de plusieurs personnes ; j'en nomme trois : vous, d'abord, votre fille et celui qu'elle aime, le marquis Adrien de Verveine.

— Et vous, sans doute? fit la comtesse avec une pointe d'ironie amère.

— M'occupant du bonheur des autres, répliqua-t-il, je compte bien en recueillir un peu pour moi.

— Je ne veux pas essayer de deviner vos intentions ; ce que vous avez fait est d'une gravité exceptionnelle, mais c'est à d'autres que vous aurez à en rendre compte. Ma fille m'a écrit, monsieur, ma fille m'a appelée, elle m'attend ; vais-je la voir, aurai-je le droit de lui parler?

— Cela dépend.

— Comment, cela dépend? Mais pourquoi donc suis-je ici, monsieur?

— La conversation que nous allons avoir ensemble, si vous le voulez bien, vous le dira.

— S'il en est ainsi, parlez donc, je vous écoute.

— Très bien. Je crois que vous êtes maintenant en état de m'entendre.

La comtesse laissa échapper un soupir et, s'efforçant de paraître calme, elle croisa ses bras sur sa poitrine.

— Notre causerie intime sera peut-être un peu longue, reprit le vicomte. Je vous invite à vous asseoir.

— Pour le moment je ne suis pas fatiguée, répondit-elle d'un ton sec.

— En ce cas, comme je ne veux pas manquer de politesse, je reste debout. Mlle de Lasserre, que je garde ici, mais qui n'est pas précisément emprisonnée, est une jeune fille charmante, adorable sous tous les rapports, et je suis loin d'être son ennemi. Malgré toutes les attentions qu'on a pour elle, elle n'est pas aussi bien dans ce lieu désert, sauvage, désolé, dans cette maison perdue au fond des bois, que dans son magnifique appartement du boulevard Haussmann. Il est certain que si elle y faisait un trop long séjour, elle finirait par s'ennuyer énormément. Je ne veux pas cela. Je désire, au contraire, lui rendre sa liberté le plus tôt possible.

— A quelle condition? demanda la comtesse.

— Il y en a plusieurs.

— Ah!

— La première, qui est une des plus importantes, c'est que son bonheur, préparant le vôtre, soit assuré.

— Je ne comprends pas bien.

— C'est possible, mais vous comprendrez mieux tout à l'heure.

— Rien n'a jamais menacé le bonheur de ma fille.

— C'est votre opinion, ce n'est pas la mienne.

— Dans tous les cas, c'est au père de Mlle de Lasserre et non à vous de se préoccuper de son bonheur.

— Ceci serait exact si M. de Lasserre était un père comme les autres.

— C'est là que mademoiselle de Lasserre a écrit la lettre que vous avez reçue.

— Ah! ah! fit la comtesse ironiquement, vous croyez avoir le droit de juger le père d'Aurore sans connaître ses idées, sans rien savoir de ses intentions, et vous vous mettez en campagne, armé en guerre, pour jouer le rôle de ces chevaliers redresseurs de torts du temps jadis.

— C'est cela, si vous le voulez. Il est vrai que je ne sais rien des intentions du comte de Lasserre et que je ne connais point ses projets; mais je le connais assez, lui, pour savoir ce que peuvent valoir ses idées. Oh! ses idées!... Ce sont elles qui vous ont condamnée à la souffrance, qui ont fait de vous une victime, qui vous ont deux fois séparée de votre chère Lucie; ce sont elles qui ont donné une fausse mère à votre enfant! Qu'ont-elles fait encore, les idées du comte de Lasserre? De votre fille une idiote, jusqu'au jour où, dans la sublimité de votre amour maternel, vous lui avez donné l'intelligence de l'esprit et du cœur. La pauvre petite ignore qu'elle est la fille unique du comte de Lasserre, c'est-à-dire qu'elle porte un des plus grands noms de France; votre enfant ne sait pas que vous êtes sa mère! Encore les idées du comte de Lasserre. Vous avez changé de nom, vous vous faites appeler Mme Durand, on comprend cela; mais lui, pourquoi s'est-il affublé de ce nom de Delorme? Toujours ses idées...

Eh bien, c'est en pensant à l'étrange situation faite à votre fille, à tout ce que vous avez souffert, à votre effroyable malheur, enfin, que je me suis dit, inspiré par mon affection pour vous et le souvenir du passé : il faut que je fasse quelque chose pour la pauvre mère et pour son enfant!

Ne dites plus que je vous ai tendu un piège, que vous êtes tombée dans un guet-apens. Je voulais vous voir, vous parler, m'entendre avec vous...

— Pourquoi ne l'avez-vous pas fait, il y a quatre jours, quand je suis allée chez vous? interrompit la jeune femme. Pourquoi, alors, au lieu de me faire soupçonner le marquis de Verveine, ne m'avez-vous pas dit que c'était vous qui aviez fait enlever ma fille?

— J'avais mes raisons pour cela.

— Quelles raisons?

— Vous les connaîtrez plus tard. Je continue : j'aurais pu vous voir chez vous ou ailleurs; j'ai préféré vous faire venir ici, parce que votre fille y est. Si je vous eusse écrit moi-même, il y a mille à parier contre un que vous ne seriez pas venue. Alors je me suis servi d'un moyen qui devait réussir infailliblement : je vous ai fait écrire par Aurore. Jugez cela comme vous voudrez; mais, quand on veut quelque chose, tous les moyens sont bons du moment qu'on a réussi. J'ai cette manière de voir par principe.

— Je le sais depuis longtemps.

— Vous n'avez certainement pas oublié notre conversation dans une voiture de place, continuée dans un restaurant des Batignolles. Je ne vous répéterai pas tout ce que je vous ai dit, vous vous en souvenez. Alors que je vous parlais de votre fille, que j'étais si heureux d'avoir retrouvée, vous offrant de la reprendre à son père pour vous la rendre, vous avez joué tour à tour le doute, la surprise, la joie; vous êtes allée jusqu'à me faire des questions sur des choses que vous saviez beaucoup mieux que moi. Ah! vous n'avez eu garde de me dire que, sous le nom de Mme Durand, vous étiez depuis plus de quinze mois l'institutrice de votre fille!... Ne pourrais-je pas dire, moi aussi, que ce jour-là vous m'avez tendu un piège? Eh bien, admettons que j'aie pris aujourd'hui ma revanche. Qu'est-ce que je veux? Votre bonheur, je vous l'ai dit. Mais, pour cela, il faut que vous soyez avec moi et non contre moi; il faut que vous m'accordiez votre confiance. Oui, je veux votre bonheur; c'est un droit qui m'appartient, que vous ne pouvez me retirer. Le passé m'impose des devoirs envers vous. Ah! vous ne savez pas, vous ne saurez jamais tout ce j'ai souffert en pensant à votre douloureuse existence. J'ai eu des torts, Hélène, je tiens à me les faire pardonner. La situation intolérable dans laquelle vous vous trouvez ne peut durer plus longtemps; vous êtes trop jeune encore pour être éternellement condamnée à une vie de larmes et de misère. Il faut que tout cela ait une fin, et voilà pourquoi je me suis mis en campagne comme ces bons chevaliers du bon vieux temps.

Hélène, le jour où vous vous êtes donnée à moi, nous avons signé un pacte que la mort seule pourra rompre. Votre destinée est liée à la mienne

— Ah! vous croyez cela? fit la comtesse d'un ton singulier.

— Oui, certes, je le crois. Un événement terrible nous a séparés et pendant des années, vous de votre côté, moi du mien, nous avons traîné une existence malheureuse. C'était fatal. Enfin, un jour, le hasard nous a mis en présence. Mais est-ce bien le hasard? Ne serait-ce pas plutôt une volonté supérieure à celle des hommes qui nous a conduits l'un vers l'autre, pour qu'après tant de souffrances endurées par vous, je puisse prendre votre défense?

La jeune femme l'écoutait avec une impatience visible, jetant à chaque instant des regards furtifs du côté des portes et des fenêtres.

Toujours calme, parfaitement maître de lui, simulant admirablement l'émotion et la sensibilité, le vicomte continua :

— Hélène, je dois vous le dire aujourd'hui encore, je vous aime toujours; l'amour que vous m'avez inspiré, que j'ai gardé précieusement enfermé dans mon cœur, qui n'a jamais battu que pour vous, cet amour, que rien n'a pu affaiblir, ni la séparation, ni les années écoulées, je le sens en moi, rajeuni, plus vivace et plus ardent que jamais!... Vous doutez, je vois cela dans vos yeux. Hélène, croyez-moi, je vous aime, je vous adore! Mon dévouement est à la hauteur de mon amour. Ah! tenez, vous ne savez pas ce que je suis capable de faire pour vous, pour vous rendre heureuse! Vous me communiquez une force...

— En vérité, interrompit-elle brusquement, je ne comprends point pourquoi vous me dites toutes ces choses; dans tous les cas, le moment est bien mal choisi. Est-ce pour mettre le trouble dans mon esprit? Est-ce pour rouvrir toutes les plaies de mon cœur, que vous me parlez de cet horrible passé, qui a commencé pour moi le jour où, oubliant ce que je devais au comte de Lasserre, le respect dû au berceau de mon enfant, j'ai manqué d'un seul coup à tous mes devoirs? Si c'est pour cela, monsieur de Sanzac, le moyen est bon, car vous réussissez. Voyons, que signifie tout cela? Où voulez-vous en venir? Vous parlez, je vous écoute aussi patiemment que possible, et j'attends vainement que vous m'appreniez ce que je tiens surtout à savoir : à quelles conditions vous consentirez à me rendre ma fille.

— Hélène, répondit-il d'une voix doucereuse, si vous me disiez : J'a¹ pleine confiance en vous, je crois à la sincérité de votre amour et je compte sur le dévouement que vous m'offrez, cela simplifierait beaucoup les choses.

La comtesse eut comme un mouvement de dégoût.

— Monsieur de Sauzac, répliqua-t-elle d'une voix oppressée, j'ai hâte de voir et d'embrasser ma fille ; conduisez-moi près d'elle.

— Je ne vous ai point promis que vous la verriez, je vous ai dit que cela dépendrait de certaines choses.

— Comment ! s'écria Mme de Lasserre, ma fille m'a appelée, elle m'attend et je n'aurais pas le droit de la voir !... Vous ne ferez pas cela, monsieur, vous ne le ferez pas !

— Dans l'intérêt de Mlle de Lasserre et dans le vôtre, je ferai ce qu'il sera utile de faire.

Elle arrêta sur lui ses yeux ardents.

— Quand je veux une chose je la veux bien, ajouta-t-il ; devrais-je vous mécontenter, agir malgré vous et vous forcer à accepter ce dévouement que je vous offre et que vous semblez refuser, je vous jure que je ferai ce que j'ai résolu. Je suis allé assez loin déjà pour que vous compreniez qu'aucune considération, que rien ne peut me faire reculer. Je ne vous empêcherai pas de voir votre fille, de l'embrasser et de causer avec elle ; mais, je vous le répète, cela dépendra absolument de vous. La seule chose que je puisse faire en ce moment, pour vous montrer mon bon vouloir, c'est de vous rapprocher d'elle ; et tout à l'heure vous n'aurez que ce mot à dire : « Je consens » pour qu'une porte s'ouvre aussitôt, et que votre fille s'élance dans vos bras. Voulez-vous me suivre ?

— Oui, répondit-elle.

— Venez donc.

Il ouvrit la porte par laquelle il était entré et il conduisit la mère d'Aurore dans cette pièce que nous connaissons, contiguë à la cellule de la tour du Faucon, où la jeune fille avait été de nouveau emprisonnée, immédiatement après l'arrivée de la comtesse dans la maison.

Le cahier de papier à lettre, les enveloppes, l'encre et la plume étaient encore sur la table.

— C'est là que Mlle de Lasserre a écrit la lettre que vous avez reçue, dit le vicomte à la jeune femme, après avoir eu soin de fermer la porte.

— Où est-elle en ce moment? demanda la comtesse en proie à une vive émotion.

— Là, répondit-il, en montrant un endroit du mur

Le cœur de la mère se mit à battre violemment ; mais elle eut beau regarder, elle ne vit pas l'apparence d'une porte.

— Il y a là une chambre ? fit-elle

— Oui, mais pas bien grande.

— Je ne vois pas de porte.

Le vicomte fit quelques pas et toucha le mur.

— Parce que ceux qui l'ont placée là, répondit-il, des artistes dans leur genre, ont su admirablement la dissimuler dans la maçonnerie et les lambris.

— Mais, alors, c'est une porte de prison secrète !

— Absolument. La petite chambre que ferme cette porte a probablement servi de prison autrefois.

— Et aujourd'hui encore, puisque Mlle de Lasserre y est enfermée.

— Pas comme une prisonnière, répliqua-t-il. D'ailleurs, ajouta-t-il avec un faux sourire, j'espère bien que vous aurez ce soir la joie de lui rendre la liberté.

La comtesse s'était approchée de la porte invisible et prêtait l'oreille. Assurément elle cherchait à entendre un bruit quelconque, peut-être la voix d'Aurore.

— Oh ! fit le vicomte, il est inutile de vous donner la peine d'écouter ; quand même votre fille jetterait des cris perçants, vous ne pourriez l'entendre.

Elle se retourna brusquement vers lui. Il poursuivit :

— De même nous pouvons causer ici aussi haut qu'il nous plaira, sans que votre fille puisse nous entendre. Vous avez l'air étonné ; eh bien, je vais vous donner l'explication que votre regard semble réclamer : Vous avez pu voir, en arrivant ici, que le bâtiment est flanqué de deux tourelles avec meurtrières et créneaux ; les murs de ces petites tours ont été construits de façon à résister aux boulets d'une batterie de siège. On pénètre dans chaque tourelle par des portes secrètes ; celle-ci en est une. Cette porte est tellement épaisse et tombe si hermétiquement dans ses jointures qu'aucun son ne peut sortir de la chambre, qu'aucun bruit n'y peut arriver du dehors. Mais ce qui, pour moi, est plus intéressant encore, c'est que cette porte, véritablement secrète, s'ouvre au moyen d'un ingénieux mécanisme placé dans la maçonnerie. Pour l'ouvrir, il faut faire jouer le mécanisme, ce qui est tout à fait impossible si l'on n'en connaît pas le secret.

La comtesse sentit un frisson courir dans ses membres. Elle pensait que, par une cause quelconque, ce mécanisme pouvait se briser, ne plus fonctionner, et que, dans ce cas, sa fille serait enfermée vivante, murée dans un tombeau de pierre, en proie au désespoir, aux horreurs de la faim et d'une lente et effroyable agonie.

— Et ma fille est là, là ? fit-elle d'une voix étranglée.

— Je vous l'ai dit.

— Mais c'est épouvantable, c'est horrible !

— Je vous assure que Mlle de Lasserre ne se plaint pas ; elle n'est nullement effrayée et ne se trouve pas trop mal dans sa tourelle.

— Monsieur de Sanzac, ouvrez vite cette porte.

— Le moment n'est pas encore venu.

Vous ne voyez donc pas dans quel état je suis ?

— Votre joie n'en sera que plus vive tout à l'heure. Maintenant, si vous le voulez bien, nous allons reprendre notre conversation.
— Soit, mais dépêchez-vous; qu'avez-vous encore à me dire?
— Vous oubliez qu'il y a des conditions.
— Ah! oui, vos conditions! Eh bien, faites-les moi connaître.
— Veuillez d'abord vous asseoir là, à cette table.
— Pourquoi faire?
— Pour écrire. Voilà du papier, de l'encre, une plume.
— Écrire quoi?
— Une lettre.
— A qui?
— A moi.
— A vous!
— Oui, à moi. Je veux bien vous rendre votre fille, dont vous ne serez plus séparée, je vous le promets; je veux bien m'occuper de votre bonheur et du sien; mais n'est-il pas juste que vous me donniez, au moins, l'espoir d'une récompense.

Un éclair rapide traversa le regard de la comtesse. Tout s'agitait en elle; pourtant elle eut encore la force de se contenir. Ne fallait-il pas que le vicomte se démasquât complètement devant elle? Et puis elle ne sentait que trop bien que, dans cette maison isolée, elle et sa fille étaient en puissance du lâche ennemi du comte de Lasserre. Coûte que coûte, il était nécessaire qu'elle connût ses projets.

— Je ne vois pas quelle récompense je peux vous faire espérer répondit elle; vous m'offrez votre dévouement; mais je ne puis croire à la valeur d'un dévouement qui compte se faire payer. Enfin vous croyez devoir m'imposer certaines conditions. L'une de ces conditions est que je vous écrive.
— Une petite lettre.
— Dans laquelle je mettrai quoi? Avant de prendre cette plume, il faut au moins que je sache ce que je dois écrire.
— Sans doute; mais vous n'aurez pas d'efforts d'imagination à faire.
— Je comprends, vous allez me dicter cela.
— Non; vous copierez tout simplement.

Il tira de sa poche une feuille de papier pliée en quatre
— J'ai préparé l'écrit d'avance, reprit-il, le voici.
— Ah! fit la comtesse.
— Avant de le copier, vous pouvez en prendre connaissance.

Il avait déplié le papier et le tendait à la jeune femme.
— Lisez vous-même, monsieur le vicomte, dit-elle, j'écoute.

XVIII

L'INFAME

Le regard du vicomte s'éclaira d'une lueur sinistre et il eut un sourire de démon qui fit tressaillir la mère d'Aurore.

— Pour que rien ne vienne entraver le succès de mes combinaisons, dit-il, pour que je vous donne un bonheur aussi complet que votre malheur l'a été, pour que Mlle de Lasserre reprenne son nom et ne soit plus séparée de vous, pour qu'un jour je puisse avoir aussi moi-même un peu de ce bonheur auquel je travaille pour les autres, il faut que vous écriviez et signiez ces lignes de votre main. Voici donc ce que vous allez m'écrire:

« Mon cher vicotme.

La comtesse fit un mouvement brusque.

— Ah! oui, dit-il, vous trouvez cela un peu trop familier : mais c'est nécessaire, vous allez voir ; vous m'écoutez, n'est-ce pas?

— Oui, je vous écoute, lisez.

— Je reprends donc :

« Mon cher vicomte,

« Je sais maintenant tout ce que vous avez déjà fait et tout ce que vous voulez
« faire encore pour la malheureuse comtesse de Lasserre. Ah! c'est une bien
« douce chose pour mon pauvre cœur brisé de savoir qu'il me reste en vous
« un ami fidèle et dévoué. Oui, je sens que vous m'aimez toujours et que j'ai le
« droit de compter sur votre dévouement.

« On a donné à ma fille une fausse mère ; Lucie de Lasserre, que son père
« fait appeler Aurore Delorme, ne sait pas que celle qui a été son institutrice est
« sa véritable mère ; et la même volonté terrible et impitoyable me condamne à
« vivre séparée de mon enfant !

« Vous voulez rendre la fille à sa mère... Ah ! faites cela, faites-le vite et
« soyez béni !

« Mais que puis-je faire, moi, pour reconnaître tant d'affection, un pareil
« dévouement? Ce que vous voudriez, je le voudrais aussi ; mais, hélas ! je ne
« suis pas libre!... Tant qu'il vivra, lui, vous ne pouvez pas me donner votre
« nom, que je serais si fière de porter, nous ne pouvons pas unir à jamais nos
« deux cœurs !

« On ne doit souhaiter la mort de personne, et pourtant... Elle serait un
« bienfait, sa mort, puisqu'elle me permettrait de me donner à vous tout entière.

« Votre amie.

« Comtesse HÉLÈNE DE LASSERRE. »

La main fortement appuyée sur son cœur, comme pour en comprimer les battements précipités, la comtesse avait écouté la lecture de cette chose monstrueuse sans pousser une exclamation, sans même faire un mouvement. Elle était à peine surprise, car elle s'était attendue à quelque chose d'infâme. Au lieu de s'emporter et de jeter immédiatement son dégoût à la face du misérable, elle resta absolument calme : seulement elle était devenue très pâle.

Le vicomte, qui s'était préparé à entendre une explosion d'indignation, la regarda ayant l'air tout interdit.

— Eh bien, fit-il, vous ne dites rien ?

— Je réfléchis, répondit-elle, d'une voix qu'elle ne put empêcher de trembler.

— Vous le pouvez, répliqua-t-il.

Il prépara le papier sur la table, plaça à côté la feuille qu'il venait de lire, avança l'encrier, examina le bec de la plume de fer afin de s'assurer qu'elle n'avait pas besoin d'être remplacée.

Cela fait, il se tourna vers la jeune femme, toujours immobile.

— Quand vous aurez suffisamment réfléchi, lui dit-il, vous n'aurez qu'à vous asseoir dans ce fauteuil, tout est prêt.

Ces paroles furent suivies d'un moment de silence que la comtesse rompit en disant :

— Je vous ai écouté avec attention et je crois avoir bien compris ce que vous venez de me lire. Vous ne pouvez supporter la situation dans laquelle se trouve Mlle de Lasserre, près d'une femme qui n'est pas sa mère, et la mienne, qui m'oblige à vivre du métier d'institutrice, sous le nom de Mme Durand. Très vivement préoccupé de notre bonheur à toutes deux, vous vous êtes dit que ce bonheur ne pourrait exister réellement que quand Lucie de Lasserre saurait que je suis sa mère, que quand je pourrais l'appeler ma fille, ayant en plus le droit de vivre près d'elle ou elle celui de vivre près de moi. En cela vous ne vous trompez point, vous avez raison. Pour arriver à cette chose que je désire et qui fait partie de vos combinaisons, vous avez évidemment vos moyens. Quels sont-ils ? Je devrais peut-être vous interroger à ce sujet ; mais non, je ne demande pas à les connaître. Enfin, pour prix du service que vous voulez nous rendre, à ma fille et à moi, vous exigez que je vous fasse la promesse de vous épouser si, par sa mort, le comte de Lasserre me faisait veuve. C'est bien cela, n'est-ce pas ?

— Parfaitement.

— Eh bien, cela me cause un grand étonnement.

— Pourquoi ?

— Parce qu'il m'est impossible de m'expliquer comment vous, un homme positif, pouvez vous contenter d'une promesse basée sur un événement que rien ne fait pressentir et qui peut n'arriver qu'après ma mort ou la vôtre. Vous ne vous êtes pas imaginé, je suppose, que, pour vous être agréable, le comte de Lasserre va attraper dans quelques jours une fièvre mortelle, ou que, poussant plus

Malgré sa résistance et ses cris, Lory et Colibri entraînèrent la comtesse dans la tour.

loin encore la complaisance, il vous donnera la satisfaction de se brûler la cervelle !

En prononçant cette dernière phrase, avec une ironie mordante, les yeux perçants de la jeune femme s'étaient attachés sur ceux du vicomte, comme si elle eût voulu lire jusqu'au fond de sa pensée.

Il se sentit légèrement interloqué; il y avait dans le regard de la comtesse une clarté qui le gênait.

— Le comte de Lasserre est un vieillard, répondit-il; il a vite vieilli dans ces dernières années ; il se casse à vue d'œil et il marche rapidement vers la tombe.

— Je ne me suis point aperçue de cela, répliqua la comtesse ; M. de Lasserre est un vieillard, c'est vrai ; mais un vieillard que ni les années, ni le malheur n'ont courbé ; ses cheveux ont blanchi ; mais il a su conserver la force, l'énergie et toute la vigueur de sa jeunesse ; il jouit d'une excellente santé et il a la constitution et le tempérament d'un homme qui doit vivre cent ans.

Le vicomte se mordit les lèvres.

— Est-ce pour trouver cela que vous avez réfléchi si longtemps ? demanda-t-il.

— Oui, et il me semble que la chose en valait la peine.

— J'admets, puisque vous paraissez le désirer, que votre mari vivra assez longtemps pour nous enterrer tous les deux ; tant mieux pour lui, s'il trouve que c'est un bonheur de vivre jusqu'à l'extrême décrépitude. Mais cela ne modifie nullement mes idées. Si, en face d'un homme qui doit atteindre sa centième année, je m'en tiens à ce que je vous demande, cela prouve que je ne suis pas exigeant et que je me contente de peu.

— Oh ! le misérable, pensa la comtesse, il songe à faire assassiner le comte de Lasserre.

— Voyons, toutes vos réflexions sont-elles faites ?

— Oui.

— Alors vous n'avez plus qu'à écrire.

— Écrire cela ? fit la comtesse en se redressant.

— Oui, cela.

— Ah ça ! monsieur de Sanzac, pour qui me prenez-vous donc ?

— Pour une femme malheureuse que je veux arracher à son existence misérable... Hélène, vous savez que je vous aime.

Les yeux de la comtesse s'enflammèrent.

— Assez, assez ! s'écria-t-elle, ne joignez pas l'insulte au mensonge !

Le regard du vicomte eut un sombre éclair.

— Ainsi, reprit la jeune femme d'une voix frémissante, vous avez été assez audacieux, assez misérable pour croire que je me prêterais à vos machinations, que vous feriez de moi la complice des infamies que vous méditez ! Voyons, voyons, monsieur, avez-vous pensé réellement, sérieusement, que j'écrirais et signerais une pareille chose ?

— Oui.

— En ce cas, monsieur, vous êtes fou ! Vous entendez, vous êtes fou !

— Veuillez croire, au contraire, que j'ai toute ma raison.

— Eh bien, vicomte de Sanzac, je n'aurais pas osé supposer que vous fussiez un aussi grand misérable ! Je sais depuis longtemps que vous n'avez ni cœur, ni loyauté, que vous êtes le plus vil des hommes, et je découvre aujourd'hui que votre scélératesse est à la hauteur de votre hypocrisie !

— Madame !... prononça le vicomte d'une voix rauque et étranglée.

— Allons donc! je vois la fureur s'allumer dans vos yeux; montrez-vous, enfin, ce que vous êtes... A bas le masque, à bas le masque!

— Vous vous trompez, Hélène, répliqua-t-il en se maîtrisant, je ne suis pas agité par la colère, mais seulement très ému de vous voir répondre si mal à mes intentions. Vos paroles sont dures, cruelles; n'importe, je les excuse; venant de vous, elles ne peuvent m'offenser; je suis calme et veux rester calme.

— Oh! je comprends... Il n'est pas si facile de me tromper que vous le croyez; je sais ce que signifie votre calme apparent, ce qu'il cache. Vous vous sentez fort parce que ma fille et moi nous sommes en votre puissance... Allez, j'ai tout de suite compris que j'étais tombée dans un piège... Avant d'entrer dans cette maison, j'ai remarqué son isolement, son aspect sinistre, et mon cœur s'est serré douloureusement, j'avais le pressentiment de ce qui m'attendait. Ma fille et moi, nous sommes en votre puissance, mais non à votre discrétion. Je ne suis plus la faible femme d'autrefois, défaillante en face du danger; le malheur a fait de moi une autre femme. Il y a en moi assez de force pour lutter contre vous, du moment qu'il s'agit de défendre ma fille. Si vous ne le savez pas, vicomte de Sanzac, je vous apprendrai ce que c'est qu'une mère qui défend son enfant!

— Ce sont là des paroles bien inutiles; ne vous ai-je pas dit que vous et votre fille n'aviez rien à craindre ici?

— Assurément, vous ne voulez pas nous assassiner, nous, cela n'entre point dans votre plan; mais il y a dans vos ténébreux projets d'autres infamies... Je vous connais assez pour savoir d'avance que vous ne reculez devant rien. Tenez, cet écrit, cette chose épouvantable que vous vouliez me faire écrire, est placé là comme la pointe d'un poignard sur ma poitrine!... Il me menace, se dresse devant moi comme un effroyable danger et me dit que je dois m'attendre à tout. Votre plan est là tout entier; ces quelques lignes sont la base et le pivot de votre infernale machination. Et vous avez cru et, qui sait, vous espérez peut-être encore que j'écrirai cela?

— Je l'espère.

— Il faudrait que je fusse comme vous une infâme, ou que le dégoût et l'horreur que vous m'inspirez me fissent perdre complètement la raison et la conscience de mes actes... Mais non, j'aurai la force de résister aux terribles épreuves qui m'attendent. Je suis préparée, prête à tous les sacrifices, même à celui de ma vie; quelles que soient les tortures que vous inventiez, je les endurerai. Oui, vous pouvez faire couler mon sang goutte à goutte, m'arracher le cœur, me tuer, vous ne ferez pas de moi votre complice!

Devenu blême, le vicomte montrait son rictus grimaçant.

— Tout à l'heure, dit-il, vous prétendiez que j'étais fou; mais c'est vous, vraiment, qui êtes folle!

Elle darda sur lui son regard de feu.

— Non, non, reprit-elle, je ne vous crains pas, je vous brave... Après tout, je connais toutes les douleurs ; vous ne pouvez rien me faire souffrir que je n'aie déjà souffert!

— Vous croyez cela? prononça-t-il sourdement, pendant que son visage contracté prenait une expression hideuse.

— Oui, je le crois. Tenez, je vous défie de me causer une douleur plus vive, une souffrance plus grande que celle que vous m'avez fait éprouver tout à l'heure, quand j'ai été convaincue que vous aviez compté sur ma docilité, mon amour pour ma fille, ma terreur et je ne sais quoi encore, pour me faire écrire et signer cette chose monstrueuse!... Vicomte de Sanzac, en me jugeant digne de vous, en m'abaissant à votre niveau, en me croyant capable d'une pareille lâcheté, vous m'avez fait l'outrage le plus sanglant qu'on puisse faire à une femme.

Le misérable haussa dédaigneusement les épaules.

— Mais, poursuivit la comtesse d'un ton de mépris écrasant et en lui renvoyant, avec une variante, ses propres paroles, si injurieux que cela soit, je n'y veux attacher aucune importance ; venant de vous, rien ne doit m'offenser.

Un éclair livide traversa le regard du vicomte.

— Monsieur le vicomte, reprit la comtesse, en changeant de ton, le temps passe et la nuit ne tardera pas à arriver. Voulez-vous que je vous donne un bon conseil?

— Voyons.

— Ouvrez cette porte, rendez-moi ma fille, et laissez-nous partir de cette maison.

Un rire sec, nerveux, éclata entre les lèvres du vicomte.

— Monsieur de Sanzac, continua la comtesse, n'allez pas plus loin, il en est temps encore, arrêtez-vous... Laissez-moi emmener ma fille ; je la conduirai dans les bras de son père, et le comte ne saura point ce qui s'est passé ici, je vous le jure ; je serai muette et il ignorera toujours ce que vous avez tenté contre son bonheur et son repos. Je ne sais pas ce que vous attendiez, ce que vous espériez, je ne veux pas le savoir ; mais tous vos calculs seront déjoués, votre coup est manqué!

— Votre conseil peut être bon, répondit-il, mais je ne le suivrai point.

— Prenez garde, monsieur, prenez garde! C'est un jeu terrible que vous jouez!

— Je le sais.

— Vous pouvez être, aujourd'hui encore, sûr de l'impunité, demain peut-être il sera trop tard.

— Nous verrons.

— Si l'on peut échapper parfois à la justice des hommes, il y a celle de Dieu qui est toujours là, menaçante... inexorable.

— En admettant que Dieu existe, ce dont je ne suis nullement convaincu, il ne s'occupe pas de nos petites affaires ; il aurait trop d'occupation, vraiment, s'il lui fallait voir et juger toutes les choses de ce monde. Puisque vous me connaissez si bien, continua-t-il d'une voix sombre, puisque vous me savez capable de tout, de ne reculer devant rien, vous devez avoir la certitude que je ne renoncerai pas à mes projets, que j'irai jusqu'au bout!

— Vous ne réussirez pas! Dieu, à l'existence duquel vous ne croyez point, le Dieu de toute-puissance et de toute justice, défendra les innocents que vous voulez frapper! Et tenez, vicomte de Sanzac, ma confiance en Dieu est si grande que je suis heureuse, maintenant, d'être tombée dans le piège que vous m'avez tendu... Si je suis ici, ce n'est pas parce que votre ruse triomphe, c'est parce que telle est la volonté de Dieu!...

Elle continua avec une sorte d'exaltation :

— Ah! quelque chose me le dit, c'est lui qui, dans ses vues impénétrables, a voulu que je fusse rapprochée de mon enfant! Vous ne réussirez pas, monsieur de Sanzac! Dieu veille sur nous, Dieu nous garde! Tous vos projets s'effondreront et vous serez englouti avec eux dans cet écroulement!

— Amen! fit le vicomte en ricanant.

— Enfin, que prétendez-vous?

— Je vous l'ai dit.

— Vous voulez torturer des innocents, Dieu vous frappera!

— J'attendrai l'écroulement de votre prophétie.

— Mais vous êtes donc l'homme le plus vil, le plus abject qu'il y ait au monde!

— Ah! vous lassez ma patience, à la fin! s'écria-t-il d'une voix tremblante de colère concentrée ; c'est assez d'injures, c'en est trop!

— Je voudrais en connaître d'autres pour vous les cracher à la face! Mais je vous répète encore que vous êtes un lâche, un infâme!

— J'espère que vous êtes arrivée, cette fois, au dernier échelon de l'échelle.

— Ah! vous m'épouvantez, et je ne sais pas si vous faites naître en moi plus d'horreur que de dégoût.

Il eut un nouvel éclat de rire nerveux, si effrayant, que la comtesse tressaillit dans tout son être et sentit ses cheveux se dresser sur sa tête.

Après un court silence, le vicomte reprit :

— Maintenant, que je vous ai laissée me dire tout ce que vous avez voulu, revenons à la chose qui m'intéresse : Voulez-vous faire ce que je veux, oui ou non?

— Je ne daigne pas vous répondre, répliqua la comtesse avec un dédain superbe.

— Soit. Vous avez parfaitement compris que vous êtes ici en ma puissance, vous et votre fille, et que je puis faire de vous ce que je voudrai. Vous disparaîtriez l'une et l'autre pour toujours, qu'il n'en serait que cela. L'événement ferait du bruit sans doute. Les journaux braillards en rempliraient leurs colonnes mais il resterait un mystère que ces murailles ne révéleraient point. J'ai pris pour cela toutes mes précautions. Mais ce n'est pas de cela qu'il s'agit. Je vous ai fait connaître mes projets ; je veux atteindre le but que je poursuis, je le veux à tout prix. Sans que vous vous engagiez beaucoup, car enfin vous seriez libre de tenir ou de ne pas tenir votre promesse, je vous offrais de vous rendre votre fille ; mais vous ne voulez rien entendre. Eh bien, écoutez-moi. Ce que vous ne voulez pas faire de bonne volonté, je l'obtiendrai par la force.

— Jamais ! jamais ! exclama la comtesse.

— C'est ce que nous verrons.

— Allons, monsieur le vicomte, répliqua-t-elle avec un accent de suprême mépris, dites-moi vite ce que votre imagination a inventé pour faire souffrir la mère et l'enfant !

— Pour vous faire souffrir, non, mais pour vaincre votre résistance à ma volonté. Dans deux ou trois jours, car il me faut la journée de demain pour faire mes invitations, je donnerai ici une petite fête. J'inviterai quelques joyeux convives, que je me propose de choisir dans le tas des viveurs et des débauchés qui fourmillent dans Paris ; je les connais pour les avoir vus à l'œuvre. Ils ne croient à rien, et, naturellement, ils ne respectent rien. Vous serez de la fête, non pas au milieu d'eux, j'ai trop de respect pour votre personne, mais assez près pour que vous puissiez les entendre. Cela vous donnera une idée d'un monde que vous ne connaissez pas ; ce sera pour vous un sujet d'étude.

Inutile de vous dire qu'on boira beaucoup. — Il y a encore ici une centaine de bouteilles de vins exquis. — Quand les têtes seront échauffées, pleines des fumées de l'ivresse, et que ma petite fête commencera à tourner en orgie, mes invités réclameront impérieusement une surprise que je leur aurai promise. Alors, si je n'ai pas eu raison de votre obstination, si vous refusez encore de faire ce que je vous demande, je tiendrai ma promesse : mes convives auront leur surprise. Je leur présenterai Mlle de Lasserre.

— Oh ! fit la comtesse d'une voix étranglée.

Le vicomte reprit, avec un sourire hideux :

— Vous voyez d'ici l'effet que produira l'apparition de votre fille. Je passe sur cette première scène et j'arrive à la seconde : on tirera votre fille au sort et elle appartiendra à celui que le sort désignera... Je tire le rideau sur la troisième et dernière scène, qui se passera dans la coulisse.

Les traits contractés et le visage pâle comme celui d'un cadavre, la comtesse restait immobile comme si elle eût été galvanisée ; mais de ses yeux démesurément ouverts s'échappait un jet continu de flammes.

Soudain, le regard épouvanté, fixé sur le vicomte, elle se courba, en s'assujettissant sur ses jambes, comme si elle allait, d'un bond, se précipiter sur le misérable. Mais elle recula jusqu'au fond de la chambre.

— Horreur ! horreur ! prononça-t-elle d'une voix rauque.

— Vous savez ce que valent mes paroles, dit le vicomte ; maintenant, voulez-vous ?

— Non, non, répondit-elle avec une énergie farouche et en se redressant.

Rapidement elle se rapprocha de lui.

— Vous ne ferez pas cela ! s'écria-t-elle haletante. Si infâme que vous êtes, vous n'oseriez pas commettre ce crime sans nom !...

— Je vous ai dit que je ne reculerais devant rien, que j'irais jusqu'au bout.

— Monstre ! monstre ! cria la pauvre mère affolée... Mais non, mais non, c'est impossible, cela ne se peut pas, reprit-elle avec égarement. Dieu ne permettrait pas cette chose, qui dépasse tout ce qu'il y a de plus effroyable au monde !... Mais, avant, il ferait éclater son tonnerre sur votre tête pour vous réduire en poudre, ou bien la terre s'ouvrirait sous vos pieds et vous engloutirait !

Elle s'arrêta un instant pour reprendre haleine et continua :

— Quoi ! c'est vous, le vicomte de Sanzac, qui avez imaginé cette monstruosité pour me torturer ! Mais de quelle matière empoisonnée votre âme est-elle donc pétrie ?... Ah ! les bêtes des forêts ne sont pas aussi féroces que vous !... Il n'existe pas de barbare, pas de sauvage dans les contrées inconnues de l'Afrique, qui pourrait avoir seulement l'idée d'une chose aussi horrible ! Misérable, misérable, vous n'êtes pas un homme, vous êtes un monstre, vous êtes une bête fauve, immonde !

Il l'écoutait, frémissant de colère, et il riait en grinçant des dents.

Chercher à l'émouvoir, à faire naître en lui un sentiment de pitié, ne vint pas à la pensée de la comtesse. Elle aurait eu honte de descendre à une supplication. Tout se serait révolté en elle, si elle se fût seulement montrée faible devant lui. D'ailleurs, elle savait que l'implorer serait inutile et elle sentait que le but poursuivi par le misérable était l'assouvissement de la haine mortelle qu'il avait vouée au comte de Lasserre.

Tout à coup elle bondit vers la porte de la tourelle en criant de toutes ses forces : Ma fille ! ma fille !...

Elle resta un instant immobile, tendant l'oreille. Mais, de l'autre côté de l'épaisse porte, aucun bruit ne se fit entendre ; la voix d'Aurore ne répondit pas à la sienne. Alors elle se rua sur la clôture massive, la frappa de toutes ses forces avec ses poings, brisant ses ongles en égratignant les boiseries.

Comprenant que tous ses efforts étaient inutiles, il lui vint subitement la pensée d'échapper à son ennemi en prenant la fuite. Si elle réussissait, elle s'arrêterait au premier lieu habité qu'elle rencontrerait pour réclamer secours et protection, et elle reviendrait délivrer sa fille !

Sans se demander si ce qu'elle allait tenter n'était pas impossible, elle se précipita vers la porte de la chambre. Elle eut le temps de l'ouvrir, mais pas celui de s'élancer dehors. Le vicomte, qui ne perdait aucun de ses mouvements, s'était jeté sur elle et l'avait saisie à bras-le-corps.

Elle se débattit furieusement, le frappant à coups redoublés, partout où elle pouvait, avec ses pieds, avec ses mains. Mais il la tenait fortement, ses bras étaient des liens solides ; impossible de lui faire lâcher prise.

— Voulez-vous écrire? dit-il d'une voix creuse.

Elle répondit :

— Lâche, lâche !

— Eh bien, c'est vous qui l'aurez voulu !

Il reprit, en élevant la voix :

— Allons, vous autres, venez !

Un bruit de pas lourds se fit entendre et deux hommes parurent.

— Je garde madame ici jusqu'à nouvel ordre, leur dit-il ; conduisez-la dans le logement de la tour des Dames, qui a été préparé à son intention.

Malgré sa résistance et ses cris, Lory et Colibri entraînèrent la comtesse dans la tour des Dames, où ils l'enfermèrent dans une cellule semblable à celle où Aurore était emprisonnée.

XIX

LES ASSASSINS

Le soir même, laissant leur maître au clos d'Iris, ses deux complices revinrent à Paris, où ils avaient une nouvelle mission à remplir. A ce sujet, ils avaient reçu de très sérieuses instructions. Ils ne devaient agir qu'avec la plus grande prudence et à coup sûr, l'essentiel étant de réussir et de ne pas risquer d'être inquiétés par la police. Ils devaient attendre patiemment l'occasion favorable, qui ne pouvait manquer de se présenter dans les trois jours, temps qui leur était accordé. Inutile de dire qu'une récompense au delà de leurs désirs était promise à chacun d'eux.

Le lendemain, Lory et Colibri, tous deux méconnaissables sous un déguisement, et à une distance d'environ cent pas l'un de l'autre, faisaient le guet rue du Rocher, les yeux braqués sur la porte d'entrée du n° 53:

Lory avait endossé la livrée d'un valet de bonne maison : tunique de drap fin vert olive, avec boutons de cuivre doré et liseré blanc, et s'était coiffé d'une casquette ornée d'un large galon. Colibri portait un costume complet de commissionnaire, d'un de ces braves Savoisiens ou Auverpins, qu'on rencontre au coin des rues, attendant la pratique, et qui font entre temps le métier de décrotteurs ; le tout était en velours marron défraîchi et usé jusqu'à la trame ; il avait acheté cette défroque, le pantalon et la veste ronde, flanquée de poches larges et profondes, quatre francs chez un fripier de la Chapelle.

Vers une heure de l'après-midi, le comte de Lasserre appela Théodore, lui

L'IDIOTE 561

Est-ce votre maître qui a écrit cette lettre? demanda-t-il.

remit une lettre qu'il venait d'écrire et le pria de la porter immédiatement chez la marquise de Montperrey. Théodore s'empressa d'obéir à son maître.

Lory et Colibri le virent sortir et descendre d'un pas rapide la rue du Rocher. Dès que Lory l'eut perdu de vue, il ôta sa casquette et eut l'air de s'essuyer le front. C'était un signe convenu. Colibri se mit aussitôt à descendre la rue, marchant à la rencontre de son camarade. Ils se trouvèrent bientôt face à face.

— Le domestique est allé faire une course, dit Lory tout bas, pour ne pas éveiller l'attention des passants, je crois que le moment est venu.

Liv. 71. F. ROY, éditeur. 71.

— S'il ne va qu'au boulevard Haussmann, il ne sera pas longtemps à revenir.

— Nous pouvons toujours compter une demi-heure.

— A peu près.

— Eh bien, nous avons tout le temps.

— Je ne sais pas, mais il me semble que j'aimerais mieux attendre à demain.

— Rien ne nous dit que l'occasion se représentera demain.

— Nous avons encore la journée d'après-demain.

— Dis donc plutôt que tu as peur !

— Moi, pas du tout !

— Alors, viens; ne perdons pas un temps précieux.

— Tu es décidé?

— Tu le vois bien.

— Allons-y.

Ils traversèrent la rue, Lory marchant le premier. Celui-ci entra dans la cour et s'avança vers la loge du concierge, laissant pour un instant Colibri sur le trottoir de la rue. Hardiment, Lory ouvrit la porte vitrée de la loge et se campa sur le seuil, emplissant toute l'ouverture, de façon à empêcher de voir dans la cour. Le concierge, qui était cordonnier, frappait, en ce moment, à grands coups de marteau sur une semelle qu'il préparait à recevoir l'empeigne. Il s'arrêta, jeta un regard sur Lory, porta la main à sa casquette pour saluer non l'homme, mais la livrée, et se remit à battre sa semelle; c'était dire à sa femme : A toi de répondre.

— C'est bien ici que demeure M. Pierre Rousseau? demanda Lory.

— Oui, c'est ici ; est-ce que vous avez à lui parler ?

— Une lettre à lui remettre de la part de mon maître.

— Eh bien, donnez votre lettre, je vais la monter.

— Excusez-moi, madame, mon maître m'a recommandé de remettre sa lettre moi-même à M. Pierre Rousseau, qui doit me donner une réponse.

— En ce cas, c'est différent. Prenez à gauche, l'escalier du perron, et montez au premier.

— Merci bien, madame.

Et il referma la porte de la loge, dans laquelle le marteau faisait un tapage infernal.

Pendant le court colloque entre Lory et la concierge, Colibri était entré dans la cour et l'avait traversée rapidement, en passant devant la loge sans être aperçu. Lory le trouva sur les marches de l'escalier.

— Tout va bien, lui glissa-t-il à l'oreille. Nous allons encore, comme c'est convenu, exécuter la même manœuvre, qui doit réussir comme la première.

Ils grimpèrent au premier étage. Colibri monta encore quelques marches de l'escalier, qui conduisait aux combles, et Lory sonna à la porte de l'appartement.

Au bout de deux minutes d'attente, un bruit léger se fit entendre à l'intérieur et la porte s'ouvrit.

Comme il s'y attendait, car il était parfaitement renseigné, l'instrument du vicomte de Sanzac se trouva en présence de Francesca, la muette, qui le regardait avec de grands yeux étonnés et ayant l'air de se demander si elle ne ferait pas bien de fermer la porte au nez de cet individu, dont la figure sournoise et le sourire faux ne lui plaisaient pas du tout.

Lory devina la défiance de la muette, fidèle à son maître comme un chien de garde, dont elle avait le flair.

— Je suis le valet de chambre de M. le marquis de Verveine, lui dit-il.

L'effet produit par ces mots fut magique. Le visage de Francesca s'épanouit aussitôt et ses yeux étincelèrent. La porte s'ouvrit toute grande devant le soi-disant envoyé du marquis. Lory entra et la muette referma la porte. Cela fait, elle prit une ardoise placée sur un bahut et la présenta à Lory avec un crayon, en lui faisant comprendre, par signes, qu'il fallait qu'il écrivît là son nom et de la part de qui il venait, pour qu'elle pût l'annoncer à son maître.

Lory prit le crayon et, sans trembler, d'une écriture grossière et avec une orthographe qui indiquait qu'il n'avait pas beaucoup fréquenté l'école, il traça les mots suivants, que nous reproduisons :

Domestc de M. le marqui de Vervaine, de la par de son mêtre.

Francesca reprit l'ardoise, fit un nouveau signe qui signifiait : attendez, ouvrit une porte et disparut.

Sans perdre une seconde, Lory ouvrit la porte d'entrée et Colibri pénétra furtivement dans l'appartement.

— La vieille muette va revenir, lui dit Lory à voix basse. Pénètre dans l'appartement par cette porte et cache-toi n'importe où, en attendant le moment d'agir.

Colibri ouvrit la porte indiquée et se trouva dans la salle à manger. La table ronde, couverte d'un tapis dont les coins touchaient le parquet, lui offrait une cachette sûre. Il souleva le tapis et se glissa sous la table.

Pendant ce temps, Francesca était entrée dans le cabinet du comte.

— Qu'est-ce? demanda-t-il, en se soulevant péniblement, et montrant à sa vieille domestique ses yeux sans éclat, sa figure pâle, amaigrie, ravagée par la douleur.

La comtesse qui, la veille, parlait de sa santé, de sa vigueur, de sa force, aurait été effrayée si elle l'eût vu en ce moment, courbé comme un octogénaire, anéanti et comme écrasé sous le poids de son malheur. Et de fait, le malheureux ne semblait plus être que l'ombre de lui-même ; en quelques jours, il avait vieilli de vingt années.

Francesca mit l'ardoise sous ses yeux.

Aussitôt, comme sous le coup d'une commotion électrique, le comte sursauta et se dressa sur ses jambes ; ses traits s'animèrent, et une clarté soudaine éclaira son regard.

La muette vit ce changement à vue et une grande joie pénétra dans son cœur.

— La personne qui veut me parler est un domestique du marquis de Verveine, lui dit le comte.

— Je le sais, répondit-elle par un double mouvement de tête.

— Je suis prêt à le recevoir ; va, Francesca, va

La muette sortit du cabinet.

— Enfin, murmura le comte, je vais donc apprendre quelque chose! Le misérable s'est décidé à faire une démarche près de moi... Après l'avoir attendue, je ne l'espérais plus !

Entendant un bruit de pas dans le salon, sa physionomie reprit subitement sa gravité habituelle.

La porte du cabinet était restée entr'ouverte ; Lory n'eut qu'à la pousser et il entra. Déjà le comte avait eu le temps de l'envelopper de son regard. Il éprouva la même impression que la muette et eut comme un mouvement de répulsion.

Lory, sa casquette à la main, s'était humblement incliné.

— Vous êtes au service du marquis de Verveine? lui dit M. de Lasserre.

— Oui, monsieur.

— Depuis longtemps?

— Depuis cinq ans.

— Qu'avez-vous à me dire?

— Une lettre de mon maître à remettre à monsieur, répondit Lory en tirant, en effet, un pli cacheté de la poche de sa tunique.

— Donnez, dit M. de Lasserre.

Lory tendit la lettre au comte.

Et pendant que le vieillard brisait le cachet de cire rouge et sortait la missive de l'enveloppe déchirée, Lory, tout en plongeant sa main dans sa poitrine, jeta un regard rapide autour du cabinet et sur le bureau où, dans un éblouissement et une sorte de vertige, il vit des piles de pièces d'or et des liasses de billets de banque entassées. Il y avait là cent mille francs, que M. de Lasserre, pour être prêt à tout événement, avait envoyé chercher la veille à la Banque de France.

Le vieillard avait déplié la lettre ; mais elle était d'une écriture si fine, si peu lisible, pour ne pas dire absolument indéchiffrable, ce qui, évidemment, avait été fait avec intention, qu'il s'arrêta court après avoir lu le mot... Monsieur.

— Est-ce votre maître qui a écrit cette lettre? demanda-t-il.

— Je l'ignore, monsieur; je l'ai reçue ce matin, dans une autre, avec l'ordre de la porter le jour même à M. Rousseau.

— C'est bien, fit le comte.

Et il s'approcha de la fenêtre, pensant qu'avec une clarté plus vive, il pourrait, sinon lire couramment, mais au moins épeler les mots. De la façon dont il se plaça devant la fenêtre, il tournait complètement le dos à Lory. Celui-ci avança lentement, sans faire aucun bruit, ce qui était facile, le parquet étant recouvert d'un tapis épais.

Le comte était parvenu à déchiffrer, à deviner, pour ainsi dire, une trentaine de mots composant une phrase vide de sens, à laquelle, d'ailleurs, il n'avait rien compris. Concentrant toute son attention, il redoubla d'efforts pour continuer sa lecture. Lory était arrivé derrière lui et le touchait presque. Le vieillard, sans défiance, absorbé, avait la tête inclinée sur le papier.

Lory sortit de sa poitrine sa main armée d'un poignard. Sa face de bandit prit une expression féroce. Il leva le bras, serrant fortement le manche du couteau. Un rayon de soleil, renvoyé par une des fenêtres d'une maison voisine, tomba sur la lame polie, longue, effilée, à deux tranchants, et fit jaillir au-dessus de la tête du comte un éclair qui passa devant ses yeux et lui fit faire un brusque mouvement. Aussitôt il poussa un cri rauque, étranglé. Lory venait de le frapper entre les deux épaules. La lettre s'échappa de ses mains, et avant qu'il ait eu le temps de se retourner, il s'abattit tout de son long, la face sur le tapis, déjà rouge de son sang, qui coulait comme d'une source.

Persuadé que le coup qu'il avait porté était mortel et que le vieillard ne se relèverait plus, l'assassin bondit vers le bureau, les mains ouvertes, et, précipitamment, avant de prendre la fuite, se mit en devoir de faire disparaître dans ses poches l'or et les billets de banque.

Ce travail de voleur avait à peine duré trois minutes. Pourtant, quand le misérable se redressa et voulut s'élancer hors du cabinet, il vit devant la porte, défendant la sortie, le comte debout, tout ensanglanté, menaçant, terrible!...

— Assassin! assassin! lui cria le vieillard d'une voix sépulcrale.

Lâche comme tous les scélérats, Lory recula avec épouvante, et ses yeux égarés cherchèrent une autre issue pour s'échapper. Il ne vit que la fenêtre; mais le saut à faire était périlleux. Il fallait fuir, pourtant, il le fallait à tout prix, n'importe comment. Il pensait bien à Colibri, qu'il pouvait appeler à son secours... Oui, mais pendant ce temps, la muette, libre de ses mouvements, pourrait courir chez le concierge, jeter l'alarme dans la maison et ameuter les locataires de l'autre corps de bâtiment. C'était essayer de sortir d'une situation difficile pour tomber dans un danger réel.

Lory sentit que le plus simple et le moins dangereux était de se faire livrer passage en luttant contre le comte, dont sans doute, il aurait facilement raison.

En faisant trois pas en avant pour prendre son élan et bondir sur le vieillard, son pied rencontra le poignard dont il s'était débarrassé dans la précipitation qu'il avait mise à s'emparer de l'or et des billets. Il se baissa en poussant un cri de triomphe et se redressa aussi vite, la main armée de nouveau du terrible couteau.

Alors livide, les yeux injectés de sang, grimaçant, hideux, le bras levé, il chercha, avant de s'élancer, la place où il devait frapper l'homme dont son digne maître voulait la mort.

Le comte, droit, la tête haute, une lueur sombre dans le regard, restait immobile devant la porte ainsi qu'une statue de bronze. Mais il ne perdait aucun des mouvements de l'assassin.

Le moment redoutable arriva. Lory se rua sur sa victime. Il n'eut pas le temps de frapper ; la main de fer du vieillard lui saisit le bras et le tordit comme une branche de bois vert, pendant que, de son autre main, le comte désarmait le bandit. Toutefois, comme il ne voulait pas, à son tour, faire usage du poignard, il le jeta.

Pendant un instant, la lutte continua corps à corps. Bien que blessé et perdant beaucoup de sang, le vieillard avait retrouvé, en face du danger, sa vigueur d'autrefois, sa force d'athlète. Vainement Lory chercha à renverser son adversaire, solide comme un roc, ce fut lui, à la fin, qui fut terrassé.

— A moi, Colibri, à moi ! criait-il, sentant le genou du comte peser sur sa poitrine.

Toute cette scène s'était passée en moins de temps qu'il n'en faut pour l'écrire.

Après avoir introduit Lory dans le cabinet de son maître, la muette était revenue dans la salle à manger, avait repris sur la table un ouvrage de lingerie auquel elle travaillait et s'était assise près de la cheminée, où une bûche achevait de se consumer.

Au cri poussé par le comte, effrayée, elle se dressa comme par un ressort. L'oreille tendue, elle entendit le bruit sourd que fit le vieillard en s'abattant sur le parquet. Sans pouvoir rien deviner, elle sentit, à son émotion douloureuse, que quelque chose d'étrange se passait dans le cabinet. Elle se débarrassa de son ouvrage, qu'elle tenait encore, et marcha vers la porte du salon. Soudain, Colibri sortit de dessous la table et se dressa devant elle. Alors, terrifiée, elle se rejeta en arrière, faisant entendre, non pas son grognement habituel, mais une sorte de rugissement rauque.

— On ne sort pas d'ici, lui dit Colibri d'une voix sourde.

Francesca promenait autour d'elle ses yeux effarés, cherchant une arme quelconque pour se défendre. Maintenant, elle comprenait que deux malfaiteurs, deux voleurs s'étaient introduits chez son maître pour le voler et l'assassiner. Sa peur et son anxiété étaient horribles. Son maître avait poussé un cri ; il avait été frappé ; il était tombé, elle avait entendu le bruit de sa chute... Ah !... il était mort, peut-être!... Et, frappée d'épouvante, inerte, elle restait là, haletante, au lieu de courir au secours du comte, malgré le misérable qui voulait l'en empêcher !

Tout à coup ces mots : « assassin ! assassin ! » prononcés par le comte, retentirent à ses oreilles. Elle poussa un nouveau rugissement et, oubliant le danger qu'elle courait elle-même, ne songeant plus qu'à défendre son maître, elle bondit vers la porte. Tentative inutile. Colibri se jeta sur elle, la saisit à la gorge et la serra avec une telle force qu'elle fit entendre un râlement prolongé dans lequel s'éteignit sa respiration. Les veines de son cou s'étaient gonflées et, son visage se plaquait de taches rouges, violacées.

Colibri s'aperçut qu'elle ne faisait plus aucun mouvement et sentit qu'elle s'affaissait ; il desserra ses mains crispées autour du cou de la vieille femme et lourdement, elle tomba sur le parquet.

— Elle est morte, murmura-t-il, j'ai serré trop fort, je l'ai étranglée.

C'est à ce moment que Lory, terrassé par le comte, cria : « A moi, Colibri, à moi ! »

Cet appel à l'aide disait assez à l'étrangleur que Lory, seul, ne pouvait venir à bout du vieillard. Il lança autour de lui un regard farouche, et abandonnant Francesca, qui ne donnait plus signe de vie, il s'élança hors de la salle à manger.

Le comte, maître de son ennemi, couché sur le dos et serré sous son genou puissant, pouvait le broyer comme un hideux reptile. Il n'avait que ce moyen de se débarrasser du bandit, mais de même qu'il n'avait point voulu le frapper après l'avoir désarmé, il lui répugnait encore de se faire justice lui-même ; il ne se sentait pas le courage, bien qu'il fût en état de légitime défense, de devenir un meurtrier.

Sans vouloir le blâmer, nous devons reconnaître que M. de Lasserre avait eu trop souvent de ces excès de générosité mal comprise.

L'arrivée de Colibri, accourant au secours de son complice, et attaquant le comte par derrière, changea la face des choses. Deux misérables, prêts à tuer, contre un homme déjà blessé, affaibli par le sang qu'il avait perdu et qui voulait seulement se défendre, la lutte n'était pas à forces égales.

Lory, dégagé, se releva. Vainement le vieillard rassembla tout ce qui lui restait de vigueur pour résister au choc des deux bandits se ruant ensemble sur lui, il fut ébranlé, soulevé et terrassé à son tour. Il se défendait toujours et pendant un instant encore la lutte continua, terrible, acharnée.

Mais le vieillard sentit, tout à coup, que ses forces l'abandonnaient ; un nuage s'épaississait devant ses yeux, il ne voyait presque plus ; un froid glacial passait dans ses membres, qui commençaient à s'engourdir, il allait perdre la respiration. Il comprit qu'il était perdu ; la dernière minute de sa vie allait sonner ! Il avait espéré qu'un secours lui viendrait du dehors, il ne l'attendait plus. Au milieu du vacarme que faisait le marteau sur le cuir, les concierges n'avaient pu entendre ses cris et le bruit de la lutte qu'il essayait de soutenir encore. Inutilement, hélas! il prolongeait son agonie.

Il pensa à sa fille et à sa femme aussi, et dans un spasme horrible son cœur se serra et sembla se tordre.

— Ma fille, ma pauvre fille! murmura-t-il.

XX

LE COUP MANQUÉ

Le comte fit un dernier et suprême effort pour repousser les deux assassins, puis, ses forces complètement paralysées, il n'eut plus que quelques mouvements convulsifs.

— Il faut l'achever, dit Lory d'un ton lugubre.

— Et filer au plus vite, ajouta Colibri. Tiens-le bien, je vas l'étrangler, ajouta le scélérat en ouvrant ses mains nerveuses, fortes comme des tenailles.

— Ce serait trop long, répliqua l'autre; as-tu ton couteau?

— Je l'ai.

— Eh bien, enfonce-le dans sa gorge.

— Ça ne va pas être long.

Le misérable tira le couteau de sa poche et l'ouvrit.

Malgré le tintement qui se faisait dans ses oreilles, le comte entendit; ses yeux, qui ne voyaient plus, s'ouvrirent démesurément et prirent une expression effrayante.

Colibri, un genou sur le parquet, le haut du corps appuyé sur sa main gauche, leva le bras droit et fixa ses yeux vitreux et féroces sur la partie découverte du cou de la victime.

Il allait frapper; il n'en eut pas le temps.

Deux hommes, armés chacun d'un revolver, firent irruption, tout à coup, dans le cabinet. C'étaient Gabiron et Noirot.

Pendant que, d'un formidable coup de pied, le premier envoyait Colibri rouler à quatre pas sur le parquet, Noirot se précipitait sur Lory, l'acculait au fond de la pièce et le tenait en respect, le canon de son revolver sur sa poitrine.

Colibri se releva, blême d'épouvante, poussa une sorte de hurlement et, d'un bon de chacal, s'élança vers la porte, espérant pouvoir prendre la fuite. Mais le revolver de Gabiron se trouva à la hauteur de sa tête.

— Si tu fais encore un mouvement, lui dit l'agent d'une voix terrible, je te tue comme un chien!

Colibri recula en grinçant des dents.

Gabiron jeta un regard sombre sur les deux bandits, qui, en rampant, étaient parvenu à se rapprocher l'un de l'autre.

La muette, les vêtements en désordre, les yeux hagards, ses cheveux gris épars sur ses épaules, toute tremblante, se soutenant à peine, était entrée dans le cabinet derrière les deux agents et s'était aussitôt agenouillée près de son maître.

Le comte se souleva, saisit la main de sa fidèle servante et la serra en murmurant ce mot : merci.

Puis se tournant vers Gabiron :

— Vous êtes arrivé à temps, mon ami, lui dit-il; une seconde plus tard, j'étais mort!

Liv 72. F. ROY, éditeur.

— Mais vous êtes blessé !

— Pas dangereusement, je crois ; je ne sens pas qu'il y ait une hémorragie interne ; je respire difficilement, mais les poumons fonctionnent ; je serais déjà debout, si le sang que j'ai perdu et la lutte que j'ai soutenue n'avaient pas complètement épuisé mes forces.

— Malheureusement, nous ne pouvons pas, mon camarade et moi, vous secourir en ce moment ; il faut que nous ayons l'œil sur ces brigands qui, sans cela, tenteraient de nous échapper et y parviendraient peut-être. Nous avons besoin de renfort ; il faut absolument que votre domestique aille chercher le concierge et nous apporte des cordes assez solides pour garrotter les deux misérables.

— Francesca, dit le comte, tu as entendu ? Va, va, vite !

Un peu rassurée par les paroles de son maître, la muette s'éloigna aussi rapidement que ses jambes pouvaient le permettre.

Le comte parvint à se traîner jusqu'à son bureau et, après quelques efforts, à s'asseoir dans son fauteuil, aidé de Gabiron, qui le soutenait d'une main, en même temps que de l'autre main il se tenait prêt à faire feu sur Colibri.

Mais, comprenant que les deux agents n'hésiteraient pas un instant à leur brûler la cervelle, les complices du vicomte de Sanzac n'osaient pas bouger. Écumant de rage, jetant autour d'eux des regards de fou, ils se bornaient à rugir sourdement.

Ouvrons ici une parenthèse, et disons comment la porte d'entrée de l'appartement s'était ouverte devant Gabiron, qui venait, ainsi que nous l'avons précédemment expliqué, instruire le comte de Lasserre de la disparition de l'institutrice et lui présenter en même temps son camarade Noirot.

Serrée au cou comme dans un étau par les mains de Colibri, la muette avait perdu la respiration ; cependant, elle eut la présence d'esprit de simuler une asphyxie complète, en ne faisant plus un mouvement et en laissant fléchir ses jambes. Elle échappa ainsi à l'horrible étreinte de l'étrangleur, sa ruse lui sauva la vie.

Dès que Colibri se fut élancé hors de la salle à manger, elle respira à pleins poumons et se sentit renaître. Mais ce n'était pas assez pour elle d'avoir échappé à une mort presque certaine, c'est son maître, aux prises maintenant avec les deux misérables, c'est son maître qu'il fallait sauver.

Seule, elle ne pouvait rien ; elle comprit qu'elle n'avait qu'une chose à faire, courir chez le concierge et l'appeler, ainsi que sa femme, au secours de son maître.

Ses forces lui revenaient peu à peu ; mais, hélas ! pas assez vite, car elle entendait le bruit de la lutte qui continuait, lutte désespérée du comte, qui devait fatalement être vaincu et frappé à mort, si l'on n'arrivait pas assez tôt pour l'arracher des mains des assassins.

Enfin, après avoir rampé comme un serpent, elle parvint à s'accrocher à un meuble et à se remettre sur ses jambes. Alors, en s'appuyant au mur, elle put gagner la porte de la salle à manger, faisant face à celle du palier. Elle n'avait plus que quelques pas à faire pour ouvrir cette dernière porte lorsque, soudain, le timbre sonna.

— C'est Théodore qui revient, pensa-t-elle.

La joie qu'elle éprouva augmenta encore ses forces; elle traversa l'entrée, ouvrit la porte, et, voyant Gabiron accompagné d'un autre homme, elle essaya de leur faire comprendre, par une pantomime rapide et expressive, que son maître était en danger de mort et qu'ils n'avaient pas une seconde à perdre s'ils voulaient le sauver.

Mais ce que Gabiron comprit mieux que les gestes et le jeu du regard épouvanté de la muette, ce furent ces mots sinistres qui arrivèrent distinctement à ses oreilles : « Enfonce-le dans sa gorge! » Vivement, il s'arma de son revolver; Noirot l'imita et tous deux se précipitèrent vers le cabinet du comte, où nous les avons vus entrer comme une bombe.

On ne pouvait dire encore que M. de Lasserre, blessé, n'était plus en danger de mort; mais Gabiron et Noirot l'avaient délivré; et les complices du vicomte de Sanzac, ayant devant eux deux hommes résolus, qui ne se seraient fait aucun scrupule de leur loger, à bout portant, deux ou trois balles dans la tête, n'avaient plus l'espoir d'échapper à la justice et au juste châtiment qui les attendait.

Ils étaient pris, les misérables! Et cela par la faute de Lory, qui avait compté sans la force herculéenne du comte, et qui n'ayant pu résister à la tentation de voler, avait perdu un temps précieux à fourrer dans ses poches les piles de pièces d'or et les liasses de billets de banque étalées sur le bureau.

Cinq minutes ne s'étaient pas encore écoulées depuis que Francesca était sortie du cabinet, lorsque le concierge arriva tout essoufflé. Dans son trouble, il avait gardé son marteau dans sa main et ne s'était pas débarrassé non plus de son tablier de cuir, noir de poix.

A la vue de son locataire, affaissé dans un fauteuil, la tête renversée en arrière et blanc comme un suaire; à la vue des deux hommes tenus en respect par Gabiron et Noirot, armés de revolvers, et des flaques de sang qui rougissaient le tapis, le concierge poussa un oh! étranglé, blêmit, et, droit comme un I, la bouche ouverte, écarquillant les yeux, il resta immobile comme s'il eût été subitement pétrifié.

Mais Gabiron lui rappela vite qu'il n'avait pas été appelé pour jouer un rôle de statue.

— Où est votre femme? lui demanda-t-il.

— Elle va venir. Je ne sais pas si elle a bien compris madame Francesca : elles sont à chercher des cordes.

— C'est ce que nous attendons, maintenant que vous êtes là, vous, pour nous prêter main-forte.

Au bout de quelques minutes, la muette reparut, accompagnée de la concierge, qui apportait les cordes demandées.

Pendant que les deux femmes s'empressaient de donner des soins au blessé, Gabiron et le concierge saisirent Colibri, et, en un seul instant, malgré sa vive résistance, ils lui lièrent solidement les jambes au-dessus des chevilles et les deux bras aux poignets. Ensuite ils passèrent à Lory. Le misérable eut beau se défendre à coups de poing, il fut renversé, étendu sur le dos comme l'autre, et solidement garrotté.

— Maintenant, dit Gabiron, nous pouvons respirer et nous occuper d'autres choses. Mais, d'abord, songeons au plus pressé.

Il s'approcha du comte. Le vieillard, d'une force et d'une énergie vraiment peu communes, n'avait pas perdu connaissance; mais il était dans un état de faiblesse extrême et ne pouvait plus parler. La muette, interprétant l'expression du regard de son maître, fit comprendre à Gabiron qu'il désirait être couché, et qu'il fallait qu'on le transportât dans sa chambre.

— Vous allez m'aider, dit l'agent au concierge. Vous, Noirot, continua-t-il, restez ici pour garder nos prisonniers, et occupez-vous à ramasser les pièces d'or qui sont sorties de la poche de celui-là pendant que nous le garrottions... Tenez, en voilà encore une douzaine d'autres qui se promènent sur le tapis.

— Est-ce qu'on ne fait pas prévenir le commissaire de police? interrogea Noirot.

— Quand le moment sera venu. La première personne qu'on doit appeler ici est un médecin. En connaissez-vous un dans le quartier? demanda-t-il au concierge.

— Dans la rue même, au n° 42.

— Courez le chercher, ordonna Gabiron, s'adressant à la femme du concierge; qu'il vienne immédiatement. Ah! une recommandation expresse : ne dites pas un mot, à personne, de ce qui s'est passé ici.

Le comte devina sans doute la pensée de Gabiron, car il approuva par un mouvement de tête.

La femme partit. Gabiron et le concierge enlevèrent le blessé dans son fauteuil et, secondés par Francesca, qui soutenait la tête de son cher maître, ils le transportèrent dans sa chambre, qui faisait suite au salon. Le plus doucement possible et avec beaucoup de précautions, ils le déshabillèrent et le couchèrent dans son lit.

Presque aussitôt, le comte se sentit beaucoup mieux. La position horizontale lui était favorable. Il avait déjà prononcé quelques mots, d'une voix faible, lorsque le médecin arriva.

— Voyez, lui dit Gabiron, en lui montrant le blessé. M. Pierre Rousseau, continua-t-il, a été victime, tout à l'heure, d'une tentative d'assassinat; il a été frappé dans le dos d'un coup de poignard.

Le docteur s'approcha du lit, aida le comte à se mettre sur le côté, déchira la chemise ensanglantée et examina la plaie.

— Il faut que je retourne chez moi, fit-il.

— Pourquoi? demanda Gabiron.

— On ne m'a pas dit de quoi qu'il s'agissait, et je n'ai pas apporté les objets qui me sont nécessaires.

— Tout ce dont vous pouvez avoir besoin se trouve ici, monsieur. Regardez.

Et Gabiron ouvrit un meuble-vitrine sur les rayons duquel il y avait toute une petite pharmacie et un certain nombre d'instruments de chirurgie.

— Je suis chez un confrère, pensa le docteur.

— Monsieur le docteur, reprit Gabiron, tout ce qu'il y a là est à votre disposition.

— C'est bien, dit le médecin.

Il commença par sonder la plaie, autour de laquelle le sang avait fini par se coaguler.

— La lame a dévié, répondit-il à une interrogation muette de Gabiron; tout en pénétrant assez profondément dans les chairs, elle a heureusement rencontré l'omoplate. De la façon dont le coup a été porté, d'une main sûre, le fer devait traverser le poumon gauche et atteindre le cœur; c'eût été, dans ce cas, la mort presque instantanée. Le blessé a dû faire, au moment où il a été frappé, un mouvement brusque qui l'a sauvé... Vous pouvez vous rassurer, ajouta-t-il, aucun organe n'est atteint et la blessure n'a pas un caractère dangereux.

— Bon! fit Gabiron.

Le comte poussa un long soupir et la muette tomba à genoux en levant vers le ciel ses mains tremblantes.

Le médecin avait tout sous la main. Il eut bientôt lavé la plaie et fait son pansement.

— Maintenant, dit-il, quand il eut terminé, ma présence n'étant plus nécessaire, je me retire; le blessé a perdu beaucoup de sang, il est très faible, il faut le laisser reposer pendant quelques heures. Je reviendrai ce soir. D'ici là, comme la fièvre va augmenter, s'il demande à boire, on lui donnera une ou deux cuillerées de cette potion que je viens de préparer.

Gabiron accompagna le médecin jusqu'à la porte.

— C'est ici, chez lui, que M. Rousseau a été frappé?

— Oui.

— Quel était le mobile du crime?

— Le vol.

— Connaît-on le voleur?

— Ils sont deux.

— Ah! Et ils se sont échappés?

— Non. Un de mes amis et moi, nous sommes arrivés pour les empêcher de commettre l'assassinat et les arrêter.

— Où sont-ils?

— Ici, dans la pièce où s'est passé le drame, les jambes et les bras solidement liés, et gardés à vue par surcroît de précautions.

— Est-ce que vous n'avez pas envoyé chercher le commissaire de police?

— Pas encore.

— Mais, c'est ce que vous devez faire.

— Plus tard.

— Qu'attendez-vous?

— Les ordres de M. Rousseau.

— La victime ne peut avoir d'autre intention que celle de livrer ces malfaiteurs à la justice.

— Sans doute, monsieur; mais, pour de certaines raisons d'un intérêt majeur, je crois devoir ne point me presser d'ébruiter la chose. Je vous le répète, j'attends la décision de M. Rousseau; je ne puis rien faire avant. Je vous ai accompagné, monsieur le docteur, pour vous prier de ne pas dire, au moins jusqu'à demain, pourquoi vous avez été appelé chez M. Rousseau.

— C'est le secret que vous me demandez?

— Oui, monsieur le docteur.

— Je garderai le silence.

— Merci!

Ils se saluèrent et Gabiron referma la porte. En se retournant, ses yeux tombèrent sur l'ardoise, qui servait à la muette pour annoncer les visiteurs à son maître.

— Oh! fit-il, après avoir lu ce que Lory avait écrit sur l'ardoise.

Puis un éclair sillonna son regard et un sourire singulier courut sur ses lèvres.

A côté de l'ardoise il y avait une éponge dans une soucoupe de porcelaine. Il la prit et effaça l'autographe de Lory. Cela fait, il traversa le salon et entra dans le cabinet du comte, où Noirot, toujours armé de son revolver, faisait bonne garde.

Gabiron jeta un regard sombre sur les deux bandits qui, en se tordant et en rampant, étaient parvenus à se rapprocher l'un de l'autre, afin d'échanger quelques paroles à voix basse.

— Eh bien? interrogea Noirot.

— Il est extrêmement faible.

— Qu'a dit le médecin?

— La blessure, jusqu'à présent, ne paraît pas dangereuse, répondit Gabiron.

— Quel bonheur! s'écria Noirot, dont le front s'éclaira.

Il montra à Gabiron les pièces d'or qu'il avait ramassées et placées sur le bureau.

— Mais ce n'est pas tout, dit-il ; je n'ai pas voulu le fouiller, le brigand, mais je suis sûr qu'il a les poches pleines.

— Soyez tranquille, Noirot, nous les viderons avant qu'on les emmène d'ici.

— J'ai aussi ramassé, près de la fenêtre, la lettre que voilà.

— Ah ! fit Gabiron.

La lettre était posée sur son enveloppe ; il prit l'une et l'autre et les examina avec attention. — On a su trop bien écrire l'adresse de M. Rousseau pour qu'on n'ait pas écrit, avec intention, la lettre d'une façon illisible, pensa-t-il. Il fallait occuper la victime, détourner son attention d'une manière quelconque pour pouvoir la frapper, et on a imaginé cela.

Il tourna le feuillet pour voir la signature.

Le mot « marquis » était assez lisiblement tracé, mais on pouvait mettre au défi l'expert en écritures le plus habile de deviner que les pattes de mouches fantaisistes qui suivaient composaient ce prénom et ce nom « Adrien de Verveine ».

Gabiron hocha la tête, et ce même sourire singulier, qu'il avait eu en passant l'éponge sur l'ardoise, reparut sur ses lèvres.

Il remit la lettre et l'enveloppe sur le bureau.

A ce moment le concierge se montra sur le seuil de la porte.

— Monsieur Gabiron, dit-il, M. Rousseau vous demande.

L'agent se rendit aussitôt dans la chambre du comte. Théodore venait de rentrer. Sous le coup d'une émotion terrible, le fidèle serviteur, que M. de Lasserre avait envoyé chez la marquise de Montperrey, apportait la réponse verbale de la marquise : Gaston de Limans et de Charmeille n'étaient pas encore de retour à Paris.

— Rien, toujours rien, dit le comte à Gabiron d'un ton douloureux ; madame de Montperrey, sur laquelle je comptais, est impuissante comme nous.

D'un signe il congédia Théodore et Francesca, qui se retirèrent aussitôt.

— Je vous ai fait appeler, Gabiron, fit-il, parce que j'ai besoin de causer avec vous ; je me sens encore assez fort pour cela, et je veux profiter de ce moment de répit que me laisse la fièvre, qui ne tardera pas à s'emparer de moi ; demain, dans quelques heures peut-être, je ne pourrai plus parler.

— Est-ce que vous vous sentez plus mal ?

— Non, Dieu merci ! j'ai perdu beaucoup de sang, et je prévois quelles seront les suites de mon épuisement. Pendant huit jours, peut-être plus longtemps, je ne serai capable de rien : il est donc bon que je prenne certaines dispositions. Vous m'avez sauvé la vie, mon ami ; je saurai reconnaître le service que vous m'avez rendu. Je ne comptais pas sur votre secours, car je ne vous attendais que plus tard, à l'heure où vous venez d'habitude. Si vous avez quelque chose à me dire, parlez, je vous écoute...

— J'ai à vous instruire d'un fait qui me paraît avoir une certaine importance.
— Dites, dites vite.

Gabiron commença par parler au comte de ses soupçons sur madame Durand, ce qui l'avait décidé le matin même, à lui faire une visite. Ensuite il raconta, aussi exactement que possible, sa conversation avec la concierge de la rue Davy.

Le comte s'était soulevé sur son lit et avait écouté les yeux flamboyants.

— Ah ! je ne comprends plus rien, s'écria-t-il ; tout est faux, rien n'est vrai ! Je ne vois plus que des choses épouvantables, monstrueuses !... Ah ! c'est à en devenir fou ! Le doute me frappe d'une façon plus terrible que le poignard de l'assassin ; il me brise, il me tue !... Je me débats dans les ténèbres au milieu d'un cercle dont je ne puis sortir. Derrière moi, devant moi, à ma droite, à ma gauche, l'infamie ! L'infamie est partout !

Il retomba lourdement sur le lit, en faisant entendre un sourd gémissement.

— Pauvre père ! dit tout bas Gabiron.

XXI

APRÈS LE CRIME

Après un moment de silence, le comte reprit :

— Gabiron, ce que vous venez de m'apprendre a, en effet, une certaine importance. Voyons, quelle est la signification, selon vous, de la disparition de l'institutrice de mademoiselle Delorme ? Que supposez-vous ? Que croyez-vous ?

— Mes doutes se sont presque changés en certitude.

— Ainsi, vous pensez ?

— Je pense que l'institutrice a aidé à l'enlèvement. Je n'ose pas dire encore que cette femme est également de complicité dans la tentative d'assassinat dont vous venez d'être victime ; mais j'ai la conviction qu'il existe entre elle et M. de Sanzac des rapports qui permettent d'admettre bien des choses.

M. de Lasserre eut une sorte d'étouffement, qui fut sur le point d'amener une syncope.

— Mon Dieu, vous vous trouvez mal ! fit Gabiron effrayé.

— Non, non, ce n'est rien, un simple malaise, répondit le comte, en se raidissant contre sa faiblesse. Vous croyez donc, continua-t-il, que ces deux hommes, qui ont voulu m'assassiner, ont été payés pour commettre ce crime ?

— Oui, et vous en avez comme moi la certitude.

— Eh bien, je ne veux pas vous le cacher, oui, je crois que ces deux individus sont les exécuteurs des ordres donnés par le vicomte de Sanzac et le marquis de Verveine.

— Pourquoi avez-vous voulu m'assassiner? demanda-t-il, s'adressant à Lary.

— Par M. de Sanzac, oui, mais pas par le marquis.

— Pourquoi accuser l'un et pas l'autre?

— Avant de répondre à cette question, je dois sortir de la réserve que j'ai gardée jusqu'ici vis-à-vis de vous. Je vous ai trompé, monsieur : mais vous me pardonnerez; car la preuve de mon profond respect pour votre personne est dans le silence que j'ai gardé. Je sais que vous vous faites appeler ici M. Pierre Rousseau, au boulevard Haussmann M. Delorme, et qu'aucun de ces deux noms n'est le vôtre; je sais que madame Delorme n'est pas la mère de mademoiselle

Aurore. Ce n'est pas tout : je sais encore que mademoiselle Aurore est votre fille et que vous vous nommez monsieur le comte de Lasserre.

— Comment avez-vous appris cela?

— Ce serait un peu long à raconter en ce moment; mais je puis vous dire que je savais toutes ces choses lorsque je me suis présenté ici la première fois.

— Est-ce bien tout ce que vous savez? demanda le comte avec une anxiété visible.

— Si je ne craignais pas de réveiller de pénibles souvenirs...

— Ne craignez rien.

— Eh bien, je dois dire à monsieur le comte que j'ai deviné pourquoi il m'a fait découvrir, autrefois, que le vicomte de Sanzac s'était rendu à Menton, après avoir quitté précipitamment Paris. Je sais que M. de Sanzac...

— Savez-vous ce qu'est devenue la comtesse de Lasserre? lui demanda le comte en l'interrompant brusquement.

— Je l'ignore, monsieur le comte.

Le vieillard sentit sa poitrine allégée d'un poids énorme.

— Qu'alliez-vous me dire du vicomte de Sanzac? demanda-t-il.

— J'allais vous dire, monsieur le comte, que vous avez dans cet homme un ennemi mortel.

— Je le sais.

— Il n'ignore pas que vous vous cachez ici sous le nom de M. Pierre Rousseau, et dans mademoiselle Aurore Delorme il a reconnu mademoiselle de Lasserre.

Une clarté soudaine se fit dans l'esprit du comte.

— Ah! je comprends, je comprends, murmura-t-il.

— Oui, dit Gabiron, le vicomte de Sanzac vous poursuit de sa haine et de sa vengeance et vous frappe sans pitié.

— Les infâmes! se dit-il, c'est ma mort qu'ils veulent, ma mort qu'ils attendent!

Convaincu que la comtesse de Lasserre était la complice du vicomte, le malheureux, égaré, ayant la conscience troublée, ne tenait plus compte de rien à la pauvre femme : sa conduite exemplaire pendant seize années, ses souffrances, ses misères, son humilité, ses remords, le repentir de sa faute, ce qu'elle avait fait pour sa fille, tout cela était effacé. Il accusait sa femme et rien ne protestait en lui; son amour même, qu'il n'avait pu éteindre dans son cœur, ne parlait pas en faveur de la comtesse, n'essayait même pas de la défendre!

— Maintenant, monsieur le comte, reprit Gabiron, je vais répondre à la question que vous m'adressiez tout à l'heure. « Pourquoi accusez-vous le vicomte de Sanzac seul? » m'avez-vous demandé. — Je l'accuse seul, monsieur le comte, parce que j'ai la certitude que le marquis de Verveine est innocent. Nous avons pu croire qu'il était l'auteur de l'enlèvement de mademoiselle de Lasserre; mais nous nous sommes trompés...

— Pourtant Gabiron, il y a un fait sérieux : pourquoi la journée où ma fille a disparu, le marquis a-t-il quitté Paris, secrètement, sans qu'on ait pu savoir depuis où il est allé.

— Sans doute il y a là quelque chose d'obscur qui parle contre lui. S'il n'y avait pas eu cela, vous ne l'auriez point soupçonné. Mais qui nous dit que son brusque départ de Paris et son absence prolongée ne sont pas le résultat d'une autre machination du vicomte? Ses deux meilleurs amis, M. de Limans et M. de Charmeille, n'ont-ils pas également quitté Paris le même jour, et probablement avec lui? Plus tard, monsieur le comte, nous aurons l'explication de ce que nous ne comprenons pas aujourd'hui.

— Enfin, selon vous, le marquis n'est pour rien dans les agissements du vicomte.

— C'est ma conviction.

— Depuis quand avez-vous cette conviction?

— Depuis que je vous ai vu sous le couteau d'un assassin.

— Ah!

Tout en entrant dans votre cabinet, j'ai reconnu l'un des deux misérables.

— Lequel?

— Celui qui porte une livrée.

— Il s'est présenté avec une lettre.

— Une lettre qui n'en est pas une.

— Se disant domestique du marquis de Verveine.

— Je le sais, car j'ai vu et effacé ce qu'il a écrit sur l'ardoise. Eh bien, monsieur le comte, cet homme, qui répond au nom de Lory, n'a jamais appartenu au marquis de Verveine; il est le valet de chambre du vicomte de Sanzac. Comme vous le voyez, le maître et le valet se valent.

Oui, monsieur le comte, je suis certain, maintenant, que nous accusions à tort le marquis de Verveine, et voici sur quoi j'appuie ma conviction : s'il était le complice du vicomte, les deux misérables ne se seraient point présentés ici comme envoyés par lui; il ne peut être le complice du vicomte, parce qu'un homme de son âge, à qui l'avenir sourit, et qui porte le nom de Verveine, ne peut être un lâche assassin; s'il était le complice du vicomte, il saurait que vous êtes le comte de Lasserre et que la jeune fille qu'il aime est votre fille; il ne peut être le complice du vicomte, parce qu'il n'est pas admissible qu'il ait armé deux misérables pour assassiner le père de la jeune fille qu'il aurait enlevée avec l'intention de l'épouser.

Enfin, monsieur le comte, si le marquis de Verveine était l'auteur de l'enlèvement, il aurait déjà fait une démarche auprès de vous ou tout du moins auprès de madame Delorme. On ne fait rien sans raison. Dans quel but le marquis aurait-il enlevé mademoiselle de Lasserre? Pour vous forcer à la lui donner en mariage, un autre motif vous ne le trouverez pas. Or, si le marquis était l'auteur ou seulement de complicité dans l'enlèvement, il vous aurait déjà dit : « Monsieur le comte, j'ai commis une mauvaise action, mais je suis prêt à une réparation. »

Je conclus donc de tout cela, monsieur le comte, que le marquis de Verveine est innocent.

— Ce que vous venez de me dire, Gabiron, me paraît d'une logique absolue, et je commence à croire, comme vous, que je me suis trompé.

— Si je faisais venir ici Louis, le cocher de madame Delorme, il n'hésiterait pas à reconnaître dans l'un des deux hommes celui qui lui a fait boire un narcotique dans le cabaret de la rue Davy; mais cela n'est pas utile ; je suis sûr que ce sont ces deux misérables, payés pour vous assassiner, qui ont enlevé mademoiselle de Lasserre.

— Mais, alors, dit le comte, ils savent où est ma fille.

— Sans aucun doute.

— Mais il faut qu'ils parlent, Gabiron, il le faut.

— J'ai bien peur qu'ils ne veuillent pas trahir leur maître.

— Pour qu'ils vous disent où est ma fille, promettez-leur...

— Quoi, monsieur le comte?

— Donnez-leur la somme volée sur mon bureau : cent mille francs.

— Que voulez-vous qu'ils fassent d'une pareille somme en prison?

— Avec l'argent, la liberté, Gabiron.

— Oh! quant à cela, jamais! La liberté à des assassins! Vous n'y pensez pas?

— Mais ma fille, ma fille ?

— On retrouvera sans cela mademoiselle de Lasserre et aussi le vicomte de Sanzac, monsieur le comte; le juge d'instruction, les commissaires de police et les agents de la sûreté seront plus habiles ou plus heureux que moi.

Le blessé se dressa sur son lit, le regard effrayant.

— Je ne veux pas, entendez-vous, Gabiron, s'écria-t-il, je ne veux pas que la justice se mêle de mes affaires!

— Pourtant, monsieur le comte.

— Rien, rien, si je me suis adressé à votre agence, à vous, c'est que je ne voulais point me servir de la police.

— Le juge d'instruction interrogera les deux coupables et s'ils font des aveux...

— Avant le juge d'instruction je les interrogerai, moi.

— Quoi, vous voulez?...

— Les interroger, vous dis-je, et à l'instant. Qu'ils viennent ici, allez les chercher!

L'ordre était donné si impérieusement, que Gabiron n'osa rien objecter.

Il sortit. Au bout d'un instant, il revint accompagné de Noirot, et amenant les deux bandits, dont ils avaient seulement délié les jambes. Le comte était assis sur son lit, le dos appuyé sur les oreillers et l'édredon entassés.

— Pourquoi avez-vous voulu m'assassiner? demanda-t-il, s'adressant à Lory.

— Pour vous voler, répondit hardiment le misérable.
— Vous mentez !
— Alors, admettons que j'aie voulu vous tuer tout simplement pour m'amuser.
— Pourquoi vous êtes-vous présenté chez moi, vous disant domestique du marquis de Verveine et venant de sa part?
— Un moyen pour être reçu.
— Vous saviez donc que ce moyen réussirait?
— Parbleu !
— Comment le saviez-vous?
— Parce que vous connaissez le marquis de Verveine, qui vous a emprunté dernièrement trente mille francs.
— Qui vous a dit cela?
— Qu'importe, puisque je le sais?
— Avouez donc que vous avez été renseigné par votre maître.
— Mon maître? Je n'ai pas de maître, moi.
— Vous êtes le valet de chambre du vicomte de Sanzac, et vous vous nommez Lory.
— C'est faux ! Je ne connais pas le vicomte de Sanzac ; c'est la première fois que j'entends parler de ce vicomte-là !
— Tu mens, brigand ! exclama Gabiron ; j'ai vu assez de fois ta figure sournoise et tes yeux louches pour te reconnaître, tu es Lory.

Le misérable jeta un regard de travers sur Gabiron et haussa les épaules.
— Non, dit Noirot, qui, depuis un instant, l'examinait attentivement, il ne se nomme pas Lory.

D'un mouvement rapide, il lui arracha sa barbe postiche et s'écria :
— Ah! ah! je te reconnais aussi, moi : tu t'appelles Jacques Séguin. C'est déjà moi qui t'ai pincé, il y a huit ans ; tu as été condamné à vingt ans de travaux forcés et tu t'es évadé du bagne.
— Eh bien, après? fit le coquin d'une voix creuse.
— Tu seras condamné de nouveau et j'espère bien que, cette fois, tu n'échapperas pas au châtiment.
— C'est à savoir.
— Lory, reprit le comte, voulez-vous parler et dire la vérité !
— Je l'ai dite, la vérité... Je me suis servi d'un prétexte pour me faire ouvrir votre porte et arriver jusqu'à vous ; je vous ai frappé de mon poignard pour vous tuer et vous voler ensuite. Je n'ai pas réussi, j'ai été maladroit, tant pis pour moi ; j'en subirai les conséquences.
— Pourquoi n'avouez pas que vous êtes au service du vicomte de Sanzac?
— Parce que cela n'est pas. Celui-là se trompe ; il dit qu'il me reconnaît, ce n'est pas vrai ; on trouve à la foire des ânes qui se ressemblent.
— Écoutez-moi, reprit le comte ; vous venez de dire que vous avez été mala-

droit; vous l'avez été en effet, puisque, voulant me tuer, vous m'avez blessé seulement, et, Dieu merci, peu dangereusement. Je suis donc tout disposé à être indulgent pour vous et votre complice et même à employer quelques amis que j'ai, pour que vous ne soyez pas condamnés trop sévèrement. Toutefois, je ne ferai cela qu'à une condition : c'est que vous me direz où vous avez conduit la jeune fille que vous avez enlevée la semaine dernière, rue Davy.

— Bon, voilà une autre histoire, maintenant, fit-il, prenant un air ahuri ; nous avons enlevé une jeune fille !... Et pourquoi faire ? Dis donc, toi, est-ce que tu ne trouves pas ça très drôle ?... Hein, nous vois-tu, à notre âge et avec notre laideur, nous amuser encore à enlever des jeunesses... Oh ! là là !

— Ainsi, dit le comte, vous refusez de parler ?

— Je refuse de parler, moi ? Il me semble pourtant que vous m'avez déjà fait pas mal *jaspiner*. Pour quant à votre histoire de demoiselle enlevée, connais point ; je ne sais seulement pas ce que vous voulez me dire.

— Moi non plus, grogna Colibri.

Le comte laissa échapper un gémissement et, brisé par sa douleur autant que par les efforts qu'il venait de faire, il retomba en arrière.

— Remmenez-les, dit-il à Gabiron, puis revenez ; j'ai quelque chose à vous dire.

L'ordre fut exécuté. Et laissant les deux malfaiteurs sous la surveillance de Noirot et de Théodore, Gabiron s'empressa de revenir près du comte.

— Je viens d'éprouver une cruelle déception, dit le vieillard ; j'avais espéré...

— Qu'ils parleraient ?

— Oui.

— Moi, monsieur le comte, j'étais presque sûr du contraire.

— Croyez-vous qu'ils seront aussi discrets devant les magistrats ?

— Ils ont gardé le silence devant vous, ils se tairont devant les autres.

— Malgré toutes mes angoisses au sujet de ma fille, je dis tant mieux. Oh ! non, non, il ne faut pas que la justice... C'est assez de déshonneur, assez de honte !... Je pense comme vous, Gabiron, qu'ils ont juré de se taire. C'est étrange de trouver une sorte de loyauté chez des misérables de cette espèce.

— Le vicomte leur a fait, évidemment, certaines promesses sur lesquelles ils comptent.

— Je le crois. Enfin, ils ne feront aucune révélation ; je vous vous le répète, Gabiron, j'en suis heureux. Depuis que vous m'avez éclairé, en me disant que l'institutrice était la complice du vicomte, je suis un peu moins inquiet sur le sort de ma pauvre fille ; elle ne court plus l'épouvantable danger que je redoutais. Donc c'est bien entendu, lorsque le commissaire de police vous interrogera, vous ne direz pas autre chose que ce que les deux misérable diront eux-mêmes. Ils se sont introduits chez moi pour m'assassiner et me voler ensuite ; voilà tout. N oubliez pas, surtout, que je suis et veux rester Pierre Rousseau.

Vous allez continuer vos recherches avec plus d'activité que jamais. Malheureusement, me voici étendu sur mon lit pour plusieurs jours, incapable de rien faire de mon côté. Dès demain, je le crains, en proie à la fièvre, toutes mes facultés seront anéanties : la pensée m'échappera, j'aurai le délire. Il faut donc que je me hâte de prendre certaines dispositions.

J'ai un ami, Gabiron, un ami comme on en rencontre peu, en qui j'ai la plus entière confiance, et je sais qu'en toute circonstance je peux compter sur son dévouement ; il se nomme Van Ossen. A l'exception d'une seule chose que je lui ai cachée, et que je n'avais pas cru devoir lui révéler, il connaît mes secrets les plus intimes. C'est cet ami dévoué que je veux mettre en mon lieu et place ; j'aurai le temps encore, j'espère, de lui dire ce que j'attends de son amitié. Mis par moi au courant de la situation, il agira absolument comme moi-même. Si grande que soit ma confiance en vous, Gabiron, il y a des choses que vous devez ignorer, que je ne puis vous faire connaître. Dès demain matin, vous vous mettrez en relation directe avec M. Van Ossen ; vous ne prendrez aucune décision sans le consulter ; vous exécuterez les ordres qu'il vous donnera sans faire une observation, et vous agirez comme il vous dira de le faire.

Depuis un instant, la voix du blessé s'était singulièrement affaiblie et sa poitrine devenait de plus en plus oppressée.

— Je ne vois pas que j'aie autre chose à vous dire, reprit-il, après un court silence; vous donnerez l'ordre à Théodore, de ma part, d'aller en toute hâte chercher M. Van Ossen. Le concierge ira prévenir le commissaire de police ; car vous ne pouvez pas garder ici plus longtemps ces deux misérables.

Je suis faible, très faible, les lourdeurs de tête me prennent, je me sens moins bien que tout à l'heure ; il me fallait le calme, du repos ; mais je ne pouvais pas. Allez, Gabiron, allez, et surtout qu'on ne perde pas une minute !

XXII

DEVANT LE COMMISSAIRE

Aussitôt averti du drame qui venait de se passer au n° 54 de la rue du Rocher, chez M. Pierre Rousseau, le commissaire de police du quartier se transporta sur les lieux accompagné d'un de ses secrétaires, de deux agents de la sûreté, attachés au commissariat, et de trois gardiens de la paix.

Le commissaire s'installa dans le salon et commença par interroger les concierges.

Ceux-ci répondirent en disant comment un individu, qu'ils avaient pris à sa livrée pour un domestique de bonne maison, s'était présenté chez eux, ayant une lettre à remettre à M. Rousseau de la part de son maître. Quant à l'autre, ils ne l'avaient pas vu entrer dans la cour, parce que le premier s'était arrangé de façon à les empêcher de voir.

— Celui que vous avez pris pour un domestique, vous a-t-il dit le nom de son maître supposé? demanda le magistrat.

— Non, monsieur : il est vrai que nous ne lui avons pas demandé ; nous ne pouvions pas supposer ce qui allait se passer.

— Qui leur a ouvert la porte de l'appartement?

— Cette femme, monsieur le commissaire, répondit Gabiron ; mais elle ne pourra pas répondre à vos questions : elle est muette.

— Ah !... Et sourde?

— Non, monsieur, elle vous entend parfaitement.

— Depuis quand est-elle au service de M. Rousseau?

Francesca montra ses dix doigts, puis encore trois doigts de sa main droite.

— Treize ans, traduisit le commissaire.

— Sa fidélité et son dévoument à son maître sont à toute épreuve, dit Gabiron.

— Comment se fait-il, demanda le commissaire à Francesca, que vous ayez ouvert la porte de votre maître et laissé pénétrer jusqu'à lui deux inconnus?

La muette fit plusieurs gestes, que personne ne comprit, sortit précipitamment du salon et reparut presque aussitôt, apportant l'ardoise, avec une mine tout effarée. Montrant l'ardoise à force de gestes, elle parvint à faire comprendre au magistrat que l'un des deux hommes avait écrit quelque chose qu'elle avait fait lire à son maître.

— Et cela a été effacé, dit le commissaire. Pourquoi? par qui?

Gabiron garda le silence. La muette se livrait à une pantomime fiévreuse.

— Par un des deux misérables, sans doute, opina Noirot.

— Nous devons le croire, dit le commissaire ; et cela paraît indiquer qu'ils ont pour complice un troisième personnage qu'ils ne veulent pas compromettre.

De la pièce à côté, dont on avait laissé la porte ouverte, Lory, l'oreille tendue, entendait tout ce qui se disait dans le salon.

— Tiens, tiens, pensa-t-il, c'est bon à savoir, ça. Et Gabiron qui ne souffle mot, c'est drôle !...

— Les malfaiteurs étaient-ils réellement porteurs d'une lettre? demanda le commissaire.

— Oui, répondit Francesca par un mouvement de tête.

— Où est-elle, cette lettre?

Noirot alla la prendre sur le bureau du comte et la mit dans la main du magistrat.

— Mais ce n'est pas une lettre, cela, dit-il après avoir essayé de lire ; c'est un griffonnage de mots qui n'ont aucune relation entre eux et dont l'ensemble, par conséquent, manque totalement de sens. Évidemment, on a écrit cela à dessein.

L'IDIOTE 585

Une voiture cellulaire vint prendre les deux malfaiteurs et les conduisit au Dépôt.

— Pour absorber l'attention de M. Rousseau et pouvoir le frapper, dit Gabiron.

— C'est ainsi qu'a été assassiné le dernier des Valois, fit remarquer le commissaire.

Il tourna le feuillet.

— Comme je m'en doutais, reprit-il, la signature n'est pas plus lisible que le reste. Je vois bien le mot marquis, mais c'est tout.

Il passa la lettre à son secrétaire, réfléchit un instant, et, s'adressant à Gabiron, il reprit :

Liv. 74. F. ROY, éditeur. 74

— C'est vous qui avez arraché M. Rousseau des mains des assassins?

— Oui, monsieur le commissaire, avec mon camarade Noirot.

— Vous étiez dans le voisinage et vous avez entendu les cris de la victime?

— Non, monsieur le commissaire : Noirot et moi nous venions faire une visite à M. Rousseau. Bien que l'un des deux misérables ait failli l'étrangler, madame Francesca eut la force de nous ouvrir la porte, et c'est ainsi que nous avons pu délivrer M. Rousseau.

— M. Rousseau n'a-t-il que cette seule domestique?

— Il a aussi un valet de chambre.

— Où était-il au moment du crime?

— En course pour son maître.

— Je ne le vois pas ; pourquoi n'est-il pas ici?

— Il est absent; mais il ne tardera pas à rentrer. Du reste, monsieur le commissaire, il ne sait de ce qui s'est passé que ce que le concierge et moi lui avons raconté.

— Soit ; mais pourquoi n'est-il pas là?

— Par ordre de son maître, je l'ai envoyé chercher un ami intime de M. Rousseau.

— En ce cas, c'est bien. Maintenant, monsieur, vous plaît-il de me dire qui vous êtes?

— Oui, monsieur le commissaire. Je me nomme Antoine Gabiron, et mon camarade, Célestin Noirot, ancien inspecteur de police retraité.

— Je reconnais parfaitement M. Noirot, dit l'un des agents de la sûreté.

— Et moi aussi, ajouta l'autre.

— Nous avons plus d'une fois travaillé ensemble, dit l'ancien inspecteur de police.

— Noirot et moi, monsieur le commissaire, reprit Gabiron, nous appartenons à l'agence de renseignements Serpin et Cie.

— Quelles relations avez-vous avec M. Rousseau?

— M. Rousseau nous a chargés de découvrir une personne à laquelle il s'intéresse beaucoup.

— C'est une affaire secrète?

— Oui, monsieur.

Le magistrat resta un moment silencieux et reprit :

— La tentative d'assassinat dont M. Rousseau a été victime ne serait-elle point la conséquence des démarches auxquelles vous vous livrez?

— Je ne crois pas qu'il y ait aucun rapport entre les deux choses.

— Ainsi, vous ne connaissez pas les malfaiteurs?

— Je ne les connais pas, répondit Gabiron.

— Comment, voilà maintenant qu'il ne me connaît plus, se dit Lory, qui continuait à ouvrir toutes grandes ses deux oreilles; décidément, c'est de plus en plus drôle; que le diable m'emporte si j'y comprends quelque chose.

— Moi, monsieur le commissaire, dit Noirot, j'ai reconnu l'un de ces brigands.

— Ah!

— C'est un forçat évadé...

— Qui s'évadera encore, grommela Lory.

— Lui, avec deux autres scélérats de son espèce, continua Noirot, ils ont assassiné un homme au bord de la Marne, entre Charenton et Saint-Maur, il y a de cela huit ans; c'est moi qui les ai filés et pincés tous les trois. Celui-ci n'a été condamné qu'à vingt ans de travaux forcés, et s'est presque aussitôt évadé du bagne, comme je viens d'avoir l'honneur de le dire à monsieur le commissaire. Il s'appelle Jacques Séguin.

— C'est parfait! L'autre, vous ne le connaissez pas?

— Je ne le connais pas.

— Quel a été, selon vous, le mobile du crime, monsieur Gabiron?

— Le vol, monsieur le commissaire.

— Qu'est-ce qui le prouve?

— Il y a là, sur le bureau de M. Rousseau, une poignée de pièces d'or qui se sont échappées de la poche de Jacques Séguin, et que Noirot a ramassées. Hier soir, M. Rousseau a fait prendre cent mille francs à la Banque de France; la somme entière était sur le bureau quand Jacques Séguin est entré dans le cabinet. Monsieur le commissaire peut faire fouiller le voleur, on trouvera ses poches pleines d'or et de billets de banque.

Le magistrat fit un signe à ses agents.

Ceux-ci passèrent dans le cabinet et vidèrent les poches de Lory. On compta l'or et les billets et on retrouva les cent mille francs.

Le commissaire de police fut convaincu que les malfaiteurs avaient voulu assassiner M. Rousseau pour le voler.

— Puis-je voir M. Rousseau et entendre sa déposition? demanda-t-il.

— Je vais m'informer, répondit Gabiron.

Il se rendit dans la chambre du blessé, et reparut accompagné du médecin, qui était revenu voir son malade.

— Eh bien? fit le magistrat.

— Monsieur le commissaire, répondit le docteur, bien que je n'aie aucune crainte pour sa vie, l'état du blessé a beaucoup empiré depuis deux heures; il est extrêmement faible; une grande et douloureuse oppression a complètement éteint sa voix. Il n'y a pas possibilité de l'interroger.

— La déposition de M. Rousseau ne m'est pas absolument nécessaire; il sera appelé plus tard à l'instruction, s'il y a lieu.

Puis s'adressant aux agents:

— Amenez les deux hommes, dit-il.

Lory et Colibri entrèrent dans le salon, escortés par les gardiens de la paix.

Le commissaire les enveloppa de son regard, habitué à voir des gredins de toutes les catégories.

— Deux bien mauvaises figures, pensa-t-il.

S'adressant à Colibri, il reprit, à haute voix.

— Comment vous appelez-vous?

— Je n'en sais rien.

— Que faites-vous?

— Vous le voyez bien; je vous écoute et je vous regarde.

— Tâchez d'être poli, je vous prie.

— Je ne vous dis pas des injures.

— Alors, répondez à mes questions. Quel est votre état?

— Je n'ai pas d'état.

— Vous êtes un voleur de profession et pis encore.

— Hé, hé, on est ce qu'on peut, quand on ne peut pas être ce qu'on veut.

— Où demeurez-vous?

— Où je demeure? Sous le grand dôme bleu, partout et nulle part.

— Vous ne voulez pas répondre, c'est un système; mais on parviendra, probablement, à vous faire parler, à savoir quels sont vos antécédents, d'où vous venez, ce que que vous êtes et qui vous êtes.

— On verra ça, répliqua le misérable, laissant courir sur ses lèvres un sourire qui n'avait rien de respectueux.

Le commissaire lui lança un regard sévère et haussa les épaules.

— A vous, dit-il à Lory; vous allez probablement imiter votre complice, en refusant de répondre à mes questions.

— Cela dépendra des questions que vous me ferez.

— Nous savons qui vous êtes, vous. Vous êtes un malfaiteur des plus dangereux, appelé Jacques Séguin.

— C'est celui-là qui dit cela, mais ce n'est pas encore prouvé.

— Si d'autres preuves sont nécessaires, on les trouvera. Il y a huit ans, complice d'un crime d'assassinat, vous avez été condamné par la cour d'assises de la Seine à vingt ans de travaux forcés; à peine au bagne, vous avez trouvé le moyen de vous évader.

— Vous parlez du nommé Jacques Séguin, pas de moi.

— Vous niez être Jacques Séguin!

— Je le nie.

— Alors, comment vous appelez vous?

— Je ne veux pas le dire.

— Eh bien, pour moi, jusqu'à ce que vous ayez prouvé le contraire, vous êtes Jacques Séguin, le forçat évadé. Tantôt, après une heure de l'après-midi, vous avez sonné à la porte de l'appartement de M. Rousseau. Vous saviez évidemment que le valet de chambre était sorti. Cette femme vous a ouvert, et comme elle est muette, pour pouvoir vous annoncer à son maître, elle vous a présenté une ardoise et un crayon. Qu'avez-vous écrit sur l'ardoise?

— Vous ne devinez pas ça? C'est pourtant bien facile.

— Je n'ai pas à deviner, mais à recevoir vos réponses.

— Eh bien, j'ai écrit que je venais de la part de mon maître.

— Quel nom avez-vous donné à ce prétendu maître?

— Marquis de Lorme.

— Est-ce que ce marquis existe?

— Certainement.

— Où demeure-t-il?

— Je l'ignore; mais je sais que M. Pierre Rousseau le connaît.

— Et la soi-disant lettre que voilà, qui l'a écrite?

— Celui que vous questionnez.

— Oui, et c'est le moyen dont vous vous êtes servi pour arriver jusqu'à M. Rousseau et occuper son attention afin de l'égorger plus facilement. Vous aviez prémédité l'assassinat.

— Non.

— M. Rousseau pouvait ne pas être chez lui.

— Ce papier le prouve.

— Vous saviez très bien qu'il y était. Mais passons. Ainsi, vous prétendez que vous n'avez pas prémédité l'assassinat?

— Quand on se sert du couteau, c'est qu'on ne peut pas faire autrement.

— Ça, c'est clair, appuya Colibri.

— Alors, vous êtes venus ici uniquement pour commettre le vol?

— Pour sûr, nous ne sommes pas venus pour rien. Cent mille francs, ça en valait la peine!

— Vous saviez donc que vous trouveriez chez M. Rousseau une somme importante?

— Faut le croire!

— Comment avez-vous été renseignés sur ce point?

— Oh! le hasard : quand on n'a rien à faire, pour tuer le temps, on s'en va comme ça, de temps à autre, flâner autour des guichets de la Banque de France.

— Je comprends.

— Ce n'est pas difficile.

— Vous paraissez avoir l'habitude de porter la livrée. Etes-vous réellement domestique?

— Je suis cela ou autre chose, quand c'est nécessaire.

— Ce qui veut dire que, selon les circonstances, vous prenez le déguisement qui convient.

— Voilà !

— Ce vêtement vous appartient?

— Oui, car je l'ai bel et bien acheté.

— Où demeurez-vous?

— Avec mon camarade.

— Cela ne m'indique pas votre domicile.

— Vous savez ce que le camarade vous a répondu.

— Oui, comme lui, vous refusez de répondre à cette question ?

— Nous ne pouvons pas répondre autrement.

Le commissaire se leva.

— Emmenez-les, dit-il aux agents.

Une heure après, dans le cabinet du commissaire de police, Lory et Colibri furent interrogés une seconde fois; mais ils ne sortirent point de leur prudente réserve, et le magistrat ne put obtenir d'eux que les réponses qu'ils lui avaient déjà faites.

Alors il signa son procès-verbal et le fit porter immédiatement au parquet du procureur de la République.

Dans la soirée, une voiture cellulaire vint prendre les deux malfaiteurs et les conduisit au dépôt de la préfecture de police.

XXIII

OÙ IL EST PARLÉ DE L'ÉTAT HÉPATIQUE A PROPOS DES IDÉES DU COMTE DE LASSERRE.

Un instant après le départ du commissaire du police, M. Van Ossen était arrivé.

— Hélas! monsieur, lui dit Gabiron, en présence du médecin, M. Rousseau désirait vivement avoir un entretien avec vous, il espérait que vous arriveriez assez tôt; maintenant il ne peut parler, c'est ce qu'il redoutait.

— Puis-je au moins le voir! demanda le Hollandais.

Ils entrèrent dans la chambre du blessé.

En reconnaissant son ami, le regard du comte s'éclaira et il lui tendit la main. M. Van Ossen la prit, la serra dans les siennes et, se penchant sur le lit, il embrassa le blessé en disant d'une voix pleine de larmes :

— Mon pauvre ami, mon pauvre ami !

Le comte essaya de parler. Impossible. Aucun son ne put sortir de sa gorge; la langue lourde était comme paralysée.

Alors il y eut dans sa poitrine des espèces de sanglots, et de grosses larmes s'échappèrent de ses yeux et coulèrent sur ses joues pâles.

Soudain ses yeux étincelèrent, devinrent expressifs et se portèrent alternativement sur M. Van Ossen et Gabiron.

— M'entends-tu? lui demanda le Hollandais.

Il répondit affirmativement par un mouvement de tête.

— Je crois comprendre, à l'expression de ton regard, que monsieur aura quelque à chose à me dire. Est-ce bien cela?

Le comte répondit une seconde fois par un mouvement de tête affirmatif.

— Monsieur, dit alors Gabiron, je n'ai oublié aucune de vos paroles; je me conformerai aux instructions que vous m'avez données, je tiendrai compte de vos recommandations et je rapporterai fidèlement à M. Van Ossen ce que vous m'avez dit tantôt.

Le blessé parut satisfait.

Un instant après, sur le conseil du médecin, M. Van Ossen et Gabiron sortirent de la chambre.

— Alors, monsieur, dit le Hollandais à l'agent, dès qu'ils furent dans le salon, vous savez ce que mon ami avait à me dire?

— Pas tout, car il ne m'a point révélé un secret qu'il ne voulait confier qu'à vous, un secret qu'il n'avait pas cru devoir vous faire connaître jusqu'à présent.

— Ah! fit M. Van Ossen étonné, je croyais que mon ami n'avait plus rien de caché pour moi.

— M. le comte m'a dit, en effet... commença Gabiron.

— Quoi, vous savez?... l'interrompit le Hollandais.

— Oui, je sais que, pour certaines raisons graves, M. le comte de Lasserre a pris le nom de Pierre Rousseau.

— Si je ne me trompe pas, vous êtes monsieur Gabiron; c'est vous que mon ami a chargé de retrouver sa fille?

— Oui, monsieur.

— C'est à vous qu'il a confié, autrefois, une mission au sujet du vicomte de Sanzac?

— Mission semblable à celle pour laquelle M. le comte de Lasserre m'a appelé de nouveau, puisqu'il s'agit, comme autrefois, de découvrir où se trouve actuellement M. de Sanzac.

— C'est vrai, car il est, paraît-il, de complicité dans l'enlèvement d'Aurore.

— Il est le seul coupable, monsieur.

— Mon ami m'a dit que le marquis de Verveine...

— M. le comte de Lasserre a accusé le marquis de Verveine, trompé par les apparences; mais j'ai acquis la certitude qu'il est innocent.

— Ah!

— C'est le vicomte de Sanzac qui a fait enlever mademoiselle Aurore.
— Dans quel but?
— Pour se venger de M. le comte de Lasserre.
— Oui, c'est possible.
— C'est si bien possible, monsieur, que c'est encore le vicomte de Sanzac qui a voulu faire assassiner M. de Lasserre par les deux misérables dont il s'était précédemment servi pour enlever mademoiselle Aurore.
— Oh! fit M. Van Ossen, avec un mouvement d'horreur. Mais alors, continua-t-il, la justice, saisie de cette très grave affaire, va se mettre à la recherche de cet odieux vicomte.

Gabiron secoua la tête.

— La justice ne sait rien et ne doit rien savoir, dit-il.
— Les complices du vicomte n'ont-ils pas été arrêtés?
— Oui, mais ils n'ont fait et ne feront aucune révélation.
— Soit. Mais vous, monsieur Gabiron, vous, qui savez tout, vous instruirez la justice.
— J'ai gardé le silence devant le commissaire de police, je ne dois pas parler.
— Pourquoi?
— C'est la volonté de M. le comte.
— Comment, s'écria M. Van Ossen, il peut avoir encore un scrupule, un sentiment de pitié et de ces étranges générosités, quand sa fille est entre les mains de ce misérable?
— Je ne sais pas à quel sentiment M. de Lasserre a obéi en m'ordonnant de garder le silence; mais je suis à peu près certain que le secret qu'il voulait vous confier n'est pas étranger à sa résolution. Il a parlé de honte et de déshonneur.
— Toujours ses fausses idées, murmura M. Van Ossen.
— Pour ne pas aller contre la volonté de M. le comte, continua Gabiron, j'ai dû me taire devant le commissaire de police. Le nom de Mlle Aurore et celui du vicomte n'ont pas été prononcés, et les complices de ce dernier ont été arrêtés pour tentative d'assassinat ayant pour mobile le vol.
— Évidemment, vous avez fait votre devoir. Mais c'est en vain que je me demande pourquoi M. de Lasserre a, une fois encore, épargné le vicomte de Sanzac. Quel secret avait-il donc à me faire connaître? Demain, sans doute, il retrouvera l'usage de la parole, et alors je saurai... En attendant, monsieur Gabiron, vous avez quelque chose à me dire; parlez, je vous écoute.
— M. le comte de Lasserre, sachant que votre amitié et votre dévouement ne pouvaient rien lui refuser, voulait réclamer de vous un service.
— Lequel?
— Sentant bien qu'il allait se trouver dans l'impossibilité d'agir, M. le comte voulait vous prier de le remplacer.

L'IDIOTE

— Mon cher ami, répliqua le docteur, rassurez-vous, nous guérirons le comte.

— En quoi?
— En tout. Il espère, surtout en ce qui concerne nos recherches, que vous voudrez bien devenir un autre lui-même.
— Je n'ai rien à refuser à mon vieil ami, répondit M. de Van Ossen ; ce qu'il faudra faire, je le ferai.
— M. le comte m'a donné l'ordre de m'entendre avec vous, de vous faire chaque jour mon rapport comme je le faisais à lui, de recevoir vos instructions et de vous obéir sans rien objecter, sans même une observation.

— Tout cela est très bien, répliqua M. Van Ossen ; mais le comte m'a appris hier seulement l'enlèvement de sa fille, et je ne vois pas, vraiment, quels ordres, quelles instructions ou plutôt quels conseils je puis vous donner.

— En me disant cela, M. le comte de Lasserre pensait certainement à l'entretien qu'il espérait avoir avec vous.

— Sans nul doute, il avait l'intention de me donner à moi-même des instructions. Eh bien, monsieur Gabiron, n'importe, vous me mettrez au courant de la situation et je ferai de mon mieux, c'est-à-dire tout ce qui dépendra de moi pour répondre au désir de mon ami.

— Alors j'aurai l'honneur de me présenter demain chez M. Van Ossen.

— Je vous attendrai, monsieur Gabiron.

— A quelle heure monsieur Van Ossen pourra-t-il me recevoir ?

— Venez toujours le matin entre dix et onze heures ; mais si vous aviez quelque chose d'important à m'apprendre, présentez-vous n'importe à quelle heure ; je vous recevrai immédiatement.

Avant de s'en aller, M. Van Ossen fit venir le médecin qui était resté près du blessé.

— Monsieur le docteur, lui demanda-t-il, connaissez-vous M. le docteur Albin ?

— Parfaitement, monsieur ; le docteur Albin, ancien médecin militaire, habile chirurgien, qui a fait de sérieuses études sur les fonctions du foie dans l'organisme, le rôle important qu'il joue dans l'économie, et qui s'occupe spécialement des maladies des femmes, est une de nos gloires médicales.

— Eh bien, monsieur le docteur, M. Albin est un de mes vieux et bons amis, comme il est celui de M. Pierre Rousseau, je pourrais presque dire qu'il est notre ami d'enfance, car nous étions jeunes tous les trois lorsque nous nous sommes connus sur les bancs du lycée de Limoges, où nous avons commencé nos études. Ne vous sera-t-il point désagréable de voir M. Albin faire une ou plusieurs visites à M. Rousseau comme ami et comme médecin ?

— Mais nullement, monsieur.

— Merci. C'est une satisfaction que je crois devoir donner à notre vieil ami.

— Je serai enchanté de rencontrer ici M. le docteur Albin.

— Alors, c'est très bien. Pensez-vous que M. Rousseau pourra parler demain ?

— Je n'ose pas me prononcer, monsieur ; ce qui empêche en ce moment l'émission des sons n'existera peut-être plus demain ; mais la fièvre aura toute son intensité, et je ne crois pas qu'il sera possible d'échanger seulement quelques paroles avec le malade.

— Combien de temps durera cette fièvre ?

— Quatre ou cinq jours, monsieur.

— Son état vous inspire-t-il des inquiétudes ?

— Jusqu'à présent, monsieur, je ne vois rien qui puisse faire concevoir des craintes.

— Je vous quitte sur ces bonnes paroles, en vous recommandant notre cher malade.

M. Van Ossen avait sa voiture en bas. Avant de rentrer chez lui, il se fit conduire rue Cadet, où demeurait le docteur Albin.

— Mon cher Van Ossen, dit le docteur au Hollandais, en lui tendant ses deux mains, vos visites sont si rares, que vous voir ici me cause en même temps une véritable surprise et un grand plaisir. Mais vous avez l'air soucieux; y aurait-il quelqu'un de malade dans votre famille ?

— Non, il ne s'agit pas d'un des miens ; mais d'un ami qui est aussi le vôtre, du comte de Lasserre, pour ne pas vous faire chercher.

— Ah ! vous savez donc ce qu'il est devenu ?

— La façon dont vous me dites cela, mon cher, déguise un reproche. Vous m'avez interrogé souvent au sujet du comte, et si je vous ai toujours répondu : je ne sais rien, c'est que, réellement, je ne savais rien. Il y a à peine dix-sept mois que le hasard m'a fait retrouver notre ami Paul, et alors seulement j'ai su pourquoi il avait subitement disparu. Il y a là des choses terribles.

— Oh ! j'ai bien deviné qu'un épouvantable malheur avait frappé le comte ; parlez-moi de lui, Van Ossen, que fait-il? où est-il?

— A Paris, où il continue à se cacher sous le nom de Pierre Rousseau. Il demeure 53, rue du Rocher, et je viens vous prier de lui faire une visite. Hélas ! vous le trouverez dans un triste état.

— Il est malade?

— Oui, par suite d'une blessure, heureusement peu dangereuse, paraît-il, qu'il a reçue aujourd'hui-même.

— Comment ?

— Deux misérables se sont introduits chez lui pour le voler et ont tenté de l'assassiner.

— Oh !

— Comme je viens de vous le dire, sa blessure n'est pas dangereuse, le médecin qu'on a appelé près de lui l'a déclaré ; mais il a perdu beaucoup de sang et est extrêmement faible. Il m'a envoyé chercher, voulant causer avec moi ; je me suis empressé de me rendre près de lui ; mais il avait complètement perdu la voix ; de sorte que, n'ayant pu me parler, j'ignore ce qu'il avait à me dire.

— Ce soir même, dans une heure, je me rendrai près de lui, dit M. Albin. Me permettez-vous, Van Ossen, de vous adresser quelques questions ?

— Faites.

— Vous devez savoir pour quelles raisons le comte se cache sous le nom de Pierre Rousseau ?

— Je le sais, mon cher docteur, mais je n'ai pas le droit de vous révéler les secrets de notre ami.

— C'est juste, fit M. Albin pensif.

Après un court silence il reprit :

— Pouvez-vous me donner des nouvelles de la comtesse de Lasserre?

— Hélas! non.

— Pauvre jeune femme? murmura le docteur.

— Oui, pauvre jeune femme! répéta le Hollandais. Plus favorisé que moi, Albin, vous l'avez connue.

— J'étais à son mariage. Paul m'avait fait l'amitié de me prendre pour un de ses témoins. La comtesse de Lasserre, belle à ravir, était la femme la plus gracieuse, la plus distinguée, la plus charmante et la meilleure que j'aie connue. Quatre jours avant la catastrophe, que j'ai devinée, étant de passage à Paris, j'ai dîné entre le comte et la comtesse dans leur magnifique hôtel de la rue de Berry. Ce jour-là j'ai eu le plaisir de voir et d'embrasser leur enfant, une délicieuse petite fille, à qui la marquise de Montperrey, sa marraine avait donné le prénom de Lucie. Van Ossen, savez-vous si cette enfant existe encore?

— Oui, mon ami, Lucie de Lasserre existe.

— Elle doit être distinguée, gracieuse et bonne comme sa mère!

— Mlle de Lasserre est adorable sous tous les rapports.

— Du moment que vous la connaissez, Van Ossen, c'est qu'elle est avec son père?

— Non, répondit le Hollandais; mais je ne sais pas si je dois vous dire...

— Vous n'avez pas à redouter une indiscrétion de ma part.

— C'est vrai. Eh bien, le comte vit seul, séparé de sa fille, qu'il a confiée à une femme qui passe pour être sa mère. Lucie, qu'on appelle Aurore Delorme, ne sait pas que son père porte le nom de comte de Lasserre.

— Est-ce possible? s'écria M. Albin.

— Vous savez comme moi, mon cher Albin, et même beaucoup mieux que moi, que le comte a toujours eu des idées bizarres.

— Oui, car longtemps avant son mariage, j'ai été plus d'une fois inquiet, effrayé au sujet de sa santé en l'entendant émettre son opinion sur telle ou telle question, sur tel ou tel fait. J'ai pu remarquer facilement qu'il voyait souvent autrement que les autres.

Alors, déjà, il y avait dans son cerveau quelque chose de mal équilibré; il avait des dispositions à la misanthropie, la mélancolie, l'hypocondrie. Je lui donnai quelques conseils dont il n'a pas tenu compte.

Dans son état, au physique comme au moral, on pouvait observer de fâcheux symptômes, très intéressants pour un physiologiste, lesquels étaient la conséquence de l'embarras du foie.

Je commençais, à cette époque, à m'occuper, non pas précisément des maladies de cet organe, mais du rôle, beaucoup plus important qu'on ne le croit généralement, qu'il joue dans l'économie. En ce qui concerne le foie, je suis loin de partager la manière de voir du célèbre physiologiste Claude Bernard, qui prétend que la mission de cet organe est de fabriquer du sucre à l'état de glucose. Le foie sert surtout à épurer le sang veineux gastro-intestinal. Il est le filtre de l'économie. Et il faut bien qu'il en soit ainsi, car le sang veineux intestinal étant toujours plus ou moins chargé de principes putrides puisés dans l'intestin, il est évident que si ce sang rentrait directement dans la circulation générale, avant d'aller s'épurer dans le foie, nous aurions forcément l'infection putride. Or, quand la circulation du sang entre les intestins et le foie engorgé se ralentit, il en résulte les plus graves conséquences.

M. Albin était lancé à fond de train. Voyant que M. Van Ossen l'écoutait complaisamment, heureux de pouvoir parler de son sujet favori, semblable en cela à tous les savants, qui ne perdent jamais l'occasion d'expliquer leurs théories, il se mit à faire une longue dissertation sur l'hépatisme ou congestion bilioso-sanguino-veineuse du foie, afin de démontrer que presque toutes les les maladies sont dominées par un état hépatique.

— Eh bien, mon cher Van Ossen, continua-t-il pour conclure, le comte de Lasserre était autrefois, comme il l'est encore aujourd'hui, un hépatique. A toutes les questions qu'on ferait au sujet des idées singulières de notre ami, qui n'ont pas toujours été celles d'un être très raisonnable, on peut répondre par ce seul mot : hépatisme. Ils sont nombreux et quelquefois terribles, les effets de l'état hépatique aigu ou chronique. J'ai pu observer, selon les individualités, les âges, les sexes, les habitudes, les phénomènes très variables, répondant à la diversité, je puis dire à la bizarrerie de certains troubles fonctionnels.

L'obstruction hépatique n'est pas une maladie, à proprement parler, puisqu'il n'y a pas de lésion organique ; mais si, faute de soins, on reste dans cet état, de très graves désordres peuvent se produire. L'état hépatique conduit à l'hypocondrie, parfois à la folie et souvent au suicide.

— Mon cher Albin, vous êtes effrayant dans vos déductions, dit le Hollandais.

— Mon cher ami, répliqua le docteur, notre ami le comte de Lasserre vous a fait voir ce qui peut résulter de l'état hépatique. Mais, rassurez-vous, nous le guérirons de sa blessure, de la maladie qui en est la suite, et après nous nous occuperons de l'affection cérébrale.

— Ainsi, c'est convenu, vous irez le voir ?

— Oui, certes ; et ce soir même, comme je vous l'ai dit.

Les deux amis se serrèrent la main et se séparèrent.

XXIV

GASTON DE LIMANS

Le docteur Albin avait compris, à la façon dont M. Van Ossen lui répondait, qu'il ne devait point l'interroger sur les faits qui avaient déterminé le comte de Lasserre à s'exiler du monde et à prendre un autre nom. De son côté, croyant en cela respecter la volonté du comte, M. Van Ossen ne parla pas du vicomte de Sanzac et de l'enlèvement d'Aurore.

En apprenant que le comte, la comtesse et leur enfant avaient tout à coup disparu, et que l'hôtel de la rue de Berry était vendu, le docteur avait senti qu'un effroyable coup de foudre avait subitement éclaté au milieu du bonheur de cette famille et deviné, bientôt, qu'il y avait dans cet événement imprévu un secret terrible. Sans être sûr de rien, il avait eu, cependant, la vision intuitive de la vérité. Il pensa que la comtesse, si belle, si recherchée, si adulée, et malheureusement un peu trop délaissée par son vieux mari, avait commis une de ces fautes graves qui amènent une rupture forcée, à la suite de laquelle la malheureuse jeune femme avait abandonné le domicile conjugal.

Mais, au milieu de tout cela, qu'était devenu l'enfant? Il s'était intéressé sérieusement au sort de ce petit être que le malheur avait frappé dans son berceau. Lucie était-elle avec sa mère, ou avec son père? Bien des fois, pendant les années écoulées, il s'était adressé cette question.

Enfin, M. Van Ossen venait de lui donner une double satisfaction. Maintenant il savait que le comte de Lasserre était à Paris et qu'il avait sa fille sinon avec lui, mais près de lui. Toutefois, il restait inquiet au sujet de la comtesse. Où était-elle? Quelle avait été sa destinée? Était-elle vivante? Était-elle morte?

A neuf heures du soir, le docteur Albin était chez le comte de Lasserre. Théodore le reconnut.

— Vous venez voir M. le comte, monsieur le docteur, lui dit-il; c'est sans doute M. Van Ossen qui vous a prévenu?

— Oui, M. Van Ossen est venu m'apprendre ce qui s'est passé ici tantôt.

— Oh? c'est épouvantable, monsieur le docteur.

— La blessure n'est pas dangereuse, m'a dit M. Van Ossen.

— Heureusement!

— Comment va-t-il en ce moment?

— Pas bien du tout : il est très agité, il a une fièvre atroce, les yeux brillants, égarés; il ne parle pas, il a des soubresauts convulsifs.

— Tout cela disparaîtra avec la fièvre.

— Alors, monsieur le docteur, vous croyez qu'il n'y a pas de danger de mort.

— Je l'espère, mon garçon. Le médecin qu'on a appelé près de M. de Lasserre est-il là ?

— Il est allé dîner ; mais il ne tardera pas à revenir.

— Je vais l'attendre ; j'entrerai avec lui dans la chambre du comte.

— Je dois vous prévenir, monsieur le docteur, que M. le comte s'appelle ici M. Pierre Rousseau.

— Oui, oui, je sais ; soyez tranquille, je ne l'oublierai pas.

Un instant après le médecin arriva. M. Albin lui tendit la main ; puis, après avoir échangé rapidement quelques paroles, ils entrèrent dans la chambre du malade.

M. Albin s'approcha du lit et attristé, très ému, il contempla le visage pâle, ravagé par de longues souffrances, de l'ami qu'il revoyait après de longues années de séparation. Le comte tourna vers les deux docteurs ses yeux hagards et les regarda fixement ; mais il ne reconnut point son vieil ami.

M. Albin soupira. Certes, ce n'était pas dans une aussi pénible circonstance qu'il eût voulu retrouver le comte de Lasserre. Mais, surmontant vite son émotion, il imposa silence aux sentiments de l'ami pour se rappeler qu'il était médecin et penser aux devoirs de sa profession. Il interrogea son confrère à voix basse. Celui-ci lui fit part de ce qu'il avait observé dans son examen de la blessure, dans l'affaiblissement du malade, ses nervosités, la progression de la fièvre, et lui fit connaître qu'elles avaient été jusqu'alors les prescriptions. M. Albin approuva tout sans restriction. Il resta près du blessé jusqu'à minuit. Il se retira en même temps que son confrère et le quitta dans la rue en lui disant qu'il reviendrait le lendemain.

Le comte de Lasserre passa une nuit très agitée, mauvaise ; les spasmes nerveux étaient devenus plus violents ; la voix lui était revenue, mais il y avait un grand trouble dans son cerveau où la pensée était absente ; il ne répondait à aucune question. Il appelait sa fille sans cesse, lui parlait comme si elle eût été près de lui, lui disant les choses les plus tendres ; parfois, aussi, il prononçait le nom de la comtesse. Quand le délire le quittait, un instant de calme succédait à la crise. Alors, les yeux grands ouverts, fixes, il restait immobile, inerte comme un cadavre.

Sous ce titre : le *Drame de la rue du Rocher*, cinq ou six journaux du matin racontaient la tentative d'assassinat, ayant le vol pour mobile, dont M. Pierre Rousseau, un riche particulier, avait été victime.

C'est par un de ces journaux que la marquise de Montperrey fut instruite de l'événement. Frappée de stupeur, elle relut l'article deux fois de suite.

— Oh ! il y a encore du vicomte de Sanzac là-dessous, se dit-elle.

Immédiatement elle envoya un de ses domestiques rue du Rocher pour prendre des nouvelles du comte. La réponse que lui rapporta son messager la tranquillisa un peu. Cependant, dans l'après-midi, elle fit prendre une seconde fois des nouvelles de son vieil ami.

Le soir, la marquise avait quatre personnes à dîner. Elle parlait à peine et n'avait plus sa vivacité d'esprit habituelle; ses convives s'aperçurent facilement qu'elle était triste, qu'elle était inquiète. Ils l'interrogèrent à ce sujet.

— J'ai appris ce matin qu'un grand malheur était arrivé à un de mes amis, répondit-elle; voilà pourquoi vous ne me voyez pas comme à l'ordinaire.

Et comme la marquise parla immédiatement d'autre chose, on comprit qu'elle ne voulait pas en dire davantage.

On venait de se lever de table et de passer dans le salon, quand un domestique ouvrit la porte et annonça M. Gaston de Limans.

La marquise se dressa comme mue par un ressort.

— Faites entrer M. de Limans dans le petit salon, dit-elle au domestique, et priez-le de vouloir bien m'attendre un instant.

Puis se tournant vers ses invités :

— Je n'espérais pas avoir ce soir la visite de M. de Limans, reprit-elle; je l'attends depuis plusieurs jours et nous avons à nous entretenir d'une chose de la plus grande importance et qui ne peut souffrir aucun retard. Je suis désolée de ne pouvoir passer cette soirée entière avec vous, mais vous voudrez bien m'excuser.

Les invités s'étaient levés. L'un d'eux répondit :

— Madame la marquise sait bien qu'on ne doit pas se gêner avec ses amis; c'est nous qui serions désolés de vous retenir.

Ils s'en allèrent.

— Enfin, soupira la marquise.

Et elle entra dans la pièce où le jeune homme l'attendait.

— Ah! lui dit-elle, en lui tendant la main, vous ne savez pas combien je suis heureuse de vous voir!

— Je suis arrivé ce soir à sept heures; on m'a remis votre lettre; elle était si pressante, que je n'ai pas voulu attendre à demain pour répondre à votre appel.

— Et je vous remercie.

— Qu'avez-vous à me dire, madame la marquise, à me demander? Ce serait un bonheur pour moi de vous servir, j'en serais fier, honoré.

— D'abord, monsieur Gaston, asseyez-vous là. Bien. Maintenant nous allons causer. Monsieur de Limans, est-il indiscret de vous demander pourquoi vous avez quitté Paris sans avoir dit à monsieur votre père où vous alliez?

— Non, madame : mais je vous répondrai comme à mon père, que j'ai agi ainsi pour certaines raisons que je ne puis faire connaître.

— Vous n'êtes pas parti seul?

— C'est vrai.

— Ne vous étonnez pas, monsieur Gaston, c'est une espèce d'interrogatoire que je vais vous faire subir.

Infamie! exclama-t-il, et c'est le marquis de Verveine qu'on ose accuser d'un pareil crime.

— Si je peux, madame la marquise, je répondrai à toutes vos questions.
— Franchement?
— Oui, madame.
— Combien aviez-vous de compagnons?
— Deux.
— Votre ami de Charmeille, d'abord, n'est-ce pas?
— Oui, madame.

— Je lui ai écrit en même temps qu'à vous, la même lettre. Est-il revenu à Paris avec vous?
— De Charmeille ne reviendra que dans quelques jours.
— Vous savez où il est?
— Oui, madame la marquise.
— Et vous pouvez me le dire?
Après un moment d'hésitation, Gaston répondit :
— De Charmeille est à la Cerisaie, près Maubeuge, chez sa tante, mademoiselle de Gontrey.
— Vous étiez à la Cerisaie avec lui?
— Oui, madame.
— Depuis le jour où vous êtes partis?
— Ce jour-là, madame, nous avons seulement passé la nuit à la Cerisaie.
— Pour aller ensuite?
— En Belgique.
— Ah! en Belgique... Et quand êtes-vous revenu à la Cerisaie?
— Ce matin.
— Avec M. de Charmeille. Mais quand vous avez quitté Paris vous aviez un autre compagnon; où l'avez-vous laissé?
— Madame la marquise, répondit le jeune homme, après être resté un moment silencieux, vous m'entraînez sur un terrain brûlant, je vais ne plus pouvoir vous répondre.
— Et pourtant vous me répondrez, monsieur de Limans, car je ferai appel à tous vos sentiments de délicatesse et d'honneur.
— C'est à ces sentiments que j'obéirai en gardant le silence.
— Nous allons voir cela, monsieur de Limans; cet autre compagnon, dont nous n'avons pas encore prononcé le nom, je le connais également; c'est votre ami le marquis de Verveine.
— Je n'ai pas à le nier.
— Eh bien, monsieur de Limans, je tiens à savoir, il faut que je sache où se trouve en ce moment le marquis.
— Mais, madame la marquise, balbutia Gaston.
— Monsieur de Limans, c'est pour cela que je vous ai appelé. Où est le marquis? je vous en prie, dites-le moi.
— Mon Dieu, madame la marquise, je vous le dirai volontiers; mais je crois devoir me taire, persuadé que vous m'adresseriez d'autres questions plus embarrassantes. Ai-je donc besoin de dire à madame la marquise qu'il s'agit d'une chose secrète, que je n'ai pas le droit de révéler.
— Ainsi, cela est possible, réel, répliqua la marquise d'un ton profondément attristé, vous et de Charmeille, vous avez prêté la main à cette vilaine action, à cette chose odieuse.

— Pardon, madame la marquise, mais je crois que nous ne nous comprenons pas bien ; en accompagnant Adrien de Verveine, notre ami, de Charmeille et moi, nous avons fait notre devoir. De quelle vilaine action, de quelle chose odieuse parlez-vous?

— J'aurais pu dire un crime, monsieur.

— Oh! un délit tout au plus, répliqua Gaston.

— Par exemple, les jeunes gens d'aujourd'hui ont une singulière façon d'envisager les choses! s'écria madame de Montperrey : enlever une jeune fille, plonger une famille dans la désolation, le désespoir, ils trouvent que ce n'est rien.

Le jeune homme sursauta.

— Cette fois, madame la marquise, répondit-il, toujours avec calme, je ne comprends plus du tout.

— Je m'en doutais, le marquis ne vous a pas dit la vérité, il vous a trompé !

— Je ne vois pas que, dans cette circonstance, Adrien ait pu nous cacher quelque chose...

— S'il en est ainsi, vous devez savoir s'il aime cette jeune fille.

— De quelle jeune fille parlez-vous, madame la marquise?

— Monsieur de Limans, vous m'aviez promis de me répondre avec franchise et vous ne le faites pas. Vous savez bien que je parle d'Aurore Delorme.

— Adrien l'aime éperdument, madame. Nul mieux que moi ne peut vous parler de l'amour d'Adrien pour mademoiselle Aurore, amour qui a pris naissance en Champagne et est dû au hasard, comme tant d'autres choses. Si vous le désirez, je puis vous raconter comment, avec son caractère aventureux, Adrien s'est introduit à la Cordelière où demeurait alors mademoiselle Aurore.

— Je sais tout cela.

— Pendant les seize mois qui se sont écoulés sans qu'il la revît, sans même savoir ce qu'elle était devenue, il n'a pas cessé un moment de penser à elle, et si, pendant ce temps, mon ami a fait quelques sottises, il faut mettre cela beaucoup sur le compte de la douleur qu'il éprouvait d'être séparé pour toujours, — il le croyait, — de sa chère Aurore.

Je n'ai pas besoin de vous dire si sa joie fut grande quand, dernièrement, il reconnut mademoiselle Aurore à l'Opéra et la retrouva ici, chez vous, madame la marquise.

— Si grande qu'il en a perdu la raison, car ce qu'il a fait serait l'acte d'un malhonnête homme, d'un misérable, s'il n'était celui d'un fou !

— Mais de quoi croyez-vous donc le marquis de Verveine coupable? s'écria Gaston en faisant un bond sur son siège; vous avez parlé d'une jeune fille enlevée, du désespoir d'une famille, qu'est-ce que tout cela signifie?

— Je vais vous le dire, monsieur de Limans : c'est bien samedi dernier, entre cinq et six heures du soir, que le marquis, vous et M. de Charmeille avez quitté Paris?

— Oui, madame.

— Eh bien, monsieur, samedi dernier, à la même heure, mademoiselle Aurore Delorme, la fille d'un de mes meilleurs amis, ma filleule, monsieur de Limans, a été audacieusement enlevée.

Le jeune homme se dressa d'un seul mouvement, un éclair dans le regard, frémissant.

— Infamie! exclama-t-il. Et c'est le marquis de Verveine qu'on ose accuser d'un pareil crime, dont de Charmeille et moi serions les complices! Madame la marquise, c'est une misérable et lâche calomnie!

L'indignation du jeune homme était si grande, si réelle, que la marquise ne pouvait plus conserver un doute. Le marquis de Verveine était innocent. Elle éprouva immédiatement un grand soulagement.

— Monsieur de Limans, dit-elle, calmez-vous.

— Oui, madame la marquise, mais vous devez bien comprendre que je n'ai pu être maître de moi : il s'agit de mon honneur, de l'honneur de deux de mes amis, que j'ai le droit et le devoir de défendre en leur absence!

— Je suis déjà convaincue que le marquis est innocent. Allons, asseyez-vous et expliquons-nous. Il y a eu une erreur fâcheuse, regrettable; mais vous allez comprendre comment elle a pu se produire... En apprenant l'enlèvement de sa fille, le malheureux père, fou de douleur, désespéré, chercha d'où pouvait venir le coup terrible qui lui était porté; il sait que le marquis aime sa fille, et, naturellement, ses soupçons se sont aussitôt portés sur lui. Le brusque départ de M. de Verveine, dans des conditions assez mystérieuses, la coïncidence du jour et des heures ont changé ses soupçons en certitude. Avouez comme moi, monsieur de Limans, que le malheureux père, égaré par sa douleur, a pu être trompé par les apparences.

— Le marquis de Verveine aurait dû être à l'abri d'un pareil soupçon.

— Peut-être. N'était-on pas en droit de supposer qu'il pouvait avoir ajouté une sottise à tant d'autres?

— Il y avait là une question d'honneur, madame la marquise. Adrien a pu se conduire comme un écervelé, mal employer sa vie, dépenser follement son argent, se ruiner; mais son honneur reste debout; il n'y a pas une tache au nom qu'il porte.

— Mon cher Gaston, vous prêchez une convertie.

— Je sais, madame la marquise, que, sévère, très sévère pour tout ce qui touche au cœur et à l'honneur, vous êtes indulgente pour nos peccadilles et nos faiblesses; mais il ne me suffit pas que vous soyez convaincue de l'innocence d'Adrien, il faut que d'autres sachent, le père de mademoiselle Aurore surtout, que le marquis de Verveine n'a jamais démérité et qu'il garde le droit de lever haut la tête.

Je vous ai dit qu'il y avait dans notre départ de Paris un motif secret. C'est la vérité. J'ai fait la promesse de ne rien révéler jusqu'à nouvel ordre; mais on accuse le marquis de Verveine d'une infamie; devant une pareille accusation, je ne saurais me taire, il faut, madame la marquise, non pour vous, mais pour d'autres, que je vous donne la preuve de l'innocence du marquis. J'ai heureusement sur moi un écrit dans lequel vous trouverez cette preuve tout entière.

Il tira un papier de sa poche et le mit dans la main de la marquise. C'était le procès-verbal de la rencontre et des causes qui l'avaient amenée, signé des quatre témoins.

— Veuillez lire, madame la marquise, ajouta le jeune homme, lisez et vous saurez tout.

Madame de Montperrey lut rapidement, tout en laissant échapper plusieurs exclamations.

— Ah! maintenant, je comprends! je comprends! s'écria-t-elle. Quand on croit le marquis un misérable, le pauvre jeune homme est étendu blessé, mourant, sur un lit, dans une chambre d'auberge en Belgique.

— Pendant deux jours nous avons été très inquiets, de Charmeille et moi, dit Gaston; mais je me hâte de vous rassurer, madame la marquise, la vie d'Adrien n'est plus en danger. Il s'est trouvé assez fort ce matin pour qu'on puisse l'enlever du lit de la chambre d'auberge, et, en prenant les précautions nécessaires, nous l'avons amené chez mademoiselle de Gontrey, au château de la Cerisaie. C'est alors seulement que j'ai cru pouvoir revenir à Paris; mais de Charmeille, lui, va rester près de notre ami. Il a été convenu que, s'il était forcé de revenir à Paris, j'irais le remplacer auprès d'Adrien. Mais je n'attendrai pas cela pour retourner à la Cerisaie, ne serait-ce que pour y passer quelques heures auprès du malade.

— Sera-t-il longtemps retenu sur son lit?

— Le docteur a parlé d'un mois avant qu'il puisse se lever seul et marcher dans la chambre.

— D'ici là, il faut l'espérer, nous aurons retrouvé Aurore.

— Maintenant, madame la marquise, ai-je le droit de vous interroger au sujet de mademoiselle Aurore.

Madame de Montperrey secoua la tête.

— Monsieur Gaston, répondit elle, je ne peux rien dire; hélas! il y a dans cette affaire une infinité de choses que vous ne devez pas connaître encore. La parfaite innocence du marquis de Verveine reconnue, on ne sera plus égaré dans les recherches qui sont faites activement: il y a un seul coupable, et ce misérable on le connaît.

Ce dont je puis vous assurer, monsieur de Limans, c'est que ce duel, tout en restant une chose malheureuse, déplorable, a aplani les plus grandes difficultés qui pouvaient mettre empêchement au mariage du marquis de Verveine avec

Aurore. Je vous autorise à l'apprendre à votre ami, si cela peut hâter sa guérison.

Je puis encore vous dire, — et ceci tout à fait entre nous, — qu'Aurore, qui est la jeune fille la plus jolie, la plus gracieuse, la plus parfaite que je connaisse, est aussi une des plus riches héritières de France. M. Latrade, paraît-il, possède plusieurs millions ; mais, sous le rapport de la fortune, Aurore peut rivaliser avec avantage avec mademoiselle Adèle Latrade, que je n'ai pas l'honneur de connaître.

Voilà notre grave entretien terminé, monsieur de Limans, il me reste à vous prier de vouloir bien me confier ce papier.

— Il n'appartient pas à moi seul, madame la marquise ; le cas où j'aurais à en faire usage peut se présenter d'un moment à l'autre, et je me demande si j'ai le droit, si je peux...

— C'est juste ; oui, vous avez raison ; même pour un temps limité, vous ne pouvez vous dessaisir de ce document ; mais une simple copie me suffira.

— Dans ce cas, madame la marquise, tout s'arrange pour le mieux. Ce soir même, aussitôt rentré chez moi, je ferai cette copie, et demain matin je vous la ferai parvenir.

— Merci.

Le jeune homme se leva.

— Avant de vous quitter, madame la marquise, me permettez-vous de venir vous demander le résultat des recherches faites pour retrouver mademoiselle Aurore ?

— Oui, oui, venez. Du reste, dès que je saurai quelque chose, je vous préviendrai.

En lui serrant la main, elle ajouta :

— Je suis bien contente de vous avoir vu, monsieur de Limans, et bien heureuse aussi de ce que vous m'avez appris. A bientôt !

— A bientôt, madame la marquise ! dit le jeune homme.

Et il se retira.

XXV

UN NOUVEAU PERSONNAGE

Dix heures du matin venaient de sonner. Depuis près de deux heures, M. Van Ossen travaillait seul dans son cabinet. Bien qu'il se fût fixé à Paris depuis plusieurs années, il ne s'était pas complètement retiré de la vie active. Par ses soins une importante maison de banque, succursale de la grande maison d'Amsterdam, avait été fondée à Paris, et il en était le principal administrateur.

Du reste, il n'avait pas séparé ses intérêts de la société financière hollandaise, dont la raison spéciale était toujours Van Ossen et C¹ᵉ.

On frappa discrètement à la porte du cabinet.

— Ouvrez, dit M. Van Ossen.

Un domestique se montra sur le seuil.

— M. William Durkett fait demander à M. Van Ossen s'il peut le recevoir, dit le domestique.

— Comment donc, répondit vivement le célèbre banquier, mais à l'instant même.

Il posa sa plume sur le bureau, repoussa les papiers et se leva.

M. William Durkett parut.

C'était un grand jeune homme blond, qui paraissait avoir trente-cinq ans. Il portait toute sa barbe, avait le front intelligent, l'œil vif et dans le regard une grande expression de franchise et de loyauté. Il était très élégamment vêtu, et malgré un peu de raideur naturelle, sa tenue, ses manières étaient celles d'un homme distingué. On voyait tout de suite qu'il avait l'usage du monde et qu'il appartenait à la meilleure société.

M. Van Ossen s'avança les mains tendues, jusqu'à la porte du cabinet, pour recevoir le visiteur. La réception ne pouvait être plus cordiale, et l'empressement du banquier disait assez qu'il considérait le jeune homme comme un ami.

— Cher monsieur Durkett, dit-il, voilà ce qu'on peut appeler une véritable surprise; inutile d'ajouter qu'elle est agréable. Et c'est ainsi que vous quittez New-York et arrivez à Paris sans prévenir ceux qui s'intéressent à vous, vos amis, veux-je dire.

— Je me suis décidé à partir tout d'un coup.

— Avouez donc que vous avez voulu me surprendre; on a vite envoyé un télégramme.

— C'est vrai, j'aurais pu...

— Sans doute, vous auriez pu, même en arrivant au Havre. Mais je ne veux pas vous chercher querelle. Asseyons-nous, d'abord. Maintenant, dites-moi, depuis quand vous êtes à Paris?

— Vous avez ma première visite, monsieur; je suis arrivé hier soir.

— Vous avez oublié la promesse que vous m'avez faite de venir me demander l'hospitalité. Vous saviez bien, pourtant, qu'on vous aurait reçu affectueusement.

— Oui, monsieur; mais je suis arrivé de nuit, à une heure trop avancée pour que j'aie pu, décemment, me présenter. Je suis descendu au Grand-Hôtel.

— En vous disant que, là, vous seriez plus à votre aise, plus libre que chez M. Van Ossen.

Le jeune homme rougit légèrement.

— Je connais les jeunes gens, ajouta le banquier avec bonhomie.

M. Durkett ne put s'empêcher de sourire.

— Est-ce une affaire sérieuse, importante, qui vous amène à Paris?

— Oh! les petites affaires que j'ai à traiter en France ne nécessitaient point un dérangement. C'est uniquement le désir de revoir la France, Paris, qui m'a fait traverser la mer.

— Je comprends cela, moi, qui aime la France comme si elle était ma patrie, et Paris la ville unique, sans pareille, comme si j'y étais né. Vous proposez-vous de faire un long séjour parmi nous?

— J'espère, monsieur, rester un mois en France.

— Vous avez probablement encore quelques amis à Paris?

— Un seul, monsieur, et c'est vous, puisque vous avez bien voulu me permettre de vous donner ce titre.

— Auquel j'ai droit, William, dit M. Van Ossen en lui prenant la main, car je vous aime sincèrement.

— Oh! vous me l'avez prouvé, monsieur; et je suis bien venu à Paris aussi pour vous exprimer de nouveau toute ma reconnaissance. Dans ce que vous avez fait pour moi il y avait plus que de l'amitié. Ah! monsieur Van Ossen, vous avez été pour William Durkett un second père.

— J'ai fait pour vous, William, ce que je devais faire pour le fils d'un de mes meilleurs amis. Ai-je hésité un instant? Non. Au lieu d'avoir à me repentir je n'ai eu qu'à me féliciter. Vous avez grandement justifié ma confiance en vous, William. Par votre travail vous avez dignement, noblement réparé les fautes de votre jeunesse; vous avez compris ce que vous deviez à la mémoire de votre excellent père et à vous-même. La maison Durkett, de New-York, n'existait plus, vous l'avez fait revivre et elle est maintenant plus florissante, plus prospère que jamais! Aujourd'hui vous êtes le plus grand armateur d'Amérique; vos nombreux vaisseaux sillonnent toutes les mers, portant aux quatre coins des mondes les produits de votre industrie nationale, les produits du sol fertile des deux Amériques.

Dans les mauvaises années, comme celle où nous sommes, quand les céréales manquent en France, c'est vous, William, qui apportez de là-bas du pain au peuple français.

— Et tout cela grâce à vous, monsieur Van Ossen.

— Vous êtes venu me trouver, je vous ai écouté et j'ai eu confiance. La maison Van Ossen, d'Amsterdam, a mis des capitaux à votre disposition; — les maisons de banque sont créées pour cela; — vous lui avez remboursé ses avances, vous ne lui devez plus rien. Quant à moi, William, je suis payé par votre reconnaissance et la satisfaction de vous avoir aidé à reconstituer votre fortune.

— Je n'oublierai jamais ce que je vous dois, monsieur, et votre grande bonté pour moi : toujours j'écouterai vos conseils et aurai pour vous la déférence et le respect qu'on doit à un père.

… Le misérable qui a fait tout cela, vous le connaissez, c'est le vicomte de Sauzac.

— Je ne doute pas de vos sentiments, William, ils sont ce qu'ils doivent être. Mais nous n'avons plus rien à dire sur ce sujet. Parlons d'autres choses. Vous acceptez, n'est-ce pas, le déjeuner que je vous offre?

— J'ai pensé que vous me feriez cette invitation et j'ai disposé de mon temps pour pouvoir l'accepter.

— Très bien. J'espère que nous nous verrons souvent durant votre séjour à Paris.

— Si je ne suis pas importun, monsieur.

— Importun ! Voulez-vous vite retirer ce vilain mot ! Je ne veux pas vous forcer à vous installer ici ; mais vous pourrez venir, quand il vous plaira, à l'heure du déjeuner et du dîner ; votre couvert sera toujours mis.

— Vous me gâtez ! fit le jeune homme en souriant.

— Il faut bien que je me fasse pardonner mes paroles un peu dures d'autrefois.

— Oh ! monsieur !

— Avez-vous décidé ce que vous ferez cette après-midi ?

— Pas encore. Si vous n'étiez pas trop occupé...

— Eh bien ?

— Je vous prierais de vouloir bien m'accompagner chez M. le comte de Lasserre à qui je désire faire au moins une visite.

Le visage de M. Van Ossen s'attrista subitement.

— Ainsi, dit-il, vous n'avez pas oublié M. de Lasserre, mon vieil ami.

— Pas plus que je n'oublie aucune des personnes que vous aimez.

— Le comte de Lasserre a également gardé de vous un excellent souvenir, ce qui indique que vous lui avez plu beaucoup. Vous avez vu, d'ailleurs, comme il s'est intéressé à vos entreprises, par les conseils qu'il a cru devoir vous donner.

— Conseils excellents et d'un ordre supérieur ; je les ai suivis et je serai heureux d'en faire connaître le résultat à M. le comte de Lasserre : nos bénéfices ont augmenté de près d'un tiers dans l'année.

— C'est magnifique. Le comte m'a souvent parlé de vous, des immenses services que vous étiez appelé à rendre par vos moyens d'action, et aussi de la façon dont vous l'aviez fêté à New-York. Le comte de Lasserre aurait été, certainement, enchanté de vous voir ; malheureusement...

— Il est absent ?

— Non, il est à Paris.

— Malade ?

— Oui. Et dans un état qui ne vous permettrait pas de lui parler.

— Ah ! je me sens profondément affligé.

M. Van Ossen raconta l'attentat dont le comte avait été victime, et comment il avait failli rester sous les coups des deux meurtriers.

— Est-il dangereusement blessé ? demanda M. Durkett.

— Non, heureusement, et les médecins qui le soignent nous font espérer qu'il n'y a rien à craindre pour ses jours.

A ce moment, le domestique ouvrit la porte du cabinet et annonça M. Gabiron.

— Faites entrer, dit M. Van Ossen.

L'Américain se leva pour se retirer.

— Non, restez, lui dit M. Van Ossen ; nous allons avoir des nouvelles du comte de Lasserre.

Gabiron entra et parut hésiter à avancer en voyant un étranger avec M. Van Ossen.

— Venez, monsieur Gabiron, lui dit le banquier. M. William Durkett est un de mes bons amis et il est aussi l'ami de M. le comte de Lasserre. Nous parlions justement de notre malade quand on vous a annoncé. Donnez-nous vite de ses nouvelles ; comment va-t-il ce matin ?

— Son état n'a pas beaucoup changé ; mais si l'on ne peut pas constater une amélioration, on ne peut pas dire non plus qu'il soit dans une plus mauvaise situation.

— Le docteur Albin est-il venu ce matin ?
— Il était chez M. le comte avant moi.
— L'avez-vous vu ?
— Oui, monsieur.
— Que dit-il ?
— Rien. Mais il ne paraît pas inquiet.
— Alors c'est que tout va aussi bien que possible.

Où en êtes-vous dans vos recherches, monsieur Gabiron ?
— Toujours pas plus avancé, monsieur ; je suis désespéré.
— Mais non découragé, je suppose.

Un éclair s'alluma dans le regard de l'agent.

— J'arriverai au but, monsieur, dit-il d'une voix sombre, ou je mourrai à la peine !

— Vous n'avez aucune communication à me faire ?
— Pardon, monsieur, et je suis venu exprès pour cela.

Je vous apporte la confirmation de ce que j'ai dit au sujet de M. le marquis de Verveine.

— Est-ce qu'il est revenu à Paris ?
— Non, monsieur ; mais, par un de ses amis, nous savons maintenant à quoi nous en tenir. M. le marquis avait été accusé à tort. Voici d'ailleurs la preuve qu'il est innocent.

Gabiron tendit à M. Van Ossen un papier, ayant la forme d'une lettre grand format.

— Cet écrit, monsieur, ajouta-t-il, a été apporté ce matin même chez M. le comte de Lasserre par un domestique de madame la marquise de Montperrey. Oh ! vous pouvez lire à haute voix : ce n'est certainement pas monsieur votre ami qui ira révéler la chose, pour que les deux adversaires et leurs témoins aient des démêlés avec la justice.

— Il y a donc eu un duel ?
— Oui, monsieur. Mais veuillez lire et vous saurez tout ce qui s'est passé.

M. Van Ossen lut tout haut la copie du procès verbal de la rencontre, écrite la veille par Gaston de Limans. Il prononça à haute voix les noms des quatre témoins, André de Charmeille, Gaston de Limans, Jules Castel, ingénieur, vicomte de Sanzac.

— Tiens, le vicomte de Sanzac.
— Est-ce que vous le connaissez, William? demanda M. Van Ossen.
— Je l'ai rencontré quelquefois dans des sociétés.
— Je me doute un peu de quelles sociétés vous parlez, mon cher William.
— Si c'est un reproche...
— Oh! à l'adresse du passé, dit vivement le banquier.
— Le passé le mérite, répondit le jeune homme, ébauchant un sourire.
— Vous avez réfléchi depuis et vos yeux se sont ouverts, mon jeune ami ; vous savez aujourd'hui quels gens vous fréquentiez alors.
— C'est vrai, monsieur, mais je n'ai jamais eu à me plaindre du vicomte de Sanzac, qui m'a toujours paru être un galant homme.
— Oh! oh! fit Gabiron.
— Mon cher William, dit M. Van Ossen, vous vous êtes laissé tromper, comme tant d'autres, par les dehors aimables et brillants du vicomte, qui est et a toujours été un affreux hypocrite.
— Monsieur Van Ossen pourrait dire un gredin de la pire espèce, accentua Gabiron.
— Enfin, c'est un de ces hommes auxquels on ne donne pas la main quand on les rencontre et dont on s'éloigne avec mépris.
— Avec horreur, avec dégoût, ajouta Gabiron.
— En vérité! fit M. Durkett, je reste confondu.
— Tenez, William, votre affection pour le comte de Lasserre et l'amitié qu'il vous a témoignée vous rendent digne de savoir ce qui nous tourmente en ce moment, plus encore que le triste état dans lequel se trouve le comte. A New-York, il vous a souvent parlé de sa fille, de sa chère Aurore.
— Oui, et avec une chaleur, un enthousiasme qui faisaient voir combien il en est idolâtre.
— Eh bien, il y a aujourd'hui neuf jours, Aurore a disparu.
— Enlevée?
— Oui, enlevée.
— Par qui?
— Aurore est aimée du marquis Adrien de Verveine : les soupçons du pauvre père s'étaient portés sur ce jeune homme, qui, par un hasard singulier, avait quitté Paris secrètement, à l'heure même où avait lieu l'enlèvement. Le marquis est étranger à ce rapt odieux ; nous savons maintenant qu'il a quitté Paris pour aller se battre en Belgique et recevoir une balle en pleine poitrine.
— Alors on suppose que le coupable est...
— Attendez, William, interrompit M. Van Ossen, laissez-moi vous édifier complètement. Il y a de cela plus de vingt ans, parce qu'il a été faible, trop bon

et trop généreux, le comte s'est fait un ennemi mortel d'un homme à qui il avait prêté de l'argent et donné son amitié. Depuis, cet homme ou plutôt ce misérable n'a cessé de poursuivre son bienfaiteur de sa haine. Je ne puis vous dire tout ce qu'il a imaginé pour se venger du comte et le faire souffrir.

Enfin, il a mis le comble à ses infamies, car c'est lui, nous en avons la conviction absolue, qui a enlevé mademoiselle de Lasserre.

— Oh! exclama le jeune homme.

— Ce n'est pas tout, William, nous sommes également convaincus que c'est lui qui a armé les mains de deux bandits pour assassiner le comte.

— Mais tout cela est horrible! horrible!

— Le misérable qui a fait tout cela, William, vous le connaissez, c'est le vicomte de Sanzac!

— Mais pourquoi? Dans quel but!

— La folie de la haine! répondit Gabiron.

— Evidemment, il y a cela, dit M. Van Ossen; mais aussi autre chose qui nous échappe. Nous ne pouvons pas deviner ce qui occupe l'esprit et la pensée de cet homme. Maintenant, William, vous pouvez avoir une idée de notre douleur et juger quelles sont nos inquiétudes.

Ce soir, neuf jours seront écoulés depuis l'enlèvement, et, malgré les recherches actives auxquels se livre M. Gabiron, nous ne sommes pas plus avancés que le premier jour. Le vicomte de Sanzac a disparu. Impossible de découvrir sa trace. Les deux scélérats qui ont tenté d'assassiner M. de Lasserre ont été arrêtés, comme je vous l'ai dit; le comte les a interrogés lui-même; mais il n'a pu obtenir d'eux un aveu, une révélation. Et pourtant ce sont les mêmes misérables qui ont enlevé Aurore.

— J'en suis sûr, j'en ai la preuve! appuya Gabiron.

— Où ont-ils conduit la pauvre jeune fille? Que veut faire d'elle l'infâme vicomte? A quelles tortures a-t-il condamné cette innocente enfant? Dans quel lieu inconnu, mystérieux, introuvable la tient-il séquestrée, emprisonnée?

— Oh! fit le jeune homme, en portant la main à son front.

Et il se dressa debout d'un seul mouvement, comme sous l'action d'une pile électrique.

— Qu'avez-vous donc, William? lui dit M. Van Ossen.

— Vous demandez dans quel lieu inconnu le vicomte de Sanzac tient mademoiselle de Lasserre séquestrée ou emprisonnée?

— Oui.

— Eh bien, monsieur Van Ossen, je le sais, moi!

XXVI

LES DEUX PRISONNIÈRES

Le vicomte de Sauzac s'était installé dans une chambre de l'ancien rendez-vous de chasse. Il n'avait plus quitté le clos depuis les scènes violentes à la suite desquelles la comtesse de Lasserre avait été enfermée dans la tour des Dames.

Le vicomte avait cru devoir faire encore trois nouvelles tentatives auprès de la jeune femme, avec prières et menaces, espérant que, pour sauver sa fille, elle finirait par consentir à s'associer à ses projets ; mais elle l'avait repoussé avec mépris, avec horreur et n'avait pas daigné lui répondre.

Le misérable ne lui avait pas dit tout ce qu'il voulait ; mais ce qu'il n'avait pas osé lui révéler, malgré son audace, elle l'avait deviné. Cette lettre infâme, que, dans sa folie, il s'était imaginé qu'elle écrirait, l'avait complètement éclairée. Ruiné depuis longtemps, à bout d'expédients, il convoitait l'immense fortune du comte de Lasserre ; mais pour s'en emparer, — d'une partie au moins, — il fallait assassiner le comte et la faire, elle, complice de ce crime. Alors, compromise par la lettre écrite de sa main, elle était entièrement à sa discrétion, elle devenait son esclave et il la forçait de devenir sa femme... En même temps, il agissait auprès du marquis de Verveine, et à la suite d'une convention, prise entre eux, d'un marché quelconque, le marquis épouserait Lucie de Lasserre.

En pensant que le vicomte avait pu supposer un instant qu'elle serait assez vile, assez abjecte pour se prêter à toutes ces machinations, la comtesse frémissait d'horreur et sentait que tout se retournait en elle.

Le plan du vicomte était, en effet, fort bien combiné. Hélène de Noirmont s'étant mariée sous le régime de la communauté, elle devenait héritière, à la mort de son mari, d'environ huit millions, car on pouvait évaluer l'accroissement de la fortune, depuis le mariage, à près de dix millions. Certes, une veuve comme la comtesse de Lasserre n'était pas à dédaigner, et le vicomte pouvait bien tenter quelque chose, courir certains risques pour parvenir à l'épouser.

Seulement, ne voyant que le but à atteindre, il avait un peu trop compté sans la comtesse, dont il avait cru pouvoir vaincre la résistance en la mettant aux prises avec son amour maternel.

Il n'avait pas songé non plus que ses deux complices, chargés d'assassiner le comte de Lasserre, manqueraient leur coup. La chose avait été si bien étudiée, il avait donné de telles instructions, on s'était si bien entendu sur la manière dont le crime devait être commis, qu'il n'admettait pas que le comte pût sortir vivant des mains de ses meurtriers, et moins encore que Lory et Colibri se fussent laissé prendre. Il était tellement convaincu que tout se passerait rue du Rocher, ainsi qu'il l'avait dit à ses complices, qu'il ne sentait même pas un commencement d'inquiétude. Pour lui, le comte était un homme mort.

Aussitôt leur mission remplie, Lory et Colibri devaient revenir au clos d'Iris. Il leur donnerait à chacun cinq cents francs, en attendant mieux, et ils fileraient en Belgique, pour de là passer en Allemagne.

Mais si le vicomte était tranquille de ce côté, il était anxieux et fort tourmenté de sa lutte terrible avec la comtesse. Il espérait toujours qu'il en aurait raison, qu'au dernier moment elle finirait par céder. Dans tous les cas, il ne pouvait plus reculer, il fallait qu'il allât jusqu'au bout.

Ayant jugé prudent de ne pas se montrer à Paris, il avait écrit et fait porter à Ermont quatre lettres adressées à quatre de ses amis, choisis avec soin parmi les jeunes débauchés qu'il connaissait. Ces quatre personnages étaient les invités dont il avait parlé à la comtesse. Le misérable préparait la mise en scène et l'exécution de l'épouvantable drame dont il avait menacé la malheureuse mère.

La comtesse n'avait pas revu la Grêlée, qui était spécialement chargée de la garde d'Aurore; elle avait Cocasse pour geôlier. Ce rustre, espèce de sauvage doublé d'un coquin, était digne de sa compagne. Il avait d'abord inspiré une grande terreur à la jeune femme; mais elle s'était bientôt rassurée en pensant, avec raison, que ce n'était pas de cette brute, mais de son maître seulement, qu'elle avait quelque chose à craindre.

Le premier jour elle n'avait pas voulu manger : mais comprenant que, dans l'intérêt de sa fille, elle avait besoin de conserver son énergie, toutes ses forces elle se décida à accepter la nourriture que Cocasse lui apportait.

Ayant mis toute sa confiance en Dieu, qui ne pouvait les abandonner, sa fille et elle, elle attendait, résignée, qu'il voulût bien manifester sa toute-puissance en leur faveur. Toutefois, elle éprouvait les plus horribles angoisses. Nous ne dirons point quelles étaient ses tortures de tous les instants ; le lecteur sait dans quelle affreuse situation elle se trouvait, et il comprend ce qui devait se passer en elle.

Si seulement elle avait pu voir Aurore, ne fût-ce qu'une minute, le temps d'échanger quelques paroles avec elle?

Surmontant sa répugnance, elle eut le courage d'adresser la parole à Cocasse, de lui parler. Sur elle dans un porte-monnaie, elle avait un billet de cent francs et quelques pièces d'or; elle offrit le tout à son gardien pour qu'il lui permît de voir un instant la jeune fille, emprisonnée comme elle dans la maison.

Cocasse, qui avait eu l'air de l'écouter attentivement et même de se laisser attendrir, se mit à rire grossièrement quand elle eut fini, et lui répondit par un haussement d'épaules significatif.

La comtesse comprit qu'elle n'avait rien à attendre ni à espérer de cet homme. Vil instrument de son maître, il était son esclave soumis et docile. Et puis, quand même elle aurait possédé une somme assez forte pour le séduire, l'acheter, qu'aurait-il pu faire ? le vicomte de Sanzac n'avait certainement pas quitté la maison : il était là, veillant à l'exécution stricte de ses ordres. De la cellule de la tour, elle ne pouvait entendre aucun bruit dans l'intérieur de la maison ; mais elle sentait que l'ennemi n'était pas loin: qu'il se dressait, obstacle effrayant, entre sa prison et celle d'Aurore.

Celle-ci avait été surprise et même un peu effrayée lorsque, brusquement et avec une certaine violence, sa geôlière l'avait fait rentrer dans la tour, dont la porte massive s'était refermée sur elle. La chose s'était faite si rapidement qu'elle n'avait pas eu le temps de demander à la Grêlée si elle était allée à Paris et avait pu remettre sa lettre à son institutrice.

Ce n'est que plus de deux heures après que la jeune fille vit s'ouvrir la porte de la tourelle. La Grêlée lui apportait son repas du soir. Il lui fut permis de rentrer dans la pièce où, un instant auparavant, le vicomte avait voulu faire écrire à la comtesse la lettre que nous connaissons.

— Allons, mademoiselle, dit la Grêlée de sa voix mielleuse, mettez-vous à table ; je vous ai fait ce soir un petit plat de ma façon ; je suis sûre que vous trouverez ça de votre goût.

— J'ai le temps, tout à l'heure, fit Aurore.

Et regardant fixement la Cocasse :

— Est-ce que vous n'avez rien à me dire ? lui demanda-t-elle.

— Comme vous êtes impatiente, mademoiselle ! Je voulais attendre à demain.

— A demain ? Pourquoi ?

— Dame ! une idée que j'avais, pour pouvoir causer plus longtemps avec vous.

— Mais rien ne vous empêche de causer ce soir.

— Si vous le voulez absolument...

— Certainement, je le veux... Ne croyez-vous pas que j'ai hâte de savoir... Avez-vous vu madame Durand ?

— Oui, je l'ai vue.

— Vous lui avez remis ma lettre et tout de suite elle l'a lue ?

— Dites que ses yeux l'ont dévorée, mademoiselle.

— Pourquoi n'est-elle pas venue avec vous ?

— Apparemment qu'elle ne pouvait pas aujourd'hui.

— Alors elle viendra demain ?

— Oui, peut-être demain ou après-demain ou le jour suivant ; elle ne m'a pas dit sûrement quand elle pourra venir. La bonne dame doit être très occupée en ce moment.

Aurore laissa échapper un soupir.

— Enfin, que vous a-t-elle dit pour moi ? demanda-t-elle.

L'IDIOTE

La pauvre mère poussa un cri horrible, et voilant sa figure de ses mains..

— Qu'elle vous aime toujours beaucoup, qu'elle est heureuse de savoir que vous avez compris qu'on s'occupait de votre bonheur. Elle m'aurait certainement dit beaucoup d'autres choses; mais j'ai bien vu qu'elle gardait ça en dedans. Pourtant, comme je m'en allais, elle m'a parlé du jeune homme.

— De quel jeune homme? demanda Aurore, dont le front se couvrit d'une rougeur subite.

— De M. Adrien, votre amoureux. On a déjà fait plusieurs démarches auprès du père de mademoiselle Aurore, m'a-t-elle dit; il va donner son consentement au mariage; qu'elle prenne patience et qu'elle ne s'ennuie pas, elle n'a plus que trois ou quatre jours à attendre.

La jeune fille appuya sa main sur son cœur, qui battait très fort, et en même temps son regard eut une clarté radieuse.

Elle resta un moment songeuse, puis se décida à se mettre à table.

La Grêlée s'était esquivée.

Aurore ne revit sa gardienne que le lendemain matin.

— Hier soir, lui dit-elle, j'ai oublié de vous faire une question.

— Quelle question, mademoiselle?

— Pourquoi donc, sans rien me dire, comme si vous aviez été mécontente de moi, m'avez-vous poussée là pour m'y enfermer?

La Grêlée s'attendait évidemment à cet interrogatoire de la jeune fille, car elle avait sa réponse toute prête.

— Ah! mon Dieu, fit-elle, je vous ai effrayée, peut-être?

— Presque.

— C'est la faute de mon mari; aussi je lui en ai fait des reproches, ce matin... Imaginez-vous que pendant que j'étais à Paris, il a bu un petit coup de trop. Il y a des hommes comme ça, mademoiselle, qu'il faut qu'on surveille comme des enfants; heureusement je ne m'absente jamais. Donc, quand je suis revenue je l'ai trouvé gris. Certainement, mon mari n'est pas un homme méchant, mais quand il a bu un coup, il est désagréable, taquin et ne sait dire que des bêtises. Hier, comme j'arrivais de Paris, une lubie lui passa tout à coup par la tête et il me dit :

« — Je vais monter là-haut voir la demoiselle.

« — Hein, voir la demoiselle? Pourquoi faire?

« — Hé, pour causer avec elle.

« — Je te le défends bien, ivrogne que tu es!

« — Si, si, j'ai quelque chose à lui dire?

« — Qu'est-ce que tu as à lui dire?

« — Eh bien, voilà, je veux l'embrasser! »

— Oh! fit Aurore, dont les fins sourcils se froncèrent.

— Il ne faut pas vous fâcher de ça, mademoiselle, reprit la Grêlée, quand les hommes ont bu un coup, ils ne savent plus ce qu'ils disent. Enfin il voulait vous voir, c'était son idée fixe. Il était déjà dans l'escalier; je me mis en colère, je le poussai; mais craignant, malgré cela, qu'il ne s'obstinât à vouloir venir vous trouver, je me suis dit que ce que j'avais de mieux à faire était de vous enfermer dans la tourelle. Maintenant, mademoiselle, vous comprenez, n'est-ce pas?

— Oui, répondit Aurore, je comprends.

— Du reste, je ne vous y ai pas laissée longtemps; dès qu'il a été couché et endormi, je suis vite venue vous ouvrir.

— Est-ce que cela lui arrive souvent, à votre mari, de boire?

— Presque jamais. Mais n'ayez aucune crainte, mademoiselle, je ferme toujours à clef la porte de cette chambre, et j'aurai soin, maintenant, d'avoir la clef dans ma poche. Du reste, pour deux ou trois jours que vous avez encore à rester ici...

Aurore soupira... Encore deux ou trois jours, et après la liberté! Elle reverrait son père, sa mère et pourrait respirer au grand air ; puis, bientôt, elle aurait le bonheur qu'on lui avait promis. Encore deux ou trois jours! Ils seraient bien vite écoulés, elle n'avait plus guère à attendre. Et comme le lui avait fait dire son institutrice, il fallait qu'elle eût encore un peu de patience.

N'ayant toujours aucune raison de suspecter la Grêlée, elle avait accepté, comme vraie, la fable que l'astucieuse femme avait imaginée pour ne pas faire naître sa défiance.

XXVII

LE SOUPER

Les trois jours accordés à la comtesse de Lasserre pour réfléchir et se décider étaient écoulés. L'heure approchait. L'heure terrible pour le vicomte de Sanzac, épouvantable pour la mère d'Aurore.

A six heures et demie, c'est-à-dire à la nuit tombante, les quatres invités du vicomte arrivèrent ensemble à l'ancien rendez-vous de chasse. De Sanzac guettait depuis un quart d'heure. Aussitôt qu'il vit paraître les jeunes gens, il descendit précipitamment et courut à leur rencontre, afin de les arrêter un instant dans le clos avant de les faire entrer dans la maison.

Pendant ce temps, la Grêlée se rendit près d'Aurore et voulut, comme trois jours auparavant, la pousser dans la tourelle; mais la jeune fille résista.

— Non, dit-elle, je ne veux pas être enfermée là.

Sa résistance était prévue, car, aussitôt, Cocasse parut à l'entrée de la chambre, titubant, ayant l'air d'être dans un complet état d'ivresse.

Aurore poussa un cri d'effroi et, toute tremblante, se réfugia dans la cellule. La porte tourna sur ses gonds invisibles et se ferma. Le tour était joué.

— Voilà, dit Cocasse, c'est pas plus difficile que ça.

Maintenant, M. le vicomte pouvait recevoir ses amis.

Par les soins des époux Cocasse, les deux fenêtres de la grande pièce du milieu s'éclairèrent subitement. Transformée en salle à manger pour la circonstance, c'est dans cette pièce qu'on avait dressé la table du festin. Sur une nappe qui n'était pas de première blancheur, il y avait cinq couverts accompagnés de six bouteilles de vin blanc, du vieux chablis, trouvé au fond d'un caveau. Au milieu de la table s'élevait une énorme pyramide d'huîtres de Cancale, une raison pour faire boire le vieux chablis. Les serviettes, sorties d'une armoire où elles étaient probablement depuis des années, n'étaient pas plus blanches que la nappe. Faute d'argenterie, les cuillers et les fourchettes étaient en ruolz et laissaient voir leur métal jaune sous le blanc d'argent. Mais, au milieu des bois, on n'y regarde pas de si près. Par exemple, il n'y avait pas à critiquer l'éclairage : dans deux candélabres placés aux extrémités de la table, dix bougies étaient allumées. Les vins promettaient aussi de ne pas manquer : à la place de chaque convive, on avait mis quatre verres.

Cocasse était allé chercher la victuaille à Montmorency et sa femme avait préparé le repas. Elle s'y entendait assez, ayant été cuisinière chez le vicomte, au temps déjà loin de sa splendeur.

— Messieurs, dit le vicomte à ses amis, qui ne se souciaient nullement de voir paraître les étoiles et d'assister au lever de la lune, cette illumination nous annonce que nous pouvons entrer. Suivez-moi.

Les cinq hommes montèrent au premier, entrèrent dans la salle et prirent des sièges pour attendre sans se fatiguer le moment de se mettre à table.

Les deux Cocasse avaient disparu.

— Oh! oh! des huîtres! fit l'un des invités, appelé Hector.

— Une bourriche entière, cher ami, dit le vicomte.

— Nous en viendrons à bout. Le prix insensé qu'on paye aujourd'hui ce mollusque en augmente la saveur.

— Serait-ce là la surprise qu'il nous a promise? dit un autre à l'oreille de son voisin.

— Je connais de Sanzac, il nous a annoncé une surprise, nous l'aurons, répondit celui-ci, qui se nommait Delouvier.

— Alors, vous y croyez?

— De Sanzac ne nous aurait pas fait venir ici pour se donner uniquement le plaisir de nous faire manger des huîtres.

— Avouez, vicomte, reprit M. Hector, un grand et gros garçon joufflu, qui paraissait avoir de trente à trente-deux ans, avouez que vous avez eu une singulière idée de nous réunir ici aujourd'hui.

— Mais je ne vois pas qu'il y ait là rien de singulier.

— Nous ne sommes pas au temps où les nuits sereines et parfumées invitent à rêver sous les branches chargées de feuilles vertes.

— Aussi, n'ai-je pas l'intention de vous diriger dans une promenade nocturne à travers les halliers de la forêt. Si vous le voulez bien, nous passerons ici la nuit entière.

— Il le faudra bien ; car, pour mon compte, je n'ai nulle envie de retourner à Paris avant demain. Si les vins que vous nous ferez boire ressemblent à ceux que nous avons dégustés ici l'année dernière, la nuit ne nous paraîtra pas trop longue.

— Ce sont les mêmes, et je me propose de vous faire vider la cave.

— Si seulement vous aviez invité, pour animer notre souper, quelques-unes de nos charmantes pécheresses.

Un petit jeune homme blond, pâle, maigre, efflanqué, à la face de crevé, que ses camarades avaient surnommé Bibolle, on ne sait pourquoi, se mit à rire et dit d'une voix flûtée :

— Tu oublies, Hector, la fameuse surprise.

— Au fait, c'est vrai, une surprise nous attend.

— La surprise ! la surprise ! crièrent les autres en chœur.

— Messieurs, dit gravement le vicomte, elle viendra à son temps.

— C'est déjà quelque chose de savoir qu'elle ne nous échappera pas, dit Delouvier.

— Messieurs, je parie que ce sont des femmes que le vicomte a commandées pour paraître au moment du champagne.

— En guise de biscuit, fit un autre en ricanant.

— Messieurs, dit le gros jouflu, d'un ton narquois, vous ne vous doutez pas du pouvoir que possède notre ami de Sanzac : si, pour nous le montrer, il n'a pas fait sortir du tronc des chênes quelques blanches et sveltes dryades, c'est qu'il a évoqué, pour apparaître à l'heure de minuit, les ombres de ces belles dames qui venaient autrefois délier leur ceinture en ce lieu voué au culte de la déesse Iris et consacré à l'amour.

— Brr... fit Bibolle, en se pelotonnant, je demande à de Sanzac de ne point remuer les ossements des cercueils pour y chercher ses ombres ; je n'aime pas les ombres, moi ; je préfère la réalité, quelque chose qu'on peut toucher, saisir, sentir, qui ne s'évapore pas sous un souffle.

— Bibolle ne cache pas ses préférences, il est pour le solide.

On se mit à rire.

Le vicomte regarda sa montre.

— Sept heures, messieurs, dit-il, à table.

Ces paroles furent accueillies par des hurrahs.

Chacun prit sa place et on attaqua les coquillages. Les mollusques furent dévorés et, du coup, les six bouteilles de chablis disparurent.

Cocasse apporta le premier plat. Pour servir son noble maître et ses intéressants convives, il avait mis sa chemise blanche et endossé sa veste des grands jours de fête.

— Donnez du vin, lui dit le vicomte.

Et tous se mirent à crier :

— Du vin, du vin, du vin !

— Qu'on couvre la table de bouteilles ! ordonna l'amphitryon.

— Cette nuit nous vidons la cave ! glapit Bibolle.

Déjà les têtes commençaient à s'échauffer et on pouvait présumer que la fin du souper tournerait en orgie.

Pendant deux heures on vida force bouteilles, chacun remplissant son verre à volonté et mêlant, sans s'en apercevoir, le respectable bordeaux avec le vénérable bourgogne.

Cependant son front soucieux du vicomte ne se déridait point ; si ses convives eussent été capables d'observer quelque chose, ils se seraient aperçus qu'il y avait de l'anxiété dans son regard. Agité, fiévreux, il ne pouvait rester en place ; on aurait dit qu'il était assis sur des épines. Il avait ouvert une fenêtre ; à chaque instant il se levait et allait pencher sa tête au dehors, tendant l'oreille, pendant que son regard, perçant l'obscurité, fouillait les ténèbres à travers les arbres.

Ses amis, continuant de boire, riaient, chantaient, criaient, hurlaient et parlaient tous ensemble.

D'une voix fausse singulièrement cassée, qui devait faire frisonner tous les échos d'alentour, Delouvier chantait :

A boire !
Veut-on nous faire croire.
Que boire est un défaut !
A boire, à boire !
C'est à boire qu'il nous faut ;
Nous sommes ici pour boire
Tout le bon vin du tonneau

Ils ne s'apercevaient point des nombreuses distractions du vicomte. Ils buvaient, achevant de troubler leur esprit par les vapeurs de l'ivresse.

Pour la huitième ou dixième fois le vicomte se leva, s'approcha de la fenêtre et regarda. Tout à coup il tressaillit et se pencha davantage. Malgré le bruit qui se faisait derrière lui, il entendait marcher à une faible distance du clos, sur le chemin de la forêt. Deux minutes s'écoulèrent. Le bruit des pas s'était sensiblement rapproché. Alors, devant lui, dans la demi-obscurité de la nuit, le vicomte vit deux silhouettes d'hommes glisser derrière les arbres. Presque aussitôt il entendit ouvrir la porte de l'enclos. Cette fois il ne pouvait plus douter. Un double éclair jaillit de ses yeux.

— Ce sont eux ! murmura-t-il ; ils ont réussi.

Il n'avait plus à regarder au dehors ; il ferma la fenêtre.

— Maintenant, à l'autre, se dit-il.

Et pendant qu'un horrible sourire crispait ses lèvres, son regard s'éclaira d'une clarté sombre.

Sans rien dire à ses compagnons de débauche, qui pour le moment, d'ailleurs, ne s'occupaient pas du tout de lui, il sortit de la salle, traversa une seconde pièce, puis un couloir, ouvrit une porte et entra dans une chambre dont la fenêtre, aux volets hermétiquement fermés, ouvrait sur le derrière de l'habitation.

C'est là, dans cette chambre qu'une lampe éclairait, que Cocasse, une heure auparavant, avait conduit la comtesse, après l'avoir fait sortir de la tour des Dames. Elle s'était assise ou plutôt affaissée sur un siège, et depuis n'avait pas fait un mouvement. La malheureuse était dans un état de prostration complet.

Le vicomte put s'approcher tout près d'elle sans qu'elle sortît de son immobilité.

— Madame la comtesse, lui dit-il, c'est moi.

Cette fois, elle sursauta, leva la tête, et ses yeux secs, ardents comme des tisons, se fixèrent sur le vicomte.

— C'est juste, dit-elle, puisqu'on m'a fait sortir de ma prison pour m'amener ici, je devais m'attendre à vous voir ce soir.

— Vous connaissez l'objet de ma visite?

Elle secoua la tête.

— Sur cette table, regardez.

— Eh bien!

— Il y a là, vous le voyez, tout ce qu'il faut pour écrire.

Elle détourna les yeux, en haussant les épaules.

— Hélène, reprit-il, les dents serrées, il ne vous reste plus qu'un instant pour prendre votre résolution.

— Ma résolution est prise.

— Hélène, en souvenir du passé, du temps heureux où nous nous aimions, ne me poussez pas à bout.

— C'est le souvenir du passé qui me garde et me défend contre vous.

— Vous n'avez pas oublié mes paroles de l'autre jour, répliqua-t-il d'une voix creuse; je vous ai dit ce que je ferais si vous me poussiez à bout : je le ferai, je vous le jure! Oui, mon amour méconnu, dédaigné, se changera en haine implacable. Je ne connaîtrai rien, je serai sans pitié; rien ne me retiendra, rien ne m'arrêtera, ni la crainte, ni les cris, ni les larmes... Pour me venger de votre mépris, j'irai jusqu'au crime!

Elle ne répondit pas. Mais elle joignit les mains et tourna vers le ciel son visage empreint d'une indicible douceur.

— Je vous le répète, continua-t-il, vous n'avez plus qu'un instant; si vous me laissez sortir d'ici, une minute après il sera trop tard.

— Vous ne toucherez pas à ma fille, dit-elle d'un ton convaincu.

— Ah! vous croyez cela?

— Vous ne toucherez pas à ma fille, non parce que le crime vous épouvante, mais parce que vous ne voulez pas être criminel sans qu'il y ait profit pour vous. Non, ma fille n'a rien à craindre; c'est moi qui ai tout à redouter de votre fureur. Eh bien, vous pouvez faire de moi tout ce que vous voudrez, me martyriser de toutes les manières, vous n'obtiendrez rien; vous ne ferez pas de la comtesse de Lasserre la complice de vos machinations infâmes!

— Ainsi, vous vous êtes persuadée que j'ai voulu vous effrayer par de vaines menaces?

— Oui.

Son horrible sourire reparut sur ses lèvres.

— Eh bien, dit-il, vous vous trompez... Je vous ai annoncé que j'inviterais à passer une nuit ici quelques jeunes débauchés; j'en ai appelé quatre; ils sont venus... En ce moment, encore à table, à moitié ivres, ils rient, chantent, crient, boivent, et font un tapage d'enfer, en attendant la surprise que je leur ai promise. Vous savez de quoi je veux parler.

Vous pensez peut-être que je vous trompe encore, que mes invités n'existent pas, parce que vous n'entendez ni leurs chants, ni leurs éclats de rire. Eh bien, sans que vous ayez besoin pour cela de beaucoup ouvrir vos oreilles, vous allez entendre.

Il s'approcha du mur, posa le pouce sur un bouton d'ivoire, pressa assez fortement, et aussitôt, en effet, un bruit de voix discordantes, accompagné d'un cliquetis de verres, et dominé par un gros rire bruyant, arriva jusqu'à la comtesse.

— Si mes invités étaient plus calmes, reprit le vicomte, s'ils causaient tranquillement entre eux, comme ils ne sont pas en ce moment capables de le faire, vous entendriez distinctement et parfaitement tout ce qu'ils diraient.

Il pressa de nouveau le bouton, en sens inverse, et le silence se fit immédiatement.

— Les maisons qu'on bâtit de nos jours, continua-t-il, ne sont plus machinées comme celles qu'on construisait il y a des siècles. Autre temps, autres mœurs, autres habitudes; les nécessités ne sont plus les mêmes; on a mis de côté les anciennes inventions pour adopter les nouvelles; affaire de mode. Sans vouloir adopter celles-ci, je trouve que les premières avaient du bon, et la preuve c'est qu'elles me servent aujourd'hui. De cette chambre, où nous sommes, grâce à un ingénieux système de tubes acoustiques, qui s'embranchent sur un tube principal, on entend tout ce qui dit dans les autres pièces de la maison, quand, au moyen d'un mécanisme, on a ouvert le tube qui transmet les sons; par contre on peut ici parler très haut, crier même, on n'entend rien à l'extérieur, la voix reste enfermée, étouffée entre ces quatre murs.

Cet endroit était, dit-on, un rendez-vous de chasse où de grands seigneurs et de nobles dames de l'époque aimaient à se rencontrer, probablement à l'insu des épouses et des maris. Mais il y a lieu de supposer que cette maison a été construite pour un autre usage; ce n'est certainement pas pour rien qu'elle a été flanquée de ses deux tourelles et agencée comme elle l'est, par les soins d'un architecte habile. Escaliers dérobés, portes invisibles, couloirs secrets, rien n'y manque; il existe ici, paraît-il, jusqu'à des oubliettes.

Mais, en vérité, je ne sais pas pourquoi je vous parle de ces choses, qui n'ont

— Eh bien ! mon cher, c'est l'instant de l'exécuter, offre-nous ta surprise.

évidemment aucun intérêt pour vous. Je reviens à notre sujet. Mes invités sont là : j'ai pu m'éloigner d'eux pour un instant, mais mon absence ne saurait se prolonger indéfiniment. Dès qu'ils vont me voir reparaître, ils me mettront en demeure de tenir la promesse que je leur ai faite. Eh bien ! ce que je vous ai dit sera ou ne sera pas ; cela dépend de vous. Je vous le répète, si vous voulez sauver votre fille, il en est temps encore ; une fois sorti de cette chambre il sera trop tard. Êtes-vous décidée ?

— Jamais, cria la comtesse d'une voix étranglée.

XXVIII

LA SURPRISE

Aussitôt, le vicomte fut pris d'un tremblement de fureur; son visage se décomposa, ses yeux s'injectèrent de sang et son regard prit une expression hideuse de férocité.

Il était si horrible à voir que la comtesse recula en frissonnant.

— Eh bien, soit, dit le misérable d'une voix sifflante, je ne vous demande plus rien; mais j'aurai le plaisir de savourer ma vengeance... Votre fille est condamnée!...

La malheureuse mère se redressa, éperdue, folle de terreur.

— Ah! s'écria-t-elle, je ne trouve rien, rien à dire qui puisse rendre ma pensée et exprimer le dégoût que vous m'inspirez! Je ne sais pas quels sont ces hommes que vous avez appelés ici; mais si dignes de vous qu'ils soient, si infâmes qu'ils puissent être, ils seront effrayés, épouvantés; ils refuseront de s'associer à cette chose ignoble dont vous me menacez et ils auront le courage de vous jeter leur mépris à la face!

— Bercez-vous donc de cette illusion, si elle peut calmer vos angoisses — de mère. Allez, je connais mes invités, et c'est parce que je les connais que je les ai choisis. Eux, avoir peur? Allons donc, ils feront ce que je voudrai! Mais, tenez, si devant ses larmes, en la voyant se tordre dans les convulsion du désespoir, ils étaient capables d'avoir pitié de votre fille, savez-vous ce que je ferais? Non, Eh bien, je vais vous le dire : Je leur crierais : « Vous êtes tous des imbéciles et des lâches! » Et alors ce serait moi, entendez-vous, comtesse de Lasserre, ce serait moi qui prendrais votre fille!

La pauvre mère poussa un cri horrible, et voilant sa figure de ses mains :
— Oh! quel monstre! gémit-elle.

Le misérable l'enveloppa de son regard haineux et cruel.

— Écoutez encore, reprit-il, Vous allez rester enfermée dans cette chambre, car je tiens à vous faire assister à la représentation de la pièce; vous ne verrez pas, mais vous entendrez. Si vous êtes attentive, aucune des scènes ne vous échappera. Vous entendez les cris d'épouvante de votre fille auxquels répondront les éclats de rire et les hoquets des quatre débauchés ivres; vous entendrez ses supplications, ses sanglots déchirants, auxquels répondront les paroles amoureuses et les baisers ardents de celui qui, par le sort, sera devenu son seigneur et maître... Oui, oui, vous entendrez tout cela; et vous aurez beau crier, votre voix sera sans écho; et impuissante, folle de douleur, vous vous tordrez les bras, vous arracherez vos cheveux et labourerez votre visage avec vos ongles.

Quand tout sera fini, votre fille rentrera dans sa prison, et vous dans la vôtre,

Demain, à la première heure, la maison sera abandonnée ; la comtesse de Lasserre et sa fille y resteront seules, enfermées vivantes, l'une dans la tour des Dames, l'autre dans la tour du Faucon, deux cercueils de pierre ; et elles y mourront, en proie aux tortures de la faim, après la plus horrible agonie ; et on n'entendra plus parler d'elles, et on ne saura jamais ce qu'elles sont devenues ; car les vieux murs de cette maison resteront muets et nul ne pourra pénétrer le mystère de cette nuit terrible !

Après avoir prononcé ces effroyables paroles, le misérable pressa le bouton d'ivoire, fit jouer le mécanisme qui ouvrait le tube acoustique, et aussitôt les voix des comparses retentirent aux oreilles de la comtesse. En frappant sur la table avec des verres, tous quatre hurlaient, sur l'air des lampions :

— De Sanzac ! de Sanzac ! de Sanzac !

— Vous les entendez, dit l'ignoble vicomte. Ils s'impatientent, ils me réclament... Je n'ai plus rien à vous dire, adieu !

Et il marcha vers la porte.

La comtesse s'élança sur lui et le saisit par son vêtement.

— Non, non, dit-elle, au milieu de sanglots étouffés et versant des larmes abondantes, cela n'est pas possible, cela n'est pas vrai, vous voulez paraître plus méchant que vous ne l'êtes ; mais, si vous faisiez une chose pareille, vous n'oseriez plus vous montrer, vous ne pourriez plus vivre...

— Mes amis m'appellent, laissez-moi, répondit-il d'une voix sourde, en la repoussant avec violence.

Elle tomba sur ses genoux, et se traînant à ses pieds :

— Monsieur de Sanzac, l'implora-t-elle, grâce, grâce ! ayez pitié de moi, ayez pitié de mon enfant !...

— Voilà le papier et l'encre, écrivez !...

— Mais ce n'est donc rien pour vous de me voir à vos pieds ? Mais vous n'entendez donc pas que je vous demande grâce, que j'implore votre pitié ?... Quoi, vous voulez que ma fille soit à son tour victime de votre haine ! Mais elle ne vous a rien fait, elle est innocente... Mon Dieu ! mais elle ne sait pas seulement ce que c'est que le mal ?.., Voyez, monsieur de Sanzac, je suis courbée à vos pieds, suppliante... Pitié, pitié !... Ah ! la vie m'échappe, je me sens mourir !

Il lui prit les deux mains et lui dit, les dents serrées :

— Une dernière fois, voulez-vous écrire ?

— Eh bien, je...

Mais se reprenant aussitôt :

— Non ! cria-t-elle, en rejetant son buste en arrière avec horreur.

Il fit entendre un grincement de dents et la repoussa brutalement. Elle tomba sur le côté et se releva aussitôt : mais avant qu'elle eût eu le temps de se précipiter sur lui, il avait ouvert la porte et disparu.

— Ah ! ma fille ! ma fille ! exclama-t-elle.

Puis, prise d'un accès de fureur, elle se rua sur la porte, comme si elle eût cru pouvoir l'enfoncer. Mais la porte ne fit même pas entendre un craquement Rien, elle ne pouvait rien !

Ses larmes ne coulaient plus, le dernier sanglot s'était arrêté dans sa gorge. Elle fit le tour de la chambre en bondissant, semblable à une folle ou à une lionne furieuse. Mais, subitement, elle se calma. Alors, joignant les mains :

— Dieu tout-puissant, prononça-t-elle d'une voix défaillante, je n'ai plus d'espoir qu'en vous ; j'offre ma vie pour suprême expiation. Mon Dieu, protégez ma fille, défendez-la contre son bourreau, sauvez mon enfant !

Le vacarme qui se faisait un instant auparavant dans la salle du festin avait cessé tout à coup. Maintenant, on ne criait plus, on parlait. La comtesse s'appuya contre le mur, tendit l'oreille et écouta.

— C'est bien, disait le pâle et maigre Bibolle, bien que le premier devoir d'un amphitryon soit de rester au milieu de ses convives, nous te pardonnons, de Sanzac, car tu es allé, sans doute, préparer ta fameuse surprise. Eh bien, cher, c'est le moment, c'est l'instant de t'exécuter ; les bouteilles sont vides, nous ne voulons plus de ton vin ; offre-nous ta surprise.

— Oui, oui, oui, la surprise !

— Messieurs, dit de Sanzac, vous allez être satisfaits.

— Bravo, bravo !

— Mais il faut que vous me permettiez de vous quitter encore un instant.

— Pourquoi ? demanda Delouvier.

— Ne faut-il pas que j'aille chercher ma surprise pour vous la présenter ?

— Va, cher, nous permettons, dit le gros Hector.

— Oui, mais reviens vite, dit Bibolle.

— Trois minutes, et je suis à vous.

Le vicomte était devenu extrêmement pâle ; une sorte de tremblement convulsif secouait ses membres et de sombres lueurs passaient dans son regard.

Il prit un chandelier dans lequel brûlait une bougie, sortit de la salle et se dirigea vers la tour du Faucon. Le misérable n'eut pas un instant d'hésitation. Inaccessible à la crainte et prêt à tout, il ouvrit la porte de la tourelle et se prépara à saisir sa proie. Mais aussitôt un cri rauque, étranglé râla dans sa gorge serrée.

Aurore, le petit lit sur lequel elle couchait, la table, la chaise, tout avait disparu. Le vicomte crut que le plancher de la cellule, vieux et pourri, s'était effondré. Et frappé de stupeur, presque d'épouvante, hébété, il restait immobile la bouche ouverte, les yeux démesurément ouverts, plongeant son regard dans le gouffre noir, dont il ne pouvait mesurer la profondeur.

Soudain il recula, comme s'il eût craint d'être saisi par le vertige et de tomber au fond du trou béant. Toutefois, avant de s'éloigner, il eut la présence d'esprit de pousser la lourde porte, qui se ferma d'elle-même.

Quand il rentra dans la salle où ses amis l'attendaient avec impatience, il se soutenait à peine sur ses jambes, et sa figure décomposée, couverte d'une teinte jaunâtre, était plutôt celle d'un cadavre que d'un être vivant. Mais dans l'état d'ivresse où ils se trouvaient, les quatres viveurs étaient incapables de rien remarquer.

— Ah! le voilà, le voilà, cria Hector.

— Lui, ça m'est égal, dit Bibolle d'une voix avinée ; ce que je veux, c'est la surprise, je réclame la surprise!

A peine avait-il achevé de parler que la porte derrière lui s'ouvrit brusquement. Deux hommes, armés de revolvers, se dressèrent sur le seuil.

Delouvier, le moins ivre de la bande, bondit sur ses jambes, et apostrophant de Sanzac, que la peur, cette fois, semblait avoir pétrifié :

— Qu'est-ce que cela signifie ? dit-il ; morbleu ! vicomte, je la trouve mauvaise!

Les autres, sans chercher à comprendre, immobiles, terrifiés, regardaient les deux hommes avec effarement.

Certes, si la suprise qu'ils attendaient n'était pas agréable, du moins elle était réelle ; sous ce rapport ils n'avaient pas été trompés. Mais le plus désagréablement surpris était le vicomte de Sanzac, qui ne s'attendait, lui, à aucune surprise.

Il comprit que Lory et Colibri avaient été arrêtés et que, malgré leur serment, les deux misérables l'avaient trahi. Ces deux hommes armés, menaçants, qui venaient d'apparaître, il les avait vus entrer dans l'enclos et il ne s'était douté de rien ; il est vrai que, dans l'obscurité, il n'avait pu voir que ces deux hommes, deux agents de police, sans doute, n'étaient pas ses complices.

Ainsi, la justice savait que c'était lui, le vicomte de Sanzac, qui avait fait enlever Aurore, qui avait ordonné le meurtre du comte de Lasserre.

— Je suis perdu ! pensa-t-il.

Et, dans une vision rapide, il se vit en cour d'assises, sur le banc des accusés, entre des gendarmes, ayant devant lui le jury, les magistrats en robe rouge, et, dans le fond de la salle, la foule curieuse attendant sa condamnation à mort. Le misérable frissonna et il lui sembla qu'il sentait sur son cou le froid du couteau de la guillotine.

Mais il pouvait encore échapper à la justice, sauver sa tête. Il fallait fuir, fuir immédiatement, gagner la frontière et se réfugier quelque part où il trouverait le moyen de se cacher. Il ne lui restait que cette unique chance de salut. Oui, il devait fuir, et sans perdre une seconde.

Rapidement il ouvrit la seconde porte de la salle pour s'élancer et disparaître par un de ces escaliers dérobés qu'il connaissait.

— Trop tard, monsieur le vicomte, lui dit une voix qu'il reconnut.

En même temps le canon d'un revolver toucha sa poitrine. Il bondit en arrière. Alors Gabiron et Noirot firent irruption dans la salle.

— Que personne ne bouge, dit d'un ton menaçant l'agent de la maison Serpin, et qu'on garde bien les portes. Noirot, je vous confie celle-ci.

Puis s'approchant du vicomte, qui tremblait comme s'il eût eu la fièvre :

— Il faut en prendre votre parti, monsieur de Sanzac, dit-il, vous êtes pris. Ah! vous ne vous attendiez pas à recevoir ce soir notre visite ; c'est toujours ainsi que les choses arrivent. Mais je conviens volontiers que nous sommes des importuns : venir ainsi brutalement, sans prévenir les gens, troubler votre joyeux festin !... Ah ! ah ! vos amis ne pensent plus à chanter, maintenant ; à la façon dont ils vous regardent, ils ont l'air de vous demander ce que cela signifie. Ne vous gênez pas, vous pouvez leur donner toutes les explications qu'ils ont le droit d'exiger. Comme vous tremblez, monsieur le vicomte, vous avez peur !... Ah ! dame ! je comprends cela. Mais vous pouvez vous asseoir, monsieur ; inutile de vous fatiguer à rester debout. Si c'est moi qui vous gêne, je me retire... Il faut, d'ailleurs, que je jette un coup d'œil dans toutes les pièces de la maison.

Sur ces mots, Gabiron prit le flambeau que le vicomte avait posé sur un bahut et sortit de la salle.

La comtesse de Lasserre avait tout entendu et compris que des agents, à la tête desquels le comte de Lasserre se trouvait peut-être, avaient envahi la maison.

— Ah! ma fille est sauvée ! s'écria-t-elle.

Elle tourna ses yeux irradiés vers le ciel, s'agenouilla, et du cœur et des lèvres, avec un accent de reconnaissance infinie :

— Mon Dieu, dit-elle, vous avez été touché par les larmes de la pauvre mère, vous m'avez prise en pitié, vous avez exaucé ma prière, vous avez sauvé mon enfant !... Dieu juste et tout-puissant, je vous remercie !

A ce moment elle entendit le bruit de la clef dans la serrure de la porte. Elle se releva vivement. La porte s'ouvrit et elle se trouva en face de Gabiron. Elle s'avança vers lui, les mains jointes.

L'agent, toujours convaincu que l'institutrice était la complice du vicomte, crut qu'elle voulait l'implorer, lui demander grâce.

— Allons, allons, lui dit-il d'un ton rude, avant qu'elle ait eu le temps de prononcer un mot, pas de simagrées, ça ne prend pas avec moi... Ah ! je le savais bien, que vous étiez la complice du vicomte et que je vous trouverais ici..,

La comtesse, atterrée, fit deux pas en arrière, les yeux hagards, fixés sur Gabiron. Elle essaya de parler, voulant lui crier qu'il se trompait ; mais son saisissement était tel qu'aucun son ne put sortir de sa gorge ; sa langue était comme paralysée.

— Allons, allons, sortons d'ici et vite, reprit Gabiron la saisissant violemment par le bras.

Elle ne songea ni à s'offenser de l'acte de brutalité de l'agent, ni à résister. Elle se laissa entraîner.

M. Van Ossen venait d'entrer dans la salle où le vicomte et ses amis étaient gardés à vue, lorsque Gabiron reparut, poussant devant lui la jeune femme.

La voix revint aussitôt à la comtesse, en reconnaissant le Hollandais ; elle poussa un cri de surprise et de joie et s'élança vers lui.

— Ah! monsieur, monsieur! dit-elle d'une voix tremblante.

— Vous, vous ici! exclama M. Van Ossen, la regardant avec stupéfaction, car Gabiron ne lui avait point fait part de ses soupçons concernant madame Durand.

— Cette femme, qui a été l'institutrice de mademoiselle Aurore Delorme, dit l'agent, cette femme est une misérable, cette femme est la complice du vicomte de Sanzac ! J'étais sûr qu'elle était ici, et je viens de la trouver dans une chambre où elle s'était réfugiée.

— Mais c'est faux, c'est faux! exclama la comtesse affolée ; cet homme se trompe ou il est fou... Quoi, on peut me soupçonner, moi, d'être la complice du vicomte de Sanzac, de ce lâche, de cet infâme!... Ah! monsieur Van Ossen, vous ne croyez pas cela, vous ne pouvez pas le croire!

— Non, je ne puis le croire ; mais, pourquoi vous trouvez-vous dans cette maison? Pourquoi et comment y êtes-vous venue? Expliquez-vous, répondez!...

— Une femme est venue me trouver ; elle avait une lettre de ma... de mademoiselle Delorme, d'Aurore ; elle m'a dit venez, et je l'ai suivi et... Alors...

Elle s'interrompit brusquement et regarda autour d'elle avec égarement.

— Voilà... tout, monsieur Van Ossen, reprit-elle en balbutiant ; vous ne devez pas savoir... je ne puis vous dire...

Le Hollandais hocha tristement la tête, et arrêta sur elle ses yeux, qui exprimaient un douloureux étonnement. Lui aussi commençait à douter de l'innocence de la pauvre femme.

Du regard Gabiron semblait lui dire :

— Vous voyez que j'ai raison, vous voyez qu'elle est bien la complice du vicomte.

Celui-ci avait compris que si la jeune femme était embarrassée et se taisait, c'est qu'elle tenait absolument à cacher qu'elle était la comtesse de Lasserre. Alors tous ses sentiments haineux, un instant calmés par la terreur, s'agitèrent en lui ; son regard farouche eut un éclair livide et son hideux sourire reparut sur ses lèvres.

— Oui, dit-il d'une voix creuse, Gabiron ne se trompe pas, cette femme est ma maîtresse et ma complice !

Dans quelle intention disait-il cette chose infâme, le misérable? Qu'espérait-il? Peut-être n'aurait-il pas su l'expliquer lui-même.

M. Van Ossen s'éloigna de la comtesse avec un mouvement de répulsion et de dégoût.

Elle s'était redressée, les yeux étincelants ; mais calme, dédaigneuse, hautaine.

— Est-ce que vous ajoutez foi aux paroles de cet homme? s'écria-t-elle; est-ce que vous ne voyez pas qu'il ment, égaré par la folie de la haine et la peur qui le fait trembler? Oh! le lâche! Oh! l'infâme!

— Je le répète, riposta le vicomte, cette femme est ma maîtresse... Et puisqu'elle ose nier, demandez-lui donc si, il y a de cela seize ans et demi, elle n'a pas quitté son mari pour me suivre, moi, le vicomte de Sanzac, son amant!

— Oh! fit M. Van Ossen en tressaillant.

Et, s'adressant à la comtesse, devenue très pâle :

— Est-ce vrai ce que viens de dire cet homme? demanda-t-il.

La malheureuse laissa échapper un cri douloureux et baissa la tête.

Les paroles du vicomte avaient subitement éclairé le Hollandais, et l'effet produit fut tout autre que celui attendu par le misérable.

M. Van Ossen se rapprocha de la comtesse vivement, lui prit la main et d'une voix émue, il lui dit :

— Rassurez-vous, madame, et relevez la tête; je n'oublie pas que, pendant des années, vous avez habité et vécu chez moi, considérée comme un membre de ma famille; oui, rassurez-vous et relevez la tête; je ne crois pas aux paroles que je viens d'entendre; non, vous n'êtes pas la maîtresse de cet homme; non, vous ne pouvez pas être sa complice !

— Ah! monsieur, fit-elle, en levant sur lui ses yeux pleins de larmes.

— Vous m'avez dit tout à l'heure qu'une femme était venue vous trouver à Paris, avec une lettre de mademoiselle Delorme...

— C'est la vérité, monsieur.

— Où est-elle, cette lettre?

— Je l'ai sur moi, monsieur, oui, là, dans cette poche... Tenez, tenez, la voici.

— Vous avez été attirée dans un piège. Dans quel but? Vous ne l'ignorez pas, sans doute; mais je ne vous le demande point : je sais ce qui vous empêcherait de me répondre. Gardez donc le silence, madame, nous découvrirons autrement, j'espère, pourquoi vous avez été amenée ici.

— Monsieur Van Ossen, répondit vivement la comtesse, je vous laisse vous occuper de moi et j'oublie, nous oublions que vous êtes ici pour délivrer mademoiselle Aurore; elle est enfermée dans une des deux tourelles, celle qui se trouve de ce côté, je crois ; mais lui seul peut ouvrir la porte secrète.

— Madame, répondit le Hollandais, cette porte secrète peut rester fermée. Mademoiselle Aurore n'est plus dans sa prison et je vais vous conduire près d'elle.

— Je me charge de ce soin, dit l'Américain, — se montrant tout à coup. Venez, madame, venez, ajouta-t-il, en faisant un pas vers la jeune femme.

Depuis un instant, l'armateur de New-York était entré dans la salle, et il avait écouté, caché derrière les deux hommes qui gardaient la porte principale.

La voiture venait de franchir les fortifications et filait sur la route de Saint-Denis.

En voyant apparaître le jeune homme, le vicomte avait bondi sur ses jambes comme s'il eût été mordu par une tarentule ; puis il était aussitôt retombé sur son siège en murmurant :

— Lui, lui, William Durkett !

Par le mouvement brusque qu'il avait fait en se dressant debout, un papier, plié en forme de lettre, était sorti à moitié de la poche extérieure de son vêtement. Noirot, qui se trouvait placé à côté de lui, allongea le bras et enleva adroitement le papier. C'était la terrible lettre que la comtesse avait refusé d'écrire. Noirot la fit passer de sa main dans celle de M. Van Ossen en disant :

— J'ai dans l'idée qu'en lisant cela, monsieur, vous apprendrez quelque chose.

Le vicomte eut un regard effrayant et il se leva à demi comme s'il eût eu l'intention de sauter à la gorge de M. Van Ossen pour lui arracher le papier des mains.

— Ah! le misérable! le misérable! exclama le Hollandais après avoir lu. Ah! maintenant, je comprends tout!

Le vicomte terrifié, complètement écrasé, promena autour de lui son regard farouche, chargé de lueurs sombres, et fit entendre une sorte de rugissement.

XXIX

LE PLANCHER MOBILE.

Le moment est venu de raconter ce qui s'était passé au dehors du clos d'Iris et ensuite dans la maison, avant l'apparition foudroyante de Gabiron, de Noirot et des deux autres hommes dans la grande salle du premier étage.

Le lecteur a depuis longtemps deviné que l'armateur William Durkett était cet Américain, ce Yankee dont le vicomte de Sanzac avait parlé à Lory le jour où, pour lui en montrer le chemin, il avait amené son complice devant la grille rouillée de l'ancien rendez-vous de chasse.

On a vu que William Durkett n'avait pas hésité à dire : « Je sais où est mademoiselle de Lasserre. » Pour lui, le vicomte de Sanzac ne pouvait avoir conduit la jeune fille ailleurs que dans le clos d'Iris.

Gabiron et M. Van d'Ossen partagèrent vite sa conviction, quand il eut répondu à quelques questions que ce dernier lui adressa...

Alors il fut convenu qu'on agirait le jour même, mais dans la nuit, afin de surprendre plus sûrement les gardiens de la maison et le vicomte de Sanzac si, comme il y avait lieu de le supposer, il s'était installé au clos d'Iris près de sa prisonnière.

— Quatre hommes au moins seront nécessaires pour l'expédition, dit Gabiron.

— Nous voici déjà trois, répondit M. Van Ossen.

— Plus mon camarade Noirot.

— Je mets encore deux de mes domestiques à votre disposition, monsieur Gabiron.

— Je crois, monsieur, qu'ils pourront nous être utiles.

— Comment nous transporterons-nous au rendez-vous de chasse? demanda le Hollandais.

— En voiture, répondit William Durkett : avec de bons trotteurs on peut faire le trajet en moins de deux heures.

— Il faudra deux voitures à quatre places.

— Oui.

— Nous prendrons d'abord la mienne.

— Et nous aurons celle de madame Delorme, dit Gabiron.

— C'est juste, approuva M. Van Ossen.

— Je vais aller la prévenir immédiatement, reprit Gabiron en se levant, il faut que ce soir à sept heure nous soyons tous prêts à partir. Comme nous ne savons pas à quelles gens nous avons affaire et qu'il est bon de tout prévoir, nous devrons être armés.

— C'est entendu, monsieur Gabiron, nous aurons des armes.

L'agent se retira en disant :

— Je serai ici ce soir à six heures et demie.

N'étant plus gêné par la présence de Gabiron, William Durkett raconta à son bienfaiteur comment et dans quelles circonstances, alors qu'il dépensait des sommes folles à Paris, il s'était rendu acquéreur de la propriété appelée le clos d'Iris.

— Un jour, continua-t-il, je trouvai dans un placard, qui n'avait probablement pas été ouvert depuis de longues années, un rouleau assez volumineux de vieux parchemins. C'était le plan très détaillé, très complet de l'habitation, tracé par l'architecte qui l'avait construite. Vous pouvez juger de ma surprise, monsieur, et de l'attention avec laquelle j'examinai et étudiai les parchemins, qui parlaient de portes secrètes, s'ouvrant au moyen de ressorts invisibles, de tubes acoustiques, de planchers mobiles, d'escaliers construits dans l'épaisseur des murailles... L'endroit où chacune de ces choses étranges se trouvait était parfaitement désigné, et un parchemin spécial, avec des numéros correspondants, indiquait la manière de faire jouer les ressorts pour ouvrir les portes secrètes.

— En vérité, s'écria M. Van Ossen, mais tout cela est inimaginable !

— Comme vous devez le penser, monsieur, je voulus vérifier si les indications du plan étaient exactes ; je passai ma journée entière à satisfaire ma curiosité.

— Eh bien ?

— Eh bien, monsieur, je trouvais et j'ouvris les portes secrètes ; je découvris les tubes acoustiques et deux escaliers de pierre, tournants, très étroits, dans les murs ; et tout cela dans un assez bon état de conservation.

A cette époque, vous le savez, je fréquentais un certain nombre de jeunes gens de mon âge, qui se disaient mes amis, me flattaient et m'aidaient à gaspiller ma fortune. Tout fier d'être propriétaire en France, j'avais fait meubler ma maison avec un certain luxe, je m'y étais installé, et j'y recevais souvent nombreuse et joyeuse société. On parla même de mes fêtes, portant aux nues ma magnificence, puisque le bruit de mes sottises arriva jusqu'à vous.

Bien qu'il fût plus âgé que moi, le vicomte de Sanzac était devenu mon inséparable. Était-ce calcul de sa part? Je le crois maintenant. Enfin, par son amabilité, ses dehors séduisants et l'amitié qu'il me témoignait, il avait su m'inspirer une grande confiance. Je l'instruisis des étranges découvertes que j'avais faites dans ma maison et je fis fonctionner devant lui les divers mécanismes.

Plus tard, quand, ruiné ou à peu près, je quittai brusquement Paris et la France, je remis les clefs de ma propriété à M. de Sanzac, en le priant d'aller voir de temps à autre ce qui se passerait au clos d'Iris, l'autorisant en plus à y inviter ses amis. Mon intention était, dès que je serai de retour en Amérique, de faire vendre l'ancien rendez-vous de chasse, qui ne pouvait plus m'être utile à rien. Mais je vous avais vu à Amsterdam, monsieur, vous m'avez rappelé à moi-même et rendu le courage ; animé du désir de répondre à la confiance et aux sentiments paternels que vous me témoigniez, complètement absorbé par le travail et réalisant presque immédiatement d'importants bénéfices, je ne songeai plus à vendre le clos d'Iris. J'écrivis seulement à un ancien correspondant et ami de mon père, qui voulut bien se charger, chaque année, de payer les contributions. J'appris par lui que le concierge-jardinier du clos s'étant placé ailleurs, M. de Sanzac l'avait remplacé par un autre gardien. En somme j'avais trop à faire à New-York pour me préoccuper de ce qui se passait dans ma propriété des environs de Paris. D'un autre côté, vous ayant promis, juré de rompre complètement avec le passé, je n'écrivis à aucun des jeunes Parisiens que je connaissais, pas même au vicomte de Sanzac, qui croit peut-être que je ne suis plus de ce monde; de sorte que, aujourd'hui, il doit se considérer un peu comme le propriétaire du clos d'Iris.

— Alors, William, selon vous, ce serait dans une chambre fermée par une de ces portes secrètes dont vous venez de me parler, que le vicomte aurait séquestré Mlle de Lasserre.

— La maison, qui ressemble un peu à un vieux château fort, a deux petites tours solidement bâties ; je suis persuadé que c'est dans l'une de ces tours que M. de Sanzac a enfermé la pauvre jeune fille.

Un domestique vint annoncer que le déjeuner était servi.

— Silence, dit M. Van Ossen, en se levant et un doigt sur les lèvres, on ne doit rien savoir ici.

. . . .

A sept heures et demie, la voiture de M. Van Ossen, conduite par son cocher, et celle de Mme Delorme ayant Louis sur le siège, venaient de franchir l'enceinte des fortifications de Paris et filaient sur la route de Saint-Denis au grand trot des chevaux.

Dans la voiture de M. Van Ossen, qui était en avant, William Durkett et Gabiron avaient pris place à côté de lui. Noirot et deux domestiques du Hollandais venaient derrière dans la voiture de Mme Delorme.

La nuit était venue quand on arriva à Enghien. Alors William baissa le panneau mobile de la portière de droite et, à partir de ce moment, le cocher dirigea ses chevaux sur les indications que lui donnait le jeune homme, lorsque c'était nécessaire.

Les deux voitures gravirent au pas la pente du coteau d'Ermont et entrèrent dans la forêt. Arrivées au carrefour, elles s'arrêtèrent, sur l'ordre de l'Américain, et on mit pied à terre.

— Maintenant, dit le jeune homme, nous allons marcher : dans dix minutes nous arriverons, voici le chemin ; je ne sais pas s'il est en bien bon état, par exemple ; mais, n'importe ; je marche le premier, suivez-moi.

Les six hommes s'enfoncèrent sous bois et avancèrent en gardant un profond silence. Tout à coup, William s'arrêta brusquement.

— Entendez-vous? demanda-t-il à voix basse.

— Oui, répondit M. Van Ossen ; qu'est-ce que c'est que cela?

— Des cris, des chants, des éclats de rire, on s'amuse chez moi, en mon absence. Nous ne pouvons plus douter : notre homme est là, et ce que nous entendons nous annonce qu'il est en joyeuse compagnie.

— Alors, dit Gabiron, nous avons eu raison de venir en nombre et bien armés.

On se remit en marche. Bientôt, à travers les arbres, ils virent les fenêtres éclairées du premier étage, et purent même distinguer un homme, appuyé au balcon d'une de ces fenêtres, ouverte. Ils continuèrent à avancer avec précaution, sans bruit, se dissimulant le mieux qu'ils pouvaient derrière les arbres. C'est alors que, dans un rayon de lumière, le vicomte vit passer deux ombres dans lesquelles il crut reconnaître Lory et Colibri.

William Durkett avait tiré une clef de sa poche et la tenait dans sa main. Cette clef était celle de la porte de l'enclos, qu'il ouvrit sans difficulté. Lui et M. Van Ossen entrèrent les premiers. Presque aussitôt, ils entendirent refermer la fenêtre.

— On nous a aperçus, dit M. Durkett avec une certaine émotion.

— Le misérable est capable de nous échapper !

— Dans tous les cas, il lui serait difficile de prendre la fuite, en emmenant sa prisonnière.

— Oui, mais comme il est capable de tout, il peut l'assassiner avant de fuir.

Gabiron et les autres venaient d'entrer à leur tour dans l'enclos. Soudain, les éclats de rire, les chants, les cris retentirent de nouveau.

— Fausse alerte, dit William, nous n'avons pas été vus ; rassurons-nous.

— Marchons, dit Gabiron.

Et chacun tenant son revolver, ils s'avancèrent résolument vers la maison. L'Américain, qui était de dix ou quinze pas en avant des autres, s'approcha d'une fenêtre du rez-de-chaussée et, à travers les carreaux, il vit Cocasse et sa femme attablés, en train de dévorer les reliefs du festin. Il revint aussitôt près de ses compagnons et échangea avec M. Van Ossen et Gabiron quelques paroles à voix basse.

Le plan d'attaque que William venait d'imaginer était accepté. Gabiron prit un paquet de cordes des mains d'un domestique. Alors, laissant Noirot et les deux serviteurs de M. Van Ossen, qui ne devaient pas encore entrer, l'Américain pénétra dans la maison, suivi de Gabiron et de M. Van Ossen, et tous trois se précipitèrent dans la pièce où se trouvaient les époux Cocasse. Les deux misérables furent saisis et renversés avant qu'ils aient eu le temps de se dresser sur leurs jambes. La femme seule avait poussé un cri de terreur, en laissant tomber sur la table le verre plein qu'elle portait à sa bouche.

Cependant Cocasse essaya de résister ; mais Gabiron le serra à la gorge et lui dit d'une voix menaçante, en appuyant sur son front le canon de son revolver :

— Si tu ne restes pas tranquille et si tu pousses un seul cri, je te casse la tête !

Ces paroles produisirent leur effet : l'homme et la femme comprirent que toute résistance était inutile et, presque de bonne grâce, ils se laissèrent garrotter, ce qui fut fait en un instant.

— Maintenant, dit William Durkett, s'adressant à la Grêlée, tu vas parler et me répondre : On a amené ici une jeune fille, où est-elle enfermée ?

— Une jeune fille ? Je ne sais pas ce que vous voulez dire, répondit la femme, en regardant le jeune homme avec effarement.

— Affreuse coquine, tu ne veux pas répondre... Mais prends garde ! Je suis le propriétaire de cette maison, je suis ici le maître, et je te le répète, prends garde ; si tu ne parles pas, je serai sans pitié pour toi et pour ton mari ! Je vous ferai aller au bagne ! Car sans toi je trouverai la jeune fille ; je sais comment s'ouvrent toutes les portes secrètes. Je t'interroge une dernière fois : Où la jeune fille est-elle enfermée ?

La Grêlée, qui tremblait de tous ses membres, se décida à répondre.

— Dans la tour, dit-elle.

— Il y en a deux. Laquelle ?

— La tour du Faucon.

— C'est bien, cela me suffit.

Toutefois, avant de quitter la Grêlée et son mari, Gabiron les bâillonna, afin qu'ils ne pussent ni crier, ni appeler ; et, par surcroît de précautions, il ferma la porte à double tour.

William Durkett avait pris la lampe sur la table et fait signe à M. Van Ossen de le suivre. Ils prirent un couloir étroit au rez-de-chaussée, qui les conduisit à la tour du Faucon. Le couloir n'allait pas plus loin.

Ils se trouvaient devant cette porte de la tourelle, dont le vicomte de Sanzac connaissait l'existence, mais qu'il n'avait jamais su ouvrir. L'Américain examina le mur, chercha un instant, puis dit :

— C'est là.

Alors, il posa sa main sur une pierre carrée, qui céda sous la pression et s'enfonça lentement. Aussitôt, il se fit une sorte de craquement dans l'intérieur de la muraille et une partie de la maçonnerie se détacha. La porte était ouverte Le jeune homme la fit tourner sur ses gonds et ils se trouvèrent à l'entrée d'un escalier de pierre qui conduisait probablement sous quelque voûte souterraine.

— Est-ce que nous allons descendre ? demanda M. Van Ossen.

— Non. La prison de Mlle de Lasserre est au-dessus de nous...

— Pourquoi, alors, sommes-nous venus ici au lieu de monter à l'étage supérieur ?

— Vous allez voir.

Le jeune homme descendit deux marches de l'escalier, pesa de tout le poids de son corps sur une espèce de levier, et on entendit immédiatement comme la détente d'un ressort.

— C'est fait, dit-il.

Et il revint se placer près de M. Van Ossen, en dehors de la tourelle.

Après avoir été enfermée dans sa prison, comme nous l'avons raconté, Aurore était restée longtemps songeuse, se livrant à une foule de tristes réflexions ; puis, étant sans lumière, elle s'était étendue sur le lit, avait fermé les yeux et le sommeil était venu. Tout à coup une forte secousse la réveilla en sursaut. Elle sauta à bas du lit et sentit aussitôt, sous ses pieds, un singulier mouvement d'oscillation. Pour ne pas tomber, elle s'appuya contre le mur, et s'aperçut ainsi qu'elle descendait avec le plancher qui s'enfonçait. Folle de terreur elle jeta un grand cri et appela :

— Au secours ! au secours !

Aussitôt, une voix qu'elle reconnut, mais sans se rappeler où elle l'avait déjà entendue, lui cria :

— Ne craignez rien, nous sommes vos amis, nous venons vous délivrer, vous sauver !

Le plancher s'enfonçait toujours. Enfin, il arriva à la porte ouverte en bas, et la cellule de la tourelle, qui du premier étage descendait au rez-de-chaussée, se trouva subitement éclairée par la lampe que tenait l'Américain. Aurore, surprise et effarée, regarda les deux hommes.

— Ah ! monsieur Van Ossen ! s'écria-t-elle.

Le plancher mobile s'arrêta, fermant l'entrée de l'escalier, et Aurore, toute tremblante, ne pouvant encore se rendre compte de rien, tomba en sanglotant dans les bras de M. Van Ossen.

XXX

L'ÉBOULEMENT

Remontons au premier étage de la maison où, moins William et la comtesse, qui venaient de sortir, nous avons laissé nos personnages, les yeux fixés sur M. Van Ossen, lequel, après avoir lu le papier enlevé par Noirot de la poche du vicomte, s'était écrié : « Le misérable ! le misérable ! Maintenant, je comprends tout ! »

Revenus de leur stupeur, se dégrisant peu à peu, se raidissant contre l'ivresse, les convives du vicomte commençaient à comprendre ce qui se passait devant eux.

— C'est une infamie ! s'écria Hector.

— De Sanzac nous a attirés dans un guet-apens ! ajouta Bibolle, parvenant, le dernier, à se dresser sur ses jambes.

Alors, Delouvier, qui n'avait pas perdu un instant sa présence d'esprit, s'avança vers M. Van Ossen et lui dit :

— D'après ce que je viens de voir, monsieur, et ce que je viens d'entendre, le vicomte de Sanzac s'est rendu coupable d'actes odieux, qui lui ont mérité ces noms de misérable, de lâche et d'infâme, dont on vient de le flétrir. Mes camarades et moi, nous sommes des viveurs, j'ajoute même des débauchés ; mais nous appartenons à d'honorables familles, et si nous avons quelques fautes à nous reprocher, nous conservons, Dieu merci, le sentiment de notre dignité et de notre honneur. Nous connaissons M. de Sanzac pour l'avoir rencontré dans quelques salons et dans des réunions d'amis ; mais entre lui et nous il n'y a aucune solidarité ; maintenant que nous savons que M. de Sanzac est un misérable, nous nous éloignons de lui et le repoussons avec mépris. Si vous avez pu nous soupçonner d'être ses complices, je vous en prie, monsieur, revenez de votre erreur. Nous ne savons rien, je vous le jure ! Vous avez le droit de vous demander pourquoi nous nous trouvons ici ; la réponse est facile : nous nous sommes rendus, mes camarades et moi, à une invitation de M. de Sanzac. D'ailleurs, monsieur, voici la lettre que j'ai reçue hier soir.

— Et voici la mienne, dirent les autres, chacun tendant une lettre exhibée de sa poche.

— Les quatre lettres sont absolument pareilles, reprit Delouvier ; veuillez lire, monsieur, et jugez.

M. Van Ossen lut rapidement.

— C'est bien, dit-il, je crois à votre parfaite innocence ; appelés par cet homme, vous êtes venus ici sans vous douter qu'un piège vous y était tendu, et je crois deviner de quel genre était la surprise qu'on vous promettait. Heureu-

Le vicomte, terrifié, complètement écrasé, promena autour de lui son regard farouche.

sement, nous sommes arrivés à temps pour anéantir les projets du misérable. Vous êtes libres, messieurs, vous pouvez vous en aller. Pierre, éclairez l'escalier, ajouta-t-il, en s'adressant à un de ses domestiques.

Les jeunes gens s'empressèrent de prendre leurs pardessus et leurs chapeaux, qu'ils avaient jetés sur un canapé, et sortirent l'un après l'autre sans songer seulement à faire au vicomte l'aumône d'un regard.

Celui-ci s'était levé, ayant l'air de se soutenir à peine, et tenant sa tête baissée, comme écrasé.

M. Van Ossen et Gabiron s'étaient un peu éloignés de la porte, que ce dernier gardait, et causaient tout bas.

Tout à coup, le vicomte se jeta sur Noirot, qu'il renversa d'un coup d'épaule, et d'un bond, avant que Gabiron, gêné par M. Van Ossen, ait pu lui barrer passage, il se précipita hors de la salle.

Gabiron et Noirot, qui s'était vite relevé, s'élancèrent à sa poursuite, espérant pouvoir l'arrêter dans sa fuite. Mais le vicomte avait sur eux l'avantage de connaître parfaitement la maison, la distribution des appartements, les portes intérieures et les ouvertures extérieures.

Vainement, pendant sept ou huit minutes, les deux agents le cherchèrent partout, ouvrant successivement toutes les portes qui se trouvaient devant eux. Le vicomte avait disparu. Cependant Gabiron ne voulait pas admettre qu'il fût parvenu à sortir de la maison; car, par où aurait-il passé? si le fuyard ne pouvait s'échapper, où donc était-il caché?

Voilà la question que se posait Gabiron, les poings serrés et en se mordant furieusement les lèvres, lorsque, soudain, sur le derrière de l'habitation, du côté de la tour des Dames, un grand bruit sourd, épouvantable, semblable à un coup de tonnerre ou à une explosion, se fit entendre.

La maison fut ébranlée jusque dans ses fondements, comme par une secousse de tremblement de terre.

Les deux agents revinrent précipitamment dans la grande salle où M. Van Ossen, inquiet et très ému, se demandait quelle pouvait être la cause du bruit étrange et de l'ébranlement non moins extraordinaire qui venait de se produire. Presque en même temps que Gabiron et Noirot, l'Américain entra dans la salle. Tous les regards l'interrogèrent.

— J'accours pour vous rassurer, dit-il.

— Nous ne sommes pas précisément effrayés, répondit M. Van Ossen; mais on peut être ému et même inquiet.

— Étant au rez-de-chaussée, j'ai pu me rendre compte plus facilement que vous du bruit que nous venons d'entendre : c'est un éboulement qui vient d'avoir lieu.

Tout en parlant, il avait jeté autour de lui deux ou trois regards rapides.

— Où donc est le vicomte? demanda-t-il.

— Nous avons manqué de surveillance, monsieur, répondit Gabiron, laissant voir sa mauvaise humeur, et nous avons eu la maladresse de laisser fuir notre prisonnier. Ah! nous ne nous sommes pas assez défiés du misérable!... Nous devions bien penser qu'il tenterait un coup de force et d'audace pour nous échapper.

— Est-ce par cette porte qu'il s'est enfui?

— Non, par celle-ci.

— Ah! fit William Durkett d'un ton singulier.

— Nous nous sommes aussitôt lancés à sa poursuite, reprit Gabiron; mais il a disparu comme une ombre. Nous avons cherché partout, dans toutes les chambres. Rien. Il n'a pu sauter par une fenêtre, puisque toutes sont garnies de barreaux de fer. Il n'a pu non plus se réfugier dans les combles; car placés où ils sont, les domestiques de M. Van Ossen ont les yeux sur le palier et également sur l'escalier qui descend et sur celui qui monte.

— Oh ! oh ! fit l'Américain, comme se parlant à lui-même, si cela était, ce serait horrible !

— William, que voulez-vous dire? demanda M. Van Ossen.

— Je ne suis pas sûr, monsieur, je fais peut-être une fausse supposition ; mais nous allons savoir bientôt... Venez, messieurs, ajouta-t-il en prenant une lumière, venez, suivez-moi.

Ils traversèrent la pièce contiguë à la grande salle ; William ouvrit une porte, faisant corps avec la boiserie, que Gabiron n'avait pas aperçue dans ses recherches, et ils se trouvèrent à l'entrée d'un couloir demi circulaire, espèce de boyau, plus étroit encore que celui du rez-de-chaussée ; ils le suivirent, marchant l'un derrière l'autre. Arrivés au bout, William toucha le mur en disant :

— Il y a là une porte.

Gabiron et Noirot, ébahis, regardaient.

— Le couloir à l'extrémité duquel nous nous trouvons, continua l'Américain, n'existe que pour conduire à cette porte, parfaitement cachée dans la muraille, comme vous le voyez, laquelle donne accès à un escalier secret construit à l'intérieur d'un des pignons du bâtiment. Cet escalier, forcément très étroit, descend jusqu'aux assises des fondations où il était fermé, autrefois, par une porte de fer, qui existe toujours, mais qui ne tient plus sur ses gonds rongés par la rouille. Après avoir franchi la porte de fer, on s'engage dans un passage souterrain d'environ cinquante mètres de longueur, dont on sort par une fente d'un rocher dans lequel on a creusé une grotte, depuis longtemps envahie par les lierres et les ronces. Eh bien, il n'y a pas à en douter, c'est par cet escalier et ce passage souterrain que le vicomte de Sanzac s'est échappé. C'était audacieux, car il savait que plusieurs marches de l'escalier, descellées et disjointes, ne tenaient presque plus. Maintenant, nous allons voir si mes craintes sont justifiées.

Le jeune homme fit jouer le mécanisme, et, lentement, la porte tourna sur ses gonds en grinçant.

— Voyez, messieurs, voyez ? s'écria-t-il d'une voix vibrante d'émotion, je ne me suis pas trompé : l'escalier s'est écroulé, entraînant avec lui une partie de la muraille extérieure.

En effet, on pouvait voir, dans le mur, un trou énorme de plus de deux mètres carrés. Les lourdes marches de pierre s'étaient s'écroulées les unes après les autres, mêlées avec des pierres et des plâtras tombés dans la cage de 'escalier.

— Alors, William, que supposez-vous? demanda M. Van Ossen d'une voix anxieuse.

— Le voici, monsieur : si le vicomte n'est pas arrivé à temps, c'est-à-dire avant l'éboulement, dans le passage souterrain, il est enseveli, étouffé, broyé sous les décombres.

— Oh ! le malheureux? Mais comment savoir?...

— Rien de plus facile. Nous n'avons qu'à nous rendre à la grotte et, là, nous aurons vite acquis une certitude.

— Tout de suite, William.

M. Van Ossen et les deux agents suivirent de nouveau l'Américain; ils descendirent au rez-de-chaussée où il prirent une lanterne, en plus de la bougie et des rats de cave, qui pouvaient s'éteindre au grand air, et ils se dirigèrent vers la grotte. Ils s'arrêtèrent à l'entrée, presque entièrement bouchée par des ronces, des chèvrefeuilles, des viornes et des lierres, qui entrelaçaient leurs rameaux grimpants, et purent constater qu'aucune de ces espèces de lianes n'avait été brisée.

Cela n'était sans doute pas concluant pour William, car, foulant sous ses pieds les branchages, il pénétra dans la grotte où les autres entrèrent derrière lui. Alors, approchant sa lumière de la sortie du passage souterrain, il fit voir à M. Van Ossen et aux agents la fente du rocher fermée du haut en bas par des toiles d'araignées.

Cette fois, le doute n'était plus possible : le vicomte n'était pas sorti du souterrain. De cela on pouvait conclure que l'écroulement avait eu lieu pendant qu'il descendait l'escalier, et que la masse de pierre tombant sur lui l'avait écrasé.

— Quelle fin ! murmura le jeune homme.

— C'est le châtiment de Dieu! dit M. Van Ossen; mais il est effroyable.

— Oui, effroyable, dit Gabiron, mais il se sauve du bagne !

Les quatre hommes sortirent de la grotte, vivement impressionnés et rentrèrent dans la maison.

Sur l'ordre de M. Van Ossen, Cocasse et sa femme; à qui William avait précédemment enlevé leurs bâillons, furent délivrés de leurs liens et confiés à la garde de Noirot.

Ensuite le Hollandais appela un de ses domestiques.

— Prenez cette lanterne, lui ordonna-t-il, et allez dire aux cochers de venir immédiatement, avec les voitures; ils nous attendront devant la grille.

Le domestique partit.

Alors M. Van Ossen et William entrèrent dans la chambre où se trouvaient la comtesse et sa fille. La jeune femme et Aurore, assises sur un canapé, se tenaient encore serrées dans les bras l'une de l'autre. La comtesse venait d'apprendre à Aurore qu'elle avait été enlevée par un ennemi mortel de son père qui, aveuglé par sa haine, voulait la garder enfermée, la faire souffrir et peut-être un jour la laisser mourir de faim, pour satisfaire sa haine et se venger de M. Delorme. On l'avait odieusement trompée; tout ce qu'on lui avait dit n'était qu'un tissu de mensonges. Et cette lettre, qu'on lui avait fait écrire, était un moyen dont on s'était servi pour attirer son institutrice dans un piège.

—Car cela, ma chérie, je puis vous le dire, avait ajouté la comtesse : depuis trois jours, moi aussi, j'étais enfermée dans cette affreuse maison.

La tête appuyée sur le sein de celle qu'elle appelait toujours madame Durand, sa chère institutrice, la jeune fille pleurait et sanglotait.

Quand, conduite par William Durkett, la comtesse s'était trouvée devant Aurore, qui, la voyant entrer, eut une exclamation de joie, elle avait failli se trahir en jetant ce cri :

— Ma fille !

Mais, une fois de plus, se rappelant la défense formelle de son mari et songeant aux conséquences d'une telle révélation, elle eut la force d'imposer silence à son cœur. Sans prononcer un mot, elle ouvrit ses bras dans lesquels la jeune fille se précipita, prête à suffoquer.

Ce fut une scène indescriptible devant laquelle William crut devoir se retirer discrètement. La comtesse avait étreint sa fille et la serrait fiévreusement contre son cœur, faisant des efforts surhumains pour rester calme, retenir les paroles de tendresse exaltée qui venaient sur ses lèvres et ne pas éclater en sanglots. Pour Aurore, l'émotion fut trop forte ; elle s'affaissa à demi évanouie dans les bras de la comtesse.

Celle-ci laissa échapper un cri d'effroi et de douleur et porta l'enfant sur le canapé.

— Oh ! ne soyez pas effrayée, dit Aurore en essayant de sourire ; j'ai été saisie... la joie, le bonheur... Ce n'est rien, ce n'est rien.

Mais, déjà, la comtesse s'était agenouillée devant sa fille ; laissant enfin couler ses larmes, elle embrassait ses genoux, baisait ses petites mains ; puis se soulevait pour couvrir son visage de baisers, retombait agenouillée et se remettait à embrasser les genoux de l'enfant, à baiser ses mains.

Aurore la laissait faire et la regardait avec un étonnement qui contenait une interrogation. Elle s'interrogeait, en effet, car elle se demandait quelle était la cause véritable de ces sensations étranges, indéfinissables qu'elle avait déjà éprouvées près de son institutrice, mais pas encore avec une pareille violence.

C'était une sorte de tressaillement intérieur dans tout son être ; elle était oppressée, haletante, son cœur battait à se rompre, mais elle ne souffrait point ; tout cela, au contraire, faisait passer en elle quelque chose d'une douceur infinie, qui se complétait par un délicieux ravissement.

Certes, elle ne se rendait pas compte de ce qu'elle éprouvait ; mais elle sentait, à ce moment, que madame Durand pouvait lui tenir lieu de tout et était plus pour elle qu'une institutrice, et il y avait en elle le regret mal défini de ne pas l'avoir pour mère.

Mais, chose étrange, la volonté d'Aurore se raidissait contre ses sensations, et extérieurement, elle était presque froide sous la chaleur de ces baisers maternels qui l'avaient autrefois animée. Le nom de maman, que quelques jours auparavant elle donnait encore à son institutrice, ne vint pas sur ses lèvres. Pourquoi ? Effrayée d'avoir découvert que madame Durand occupait dans son cœur une trop large place, la place de sa mère, peut-être voulait-elle se punir de trop l'aimer, afin de se faire pardonner son peu d'affection pour celle qu'elle croyait être sa mère.

C'est après cela que la comtesse s'était assise à côté d'elle et lui avait appris, mais sans lui donner aucune explication, qu'un misérable l'avait enlevée dans un but de lâche et monstrueuse vengeance.

Aurore comprit qu'on venait de la sauver d'un horrible danger, que son institutrice, par dévouement pour elle, avait failli partager. C'est alors qu'elle s'était mise à pleurer en laissant aller sa tête sur la poitrine de la comtesse.

M. Van Ossen et William Durkett restèrent immobiles devant ce touchant tableau, ayant l'air de se demander s'ils devaient avancer ou se retirer.

— Aurore sait qu'elle est dans les bras de sa mère, se dit M. Van Ossen.

Mais il eut vite la preuve qu'il se trompait. Aurore se leva et, marchant vers lui :

— Monsieur Van Ossen, dit-elle, madame Durand, ma chère et bonne institutrice, vient de m'apprendre ce que je vous dois ; un grand danger m'attendait ici, la mort, peut-être ; vous m'avez délivrée, vous m'avez sauvée ! Je vous remercie, monsieur Van Ossen. Et vous aussi, monsieur, ajouta-t-elle en se tournant vers William.

Celui-ci, silencieux, s'inclina avec respect.

M. Van Ossen prit la main de la jeune fille :

— Chère petite ! fit-il.

Et l'attirant doucement à lui, il lui mit un baiser sur le front. Puis jetant sur la comtesse un regard affectueux, plein de compassion :

— Pauvre mère ! pensa-t-il, aujourd'hui encore elle a eu le courage, la force de garder son secret.

La jeune femme s'était levée à son tour ; elle s'approcha de M. Van Ossen, très émue, et lui dit avec des larmes dans la voix :

— Un jour, monsieur, plus tard, j'ose encore espérer qu'il me sera permis de parler, alors vous saurez tout.

Le Hollandais s'éloigna avec elle de quelques pas et lui répondit tout bas :

— La malheureuse comtesse de Lasserre n'a plus rien à m'apprendre.

— Quoi! fit-elle, en reculant, vous savez !...

Il tira de sa poche le papier saisi sur le vicomte par Noirot, l'ouvrit et le mit sous les yeux de la comtesse. Elle frissonna et couvrit son visage de ses mains pour cacher la rougeur de la honte qui montait à son front.

— Après avoir lu cela, reprit le banquier, j'ai facilement deviné pourquoi Aurore avait été amenée ici et vous ensuite : c'est avec des moyens épouvantables, le couteau sur la gorge, que le misérable a voulu vous forcer à écrire cette lettre infâme. Comme vous avez dû souffrir ! Quelles tortures !...

— J'ai prié, monsieur ; j'ai mis ma confiance en Dieu, et il m'a soutenue, et il m'a donné la force.

— Ah ! maintenant, vous avez droit au pardon !

— Je ne veux pas le demander, répliqua-t-elle, en secouant tristement la tête.

— Soit ; mais, moi, je parlerai, je...

— Non, non, interrompit-elle vivement ; il y a ma fille, qui doit tout ignorer ; pour elle j'aurai la force de souffrir jusqu'au bout. Mon devoir, maintenant, est tout entier dans le sacrifice !... Monsieur Van Ossen, je vous en prie, promettez-moi de ne rien dire à M. de Lasserre. Ah ! surtout, surtout, ne lui faites point voir ce papier !

— C'est bien, répondit le Hollandais, je garderai le silence jusqu'à nouvel ordre. Je ne puis prendre l'engagement, par ma promesse, de ne pas répondre à mon ami, s'il m'interroge, et de ne point prendre votre défense si je crois devoir le faire.

— Je n'ai plus rien à attendre, plus rien à espérer, monsieur Van Ossen ; je suis condamnée.

Le Hollandais s'empara de ses deux mains, et silencieusement les serra dans les siennes.

Il pouvait lui dire dans quel triste état se trouvait le comte de Lasserre, par suite de la tentative d'assassinat dont il avait été victime ! mais c'eût été lui causer une nouvelle douleur ; il ne le fit point. Il crut devoir lui cacher également que le vicomte, en cherchant à prendre la fuite, avait été, selon toutes les probabilités, enseveli sous les décombres de l'escalier.

Les voitures arrivèrent. Nos personnages, à l'exception de Gabiron et de Noirot, quittèrent immédiatement le clos d'Iris.

Le lendemain, à huit heures et demie du matin, Gabiron était à Montmorency, dans le cabinet du commissaire de police.

Après avoir raconté succinctement au magistrat l'enlèvement de mademoiselle Aurore Delorme et la tentative d'assassinat de la rue du Rocher, il l'instruisit de ce qui s'était passé, la nuit, dans la maison de l'ancien rendez-vous de chasse.

Une heure plus tard, le commissaire de police et le juge de paix, accompagnés du greffier de la justice de paix et d'un agent du commissaire, sortaient de Montmorency, dans une voiture de louage, pour se rendre au clos d'Iris à travers la forêt. Un instant auparavant, une douzaine de terrasiers, chargés de leurs outils, s'étaient également dirigés vers l'ancien rendez-vous de chasse, escortés par trois gendarmes.

La première chose que firent les magistrats, en arrivant au clos, fut de donner l'ordre à deux gendarmes de conduire Cocasse et sa femme à la prison de Versailles.

Il restait à savoir si vicomte de Sanzac avait réussi à s'échapper ou si réellement, comme il y avait tout lieu de le supposer, il était resté sous les décombres de l'escalier. Pour s'en assurer, il fallait enlever toutes les pierres et les plâtras qui remplissaient maintenant le vide du mur.

Les terrassiers étaient là, attendant qu'on leur donnât l'ordre de se mettre à l'œuvre.

D'abord, sur les indications de Gabiron, on examina si le travail de dégagement pouvait se faire par le passage souterrain; mais il fut reconnu que, de ce côté, l'opération serait très difficile et exigerait un temps considérable. Le plus simple était de procéder au déblai par l'ouverture que l'éboulement avait faite dans le mur.

Toutefois, comme on pouvait craindre un second éboulement et qu'il fallait, avant tout, songer à la sûreté des ouvriers, on commença par étançonner le mur solidement. Cela fait, les hommes se mirent à l'ouvrage.

Le travail durait depuis plus de deux heures. Tout à coup, l'un des ouvriers cria :

— L'homme est là !

A ces paroles succéda un profond silence. Puis la voix du juge de paix se fit entendre, disant :

— Sortez le cadavre !

On enleva encore quelques pierres ; ensuite, avec des cordes, le corps fut hissé jusqu'au trou du mur ; puis les hommes le descendirent en le faisant glisser le long d'une échelle.

Le cadavre était horrible à voir. On constata que le vicomte était tombé sur le dos, la tête sur une marche de l'escalier, et qu'avant d'avoir pu faire un mouvement toute la masse de pierres l'avait écrasé.

Sa tête était broyée, aplatie; son crâne, brisé d'une oreille à l'autre, présentait une fente transversale par laquelle s'échappaient des morceaux de sang caillé et des débris de cervelle. Son visage ensanglanté, sans yeux et sans nez, n'avait plus rien de la forme humaine et n'était plus reconnaissable.

— C'est horrible ! dit le commissaire de police.

Le juge de paix, devenu très pâle, détourna la tête.

Le vicomte se jeta sur Noirot, qu'il renversa d'un coup d'épaule, et il se précipita hors de la salle.

XXXI

LE PORTRAIT VOILÉ.

Trois semaines se sont écoulées depuis les événements que nous venons de raconter.

Le comte de Lasserre est complètement rétabli. Il a pu sortir une fois déjà pour aller voir sa fille, faire une visite à la marquise de Montperrey et à son ami Van Ossen, afin de les remercier.

Bien qu'il eût appris par Gabiron d'abord, et ensuite par un récit d'Aurore, que madame Durand avait été soupçonnée à tort d'être la complice du vicomte de Sanzac, il ne parla point de la jeune femme à M. Van Ossen. Il ignorait, il est vrai, que son ami avait découvert que l'ancienne institutrice de ses filles était la comtesse Lasserre.

M. Van Ossen comprit que le moment de parler de la mère d'Aurore n'était pas venu encore et il garda le silence.

Après la nuit terrible, brisée par tant d'émotions successives, la comtesse était rentrée dans son petit logement de la rue Davy et vivait plus retirée que jamais. Elle ne mettait plus les pieds dans la rue que pour faire les petits achats de choses nécessaires à son existence.

Grâce aux économies qu'elle avait faites depuis quatorze ans, elle pouvait vivre sans demander rien à personne. Il est vrai qu'elle dépensait fort peu. Elle restait dans sa solitude, recueillie, voulant se détacher de tout, pour ne plus penser qu'à sa fille. Son unique bonheur, maintenant, était d'avoir des nouvelles d'Aurore, que M. Van Ossen lui faisait parvenir presque chaque jour par un de ses domestiques.

Avec quelle impatience elle attendait les lettres du Hollandais! C'était toujours avec des frémissements de joie et des larmes dans les yeux qu'elle les lisait, ces lettres bénies, qui lui parlaient de sa fille et lui disaient tout ce qu'Aurore faisait. C'est ainsi qu'elle savait que sa fille allait passer tous les jours deux ou trois heures près de son père.

Éloignée de son enfant, elle pouvait se figurer qu'elle était près d'elle. Mais n'y était-elle pas réellement par la pensée? Le jour, constamment, elle était dans le boudoir de la jeune fille ; elle la voyait aller, venir, s'asseoir, se lever, souple, gracieuse, charmante... Elle entendait sa douce voix et se sentait éclairée par la lumière de son regard. La nuit, fermant les yeux pour donner plus de force à sa pensée, elle pénétrait dans la chambre d'Aurore, s'approchait du lit, écartait doucement les rideaux de soie et de dentelles, et restait en contemplation devant la tête adorable de l'enfant endormie. Elle voyait remuer ses lèvres; elle se penchait pour écouter, et toujours Aurore disait : « Maman, maman ! »

O merveilleux pouvoir de l'illusion! Elle consolait ainsi la pauvre mère.

Si la mère pensait à sa fille sans cesse, Aurore de son côté, même quand elle était près de son père, causant avec lui, ne pouvait éloigner sa pensée de son institutrice. Vainement elle essayait de faire plus petite la place que madame Durand avait dans son cœur pour agrandir celle que madame Delorme y occupait. Elle souffrait réellement de ne rien sentir qui l'attirât vers celle-ci, quand elle aurait voulu être constamment dans les bras de l'autre. Elle tendait son front à madame Delorme sans plaisir comme sans ennui, et quand l'excellente femme la serrait dans ses bras, rien ne remuait en elle; elle restait insensible, glaciale.

Pourquoi était-elle ainsi? Elle ne pouvait le comprendre. Et c'est avec terreur qu'elle reconnaissait qu'elle n'aimait point madame Delorme comme un enfant doit aimer sa mère. Honteuse, indignée contre elle-même, la pauvre Aurore se reprochait amèrement sa froideur, son indifférence, sa conduite, enfin, envers madame Delorme, conduite qu'elle trouvait monstrueuse.

Et c'était madame Durand, une femme qui, après tout, malgré ses soins et son dévouement, n'était pour elle qu'une étrangère, c'était madame Durand qui s'était emparée de toute l'affection qu'elle devait à sa mère!

Elle se rappelait les douces et tendres paroles que son institutrice lui avait prodiguées, les caresses et les baisers si souvent échangés, le regard rayonnant d'amour dont madame Durand l'enveloppait, et ce nom de « maman » qu'elle lui donnait, quand elle l'avait toujours refusé à sa mère. Elle se rappelait surtout son émotion, ces sensations étranges qu'elle avait éprouvées en revoyant l'institutrice dans la maison du clos d'Iris.

Ses impressions ne s'étaient pas effacées, et il lui suffisait de se souvenir pour sentir son cœur se dilater et retrouver en elle les mêmes sensations qui lui faisaient éprouver comme un enivrement de plaisir.

C'est ainsi qu'il se fit dans son esprit une sorte de révélation et qu'elle arriva à se demander quelle attache mystérieuse pouvait exister entre elle et madame Durand.

Plusieurs choses qu'elle avait remarquées et qu'il lui avait été impossible de s'expliquer revinrent à sa mémoire. De nouveau, elle se demanda pourquoi son père avait congédié brusquement son institutrice; pourquoi, avant cela, il l'avait traitée d'une façon si singulière, ne lui adressant jamais la parole, évitant de se trouver avec elle, l'éloignant de lui, la repoussant pour ainsi dire; et pourtant, après ce qu'elle avait fait pour sa fille, c'est autrement qu'il aurait dû agir envers elle.

Elle s'étonna aussi que cet ennemi de son père, ce vicomte de Sanzac, lui eût fait écrire à madame Durand pour la faire venir au clos d'Iris afin de l'emprisonner comme elle. En quoi madame Durand pouvait-elle servir la vengeance de ce méchant homme? Qu'y avait-il de commun entre madame Durand et M. Delorme?

Continuant à examiner, à réfléchir, elle trouva que l'existence de son père et de sa mère, vivant séparés, était fort singulière et tout à fait inexplicable.

Elle se dit:

— Tout cela est étrange; il existe certainement quelque chose que l'on me cache.

Peu à peu, un doute était entré dans son esprit.

A partir de ce moment, elle devint songeuse; elle était constamment agitée et avait l'air préoccupé et même inquiet. Bien qu'elle cherchât à paraître gaie, afin de mieux cacher, sans doute, ses secrètes pensées, un observateur habile aurait facilement deviné qu'il y avait dans sa tête une idée fixe et qu'elle méditait quelque chose.

Le premier jour qu'elle avait pu causer avec son père, elle lui avait raconté ce qu'elle savait des choses qui s'étaient passées au clos d'Iris. Depuis, elle ne lui avait plus parlé ni de madame Durand, ni du marquis de Verveine.

Un jour, madame Delorme s'aperçut qu'Aurore était encore plus rêveuse et plus agitée que les jours précédents. Par instants, son corps avait comme un frémissement. Déjà inquiète, madame Delorme s'effraya.

— Est-ce que vous souffrez, ma fille ? demanda-t-elle à Aurore.

— Non, je ne souffre pas, répondit la jeune fille.

— Vous n'êtes plus la même, mon enfant, je vous trouve bien changée ; on dirait que quelque chose vous tourmente.

Aurore regarda fixement madame Delorme et répondit :

— Soyez sans inquiétude, ma mère, ce n'est rien... J'ai peut-être besoin de me distraire un peu.

— Il est deux heures ; est-ce que vous n'allez pas voir votre père ?

— Non, je n'irai pas aujourd'hui.

— Alors, si vous le voulez, nous sortirons ensemble.

La jeune fille resta silencieuse.

— Ce serait le moyen de vous distraire, ajouta madame Delorme.

— Je ne sais pas, fit Aurore. Mais non, reprit-elle, je ne désire pas sortir. Je vais faire un peu de musique.

Elle se leva et alla se mettre à son piano.

Le lendemain, toute la matinée, madame Delorme, remarqua qu'elle était dans le même état d'agitation ; elle allait, venait, passant d'une pièce dans une autre, ne pouvant rester en place. Ses regards, ses paroles trahissaient sa préoccupation, et tous ses mouvements étaient impatients et fiévreux.

— Elle a quelque chose, c'est certain, se disait tristement madame Delorme.

Cependant, un peu avant le déjeuner, Aurore parut plus calme. Sur le désir qu'elle avait exprimé, madame Delorme avait donné l'ordre de tenir sa voiture prête à deux heures précises. A l'heure dite, quand Aurore descendit dans la cour, Louis l'attendait près de ses chevaux attelés. Elle partit.

Il y avait dans son attitude quelque chose de décidé et de viril, et dans son regard de l'énergie et une fierté singulière. C'est que, en effet, elle avait pris une grande résolution.

— Aujourd'hui même, s'était-elle dit, je veux savoir ce qu'on ne veut pas m'apprendre, ce que, jusqu'à ce jour, on m'a caché.

Elle avait décidé qu'elle aurait avec son père un entretien sérieux. Elle voulait l'interroger, le forcer à lui répondre et à lui donner des explications sur tant de choses incompréhensibles pour elle.

— Peut-être ne voudra-t-il pas m'écouter, pensait-elle ; ou bien, prenant son air grave et sévère, il m'imposera silence ; mais n'importe, je ne suis plus une enfant, la pauvre innocente de la Cordelière, je veux savoir, je saurai !

A son coup de sonnette, bien connu de la muette et de Théodore, celui-ci vint lui ouvrir.

— Mon père est-il dans son cabinet ? demanda-t-elle.

— Non, mademoiselle, répondit le domestique ; monsieur a fait aujourd'hui sa deuxième sortie et il n'a pas déjeuné ici ; mais il vous prie de l'attendre ; il ne tardera pas à rentrer.

— C'est bien. Où est Francesca ?

— Dans sa chambre.

— Merci, Théodore ; j'attendrai mon père près d'elle.

Elle entra dans la salle à manger, de l'autre côté de laquelle se trouvait la chambre de la muette. Tout à coup elle tressaillit et s'arrêta brusquement, les yeux étincelants.

Une idée venait de jaillir de son cerveau.

Au lieu d'entrer dans la chambre de Francesca, elle sortit de la salle à manger par la porte du salon, qu'elle traversa, et pénétra dans le cabinet du comte pour s'élancer aussitôt vers la salle des portraits.

Mais elle éprouva une déception. Bien que la porte n'eût pas de serrure, ne pouvant l'ouvrir, elle comprit qu'elle était fermée en dedans par des verrous.

— Soit, murmura-t-elle, mais il y a l'autre porte.

Cette seconde porte était dans la chambre de Francesca. Aurore revint rapidement sur ses pas et entra comme une bombe dans la chambre de la muette.

— Francesca, dit-elle, mon père est sorti ; je vais attendre son retour là, dans cette chambre ; je trouverai le temps moins long en regardant les portraits.

Francesca s'était levée ; secouant la tête, elle montra un fauteuil à Aurore, lui disant ainsi qu'elle ne devait pas entrer dans la salle des portraits.

— Non, répondit la jeune fille d'un ton bref.

Et elle marcha vers la porte. La muette se plaça devant elle. Francesca obéissait, évidemment, à une consigne donnée depuis longtemps. Aurore le devina.

— Est-ce que tu ne m'aimes plus, Francesca ? dit-elle d'une voix douce et en souriant. Comment, tu voudrais m'empêcher de faire ce que je veux chez mon père ! Cela n'est pas possible. Non, ma bonne Francesca n'oserait pas me contrarier !

*Et repoussant doucement la muette, qui n'eut pas le courage de résister, elle ouvrit la porte de la chambre des portraits et entra.

Après être restée un instant immobile, tremblante, elle courut à la fenêtre et tira les rideaux. Aussitôt la chambre se remplit de clarté.

Debout sur le seuil, les bras ballants, la muette suivait avec une sorte d'anxiété tous les mouvements de la jeune fille.

Aurore jeta d'abord un long regard sur le portrait voilé, puis elle se plaça au milieu de la pièce et se mit à contempler, les uns après les autres, tous les portraits, et particulièrement celui dont la ressemblance avec son père l'avait si vivement frappée. D'ailleurs, elle remarqua que les hommes avaient entre eux certains points de ressemblance et comme un air de famille.

— Mon père ne m'a point dit la vérité, pensait-elle; il n'a pas acheté ces tableaux par hasard, l'un dans un endroit, celui-ci dans un autre, celui-là ailleurs : toutes ces toiles sont des portraits de famille qu'il garde et conserve religieusement. Mais pourquoi donc m'a-t-il trompée ?

Alors elle se rappela l'émotion, le trouble de son père et ses réponses embarrassées lorsqu'elle l'avait interrogé au sujet des portraits. Elle se souvenait aussi que, lui ayant témoigné le désir de voir le tableau voilé, il avait paru effrayé, et s'était presque mis en colère, lui disant qu'il avait caché ce tableau parce que c'était une peinture affreuse, laide à voir.

Les yeux d'Aurore se portèrent de nouveau sur le portrait voilé et, lentement, elle s'en approcha. Elle était sous le coup d'une violente émotion, sa poitrine oppressée se soulevait et son cœur bondissait.

Ce n'était pas pour contempler les autres portraits qu'elle était venue là, mais pour en voir un seul, celui devant lequel elle se trouvait maintenant, et qu'une vilaine toile noire cachait à ses yeux. Elle était inspirée, quelque chose lui disait que la vue de ce tableau serait pour elle une révélation.

Il fallait le découvrir et pour faire cela se hausser, car elle n'était pas assez grande pour atteindre le haut du cadre. Elle poussa une chaise devant le tableau.

Aussitôt la muette fit entendre son grognement habituel et se précipita sur la jeune fille pour l'empêcher de mettre son projet à exécution.

Mais Aurore obéissait, dominée par lui, à un sentiment auquel rien ne devait résister. Fière, superbe, une flamme dans le regard, elle se dressa en face de la muette et lui cria d'un ton impérieux :

— Laisse-moi, laisse-moi !

Elle monta sur la chaise, porta ses mains sur la toile et tira avec une certaine force. L'étoffe se déchira sur les clous qui l'attachaient et tomba.

Aurore poussa un cri; les yeux démesurément ouverts et les bras en croix, elle resta comme pétrifiée.

Elle la voyait, cette peinture, qu'on lui avait dit être affreuse, qu'on avait recouverte d'une toile parce qu'elle était laide à voir !... Elle la voyait, la dévorait des yeux...

Dans cette femme, rayonnante de grâce, qui semblait lui sourire, qui avait le bonheur dans le regard; dans cette femme jeune, charmante, magnifiquement vêtue et belle comme une reine du monde, elle reconnaissait madame Durand, son institutrice !

Après le voile du portrait, un autre voile plus épais s'était déchiré. Une immense clarté pénétrant en elle, Aurore venait d'être subitement éclairée. Maintenant, ce n'était plus un doute, mais la certitude.

— Ma mère, c'est ma mère ! exclama-t-elle.

Elle tomba à genoux devant le portrait, joignit les mains et se mit à sangloter.

Derrière elle, Francesca, très pâle, baissait tristement la tête.

Au bout d'un instant la jeune fille reprit la parole.

— Maman, maman, dit-elle d'une voix entrecoupée, comme tu es belle ! Comme tes yeux sont doux, et comme ils me regardent avec tendresse ! On dirait que ta bouche souriante va me parler... Oh ! oui, parle-moi, parle-moi !... Je sais que tu as beaucoup souffert ; mais, va, mère adorée, je t'aimerai tant, que je te ferai oublier toutes tes douleurs !

XXXII

LE PARDON.

Le comte de Lasserre rentra.

— Ma fille est-elle venue ? demanda-t-il immédiatement à Théodore.

— Oui, monsieur. Mademoiselle vous attend dans la chambre de Francesca.

Le comte traversa la salle à manger et entr'ouvrit la porte de la chambre de la muette, en disant :

— Aurore, me voilà !

La voix de la jeune fille ne lui répondant pas, il ouvrit entièrement la porte et entra.

D'un seul coup d'œil il vit la chambre déserte et la porte de l'autre pièce ouverte.

— Elle est là, murmura-t-il.

Et il eut comme un tressaillement de fièvre.

D'un pas mal assuré il avança.

La muette, l'entendant, s'était retournée. Avec un geste de désespoir, elle lui montra Aurore à genoux devant le portrait dévoilé.

— Oh ! fit le comte, frappé comme d'un coup de foudre.

Il pâlit affreusement, ses sourcils se froncèrent et un sombre éclair traversa son regard.

— Aurore, que fais-tu là? dit-il d'une voix frémissante.

La jeune fille se releva et, sans répondre, se jeta éplorée au cou de son père.

— Malheureuse, malheureuse enfant! reprit-il, je t'avais défendu...

— C'est vrai, mon père, interrompit Aurore de sa plus douce voix; mais vous êtes bon, vous me pardonnerez ma désobéissance en faveur du sentiment qui m'a fait agir.

— Quel sentiment? Dis, dis!

— Vous le connaîtrez tout à l'heure. Mon père, j'ai arraché le voile qui couvrait le tableau, j'ai regardé le portrait, devant lui je me suis agenouillée et j'ai pleuré... Mon père, dites-moi quel nom je dois donner maintenant à cette femme.

Le comte chancela sur ses jambes comme un homme ivre.

Aurore fit deux pas en arrière.

— Mon père, reprit-elle, est-ce que vous n'osez pas me répondre?

Puis le bras tendu vers le portrait, elle s'écria d'une voix forte et vibrante!

— C'est ma mère! c'est ma mère!

— Jamais! exclama le comte.

— Mon père, vous ne pouvez plus me tromper; c'est ma mère, c'est ma mère! Tout ce qui remue en moi me le crie!

Le vieillard poussa un gémissement sourd et s'affaissa sur un siège.

La jeune fille laissa échapper un cri de douleur et, effrayée, se précipita aux genoux de son père en sanglotant.

— Pardon, pardon, dit-elle, en l'embrassant; mais si tu savais, père, comme ta petite Aurore est tourmentée depuis quelque temps, comme elle souffre!...

— Qu'est-ce qui te tourmente? Pourquoi souffres-tu? demanda le vieillard, se rendant maître de son émotion.

— J'ai découvert, j'ai deviné que madame Delorme n'est pas ma mère.

— Comment as-tu découvert cela! Mais non, non, tu as revu madame Durand; c'est elle qui t'a dit...

— Mon père, je ne l'ai pas revue et elle n'a jamais prononcé devant moi une seule parole qui fût de nature à m'éclairer, je vous le jure! Ah!... ne l'accusez pas, reconnaissez, au contraire, qu'elle a été sublime de force, de courage et d'abnégation. Mon père, vous pouvez me croire, c'est en me livrant à mes pensées qu'une révélation soudaine s'est faite en moi. Pourtant ce n'était encore qu'un doute, et voilà pourquoi j'ai voulu voir ce portrait.

Mon père, écoutez-moi : Je ne sais pas ce qui vous a donné le droit de repousser ma mère et de la séparer de son enfant; mais ma mère est ma mère comme vous êtes mon père... Père, quoi qu'elle ait fait autrefois ta fille se courbe devant toi pour te demander le pardon de sa mère!

L'IDIOTE 657

Elle tomba à genoux devant le portrait de sa mère, joignit les mains et se mit à sangloter.

— Tais-toi, tais-toi! s'écria le comte éperdu... Malheureuse enfant, si tu savais, si tu savais!...
— Je ne veux rien savoir.
— Cesse donc de me supplier pour elle.
— Je vous supplie, parce que je veux que vous me rendiez ma mère... Je l'aime! Entendez-vous, mon père? Je l'aime!
— Ah! ah! fit le comte.
— Je sais ce que je dois à ma mère, et vous aussi, vous le savez, continua

Liv. 83. F. ROY, éditeur. 83

la jeune fille en se redressant et avec une grande animation. Ah! elle ne m'a pas seulement mise au monde! Qu'est-ce que j'étais, dites, qu'est-ce que j'étais, il n'y a pas encore deux ans, lorsque, conseillé par M. Van Ossen, vous m'avez amenée à Paris? J'étais une pauvre innocente, dont l'esprit et la pensée était enchaînés. Rien ne parlait à mon âme, rien ne parlait à mon cœur.

Je ne voyais rien en moi, rien au dehors; tout était obscur... Sans désir, sans volonté, sans aspiration, sans espérance, n'ayant pas même l'idée du bonheur, la compréhension de l'avenir, j'existais dans une sorte de néant... Une femme vint, une femme humble, à l'attitude modeste, portant sur son pâle visage l'empreinte de toutes les douleurs; elle avait la voix douce et tendre et dans son regard plein de bonté le rayonnement de l'amour maternel. C'était elle!... Ah! comme elle le disait souvent, c'est Dieu qui l'avait envoyée vers moi!

Tout de suite mon cœur s'est ouvert et je me suis sentie animée. Elle m'a appris à penser, elle a créé mon esprit, elle m'a donné l'intelligence... Je ne savais rien; elle m'a instruite; grâce à elle j'ai connu les grandes vérités. Elle a formé mon cœur avec le sien, et tout ce qui existe en moi aujourd'hui, je le dois à sa tendresse, à son amour, je l'ai senti naître sous ses baisers!

Mon père, est-ce que pour vous tout cela n'est rien?

Courbé, la tête sur la poitrine, le comte était comme anéanti. Et il pleurait, le malheureux.

Aurore poursuivit avec exaltation :

— Eh bien, mon père pour moi, c'est tout... Je ne veux rien savoir du passé; il est mort! Le présent reste et je regarde l'avenir... Je connais ma mère : elle a toutes les noblesses, toutes les vertus! Ah! si elle a commis une faute, elle l'a depuis longtemps expiée et rachetée!... Aujourd'hui, mon père, vous ne pouvez plus être impitoyable, non, vous ne le pouvez plus, quand c'est moi, votre fille, votre enfant chérie et adorée, qui vous crie : Oubliez et pardonnez! Ah! je vois que vous pardonnez, mon père : vous pleurez! vous pleurez!

Et elle se suspendit à son cou.

Le vieillard ne put plus retenir ses sanglots.

— Tu es bon, tu aimes ta fille, reprit Aurore d'une voix câline ; va, je savais bien que tu me rendrais ma mère... Tiens, écoute : pour te remercier, pour te prouver ma reconnaissance, pour te prouver combien tu me rends heureuse, je ferais, pour te plaire, n'importe quel sacrifice...

Tu sais comme j'aime Adrien, n'est-ce pas, continua-t-elle avec des larmes dans la voix; eh bien, si tu me disais : « Pour prix du pardon que je t'accorde, tu ne penseras plus au marquis de Verveine, tu cesseras de l'aimer! » Eh bien, mon père, en pensant à la pardonnée, je crois que je trouverais assez de force en moi pour te promettre de l'oublier!

Maintenant, dis, petit père chéri, as-tu pardonné?

En achevant ces mots, elle fondit en larmes.

Le comte se redressa lentement, et, posant ses deux mains sur la tête de sa fille :

— Chère enfant, prononça-t-il d'une voix brisée, sois à jamais bénie et que le malheur de ceux qui t'ont donné la vie soit le prix de ton bonheur!

Tu es un ange, ma fille, l'ange de la rédemption. Tu n'es plus Aurore Delorme; je te rends ton véritable nom et je reprends le mien. Lucie, ma fille bien-aimée, ce n'est plus M. Delorme qui t'embrasse, c'est le comte de Lasserre!

Il se dressa debout et aida la jeune fille à se relever.

— Maintenant, dit-il, viens.

— Où? demanda-t-elle.

— Chez ta mère!

Elle poussa un cri de joie immense.

Ils ne voyaient pas Francesca, qui était restée immobile à la même place. Mais, avant qu'ils sortissent de la chambre, la muette se mit à genoux devant eux, et, en pleurant, leur baisa les mains.

Ils descendirent l'escalier, Lucie appuyée au bras de son père. En prenant place dans le coupé, à côté de sa fille, le comte dit à Louis :

— Vous allez nous conduire rue Davy, n° 6.

. . . .

La comtesse lisait la lettre suivante qu'elle venait de recevoir :

« Madame,

« Nous avons été appelés ce matin au parquet, le comte de Lasserre et moi,
« pour déposer sur les faits que vous connaissez devant le juge d'instruction.

« Le comte tient bon : même en présence des magistrats, il continue à se
« faire appeler Pierre Rousseau.

« En sortant du palais de justice, je l'ai amené chez moi et nous avons déjeuné
« ensemble. Toujours fidèle à ma promesse, je ne lui ai point parlé de vous.
« Mais, en l'observant, j'ai remarqué plusieurs fois qu'il avait le désir de m'in-
« terroger. Un peu plus tôt, un peu plus tard, il faudra bien qu'il dise ce qu'il
« pense, ce qu'il veut. J'attends.

« Il vient de me quitter, me disant que, n'ayant pas vu Aurore hier, elle
« devait être chez lui, et qu'il ne voulait pas la faire attendre.

« Le comte est un peu inquiet au sujet de sa fille. Comme je vous l'ai déjà
« écrit, Aurore, depuis quelque temps, est songeuse, triste, tourmentée par
« quelque grave préoccupation.

« — Elle a quelque chose, m'a dit le comte, une idée fixe quelconque. Je
« dois supposer qu'elle pense au marquis de Verveine : mais, chose singulière,
« elle ne me parle plus de lui.

« M. de Lasserre reçoit fréquemment des nouvelles du marquis par madame

« de Montperrey, laquelle voit presque tous les jours M. Gaston de Limans, un
« ami intime de M. de Verveine.

« Le blessé reprend peu à peu ses forces; il commence à se lever et à mar-
« cher. On pense que, d'ici, huit jours, il pourra revenir à Paris.

« Votre bien dévoué,

« Guillaume Van Ossen. »

La jeune femme entendit frapper à sa porte.

— Qui donc peut venir maintenant? se demanda-t-elle.

Un bruit semblable à un froisssement de robe de soie arriva à son oreille.

— Mon Dieu, murmura-t-elle, si c'était...

Elle n'osa pas achever : « ma fille. »

Elle glissa la lettre dans sa poche et alla ouvrir.

Aussitôt elle laissa échapper un cri de joie.

— Mademoiselle Delorme, vous, vous! balbutia-t-elle; ah! je...

La parole expira sur ses lèvres, et tremblante, stupéfiée, écarquillant les yeux, elle recula.

Le comte de Lasserre venait de se montrer. Il entra derrière sa fille et referma la porte. Alors Lucie s'écarta et laissa avancer son père, qui se trouva en face de sa femme.

Il y eut un instant solennel de silence.

Éperdue, haletante, la comtesse attendait, pendant que son regard, allant de son mari à sa fille, semblait les interroger.

Enfin le comte parvint à maîtriser son émotion.

— C'est elle qui m'a amené, dit-il, montrant Lucie.

— Elle? fit la comtesse sans savoir ce qu'elle disait.

— Oui, répondit le comte, Lucie de Lasserre, votre fille!

La pauvre mère poussa un cri de joie suprême. Elle avait compris. Ses yeux se voilèrent de larmes, et elle tomba sur ses genoux.

Mais le comte lui prit aussitôt les deux mains et l'obligea à se relever.

— Ce n'est pas tout, reprit-il, Lucie de Lasserre veut que je pardonne!... Lucie de Lasserre veut que je vous ouvre mes bras; j'obéis à notre enfant... Hélène, mes bras sont ouverts!

— Ah! maman, maman! exclama la jeune fille en se précipitant en même temps que la comtesse dans les bras du comte.

Le vieillard les tint longtemps serrées contre sa large poitrine.

— Tout pour notre fille, pour son avenir, pour son bonheur! dit-il.

Et la comtesse répéta :

— Tout pour notre fille, pour son avenir, pour son bonheur!

Le jour même, la comtesse rentra dans la maison du boulevard Hausmann. Toutefois, pendant quelques jours encore, rien en apparence ne devait être changé.

Lucie de Lasserre resterait Aurore Delorme; la comtesse garderait son nom de madame Durand, et le comte continuerait à habiter rue du Rocher sous le nom de Pierre Rousseau.

Le comte avait dit à sa femme pourquoi il croyait devoir agir ainsi, et la comtesse l'avait approuvé. Cette fois, ses raisons étaient excellentes.

Il ne voulait reprendre son nom et reparaître dans le monde que le jour du mariage de sa fille. D'ici là, il aurait tout le temps nécessaire pour acheter un hôtel, le faire meubler, le mettre en état de recevoir la comtesse et sa fille.

Avec un homme comme M. Corvisier, tout cela ne pouvait demander plus de quinze jours ou trois semaines.

XXXIII

AU CHATEAU DE LA CERISAIE

Le marquis de Verveine était assis devant une grande fenêtre ouverte du château de la Cerisaie et fumait mélancoliquement un cigare.

Il avait vue sur des jardins couverts de fleurs, dont le parfum montait jusqu'à lui; sur une grande prairie, traversée par une petite rivière, aux méandres capricieux, qui promenait ses eaux tranquilles au milieu de la verdure; et plus loin, sur des crêtes boisées, qui se perdaient, estompées de bleu, dans les nuages vaporeux qui nageaient à l'horizon. Sur tout le paysage, le beau soleil de mai versait ses chauds rayons, l'inondant de lumière.

Mais Adrien n'était pas en contemplation devant ces merveilles, ces splendeurs que la nature ensoleillée offrait à ses yeux. Il ne regardait ni la verdure, ni les arbres, ni les fleurs du jardin qui semblaient lui sourire.

Son regard, perdu dans l'immensité, plongeait au delà des montagnes brumeuses dans la direction de Paris où était sa pensée. Il se trouvait dans le salon de la marquise de Montperrey, en présence d'Aurore, et il croyait entendre encore la voix de la jeune fille, lui disant:

« Vous vous trompez, monsieur, je ne suis point cette Aurore dont vous me parlez. »

Depuis plus d'un mois qu'il était éloigné de Paris, Adrien avait eu le temps de réfléchir, et, peu à peu, il était tombé du sommet de ses illusions.

Sans fortune, maintenant, que pouvait-il espérer.

C'est un rêve que j'ai fait, s'était-il dit, un rêve de pauvre insensé. En feignant de ne pas me reconnaître, Aurore obéissait à un ordre de son père. Elle ne pense plus à moi, elle ne m'aime plus, ou bien, si elle m'aime encore, soumise comme elle doit l'être à la volonté de son père, qui me hait, elle cherche à m'oublier et ne voit déjà plus en moi qu'un étranger, qu'un malheureux hasard a conduit un jour devant elle pour troubler les joies de son existence paisible.

Et puis quand même, reprenait-il avec amertume, est-ce à présent que je puis, marquis ruiné, songer à demander la main d'Aurore, dont le père, m'a dit madame de Montperrey, est immensément riche? Non, non, je ne puis avoir cette audace, et voilà pourquoi tout cela est un rêve.

Cependant il avait écrit à la marquise de Montperrey, et dans sa lettre, timidement, il la priait de lui donner des nouvelles de mademoiselle Aurore Delorme.

La marquise lui avait répondu, lui disant que sa filleule se portait à merveille. « Guérissez-vous vite, ajoutait-elle, et aussitôt que vous serez de retour à Paris, « venez causer avec moi. »

Mais elle ne lui faisait aucune promesse et il n'y avait rien dans sa lettre qui pût lui donner une lueur d'espoir.

Gaston de Limans lui avait écrit aussi plusieurs lettres, répondant aux siennes, mais d'une façon très laconique, évitant, avec intention, de le satisfaire au sujet des questions qu'il lui adressait.

Évidemment, on ne voulait rien lui apprendre qui fût de nature à lui causer une inquiétude pouvant retarder sa guérison.

La table, qui occupait le milieu de sa chambre, était couverte de livres et de journaux français, car, n'ayant pas autre chose à faire, il lisait beaucoup. La vieille demoiselle de Gontrey, pleine de sollicitude et toujours aux petits soins pour lui, avait mis sa bibliothèque à sa disposition. Les journaux lui étaient envoyés de Paris par Gaston de Limans, qui, les lisant d'abord, s'était bien gardé de lui faire parvenir ceux qui s'occupaient des faits qu'on voulait lui laisser ignorer. Il n'avait donc appris ni l'enlèvement d'Aurore, ni le mort terrible du vicomte de Sanzac.

Lors d'une seconde visite de Gaston de Limans à madame de Montperrey, il avait été convenu entre eux qu'on ne dirait rien au marquis de Verveine avant qu'il fût complètement guéri et revenu à Paris.

De Charmeille avait quitté la Cerisaie depuis huit jours, rappelé par sa famille. Une lettre de Gaston, reçue la veille, annonçait son arrivée au château, probablement pour le lendemain. Voulant ramener son ami à Paris, il resterait huit jours à Maubeuge, plus s'il le fallait, c'est-à-dire tant que le médecin n'aurait pas déclaré qu'Adrien pouvait faire le voyage sans aucun danger.

Or, le médecin était venu le matin même, s'était trouvé satisfait de l'état de son malade, l'avait déclaré guéri, en ajoutant qu'il pouvait retourner à Paris dès qu'il le voudrait.

Adrien attendait donc son ami Gaston pour remercier mademoiselle de Gontrey de l'hospitalité qu'elle lui avait donnée, de tous les soins et des mille attentions qu'elle avait eus pour lui, et lui faire en même temps ses adieux. Après cela, on se mettrait en route pour Paris.

Quatre heures sonnèrent à la pendule de la chambre. Adrien jeta le bout du cigare qu'il venait de fumer.

— Allons, murmura-t-il, Gaston n'est pas arrivé par le train qui s'arrête à Maubeuge à deux heures quarante-six minutes, car il serait ici depuis longtemps. Il vient sans doute par le train suivant, qui passe ici à quatre heures cinquante. Vraiment, ce n'est pas gai d'attendre. J'ai pourtant entendu un bruit de voiture ; je croyais... Mais non, je me suis trompé.

Soudain, la porte de la chambre s'ouvrit. Adrien se leva vivement.

— Ah ! Gaston, te voilà ! s'écria-t-il.

Et les deux amis se jetèrent dans les bras l'un de l'autre.

— Comme j'ai trouvé cette journée longue ! dit le marquis. Je t'attendais avec impatience... Est-ce que tu arrives seulement à la Cerisaie ?

— Oui.

— Est-ce que le train a eu du retard ?

— Nullement.

— Qu'as-tu donc fait à Meubeuge, alors, depuis plus d'une heure que le train est entré en gare ?

— Admets, mon cher Adrien, que je me suis un peu amusé en route, répondit Gaston en souriant ; et puis, malgré tout mon désir de te revoir et de t'embrasser, j'ai dû, d'abord, présenter mes hommages à mademoiselle de Gontrey.

— C'est juste.

— J'avais en même temps à lui remettre une lettre de son neveu. Enfin ; me voilà. Je ne te demande plus comment tu vas ; je le vois à ta bonne figure, et je sais, par mademoiselle de Gontrey, que le médecin a déclaré, ce matin même, que tu pourrais faire le trajet de Maubeuge à Paris sans qu'on puisse avoir aucune crainte. Ah ! mon cher Adrien, je suis bien heureux, va ! Que je t'embrasse encore !

— Mon cher Gaston, nous partirons ce soir, si tu veux.

— Ce soir, ce serait un peu prompt ; d'ailleurs je ne tiens pas à te faire voyager la nuit. Nous ne partirons que demain.

— Soit. Maintenant, asseyons-nous, et parle-moi vite de Paris, de nos amis, de nos connaissances.

— Que veux-tu que je te dise ?

— Mais une infinité de choses.

— Eh bien, nos amis se portent bien tous ; ils attendent tous ton retour ; ils croient, comme tout le monde, que tu es allé faire un voyage d'agrément en Italie ou ailleurs.

— Alors il n'y a pas eu encore d'indiscrétion commise ; on ignore toujours que Jules Latrade et moi nous nous sommes battus en duel ?

— Jusqu'à présent, le secret a été gardé ; il y a donc lieu de croire qu'il n'y pas eu encore, pour la famille Latrade, nécessité de divulguer l'affaire.

— Après tout, ce sont de braves et bonnes gens ; je reconnais mes torts envers eux, et je regrette sincèrement ce que j'ai fait, ou plutôt ce que le vicomte m'a fait faire. Ah ! celui-là, Gaston, je le jure, je ne le reverrai jamais !

— Et pour cause, pensa Gaston.

— Mademoiselle Latrade est une jeune fille d'un mérite réel, continua Adrien ; ma conduite envers elle a été odieuse et j'ai honte de moi-même. Mais tu sais tout, toi, Gaston ; je ne pouvais pas l'épouser, non je ne le pouvais pas.

— Puisque tu me parles de mademoiselle Latrade, pour adoucir un peu l'amertume des reproches que tu te fais, je vais t'annoncer une nouvelle.

— Quelle est cette nouvelle?

— Depuis quelques jours on parle du prochain mariage de mademoiselle Adèle Latrade avec un jeune Américain, M. William Durkett, riche armateur de New-York.

— Ah! mon cher Gaston, s'écria le marquis, tu ne sais quel bien tu me fais et quelle joie j'éprouve! il me semble que tu viens d'enlever un poids énorme qui pesait sur moi et m'écrasait.

— On assure que c'est un mariage d'amour, reprit M. de Limans, au moins du côté de l'Américain ; il paraît que M. William Durkett est amoureux fou de mademoiselle Latrade ; et remarque qu'il y a à peine un mois que cet homme du nouveau monde est à Paris.

D'après ce qu'on raconte, il a entendu parler de mademoiselle Latrade, a voulu la voir et l'a vue, je ne sais ni où, ni comment. Ce qu'il y a de certain, c'est que la fille de l'ancien entrepreneur lui a plu. Alors, il n'y a qu'un Anglais ou un Américain pour oser de pareilles choses, — sans s'être fait présenter ou annoncer, sans même être connu, car M. de Latrade et sa fille n'avaient jamais entendu parler de lui, il tomba un beau matin chez l'ancien entrepreneur et lui fit un petit discours à la mode américaine. Bref, il eut ensuite un entretien avec mademoiselle Latrade, et, trois jours après, le mariage était annoncé.

Te voilà renseigné. Maintenant, mon cher Adrien, il est temps de te dire que je ne suis pas venu seul à la Cerisaie.

— Ah! Avec qui donc es-tu venu?

— Avec un personnage que tu dois connaître, au moins de nom.

— Il s'appelle !

— M. Van Ossen.

— Le célèbre banquier hollandais?

— Lui-même.

— Pourquoi M. Van Ossen est-il venu à la Cerisaie?

— Pour te voir.

— Pour me voir? répéta le marquis.

— Il a évidemment quelque chose à te dire.

Adrien tressaillit, et, se frappant le front.

— J'y suis, je comprends, fit-il avec un sourire forcé.

— Que veux-tu dire?

On célébra le mariage de M. le marquis et de Mlle Lucie.

— M. Van Ossen est mon créancier mystérieux ; c'est à lui que le vieux juif Salomon a vendu mes créances.

— Veux-tu le recevoir ?

— Il le faut bien. Hélas! je sais ce qu'il va me dire.

— Tu lui répondras.

— Ma réponse est tout prête. La voici : Monsieur, je ne peux pas vous payer; faites ce que vous voudrez des biens du marquis de Verveine.

— M. Van Ossen sera peut-être plus accommodant que tu ne le crois.

— Hé, mon cher Gaston, je suis complètement ruiné; que ce soit dans quinze jours ou dans un an, il faut que le domaine de Verveine soit vendu; il m'est impossible de sauver mon patrimoine. M. Van Ossen peut venir.

— Il attend dans la pièce à côté, je vais le faire entrer.

Gaston se leva et alla ouvrir la porte. M. Van Ossen parut. Adrien le salua froidement.

— Monsieur le marquis ne se souvient-il pas de m'avoir vu quelquefois dans le monde, à Paris? demanda le Hollandais.

— Non, monsieur; cependant votre figure et votre voix ne me sont pas inconnues.

— Monsieur le marquis se souviendra mieux, peut-être, d'une conversation que nous avons eue un soir, en Champagne, à la porte du jardin d'une maison isolée qu'on nomme la Cordelière.

Le jeune homme éprouva un tel saisissement qu'il chancela sur ses jambes.

— Vous, monsieur, c'était vous! exclama-t-il.

— Vous n'avez pas oublié, je pense, monsieur le marquis, et ce que vous m'avez dit et ce que j'ai répondu?

— Je n'ai rien oublié, monsieur.

— Convaincu que vous aimiez mademoiselle Aurore, je vous ai donné l'assurance que je plaiderais votre cause auprès de son père, et je vous ai promis que, plus tard, quand le moment serait venu, je vous écrirais ou que j'irais vous trouver. Aujourd'hui, monsieur le marquis, fidèle à ma promesse, je suis devant vous. Aimez-vous toujours mademoiselle Aurore?

— Oh! monsieur!

— Cela veut dire : oui. Avez-vous toujours le désir de la prendre pour femme?

Le jeune homme laissa tomber sa tête sur sa poitrine.

— Monsieur le marquis, j'attends votre réponse.

Adrien releva lentement la tête.

— Je n'ai pas oublié mademoiselle Aurore, dit-il, en proie à une violente émotion, car je l'aime de toutes les forces de mon âme. Quand je vous ai dit, monsieur, que j'étais prêt à l'épouser, avec la certitude de la rendre heureuse, j'avais une fortune à lui offrir. Maintenant, je n'ai plus rien, je suis ruiné!

— Vous vous trompez, peut-être.

— Non, monsieur, je connais exactement la situation dans laquelle je me trouve.

— Soit, monsieur le marquis. Mais si le père d'Aurore, immensément riche, lui, qui sait que sa fille vous aime, voulait, malgré tout, confiant dans votre amour pour Aurore, vous confier le soin de la rendre heureuse?

— Mais cela est impossible, monsieur; non, je ne puis croire...

Il fut interrompu par un domestique en grande tenue qui, ouvrant la porte, leur dit :

— Ces messieurs sont attendus dans le salon.

M. Van Ossen et Gaston échangèrent un regard rapide.

— Allons, viens, dit ce dernier à Adrien, en prenant son bras qu'il passa sous le sien.

— A votre intention, monsieur le marquis, dit le banquier, il y a une petite fête ce soir chez mademoiselle de Gontrey.

Ils descendirent au rez-de-chaussée, et devant eux, une large porte s'ouvrit à deux battants.

Le marquis n'eut pas plutôt jeté les yeux dans le salon qu'il poussa un cri de surprise. Il venait de voir Aurore assise entre la marquise de Montperrey et une autre dame beaucoup plus jeune, qu'il ne connaissait point. Ses jambes fléchirent, et tout le poids de son corps pesa sur Gaston. Mais il se remit promptement.

Aurore s'était levée et se serait élancée vers lui si la marquise ne l'eût pas retenue.

Deux exclamations, confondues dans deux noms se croisèrent :

— Aurore !

— Adrien !

Le marquis fit quelques pas en avant, et dans un personnage grave, mais souriant, qui s'avançait vers lui, il reconnut le prêteur d'argent de la rue du Rocher.

— Monsieur Pierre Rousseau ! balbutia-t-il.

Alors madame de Montperrey se leva.

— Mon cher Adrien, dit-elle, M. Pierre Rousseau, qui se faisait appeler aussi M. Delorme, n'existe plus ; vous avez devant vous M. le comte Paul de Lasserre, et voici, près de moi, sa femme et sa fille : madame la comtesse Hélène de Lasserre et mademoiselle Lucie de Lasserre, ma bien-aimée filleule.

Le comte prit la main du jeune homme et lui dit affectueusement :

— Nous nous connaissons beaucoup, monsieur le marquis, bien que nous voyions seulement pour la troisième fois. Vous pouvez, maintenant, aller saluer ces dames.

Et s'éloignant du marquis, le comte s'approcha d'une table couverte de papiers, qu'on avait placée au milieu du salon, et dit quelques paroles à voix basse à deux personnages gravement assis dans des fauteuils.

L'un de ces personnages était le notaire Corvisier, et l'autre un de ses confrères.

Pendant ce temps, Adrien, éperdu, les oreilles bourdonnantes, voyant comme à travers un nuage, s'était avancé vers la marquise, la comtesse et sa fille.

— Lucie, mon enfant, dit madame de Lasserre, tu peux mettre ta main dans celle de ton ami.

Lucie, rougissante et émue, mais gracieuse, un doux sourire sur les lèvres et la joie et le bonheur dans les yeux, tendit sa petite main tremblante.

Le marquis la saisit.

— Oh! oh! fit-il; mais c'est donc vrai, c'est donc vrai?

Lucie répondit :

— Oui, Adrien, c'est vrai, puisque vous m'aimez et que je vous aime!

— Ah! c'est trop de bonheur! murmura-t-il.

Mademoiselle de Gontrey avança un fauteuil sur lequel il s'assit.

— Monsieur le marquis est-il disposé à entendre la lecture? demanda le confrère de M. Corvisier.

— Quelle lecture?

— La lecture du contrat de mariage.

— Du contrat de mariage? répéta-t-il complètement ahuri et en ouvrant de grands yeux.

— Allons, Adrien, lui dit la marquise, remettez-vous et tâchez d'être raisonnable et maître de vous; vous devez bien penser, mon ami, que ce n'est pas pour rien que nous sommes tous réunis ici.

Le notaire, d'une voix grave, lente et monotone, commença la lecture du contrat.

— Suis-je bien éveillé, mon Dieu! N'est-ce pas un rêve? murmurait le marquis.

Mais Lucie était devant lui, elle lui souriait et il tenait sa main frémissante. Il lui fallait bien croire à la réalité.

Soudain, il se dressa debout, d'un seul mouvement.

— Arrêtez, monsieur le notaire, arrêtez! s'écria-t-il. Vous dites que j'apporte dans la communauté le domaine et la forêt de Verveine, les bois de Grancy et d'Aulnoie, la ferme du Chauffour, la ferme de Saint-Benoît et celle de Blémont. C'est une erreur, monsieur le notaire, je n'apporte rien. Tous mes biens sont hypothéqués, et j'ai pour créancier un homme qui m'est inconnu, lequel peut, quand il le voudra, faire vendre par autorité de justice le domaine de Verveine, les fermes et les bois.

— Monsieur le marquis, répondit le comte de Lasserre, vous n'avez plus de créancier, vous ne devez plus rien, puisque ces messieurs ont entre les mains toutes vos créances. Ai-je besoin d'ajouter que sous le nom de Pierre Rousseau le comte de Lasserre a dépossédé Salomon pour vous conserver intact l'héritage de vos pères?

— Oh! monsieur le comte, c'est trop! c'est trop! balbutia-t-il.

Et il retomba sur son siège.

Le notaire acheva la lecture du contrat.

Le comte et la comtesse de Lasserre donnaient en dot à leur fille quatre millions, plus un hôtel avenue des Champs-Élysées, tout meublé, avec chevaux dans l'écurie et voitures sous la remise.

A cette dot magnifique, la marquise de Montperrey ajoutait un million, don qu'elle faisait à sa filleule.

Le comte frappa sur un timbre. Une porte du salon s'ouvrit et Théodore entra, portant un coffret que le marquis reconnut aussitôt.

— Monsieur le marquis, lui dit le comte en souriant, voici les bijoux de madame la marquise de Verveine, votre mère, que M. Pierre Rousseau a chargé le comte de Lasserre de vous rendre.

— Oh! monsieur le comte, monsieur le comte! prononça le jeune homme avec des larmes dans la voix, et prêt à se précipiter aux genoux du vieillard.

Mais le comte l'en empêcha en le prenant dans ses bras. Et, en l'embrassant, il lui dit :

— En vous donnant ma fille, je vous offre le moyen de me remercier et de me prouver votre reconnaissance : rendez-la heureuse !

— Tout pour elle! monsieur le comte.

— Oui, dit le comte, en jetant un tendre regard sur sa femme et sa fille, tout pour elle!

La comtesse répéta :

— Tout pour elle!

— Mesdames et messieurs, dit M. Corvisier, nous vous prions de vouloir bien nous donner vos signatures.

Toutes les personnes présentes signèrent au contrat.

Sceaux. — Imprimerie Charaire et fils.

CONCLUSION

Un mois après, le même jour et à la même heure, deux grandes et belles cérémonies avaient lieu, l'une à l'église Saint-Augustin, l'autre à l'église Saint-Philippe du Roule.

A Saint-Augustin, on célébrait le mariage de M. le marquis Adrien de Verveine et de mademoiselle Lucie de Lasserre, et à Saint-Philippe-du-Roule, celui de M. William Durkett et de mademoiselle Adèle Latrade.

Un homme qui se donna ce jour-là beaucoup de mouvement, ce fut M. Van Ossen, qui était un témoin de William Durkett. Grâce aux deux excellents chevaux attelés à son coupé, il put se rendre successivement aux deux églises et signer les deux actes du mariage religieux, car, heureusement pour lui, les mariages civils avaient été faits la veille, le premier à onze heures et l'autre à midi.

A Saint-Augustin, on regardait beaucoup la mariée, que peu de personnes connaissaient, et on ne pouvait se lasser de l'admirer.

Le vieux duc de Maupertuis, qui avait toujours l'œil clair et ardent, et qui s'y connaissait, déclarait hautement que la jeune marquise de Verveine était la femme la plus gracieuse, la plus charmante, la plus adorable, la plus merveilleusement belle qu'il y eût à Paris et probablement dans la France entière.

Certes, l'enthousiasme du noble duc était justifié.

— M. de Maupertuis veut toujours être le roi de la galanterie, dit une vieille dame en minaudant.

— M. de Maupertuis, qui compte le duc de Richelieu parmi ses aïeux, dit finement le marquis de Santigny, n'oubliera jamais ce qu'il doit à la tradition.

— Oui, mais qu'il prenne garde, répliqua un autre; madame la duchesse de Clarens, sa nièce, n'est pas loin et elle peut l'entendre.

La duchesse de Clarens, reine des salons parisiens, et qui était sans rivale pour la beauté, se retourna.

— J'ai parfaitement entendu mon oncle, dit-elle, et je ne proteste pas, parce que je suis absolument de son avis : la beauté de la jeune marquise de Verveine est incomparable.

Le comte et la comtesse de Lasserre attiraient aussi les regards de tous ceux qui les avaient connus autrefois.

On disait, parlant de la comtesse :

— Elle est toujours belle et toujours charmante.

Et, parlant du comte :

— Quel âge a-t-il maintenant ?
— Plus de soixante ans.
— Il a toujours son grand air.
— Le regard lumineux, profond.
— Malgré ses cheveux blancs, on ne lui donnerait pas plus de quarante ans.

De fait, le bonheur avait, en quelques jours, rajeuni le comte de vingt ans.

Parmi ces personnages titrés et d'un haut rang, il y avait les humbles et les petits, tels que le père Chaminon et sa femme, Gabiron et Noirot. Et certes, ces derniers n'étaient pas les moins heureux et les moins ardents à faire des vœux pour le bonheur des jeunes époux.

Le matin même, Gabiron avait vu entrer chez lui Théodore, le domestique du comte de Lasserre. Celui-ci lui avait remis, de la part de son maître, un pli sous enveloppe cachetée, aux armes du comte.

Après le départ de Théodore, Gabiron rompit le cachet et tira de l'enveloppe deux papiers. Sur le premier il lut :

« Mes remerciements à monsieur Gabiron avec le témoignage de ma vive
« reconnaissance.
   « Comte de Lasserre. »

Le second papier était un mandat de cent mille francs sur la Banque de France.

— Tiens, la fortune qui nous tombe du ciel, dit-il à sa femme en l'embrassant.

Puis, il mit son chapeau, prit sa canne et courut comme un fou chez son ami Noirot.

Il trouva l'ex-agent de police sous le coup d'une grande émotion. Il avait devant lui ses quatre enfants, dont le plus âgé n'avait pas quatorze ans ; sa femme pleurait silencieusement, appuyée sur son épaule.

— Regarde, dit-il à Gabiron, regarde ce que le domestique de M. le comte de Lasserre vient de m'apporter à l'instant.

Dans une enveloppe semblable à celle que Gabiron montra à Noirot, celui-ci avait trouvé les mêmes mots écrits de la main du comte et un pareil mandat de cent mille francs sur la Banque de France.

— Grâce à la générosité de M. le comte de Lasserre, dit Gabiron, nous voilà riches tous les deux. Depuis que j'ai vu sortir du trou de l'escalier le cadavre broyé du vicomte de Sanzac, je n'ai plus du tout le goût du métier. Pas plus tard que ce soir, je prierai M. Serpin d'accepter ma démission.

— Je donnerai la mienne aussi.

— Moi, reprit Gabiron, je me retirerai avec ma femme aux environs de Saint-Quentin, où je suis né. J'achèterai là une petite maison avec un jardin et un champ, que je cultiverai moi-même pour ne pas m'ennuyer de ne rien faire. Et toi, Noirot?

— Moi, j'ai quatre enfants; je ne peux pas faire comme toi; tant que je le pourrai, il faut que je travaille pour eux. Mon rêve a toujours été d'être garçon de recettes.

— Parbleu, c'est un emploi que tu trouveras facilement. Tu n'as qu'à t'adresser à M. Van Ossen.

— J'y pensais. répondit Noirot.

. . . .

Après la cérémonie du mariage et les félicitations et compliments apportés aux époux, selon l'usage, dans la salle des mariages, on sortit de l'église. Il y eut un long défilé de voitures. Celle de la mariée et quelques autres se dirigèrent au grand trot des chevaux vers le milieu de l'avenue des Champs-Élysées. C'est avenue des Champs-Élysées que le comte de Lasserre avait acheté, non pas un, mais deux superbes hôtels à côté l'un de l'autre : le sien et celui qu'il avait donné à sa fille.

C'est à l'hôtel de Lasserre, de une à quatre heures, qu'eut lieu le repas de noces. Vingt personnes seulement avaient été invitées; c'était presque une réunion de famille. Naturellement, la marquise de Montperrey, madame Delorme, M. Van Ossen, M. Gaston de Limans et M. de Charmeille étaient là. Nous y retrouvons aussi M. Corvisier et le docteur Albin.

Inutile de dire que le repas fut très gai, très animé, et qu'on but plusieurs fois à la santé et aux longues années de bonheur des mariés.

Le comte était rayonnant. Madame de Montperrey le revoyait tel qu'il était dans la première année de son mariage; tout bas elle lui adressa ses félicitations.

Vers la fin du repas, il y eut un incident que tout le monde remarqua.

Adressant affectueusement la parole à la comtesse, le comte la tutoya. C'était la première fois depuis le pardon.

Aussitôt des larmes de bonheur jaillirent des yeux de la comtesse.

Lucie quitta sa place et alla près du comte.

— Père chéri, lui dit-elle en l'embrasssant avec force, tu viens de me faire mon plus beau cadeau de noces!

A quatre heures un quart, les invités se retirèrent car, à six heures, le marquis et la marquise de Verveine, la comtesse de Lasserre et la marquise de Montperrey, qui les accompagnaient, quittaient Paris pour se rendre au château de Verveine, où tout avait été préparé pour les recevoir.

La jeune marquise avait décidé qu'on passerait l'été à Verveine. Elle voulait connaître cette belle et magnifique demeure de toutes les marquises de Verveine. Le voyage en Italie était remis à l'hiver.

Madame Delorme allait vivre seule, maintenant. En reconnaissance des

Je m'incline devant la science, répondit M. Van Ossen ; j'ai le plus profond respect pour les savants.

soins qu'elle avait donnés à sa fille et, par acte passé devant maître Corvisier, le comte lui faisait une rente viagère de dix mille francs.

En sortant de l'hôtel de Lasserre, M. Van Ossen et le docteur Albin causèrent un instant.

— Comment trouvez-vous le comte maintenant, Van Ossen? demanda le docteur.

— Très bien, il est complètement guéri.

— Oui, guéri, complètement, physiquement et moralement. Ne vous ai-je pas dit que j'aurais raison de son état hépatique. Le foie, mon cher, le foie, tout est là. J'ai attaqué vigoureusement le foie, Van Ossen, et je l'ai débarrassé de ses obstructions... Notre ami est à jamais délivré de sa mélancolie, de ses tristesses, de l'ennui, du spleen et de ses idées bizarres. N'étant plus hépatique, il n'est plus hypocondriaque.

— Je m'incline devant la science, répondit M. Van Ossen ; j'ai le plus profond respect pour tous les savants, chercheurs infatigables, qui consacrent leur vie tout entière à trouver les moyen de soulager notre pauvre humanité, et j'ai pour votre savoir, mon cher Albin, une grande admiration. Mais en ce qui concerne le comte de Lasserre, je crois, mon cher docteur, que sa fille a fait plus, pour le guérir de sa maladie morale, que toutes vos médications.

M. Albin secoua la tête.

— Mon cher Van Ossen, dit-il, le foie, le foie, tout est là.

. . . .
. . . .

Devant la cour d'assises de la Seine, Jacques Séguin, dit Lory, et Antoine Martin, surnommé Colibri, furent comdamnés aux travaux forcés à perpétuité.

A quelques jours de distance, aux assises de Seine-et-Oise, à Versailles, Cocasse et sa femme furent condamnés l'un et l'autre à dix années de réclusion.

FIN

TABLE DES MATIÈRES

PREMIÈRE PARTIE

LA CHUTE

I. — Hôtel à vendre	3	
II. — Un notaire	8	
III. — Le malheur	13	
IV. — La lettre	18	
V. — Amour	23	
VI. — Une romance	28	
VII. — Comte et marquise	34	
VIII. — Avant le mariage	39	
IX. — Après le mariage	44	
X. — Chez la marquise	48	
XI. — C'est lui	54	
XII. — Agence Serpin et Cⁱᵉ	61	
XIII. — Monsieur Gabiron	67	
XIV. — Où l'on voit qu'une chose jetée est bonne à ramasser	74	
XV. — Menton	79	
XVI. — Père et mère	86	
XVII. — L'enfant	92	
XVIII. — La rupture	99	
XIX. — En face de l'inconnu	104	
XX. — Chez maître Corvisier	112	
XXI. — L'offre et le refus	118	
XXII. — Chasseurs au repos	125	
XXIII. — La maison du diable	133	
XXIV. — Dans le jardin	140	
XXV. — Le cercueil des insectes	147	
XXVI. — La femme muette	154	
XXVII. — Comment vient l'amour	159	
XXVIII. — Ce que Gaston apprend à Adrien	165	
XXIX. — La porte du jardin	172	
XXX. — Le mal en germe	181	
XXXI. — Le vicomte et le marquis	188	
XXXII. — Paroles perfides	196	

DEUXIÈME PARTIE

L'ENNEMI

I. — Le récit	204	
II. — Les idées du comte de Lasserre	211	
III. — Un joli vicomte	219	
IV. — Un ami véritable	225	
V. — Les conseils	234	
VI. — Le père et la fille	239	
VII. — Dans le brouillard	247	
VIII. — A Paris	254	
IX. — Un cœur qui s'ouvre	260	
X. — Résurrection	267	
XI. — Le retour	274	
XII. — Mater dolorosa	282	
XIII. — Le sommeil d'Aurore	290	
XIV. — Le mauvais génie	296	
XV. — Barbe rousse	304	
XVI. — Les bijoux de famille	311	
XVII. — Ce qu'on fait pour de l'argent	318	
XVIII. — Une ancienne élève	324	
XIX. — A l'Opéra	331	
XX. — Une ancienne connaissance	336	
XXI. — Le maître et le valet	342	
XXII. — La mère	349	
XXIII. — Une soirée	356	
XXIV. — La marraine	364	
XXV. — Confidence	371	
XXVI. — Escarmouche	378	
XXVII. — Une exécution	389	
XXVIII. — Une surprise	39	
XXIX. — Où le marquis s'aperçoit qu'un roturier vaut bien un gentilhomme	40	
XXX. — La famille Latrade	41	
XXXI. — Le jeu du vicomte	418	

TROISIÈME PARTIE

RÉDEMPTION

I. — Les portraits des ancêtres. 424	XIX. — Les assassins. 560
II. — Scène intime. 430	XX. — Le coup manqué. 568
III. — Le cocher. 436	XXI. — Après le crime. 576
IV. — Un coup de foudre. 444	XXII. — Devant le commissaire 583
V. — Mauvaise nuit. 452	XXIII. — Où il est parlé de l'état hépatique
VI. — Fausse route. 458	à propos des idées du comte
VII. — Que va faire Gabirou ?. 464	de Lasserre. 590
VIII. — Au clos d'Irie. 474	XXIV. — Gaston de Limans. 598
IX. — La tour du Faucon. 482	XXV. — Un nouveau personnage. . . . 606
X. — Résolution. 493	XXVI. — Les deux prisonnières. 614
XI. — En présence. 501	XXVII. — Le souper. 619
XII. — Le duel 507	XXVIII. — La surprise. 626
XIII. — Les instructions secrètes. . . . 515	XXIX. — Le plancher mobile. 634
XIV. — Où l'on commence à voir le jeu	XXX. — L'éboulement. 640
du vicomte. 520	XXXI. — Le portrait voilé. 649
XV. — La lettre d'Aurore. 527	XXXII. — Le pardon. 655
XVI. — Gabirou cherche. 534	XXXIII. — Au château de la Cerisaie. . . . 661
XVII. — Le guet-apens. 543	XXXIV. — Conclusion. 670
XVIII. — L'infâme. 551	

FIN DE LA TABLE DES MATIÈRES

Texte détérioré — reliure défectueuse
NF Z 43-120-11

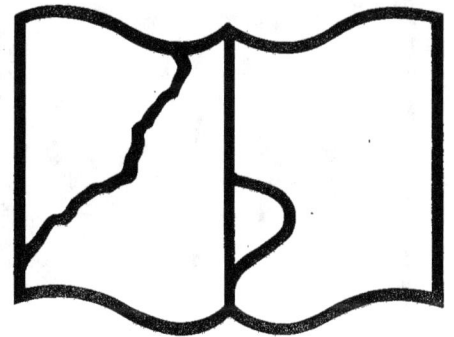

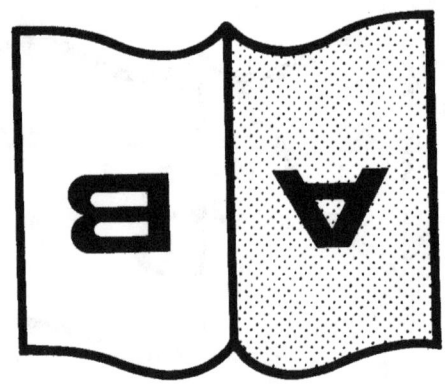

Contraste insuffisant
NF Z 43-120-14

www.ingramcontent.com/pod-product-compliance
Lightning Source LLC
Chambersburg PA
CBHW050100230426
43664CB00010B/1390